2022 FUYANG YEARBOOK

富阳年鉴

杭州市富阳区地方志编纂委员会　编

（总第 27 卷）

方志出版社
Publishing House of Local Records

图书在版编目（CIP）数据

富阳年鉴. 2022 / 杭州市富阳区地方志编纂委员会编.—北京 : 方志出版社, 2022.12
ISBN 978-7-5144-5383-6

Ⅰ. ①富… Ⅱ. ①杭… Ⅲ. ①富阳－2022－年鉴 Ⅳ. ①Z525.54

中国版本图书馆CIP数据核字(2022)第238928号

责任编辑：刘方圆
责任校对：刘玉霞
责任印制：梅中英
出 版 者：方志出版社
地　　址：北京市朝阳区潘家园东里 9 号（国家方志馆4层）
邮　　编：100021
网　　址：http://www.zgfzcb.cn
发　　行：方志出版社图书营销中心（010-67110500）
印　　刷：杭州富阳东吴印务有限公司
开　　本：889毫米×1194毫米　1/16
印　　张：22.75
字　　数：904千字
版　　次：2022年12月第1版
印　　次：2022年12月第1次印刷
定　　价：380.00元

杭州市富阳区地方志编纂委员会

顾　　问　吴玉凤

主　　任　马利阳

副 主 任　万重丰　张　鹏　王龙华　詹艳青　邱　云　许智龙

委　　员　方　亮　陈　悦　李　丰　朱　峻　吴通赛　孙燕青
　　　　　颜　炎　金占辉　丁建军　钱江涛　李向明　林高贤
　　　　　蒋雪彪　陈炜祥

《富阳年鉴（2022）》编辑部

主　　编　许智龙

副 主 编　陈炜祥　徐元春　孙国明

编　　辑　董江军　胡春国　刘　亮　赵雪红
　　　　　吕　克　何开城　洪菁龙　沈绍坤

彩页编辑　洪菁龙

封面摄影　杨平儿

封底摄影　杨平儿

编 辑 说 明

一、《富阳年鉴》记载富阳区政治、经济、文化及社会发展的主要情况，为广大读者了解富阳提供年度信息资料。自1996年开始编纂至今，已连续公开出版27卷。

二、《富阳年鉴（2022）》以马克思列宁主义、毛泽东思想、邓小平理论、“三个代表”重要思想、科学发展观、习近平新时代中国特色社会主义思想为指导，坚持辩证唯物主义和历史唯物主义的立场、观点和方法，紧紧围绕中国共产党的路线、方针、政策，全面、客观地反映富阳区人民在2021年勇于开拓创新，在政治、经济、文化、社会、生态文明和党的建设中取得的新成就、新经验，以及在前进道路上遇到的新情况、新问题。

三、《富阳年鉴（2022）》采用分类编纂法，以类目、分目、条目3个层次为框架结构。卷首设特载、年度聚焦、大事记、区情综览。百科部分设中国共产党杭州市富阳区委员会、杭州市富阳区人民代表大会、杭州市富阳区人民政府、中国人民政治协商会议杭州市富阳区委员会、纪律检查·监察、民主党派、群众团体、法治、军事、农业·新农村、经济管理、工业、商贸流通、金融、交通运输、邮政通信、旅游业、富阳经济技术开发区、杭州富春湾新城、投融资平台、城乡建设与管理、环境保护、科学技术、教育、文化·传媒、医疗卫生、体育、社会生活、乡镇·街道。卷尾设名录、附录、索引。全书共设35个类目，222个分目，1707个条目。类目之首一般设综述，分目之首一般设概况，以集中记述各行各业的综合情况。

四、《富阳年鉴（2022）》的文稿大部分由富阳区各部门和各乡镇、街道提供，部分由区委党史研究室（区地方志办公室）和有关人员撰写。文稿由各单位领导审核，文后作者署名。凡涉及全区性国民经济和社会发展的数据，均以富阳区统计局当年《富阳统计年鉴》为准；《富阳统计年鉴》未收录的数据，采用各专业部门提供的数据。个别数据由于来源不同，统计口径不一，以该行业主管部门提供的为准。各业所涉及的产值均指当年价。

五、先进名录由各部门单独提供，收录标准为国家级、省部级及杭州市委、杭州市政府以上颁奖或命名的先进集体和先进个人。

六、附录的收录范围为新任区领导简历、重要文件目录。

七、全书所涉浙江省委、市委、区委如无特殊说明，一般指中国共产党浙江省委、杭州市委、富阳区委。

党史学习教育

2021年3月10日，富阳举行全区党史学习教育动员部署会

（朱啸尘　提供）

2021年4月，富阳开展“跟着总书记学党史”专题夜学活动，图为2021年4月22日，老党员张高隆授“忆党史话初心”专题党课

（包键　提供）

党史学习教育

2021年5月27日，富阳举行“民呼必应·幸福同行”富阳区党史学习教育专题实践活动推进会（包键 提供）

2021年6月27日，富阳区四套班子领导赴嘉兴瞻仰南湖红船（朱啸尘 提供）

2021年6月，富阳启动“光荣在党50年”纪念章颁发（图为富阳区委书记吴玉凤为邵如堂授“纪念章”）（包键 提供）

2021年6月30日，富阳举行“壮阔百年 繁花富春”全区庆祝中国共产党成立100周年大型晚会（区委宣传部 提供）

2021年6月30日，富阳举行“壮阔百年 繁花富春”全区庆祝中国共产党成立100周年大型晚会（区委宣传部 提供）

党史学习教育

2021 年 4 月 29 日，2004 年习近平调研富阳水环境亲历者徐静静讲述亲身经历

（区委宣传部　提供）

2021 年 3 月，富阳开展党史宣讲进企业活动（图为浙江富春江集团有限公司宣讲党史）

（区委宣传部　提供）

2021 年 5 月 11 日，新登镇抗美援朝老党员讲党史

（区委宣传部　提供）

2021 年 3 月，富阳开展党史宣讲进农村活动（图为为农村党员宣讲党史）

（区委宣传部　提供）

2021 年 3 月，富阳开展党史宣讲进学校活动（图为裘中良为富阳区富春第三小学宣讲党史）

（区委宣传部　提供）

2021 年 5 月，新疆罗布泊核试验亲历者讲述历史重要瞬间

（区委宣传部　提供）

红色场馆建设

2021 年 3 月 5 日，中央调查组在富阳史料陈列室建成开放　　（区委党史研究室　提供）

2021 年 6 月 8 日，金萧支队整军整风馆建成开放　　（湖源乡　提供）

2021 年 6 月 10 日，新四军两渡富春江红色研学中心建成开放　　（常绿镇　提供）

2021 年 6 月 17 日，红色报刊史料研学中心建成开放　　（杨平儿　提供）

2021 年 6 月 30 日，新登战役纪念馆建成开放　　（新登镇　提供）

2021 年 7 月，“场源区委史料陈列馆”建成开放　　（上官乡　提供）

2021 年 8 月，中共新登县叶家村党小组旧址建成开放　　（万市镇　提供）

2021 年 12 月 28 日，中国共产党杭州市富阳区第二次代表大会召开

（朱啸尘　提供）

2022 年 2 月 12 日，杭州市富阳区第十七届人民代表大会第一次会议召开

（朱啸尘　提供）

2022年2月11日，中国人民政治协商会议第十届杭州市富阳区委员会第一次会议召开

（骆晓飞　提供）

2021年3月5日，富阳发布“十四五”规划纲要

（朱啸尘　提供）

2021 年 3 月 31 日，富阳召开全区经济工作暨产业新动能立起来推进大会

（朱啸尘　提供）

2021 年 4 月 9—10 日，富阳举行“迎亚运、展风采，全面打造现代版富春山居图”行动首季大比武

（黄赛琼　提供）

2021年4月19日，富阳召开全区数字化改革工作推进大会

（包键　提供）

2021年4月24日，浙江省第五届“妈妈的味道”活动在富阳区东梓关村举办

（包键　提供）

2021 年 5 月 11 日，纪念中央调查组在富阳 60 周年暨作风传承研讨会在富阳举行

（黄赛琼　提供）

2021 年 5 月 18 日，富阳举行中国幸福城市治理论坛暨“2021 中国最具幸福感城市”调查推选启动仪式

（黄赛琼　提供）

2021年6月1日，《富春山居图》合璧十周年纪念活动在浙江省人民大会堂举行

（朱啸尘　提供）

2021年8月4日，富阳举行重大项目集中开工仪式

（包键　提供）

2021 年 9 月 15 日，富阳公望大桥通车

（黄赛琼　提供）

2021 年 9 月 26 日，富阳举行未来乡村推进会暨项目集中开工活动

（包键　提供）

2021年9月29日，富阳举行重大项目视察活动暨银湖水厂通水仪式，图为富阳区银湖水厂

（黄赛琼　提供）

2021年11月8—10日，富阳举办“院士杭州行”走进富阳系列活动

（包键　提供）

2021 年 11 月 15 日，富阳区廉政警示教育馆开馆

（黄赛琼　提供）

2021 年 12 月 27 日，富阳举行秦望通道工程盾构机始发仪式

（朱啸尘　提供）

2021 年 12 月 31 日，彩虹快速路富阳段全线通车

（黄赛琼　提供）

2021 年 12 月 31 日，金桥南北路城市主干道全幅贯通

（黄赛琼　提供）

富阳荣誉（2021）

全国健康促进区

国家卫生健康委员会

全国中小学劳动教育实验区

教育部

2021年智慧健康养老示范基地

工业和信息化部
民政部
国家卫生健康委员会

2021年度平安县（市、区）

中共浙江省委
浙江省人民政府

2018-2020年健康浙江建设先进、县（市、区）

中共浙江省委
浙江省人民政府

美丽浙江建设（生态文明示范创建行动计划）工作考核优秀区

中共浙江省委
浙江省人民政府

浙江高质量发展建设共同富裕示范区首批试点名单

浙江省高质量发展建设共同富裕示范区领导小组办公室

全面深化改革考评优秀县（市、区）

中共浙江省委全面深化改革委员会

法治浙江（法治政府）建设先进单位

中共浙江省委全面依法治省委员会办公室

浙江省淘汰落后产能工作先进区

浙江省工业转型升级领导小组办公室

浙江省深化“千万工程”建设新时代美丽乡村（农村人居环境提升）工作优胜区

浙江省“千村示范、万村整治”工作协调小组办公室

浙江省清新空气示范区

浙江省美丽浙江建设领导小组大气污染防治办公室

2021年度全市区、县（市）综合考评优秀等次

中共杭州市委
杭州市人民政府

拥江发展行动单项奖

中共杭州市委
杭州市人民政府

打造国际一流营商环境单项奖

中共杭州市委
杭州市人民政府

数字富阳（2021）

区域面积1821.08平方千米
年平均气温18.7℃
年降水量1740.9毫米
年日照时数1691.7小时
市区空气质量优良天数337天，空气优良率92.3%
森林覆盖率65.83%
国家级生态乡镇（街道）18个，省级生态乡镇（街道）2个、杭州市级生态乡镇（街道）4个
常住人口83.9万人
户籍人口69.5万人
登记在册流动人口28.2万人
人口自然增长率1.5‰
城镇登记失业率2.34%
地区生产总值873.3亿元，增长7.7%
三次产业结构5.7∶44.8∶49.5
人均生产总值（按户籍）126014元
财政总收入174.6亿元
一般公共预算收入105亿元
一般公共预算支出118亿元
农林牧渔业总产值69.3亿元
农业增加值49.9亿元
规模以上工业企业数690家
规模以上工业实现营业收入1869.7亿元
规模以上工业增加值250.7亿元
数字经济核心产业增加值97.2亿元
高新技术产业增加值159.1亿元
战略性新兴产业增加值99.2亿元
装备制造业增加值126.2亿元
工业总产值超亿元企业198家(按独立法人计算)
建筑业增加值56亿元
固定资产投资增长率36.2%
社会消费品零售总额417.4亿元
接待国内旅游者441万人，实现国内旅游收入84亿元
接待入境旅游者1268人，创旅游外汇收入85万美元
“农家乐”休闲旅游村（点）166个
实现乡村旅游收入9.9亿元
完成货物进出口总额401.6亿元
实际利用外资33897万美元
公路通车里程2030千米，其中境内高速公路里程85.6千米
全社会公路运输2459万吨
公路旅客运输量36万人次
邮政业务收入11亿元
新引进高校毕业生8522人
引进硕士研究生等高层次人才1322人
专利授权量5816件
研究与试验发展经费支出占生产总值比重的2.96%
新增省级研究院8家、国家级高新技术企业157家
累计拥有省级企业研究院25家、省级企业研究中心74家、杭州市级企业研发中心134家
众创空间6家，入驻创业团队213个
科技企业孵化器8家，入驻企业229家
区图书馆藏书651千册（件），书刊外借107万册次
县级以上文物保护单位162处(群)，其中省级以上8处(群)
体育场馆28个，健身苑（点）592个
全体居民人均可支配收入59666元
全体居民人均消费支出38079元
城镇居民人均可支配收入69316元
城镇居民人均消费支出42560元
农村居民人均可支配收入42051元
农村居民人均消费支出29900元
区内上牌的私人汽车拥有量199538辆
每百户家庭拥有私人汽车71辆
各类医疗卫生机构579个，医疗床位4880张
各类专业卫生技术人员7367人
完成无偿献血14482人次，献血总量426.2万毫升
职工基本养老保险参保人数498523人
职工基本医疗保险参保人数419763人
城乡居民基本医疗保险290904人
工伤、失业、生育保险参保人数分别为251539人、249520人、248229人
最低生活保障人数11504人
城乡居民最低生活保障标准1102元
居家养老照料中心301家，养老床位3226张
五保供养服务中心12所，供养老人401人
福利院1所，床位166张，收养婴幼儿童10人，老人25人
区慈善总会支出各项救助金3025.2万元

目 录

Contents

1 特 载

Special Report

2 年度聚焦

Highlights of the Year

3 大 事 记

Chronicle of Major Events

4 区情综览
Profile

5 中国共产党杭州市富阳区委员会
Hangzhou Fuyang District Committee of the Communist Party of China

6 杭州市富阳区人民代表大会
Hangzhou Fuyang District People's Congress

7 杭州市富阳区人民政府
Hangzhou Fuyang District People's Government

8 中国人民政治协商会议杭州市富阳区委员会

Hangzhou Fuyang District Committee of the Chinese People's Political Consultative Conference

9 纪律检查·监察

Discipline Inspection and Supervision

10 民主党派

Democratic Parties

11 群众团体
Mass Organizations

12 法 治
Rule of Law

13 军 事

Military Affairs

14 农业·新农村

Agriculture and New Countryside

15 经济管理

Economic Management

16 工 业

Industry

17 商贸流通

Commerce and Circulation

18 金　融

Finance

19 交通运输

Transportation

20 邮政通信

Postal Communication

21 旅游业

Tourism

22 富阳经济技术开发区

Fuyang Economic and Technological Development Zone

23　杭州富春湾新城

Fuchunwan New Town, Hangzhou

24　投融资平台

Investment and Financing Platform

25 城乡建设与管理

Urban-Rural Develepmend and Management

26 环境保护

Environmental Protection

27 科学技术

Science and Technology

28 教 育

Education

29 文化·传媒
Culture and Media

30 医疗卫生

Health care

31 体　育
Sports

32 社会生活
Social Life

33 乡镇·街道

Township and Streets

34 名　录

Directory

35 附　录

Appendices

36 索　引

Index

坚定不移实施产业强区主战略
加快产业新动能城市新轴线发展新环境立起来
为高水平描绘现代版富春山居图而不懈奋斗

——在中国共产党杭州市富阳区第二次代表大会上的报告

（2021年12月28日）

中共杭州市富阳区委书记　吴玉凤

中国共产党杭州市富阳区第二次代表大会，是在“两个一百年”奋斗目标历史交汇点、富阳全面“立起来”关键期，召开的一次十分重要的大会。大会的主要任务是：回顾总结区第一次党代会以来的工作，研究部署今后五年的奋斗目标和主要任务，选举产生中共杭州市富阳区第二届委员会和第二届纪律检查委员会，团结带领全区各级党组织、全体党员和广大干部群众，坚持以习近平新时代中国特色社会主义思想为指导，围绕高质量发展建设共同富裕示范区，坚定不移实施产业强区主战略，加快产业新动能、城市新轴线、发展新环境立起来，为高水平描绘现代版富春山居图而不懈奋斗！

现在，我代表中共杭州市富阳区第一届委员会向大会作报告，请予审议。

一、过去五年的主要成就和基本经验

区第一次党代会以来的五年，是富阳发展历程中极不平凡的五年，是富阳实现深层次变革、全方位转型、系统性重塑的五年。五年来，面对撤市建区赋予的时代重任，面对转型升级带来的巨大阵痛，面对新冠疫情造成的空前冲击，我们团结带领全区广大干部群众，顺利完成区第一次党代会确定的各项目标任务，“十三五”圆满收官、“十四五”稳步开局，高水平全面建成小康

社会，共同富裕示范区建设拉开大幕。预计，2021年地区生产总值达到870亿元，一般公共预算收入突破百亿，城乡居民人均可支配收入分别达到69000元、41700元。

五年来，我们坚持不破不立、边破边立，以大破推动大立。始终从富阳发展的阶段性要求和内在性规律出发，紧紧围绕高水平描绘现代版富春山居图总目标，锚定“盯住四个五、干好一三五”，明确发展定位、清晰发展路径，先后实施“三看四态促转型”“三个拥抱”“三高发展”“三个立起来”等一系列战略部署，每年召开战斗动员大会，特别是抢抓“后峰会、前亚运”重要机遇，按照“办好一个会、提升一座城”要求，全面

谋划推进“迎展行动”，强力实施辨识度高、系统性强的“985”工程，大事、要事、难事一件一件推进，目标、指标、坐标一步一步达成，9大都市工程进展顺利，8大产业群落多点突破，5大治理行动成效明显，推动富阳跨越“不破不立、先破后立、边破边立、转破为立”四大阶段，翻开了富阳发展崭新篇章。

五年来，我们坚持拥抱都市、一体发展，以大交通推动大融合。抢抓撤市建区“窗口期”，坚定不移促融合，都市一体成效显著。坚持大交通先行，杭黄高铁、地铁6号线、绕城高速西复线、彩虹快速路、春永快速路等密集竣工投用，湖杭高铁、灵桥新互通、大盘山隧道、秦望过江通道等进展顺利，“三铁三高三快速”融杭交通体系全面构筑，一举奠定了富阳“融入大都市、接轨长三角”的坚实基础。突出大协作发展，围绕杭州城西科创大走廊等省市重要战略，加快银湖、东洲、富春湾新城融入杭州主城，扎实推进现代版富春山居图样板段建设，水上运动中心、射击射箭馆、富阳体育中心三大亚运场馆精彩亮相，与高新区（滨江）共建特别合作区，创新实施“富阳供地、滨江耕地”模式，成效显著。

五年来，我们坚持腾笼换鸟、凤凰涅槃，以大平台推动大集聚。唱好“双城记”，实施“双提升”，新旧动能加快转换，规模以上工业总产值达1400亿元，市场主体首破10万大关，连续入选全国综合实力百强区、绿色发展百强区、投资潜力百强区。产业结构持续优化，克服“换挡焦虑”，壮士断腕淘汰落后产能，实现造纸产业历史性腾退，彻底换来了富春湾新城的新生，渌渚循环经济产业园一期建成投用。推进球拍、门窗、竹纸等经典民生产业整治提升，荣获浙江省淘汰落后产能和“腾笼换鸟”工作考核先进区称号。发展动能持续增强，五年累计引进产业项目695个、总投资超千亿，工业投资、高新产业投资保持高位增长，富芯、宏华数码、大华二期等“链主型”企业落地建设，中恒电气、飞旋科技等重点项目建成投产，中泰深冷、富生电器等重点企业持续升级，富通通信、海正生物等数字化车间加快建设，培育了中荷电子、大立过滤等一批“专精特新”“隐形冠军”，规模以上工业高新技术产业增加值占比64.2%，五年提高20个百分点。新增国高企385家，研发经费投入强度增幅连续位居全市前列，新增各类人才6万人，硕士及以上人才年均增长51%，引进高层次人才项目195个。平台能级持续提升，开发区纳入杭州城西科创大走廊联动发展区，总部经济、数字新零售、智能装备等新兴产业初具规模；杭州富春湾新城塔吊林立，中科院杭州光机所等落地运行，富春湾大道等扎实推进。

五年来，我们坚持都市品质、三美并举，以大治理推动大美丽。城市建设大步迈进，城镇化率突破70%，坚决遏制城乡无序建房乱象。高标准打造城市“十字金轴”，集全区力量推进城市有机更新，秦望“城市眼”、杭黄“门户眼”等地标即将拔地而起。阳陂湖生态修复一期顺利完成，精品江景、精品夜景相继亮相，19条断头路得以贯通，赢得市民广泛点赞。扎实推进城乡风貌整治和未来社区建设，改造提升老旧小区45个，基本建成“污水零直排区”。城乡一体统筹推进，完成环金线整治等工程，建设“四好农村路”450公里，全面实现融杭城乡公交一体化。新登古城加快复兴，场口微镇进展迅速，乐水湖源、洞桥营地、龙门古镇、葛洪丹谷、杏福万市、恬漫永昌、渔山稻香、上官球拍、春建茶艺等一批美丽城镇经典塑造，“六大组团”联动推进。乡村建设成果喜人，创建省市级精品村40个、AAA景区村庄26个，扎实推进富春山居标杆点建设，打响味道山乡、百花大会、江鲜大会等特色品牌，“非粮化”“非农化”整治卓有成效，粮食种植面积达25万亩，经营性收入30万元以下经济薄弱村全面消除，成功获评浙江省新时代美丽乡村示范区、全省深化“千万工程”建设优胜区。“两山”道路走好走实，深入实施“五水共治”“五气共治”，累计削减露天矿山39座，整治燃煤锅炉770余台，节能降耗200万吨标煤，高标准抓好中央环保督察反馈问题整改，连续3年获得“美丽浙江”优秀区称号，成功创建国家生态文明建设示范区。

五年来，我们坚持以人为本、民呼我为，以大投入推动大民生。五年累计投入360亿元用于民生事业，占一般公共预算支出比重近八成，成功获评中国最具幸福感城区。落实“六稳”“六保”，城镇登记失业率控制在3%以内，扎实做好“两不愁三保障”，养老、医保实现与杭州主城区“同城同待遇”。推进“美好教育”，累计新建各类中小学幼儿园29所，引进建设上海外国语大学杭州附属学校，新劳动教育模式全国示范，成为浙江省教育基本现代化区。打造“健康富阳”，“舒心就医”模式领跑全省，成功引进省人民医院富阳院区、省中医院本部。高度重视安居工程，深入推进农村危旧房改造，高标准建设安置房项目72个，建成公租房、人才房近万套。农村饮用水工程惠及广大群众，千岛湖饮水工程及银湖水厂一期建成投用。打响“家在富春江上”文旅品牌，创获全省农村文化礼堂建设示范区。扎实推进“四平台”和全科网格建设，扫黑除恶专项斗争成效显著，连续三年获得全省无信访积案区，各类警情连年下降，成功摘得全省首批“一星”平安金鼎，获评法治浙江建设示范区。

五年来，我们坚持制度重塑、流程再造，以大改革推动大创新。以系统思维、问题导向推动各项改革迭代升级，着力打造“数智富春山居图”。深化“一件事”集成改革，“人生一件事”入选全省最佳实践案例，“拿地即开工”模式全省示范，“证照分离”实现全覆盖。公安执法规范化建设得到公安部肯定。“最多跑一地”矛盾纠纷多元化解机制，获中国十大社会治理创新奖。“家和智联”获全国妇联肯定。医学检查检验结果互认共享改革全省推广。政务服务示范大厅省级试点圆满完成。县域共青团基层组织改革等25项国家和省级试点有序推进。推动党政机构改革、事业单位清理规范，深化“一巡多功能”、安全生产委托执法等改革。区属国企改革、资源要素配置市场化改革、投融资管理体制改革、农村“三权”改革等稳步推进。

五年来，我们坚持南征北战、全面赶考，以大党建推动大作为。政治建设深入推进，扎实开展“两学一做”学习教育、“不忘初心、牢记使命”主题教育、党史学习教育，隆重举办庆祝建党100周年、新中国成立70周年系列活动，建成新四军两渡富春江红色研学中心、中央调查组在富阳史料陈列室等一批红色展馆。全面贯彻落实新时代党的组织路线，干部政治素质数字化档案工作得到中央改革办的肯定，落实年轻干部“五级梯队”培养选拔机制，开设领导干部周末大讲堂。圆满完成社区规模调整、村社组织换届，深入开展“昼访夜谈”“百日解难”活动，大力整治“软弱涣散”基层党组织。从严执行中央八项规定精神，深入整治“不担当、不作为、不落实”问题。坚决抓好中央、省委巡视反馈问题和“七张问题清单”整改，“数智巡察”得到中央巡视办的高度肯定，并在全省推广。持续保持惩治腐败高压态势，“三不”一体推进形成新格局。坚持党委把方向、管大局、作决策、保落实，人大及其常委会依法履职，政府依法行政，政协民主监督、参政议政，党管武装、宣传思想和意识形态、依法治区等工作全面加强，爱国统一战线日益壮大，工会、共青团、妇联等群团组织桥梁纽带作用积极发挥。

这五年，有太多值得铭记的人和事：最令人敬佩的是，面对突如其来的新冠疫情，干部群众日夜坚守，白衣天使逆行出征，“病毒无情人有情”，遍布全区的卡口、岗哨、帐篷，组成了富阳最坚固的“钢铁防线”。最令人感动的是，面对“烟花”“灿都”“九孔泄洪”等极端天气，全区人民风雨同舟、沉着应对，大源重大山体滑坡连夜平安转移“一个不少”，新沙、五丰两岛大撤离扶老携幼“一个不落”，江滨西大道十里防洪长堤在风雨中定格。最令人动容的是，面对秦望区块、富春湾新城、钢圈厂路、地铁沿线、新登古城、场口微镇、湖塍村征迁硬仗，各地各部门纷纷请缨、社会各界主动参与，无数次比对政策、无数次誓师动员、无数次熬夜商谈，超过2万户农户、近2000家企业搬迁，都是在回应人民对美好生活的期盼。最令人难忘的是，面对紫云山庄、小城镇环境综合整治时间紧、任务重、标准高的巨大压力，各级党员干部撸起袖子加油干，一时间“帮帮团”“巾帼队”纷纷驰援，迷彩服成了富阳最靓丽的风景线。正是这样一场又一场的大考、一个又一个的硬仗、一次又一次的攻坚，生动诠释了富阳党员干部群众是一支敢打硬仗、能打胜仗的铁军。

五年的急行军，我们一起战斗、一同收获，一路见证了这座城市的快速成长。五年的大变革，既为继续前行打下了坚实基础，也为开创未来积累了宝贵经验。我们深刻体会到，进一步做好富阳工作：

必须践行“两个维护”，站稳政治第一立场。只有坚持以习近平新时代中国特色社会主义思想为指引，特别是牢记习近平总书记提出的“打造各具特色的现代版富春山居图”重要指示，坚持从全局高度思考问题、谋划工作，才能确保富阳发展始终沿着正确的轨道前进。这是我们最根本的政治纪律，任何时候都要恪守。

必须保持转型定力，紧盯发展第一要务。只有坚持创新、协调、绿色、开放、共享的新发展理念，把握发展规律、结合地方实际，保持定力、专心专注，才能实现富阳发展的凤凰涅槃。这是我们最明确的工作导向，任何时候都要坚守。

必须牢记为民宗旨，倾听群众第一呼声。只有坚持以人民为中心，秉承初心使命，着力解决群众的“急难愁盼”和“关键小事”，让更多改革发展成果造福人民，才能汇聚推动发展的磅礴力量。这是我们最根本的价值取向，任何时候都要谨记。

必须全面深化改革，激发创新第一动力。只有坚持敢闯敢试、敢为人先，以思想破冰引领改革突围，创新解决一批体制性、机制性问题，推动各领域加快变革，才能占得发展先机、争取发展主动。这是最科学的工作方法，任何时候都要遵循。

必须坚持党建引领，强化队伍第一保障。只有坚持和加强党的全面领导，充分发挥基层党组织的战斗堡垒作用，充分调动广大党员干部的干事创业积极性，才能战胜一个又一个的困难，取得一个又一个的胜利。这是最坚实的力量保障，任何时候都要加强。

各位代表、同志们，过去五年所取得的巨大成就，最根本的在于以习近平同志为核心的党中央的科学指引、掌舵领航。五年的成就，让我们信心倍增、豪情满怀。这应当归功于省市委的高度重视、巨大支持，应当归功于历届党委的薪火相传、接续奋斗，应当归功于全体党员干部的同舟共济、团结一心，应当归功于广大老领导、老同志的鼎力支持、关心督促，应当归功于各民主党派、工商联、无党派人士的同心同德、携手共进，应当归功于全区人民的努力拼搏、不懈奋斗。在此，我代表区委，向所有为富阳发展作出贡献的同志们、朋友们，表示衷心的感谢和崇高的敬意！

二、今后五年的总体要求和奋斗目标

当前，百年未有之大变局加速演进，新冠疫情全球大流行，不稳定不确定因素明显增加。但总体看，我国在危机中育新机、于变局中开新局，高质量发展的目标没有变，稳中向好的基本面没有变。站在“两个一百年”的历史交汇点，党的十九届六中全会全面总结党的百年奋斗重大成就和历史经验，确立习近平同志党中央的核心、全党的核心地位，确立习近平新时代中国特色社会主义思想的指导地位，对推动全党进一步统一思想、统一意志、统一行动，对新时代党和国家事业发展、对推进中华民族伟大复兴历史进程具有决定性意义。面向第二个百年奋斗目标，我们必须忠诚拥护“两个确立”、坚决做到“两个维护”，以习近平新时代中国特色社会主义思想为指引，从党的百年奋斗历程中汲取智慧力量，倍加珍惜百年伟大成就，长期坚持百年历史经验，确保全区各项事业始终沿着正确的方向阔步前进。这是我们一切工作的逻辑起点。

时代风起，春江潮涌。未来五年，是富阳高质量发展的关键时期，机遇前所未有，挑战无处不在，我们要科学研判形势，清醒审视自身，把握历史机遇，实现赶超发展。综合判断：

1．*富阳正处在战略机遇期，发展环境深刻改变*。习近平总书记赋予浙江“高质量发展建设共同富裕示范区”全新使命，实现共同富裕将是今后很长一个时期的主要任务，我们处于“共富裕”时代。数字化改革深入推进，数字经济、数字社会、数字文明浪潮一波接着一波，我们处于“数字化”时代。2022 年杭州亚运会的举办，“办好一个会、提升一座城”的综合效应将持续释放，我们处于“亚运会”时代。随着新一轮杭州行政区划调整到位，杭州已全面开启社会主义现代化国际大都市建设，我们处于“大杭州”时代。总体看，各种发展机遇不断叠加，为我们提供了巨大的奋斗空间，迫切需要我们跳出富阳发展富阳，适应形势变化，紧跟时代步伐，加压奋进，加快赶超。

2．*富阳已处于区域竞合期，发展格局深刻改变*。富阳撤市设区已经 7 年，杭州发展的格局已由市区向市域、都市区向都市圈转变，区域竞争合作版图正在重构。相对应的，区县之间“标兵越来越远、追兵蜂拥而至”的竞争格局加速形成，我们与区域位置相邻、主导产业相似、城市能级相近、发展优势相仿的兄弟城市，在同类赛道上的竞争将更加激烈。如果没有“想人所未想”的先见之明、没有“做人所未做”的先行先试，就会被标兵甩开、被追兵超越，迫切需要我们抢抓新机遇、抢占新风口，努力实现富阳从跟跑、到并跑、到领跑。

3．*富阳仍处于转型阵痛期，发展动力深刻改变*。过去几年，富阳经历了极为艰难的转型，未来几年，我们还将继续爬坡过坎、滚石上山，特别是当前富阳发展还存在一些短板和问题，主要表现在：高质量经济发展任重道远，主导产业不够优、平台能级不够高、项目支撑不够大、创新能力不够强等问题仍然存在；高品质城市建设任重道远，城市功能不够完善、城乡建设不够精细、城市管理不够到位等现象依然突出；高水平社会治理任重道远，防范风险、化解风险的能力有待提升，应对突发事件、紧急事态的体制机制有待健全；高素质队伍建设任重道远，党员干部“破”的能力明显增强、“立”的水平有待提高，全局性、专业化明显不足，迫切需要我们保持足够清醒，进一步增强危机感、紧迫感，破解难题，破旧立新，加快发展。

4．*富阳将进入全面发力期，发展优势深刻改变*。虽然我们还存在诸多问题，但富阳的发展基础、潜力、实力仍然深厚，优势十分突出，主要是：经过五年交通大会战，杭州城西科创大走廊联动发展区、滨富特别合作区建设深入推进，同城发展、一体发展的格局不断形成，区位优势全面凸显；在土地资源日益紧张、生态红线愈发刚性的背景下，这几年全面腾笼而来的大量优质空间，将成为最宝贵的稀缺资源，空间优势全面凸显；“奇山异水、天下独绝”的富春山水，通过近年来有效的保护和修复，真正让富阳“既具江城之秀、又赋山城之美”，成为了杭州极具特色的都市新区，环境优势全面凸显。这些复合叠加的优势，将促使富阳成为杭州扩大城市版图、提升城市能级的战略选择，主城区产业、人才、公共服务等优质资源将加速向我区辐射，必将带动富阳全面发力，迫切需要我们更加积极主动地参与到大杭州的分工合作，发挥优势、乘势而上。

根据新的形势和要求，区委提出，今后五年富阳发展的指导思想是：高举习近平新时代中国特色社会主义思想伟大旗帜，深入贯彻党的十九大和十九届二中、三中、四中、五中、六中全会精神以及习近平总书记在浙江、杭州考察重要讲话精神，立足新发展阶段，贯彻新发展理念，融入新发展格局，深入践行“八八战略”，围绕打造“重要窗口”，统筹发展与安全，推进高质量发展建设共同富裕示范区，坚定不移实施产业强区主战略，加快产业新动能、城市新轴线、发展新环境全面立起来，全力打造创新活力、都市田园、山水人文、幸福宜居“四大图景”，奋力谱写现代版富春山居图新篇章。

区委提出，今后五年富阳坚定不移实施产业强区主战略。产业立则富阳立、产业兴则富阳兴、产业强则富阳强。富阳历来具有良好的产业基础，历届党委都把产业发展摆在重要位置，为我们实施产业强区主战略打下了坚实基础。面对新形势，新一轮科技革命和产业浪潮加速发展，各地高度重视高端产业发展，争夺优质产业资源的激烈程度前所未有。对此，我们要进一步统一思想，深刻认识到今后一个时期，加快富阳发展、实现跨越赶超，关键在产业、难点在产业、潜力也在产业，必须坚定不移、坚持不懈，举全区之力、汇全区之智，大抓产业、抓大产业，努力走出一条符合富阳实际的产业强区道路，奋力开创富阳发展全新局面。

区委认为，不同的时代背景、不同的发展阶段，有不同的发展任务、不同的发展路径。相对于“十三五”时期以破为主，今后五年“立起来”将是富阳发展的核心主旨，这是推进高质量发展实现共同富裕的必然要求，也是高水平描绘现代版富春山居图的题中之意，更是落在我们这一代人肩上的重要使命。区委一届十次全会提出产业新动能、城市新轴线、发展新环境“立起来”，全区上下思想、目标、行动高度统一，各项工作取得了显著进展，成效有目共睹。对此，我们更要明白：“破不是我们的目标，立才是我们的根本”，“破是为了更好的立”；同时也要清醒认识到，“破不易立更难”，“破需断臂之勇、立要接骨之能”。“立起来”是一个由点到面、由量到质、由低到高的转变，我们所追求的“立”，是高质量、高水平的“立”，立的难度要远远大于破，立的过程要远远长于破，需要我们付出长期艰苦的努力。对此，新一届区委将坚持一张蓝图绘到底，不折腾、不动摇，不喊新口号、不换新跑道，坚定不移将“立起来”进行到底，立出一番新天地、立出一个新富阳。

对此，区委提出今后五年的奋斗目标是：到 2026 年，共同富裕迈出实质性步伐，实现“五年有大进展”的阶段性目标。产业新动能全面立起来，高新绿色产业成为主导，科技创新驱动更加有力，转型发展动力显著增强，发展质效明显提升；城市新轴线全面立起来，地铁“黄金轴”现代气派，富春江“碧玉带”徐徐展开，“融杭融圈融廊”格局全面形成，“百里富春山居图、五十里春江花月夜”盛景再现；发展新环境全面立起来，富春山水和富春文化交织共融，创新创业、宜居宜业的环境更加优越，“生活富裕、生命阳光”城市品牌更加响亮，初步呈现现代版富春山居图“创新活力、都市田园、山水人文、幸福宜居”四大图景。力争实现地区生产总值年均增长6.5%，规上工业增加值年均增长12%以上，一般公共预算收入年均增长10%，居民可支配收入年均增长8%。

三、今后五年的主要任务

蓝图已经绘就，奋笔正当其时。未来五年，我们要锚定“一年大提升、三年大变样、五年大跨越”，以非常之责干事业、以非常之力抓落实，拼三年、搏一届，努力把一个个美好的愿景变为一幅幅现实的图景，显著提升富阳在杭州发展版图上的分量和地位。

（一）坚持产业强区，高质量打造创新活力图景

坚持一、二、三产融合并进，扎实推进“五年倍增”计划，全力壮大实体经济根基，力争五年实现规上工业总产值、工业投资、科技投入、高新企业数量、上市企业数量翻番，再造一个“产业富阳”，成为全省先进制造业重要基地。

1．坚持项目为王，大抓招商、抓大招商。树立“抓招商就是抓未来，抓项目就是抓发展”理念，坚持把招商引资作为产业强区主战略的“生命线工程”，不遗余力、狠抓落实。构建“大招商、招大商”格局，紧紧抓住长三角一体化发展、央企国企二次布局等机遇，全民动员、紧盯高新、突出链条、引落一体，着力形成招商“一盘棋”格局。大力开展以商引商、以民引民，持续推进专业招商、敲门招商，实施新一轮“富商回归、乡贤回家”创业计划，全力招引一批百亿、五十亿、十亿元以上的产业项目，以大项目带动大投入、形成大产业、推动大发展。

2．坚持科技为先，大抓创新、抓大创新。围绕全省打造“三大科创高地”战略布局，加快硬科技创新示范区建设步伐，力争研发经费投入强度达到3.8%以上，努力成为全省科技创新高地。坚持企业创新主体，鼓励企业加大研发投入，加强“首台套、首批次、首版次”支持力度，推动创新要素向企业集聚，支持龙头企业、领军型科技企业牵头组建国省级创新平台、创新联合体，带动培育一批高新技术、科技型中小企业。支持创新载体建设，加大与全国、全省特别是“一廊四城”内的浙江大学、之江实验室、西湖大学等高端科研院所合作力度，共建高，能级科创平台，加强与上海张江国家实验室对接合作，推动国际著名专家罗素团队落地组建杭州科学中心，加快光电激光产业协同创新创业中心建设，推动杭州光机所、工创谷、春江研究院等深度嵌入产业链条。优化科技创新生态，出台科技新政，充分发挥科技投资引导基金、天使创投基金作用，加大金融对高新科技产业的支持力度，为科技型企业发展壮大和高新项目招引注入强劲动力。

3．坚持融合融入，大抓平台、抓大平台。坚定不移唱好“双城记”，以更大决心、更大力度、更大举措，支持平台、服务平台、发展平台，着力推动区内、区外各个平台深度融合发展。经济技术开发区是国家级开发区，发展责任重大，要千方百计融入杭州城西科创大走廊，推动高质量、一体化发展，加快打造“金南翼”。统筹“一城一带多园”建设，拓空间、强配套、造环境，全面建成银湖科技城，力争到2026年综合实力进入全国第一方阵。富春湾新城是杭州的“未来之城”，承载着全区发展的希望，要紧紧盯住“十年初具雏形”阶段性目标，坚持高标准、高起点，做到“育产、建城、聚人、强科”，加快土地整治、加强优质配套、加大板块开发、加速招商引资，成为全省高新技术产业园区、“万亩千亿”新产业平台、全省低碳园区。滨富特别合作区要发挥先发优势，深化区域高质量协同发展新模式，全力做好“合作区＋”文章，力争三年内建成全省区域产业协同发展示范园。

4．坚持转型升级，大抓产业、抓大产业。以制造业高质量发展为主攻方向，深入开展新一轮制造业“腾笼换鸟、凤凰涅槃”行动，着力推动数字经济和实体经济、先进制造业和现代服务业深度融合。大抓新兴产业，聚焦新制造、新材料、新能源等前沿领域，培育壮大光电通信、生物医药等现有优势产业，力争到2026年形成数字新基建、智能装备两大产值超500亿元的主导产业，着力打造富阳产业主引擎。发展数字经济，加快建设一批产业大脑、未来工厂、黑灯车间，布局一批5G、云计算、大数据、物联网等未来产业，着力形成富阳产业新蓝海。提升传统产业，深化“亩均论英雄”，持续推进冶炼、建材等行业高端化、智能化、绿色化转型，整合提升小微园区、乡镇工业园区，着力稳固富阳产业基本盘。做优现代服务业，大力发展数字信息、科技研发、现代金融等生产性服务业，提升发展数字新零售、高端商贸等生活性服务业，积极发展总部经济、楼宇经济。支持企业升级，推进机器换人、技术换代、空间换地，健全“微成长、小升规、低变高、大到强”培育机制，着力形成一批“专精特新”“隐形冠军”企业，加快培育富阳独角兽企业、头部企业，力争五年新增上市企业10家以上。

5．坚持最优环境，大抓服务、抓大服务。营商环境是一个地区综合竞争力的重要标志，要打好服务牌、环境牌、政策牌、感情牌，让一流的营商环境成为富阳最好的招牌。高度重视服务企业，进一步完善企业家服务体系，构建“亲”“清”新型政商关系，办好“富阳人大会”“富商大会”，进一步浓厚亲商、安商氛围，推动广大企业家坚守富阳、坚持主业、坚定实业。特别重视人才生态，加强人才政策精准度，大力引进光电激光、智能制造等产业人才，注重培育现代农业、社会民生人才，着力打造以国省级人才为引领、市区级人才为中坚、各行各业人才为基础的“金字塔形”人才结构。更加重视政务环境，以数字化改革为牵引，充分发挥富阳“一件事”改革先发优势，持续加大“一次、一门、一窗、一站、一屏、一网”集成力度，不断提升对企业、项目、人才、群众的全周期、全流程服务，真正让富阳成为一片创新创业的热土。

（二）坚持开放活区，高质量打造都市田园图景

秉持“兼田园之美、具城市之利”理念，以更开放的格局，持续推进融杭发展、拥江发展，精品规划、精致建设、精细管理、精明运营，加快建设“城市田园、田园城市”，全力打造大杭州独具魅力的都市新区。

1. 展现最精彩，办好亚运盛会，放大亚运综合效应。以“迎展行动”为统领，高标准做好场馆运行、会务服务、环境整治、应急保障等筹备工作，全面激发群众知晓亚运、参与亚运、共享亚运的热情，确保赛事圆满举办，向亚洲乃至全世界展示现代版富春山居图最精彩的一面。持续发挥亚运综合效益，切实抓好场馆利用后半篇文章，推进体育健身服务全民化，创建全省体育现代化区。加大“以会带产”力度，进一步推动赛艇、球拍等体育制造业发展，引进一批知名体育俱乐部，培育升级高端赛事、健康休闲、运动康复等服务业态，创建国家全域旅游示范区，重振“中国运动休闲之城”品牌。

2. 着眼一体化，构建都市交通，全面融杭融圈融廊。围绕“外联内畅、都市一体”，实施新一轮交通大会战。建成投用湖杭高铁、杭千高速灵桥新互通，加快建成杭州中环、杭淳开高速，推进东望路延伸工程，进一步完善都市交通网络体系。全面贯通富春湾大道、大盘山隧道、西环北路连接线，形成富阳城市内环。有序推进320国道大青至鹿山改建、206和305省道改扩建、渌渚江航道提升等工程，持续打通一批城市“断头路”，推进“四好农村路”建设。对接融入省市重大布局，强化规划引领作用。坚持全要素统筹、全领域覆盖、全周期管理，科学划定“三区三线”，推动“多规合一”，高起点做好各项规划。做深做透专项规划，提高城市设计水平。加大规划刚性执行，严控城市天际线、富春江岸际线、主要道路两边退界线。

3. 提升辨识度，立好十字金轴，打造现代田园城市。以中心轴线串起节点、带动片区、辐射全域。高起点打造地铁“黄金轴”，推进城市中脊道路综合整治，向南贯通秦望过江通道，争取地铁6号线过江，向北与杭州城西科创大走廊联动一体，有机串联银湖科技城、环阳陂湖、富春“城市心”等重点板块，建成秦望“城市眼”、杭黄“门户眼”百年精品工程，九大功能互补、形态丰富、气质各具的地铁站点全面建成。高品质打造富春江“碧玉带”，坚定拥江发展，做透“江”的文章，用足用好湾区、沙洲、岛屿、岸线等独特资源，推进东洲富春卷首、城区现代都市、新桐田园风光全流域改造提升，激活新沙岛，修复洋浦江，抓好富春湾新城水系恢复，持续推进精品江景、最美绿道建设，着力打造拥江枕湖、人水相亲的“湿地水城”。

4. 立足精细化，坚持一流标准，全面提升城市品质。高强度投入、高水平治理，城市管理全面对标杭州主城区。加快未来单元建设，积极创建一批未来社区，抓好老旧小区、背街小巷、城中村改造，加快提升重点商圈、主要街区，因地制宜建设一批城市小品、城市家具。开展城市治堵，加强道路序化管理，加大停车位供给，不断改善市民出行条件。提升市容市貌，做好减法、打开空间，做到疏密有致、浓淡相宜。重抓城市安全，统筹整治老旧管网管线、高层消防安全、地下管廊空间等，提升城乡防洪排涝能力，及时消除各类隐患。建设数字孪生城市，做强“城市大脑”，优化完善“大城管”“大城建”体制，持续提升城市建管水平。

5. 全域景区化，组团协同发展，推进乡村美丽振兴。强化区域联动。围绕“大片区发展、大景区覆盖”，坚持美丽城乡、美丽经济、美丽治理“新三美”联动，深入推进大龙门、大壶源、大葛溪、大安顶等组团发展，推动一批景村、景乡、景区串珠成链，走出一条优势互补、共建共享的区域协同发展新路子。建设美丽城镇。加强小城市培育，突出抓好新登千年古城复兴、场口艺美小镇建设，巩固小城镇环境综合整治成果，培育特色产业、塑造经典小镇。打造未来乡村。统筹“五化十场景”，通过设计改变乡村，持续推出一批浙派民居、杭派民居，引领村居建设新风尚。坚持“最清洁、最有序、最生态、最美丽”标准，全域构建乡土气息、田园风光、地域特色、美丽宜居、富阳品牌的乡村精美画卷。发展美丽经济。持续打响“味道山乡”特色品牌，深化“两进两回”，大力培育一批具有竞争力的龙头企业、农创客、农夫乐园等农业经营主体，擦亮“富春山居”区域公共品牌，壮大村集体经济，争创全国“两山”理念转化实践示范区。适时开展部分乡镇（街道）行政区划调整工作。

（三）坚持文化兴区，高质量打造山水人文图景

独绝的山水、深厚的文化是富阳最大的特色，也是我们最宝贵的财富。坚定走生态优先、文化引领之路，全力铺展一幅山水和人文交相辉映的秀美画卷，重现千年富春古郡风韵。

1. 传承富春文脉，建设新时代文化强区。围绕“一条江、一幅画、一张纸、一批人、一座城”，深入推进“新时代文化兴盛”行动，大力传承和弘扬“富春山居文化”。实施文化基因解码工程，深度挖掘《富春山居图》、孙权故里、郁达夫、“两董”等文化元素，打造具有富阳辨识度的文化标识。加强文化遗产保护传承，建设泗洲古法造纸、瓦窑里两大遗址，支持新登古城申遗，提升竹纸制作技艺、张氏骨伤疗法等非遗项目，打响周雄孝善文化品牌。推动文旅融合发展，加快西岩温泉、经纬整交点、公望两岸文创产业基地等重点项目建设，做大安顶云雾茶、东坞山豆腐皮、永昌臭豆腐、龙门油面筋等地方风味产业，打响“家在富春江上”文旅品牌。深度融入钱塘江诗路、之江文化产业带，创新文化新业态、新模式，实施新一轮文化企业培育计划，引育一批文化产业主力军在富创新创业，精心打造一批具有富阳印记的名家名团名作。

2. 弘扬富春文明，争创全国文明典范城市。坚持物质富裕和精神富有协调推进，着力增强文化软实力。强化党的创新理论武装，深化理论传播阵地和学习宣讲平台建设，推动学习贯彻习近平新时代中国特色社会主义思想走深走实。“守护红色根脉”，加强爱国主义教育基地建设，挖掘新四军两渡富春江、新登战役等红色历史，讲好富阳红色故事。强化新时代文明实践中心建设，推进全域精神文明创建，巩固提升全国文明城市创建成果。以社会主义核心价值观为引领，积极培育文明乡风、良好家风、淳朴民风，擦亮“最美群像”发源地品牌，持续奏响最美富阳人时代强音。深化“数字＋文化”改革，打造书香富阳，建设城市书房、科技馆、图书新馆、第二体育中心，用好农村文化礼堂、农家书屋，丰富群众文化生活。

3．保护富春山水，打造“美丽中国”样本。山水是现代版富春山居图最大底色。扎实稳妥推进碳达峰碳中和行动，对标对表“3060”工作目标，积极实施节能降碳增效行动，加大低碳科技创新应用，加快传统产业节能低碳改造。加强生态修复，像保护眼睛一样保护环境，坚持不开照面山，强化“三线一单”刚性约束，实现“一条红线”管控重要生态空间。坚持系统推进，高标准打好治水、治气、治土、治废攻坚战，确保空气优良率稳定提升，主要流域地表水环境达标率100%，污染地块安全利用率100%，再夺“大禹鼎”。完善治理体系，深化林长制、河湖长制、田长制，高标准抓好中央环保督察反馈问题整改，坚决打击生态环境领域违法行为。

（四）坚持富民立区，高质量打造幸福宜居图景

聚焦“七优享”，协调推进人的全面发展与社会全面进步，持续提升社会治理体系和治理能力现代化水平，让人民群众的获得感更加充实、幸福感更可持续、安全感更有保障，争当全省高质量发展建设共同富裕示范区排头兵。

1．建设美好富阳。围绕“人的全生命周期”，率先在七张“金名片”上取得突破，为全省公共服务优质共享探路示范。推动“幼有善育”。持续推进“优生优育优教”促进工程，打造“托起小太阳”富阳品牌。加快完善生育保障政策和配套衔接，扩大公办幼儿园学位供给。推动“学有优教”。优化区域教育布局，提速提质学校建设，加快引进杭二中等优质教育资源。推进名校集团化办学改革，用好“空中课堂”，着力提升农村教育水平，打造优质均衡的城乡教育共同体。落实“双减”政策，扩大“新劳动教育”全国影响，深化德育美育工作改革，促进学生全面发展。推进教育“数字大脑”迭代升级，提升“安心入学”应用服务能力，创新“中高职一体化”建设，打造全省一流综合教育强区。推动“病有良医”。慎终如始抓好疫情防控，完善全区公共卫生服务体系和应急体系建设。深化“三医联动”“六医统筹”综合医改。建成投用省人民医院富阳院区、省中医院本部两家三甲综合性医院。支持院校合作，推进“名医名院名科”“乡贤名医带徒”“富春医学高峰”计划，深化“健康大脑＋智慧医疗”服务，推动医学检查检验结果互认共享改革扩面增效。推动“老有颐养”。坚持增加供给和优化结构同步发力，养老机构护理型床位占总床位比达到65%。构建以困难失能老人保障为重点的分层分类养老服务体系。拓展“空巢老人安全守护”“退管智服”应用场景建设，打造老年友好型社会。推动“住有安居”。促进房地产业健康发展和良性循环。落实保障性租赁住房扶持政策，建成投用1万套以上公租房、人才房，推进共有产权住房试点，着力解决新市民住房困难。提升回迁安置速度，加快城镇危房解危、农村住房解困。推动“弱有保障”。加快社会救助服务联合体建设，统筹政府、市场、社会等救助帮扶资源，建成“全网通”全民慈善服务系统，发挥社会救助在兜底保障、纾困解难、增能致富、生活服务和慈善公益方面的综合效应。推动“劳有厚得”。实施就业优先政策，提升就业公共服务，强化创业带动就业，促进就业收入和产业发展同步提升，拓宽城乡居民财产性收入渠道。深化“就业超市”“工伤一码通”等应用场景，加强从业人员劳动权益保障。

2．建设平安富阳。坚持稳定压倒一切，锚定“全省第一方阵、全市第一序列”目标，完善“大平安”工作格局。推进“县乡一体、条抓块统”基层治理，加快构建以社会治理中心为牵引、“四平台”为支撑、“全科网格”为基底的基层社会治理体系，提高治理现代化能力水平。强化风险闭环管控，做实预测预警、源头防范、多元化解、应急处置机制，严厉打击黄赌毒、盗抢骗、涉网新型违法犯罪，常态化开展扫黑除恶专项斗争，持续推进交通、消防等重点行业专项整治，扎实做好信访维稳工作，有效化解房地产、金融、欠薪等领域社会风险隐患，不断提升人民群众安全感。深化数字法治建设，推动大数据、云计算、人工智能、区块链等技术与政法平安、基层治理深度融合，擦亮“家和智联”“政法一体化”、法治风险闭环“一件事”等金名片。巩固教育整顿成果，完善干警严管厚爱体制机制，最大限度提升政法队伍核心战斗力。

3．建设法治富阳。笃学践行习近平法治思想，统筹推进法治实施、法治监督、法治保障体系建设，落实党政主要负责人第一责任人职责，切实提高党政领导干部法治思维和法治能力。全面推进法治政府建设，坚持依法决策、依法行政，严格规范公正文明执法，加快“大综合一体化”行政执法改革，构建一流法治化营商环境，预防化解行政争议，深化法治乡镇建设，争创全国法治政府建设示范区。持续深化司法机制改革，推进刑事诉讼、民事诉讼、行政诉讼机制创新，提高司法效率，强化司法公信力，努力让人民群众在每一个司法案件中感受公平正义。不断提升法治社会水平，完善自治、法治、德治、智治“四治融合”模式，健全人民调解、行政调解、司法调解“大调解”联动工作体系，优化公共法律服务供给，高标准实施“八五”普法，争创全国依法治理先进区。

四、全面加强党的建设

开启新征程、实现新发展，核心是党的领导，关键是党员干部。要弘扬伟大建党精神，推进新时代党的建设新的伟大工程，坚定不移推进全面从严治党，为高水平描绘现代版富春山居图提供坚实的组织保障。

第一，忠诚践行“两个维护”，担好政治之责。始终把政治建设作为首要任务，增强“四个意识”坚定“四个自信”，忠诚拥护“两个确立”，坚决做到“两

个维护”，不断增强政治判断力、政治领悟力、政治执行力，让忠诚核心、拥戴核心、维护核心、捍卫核心成为富阳党员干部最鲜明的政治底色。坚持用习近平新时代中国特色社会主义思想武装头脑，深化拓展党史学习教育成果，落实“五个强化”“五张责任清单”，优化“政治画像”机制，发挥政治素质在全区干部队伍建设的首关作用。要牢牢掌握意识形态工作主动权，大力推进“瞭望哨”工程，不断提升感知风险、化解风险的能力。

第二，深入推进全面赶考，激发担当之能。落实新时代好干部标准，坚持“能者上、平者让、庸者下”的选人用人导向，着力打造一支“全面赶考”的高素质专业化干部队伍。重塑干部“选育管用”体系，深化干部“三榜联动”“助跑行动”，持续办好干部“周末培训班”“三家大讲堂”，不断提升干部推动“立起来”的本领。坚持示范引领，深化“项目长、产业链长、治理指挥长”制，加大在经济发展最前沿、项目建设主战场、急难险重第一线发现干部、培养干部、使用干部，激励干部担当作为。坚持严管厚爱并重，持续推进干部能上能下，大力选树表彰先进典型，巩固深化容错裁定机制，为担当者担当、对负责者负责，营造干部队伍“比学赶超、勇争一流”的浓厚氛围。

第三，打造坚实战斗堡垒，夯实执政之基。深入实施“红色根脉强基工程”，推动基层党建工作质量整体跃升，打造新时代党建高地。持续深化擂台比武、导师帮带工作机制，建强乡村共富“领头雁”队伍。深化城市基层党建工作，做实街道大工委制、社区大党委制。统筹开展党群服务阵地“凝心聚力”、两新党建“有形有效”、机关党建“模范争先”系列行动，实现各领域基层党建工作提档升级、全面过硬。走好新时代党的群众路线，打造线上“民呼必应”、线下“昼访夜谈”双线融合联动体系，推动党员干部在联系服务群众上更加用心用情用力。

第四，党建统领整体智治，提升变革之力。坚持把数字能力作为新时代各级党员干部的必备关键本领，以数字化改革为总抓手，统筹推进各领域各方面重点改革。科学编制数字化改革“一本账”、共同富裕改革“一本账”、牵一发动全身重大改革“一本账”、改革理论制度成果“一本账”，谋划建设更多具有富阳辨识度、省市影响力、实用管用好用的场景应用，高水平绘就“数智富春山居图”。建成党政机关整体智治、数字政府、数字经济、数字社会、数字法治 5 个综合应用和一体化智能公共数据平台，推动“ 152 ”工作体系与基层治理“ 141 ”体系衔接贯通，加快形成整体高效的党政运行体系、优质便捷的公共服务体系、公平公正的执法监管体系、全域智慧的协同治理体系，实现区域治理现代化先行。

第五，从严抓好党风政风，恪守清廉之本。坚持严的主基调，强化“四责协同”，贯通“四项监督”，持续推进中央巡视反馈问题和“七张问题清单”整改落实。健全完善监督体系，加强对“一把手”和领导班子的监督。综合运用“四种形态”，抓早抓小、抓常抓细。要准确把握“三个聚焦”监督重点，做好常规巡察、专项巡察、延伸巡察，深化“数智巡察”，着力做好巡察后半篇文章。严格落实中央八项规定精神，持续纠治“四风”，一体推进“三不”机制建设，保持惩治腐败高压态势，高标准推进清廉富阳建设，涵养风清气正的政治生态。

第六，坚持党的全面领导，积蓄奋进之势。发挥党总揽全局、协调各方的领导核心作用，最大限度凝聚社会各界的思想共识、智慧力量。加强和改善党对人大工作的全面领导，支持人大对“一府一委两院”进行依法监督，切实将全过程民主落实到各个方面。加强人民政协专门协商机构建设，提高政治协商、民主监督、建言资政水平，更好凝聚共识。全面落实民族、宗教、侨务、对台等政策，集聚统一战线制度优势、思想优势、智慧优势、资源优势和方法优势，巩固最广泛的爱国统一战线。坚持党建带群建，推进工会、共青团、妇联、工商联等群团组织改革，充分发挥桥梁纽带作用。全面落实党管武装制度，加强国防后备力量建设，强化双拥共建。

各位代表，同志们：

这是一个拔节向上、澎湃向前的新时代，我们要开阔眼界、开拓进取，在加速发展、赶超发展、跨越发展中，全面开创富阳的崭新未来。

这是一个充满生机、充满希望的新富阳，我们要实干至上、奋斗至上，在干在实处、走在前列、勇立潮头中，全力开辟富阳的崭新局面。

握紧历史的接力棒，让我们更加紧密团结在以习近平同志为核心的党中央周围，高举习近平新时代中国特色社会主义思想伟大旗帜，在省委、市委的坚强领导下，解放思想、埋头苦干、砥砺前行，早日绘就现代版富春山居图，为全省全市发展大局作出应有贡献，以优异成绩向党的二十大献礼！

杭州市富阳区人民代表大会常务委员会工作报告

——在杭州市富阳区第十七届人民代表大会第一次会议上

（2022年2月13日）

杭州市富阳区人大常委会主任　汤金华

各位代表：

我受杭州市富阳区第十六届人民代表大会常务委员会委托，向大会报告五年来的主要工作，请予审计。

一、过去五年工作回顾

过去五年，是我区全面转型、系统重塑、整体跃升的五年，也是人大工作与时俱进、开创新局、完善发展的五年。这五年，区人大常委会在区委的坚强领导下，以习近平新时代中国特色社会主义思想为指导，深入贯彻党的十九大和十九届二中、三中、四中、五中、六中全会精神，深学笃行习近平法治思想、关于坚持和完善人民代表大会制度的重要思想，坚持党的领导、人民当家作主、依法治国有机统一，以真抓实干的拼劲、滴水穿石的韧劲、开拓创新的闯劲，团结依靠广大代表，扎实履行法定职责。

五年来，共召开常委会会议 51 次、主任会议 66 次，听取审议“一府两院”专项工作报告 98 个，对 26 部法律法规开展执法检查，发出审议意见 44 份，作出决议决定 71 项，任免国家机关工作人员 399 人次，顺利完成届期各项任务，为我区经济社会发展和民主法治建设作出了积极贡献。

五年来，我们始终把坚持党的全面领导作为最高政治原则，高举旗帜、站稳立场，不断提高政治判断力、政治领悟力、政治执行力。

坚持用科学理论武装头脑。认真落实“第一议题”学习制度，组织常委会党组会议、党组理论学习中心组学习会 75 次，把学深悟透习近平新时代中国特色社会主义思想作为重要政治任务，深入学习习近平法治思想、关于坚持和完善人民代表大会制度的重要思想，及时传达学习中央和省市区委重要会议、重要文件精神。以“专题学习会”“人大常委会机关系列讲座”为核心载体，围绕党的十九大和十九届历次全会精神、习近平总书记重要讲话精神、人民代表大会制度运行和发展等主题，累计开展学习会和讲座 32 场，交流发言 230 余人次，进一步增强“四个意识”、坚定“四个自信”、做到“两个维护”。

坚持党对人大工作的领导。区委高度重视人大工作，先后召开区委人大常委会工作会议和富阳人大设立常委会 40 周年纪念大会，出台有关高水平推进新时代人大工作、建立和完善街道居民议事制度、加强人大国有资产监督职能等重要文件，为推动人大工作和建设指明方向、注入动力。常委会党组自觉把党的领导贯穿人大工作全过程各方面，2017 年制定关于进一步健全向区委请示报告制度的实施办法，把向区委请示报告事项具体细化为 3 大类 22 个方面。五年来，先后向区委请示报告重大问题和重要事项 56 件，区委主要领导对人大工作作出批示 81 件。

坚持以党建引领推动工作。强化常委会党组领导核心作用，认真落实全面从严治党主体责任，持续推进“两学一做”学习教育常态化制度化，扎实开展“不忘初心、牢记使命”主题教育和党史学习教育，忠实拥护“两个确立”、坚决做到“两个维护”。健全完善人大党的建设制度机制，认真研究人大党建工作，做优做强“人大先锋 履职为民”党建品牌。在庆祝中国共产党百年华诞的重要时间节点，先后围绕习近平总书记“七一”重要讲话精神、党的十九届六中全会精神、中央人大工作会议精神等，组织专题学习 10 次，讲党史专题党课 27 场，开展宣讲 25 场，拍摄《礼赞百年》视频，不断从百年党史中汲取奋进力量。

五年来，我们始终把围绕中心服务大局作为人大工作的核心任务，坚决落实、有效执行，以实际行动助推全区高质量转型发展。

积极推动新城精彩蝶变。2017年，经区委研究决定，人大承担起江南新城建设工作指导组职责，聚焦江南整体规划、造纸产业腾退、村庄整体搬迁等开展调研。2018年，新城吹响集结号，正式定名为“杭州富春湾新城”。三年多来，指导组深入新城转型一线，充分发挥人大“指导、服务、协助、监督”的作用，召开专题调研会16次，组织代表视察32次，为高水平打造“现代都市版富春山居图新画轴”建言献策。重点开展中轴线规划建设课题调研，组织专家研讨论证，提出了“十四五”时期建设生态“城市心”的建议，为区委高水平推进新城发展提供重要参考。

积极服务经济转型升级。本届人大三次会议将“推进民营经济健康高质量发展”作为大会2号议案，常委会持续跟踪议案办理，指定区审计局对“民营经济财政扶持政策落实情况”开展专项调查。围绕产业转型，对振兴实体经济、发展数字经济、优化城市建成区产业等开展专题调研，提出具有针对性和可行性的意见建议，促进产业结构和营商环境优化。综合运用听取审议专项工作报告、视察、执法检查等方式，对“最多跑一次”改革、部门服务项目的质效、科技成果转化、美丽经济发展等开展监督，提振民营企业发展信心，全力护航经济高质量发展。

积极促进城乡品质提升。2017年，秦望区块有机更新项目正式启动，在征迁动员、规划设计、安置房建设、项目招引的过程中，常委会及时审议批准项目计划调整方案，组织专题调研、视察11次，为点靓“城市眼”献智出力。2020年、2021年，分别围绕新时代美丽乡村建设、高品质城市建设开展专题询问，通过“面对面”提问、“实打实”监督，推动解决了一批社会关注度高、基层反映强烈的城乡建设问题。围绕生态文明建设，常委会第十二次会议审议批准《富阳生态文明建设示范区规划》，先后检查大气污染防治“一法一条例一规定”、固体废物污染环境防治“一法一条例”执行情况，连续多年对小城镇环境综合整治、剿灭劣V类水、土壤污染防治和修复、生活垃圾分类、矿山治理等工作进行专项监督，有效推动资源环境保护。注重发挥乡镇（街道）人大作用，通过春建乡“美丽庭院、代表先行”、新桐乡“桐心直通车”、胥口镇“代表包干制”、永昌镇“美丽码”、常绿镇“代表助力村庄富美”、常安镇“代表履职堂”、环山乡“全域环境提升专项监督”、洞桥镇“代表助力打造营地之乡”等做法，促进农村人居环境大提升。

积极助力迎亚运展风采。聚焦“迎展行动”，组织230余名代表开展“九大工程”专项监督。积极构建“1+3+9”监督体系，开展小组监督103次，提出意见建议164条，助力“九大工程”跑出“加速度”。听取审议无障碍环境建设、体育发展等专项工作报告，对《杭州市旅游条例》贯彻执行情况开展检查，配合省、市人大常委会视察亚运场馆建设、亚运赛事筹备等工作，助力“办好一个会，提升一座城”目标加速实现。东洲街道、银湖街道组织辖区内人大代表、居民议事会议成员开展助力亚运主题活动，为办好亚运盛会发挥代表作用、贡献代表力量。

五年来，我们始终把发展全过程人民民主作为人大的重要使命，加快法治进程、扩大基层民主，切实发挥“民主法治第一线”作用。

科学决议重大事项。认真行使讨论、决定重大事项的职权，根据全区转型发展需要，及时审议批准财政收支预算调整、政府投资项目计划调整、新增项目计划等方案，最大限度凝聚发展向心力。全程参与推动我区“十四五”规划纲要编制工作，分专题开展调研，为区委科学决策规划、政府更好编制规划建言献策，区十六届人大五次会议审议通过该规划纲要。作出关于开展第八个五年法治宣传教育的决议，提出要持续提升公民法治素养，着力完善法治宣传教育工作机制，推动全社会尊法学法守法用法。

改进完善任免工作。坚持党管干部和人大依法任免的有机统一，严格落实法律知识考试、颁发任命书、任后表态发言、宪法宣誓等制度。五年来，依法决定任命14名区级领导、57名政府部门主要负责人，依法任命10名监察委员会委员、5名人大专门委员会组成人员、30名常委会工作委员会组成人员、109名司法工作人员，组织宪法宣誓23次。在2017年国家监察体制改革、2019年政府机构改革中，第一时间依法任命监察委员会组成人员和政府组成部门主要负责人，确保改革顺利推进。

依法组织换届选举。坚决贯彻落实习近平总书记关于做好县乡人大换届选举工作的重要指示精神和省市区委决策部署，把坚持党的领导、充分发扬民主、严格依法办事贯穿选举工作始终。强化与组织部门的密切配合，切实做好区、乡镇两级人大换届选举各阶段的组织领导和业务指导。开展督导14次，组织业务培训3次，印发选举资料200余万份，有效把好代表入口关，保障选民选举权。全区共选举产生新一届区人大代表289名，乡镇人大代表1125名，代表结构和素质进一步优化，代表选举工作圆满完成。

健全基层民主机制。自2018年起，全区推行民生实事项目人大代表票决制，坚持将“民主”贯穿项目征集、筛选、初定、票决、监督、评议全过程，推动民生实事项目从“为民作主”向“由民作主”真正转变。探索完善人大街道工委工作新路径，推行街道居民议事会议制度，将街道发展规划制定和调整、重大项目推进、财政预决算编制和实施等内容纳入议事范围，切实增强街道居民归属感和主人翁意识。积极探索开发区人大工作，研究制定实施方案，按照“一二五”工作要求稳步推进。支持乡镇（街道）人大打造基层民主建设品牌，富春街道“周五晚接待选民”、春江街道“小队会”、渌渚镇“小板凳”、大源镇“工棚会”、灵桥镇“朱哥调解室”、渔山乡“渔浦议事”、上官乡“官心一件事”、湖源乡“台门议事”等工作植根基层、深入民

心，基层民主活力进一步激发。

五年来，我们始终把用好监督权作为人大履职的重中之重，精选监督议题、创新监督方法，有效保障社会公平正义和人民权益。

深化财经工作监督。高度关注全区经济运行，每年听取审议计划、预算、决算、审计等工作报告。自2017年起，开展指定监督工作，共指定区发改局对4个重大工程开展稽查，指定区财政局对8个政府专项开展绩效评价，指定区审计局对9个重大项目开展专项审计、对5类政策性扶持资金落实情况开展专项审计调查，有效破解财政资金使用管理问题。自2019年起，实行预算草案“三审”制，累计组织134名人大代表对17个区级部门预算草案进行重点审查，提出意见建议176条，促进财政预算安排更接地气。连续3年听取审议国有资产管理情况综合报告，分别听取审议企业国有资产、国有自然资源资产管理情况专项报告，不断健全完善政府向人大报告国有资产管理情况制度。深化财政预算联网监督，建立工作“演示室”，提高预算执行刚性和资金使用绩效。

深化法律实施监督。听取审议法院、检察院司法改革任务落实情况报告，确保中央全面依法治国重大战略部署有效落实。聚焦提升司法公信力，对法院“执行难”问题、扫黑除恶专项斗争、认罪认罚从宽制度适用情况、检察公益诉讼工作、律师工作等开展专项监督，促进司法机关完善工作机制、规范执法行为。对法官、检察官履职情况进行监督评议，督促提升司法队伍业务能力和职业素养。在全省首创“三级述法”机制，对行政机关负责人出庭应诉工作开展专题调研，大力推动法治政府建设。检查第七个五年法治宣传教育决议贯彻执行情况，推动常委会会前学法规范化制度化，指导万市镇编印“百姓法治通”，切实强化宪法和法治宣传教育。完善规范性文件备案审查工作，累计审查规范性文件69件，确保文件于法有据。成立常委会信访工作领导小组，认真受理、转办来信来电来访254件，维护人民群众合法权益。

深化民生领域监督。以民生实事项目监督为重要抓手，从“五个一”机制、小组化监督、民生福祉擂台大比武升级完善到“四化”监督法，逐步构建起规范化精细化的监督体系。四年来，常委会组织全体区人大代表累计开展监督活动1600余次，提出意见建议977条，协调解决问题458个，有力推动40件民生实事项目高质量落地。为推动道路交通建设，本届人大一次会议将“加快城乡公交一体化改革步伐”作为大会1号议案，连续五年对道路贯通工程、“四好农村路”建设、城市畅通工程等开展专项监督，切实改善群众出行条件。为了让全区人民群众喝上安全、干净、优质的饮用水，连续三年监督推动农村饮用水提标改造工程，跑出了“好水进万家”的“富阳速度”。为推动乡村振兴战略有效实施，先后开展壶源溪流域综合整治、消除集体经济薄弱村、粮食安全等专题调研，及时反映农民群众的期盼愿景，力促政府优化完善“三农”政策。检查《中华人民共和国中医药法》《浙江省学前教育条例》等法律法规执行情况，围绕“美好教育”、护校安园、院前急救、家庭医生签约、智慧医疗、医共体建设、养老服务等开展专题调研，推动政府在学有所教、病有所医、老有所养上持续发力。检查《中华人民共和国非物质文化遗产法》、文物保护“一法一条例”等法律法规执行情况，对新冠疫情防控、“人生一件事”、矛盾纠纷最多跑一次、老旧小区改造、消防安全、食品安全等群众关注的问题开展监督，促进共同富裕发展成果惠及全区人民。

五年来，我们始终把发挥代表主体作用作为人大工作的重要基础，拓宽渠道、完善机制，全力支持保障代表依法履职。

强化代表联系机制。坚持区级领导干部人大代表进联络站常态化制度化，累计75人次区级领导干部代表到联络站接待基层代表和群众，对提出的540余件意见建议逐一办理并反馈。落实主任会议成员走访接待代表制度，累计邀请220余人次代表列席常委会会议，充分听取代表意见建议。扎实推进代表联络站“站”在一线建设，在滨富特别合作区、鹿山街道东吴社区、新登有机更新指挥部、场口镇叶盛村搬迁指挥部、龙门景区等一线建立代表联络站，推动代表走进群众，回归代表本色。以“最美人大代表联络站”“星级人大代表联络站”评选为重要抓手，深化代表联络站“建、管、用、融”，全区86个代表联络站高质量运行。

强化代表履职服务。坚持做好代表履职培训，通过专题学习会、履职能力提升培训班、优秀代表党性锻炼等活动，组织学习培训18场，培训代表2500余人次。制定完善区人大代表履职考核办法，升级代表履职考核系统，开发“代表履职”App，丰富代表述职形式，不断激发代表履职积极性。五年来，共表彰履职积极分子108人、优秀议案建议领衔代表40人。持续抓好代表主题实践活动，先后围绕美丽乡村建设、高品质城市建设、迎亚运展风采等开展主题监督活动，组织代表集中视察调研26次，收集意见建议253条。新冠疫情发生后，常委会第一时间向全区各级人大代表发出倡议，号召代表投身疫情防控，助力复工复产。两年多来，全区1300余名各级人大代表在不同的战线上履职尽责、争当表率，携手共筑疫情防控坚固防线，不断传递抗疫正能量。

强化议案建议办理。积极突破代表建议办理“重答复、轻落实”的瓶颈，强化督办流程，实现建议办理工作提质增效。根据工作实际，及时修订代表议案建议处理办法，形成议案建议提出、交办、领办、跟踪监督、结果评价的工作闭环。完善议案和重点建议督办机制，由主任会议成员领衔，各委办将对口建议纳入年度工作计划，与视察、检查、调研有机结合，9件大会议案和18件重点建议均得到有效落实。建立议案建议办理备用资金制度，召开“老大难”建议专题研究会，每年对被列为暂时无法办理的代表建议进行研究论证、逐个分析，大大地提高了建议办理成效。五年来，大会期间共收到代表建议1033件，已经解决或基本解决775件，代表建议解决率为75%，满意率达100%，真正实现了代表建议从“办得了”向“办得好”转变。

五年来，我们始终把加强自身建设作为推动人大工作高质量发展的重要保障，改进作风、夯实基础，不断提高依法履职的能力和水平。

突出队伍建设。在区委的支持下，进一步完善常委会工作机构设置，2017年教科文卫工作委员会更名为教科文卫民宗侨工作委员会，2020年设立社会建设工作委员会，法制内务司法工作委员会更名为监察和法制司法工作委员会。进一步完善基层人大机构设置和队伍建设，全区24个乡镇（街道）均设立人大常委会办公室，配强配足基层人大工作力量。本届以来，两级人大干部提拔、交流达98人，其中乡镇（街道）人大主席（主任）转任乡（镇）长13人。以社区"大党委"制、乡镇（街道）捆绑组团为重要载体，通过"走亲连心三服务""共抗疫情 服务企业""百日解百难""昼访夜谈"等活动，累计推动解决820余个基层实际问题，切实转变工作作风。

强化调查研究。为推动人大工作制度化、科学化，常委会围绕人民代表大会制度理论和实践创新深入调研，共建立完善常委会审议意见办理办法、执法检查实施办法、专题询问办法、常委会街道工作委员会工作办法等制度机制15项，形成了规范有序、优质高效的工作运行体系。同时，区委每年将事关全区转型发展的重点难点问题交由人大调查研究，重大决策充分听取人大意见。五年来，聚焦城乡区域转型发展，常委会先后对新登古城、循环经济产业园、春建"茶艺小镇"、胥口"葛洪丹谷"、上官"球拍名镇"、常绿"红绿篮"等建设工作开展专题调研，形成课题报告72个。持续改革创新。擦亮"一府两院"工作报告会"金名片"，从邀请市民代表参与、电台和网络视频直播，到结合"民生福祉擂台大比武"、专题询问，报告会"年年升级、年年创新"，"代表问政"模式更是在全市推广。同时，在"一府两院"工作报告会、街道居民议事会议以及区、乡镇两级人民代表大会上，坚持和完善生态环境报告制度，2017年全省以"富阳方案"为样板全面推行该制度。2021年，积极投身数字化改革，重点开展8大任务和17个应用场景建设，形成理论文章2篇，制度成果4个。开发建设"富阳数字人大平台"，其中"联民桥"应用场景作为市级试点在全市推广。五年来，常委会不断强化信息宣传工作，注重经验总结和成果提炼，在《人民日报》《法治日报》《人民代表报》等中央和省市级媒体刊登报道430余篇，荣获省、市人大信息工作成绩突出单位称号，5次获杭州市人大好新闻奖，"三级述法"工作获评第二届"杭州人大工作与时俱进案例"。

各位代表，过去五年常委会工作取得的成绩，是区委坚强领导和区人大常委会、全体人大代表共同努力的结果，是"一府一委两院"支持配合的结果，也是全区人民积极参与、社会各界关心关注的结果。在此，我谨代表区十六届人大常委会，向所有关心、支持、帮助常委会工作的同志们和朋友们，表示衷心的感谢！

二、五年工作经验和体会

习近平总书记强调，人民代表大会制度是符合我国国情和实际、体现社会主义国家性质、保证人民当家作主、保障实现中华民族伟大复兴的好制度，是我们党领导人民在人类政治制度史上的伟大创造，是在我国政治发展史乃至世界政治发展史上具有重大意义的全新政治制度。这五年，我们勤勉担当、感恩奋进，把履职足迹深深地印在富春大地上，把为民初心牢牢地刻在人大答卷上，用这份沉甸甸的成绩单生动展现了人民代表大会制度的勃勃生机。时间是前行者，更是见证者。回顾区人大常委会五年履职历程，我们深刻地体会到，进一步做好人大工作：

（一）必须坚持党的领导，矢志不渝维护核心。五年来，常委会始终坚持在区委领导下依法行使人大职权，注重在监督、决定、任免等工作中全面贯彻区委意图。坚持重大事项提前向区委请示、重点工作主动向区委汇报、重要活动及时请区委支持，确保各项工作毫不动摇地体现党的全面领导。实践充分证明，只有站稳政治立场，坚定正确政治方向，才能真正体现人大工作是党的工作的重要组成部分。

（二）必须坚持紧扣大局，自觉主动服务中心。五年来，常委会始终坚持与区委"同向发力、同题共答"，紧扣打造现代版富春山居图各阶段性目标任务献智出力。正确处理与"一府一委两院"的关系，寓支持于监督之中，努力在履职中体现作为，在尽责中服务全局。实践充分证明，只有坚持从全局高度思考问题、谋划工作，才能真正体现人大服务中心大局的重要价值。

（三）必须坚持人民至上，广泛充分汇聚民心。五年来，常委会坚定不移发展全过程人民民主，把群众观点、群众路线深深植根于思想中、具体落实到行动上，使每项工作都体现人民利益、反映人民愿望、维护人民权益、增进人民福祉。实践充分证明，只有坚持民有所呼、我有所应，才能真正体现人民立场是人大工作的根本政治立场。

（四）必须坚持代表主体，突出服务保障重心。五年来，常委会始终把加强和改进代表工作作为坚持和完善人民代表大会制度的重要内容，通过督办代表建议、开展主题活动、升级代表联络站、组织培训等形式，着力增强代表履职意识，提高代表履职能力。区、乡镇两级人大代表积极履职、担当作为，圆满完成任期内各项工作任务，在全区高质量转型发展中发挥了表率示范作用。实践充分证明，只有做好代表履职服务保障，丰富代表履职活动，才能真正体现人大代表是人民代表大会的主体。

（五）必须坚持改革创新，与时俱进永葆初心。五年来，常委会始终坚守人民代表大会制度的初心，践行宪法法律赋予人大的使命，坚持在继承中发展、在发展中创新、在创新中完善。深刻把握新时代人大工作的规律特点，积极探索履行职责的新机制新方式，形成了一系列符合富阳实际、具有人大特色的工作品牌。实践充分证明，只有推动人大工作理论与实践创新，才能真正体现人民代表大会制度的与时俱进。

三、今后五年工作建议

未来五年，是富阳高质量发展的关键时期，机遇前所未有，挑战无处不在。区第二次党代会立足富阳实际，科学研判形势，提出要坚定不移实施产业强区主战略，加快产业新动能、城市新轴线、发展新环境全面立起来，全力打造创新活力、都市田园、山水人文、幸福宜居“四大图景”，奋力谱写现代版富春山居图新篇章。这是区委着眼富阳新的发展阶段作出的重大部署，也是全区上下同欲、齐心协力、共促发展的集结之号。现在，新一届人民代表大会已经组成，新一届常委会即将选举产生。我们相信，在中共杭州市富阳区委的坚强领导下，在全区人民群众的大力支持下，新一届人大及其常委会一定能够继往开来，展现新作为，开创新局面。根据本届常委会的实践经验，我们向新一届区人大常委会提出以下工作建议：

（一）聚焦思想政治“指向标”，牢牢把握正确政治方向

始终把坚持党的全面领导作为人大行权履职的最高政治原则，坚定不移做“两个确立”忠诚拥护者、“两个维护”示范引领者。强化党的创新理论武装。以习近平新时代中国特色社会主义思想统领和指导人大工作，把深入学习贯彻习近平法治思想、关于坚持和完善人民代表大会制度的重要思想作为必修课和基本功，不断增强人大坚持和完善国家根本政治制度的自觉性坚定性。深刻铭记党的百年光辉历程，巩固和拓展党史学习教育成果，建立健全长效机制，不断增强“四个意识”、坚定“四个自信”、做到“两个维护”。深入贯彻中央人大工作会议精神。认真学习领会习近平总书记在中央人大工作会议上的重要讲话精神及中央文件精神，深刻领悟人民代表大会制度的政治内涵、理论内涵、实践内涵。配合区委召开人大工作会议，做好中央和省、市、区委人大工作会议精神以及相关文件落实情况的专项督查，推动会议精神在富阳落地生根。充分发挥党组领导核心作用。深入贯彻党组工作条例，严格、及时、全面地执行向区委请示报告制度，确保党的领导贯穿人大工作全过程各方面。健全常委会党组、机关党组常态化学习制度，压紧压实全面从严治党责任，推动党建工作和业务工作融合贯通、互促共进。

（二）聚焦改革发展“路线图”，充分发挥人大职能作用

深入贯彻落实区第二次党代会精神，坚持把推动实施产业强区主战略，加快“三个立起来”，高水平描绘现代版富春山居图作为人大工作的重中之重，充分发挥人大职能优势，打好依法履职“组合拳”。围绕打造创新活力图景，持续发挥人大在课题调研上的“钻劲韧劲干劲”，开展实体经济、民营经济、数字经济、建成区产业优化等课题拓展性调研，积极履行杭州富春湾新城建设人大指导组工作职责，为推动产业强区献计出力。围绕打造都市田园图景，以“迎展行动”为统领，组织代表视察亚运场馆运行、会务服务、应急保障等工作，为高水平办好亚运盛会凝聚人心、贡献力量。聚焦都市交通体系建设、立好“十字金轴”、提升城市品质、美丽乡村振兴等工作，广泛开展监督调研，持续发挥亚运综合效益，助力建设独具魅力的都市新区。围绕打造山水人文图景，对环境保护法、乡村振兴促进法等法律法规执行情况开展检查，聚焦传承富春文脉、弘扬富春文明、保护富春山水等主题开展专题调研，推动重现千年富春古郡风韵。围绕打造幸福宜居图景，紧盯幼有善育、学有优教、病有良医、老有颐养、住有安居等领域，广泛开展专项监督和专题调研，助力全区公共服务优质共享工作领跑全省。深化“三级述法”机制，持续发挥人大在平安富阳、法治富阳建设中的重要作用，推动提升社会治理体系和治理能力现代化水平。

（三）聚焦民生领域“关键点”，大力推进全过程人民民主

深入贯彻以人民为中心的发展思想，不断丰富和拓展全过程人民民主的时代内涵和实践特色，努力把富阳打造成为践行全过程人民民主的区域样板。健全民生实事项目人大代表票决制。总结固化票决制推行以来的实践经验，完善工作机制，在项目征集、筛选、初定、票决、监督、测评等各环节，充分发扬民主，广泛体现民意。健全监督长效机制，创新监督方式方法，强化对项目实施进度、资金使用、办理质量、社会效果等情况的跟踪监督。完善民主民意表达平台和载体。坚持区级领导干部人大代表进代表联络站活动制度，完善主任会议成员走访联系代表机制，邀请列席常委会会议的代表参加座谈，扩大代表和人民群众对人大工作的有序参与。支持和鼓励乡镇（街道）人大擦亮基层民主建设工作品牌，确保党委政府在决策、执行、反馈各个环节都能听到来自人民的声音，都有人民的参与。夯实基层人大工作基础。持续加强乡镇（街道）人大各方面制度建设，不断提升乡镇人民代表大会规范化水平，完善街道居民议事会议制度，更广泛地凝聚和调动基层力量，有效扩大基层民主。深入推进开发区人大工作，完善“三有”工作体系，努力形成规范化、制度化、体系化工作成果。

（四）聚焦代表工作“主抓手”，有效激发代表履职活力

坚持把代表工作作为人大工作的基础，改进方法，完善制度，不断提高代表履职服务保障水平。完善代表履职工作机制。精准制定人大代表教育培训计划，组织代表分领域、分专题开展学习培训，提高代表履职能力。有计划地组织代表参加执法检查、调研、视察等活动，积极参与“四大图景”建设主题监督，推进代表闭会期间活动与常委会依法履职有机结合。完善议案建议督办机制。按照“内容高质量，办理高质量”的要求，深化重点督办、跟踪督办、办理进度通报、满意度测评等机制，提高议案建议办理质量和建议解决率。完善代表联络站运行机制。持续推进代表联络站“站”在一线建设，坚持“站点设置在一线、代表履职在一线、解决问题在一线”，真正打通代表联系群众“最后一公

里”。深化“星级人大代表联络站”创建工作，细化标准、优化机制，更大力度推动代表联络站规范化标准化建设。

（五）聚焦人大工作“数智化”，深化建设“四个机关”

充分发挥数字化改革在“四个机关”建设中的重要牵引作用，找准方法路径，大胆探索创新，积极构建“数智人大”新格局。进一步提升数字化能力。持续增强两级人大干部共同推进数字化改革的责任感使命感，强化生成性学习、数字化“补课”，更好养成数字习惯、适应数字环境、创造数字文化。进一步加快数字化应用。聚焦人大监督、重大事项决定、人事任免、代表工作等主责主业，积极推进“富阳数字人大平台”和业务应用系统建设，推动人大数字化改革螺旋上升，形成“硬核成果”。进一步放大数字化效应。重点深化“联民桥”应用场景建设，让人大代表、人民群众能够充分运用数字化载体、数字化途径，参与到人民代表大会制度的实践当中，参与到人大及其常委会的具体履职工作中，加快打造人民代表大会制度实践的富阳数智品牌。

各位代表，春风浩荡满目新，砥砺奋进正当时！让我们更加紧密地团结在以习近平同志为核心的党中央周围，在中共杭州市富阳区委的坚强领导下，锐意进取、开拓创新、勇毅前行，为高水平描绘现代版富春山居图扛起新担当、展现新作为、做出新贡献，以优异成绩向党的二十大献礼！

杭州市富阳区人民政府工作报告

——在杭州市富阳区第十七届人民代表大会第一次会议上

（2022年2月12日）

杭州市富阳区人民政府代区长　马利阳

各位代表：

现在，我代表区人民政府向大会作工作报告，请予审议，并请区政协委员和其他列席人员提出意见。

春节前夕，奥密克戎新冠肺炎疫情突然来袭，形势异常严峻，我们快速启动响应，迅速投入战斗，在省、市的坚强领导和强大支撑下，实现社区零感染和6天内隔离点清零，累计完成近300万人次核酸检测，有序恢复正常生产生活。在这场疫情防控的经典之战中，广大医务人员、公安干警、村社工作者、党员干部等闻令而动、冲锋在前，冒着严寒连续作战。在大家的共同努力下，我们快速阻断了病毒传播链，打赢了这场遭遇战、阻击战、歼灭战！这次战“疫”充分证明，富阳是一座英雄的城市，富阳人民是英雄的人民！在此，我代表区人民政府，向抗疫一线的全体同志，向积极配合和参与疫情防控的广大市民，向关心支持富阳战疫的各界朋友，致以最崇高的敬意和最衷心的感谢！

下面，向大会正式报告工作。

一、过去五年工作回顾

过去五年，在富阳发展史上极不平凡，是在转型发展中负重前行、奋发有为的五年，是在应对风险中砥砺前行、克难攻坚的五年，是在全面融杭中跨步前行、卓有成效的五年。五年来，我们高举习近平新时代中国特色社会主义思想伟大旗帜，深入贯彻落实中央和省、市的决策部署，在区委的坚强领导下，在区人大、区政协的监督和支持下，始终坚持“三看四态促转型”，坚定“三个拥抱”，加快“三高发展”，推动“三个立起来”，全力做好“六稳”“六保”各项工作，出色完成了区十六届人大历次会议确定的目标任务，形成了大破大立、凤凰涅槃的底气和信心，现代版富春山居图已勾勒完整、正加速形成。

*五年来，我们始终把稳中求进作为工作基调，综合实力稳步增强。*2021年，实现地区生产总值873.3亿元，五年来年均增长5.3%，人均地区生产总值达12.6万元；财政总收入和一般公共预算收入分别达174.6亿元和105亿元，年均增长12.4%和12.8%；城

乡居民人均可支配收入分别达69316元和42051元，年均增长7.9%和9.1%；社会消费品零售总额达417.4亿元，年均增长7.6%；金融机构存贷款余额分别达1742亿元和2242亿元，年均增长13.3%和16%；累计完成固定资产投资1889亿元，其中2021年完成561.7亿元，增长36.2%，全市第一。蝉联全国综合实力百强区、绿色发展百强区和投资潜力百强区，连续两年创获中国最具幸福感城区。

*五年来，我们始终把转型升级作为主攻方向，发展质效加速提升。*产业结构全面优化。以壮士断腕的决心完成造纸及关联企业腾退，整治提升经典民生产业，累计淘汰各类落后产能企业1284家、腾出空间2万余亩，荣获全省“腾笼换鸟”工作先进区。以“一号工程”全力推进招商引资，累计引进大华二期、宏华数码等产业项目695个，总投资1100亿元，16个“152”项目落地。数字经济核心产业增加值达97.2亿元，年均增长12%，占GDP比重提高到11.1%。现代服务业加快发展，奥特莱斯、万达广场等建成开业，信息软件服务业增加值年均增长20%，服务业增加值年均增长7.4%。粮食种植面积稳定在23.01万亩、总产量达10.08万吨，建成东洲、洞桥2个省级特色农业强镇。三次产业结构比由6.1∶51.1∶42.8调整为5.7∶44.8∶49.5，高新技术产业增加值占比提高到65.9%。平台能级不断跃升。开发区完成地铁沿线空间腾挪，银湖总部研发产业园、高尔夫路智能装备产业带形成规模，工业经济突破千亿元，纳入城西科创大走廊联动发展区。富春湾新

城完成省级传统制造业转型升级试点，累计落地产业项目107个、出让产业用地2100亩，成为市级低碳园区试点。成立滨富特别合作区，11个重大产业项目开工建设，富芯总投资达400亿元、成为省特别重大产业项目。硅谷小镇成为省级特色小镇，药谷小镇列入省级创建名单。创新要素加快集聚。新增国高企385家、省级科技型中小企业557家、市级以上企业研发中心（研究院）106家，市场主体达10.8万家。引进杭电研究院等创新创业研究院9家，培育市级以上科技孵化器8家、众创空间5家，杭州光机所成为首批省级新型研发机构，“工创谷”和银湖创新中心分别成为国家级众创空间、孵化器。出台系列人才政策，新引进研究生等高层次人才4306人，培养技能劳动者6.3万人。研发投入强度占比从2.04%提高到2.88%。

五年来，我们始终把全面融杭作为战略机遇，同城效应加快显现。城市交通实现一体化。地铁6号线、杭黄高铁、绕城西复线、春永快速路、彩虹快速路等一批重大交通项目建成投用，湖杭高铁、杭千高速灵桥新互通等项目加快实施，一举进入“双铁时代”。累计打通江滨西大道延伸、文教北路等25条断头路，富春湾大道、大盘山隧道、新中线等一批主干道路加快推进，融杭和城乡公交实现一体化，完成农村公路大中修368公里、改扩建450公里。城市格局迈向都市化。地铁“融杭轴”、富春江“拥江轴”初具雏形，银湖科技城、富春湾新城加快融杭，秦望“城市眼”地下综合体部分完成封板、住宅区块楼栋结顶、过江通道实现盾构始发，杭黄“门户眼”形象初显、中央CBD区完成试桩，富春湾新城中轴城市心启动建设，阳陂湖生态修复工程一期顺利完成，2个亚运场馆精彩亮相，实施13个区块城市有机更新和2个城中村改造，一批精品江景、精品夜景、精品河道、精品街区、精品绿道点亮“都市富阳”。城市管理注重精细化。持续开展“美丽杭州”创建行动，垃圾分类实现全覆盖，“厕所革命”有序推进。成功创建4条省级街容示范街。数字城管问题及时解决率达96%。完成渣土消纳场建设31处、消纳渣土3700万立方米。新增和优化公交线路128条，改造老旧小区45个，拓展停车位7180个，完成既有住宅加装电梯184台，改造无障碍设施5649处。

五年来，我们始终把绿水青山作为最靓底色，美丽建设全面推进。生态环境持续改善。坚决打好“治水治气治土治废”组合拳，高标准推进两轮中央环保督察反馈问题整改，削减矿山39座、治理废弃矿山105处，整治燃煤锅炉770余台，富春江出境断面水质连续7年保持优秀，污染地块安全利用率稳定保持100%，循环经济产业园一期建成投用，危废智治平台成为生态环境部试点，成功创建国家生态文明建设示范区和省空气清新示范区，连续3年成为美丽浙江优秀区。美丽乡村百花争艳。高标准完成23个小城镇环境综合整治任务，新登入选全省首批千年古城复兴试点，场口“微镇”快速推进。构建全流程美丽城乡标准体系，累计投入资金120亿元，成功创建4个省级美丽城镇、10个省美丽乡村示范乡镇、23个省美丽乡村特色精品村、69个省新时代美丽乡村精品村和10条精品线路，启动4个省市未来乡村试点建设，成为省新时代美丽乡村示范区和省深化“千万工程”建设优胜区。美丽经济蓬勃发展。实施“1+X”消薄方案，276个村集体经济经营性收入均达30万元。成为全国农民合作社质量提升整县推进试点。探索推进大葛溪、大龙门等“六大组团”联动发展，百花大会、江鲜大会、味道山乡成为特色品牌，龙鳞坝、东梓关、牛八碗、黑山顶、蓝田湾成为网红经济引爆点，乡村旅游接待游客数和收入年均增长9.2%和19.1%。

五年来，我们始终把深化改革作为根本动力，发展环境显著提升。数字化改革集成突破。聚焦“152”体系，全面推进制度重塑、流程再造，24个应用场景进入省级“一本账”，争取省级以上试点20个，26项理论成果获中央和省市领导肯定，其中，“家和智联”获全国人大常委会副委员长批示肯定，公安执法规范化工作获公安部高度认可，“空巢老人安全守护系统”成为国家发改委示范案例，“医学检查检验结果互认共享改革”入选中国改革2021年典型案例，“舒心就医”模式领跑全省。成为全省全面深化改革工作优秀区。专项改革纵深推进。加快打造指尖上的行政服务中心，完成政务服务2.0省级试点，线下窗口压缩46.2%，实体大厅人流量下降58%，网办率从26%上升到86.6%，“一网通办”考核位列全省第三。构建综合执法体系，实行“一巡多功能”全过程联合执法，现场整改率达81.8%。完成国企市场化、专业化重组，国资总规模突破3000亿元。开发区、富春湾新城实行封闭运行。完成新一轮机关和事业单位改革。营商环境持续改善。“人生一件事”改革经验成为省级地方标准，实现公民个人“一生一档案、一档用一生”。企业开办最多30分钟、零成本办结，100%实现网上办照。推进“区域环评”“区域能评”等改革，探索企业拿地3个月内开工机制，最快只要17天。持续开展“走亲连心”三服务，累计走访企业13.8万家次，协调解决问题3.7万余个。及时落实好各级税收优惠政策，累计为企业减轻负担277亿元。营商环境名列全市前茅。

五年来，我们始终把优化治理作为固本之策，社会大局和谐稳定。疫情防控坚决有力。始终把人民群众生命安全和身体健康放在第一位，2020年疫情初发时，在较短时间内实现本地确诊病例清零，并按照“外防输入、内防反弹”的总体要求，常态化做好精密智控。平安创建扎实推进。持续深化工矿商贸、交通、消防、食药、金融等领域安全专项治理，严厉打击电信网络诈骗、套路贷和非法P2P平台，常态化开展扫黑除恶斗争，安全稳定形势持续向好，治安警情、交通亡人事故、火灾事故和安全生产事故起数分别下降22.3%、53.1%、72.9%和38.4%，实现平安富阳“十六连冠”，摘得“一星平安金鼎”。治理模式不断创新。建立“一中心四平台一网格”社会治理体系，创新开展“一体两翼”、移动式维稳平台、“重大决策稳评体系”等工作，“小队会”“微法庭”广泛推广，首创富春智联应用场景，矛盾纠纷化解“最多跑一地”机制获中国十大社会治理创新奖，春江村成为民政部村级议事协商创新实验试点，生命通道消防隐患治理经验在全省推广，获评全省无信访积案区。

五年来，我们始终把改善民生作为根本宗旨，幸福指数逐年攀升。民生保障坚实有效。每年十件民生实事高质量完成。“养老服务”“就业创业”两项举措获省政府督查激励。城镇新增就业7万人，城镇登记失业率控制在3%以内，社保、医保参保率均维持在99%以上，城乡居民养老保险待遇累计提高140元/月，实现与主城区同待遇。新建居家养老服务照料中心25个，养老床位增至5155张，为250户特困老人家庭安装安全守护系统，成为全国智慧健康养老示范基地。农村饮用水工程实现全覆盖。在外过渡5年以上征迁户完成清零，秦望区块5241户实现回迁安置。银湖水厂建成投用。公共服务不断提升。累计投入教育资金108.2亿元，新建和改扩建中小学、幼儿园29所，义务教育段实现公民同招，创新引进杭州求是教育集团合作举办富春九小。有效落实“双减”政策，实行“5+2”和“1+X+1”课后服务模式，创获全国中小学劳动教育实验区和全省教育基本现代化区。引入省人民医院富阳院区、省中医院本部，重点人群家庭医生签约率达92%、全市第一，顺利通过第五、第六轮国卫复评，成功创建全国健康促进区，健康浙江考核连续3年为优秀。文体事业加快发展。持续打响“家在富春江上”文化品牌，累计开展文化下乡3400余场，农村文化礼堂实现全覆盖，富春山馆和东梓关成为杭州十大文化新地标。群众性体育活动广泛开展，成为全国群众体育先进单位。省级新时代文明实践中心试点深入推进，“最美”现象闪耀富春大地。

五年来，我们始终把党建引领作为重大抓手，政府建设不断加强。坚持政治统领。深入学习贯彻落实习近平新时代中国特色社会主义思想，扎实开展政府系统“两学一做”学习教育、“不忘初心、牢记使命”主题教育、党史学习教育，隆重庆祝新中国成立70周年、中国共产党成立100周年。建成新四军两渡富春江红色研学中心、中央调查组在富阳史料陈列室、红色报刊史料研学中心等一批红色展馆。依法履行职责。自觉接受人大法律监督、政协民主监督，主动接受监察、司法、审计、统计、舆论和群众监督，累计办理人大议案9件、代表建议1033件，政协建议案9件、委员提案866件。完成七五普法，“三级述法”获司法部刊文推广，重大行政决策、重大行政合同和行政规范性文件合法性审查全面落实，行政复议、出庭应诉、信息公开等制度不断健全，行政败诉率累计下降18个百分点，获评全省依法治理先进区和法治浙江示范区。顺利完成村社规模调整和组织换届。深化作风建设。认真贯彻落实中央八项规定精神，高标准做好“七张问题清单”整改。累计压减政府一般性项目支出13.5亿元，“三公”经费支出下降12.5%，进一步减轻政府负担。严格落实党风廉政建设责任制，深化“清廉富阳”建设，持续加大对国有企业、工程建设、房产开发等重点领域监管，累计给予党纪政务处分1563人，政治生态更加风清气正。

同时，大力支持工商联、工会、共青团、妇联、科协、文联、红十字会等开展工作，邮政、档案、史志、民族、宗教、外事、侨务、对台事务和国防动员、民兵预备役、双拥、人防、国安等工作取得新成绩，老龄、残疾人、关心下一代等事业健康发展。

各位代表，时间是奋进者前行的刻度！回顾这五年的奋斗历程，我们在变化变局中抢抓机遇，在逆境逆势中砥砺奋进，在苦干实干中决战决胜，干成了一批具有战略性全局性的大事，攻克了一批多年想干却未能干成的难事，办好了一批富阳人民期盼已久的实事。五年的凝心聚力、奋勇拼搏，汇聚了转型发展的磅礴力量，书写了高水平全面建成小康社会的时代篇章，开启了建设共同富裕示范区的崭新征程！

在此，我谨代表区政府，向全区人民，向人大代表、政协委员和离退休老同志，向各民主党派、工商联、人民团体和社会各界人士，向驻富阳部队、武警官兵、公安民警，向各驻富阳单位，向关心、支持富阳发展的海内外各界朋友们，表示崇高的敬意和衷心的感谢！

面对百舸争流、千帆竞发的局面，不进就是退、慢进也是退。我们必须保持清醒与理智，深刻认识当前发展中的矛盾与问题：对标现代产业发展新要求，深度融入国家和省市战略布局还不多，产业集群引领作用不明显，重大战略项目支撑仍不足，发展质量和效益有待进一步提高，“立起来”的速度还需要进一步加快。对标大都市一体化新格局，富阳城市能级仍不高，建设和管理的智慧化、精细化水平还不够，在杭州大都市错位协同布局中，区域特色和城市辨识度未充分彰显。对标优质公共服务新期盼，基础设施建设尚有欠账，教育、医疗、养老、助残等领域的服务供给不够多元，与群众的要求还有一定差距。对标区域治理现代化新形势，社区治理能力还不足，防范和化解风险能力需要加快提升，应对突发事件、紧急事态的体制机制仍不完善。对标“大破”到“大立”新任务，干部在学习新经济、新业态、新模式等方面主动性不够高，在研究问题、破解难题、优质服务方面改革创新力度不够大。对此，我们将直面问题、绝不回避，采取切实有效举措，认真加以改进和解决。

二、今后五年的目标任务

展望未来五年，富阳正处于战略机遇期、区域竞合期、转型阵痛期和全面发力期，“立起来”将是富阳发展的核心主旨，更是落在我们这一代人肩上的主要使命。区第二次党代会科学描绘了富阳今后五年的发展蓝图，确定了奋斗目标和实现路径。贯彻好党代会精神，将区委擘画的壮丽蓝图转变为美好现实，是新一届政府的责任、使命和担当。全区上下要清醒认识形势，深刻把握富阳当前所处的历史方位，稳字当头，稳中快立，干出一番新天地、干出一个新富阳。

根据区第二次党代会精神，今后五年，我区经济社会发展的指导思想是：高举习近平新时代中国特色社会主义思想伟大旗帜，深入贯彻党的十九大和十九届二中、三中、四中、五中、六中全会精神以及习近平总书记在浙江、杭州考察重要讲话精神，立足新发展阶段，贯彻新发展理念，融入新发展格局，深入践行“八八战略”，围绕打造“重要窗口”，统筹发展与安全，推进高质量发展建设共同富裕示范区，坚定不移实施产业强区主战略，加快产业新动能、城市新轴线、发展新环境全面立起来，全力打造创新活力、都市田园、山水人文、幸福宜居“四大图景”，奋力谱写现代版富春山居图新篇章。

今后五年的主要目标是：到2026年，共同富裕迈出实质性步伐，实现“五年有大进展”的阶段性目标，产业新动能全面立起来，城市新轴线全面立起来，发展新环境全面立起来，初步呈现现代版富春山居图“创新活力、都市田园、山水人文、幸福宜居”四大图景。

根据上述指导思想和主要目标，在具体工作中，我们将突出重点，扭住关键，用实干体现忠诚、用发展体现担当，以全面赶考的姿态，交出崭新答卷。

1．当好赶考人，在高质量打造创新活力图景上交出新答卷。“发展才是硬道理。”产业发展是富阳发展的关键所在，产业立则富阳立、产业兴则富阳兴、产业强则富阳强。我们必须深入推进硬科技创新示范区建设，加大重大项目招引，夯实载体建设，强化有效投入，壮大产业支撑，做强特色优势，加快形成数字经济引领、先进制造业主导、现代服务业有力支撑、三产深度融合的现代产业体系。到2026年，GDP达到1300亿元；规上工业总产值、制造业投资、科技投入、高新企业数量和上市企业数量实现“五个翻番”；累计引进主导产业项目500个以上，其中10亿元以上产业项目50个，50亿元以上产业项目5个；累计完成固定资产投资3000亿元、制造业投资500亿元；累计新增发明专利1000件，有效发明专利拥有量达到4000件，新增“品牌企业”40家以上、营收30亿元以上；研发投入强度占比达到3.8%以上，杭州光机所争创国家重点实验室；开发区综合实力力争进入全国第一方阵，富春湾新城创建成为省高新技术产业园区，滨富特别合作区成为全省区域产业协同发展示范园；光电通信、智能装备产值均超500亿元，生物医药产值超200亿元。

2．当好赶考人，在高质量打造都市田园图景上交出新答卷。“人民城市人民建，建好城市为人民。”我们必须抢抓亚运机遇，扮靓江两岸，立好十字轴，融入大都市，接轨长三角，持续提升城市辨识度、首位度和美誉度。到2026年，秦望“城市眼”，杭黄“门户眼”精彩亮相，地铁“黄金轴”呈现现代气派，富春江“碧玉带”徐徐展开，再现“五十里春江花月夜”盛景，展现宜人宜居宜业风貌，全面形成“融杭融圈融廊”格局。其中，美丽乡村建设上，累计建成现代版富春山居图标杆点30个、精品标杆线5条、未来乡村20个以上，200个以上村庄实现数字化。交通建设上，累计完成投资500亿元以上，建成投用湖杭高铁、灵桥新互通、秦望过江通道，加快推进杭州中环、杭淳开高速、东望路延伸工程，力争实现地铁6号线过江直达高铁站；全面贯通富春湾大道、大盘山隧道、西环北路、春秋北路延伸段、秦望南路等城市重要道路；加快推进320国道大青至鹿山互通改建、206省道富阳段和305省道新登—渌渚段改扩建、渌渚江航道提升等工程，外联内畅的交通网络全面形成。

3．当好赶考人，在高质量打造山水人文图景上交出新答卷。“历史文化是城市的灵魂”“绿水青山就是金山银山”。我们将深入推动文化兴盛，传承富春文脉，弘扬富春文明，推进绿色发展，加快美丽转化，在山水人文中绘就现代版富春山居图。到2026年，科技馆、新图书馆、第二体育中心、经纬整交点文创产业基地、青少年宫江南分中心、春建田园综合体建成投用；空气优良率稳定保持在93%以上，主要流域地表水环境100%达标；富春山居成为富阳最具辨识度的文化标志，新登古城争取列入世界遗产名录；力争创成富春山居图景国家AAAAA级旅游景区和国家全域旅游示范区，形成“一心一轴二廊四片区”文旅新发展格局，富阳成为全国文明典范城市。

4．当好赶考人，在高质量打造幸福宜居图景上交出新答卷。“共同富裕是社会主义的本质要求，是中国式现代化的重要特征。”我们必须始终坚持人民至上，深化“扩中”“提低”，推广未来社区建设，推进全生命周期公共服务优质共享，持续擦亮“中国最具幸福感城区”金名片。到2026年，累计新建和改建中小学、幼儿园81所，杭二中富阳分校、省人民医院富阳院区、省中医院本部竣工投用，新引育省级名师名校长10人，区级以上名（中）医40人、名医工作室30个；投用2.1万套保障性租赁住房，新开工共有产权住房27万平方米、公租房15万平方米，目前在建安置房100%实现竣工交付；累计建成康养综合体8个，每万名老年人拥有养老机构认知障碍床位20张，养老机构护理型床位占总床位比达到65%；累计新增城镇就业10万人以上，居民人均收入年均增长8%，城镇登记失业率稳控在3%以内，基本医疗保障实现省级统筹，实施长期护理保险制度，低收入农户家庭收入力争实现“翻番”，富阳成为全省高质量发展建设共同富裕示范区排头兵。

三、2022年主要工作

2022年将召开党的二十大，是杭州亚运会举办之年，也是新一届政府的开局之年，做好全年工作意义重大。建议全区经济社会发展预期目标为：地区生产总值增长6.5%以上，规模工业增加值增长8%以上，制造业投资增长15%，一般公共预算收入达到120亿元，城镇和农村居民人均可支配收入分别增长8.0%和8.5%，收入倍差持续缩小，单位生产总值能耗等约束性指标完成上级下达的目标任务。区政府将按照区委的总体部署，以“迎亚运、展风采，全面打造现代版富春山居图”“985”行动为总载体，咬定青山不放松，坚持一张蓝图绘到底，一任接着一任干，以大“立”推进大发展，重点做好六方面工作：

（一）坚持创新驱动，全力推进发展动能大转换

坚定不移落实“产业强区”主战略，实施新一轮制造业“腾笼换鸟、凤凰涅槃”攻坚行动和产业强区三年

行动计划，加快打造全省先进制造业重要基地和硬科技创新示范区。

1. 聚焦招商选资。突出“链式导向 + 招大引强”，围绕“1+5+X”重点产业链，制定产业专项规划，做深做实“链长制”，全面梳理头部企业，画好招商鱼骨图，精准建立靶向盯引清单，着力引进“链主型”“航母型”央企、国企和上下游关联高新企业，全年引进主导产业项目 100 个以上，其中 10 亿元以上产业项目 10 个，力争引进 50 亿元项目 1 个、在百亿元项目招引上有新突破。突出“敲门招商 + 项目盯引”，坚持招商引资“一号工程”和“生命线”工程，用活用好“听、督、跑、见、研”五字诀，进一步壮大专业招商队伍，探索市场化招商模式，更加注重以商引商、驻点招商，推进富商回归、乡贤回家。突出“落地服务 + 考核激励”，健全招商工作体制机制，强化项目绩效考评、跟踪服务，加大空间统筹，推行“拿地即开工、竣工即投产”，确保企业拿地后 3 个月内 100% 开工，竣工后 3 个月内 100% 投产。

2. 聚焦产业升级。以先进制造业为发展方向，完善政策体系，做强做大光电通信、智能装备、生物医药等主导产业，改造提升绿色冶炼、金属制品等传统优势产业，高新技术产业增加值增长 10% 以上。淘汰落后产能和整治提升企业 100 家，盘活低效工业用地 2000 亩，完成存量工业用地厂房改扩建 30 万立方米以上，新开工产业园 5 个，力争规上工业企业亩均税收和亩均增加值分别达到 30 万元和 163 万元。深化数智赋能，做优做强“产业大脑 + 未来工厂”，培育市级“未来工厂” 20 家、认定省级智能工厂 2 家，创建绿色低碳工厂 3 家以上，数字经济核心产业增加值增长 12.5% 以上。深化品牌和标准化建设，新增发明专利 200 件、“品字标浙江制造”认证企业 8 家。实施建筑业落地行动，力争招引一级资质企业 2 家，建筑业产值增长 10% 以上。坚持现代服务业和先进制造业两轮驱动，大力发展总部经济、楼宇经济，新增总部经济项目 5 个，税收亿元楼、千万楼累计分别达到 3 幢、 16 幢。持续做强数字信息、科技研发、现代金融等生产性服务业，做大数字新零售、高端商贸等生活性服务业，全年服务业增加值增长 6% 以上。推进农业与二、三产业融合发展，强化科技强农、机械强农，走深走实规模化、集约化、品牌化之路，加强特色水果等生态高效农业发展，争创三产融合农夫乐园 5 个。全面压实“米袋子”“菜篮子”责任制，坚决遏制耕地“非农化”“非粮化”，改造提升农田 5000 亩以上，牢牢守住粮食安全红线。

3. 聚焦扩大需求。充分发挥投资对稳增长、强后劲、增动能的作用，强化项目全生命周期管理，切实抓好 295 个政府投资项目和 165 个产业项目建设，固定资产投资、高新产业投资分别增长 6% 和 30% 以上。推进资源要素向重大项目集中，工业用地出让达到 1500 亩，确保占总出让土地的 40% 。积极争取更多专项债券，力争更多项目列入省市重点库。全面推动消费升级，挖掘新消费潜力，推进东方茂等商圈提升，促进线上线下消费深度融合，推动消费新业态向农村市场延伸，大力推进“快递进村”，满足多元化消费需求，实现社零增长 7% 以上。协同发力稳出口，落实好稳外贸政策，积极发展跨境电商、海外仓，开拓“一带一路”等新兴市场，提升国际市场竞争力和参与度，进出口总额增长 6% 以上。

4. 聚焦平台支撑。开发区启动全面“融廊融杭融圈”行动，加快推进航天电子、鹏成新能源、大华三期等项目建设，新腾出产业空间 1000 亩，拓展楼宇招商空间 70 万方，新引进高新产业项目 60 个，其中 10 亿元以上项目 5 个，实现制造业投资 40 亿元、增长 35% 以上，规模工业总产值达到 1150 亿元、增长 15%，银湖科技城新增产业人口 8000 人以上，加快构建城西科创大走廊“金南翼”。富春湾新城实施“千万亿”工程，招引高新产业项目 50 个以上，其中 10 亿元以上项目 4 个，开竣工产业建筑体量 160 万平方米，实现制造业投资超 50 亿元，规模工业总产值增长 20%，着力打造省级高新技术产业园区和“万亩千亿”新产业平台。滨富特别合作区加快推进正泰等项目建设，富芯一期建成投产，再落地一批高新产业项目，走出一条“总部 + 核心制造业”联动、“链主型 + 上下游”企业协同发展新路子。药谷小镇重点加快实施海晟胰岛素、海正生物二期技改和葛洪大道、丹谷入口等项目，启动浙工商食药研究院建设，打响三生融合的“葛洪丹谷”品牌。

5. 聚焦创新提速。壮大创新主体，深入实施企业梯队培育计划，新增国高企 100 家、省级科技型中小企业 100 家以上，培育国家级和省级专精特新企业 19 家、省级“隐形冠军” 1 家、上市挂牌企业 2 家以上，新设立各类市场主体 1 万家以上。鼓励企业加大技术创新、研发投入，推动领军企业牵头组建创新联合体，新增首台（套）装备 3 个以上，力争研发投入强度占比达到 3% 。更加重视本土企业发展，全面落实中央和省市新的组合式减税降费举措，按照“第一时间 + 顶格优惠”原则，实现各项政策直达企业，推动创新主体持续活跃、生机盎然。打造创新平台，主动对接三大科创高地建设，深化与浙大、西湖大学、浙工大等高校院所合作，推动罗素团队落户富阳组建先进光波（杭州）科学中心，推进杭光所与上海张江实验室合作打造省级重点实验室，鼓励“工创谷”等创新平台逐步向市场化园区转型，开展金融集聚区创建，新增企业研究院 2 家、市级以上企业研发机构 15 家。加快推进众创空间、孵化器、加速器建设，力争市级以上孵化器、众创空间总数达到 15 家以上。引育创新人才，迭代升级人才政策，结合产业需求，千方百计招引顶尖人才、优秀青年人才和高水平创新团队，培育更多金蓝领和新时代工匠，构建全生命周期人才服务体系，力争落地“5110”项目 50 个以上，新引进研究生等高层次人才 1800 人以上、大学生 1.5 万人以上。

（二）坚持亚运牵引，全力推进城市能级大提升

紧盯“中国特色、浙江风采、杭州韵味、精彩纷呈”的目标，坚决打好场馆建设、赛前检测、环境整治、安全保障和智慧亚运五大攻坚战，全力办好一届成功的体育文化盛会，向亚洲和世界展示现代版富春山居

图最精彩的实景画卷。

1．建好亚运设施。开展环境提升行动，重点围绕亚运场馆周边区域和“五路一环”，做好环境整治和景观提升，继续推进无障碍设施建设，实现重要场所国际化标志全覆盖，全面完成262个点位山体生态修复。实施数字“新基建”行动，推动新能源汽车充电桩、人工智能、物联网等新型基础设施建设，亚运场馆和重要区域实现5G信号连片全覆盖。拓展亚运观赛空间，按照“一空间一主题”，建设鹿山时代等3处以上“亚运公共空间”。

2．办好亚运赛事。完善办赛方案，优化亚运会、亚残运会指挥体系，建立一馆一方案，实现对赛事筹办、场馆外围保障及城市运行保障的统一协调调度。强化队伍保障，组建2500余人赛事保障团队，按照“统一规划、全面覆盖、分类实施、突出实战”要求，深入开展通识培训、岗位培训，全面提升团队战斗力和执行力。做好应急演练，健全城市数字化应急管理体系，提升交通、气象、能源、通信等保障能力，组织开展突发公共事件和防恐防暴应急预案演练，提升大型活动安保统筹应急水平。深化数字赋能，建设“智能亚运一站通”“无障碍一张图”、智能场馆、智能安保等项目，办好便捷高效亚运。

3．放大亚运效应。加强亚运宣传，深入挖掘亚运人文、亚运人物等素材，讲好亚运富阳故事，传播亚运富阳声音，更好展示亚运富阳文明风采，进一步提升富阳知晓度和辨识度。发展运动产业，推动文旅体融合发展，促进赛艇、球拍等传统制造业创新升级，引进品牌效应突出、市场竞争力强的体育中介服务机构1家以上，建好旅游码头，开辟水上旅游专线。推动全民健身，做好亚运场馆赛后利用，借势借力推动群众常态化开展健身活动，持续办好百村篮球赛等群众性体育活动，新增省级体育设施项目14处，打响“中国运动休闲之城”品牌。

（三）坚持建管并重，全力推进品质功能大优化

紧盯“精品规划、精致建设、精细管理、精明经营”原则，以一流标准规划城市，以工匠精神建设城市，以绣花功夫管理城市，让城市有颜值、更有价值。

1．高标准规划。坚持产城人生态融合理念，全面建立以发展规划为统领、空间规划为基础、专项规划为支撑、城市设计为指引的规划体系。深化“多规合一”，科学划定“三区三线”，精心编制国土空间规划，绘好城市发展底图。联动推进文化、电力等一批专项规划，实现与国土空间规划有机衔接、深度融合。聚焦板块联动和节点特色，加快推进地铁沿线、富春湾新城、大城北等区域单元控规编制。更加重视城市美学，突出富春山居特色，勾勒出最美天际线、山际线、江岸线，完成恩波大道沿线、富春老城核心区、富春湾城市心等区块城市设计。强化规划刚性执行，科学有序分步实施，严格城市风貌管控，确保规划一张蓝图绘到底、管到底。

2．高水平建设。升级畅通工程，全面动工杭州“中环”、秦望南路，完成湖杭高铁、大盘山隧道、灵桥新互通、环金线整治二期等项目建设，贯通富春湾大道，形成更加便捷高效的综合立体交通网络。做精十字金轴，重点推进客运中心站TOD开发、虎啸杏站中央商务区，加快实施阳陂湖二期工程建设。“城市眼”实现地下向地上建设转段、过江隧道双线贯通、地标塔楼和科技馆启动主体结构施工，秦望通道西延工程盾构始发，完成洋浦江河道护岸治理，做好富春江、北支江两岸等重点区域亮灯工程，现代版富春山居图东洲样板段、新桐示范段精彩亮相。有序推进银湖、鹿山、金桥等区块产城融合和富春老城区有机更新、老旧小区改造。提升建设品质，引进国际一流团队参与城建项目设计，争创富春杯10个、西湖杯5个、钱江杯1个，打造更多传世精品。

3．高效能管理。深化“全国最清洁城区”建设，落实长效化保洁机制，做深垃圾分类富阳模式，实施“全周期、全时段、全覆盖”精细化管理，打造3个高标准洁美示范街区，全力营造“整洁有序、温馨文明”的城市环境。推进数智管理，迭代升级“智慧城管”2.0平台，实现“一幅画面管广告”“一把闸刀管亮灯”，进一步做优先离场后付费、智慧环卫、数字养犬、违建管控等应用场景。加强细节管理，强化路面、立面、绿化管控，保持城市家具、标志有序，因地制宜建设一批街景小品。持续开展“礼让斑马线”、骑乘佩戴头盔等行动，大力整治违法停车、占道经营等乱象，加强交通项目、建筑工地、工程车辆、工程渣土管理，减少扬尘、噪音对群众生活的影响。强化“安全运营”，加强交通隐患点整治，实施10个内涝隐患点治理，加快推进城市污水处理五期和新登污水处理三期建设，完成江南水厂取水口上移工程，统筹推进水、电、气、光纤等地下管网与路面管护一体规划、科学建设、有序改造，着力打造韧性城市。

（四）坚持“三美”建设，全力推进城乡环境大蝶变

深入推进新时代美丽城乡、美丽经济和美丽治理，着力建设百花齐放、各美其美、美美与共的大花园。

1．建设美丽城乡。深化生态文明建设，落实“碳达峰碳中和”战略，开展节能降碳增效行动，深化水气土废塑治理，实施山水林田湖草沙一体化保护和修复，推进循环经济产业园打造省级示范园区，确保全年空气优良率达到93%以上，PM2.5浓度保持在30微克/立方米以下，争创五星“无废城市”，再夺“大禹鼎”。推进乡村基础设施建设，加强各类管线治理，统筹谋划和推进路面开挖等工程，提升资金使用绩效。继续实施“四好农村路”建设，做好农村公路改造提升。加大历史建筑保护，及时做好修缮工作。大力提升城乡风貌，推进新登千年古城复兴和场口“微镇”建设，新增省级美丽城镇2个以上。实施乡村“微改造”，深化最清洁乡村环境提升行动，实现新时代美丽乡村建设全覆盖，打造5个标杆点、1条标杆线，培育4个省市级未来乡村试点，新增省级美丽乡村示范乡镇2个、省级精品村20个以上，争创全省新时代美丽乡村标杆区。聚焦15分钟生活圈，开展10个未来社区试点建设，建成2个城市风貌样板区和2个县域风貌样板区。

2．发展美丽经济。做实“乡村经营”，通过“村+

公司 + 农户”等模式经营乡村资源，探索“资源招商”“环境入股”“飞地抱团”等模式，80% 以上村集体经济经营性收入达 50 万元以上。强化区域联动，加快景观景点、资源要素串珠成链、连线成面，提升六大特色组团，建设区域协同共富模式新样板。壮大富民经济，做强大源门窗、上官球拍、富阳竹纸等富民产业，做精茶叶、香榧、臭豆腐、豆腐皮、米酒、馒头等特色产品，提升质效，打响品牌。深化“两进两回”，积极培育农村实用人才，全面激活闲置农房和资源，撬动社会资金下乡 10 亿元以上，落地乡村产业项目 100 个以上，启动春建田园综合体建设。

3．推进美丽治理。深化平安创建，持续开展消防、燃气、道路交通、危化矿山、建设施工、食药安全等重点领域安全隐患排查整治，压实各方责任，确保生产安全事故起数和死亡人数较去年下降 20% 以上，争创平安富阳十七连冠。强化基层治理，推进“县乡一体、条抓块统”改革，系统推进基层“五治”融合，加强社工队伍建设，建成省级善治示范村 30 个、民主法治村 10 个。深化“安薪工程”，重点加强工程领域欠薪治理。创新和发展新时代枫桥经验，推进矛调中心向社会治理中心转变，迭代升级“一中心、四平台、一网格”，构建上下贯通、一体协同的区域治理新格局。推进社会智治，加快建设数字孪生城市，做强城市大脑。完善应急管理一张图，提升应急处置智慧化水平，实行危旧房和地质灾害隐患点动态治理。强化风险闭环管控，做实预测预警、源头防范、多元化解体系。做强“富春治（智）诈”，严厉打击电信网络诈骗、金融犯罪，全年发案量下降 10%、破案数上升 10% 以上。

（五）坚持共同富裕，全力推进民生福祉大提质

深入践行以人民为中心的发展思想，深化全省公共服务优质共享试点，努力回应群众关切，让人民生活更加幸福美满。

1．狠抓疫情防控。坚持“外防输入、内防反弹”，深化“源头查控 + 快响激活 + 硬核隔离 + 精密智控”，强化“人、物、环境”共防，落实“七大机制”，守住“四条底线”，确保不出现聚集性疫情、不发生疫情风险点失管漏管。推进疫情防控能力建设，突出平战结合、扁平化管理，不断完善疫情防控应急体系，积极创建无疫基本单元。持续深化“大数据 + 网格化”排查机制，实现全受控、无遗漏、零风险。严格实行公共场所“测温、查验两码、戴口罩”，筑牢重点人员、场所和部位疫情防控网。加强全民个人防护意识，倡导市民戴口罩、勤洗手、常通风、一米线、不聚集，积极引导 3— 11 岁、60 岁以上适龄无禁忌人群接种疫苗，加快构筑人群免疫屏障。

2．加强社会保障。深化就业优先，以“扩中”“提低”为主要方向，鼓励灵活就业和创业带动就业，城镇登记失业率控制在 3% 以内，家庭收入 10 万— 50 万元群体比例达到 72% 以上。推进全民参保。职工养老和医保参保均增加 2 万人以上，综合参保率稳定在 99% 以上，西湖益联保参保率超 50%。加大人文关怀，实现救助家庭关爱率 100%，年最低生活保障费达到 1.3 万元。强化住房保障。探索共有产权住房试点，开工建设共有产权住房 1000 套，加快推进 5489 套人才租赁房建设、交付 1624 套，公租房配建新开工 18 万平方米、交付 1347 套。推进协作共富。持续做好对口支援、结对帮扶和山海协作等工作。重视国防教育，抓好征兵和优抚拥军安置工作。

3．优化公共服务。高水平建设“美好教育”，动工建设东吴九年一贯制学校、富春十一小、十二小和富春一幼，启动新登中学改扩建工程。深入实施名师名校长工程，健全集团化办学工作考核机制，推动杭二中富阳分校开工建设，推进全省一流综合教育强区争先进位。坚持五育并举立德树人，严格落实“双减”政策，深化课堂教学改革，丰富课后服务内容与形式，持续打响“新劳动教育”品牌，争创全国学前教育普及普惠区。深入实施“健康富阳”行动，加快推进省人民医院富阳院区、省中医院本部、区三院迁建等项目，实施富春、上官社区卫生服务中心新建工程。启动新一轮“富春名医”“富春医坛新秀”培育计划，健全“乡贤名医师带徒”工作机制，培育本地名医和优秀中青年人才 100 名以上，新增区级名医工作室 10 个以上。持续打响中医骨伤金名片，加快中医骨伤医院制剂研发大楼等项目建设。普及应急救护知识，培训红十字救护员 8000 人以上。有效提升“一老一小”服务水平，推进老年健康促进省级示范试点建设，探索“社区 + 物业 + 养老服务”模式，构建以居家养老为重点的养老服务体系，实现每万名老年人口拥有持证养老护理员 22 人，着力打造老年友好型社会。落实三孩生育政策及配套支持措施，探索 0— 3 岁婴幼儿多元照护形式，积极推进家政服务向高品质、多样化升级，加快建设育儿友好型社会，争创杭州市全国儿童友好城区先行试点。

4．推动文化兴盛。弘扬文明风尚，深入践行社会主义核心价值观，持续擦亮“最美群像”发源地品牌。加强新时代文明实践中心建设，深化“文明一立方”“志愿同行 •‘益’起亚运”等文明提升行动，推进全域精神文明创建。更加注重家庭家教家风建设，推动“家和万事兴”成为共同富裕美好社会的靓丽图景。传承优秀文化，大力弘扬“江南韵味 • 诗画胜境”富春山居文化，稳妥推进新登古城墙申遗，建成投用区非遗馆，理顺龙门古镇体制机制，擦亮“富春山居”文化标志。深化文旅融合，打响富春山居 • 休闲富阳特色品牌，加快推进西岩温泉、小叠空等项目建设，做深“营地 + ”“龙鳞 + ”文章，完成富春江湾国家 AAAA 级旅游景区、省级全域旅游示范区、富阳城区省 AAAAA 级景区城创建，着力打造长三角生态休闲旅游目的地。壮大文创产业，深度融入钱塘江诗路和之江文化产业带，加快推动公望两岸文创园项目建设，着力打造文化和科技融合示范基地，不断丰富产业业态，文化产业增加值增长 7% 以上。

各位代表，办好民生实事是推进共同富裕的重要内容。今年我们将继续按照“群众提、大家定、政府办”的方式，由大家在候选的 12 个项目中，投票选定今年实施的 10 件民生实事。一是住房保障工程。竣工交付安置房项目 5 个，实现回迁安置 1500 户。落实公共租赁住房货币补贴保障 1000 户。新开工保障性住房 18 万立方米。二

是老旧小区改造工程。实施老旧小区综合改造提升项目4个，完成二次供水改造项目12个。推进既有住宅加装电梯80台以上。新增电梯智慧消防阻梯系统500台。新建、改造提升城市小公园6处。三是交通畅通工程。打通城乡断头路6条，完成交通堵点治理7个。新增停车泊位1000个，新增和优化公交线路8条。新改建农村公路15公里，道路大中修70公里。四是“美好教育”工程。竣工9个学校（幼儿园）项目，新增学位2055个。新开工学校（幼儿园）12所。完成学校热水淋浴安装工程3个。五是健康关爱工程。免费接种流感疫苗2.5万剂。筛查干预脑卒中高危人群1.5万人次、结直肠癌高危人群3.5万人次。六是“舌尖”平安工程。创建“阳光餐饮”街区1个。打造网络餐饮活跃商户“阳光厨房”2500家。创建全程可追溯的“浙食链”放心农贸市场5家，建设民生药事服务站2家。七是颐老护幼工程。建成认知症照护床位100张，新增持证养老护理员120人。新增社区婴幼儿成长驿站15家、乡镇（街道）婴幼儿照护服务机构8个、3岁以下婴幼儿托位700个。八是众扶助残工程。提升改造残疾儿童康复机构3家，康复救助残疾儿童200人以上。提升改造规范化“残疾人之家”2家。创建省级无障碍社区1个。完成无障碍设施建设点位500个。九是就业富民工程。新增城镇就业2万人，实现失业人员再就业3000人。开展职业技能培训1.5万人次以上，新增区级大师工作室10家。培育农村实用人才1800人。十是全民健身工程。新建省市区三级体育公园、全民健身广场18个，新建农村百姓健身房9个，改造提升市级小康体育村7个。开展富春山居半程马拉松赛等全民健身活动200场（次）。新建和改造提升健身绿道40公里。十一是文化惠民工程。开展文化惠民活动300场。建成“15分钟品质文化生活圈”90个，新增城市书房5家、文化驿站5家。提升改造文化礼堂30家。修缮乡土建筑5处。十二是防洪安澜工程。完成病险水库加固4座，整治病险山塘12座，完成排涝闸站提升改建4座。完成中小河流综合整治5公里。对代表票选确定的10件民生实事，我们将用心用情用力办实办好，其余2件也将按相同标准抓好落实，能快则快，能早则早，让全区人民有感觉、早受益、能满意。

（六）坚持唯实惟先，全力推进自身建设大跃升

新阶段新形势新任务，我们将进一步解放思想、打开思路、敢于创新，以国际视野和未来眼光准确把握富阳在“重要窗口”中的新目标新定位，加快推进政府治理体系和治理能力现代化，努力建设人民满意的服务型政府。

1．*坚决把政治责任扛在前*。旗帜鲜明讲政治，学懂弄通做实习近平新时代中国特色社会主义思想，坚定不移做“两个确立”忠诚拥护者，“两个维护”示范引领者。巩固拓展党史学习教育成果，推动党史学习教育常态化长效化。善于从全局高度认识问题、推动工作，不断提高政治判断力、政治领悟力、政治执行力，把人民的期待、上级的精神、区委的部署转化为政府的自觉行动。

2．*坚决把依法行政抓在前*。主动接受人大法律监督和政协民主监督，自觉接受监察、司法、审计、统计、舆论和群众监督，认真听取各民主党派、工商联、无党派人士和人民团体意见建议。高质量办好人大建议和政协提案。把依法决策、依法行政、依法治理贯穿到政府工作的各方面、全过程。高水平做好“八五”普法，深化大综合一体化行政执法改革，扎实开展“两高一低”整治，全面推进法治乡镇建设，健全大调解联动工作体系，争创法治浙江先进区。

3．*坚决把狠抓落实立在前*。着力提升塑造变革能力，深化调查研究，构建重点工作闭环高效管理机制，实行“项目化实施＋专班化推进＋销号式管理”，以钉钉子精神加强政府督查工作，确保工作定一项、抓一项、成一项。牢固树立“没有走在前列也是一种风险”的忧患意识，敢于跟好的比、与强者争、向高处攀，干就干到一流，做就做到极致，积极争取一批省政府督查激励，不断开辟干在实处、走在前列、勇立潮头新境界。

4．*坚决把数字变革摆在前*。全力推进数字化改革，谋深谋实重大需求、多跨场景应用、改革任务“三张清单”，加快打造一批特色场景，再争取一批省市试点，着力打造全省数字化改革标杆区。基本建成一体化智能化公共数据平台，实现全区应用、数据、组件一本账管理，数据共享需求满足率达到99.5%以上。加快推进“152”与“141”衔接贯通，持续深化政务2.0推广应用，“一网通办”率达到90%以上。深入打造智慧化政务综合体，推进三级便民服务体系建设，着力打造“15分钟办事圈”。

5．*坚决把作风建设挺在前*。认真履行政府系统全面从严治党主体责任，强化“四责协同”，贯通“四项监督”，深化“清廉富阳”建设，持之以恒纠“四风”、树新风，认真抓好“七张问题清单”整改落实。健全厉行节约长效机制，完善预算绩效管理体系，一般性支出再压减5%，“三公”经费再压减3%以上。深化走亲连心“三服务”，全面构建亲清政商关系，真心对待、努力化解企业和群众反映的急难愁盼问题，让企业发展得更快更强，让群众生活得更美更好。

各位代表，没有等出来的精彩，只有干出来的辉煌！新的一年，让我们更加紧密地团结在以习近平同志为核心的党中央周围，在区委的坚强领导下，众志成城、奋勇拼搏，以一往无前的奋进姿态和永不懈怠的精神状态，高水平描绘现代版富春山居图，以优异成绩迎接党的二十大胜利召开！

中国人民政治协商会议第九届杭州市富阳区委员会常务委员会工作报告

——在政协第十届杭州市富阳区委员会第一次会议上

（2022年2月11日）

杭州市富阳区政协主席　陆洪勤

各位委员：

我代表政协第九届杭州市富阳区委员会常务委员会，向大会报告工作，请予审议，并请列席同志提出意见。

一、过去五年：奋进和荣光

1月27日，新冠疫情突袭富阳。疫情就是命令。区委、区政府迅速展开作战图，迅速作出作战部署；全区干部群众闻令而动，第一时间集结，第一时间奔赴抗疫第一线。省市委、政府和部门领导赶来了，省市及周边区（县、市）的12600名（人次）医疗人员赶来了……流调精准溯源，“三区”［封控区、管控区、防范区］明确管控，隔离扎实到位，检测全面展开……经过终生难忘的11个昼夜的艰苦奋战，富阳以最短时间、最小代价，赢得了疫情防控的阶段性胜利！经历这场艰苦的大战大考，使我们深切地感受到：中国共产党领导的英明伟大，中国特色社会主义制度的无比优越，人民至上、生命至上的崇高神圣，白衣天使逆行出征的大爱无疆，全区人民勠力同心、众志成城的磅礴伟力！在这场艰苦的大战大考中，富阳政协人责无旁贷、义无反顾：区政协班子成员下沉一线，既当指挥员又当战斗员；区政协全体机关干部与联系社区并肩作战，不舍昼夜；广大政协委员各尽其责，竭尽全力，共同一起谱就了一曲团结抗疫的战斗之歌、正气之歌、大美之歌。此时此刻，我们由衷地坚信，有区委的坚强领导，有全区干部群众的和衷共济，没有战胜不了的困难，没有跨越不了的险阻，没有渡过不了的难关，疫情防控一定能够取得最终胜利！

回首九届富阳政协奋进的五年，我们满怀激情、倍感荣光。这荣光，来自于过去五年我们参与和见证了富阳的巨大变革。面对撤市建区的历史机遇、转型升级的发展重任、风险困难的挑战冲击，中共富阳区委团结带领全区干部群众，合力同心、奋力拼搏，基本实现区第一次党代会确定的奋斗目标，为高水平描绘现代版富春山居图奠定了坚实基础。这荣光，来自于过去五年区委对政协工作的坚强领导和大力支持。区委常委会议21次专题听取政协工作汇报，以区委或区委办名义出台政协工作文件16件，区委、区政府领导交办重点课题15项，作出重要批示92次，出席区政协会议98次，从政治、思想、组织各方面给予正确引领和鼓励鞭策。这荣光，来自于过去五年全体委员高举旗帜凝心聚力履职尽责。我们牢牢把握新时代人民政协的新方位新使命，坚持以习近平新时代中国特色社会主义思想为指引，扛起新担当、展现新作为、树立新样子，人民政协事业在富阳大地上蓬勃发展。

（一）坚持以党的全面领导揽政协全局之要，锤炼忠诚品格

我们始终把政协工作置于党的统一领导之下，切实从政治上思想上组织上扣好履行职能第一粒扣子。

*政治航向更加坚定。*把学习贯彻习近平新时代中国特色社会主义思想落实到政协的每一次履职、每一项活动、每一场会议之中，加强对政协委员和各党派、团体、各族各界人士的团结引领，担负起“落实下去、凝聚起来”［把党中央决策部署和对人民政协工作要求落实下去、把海内外中华儿女智慧和力量凝聚起来。］的重大政治责任，让增强“四个意识”、坚定“四个自信”、拥护“两个确立”、做到“两个维护”成为政协组织和广大委员的高度政治自觉。发挥区政协党组的领导核心作用，重大决策、重要工作、重要事项及时向区委请示汇报，五年共召开党组会议70次，主席会议56次，常委会议23次，及时贯彻区第一次党代会及区委历次全会精神，确保政协事业沿着正确方向稳舵前行。

党的建设整体推进。将政协党建融入党委工作总体布局，协助区委制定《关于加强新时代人民政协党的建设工作的实施意见》，制订配套方案，建立系统完善的党建工作制度机制。设立6个专委会党支部和15个界别党小组，构建全面有效覆盖的党建工作网络。分类推进党建阵地，创新开展党员活动，打造“一支部一品牌、一小组一特色”，持续提升党建工作质量，激发党员委员“为党履职、为民尽责”的内生动力。

理论武装不断强化。健全以区政协党组理论学习中心组为引领、覆盖全体政协委员的学习体系，扎实开展“两学一做”（学党章党规、学系列讲话，做合格党员）学习教育、“不忘初心、牢记使命”主题教育和党史学习教育；提升政协读书会、政协讲坛等传统载体，推出“钉钉读书群”“云上讲堂”等创新平台，开展各类理论学习活动120余次，推动学习入脑入心见行动，进一步筑牢政协委员坚持中国共产党领导、走中国特色社会主义道路的思想根基。

（二）坚持以体系化品牌化拓协商民主之路，锤炼专业品格

我们不断强化协商主责主业，全力打造“请你来协商”平台体系，在推动全过程人民民主中提供富阳政协的创新实践。

顶层谋划体系化。协助区委出台《富阳区政协“请你来协商”平台建设和运行实施办法》《深化规范乡镇（街道）“请你来协商”平台建设的实施办法》等，形成上下联动的制度体系和“六步”工作法，让协商更有章有法。建立协商质效“双向”评价机制，成立基层协商评估团，对协商活动开展全过程督查、评估，形成工作闭环，让协商更有质有效。完善协商成果转化机制，协商建议及时报送党委政府和相关部门，通过监督反馈促进办理落实，让协商更有力有用。

平台构建标准化。明确6个专委会为区级重点协商责任单位，全省首创24个乡镇（街道）协商议事堂、28个村（社区）协商议事厅，32个界别协商委员工作室等，构建起区、乡镇（街道）、村（社区）一体贯通的“6+24+X”协商平台架构。打造室内标准化协商场地，设置议事长廊、议事亭、议事角等开放场所，搭建云上网络协商平台，实现“室内＋室外”“标准＋灵活”“线上＋线下”相结合的协商空间架构和“2+4+X”协商频次。

协商形式多样化。全会协商有广度，围绕党政重大决策，组织委员讨论协商，每年提出近百条意见和建议。区级“请你来协商”有深度，开展协商活动15项，提交90篇课题调研报告，邀请区委、区政府领导、部门负责人和各界代表，充分协商、共谋良策，形成意见建议200多条。关于基础教育高质量发展、助推经典民生产业、建设现代版富春山居图新桐示范段、推进餐饮和食品行业健康发展等一大批建议得到区委、区政府的采纳落实。提案协商有力度，建立提案办理全过程协商、督办和全覆盖评议机制，提案落实率从上届的39.5%提高到69.1%，办理质效不断提高。

基层协商品牌化。推动政协协商与基层协商深度融合，五年来共开展基层协商活动200多项，柔性化解建房难、拆整难、转型难、治理难等问题，以鲜明协商标识、浓厚协商氛围和扎实协商成效，使基层群众在协商中得到满满的参与感、体验感、获得感，让“公正理性、求真务实、平等互信、开放包容”的协商文化飞入寻常百姓家。全省领先、国内一流的基层协商民主实践范例，吸引中央党校“中国社会主义协商民主制度研究”项目组专题调研；“请你来协商·后周居民议事厅”社区协商案例在新华社刊发，被编入教育部小学高年级版教材《习近平新时代中国特色社会主义思想读本》，在全省乃至全国政协系统绝无仅有。

（三）坚持以服务中心大局为政协不让之责，锤炼担当品格

我们牢牢聚焦党政中心、发展大局，紧扣区第一次党代会以来的战略部署，为富阳高质量发展竭智尽力。

服务中心促发展。切实做好杭州富春湾新城产业指导；协助引进重大科研机构——上海光机所杭州分所（杭州光学精密机械研究所）被评定为首批省级新型研发机构和十大“杭州市最具影响力新型研发机构”，并以此为引擎，全力推动富春湾新城光电激光产业、硬科技产业发展壮大；认真完成区委交办的重点项目推进、环境督查与垃圾分类、教育卫生项目建设专班等任务，助推阳陂湖生态湿地精彩亮相、北支江亚运水上运动中心增色东洲卷首；深度参与组团联动发展，有效推进峒山文旅综合体、壶源溪“五美”建设、里山溪等“河长制”工作，壶源溪入选“浙江省美丽河湖”。

精深建言促发展。围绕改革发展要务，高质量提出9件大会建议案和47件重点提案。完善党政领导领办、政协领导督办机制，创新开展重点提案民主评议，有力促进建议案、重点提案的办理落实。聚焦创新驱动战略，提出《落实首位战略、推动创新策源，全力打造国家硬科技创新示范区》，被区委全会报告吸收，纳入富阳“十四五”规划；围绕拥江发展战略，建议《全力打造“春江花月夜”城市核心功能区，推动富阳城市转型、拥江发展》，“百里富春山居图、五十里春江花月夜”亮灯工程和精品江景华丽呈现；紧盯社会治理现代化，推动“调整社区区域规模和理顺社区治理体系”，全区28个社区调整为59个，基层治理和民生服务全面提升。统筹专委会、党派团体、界别小组的力量，组织化、系统化开展调查研究，提好前瞻性、针对性、建设性和可操作性建议。选取推动企业上市、营商环境优化、建设“城市大脑”、构建科技创新高地等问题，潜心研究分析、精心提出对策，五年共提交参政建言和调研报告92篇，得到党委政府的高度重视和采纳落实。

合力监督促发展。聚焦区委“三高发展”（高新产业发展、高品质城市建设、高水平社会治理）、“三个立起来”（全面加快“产业新动能、城市新轴线、发展新环境”立起来）等工作，针对职能部门委派民主监督小组和民主监督员监督。五年累计向35家单位委派民主监督员175名，组织监督活动100余次，收集问题200余个，提出意见建议130条。聚焦迎展行动开展八大产业群落民主监督，对31个产业项目开展10轮监督。连续3年专项监督“城乡生活垃圾分类处理”；联动省、市政协开展“高水平全面建成小康社会补短板”“农村饮用水达标提标行动”“助推无障碍环境建设”等专项集体民主监督，为助推产业发展、城市建设、社会治理、民生事业、生态文明和高水平全面建成小康社会尽责出力。

（四）坚持以大团结大联合聚各界磅礴之力，锤炼和合品格

我们持续推动发扬民主与增进共识相互贯通、建言资政和凝聚共识双向发力，努力唱好同心曲。

各界关系和合。健全各民主党派、人民团体参与政协工作的机制，加强同各界代表、非公经济、新社会阶层人士等方面的联系交流、联合调研、联动协商。五年来支持各民主党派提交集体提案45篇、报送建议材料62篇，在政协全体会议和协商会议上发言100余人次。以亲情、乡情、爱国情为纽带，打好“海峡两岸交流基地”品牌，协助开展 “浙台邻里节”“公望文化周”“‘一杯清茶、两岸情缘’富阳安顶茶文化节”等活动。持续关注宗教事务，助力少数民族村及少数民族聚居村发展。

“走亲”连心服务。组织“走亲富商”活动25场，累计走访商会25家次、乡贤200余人次，招引飞旋科技、银湖激光等一批项目落户富阳。深入开展政协委员送文化、教育、科技、规划、卫生、体育、法律“七下乡”活动62场，录制播出《教育的约定》《书法之乡讲文化》《村里来了规划师》等宣传片，取得良好社会效果。做深做实“走亲连心三服务”活动，走访服务企业500余家，基层村社300余次，推动背街小巷整治、党建后进村整转、老旧小区停车难等一批解难项目销号。

深耕文史化人。编撰出版《尘封的记忆——富阳老照片》《新登古文选》等文史书籍8本，策划举办“文为世范、行为士则——张堃先生专题展”等专题性展览10次。持续办好“孙过庭奖”“黄公望奖”中小学师生书法、美术比赛，会同杭州市教育局策划举办2021杭州公望少儿美术作品展，有力推动中小学美育与时代同行。助力文化工程建设，参与和推动新登古城复兴、阳陂湖文化研究院、灵峰精舍复建、鹳山景区改造提升等项目。协助省、市政协征编《浙江传统经典美食文化故事》等文史资料。

（五）坚持以增进百姓福祉固政协履职之本，锤炼为民品格

我们坚守为民履职的宗旨，用心感知民意，倾力服务民生，让群众感到委员时时在身边、政协处处有温情。

共克时艰勇担当。2020年初，面对新冠疫情的肆虐，我们第一时间组织全体政协委员投身抗疫战线，奋力夺取“战疫情、促发展”两战全胜，涌现出市抗疫先进个人、“富阳好房东”等一批先进典型；开展现场服务、网上协商等活动，就完善我区公共卫生应急体系组织“请你来协商”，推动疫情防控补短板、强机制。聚焦“六稳”“六保”（稳就业、稳金融、稳外贸、稳外资、稳投资、稳预期）；（保居民就业、保基本民生、保市场主体、保粮食能源安全、保产业链供应链稳定、保基层运转），开展“积极担当作为、助力‘双抢双增’“双抢”，即抢工抢时，抢工作效率、抢发展时机，把失去的时间“夺”回来；“双增”，即增产增效，推动企业增产出、增效益，把疫情造成的损失“夺”回来专题活动，成立“委员帮帮团”，加入属地乡镇（街道）专班，走访服务企业，协调解决防疫物资、用工短缺等困难。下沉乡镇（街道）、村（社区），共抗“烟花”“灿都”等灾害天气，全力保障人民群众生命财产安全。

“民生小事”用心办。围绕母婴室配置、困境儿童陪伴、停车场利用、人行道绿化带设置等30项关系群众切身利益的民生议题，整合协商、监督、议政、服务等形式，坚持委员主导、媒体联动、群众参与、部门互动，促进问题有效解决，形成富阳独有的“民生小事”履职品牌。其中“困境儿童陪伴”以《“新爸爸妈妈”的爱心陪伴》为题获省政协“同心苑”推送，引起各方良好反响；推动全区大型商场和重点公共场所实现母婴室配置全覆盖；城区公共厕所规划建设更加科学合理。

社情民意发好声。完善“委员工作室”“社情民意联系点”等开放式履职平台，引导广大政协委员积极为民发声。编发社情民意信息专刊48期148篇，其中改进电子证照注册工作、优化公共自行车服务、加强健康码抽查力度、破解立体车库建设难、调整优化公交线路等一批建议得到部门的采纳和落实。与富阳日报合作开设“政协委员助力跑”专栏，通过委员发现问题、部门及时跟进，化解江滨西大道沙滩水龙头设置、公共场所配置心脏除颤器、解除树木上的铁丝“紧箍咒”等问题。

（六）坚持以加强自身建设聚政协活力之源，锤炼奋进品格

我们坚持传承与创新并重、能力和作风并举，全面提升政协组织和广大委员履职现代化水平。

“两个薄弱”（市县政协基础工作薄弱、人员力量薄弱的问题）有效缓解。贯彻中央和省、市委政协工作会议精神，协助区委召开“全区政协工作会议暨纪念富阳政协成立35周年大会”。在区委重视和支持下，在杭州市区（县、市）中率先解决了区政协专委会主任进常委不占编的问题，缓解了政协机关编制少的难题；落实由区委统战部部长兼任政协党组副书记，增设专委会专职副主任职数6名、机关党组副书记1名，区政协机关的力量和干部的交流、选调、培养、使用力度加大。推进机关效能建设，全面提升政协机关组织、学习、服务、清廉、文明指数，首批成功创建“模范机关”，荣获全区“百日解百难”机关大比武“双十佳”单位称号。发挥专委会基础作用，坚持“一委一品”，立足“专”字打响履职品牌。重视政协理论研究，开展加强协商民主建设、完善基层协商等专题研讨，10篇论文在省人民政协理论研究会征文活动中获奖。构建政协宣传融媒体矩阵，连续五年获评省政协宣传工作先进单位。

委员建设持续加强。探索线上线下融合互促的常态化学习机制，定期举办政协委员和政协工作者培训班，组织优秀委员赴青岛等地开展异地研学，举办政协读书会6次、政协讲坛10次，策划“书香政协·委员读书月”活动，组织开展“新时代人民政协的新样子”专题讨论和“政协人新时代新风貌”笔谈，不断提升委员履职能力。健全界别小组、政协委员履职考核办法，以更规范的管理、更便捷的服务，激发政协委员的责任意识和履职热情，高质量完成好“委员作业”。

“数智政协”精密构建。打造“1+6+X”富阳数智政协系统，政协数字驾驶舱一屏展示，提案、社情民意、会议活动、履职考核管理、数字文史、协商进基层等6大应用场景促进履职提质增效，实现与“浙里办”“民呼必应”等系统的多跨协同，推动民意征集、问卷调查、提案办理、委员履职考核等工作全流程数字化，实现请你来协商线上直播、成果转送、办理评价等全线上流转、多平台协同。

各位委员、同志们，回首这五年，我们以政协人镌刻在血脉中的热情、睿智、使命、担当和奉献，持续发出好声音、汇聚正能量、画好同心圆。在抗击疫情、迎战风雨的危急时刻，有我们委员冲在前线、决不后退的身影；在征地拆迁、项目攻坚的决战关头，有我们委员主动请缨、积极参与的故事；在走亲连心、服务基层的活动当中，有我们委员真真切切、默默无闻的付出。回首这五年，为了现代版富春山居图的精彩描绘，我们夙兴夜寐、殚精竭虑；“三高三立”我们秉持胸中，献计献策；一山一水我们处处留痕，有研有督；一乡一村我们协商为民，共谋善治；走南访北我们招才引智，增光添彩；面对今天富阳的大破大立、快速转型，我们倍感欣慰、与有荣焉！

回顾九届区政协所取得的成绩，我们无比崇敬以习近平同志为核心的党中央掌舵领航、科学指引，切身体会省、市、区委的高度重视、坚强领导，衷心感谢上级政协的科学指导、历届政协的接续奋斗，十分感激政协各参加单位、广大政协委员和机关干部的同心同德、不懈努力。在此，我谨代表区政协九届常委会向大家致以最崇高的敬意和最诚挚的感谢！

我们的工作，对照新时代的使命追求，对照党委政府和上级政协的工作要求，对照广大群众和委员的期待需求，还存在一定的差距。主要表现在：专门协商机构作用还需进一步强化，凝聚共识职能还需进一步凸显，数字赋能思路举措还需进一步拓展，工作特色和品牌亮点还需进一步打造，等等。这都需要在今后的工作中努力加以改进。

二、实践升华：经验和体会

这五年，是人民政协事业在富春大地赓续传承、创新发展的五年。这五年，融汇于中国共产党的百年光辉历程、融汇于人民政协的72年灿烂篇章，以基层实践进一步彰显了中国共产党领导的多党合作和政治协商制度的独特性、优越性，进一步揭示了中国共产党为什么能、马克思主义为什么行、中国特色社会主义为什么好。回顾这五年的成就和经验，我们由衷地体会到：

（一）必须牢固树立政治理念，在拥护“两个确立”做到“两个维护”中坚守忠诚本色。五年来，我们坚定不移全面推进党的建设，持续深入学习贯彻习近平新时代中国特色社会主义思想，确保在政治上、思想上、组织上和行动上紧跟核心、维护核心；坚定不移把政协工作置于党的统一领导之下，始终与区委保持方向一致、目标一致、步调一致；充分发挥区政协党组在政协工作中的领导作用，切实做到区委有部署、政协紧跟进，区委有要求、政协重落实。我们深刻认识到，只有站稳政治立场，坚定不移跟党走，才能保证人民政协事业发展进步、行稳致远。

（二）必须牢固树立大局理念，在围绕中心、助推发展中提升政协履职质效。五年来，我们针对富阳经济社会发展中综合性、全局性、前瞻性的问题和“三个立起来”“一图三区”（高水平打造现代版富春山居图，坚持科技创新，加快建设硬科技创新示范区，坚持生态优先，加快建设绿色发展示范区，坚持融入都市，加快建设幸福宜居标杆区）等中心任务，找准履职着力点、切入点和结合点，做到不调研不协商、不调研不建言、不调研不监督，做到在参与中支持、在支持中服务、在服务中助力。我们深刻认识到，只有自觉把政协工作融入到全区大局中思考、谋划和推进，切实把履职的质效作为重点、关键点和落脚点来抓，才能体现政协履职的独特作用和价值。

（三）必须牢固树立协商理念，在搭建平台、广开言路中推进全过程人民民主。五年来，我们注重发挥专门协商机构作用，搭建区、乡镇（街道）、村（社）三级“请你来协商”平台，推进政协协商与基层协商、基层治理相结合，邀请各界代表在政协平台上充分表达利益诉求，“专”出特色、“专”出质量、“专”出水平，促进决策科学化、民主化、规范化。我们深刻认识到，只有聚焦协商主责主业，融协商于监督、建言等政协工作全过程，人民政协才能在中国民主政治发展进程中凸显重要地位。

（四）必须牢固树立民本理念，在为了人民、依靠人民中彰显政协初心使命。五年来，我们始终把党的群众路线贯穿于政协工作全过程，努力做好联系群众、畅通民意、服务民生的工作，围绕教育、卫生、养老等民生重点履职尽责，围绕群众身边的民生小事助力解难，努力使群众的获得感、幸福感和安全感更加充实、更有保障，让老百姓真切感受到“委员就在身边、政协离自己很近”。我们深刻认识到，只有坚持情为民所系、言为民所立、事为民所谋，人民政协才能赢得民心守住初心。

（五）必须牢固树立创新理念，在改革探索、守正创新中永葆政协生机活力。五年来，我们始终以习近平总书记关于加强和改进人民政协工作的重要思想为根本遵循，牢牢把握人民政协性质定位，发散性思维、系统性谋事、集成性干事、协同性成事，在守正中创新，在创新中发展，努力在平台化协商、组合式监督、项目化调研、系统化履职、数字化赋能、制度化管理等理念、思路、机制和方式上积极探索，全力打造更具活力、能力、凝聚力、创新力的政协队伍，实现提质增效、争先创优、与时俱进。我们深刻认识到，只有始终保持改革的锐气、创新的张力、奋进的激情，才能推动政协事业持续发展、永葆生机。

三、未来五年：愿景和使命

站在“两个一百年”的历史交汇点上，在以习近平同志为核心的党中央正确领导下，党的十九届六中全会以放眼千秋、纵观全球的大视野、大气魄、大谋略，为我们擘画了新时代中国特色社会主义事业的壮美蓝图。不久前召开的中共杭州市富阳区第二次党代会，高举习近平新时代中国特色社会主义思想伟大旗帜，立足富阳实际，科学研判形势，确定了立足新发展阶段，贯彻新发展理念，融入新发展格局，坚持高质量转型发展、高水平实现共同富裕，坚定不移实施产业强区主战略，加强产业新动能、城市新轴线、发展新环境“三个立起来”，着力打造创新活力、都市田园、山水人文、幸福宜居“四大图景”，奋力谱写现代版富春山居图新篇章的战略目标，为我区人民政协工作明确了前进方向，提供了广阔舞台。

“大厦之成，非一木之材也；大海之阔，非一流之归也。”今后五年，是富阳推进高质量发展实现共同富裕、高水平描绘现代版富春山居图的关键阶段。目标越伟大，愿景越光明，使命越艰巨，责任越重大，十届区政协当不负重托、踔厉奋发。为此，我们建议：

（一）加强党的领导，把牢政治方向，共创美好新愿景

进一步加强政协系统党的建设，做优做强党的组织体系，做实做活党的工作体系，切实把坚持中国共产党的领导贯穿于政协工作的各方面全过程，不断提高政治判断力、政治领悟力、政治执行力。完善和落实习近平新时代中国特色社会主义思想学习体系，深入学习贯彻中共十九届六中全会精神以及即将召开的中共二十大精神，开展“四史”（党史、新中国史、改革开放史、社会主义发展史）学习，坚决拥护“两个确立”（确立习近平同志党中央的核心、全党的核心地位，确立习近平新时代中国特色社会主义思想的指导地位），更加坚定地贯彻落实中共中央重大决策部署。学习贯彻区第二次党代会精神，团结带领全区广大政协委员和政协工作者，着力做好思想引领、协调关系、汇聚力量、议政建言、服务大局的各项工作，切实把思想和行动统一到区委决策部署上来，把智慧和力量凝聚到实现区第二次党代会确定的目标任务、美好愿景上来。

（二）发挥履职优势，助建“四大图景”，共闯发展新征程

把坚定不移实施产业强区主战略、加快“三个立起来”、高水平描绘现代版富春山居图作为政协履职的主攻方向，发挥独特优势，推动解决事关我区高质量转型发展的深层次问题。要发挥民主协商、平等议事的优势，围绕转型难点、创新痛点，深入调查研究，广泛民主协商，积极建言献策，攻产业、优环境、助招商、促创新、强平台，助力打造创新活力图景；要发挥位置超脱、渠道畅通的优势，善于发现问题，敢于顶真碰硬，持续开展迎展行动专项监督，以最精彩形象助力办好亚运盛会，持之以恒推动外联内畅交通体系建设、“十字金轴”（富春江碧玉带和地铁黄金轴）城市发展新格局、组团景区化乡村精美画卷等，助力打造都市田园图景；要充分发挥人才荟萃、智力密集的优势，用好富阳山水人文的宝贵财富，努力在传承富春文脉、弘扬富春文明、保护富春山水上献计出力，推动生态更优、文化兴盛，助力打造山水人文图景；要充分发挥团结和谐、联系广泛的优势，以推动人的全面发展和社会全面进步为目标，持续聚焦“七优享”（浙有善育、浙里优学、浙派工匠、浙里健康、浙里长寿、浙里安居、浙有众扶），为建设美好、平安、法治富阳，争当全省共富排头兵竭智尽力，助力打造幸福宜居图景。

（三）坚持团结民主，汇聚各界力量，共谱和谐新篇章

进一步巩固共同思想政治基础，团结引领各党派团体、各族各界人士在习近平新时代中国特色社会主义思想的旗帜下和中央、省、市、区委领导下携手前进。进一步拓展参政议政平台，加强与各民主党派、人民团体和无党派人士的合作共事，不断巩固和发展多党合作的政治格局。进一步健全沟通联系机制，增进与新社会阶层人士的团结互信，认真贯彻党的民族宗教政策，促进社会各界的大团结大联合。进一步加强与各地乡贤的联络服务，发挥他们在推进富阳改革开放和现代化建设中的积极作用。进一步抓好“走亲连心”工作，协助党委政府做好正确引导舆情、扩大各方共识、广泛汇聚力量的工作。进一步打造文史精品工程，助力文化强区建设，充分发挥政协联谊会、书画院、茶文化研究会的作用，以文化之春风润人心塑文明。

（四）勇立时代潮头，锻造过硬本领，共树政协新形象

坚持把解放思想、守正创新贯穿于政协工作的各个方面，强化数字赋能，积极探索新思路、新举措。进一步深化“请你来协商”平台体系建设，打造协商阵地，推进协商进基层、网络化协商、开放式协商，大力倡导和弘扬协商文化，促进全过程人民民主。进一步完善界别小组活动机制，探索政协常委述职制度，提升委员履职能力，维护委员民主权利，引导广大政协委员增强责任意识、有为意识，充分发挥其在本职工作中的带头作用、政协工作中的主体作用、界别群众中的代表作用，自觉树立和展示良好形象。探索建立政协智库，联络吸收各方面专家团队，进一步提升政协工作的专业性和科学性。重视专委会建设，推动专委会工作活跃有序、富有成效。加强对乡镇（街道）政协工作的指导，深化联动协同，打造基层协商样板。加强机关建设，增强机关干部的全局观念、服务意识、廉政意识，进一步提高统筹协调能力，确保政协工作务实有序规范高效清廉。

各位委员，时代浪潮奔涌，政协天地广阔，惟奋斗者进，惟实干者美。让我们更加紧密地团结在以习近平同志为核心的党中央周围，在中共富阳区委的正确领导下，初心不改、砥砺奋进，画好同心圆、一起向未来，携手开创富阳人民政协事业发展新局面，为早日绘就现代版富春山居图、以优异成绩迎接党的二十大胜利召开而不懈奋斗！

2 年度聚焦
Highlights of the Year

·党史学习教育活动·

【概况】 2021年3月10日，富阳举行全区党史学习教育动员部署会，成立以区委书记为组长的党史学习教育领导小组及其办公室，组建工作专班，下设综合协调、简报材料、实践活动指导、宣传报道、巡回指导联络等小组。至年底，区委理论学习中心组开展党史学习教育专题学习24次，开展“重温总书记嘱托”集中学习教育活动200余场，开展“送学上门”“送课下乡”“电影微党课”等助学活动100余场，覆盖老年党员和流动党员5000余人，推出“红色剧本杀”“主题云团课”等特色学习载体10余个。举办“筑梦富春·党旗下的诵读”富阳区庆祝中国共产党成立100周年大型诵读活动、“讲好革命故事，传承红色基因”富阳区庆祝中国共产党成立100周年“红色印记”主题党史宣讲活动、“壮阔百年·繁花富春”全区庆祝中国共产党成立100周年大型晚会等。编撰富阳本土党史学习教育读本9册，颁发“光荣在党50年”纪念章3005枚，提升新四军两渡富春江红色研学中心、中央调查组在富阳史料陈列室等重要红色点位17个，发布指尖上的“现代版富春山居图上的红色印记图”，推出“红色血脉+”旅游路线13条。整合全区宣讲骨干，组建“星火富春”“春江后浪”等“富春窗”特色宣讲团，打造“党史青年说”“党史少年说”“畲语宣讲党史”等特色宣讲载体20余个，拍摄宣讲短视频100个，创作《一封家书》《蒋忠的故事》等红色文艺宣讲作品13个，组织“忆党史话初心”“我把50年初心说给你听”等主题宣讲800余场，线上推送“云党课”3000余条，惠及群众40万余人。

2021年3月，富春街道开展凉亭下的微党课活动

（富春街道 提供）

【“跟着总书记学党史”夜学活动】 4月1日，富阳区委理论学习中心开展第一期“跟着总书记学党史”专题夜学，邀请浙江日报报业集团原副总编辑周咏南做《习近平在浙江》专题报告。活动固定每周四晚上举行，采取专家辅导、集中研讨、集中自学、实地研学等方式系统学习习近平总书记系列重要讲话重要指示精神、党的百年光辉历史、习近平总书记“七一”重要讲话精神、中共十九届六中全会精神等内容。至年底，开展区委理论学习中心专题党史学习教育24次。

【富阳红色印记地图发布】 6月19日，富阳召开庆祝中国共产党成立100周年——现代版富春山居图的红色印记新闻发布会，发布富春“红色印记”研学线路图，收录抗日战争胜利浙江受降纪念馆、新四军两渡富春江红色研学中心、周恩来视察大源纪念碑、鹳山双烈园、孙晓梅烈士纪念馆、中央调查组在富阳史料陈列室、红色报刊史料研学中心等点位16个。

【富阳地方党史学习教育书籍编印】 全年，富阳编印区级地方党史教材5本，分别为《习近平同志的富阳足迹》《富阳地方党史教育读本（一）》《富阳地方党史教育读本（二）》《新时代调查研究之风在富阳的传承》《纪念中央调查组在富阳60周年暨作风传承研讨会资料汇编》。乡镇（街道）编印地方党史教材4本，分别为上官乡的《红色上官——场源区人民的抗日斗争》、春江街道的《红色春江》、灵桥镇的《闪光的足迹》、龙门镇的《龙门古镇红色史料荟萃》。

【中央调查组在富阳史料陈列室开放】 3月5日，中央调查组在富阳史料陈列室揭牌开放。中央调查组在富阳史料陈列室位于富阳东洲街道党群服务中心二楼，分史料陈列室和调查研究大讲堂两部分，其中史料陈列室分中央领导论调查研究、调查研究年的提出与中央调查组的建立、唯实求真的富阳调查、同心同德真情难忘、习近平同志2004年4月在富阳调研时的讲话和新时代调查研究之风在富阳的传承等板块，布展面积300余平方米。陈列室共展出图版75块，视频2个，实物40余件，投入资金54万元。着力展现60年前，中央调查组在富阳调查时深入群众、求真务实、艰苦奋斗、执政为民的精神。至年底，接待党员群众555批次2.8万余人次

【新四军两渡富春江红色研学中心开放】 6月10日，新四军两渡富春江红色研学中心开放。研学中心位于常绿镇大章村，共2120平方米，分为2层，包括6个展厅、多媒体室、多功能教室、报告厅、书吧等。其中，一楼展厅面积1400平方米，二楼展厅面积720平方米，馆内展品数150余件。研学中心集红色教育、廉政教育、国防教育和党史研究、干部培训、乡村旅游为一体，以时间为脉络，从不同角度将半景画、场景复原、实物展示、多媒体影片、互动展项等现代声光电技术融入多项展示环节，配合多种绘画形式、雕塑形式，以“集成式”的展项组合空间，讲述新四军两渡富春江的历史情况。展馆共分为六大部分，分别是中共中央发展东南战略决策、新四军苏浙军区一渡富春江、新四军苏浙军区二渡富春江、路西抗日根据地、军民鱼水情和功绩载史册，全面系统地介绍新四军两渡富春江的历史概况和主要事迹。

【红色报刊史料研学中心开放】 6月17日，红色报刊史料研学中心启用仪式在大源镇蒋家村举行。红色报刊史料研学中心分多期建设，一期工程包括3个展厅。一号展厅以《新青年》与中国共产党为主题，围绕《新青年》杂志创刊前后辐射的红色报刊、红色人物而展开。二号展厅以“红色报刊从这里走来”为主题，收录中国共产党成立前后的党报党刊近百件。三号展厅则围绕“名人与报刊”主题，收录有毛泽东、邓小平等创办的报刊，如《湘江评论》和《新华时报》创刊号等，收录实物40余件。该中心为国内首个红色报刊史料研学中心，围绕“红色报刊”主题，展陈红色报刊藏品300余类21350册（份）。

【“昼访夜谈”调查研究年活动】 4月，富阳组织开展 “昼访夜谈”调查研究年活动，活动时间贯穿全年，根据“我为群众办实事、我为企业解难题、我为基层减负担”专题实践活动要求，围绕富阳区委一届十次全会提出的各项目标任务，组织全区领导干部和各乡镇（街道）、区级机关干部到村（社区）、重点企业、重点项目一线开展调查研究，重点完成“集中开展一轮入户走访、现场踏看一批重点项目、全面化解一批信访积案、及时召开一批专题座谈、统筹组织一轮党课宣讲、牵头领办一批服务事项”六项目标任务。全区组建调研小组675个，下沉一线“昼访夜谈”机关干部5200余名，深入村社324个、企业1600余家，共“昼访”8.3万家次，“夜谈”5000余场次，收集意见建议和“急难愁盼”问题6500余个。5月11日，富阳召开纪念中央调查组在富阳60周年暨作风传承研讨会，中共中央党史和文献研究院、中国社会科学院大学等相关专家学者参与，传承弘扬中央调查组坚持实事求是、坚持群众路线的优良作风。

【“民呼必应”应用场景上线】 4月25日，富阳“民呼必应”特色应用场景在32个村社试点运行，覆盖用户近4万人，试运行期间日均访问量4000余人次，累计接办群众诉求7200余件，日均接办200余件，整体办结率98.5%，群众平均评分4.9分（满分5分）。该应用场景依托“富春智联”智治系统，群众通过支付宝、微信小程序即可登录账号，以文字、图片、视频、语音等方式提交个人诉求或身边问题。整合“12345”投诉热线、“人大代表提案”、区矛调中心、区信访超市等民意载体，扩大民情民意采集广度和深度。系统后台则构建小区—村社—镇街—部门—统筹解难五级联动链条，实现群众诉求“一键直达”，微事村社办、小事镇街办、大事联动办。至年底，认证居民群众60.8万人，累计接办诉求12万件。

·数字化改革·

【概况】 2021年，富阳区围绕“打造全省数字化改革标杆区”目标，坚持需求导向，数字赋能、改革破题，全力描绘“数智富春山居图”。建设富阳区一体化智能化公共数据平台，政务云平台全年为42个部门提供600余台云服务器。开展全区数据归集治理，统一数据标准，归集教育文化、社保缴纳、公共安全、交通运输等相关领域数据3828项12.4亿余条。“一总五分”门户全部上线，总门户共上线应用15个，“浙里办”上线应用10个。出台数字化改革重大应用项目统筹管理办法，统筹推进应用场景建设52个，梳理形成45项理论和80项制度成果。争取国家级试点6项、省级试点24项、市级试点12项，获全省全面深化改革工作考核第一名。

【典型应用】 2021年，“医学检查检验结果互认改革”实现患者省

时省钱，医生减负提效，改变临床检查检验路径依赖，撬动分级诊疗、医保支付、医务人员薪酬等更深层次的医疗改革。由“富医互认”上升为“浙医互认”，获国务院总理李克强、副总理孙春兰等国家领导批示肯定，荣获2021年度浙江省改革突破奖铜奖，获得省委、省政府主要领导批示6次，并在全国推广。该应用获省委书记袁家军在全省数字化改革推进大会上点名表扬，认为富阳为全省90个区县市在县域层面以改革破解全国重大共性问题提供了很好的示范，具有典型意义；入围全国“中国改革年度案例”，在《决策参阅》《数字化改革（专报）》《数字化改革（工作动态）》《杭州改革》《新华社“内参选编”》等多个刊物上刊登。“家和智联”应用实现家庭矛盾纠纷全链条闭环管理，获全国人大常委会副委员长沈跃跃，省委常委、政法委书记王昌荣等领导批示肯定。“全面精准刻画干部政治画像”在中央全面深化改革领导小组办公室《改革情况交流》刊发，得到省委常委、秘书长陈奕君，省委常委、杭州市委书记刘捷批示肯定。“空巢老人安全守护系统”入选国家发展改革委首批运用智能技术服务老年人示范案例，改革经验在中央电视台《新闻联播》栏目播出。应急一张图、工伤一件事等5项改革经验在省《竞跑者》刊发。“数字孪生危旧房监测”入选2021年全国数字孪生典型案例。

【一体化智能化公共数据平台建设】 2021年，对接省一体化数字资源系统（IRS），建立人口库、房屋库和法人库，结合统一地址库，将核心数据分域到村并动态上图，实现数据资源“一张图”展示，匹配人员数据3268万余条、房屋数据118万余条、企业数据897万余条。“一网统管”市级综合试点建设稳步推进，梳理出首批高频业务事项共29项。

【党政机关整体智治】 全年区级专题门户在省级综合应用“主要领域”上线，争取“资金拨付领域公权力大数据监督”等省级试点6个、“民呼必应”等市级试点5个，省市会议上作典型发言9次，“民呼必应”被中央人民政府官网、《浙江日报》、新华社宣传报道，“数智巡察”在中纪委内网、中巡办《巡视巡察参考》刊发。

【数字政府】 2021年，打造应急管理一张图、危废智治、“富春预付码”单用途预付卡数字化管理、工业用地全周期监管等典型应用10余个，争取到国家级试点1个、省级试点9个、市级试点4个及省级典型发言2次、省市领导批示9条次，“天巡地查”被省自然资源厅列入改革创新优秀案例，“人生一件事”智能速办在新华社《政务智库报告》刊发，获省委副书记、省长郑栅洁批示肯定。

【数字经济】 全年打造“数智通关”“一键上云”“项目全周期服务”“产业地图”“精准服务”等重点应用，实现全区经济实时监测、精准调节和企业高效服务。争取省级试点3个、市级试点2个，获得全省多跨应用场景大赛三等奖1次。

【数字社会】 全年建设多跨应用场景21个，其中“15分钟服务圈”“教育魔方”等10个应用入围省级试点；“无障碍导航”等2个应用入选市数字社会首轮揭榜挂帅项目名单。涌现出医检互认、“空巢”老人安全守护、“银耀之江老干部志愿服务”等一批优秀应用，形成制度规范23项，获得省委、省政府领导批示4次，在省例会参与展示2次。在全省数字社会系统综合评价中位列第3。

【数字法治】 2021年，打造“家和智联”、富春微矫正、执法司法一体化系统、移动端一体化执法办案系统、“富春治（智）诈”、“执行管家”等应用场景，其中4个场景纳入全省一本账S0清单。“家和智联”2次作为交流元素在省双月例会展示，入选省数字法治最佳实践案例；执法一体化办案系统被列入省数字法治好应用名单。7个应用场景形成制度成果8项。

·共同富裕示范区建设·

【入围全省首批建设共同富裕示范区试点】 2021年7月26日，浙江省公布首批高质量发展建设共同富裕示范区试点名单，富阳区入选“公共服务优质共享领域”试点。首批试点名单由市、县（市、区）人民政府自愿申报、经设区市人民政府审核、领域内外专家和领导小组成员单位联审，形成建议名单，并提交浙江省高质量发展建设共同富裕示范区领导小组第一次会议审议通过确定。名单分缩小地区差距、缩小城乡差距、缩小收入差距、公共服务优质共享、打造精神文明高地、建设共同富裕现代化基本单元等领域，全省共28个试点，其中地级市5个，区（县、市）23个。杭州市共有3个区县入围，其中富阳是杭州在“公共服务优质共享领域”唯一入选的区。根据试点要求，富阳组建社会建设委员会，统筹推进社会建设各项工作，定期召开领导小组会议和专题会议。出台《关于杭州市富阳区进一步扶持低收入农户增收的实施方案》《杭州市富阳区养老服务电子津贴制度的实施意见》《杭州市富阳区困难群众探访关爱制度》等相关政策。实施“新富阳人15条”，新增城镇就业26805人。出台《支持引导社会力量参与社会救助实施细则》，“助联体”共链接帮扶项目38个，撬动社会资金500万元，惠及4.2万人，脱离低保边缘群体1000余人。

【“现代版富春山居图内涵与指标体系”发布】 10月30—31日，“现代版富春山居图”理论研讨会在富阳召开，会议由中共浙江省委党校，杭州市委市政府咨询委员会，富阳区委、区政府主办。会上发布“现代版富春山居图内涵与指标体系研究”成果，科学构建“现代版富春山居图”评价指标体系。“现代版富春山居图”评价指标体系包含高质量发展、高品质生活、高水平治理和地方特色等一级指标4个、下设具体指标25个。其中，高质量发展选取人均GDP、万元GDP能耗、万元GDP用水量、万元GDP建设用地面积、规上工业亩均增加值等二级指标5个；高品质生活选取人均可支配收入、城乡居民可支配收入比例、居民人均消费支出、平均预期寿命、人均住房面积、低收入农户收入等二级指标6个；高水平治理选取营商环境便利度、法治政府建设考核评价、平安指数、健康浙江建设考核得分、县级以上文明乡镇（街道）占比等二级指标5个；地方特色选取生态环境状况指数、生态红线面积比重、居民生态环境满意度、居民人均生活垃圾日产生量、景区村庄比例、文化产业增加值占地区生产总值比重、旅游休闲产业增加值占地区生产总值比重、居民教育娱乐文化消费支出比重、历史文化传承项目等二级指标9个。

【营商环境改善】 2021年，推出多跨协同“人生一件事”40个，跑腿次数压减83%，办理时间压减78.2%。推出“企业一件事”27个，办件4.7万余件，全年全区证照分离办件量6147件。创新形成由“三套清单”“三大机制”“三类示范”构成的践行亲清新型政商关系“3+3+3”富阳模式。确定硅谷小镇等5个政府侧亲清新型政商关系实体化样板示范点，至2021年底，全区民营企业有纪检组织90家。建立“信用+联动激励闭环”，打造富阳专区勋章体系——“富春勋章”。通过政务服务网、省“三服务”平台及线下专员走访，累计服务企业36081家次，收集企业问题12925个，协调解决12437个。

【产业新动能立起来】 全年富阳经济技术开发区完成地铁沿线空间拆迁行动，银湖总部研发产业园、高尔夫路智能装备产业带形成规模，工业经济突破千亿，纳入城西科创大走廊联动发展区。富春湾新城完成省级传统制造业转型升级试点，累计落地产业项目107个、出让产业用地140公顷，成为市级低碳园区试点。滨富特别合作区开工建设产业项目11个，杭州富芯半导体有限公司总投资400亿元，成为省特别重大产业项目、省市县长工程项目。加快推进硬科技创新示范区建设，引进光子晶体光纤之父菲利普·罗素及团队落地光机所，建设“先进光波杭州科学中心”。全年新增国高企157家、省级科技型中小企业215家、市级以上企业研发中心20家，市场主体达到10.8万家。加快信息经济核心产业创新服务综合体建设，被列入第二批杭州市人工智能创新发展区培育名单。新引进浙江工商大学富阳食药研究院和浙江求是应急科技研究院，新增市级专业化科技企业孵化器2家、省级备案众创空间3家，认定市级高新技术孵化成果转化园1家（杭州市首批）。杭州光机所成为首批省级新型研发机构，“工创谷”和银湖创新中心成为国家级众创空间、孵化器。R&D经费支出占地区生产总值比重达到2.88%。制定出台《杭州市富阳区新生代企业家培育工程三年规划》，排定“520”梯队培养对象。改善民营和小微企业融资环境，2021年，民营企业表内外融资余额962.76亿元，同比增长26.24%；小微企业贷款余额822.8亿元，同比增长22.88%，普惠小微企业贷款余额413.1亿元，同比增长24.04%。绘制产业地图，全面描绘各行业产业分布状况和微观实体地理定位。深化人才领域“一件事”改革，全年新增各行业领域省级以上领军型人才29人，累计引进高校毕业生11016人，同比增长29.27%；引进硕士及研究生等高层次人才1524人，同比增长15.28%。

【城市新轴线立起来】 2021年，探索杭州富春湾新城一体化工作机制改革，富阳经济技术开发区、杭州富春湾新城实行封闭运行。推进大葛溪、大龙门等“六大组团”联动发展，百花大会、江鲜大会、味道山乡成为特色品牌，全年乡村旅游接待量突破1000万人次，经营总收入突破10亿元。深化和完善“党建联盟”工作载体，厘清产业发展型、区域治理型、行业系统型三大类党建联盟架构，选择城北组团等20余个党建联盟作为重点培育项目，打造党建联盟示范点。通过文旅公共服务机构功能融合省级试点验收评审，持续开展“家在富春江上”文化品牌活动，全年开展各类文化惠民活动760余场，“富春山居”和“新登千年古城”入选浙江省文化标识培育名单，推进农村文化礼堂“活跃工程”，富春山馆和东梓关成为杭州十大文化新地标。群众性体育活动广泛开展，成为全国群众体育先进单位。省级新时代文明实践中心试点深入推进。选择“高桥花苑”“东升1号”作为地下停车位不动产登记试点地块，完善地下车位不动产登记政策。出台《杭州市富阳区老年健康促进行动省级示范试点工作实施方案》，实现25家社卫中心与15家养老机构、257个居家养老服务照料中心长效协作，有效签约率达100%。老年人家庭医生签约覆盖率达98.6%，创建为全国健康促进区，创建全国智慧健康养老示范基地1个、示范街道2个，全国老年友好型社区1家、杭州市老年友好型社区3家。

【发展新环境立起来】 全年深化省级稳评试点工作，探索建立严格标准体系、工作体系和监管体系，“三严三实”工作经验在《浙江信息》上刊载；充分运用“医院+平台”“专人+专业”模式，开拓创新“1+1+3”社会心理服务实战体系，获得省委常委、政法委书记王昌荣批示肯定。畅通检察民事公益诉讼与行政机关开展生态损害磋商等工作的衔接机制，2021年通过公益诉讼挽回野生动物资源、渔业资源、盗采盗挖山体生态服务功能损失费用等共计21.6万余元。创新行政非诉案件“裁执分离”闭环监督机制，针对房屋强制拆除等案件“裁”而不“执”的主体责任落实问题，强化执法和司法监督。2021年，全区非诉行政执行案件未履行到位13件，共涉及9个镇街，督促完成整改3件，出具暂缓执行情况说明10份。探索企业预重整机

2021年7月14日，富阳举行"迎亚运、展风采,全面打造现代版富春山居图"行动半年度大比武

（区委宣传部供稿）

制，准确识别企业重整价值和重整可行性，推行"庭外磋商"与"庭内重整"有力衔接、"意思自治"与"法治保障"双管齐下，最大限度保护企业有效生产力，降低重整成本，提高重整成功率，实现企业债权债务的高效清理，推动困境企业重焕生机。2021年，完成对4个乡镇（街道）自然资源资产责任审计，计划实现乡镇（街道）领导干部自然资源资产责任审计五年全覆盖。探索公办幼儿园办园体制改革创新配套政策试点工作，重点将区公办幼儿园非公教师指标数全部转化为劳动合同制教师控制数，并建立相应的管理考核与招录办法，进一步提高学前教育办学质量与水平。

·迎亚运展风采·

【"迎亚运、展风采，全面打造现代版富春山居图"行动】 2021年1月15日，按照"办好一个会、提升一座城"的要求，富阳部署开展"迎亚运、展风采，全面打造现代版富春山居图"行动。行动目标是在杭州亚运会前，建成九大辨识度高的都市工程，培育八大标志性强的产业群落，探索五大富阳特色的治理行动，加快富阳产业新动能、城市新轴线、发展新环境"立起来"，全力描绘现代版富春山居图。行动由区委书记、区长任组长，16名区领导担任项目长、产业链长或治理指挥长，建立推进、监督、激励工作架构，实施周例会、月通报、季比武、红黑榜等工作机制。行动共涉及大项22个，子项222个，其中都市项目106个、产业项目28个、治理项目88个。至2021年年底，222个具体项目中已完成项目37个，169个项目进度正常，同时创获国家级经验推广2个、荣誉品牌2个，创获省级经验推广6个、省级荣誉品牌4个，创获市级经验推广6个、荣誉品牌6个。

【亚运场馆建设】 亚运会期间，富阳将承办赛艇、皮划艇、射击、射箭、现代五项、女子篮球竞赛项目6个，预计产生金牌77枚，是除杭州奥体中心主场馆外，产生金牌数最多的赛区。富阳水上运动中心位于东洲街道东洲村，将举办赛艇、皮划艇（静水、激流回旋）等水上项目比赛。富阳银湖体育中心位于银湖街道九龙大道和320国道北侧，将举行射击、射箭和现代五项射击、击剑、游泳、马术和跑步三大赛事。富阳区体育中心体育馆将承办亚运会女篮小组赛。2021年9月，富阳体育中心体育馆通过杭州亚组委组织的体育馆赛事功能验收。10月，富阳体育中心体育馆举办2021年浙江省青少年男子甲组篮球冠军赛小组赛作为亚运测试赛。11月23日，富阳水上运动中心通过亚运赛事功能综合验收。12月，富阳银湖体育中心通过赛事功能综合验收。

（区委党史研究室 整理）

亚运射击射箭现代五项馆

（区住建局供稿）

3 大事记
Chronicle of Major Events

1月

1日 富阳城北农贸市场开业，位于永兴路151号。

4日 杭黄高铁富阳站站前广场、杭州富春湾新城未来城市体验馆启用。

7日 富阳举行党建引领高水平社会治理“百日解百难”大比武。

11日 富阳举行“同心向党·最美统战人物”表彰典礼。

18日 富阳获评2018—2020年全国计划生育优质服务先进单位。

23日 富阳发布到富返富“健康管理六条”。

27日 富阳实施“车辆检测一件事”改革。

30日 富春街道开展全员核酸检测实战演练。

是月 富阳上线“舒心返”信息登记小程序。

是月 富阳郁达夫公园、江滨西大道、桂花路项目分别入围2020年度省“优质综合公园”“绿化美化示范路”“浙江省街容示范街”名单。新登古城、西岩温泉、富春江入围省耀眼明珠培育对象清单。

是月 杭州富春湾新城完成最后一批12家造纸企业腾退签约。

是月 科技部公布2020年度国家级科技企业孵化器名单，银湖创新中心孵化器入围，为富阳首个国家级科技企业孵化器。

2月

4日 江滨西大道延伸段、彩虹快速路（西延）富阳段贯通。

5—7日 中国人民政治协商会议第九届杭州市富阳区委员会第五次会议举行。

6—8日 杭州市富阳区第十六届人民代表大会第五次会议举行。

11—17日 富阳春节假期期间，接待游客57.65万人次。

19日 富阳推出月度富阳好人发布活动，每月15日在《富阳日报》发布“富阳好人榜”。

同日 富阳实施户籍新政，长三角跨省迁移户口实现“一地办理、网上迁移”。

20日 富阳举办“乐业富阳、职等你来”直播云招聘。

25日 富阳召开专题会议研究全面推进数字化改革工作。

是月 第18届国际影迷协会奖获奖名单发布，富阳籍导演顾晓刚执导影片《春江水暖》获最佳影片、最佳摄影、最佳处女作3项大奖。

是月 省发展改革委公布第一批千年古城复兴试点建设名单，新登镇入围。

是月 2020年度“浙江省示范型儿童之家”名单发布，新登镇湘溪儿童之家入围。

3月

1日 达夫路南段改造工程启动。

4日 市人大常委会主任李火林到富阳调研。

5日 富阳发布“十四五”规划纲要。

5日 中央调查组在富阳史料陈列室对外开放。

8日 富春家事微法庭成立，为全省首个家事微法庭。

10日 富阳召开全区党史学习教育动员部署会。

17日 富阳召开全区党建工作暨“全面赶考”专项行动动员部署会。

17日 全省2021年度扩大有效投资重大项目集中开工活动在省人民大会堂举行，富芯项目作为视频连线点位参与。富阳集中开工项目5个，总投资238亿元。

18日 富阳召开区委农村工作会议。

19日 区委理论学习中心组召开专题学习会，围绕《习近平在浙江》采访实录开展专题学习研讨。

19日 富阳发布富阳区人才码。

23日 富阳成立“富春窗·党史少年说”宣讲团。

24日 富阳举办2021杭州富阳“富春山居·味道山乡”大会暨第十八届新登半山桃花节。

25日 全国妇联副主席、书记处书记、党组成员蔡淑敏到富阳调研家庭家教家风建设在基层社会治理中作用发挥情况。

26日 湖北省副省长、恩施州委书记柯俊到富阳考察乡村振兴有关工作。

26日 富阳举办“问源富春，山居寻茶”2021富阳茶文化主题系列活动暨春建首届茶艺节。

27日 富阳举办2021年春季山乡“兰花大会”暨浙江省“最美兰庭”现场会，上官乡获评“浙江省兰花之乡”。

29日 富阳籍选手赵中豪入围国家步手枪射击队奥运参赛阵容。

30日 富阳举办富春名家大讲堂暨“三家”大讲堂——数字化改革专题（第一讲），浙江工商大学校长郁建兴作“数字化改革新议程”演讲。

31日 富阳召开全区经济工作暨产业新动能立起来推进大会。

3月31日至4月1日 全省“乡镇财政管理强基固本落实年”推进会在富阳召开。

是月 富阳启动桂花西路综合改造工程。

是月 区行政服务中心入围省示范大厅试点单位，全省共6家。

是月 省文物局公布省第一批革命文物名录，富阳入围6处，分别为双烈园、受降厅、龙门建筑群之孙晓梅故居、蒋忠烈士之墓、塔山五十三烈士墓和新畈过路凉亭（中共龙门区委成立旧址）。

是月 富阳启动新冠疫苗接种。

是月 省美丽浙江建设领导小组大气污染防治办公室通报2020年清新空气示范区评价结果，富阳区获评省级清新空气示范区。

是月 富阳实施“身份信息连锁变更一件事”改革，个人医保、社保、学籍、公积金等信息实现随身份信息变更更正。

4月

2日 富阳在金家山革命烈士纪念碑前举行“清明祭英烈”活动。

9—10日 富阳举行“迎亚运、展风采，全面打造现代版富春山居图”行动首季大比武。

13日 长春市九台区委书记闫旭到富阳考察。

14日 富阳举办“迎亚运、展风采”2021杭州市富阳区道德模范（平民英雄）暨最美孝心少年颁奖活动。

15日 富阳上线应急管理一张图平台。

17日 富阳举办第十六届富阳十大百姓新闻人物颁奖礼。

19日 富阳召开全区数字化改革推进大会。

同日 杭州野生动物世界逃逸豹子3只，后追回2只。

23日 富阳区与贵州省锦屏县签订《缔结友好城市协议》。

24日 浙江省第五届“妈妈的味道”活动在富阳区东梓关村举办。

25日 富阳获法治浙江（法治政府）建设示范区称号。

同日 第一届光学前沿高峰论坛暨2020年度中国光学十大进展颁奖典礼在富阳举行，“两院”院士范滇元、顾敏、祝世宁、崔铁军参加。

30日 浙江省语言文字工作督导评估汇报会、反馈会召开，富阳区通过第一轮浙江省语言文字工作督导评估。

是月 富阳开展“昼访夜谈”调查研究年活动。

是月 浙江省美丽城镇办公布2021年度美丽城镇建设样板创建名单，富阳区入围乡镇8个。洞桥镇、龙门镇、渌渚镇、环山乡入围文旅特色型榜单，场口镇、胥口镇入围工业特色型榜单，万市镇、春建乡入围农业特色型榜单。

是月 富阳上线数字经济综合门户。

5月

9日 2021中国教育报劳动教育大会在富阳举行。

10日 湖杭铁路富阳西站项目开工。

11日 纪念中央调查组在富阳60周年暨作风传承研讨会在富阳举行。

15日 富阳召开防汛防疫安全生产工作会议。

17日 区委办、区府办印发《杭州市富阳区高水平打造“最清洁”乡村环境工作实施方案（试行）》，决定在全区开展“最清洁”乡村环境整治提升行动。

同日 “对话富春山居图”全国专家研讨会在富阳区东梓关村举办。

18日 中国幸福城市治理论坛暨“2021中国最具幸福感城市”调查推选启动仪式在富春山馆举行。

同日 富阳获评2020年度美丽浙江建设（生态文明示范创建行动计划）工作考核优秀区，连续第三年获该荣誉称号。

21日 富阳年度综合考评获优秀等次，并获拥江发展行动、打造国际一流营商环境2项单项奖。

27日 富阳召开“民呼必应·幸福同行”富阳区党史学习教育专题实践活动推进会，上线“民呼必应”应用场景。

是月 区第二人民医院感染楼（发热门诊）投入使用。

6月

1日 《富春山居图》合璧十周年纪念活动在浙江省人民大会堂举行。

8日 省人大常委会党组书记、副主任梁黎明，市人大常委会党组书记、主任李火林率领部分全国、省、市三级人大代表到富阳视察亚（残）运会场馆建设。

10日 新四军两渡富春江红色研学中心对外开放。

同日 首届“问鼎富春”——中国·富阳创新创业大赛全国总决赛在富阳举行。

17日 红色报刊史料研学中心对外开放，省委常委、宣传部部长朱国贤参加揭牌仪式。

18日 富阳召开全区新时代美丽富阳暨未来社区（乡村）建设推进大会。

同日 富阳区乡村振兴局挂牌成立。

21—23日 区委书记吴玉凤率

富阳区代表团赴四川省甘孜州德格县对接对口支援和东西部协作工作。

24日　富阳举行“筑梦富春·党旗下的诵读”富阳区庆祝中国共产党成立100周年大型诵读活动。

同日　高新区（滨江）区委书记王敏率领党政代表团到富阳考察，共商滨富特别合作区未来发展。

27日　富阳区四套班子领导赴嘉兴瞻仰南湖红船。

28日　浙江富春江通信集团有限公司党委获“全国先进基层党组织”称号。

30日　富阳举行“壮阔百年·繁花富春”全区庆祝中国共产党成立100周年大型晚会。

是月　桂花西路改造启动。

是月　富阳启动“光荣在党50年”纪念章颁发。

7月

7日　富阳召开全区亚运攻坚再动员暨总指挥部第一次会议。

8日　市人大常委会主任李火林到富阳调研。

9日　富春山居数字诗路文化体验馆对外开放。

16日　区委一届十一次全体（扩大）会议召开。

22—27日　富阳启动防御台风“烟花”应急响应。

26日　市长刘忻到富阳检查防汛防台工作。

同日　浙江省公布首批高质量发展建设共同富裕示范区试点名单，富阳作为“公共服务优质共享领域”试点，入选全省28个试点之一。

31日　破产审判现代化与营商环境法治化杭州论坛在富阳召开。

是月　富阳出台《关于杭州市富阳区进一步扶持低收入农户增收的实施方案》。

是月　工业和信息化部公布第三批专精特新“小巨人”企业名单，杭州富阳中荷电子有限公司、杭州大立过滤设备有限公司、杭州广安汽车电器有限公司3家企业入围。

8月

4日　2021年富阳区重大项目集中开工仪式举行，参加项目23个，总投资213.5亿元，

5日　富阳举行2021年“一府两院”工作报告会暨“民呼我为——高品质城市建设”专题询问。

18日　“青呼我应·青盼我为”富阳区共青团基层组织改革全国试点工作推进会在富阳召开。

19日　区委书记吴玉凤率领富阳区党政代表团赴萧山区考察，学习未来社区、乡村新社区、科创平台建设等方面先进经验。

是月　富阳公安分局破获一起特大危害珍贵、濒危野生动物案件，抓捕到案犯罪嫌疑人11人。

9月

1日　省委副书记、省长郑栅洁到富阳调研，市委副书记、市长刘忻陪同。

同日　求是富春九小、富春三幼融创园区、富春六幼、富春三桥幼儿园、富春大青幼儿园、春江幼儿园、大源镇中心幼儿园、鹿山中幼江宸府园区、东洲中学等学校投入使用。

6日　张小泉股份有限公司将在深圳证券交易所创业板挂牌上市，股票代码为301055。

同日　富阳发布《杭州市富阳区进一步减轻义务教育阶段学生作业负担和校外培训负担实施方案》。

8日　浙江省党史学习教育北片区座谈会在富阳召开。

15日　富阳公望大桥通车，东洲大堵坝拆除同步启动。

16日　第十三届浙江·中国非物质文化遗产博览会（杭州工艺周）在富阳举办。

23日　南京市副市长胡万进到富阳调研新登古城墙保护工作。

24日　住房和城乡建设部副部长张小宏到富阳调研农村人居环境整治提升工作。

25日　2021中国（杭州）安全应急高峰论坛暨浙江求是应急科技产业基地启动仪式在富阳举行。

26日　2021年富阳区未来乡村推进会暨项目集中开工活动，中国林业科学研究院亚热带林业研究所党委书记、代所长汪阳东参加。

同日　富阳籍运动员徐佳炜获第十四届全运会皮划艇静水男子500米双人皮艇冠军。全运会期间，富阳籍运动员徐臧军获帆船男子470级场地赛冠军，尹嘉禾获女子4×200米混合泳接力冠军。

28日　中国水稻研究所建所40周年成就展暨学术交流和新成果转化展示会在富阳召开。农业农村部党组成员、中国农业科学院院长唐华俊，副省长徐文光，中国农业科学院党组书记张合成，万建民、陈温福、林鸿宣、陈剑平、张洪程、李培武等“两院”院士参加。

是月　杭州富春湾新城创客体育休闲公园启用。

是月　富阳区通过“请你来协商·居民议事厅”妥善解决戴家墩路“马路停车场”的故事入选《习近平新时代中国特色社会主义思想学生读本（小学高年级）》课本。

是月　富阳区被纳入“杭州市人工智能创新发展区”培育名单。

是月　富阳体育中心体育馆通过杭州亚组委组织的体育馆赛事功能验收。

10月

1—7日　富阳接待区外游客71.58万人次。

10日　迎亚运倒计时一周年暨第二届浙马纪录挑战赛在富阳举行。

13—14日　区委书记吴玉凤带队赴上海招商。

18日　富阳启动新冠疫苗加强针接种。

22日　全省医学检查检验结果互认共享改革工作推进会议召开，“富阳首创”试点经验在全省交流推广。

27日 杭州市富阳区人民政府与浙大城市学院签署战略合作协议，共建浙大城市学院医学院直属附属医院。

28日 副省长徐文光到富阳调研城乡风貌整治提升、未来社区建设、生态环境和古村落保护等工作。

30—31日 “现代版富春山居图”理论研讨会在富阳召开。

11月

5日 杭州市求是教育集团富春第九小学揭牌暨“求是教育集团—富春九小紧密型教育共同体”成立仪式在求是富春九小举行。

12日 富阳举行2021年全区重大项目集中签约、开竣工活动，集中签约、开竣工项目96个，总投资498.8亿元。

同日 2021杭州国际人才交流与项目合作大会富阳分会场暨第三届创新主张大会在富阳举行。会上银江研究院揭牌，为富阳首家国家级研究院。

15日 富阳区廉政警示教育馆对外开放。

22日 富阳召开学习贯彻中共十九届六中全会精神“六讲六做”大宣讲行动动员部署会。

同日 省十三届人大杭州中心组代表到富阳视察杭州争当浙江高质量发展建设共同富裕示范区城市范例工作，市人大常委会主任李火林参加。

23日 富阳水上运动中心通过亚运赛事功能综合验收。

24日 中共杭州市富阳区委社会建设委员会成立。

同日 2021杭州富阳数字文化产业发展论坛暨文创新力量产业联盟成立大会在富阳举行。

28—29日 四川省甘孜州德格县党政代表团到富阳考察。

12月

8日 富阳派出100名医护人员支援拱墅区核酸采样。

11日 富阳召开疫情防控工作视频会议，传达省市疫情防控工作会议精神，部署全区疫情防控工作。

15—17日 富阳完成区、乡镇两级人大换届选举投票。

20日 “志愿浙江——银耀之江”全省老干部志愿服务数字化改革重大应用上线仪式暨应用推广会在富阳召开。

21日 副省长王文序到富阳督查人防工作。

26日 秦望安置房（望钰和府、秦忆荣府）交房。

27日 秦望通道工程盾构机始发仪式在杭州富春湾新城秦望通道工程江南工作井施工现场举行。

同日 富阳区综合行政执法指导办公室成立。

28日 省委常委、市委书记刘捷到富阳调研。

28—30日 中国共产党杭州市富阳区第二次代表大会召开。

30日 富阳区获评“中国最具幸福感城市（城区）”。

31日 彩虹快速路富阳段全线通车，金桥南北路城市主干道全幅贯通。

是月 富阳区入选全省新时代美丽乡村工作优胜名单。

是月 浙江省、杭州市发布2021年美丽城镇建设样板名单，富阳区场口镇、洞桥镇入围省级样板榜单，里山镇入围省级达标乡镇，万市镇、胥口镇、渌渚镇、龙门镇、洞桥镇入围市级样板。

是月 富阳银湖体育中心通过赛事功能综合验收。

（区委党史研究室　整理）

4 区情综览
Profile

基本地情

【自然状况】 富阳区位于浙江省西北部，富春江下游，属杭州市所辖。地理坐标为北纬29° 44′～30° 12′、东经119° 25′～120° 09′，东接杭州市萧山区，南连诸暨市，西倚桐庐县，北与杭州市临安区、杭州市余杭区接壤，东北与杭州市西湖区毗邻。最东端位于东洲街道五丰村境内，北纬30° 06′、东经120° 09′；最西端位于万市镇何务村境内，北纬30° 06′、东经119° 25′；最南端位于湖源乡石龙村境内，北纬29° 44′、东经119° 55′；最北端位于万市镇东叙村境内，北纬30° 12′、东经119° 34′。区域东西长69.70千米（东起东洲街道五丰村，西至万市镇何务村），南北宽49.70千米（南起湖源乡石龙村，北至银湖街道杜墓村），总面积1821.08平方千米。富春江自西向东斜贯中部，320国道由北而南穿越全境。区政府驻地富春街道桂花路25号，距杭州市政府所在地31.50千米（径距），水陆交通便利。

全区整体地貌以“两山夹江”为最大特征。天目山余脉绵亘西北，仙霞岭余脉蜿蜒东南，富春江西入东出，斜贯区境中部。地势由东南、西北向中部倾斜。依其地表水陆形态分，山地、丘陵面积1439.60平方千米，占区境总面积的79.05%；平原、盆地面积299.63平方千米，占16.45%；水域面积91.98平方千米，占5.05%，故有“八山半水分半田”之称。

西北天目山余脉分布区以高丘为主，其特点是丘体零乱，丘顶浑圆，丘坡平缓，脉络模糊，多数呈馒头形。坡度组合15°～25°，山丘间岗地众多，土层深厚，有利于发展粮、林和各种经济特产，为境内茶叶、蚕桑、板栗、银杏等主要产区。

东南仙霞岭余脉分布区以低山为主，其特点是山势挺拔，脉络清晰，重峦叠嶂，山重水复，海拔均在500米以上。主峰杏梅尖，海拔1065.80米，为全境最高峰。由于山体高大，气候、土壤适宜竹木生长，是境内木材、毛竹主要产区。境内富春江流长52千米，江宽700～1000米，平均水深7米。两岸风光秀丽，1982年，经国务院批准，富春江—新安江—千岛湖“两江一湖”被列为国家级风景名胜区。

【建置沿革】 富阳历史悠久，秦始皇二十六年（前221）置县，县治即今富阳区区政府所在地。初置县时幅员辽阔，辖境含今桐庐、建德等地。三国吴黄武四年（225），析富春部分县地置建德、新昌（后改寿昌）、桐庐三县。次年（226），又析富春部分县地置新城（后改新登）县。富阳、新登两县建置以此而始。

富阳秦汉称富春。新始建国元年（9），改名诛岁。东汉建武元年（25），复名富春。东晋太元十九年（394），为避简文帝生母宣太后郑阿春讳，更名富阳，富阳之名始于此。五代后梁开平二年（908）复改名富春，北宋太平兴国三年（978）又改为富阳县，此后富阳之名沿袭至今。新登初名新城，五代后梁开平元年（907），太祖朱温为避其父朱诚讳，改名新登，新登之名始于此。

富春之地，春秋属吴越。战国时，楚国屡败越国，夺取浙江以西土地。周显王三十六年（前333），越亡，富阳归属楚国。秦汉以后，隶属多变。隋、唐直至宋、元、明、清，均归杭州府（临安府、杭州路）所辖。民国时期，初属钱塘道，民国16年（1927），废道直属于省。民国27年（1938）改属第一行政区，后又多次变更，至民国37年（1948），改隶第四行政区。中华人民共和国成立后，初属临安专署，1952年改为省直辖。1955年划归建德专署。1958年12月，改属杭州市至今。

富阳历史上曾两度撤并。隋开皇九年（589）并入钱唐（后改钱塘）县，大业三年（607）复置。中华人民共和国成立后，1960年8月并入桐庐县，1961年12月复置。新登历史上曾5次撤并。三国吴黄武五年（226）析富春部分县地置新城县，治所即今富阳区西南新登镇。黄武七年（228）并入桐庐县，西晋太康十年（289）复置；旋又废入富春县，东晋咸和九年（334）复置；隋开皇九年（589）并入钱塘县，大业十四年（618）复置；唐武德七年（624）并入富阳县，永淳元年（682）复置；五代后梁开平元年（907）吴越改名新登县。北宋太平兴国四年（979）复为新城县。民国3年（1914），改名新登县。中华人民共和国成立后，1958年10月撤销，并入桐庐县；1961年12月又从桐庐县析出，划归富阳县。

1994年1月18日，经中华人民共和国国务院批准，撤销富阳县，设立富阳市，行政区域不变，隶属关系依旧。2月4日，浙江省人民政府发出《关于撤销富阳县设立富阳市的通知》。3月28日，富阳市举行撤县设市庆典活动。

2014年12月13日，国务院批复同意浙江省调整杭州市部分行政区划。具体为：同意撤销县级富阳市，设立杭州市富阳区，以原富阳市的行政区域为富阳区的行政区域，富阳区人民政府驻富春街道桂花路25号。

2021年富阳区乡镇街道情况表

表1

乡镇（街道）	面积（平方千米）	行政村（个）	村民小组（个）	居民区（个）	社区（个）
富春街道	105.45	12	186	—	37
春江街道	41.47	9	141	—	1
东洲街道	69.89	15	216	—	4
鹿山街道	63.31	9	110	—	2
银湖街道	158.24	22	429	—	8
春建乡	45.19	6	107	—	—
新桐乡	49.82	7	83	—	—
新登镇	179.37	28	590	—	5
胥口镇	68.82	13	217	—	—
渌渚镇	79.24	13	181	—	—
永昌镇	49.59	5	115	—	—
万市镇	155.37	15	293	1	—
洞桥镇	143.29	11	251	—	—
大源镇	105.23	15	199	1	1
灵桥镇	54.84	13	151	—	—
常绿镇	49.08	8	128	—	—
里山镇	25.46	5	71	—	—
渔山乡	36.76	4	80	—	—
上官乡	27.06	5	72	—	—
场口镇	58.05	24	323	1	1
常安镇	63.84	16	264	—	—
环山乡	38.52	7	113	—	—
龙门镇	27.30	4	72	—	—
湖源乡	125.87	10	107	—	—
总计	1821.06	276	4499	3	59

【行政区划】 2021年，富阳区设乡、镇、街道24个，其中乡6个、镇13个、街道5个。年底，全区有行政村276个、村民小组4499个、居民区3个、社区59个。

【人口变迁】 2021年年底，全区总户数223114户，户籍总人口694913人，平均每户3.11人，总人口比上年增加3799人。在总人口中，男性347780人，占总人口的50.05%；女性347133人，占49.95%。男女性别比为100。全区乡村人口342609人，占总人口的49.3%；城镇人口352304人，占总人口的50.7%。

全区全年出生5207人（含2021年前出生而在本年申报户口的），比上年少出生887人；出生率7.49‰，比上年下降1.33‰；死亡4161人，比上年多死亡200人，死亡率5.99‰，比上年上升0.23‰；自然增长1046人，自然增长率1.5‰。

全区全年迁入7535人，其中市内迁入4358人、省内迁入768人、省外迁入2409人；全年迁出4770人，其中迁往市内4034人、迁往省内296人、迁往省外440人。全区人口机械增长2765人。

（区委党史研究室）

国民经济和社会发展

【综合】 2021年，全区实现生产总值873.2亿元，同比增长7.7%。其中：第一产业增加值49.5亿元，增长2.2%；第二产业增加值391.4亿元，增长9.6%；第三产业增加值432.3亿元，增长6.8%。三次产业增加值结构为5.7∶44.8∶49.5。按户籍人口计算人均生产总值126014元，按2021年平均汇率折算为19533美元。全区实现数字经济核心产业增加值97.2亿元，增长11.1%，占地区生产总值的11.1%。其中：信息软件产业增加值26.5亿元，增长24.5%；人工智能产业增加值13.0亿元，增长18.4%；数字内容产业增加值25.0亿元，增长17.6%。全年实现财政总收入174.6亿元，增长25.9%，其中一般公共预算收入105.0亿元，增长16.5%。全年一般公共预算支出118.0亿元，增长15.1%。

图1 2017—2021年地区生产总值及增速示意图

注：2017年—2020年地区生产总值为最终核实数，2021年为初步核算数。

图2 2017—2021年全区一般公共预算收入及增速示意图

【农业】 2021年实现农林牧渔业总产值69.3亿元，同比增长2.7%；农业增加值49.9亿元，同比增长2.2%。猪牛羊禽等肉产量15005吨，禽蛋产量2807吨。农业龙头企业141家，其中杭州市级以上67家，实现销售收入88亿元。实有各类农民专业合作社515家。各类名牌农产品65个，其中杭州市级以上33个。全年投入水利建设资金13.6亿元。年末全区拥有农业机械总动力25.1万千瓦。全区各类水库150座，除险加固病险水库1座、山塘17座。

【新农村建设】 现代版富春山居图东洲样板段、新桐示范段成效初显。成功创建省级历史文化（传统）村落保护利用示范村1个、省级美丽乡村示范乡镇2个、省级美丽乡村特色精品村5个，建成“富春山居美丽乡村”精品村83个，获评省深化“千万工程”建设优胜区。年末全区共有民宿示范村3个，现代民宿示范点71个，民宿登记经营户619户，民宿床位6967张。276个村集体经济经营性收入全部达30万元以上。培育高素质农民和实用人才2140人。

【工业】 全年规模以上工业增加值250.7亿元，同比增长9.1%。其中：高新技术产业增加值159.1亿元，同比增长14.9%；战略性新兴产业增加值99.2亿元，同比增长21.4%；装备制造业增加值126.2亿元，同比增长20.4%。全区工业总产值超亿元企业198家（按独立法人计算），其中超100亿元企业1家，50亿元以上100亿元以下1家，20亿元以上50亿元以下7家，10亿元以上20亿元以下11家。全区645家规模以上工业企业全年实现营业收入1869.7亿元，同比增长23.4%；实现利税140.7亿元，同比增长16.5%；实现利润89.2亿元，同比增长19.9%。

【建筑业】 全年实现建筑业增加值56亿元，同比增长21.8%。全区有总承包和专业承包资格的建筑企业171家。建筑企业房屋施工面积2003.1万平方米，同比增长19.7%；房屋建筑竣工面积439.7万平方米，同比增长20.8%。

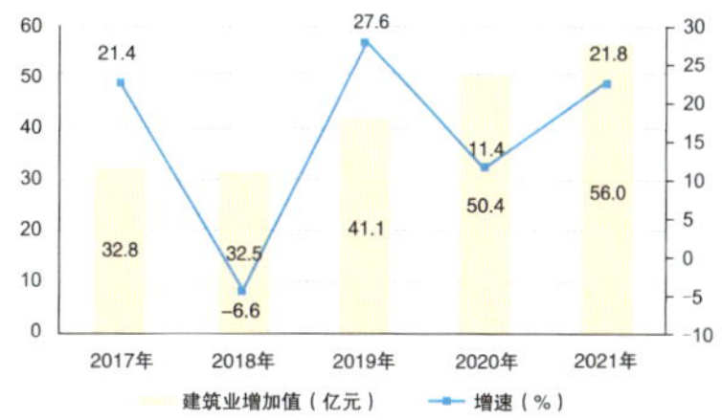

图3 2017—2021年建筑业增加值及增速示意图

【固定资产投资】 全年固定资产投资同比增长36.2%。从投资结构看，工业投资同比增长34.9%，交通投资同比下降0.3%，民间投资（不含房地产项目）同比增长45.9%，生态环保、城市更新和水利设施投资同比增长49.9 %，高新技术产业投资同比增长120.1%。

【房地产业】 全年房地产开发投资同比增长29.1%。房地产住宅施工面积686.9万平方米，同比增长25.2%；商品房销售面积173.5万平方米，同比增长6.2%，其中住宅销售164.6万平方米，同比增长12.7%；实现销售额391.5亿元，同比增长15.2%。

【商贸旅游】 万达广场建成开业。全年社会消费品零售总额417.4亿元，同比增长9.2%。限上批零住餐企业销售额1239.3亿元，同比增长20.8%。年末全区有旅行社33家；星级饭店6家，其中五星级2家。全年共接待国内旅游者441万人，实现国内旅游收入84亿元。接待入境旅游者1268人，创旅游外汇收入85万美元。创建“农家乐”休闲旅游村（点）166个。

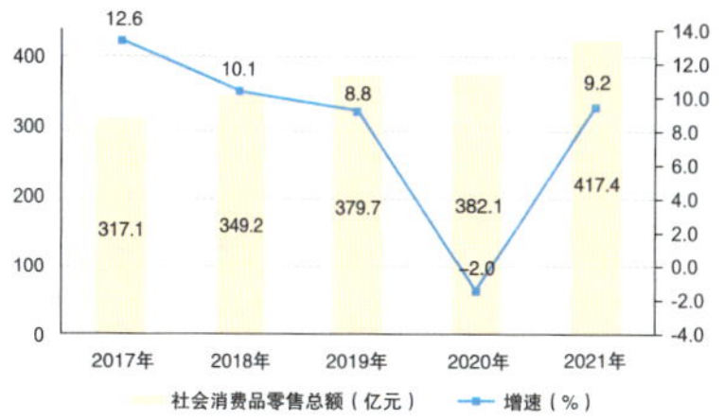

图4 2017—2021年社会消费品零售总额及增速示意图

【对外经济】 全年招引产业项目187个，总投资580亿元，其中10亿元以上项目11个。新批外商投资项目36个，实到外资33897万美元。完成进出口总额401.6亿元，同比增长33.5%。其中：出口总额169.5亿元，同比增长26.3%；进口总额232.1亿元，同比增长39.3%。完成服务贸易出口总额5.15亿美元，同比增长2.8%。

【交通建设】 杭州“中环”富阳段节点开工，灵桥新互通、柏枝岭隧道加快建设，彩虹快速路、金桥南北路通车。新增和优化公交线路20条。全年全区公路通车里程2029.8千米，其中境内高速公路里程85.6千米。公路货运量2459万吨，公路货物周转量280160万吨千米。完成公路旅客运输量36万人次，公路旅客周转量4101万人千米。

【邮电通信】 全年邮政业务收入11亿元，邮政特快专递业务604.3万件。全区固定电话用户7.3万户，移动电话用户103.0万户，按户籍人口计算，全区电话普及率148.6部/百人。全区（固定）互联网宽带接入用户32.2万户，移动互联网用户91.4万户。

【金融】 全区金融机构本外币存款余额1741.82亿元，同比增长11.0%；本外币贷款余额2242.49亿元，同比增长23.8%。人民币贷款中，短期贷款余额564.65亿元，同比减少5.4%；中长期贷款余额1616.19亿元，同比增长35.8%，其中住户中长期贷款余额715.56亿元。

【保险】 全年保险费收入25.6亿元，同比增长3.3%。其中，财产险保费收入8.5亿元，同比下降0.6%；人身险保费收入17.1亿元，同比增长5.3%。支付各类保险赔款7.7亿元，同比增长12.7%。其中财产险5.3亿元，同比增长12.2%；人身险2.4亿元，同比增长13.9%。

【教育】 新建成投用富春九小等学校11所，新增学位6700个，引入杭二中富春学校。全区学龄儿童入学率100%，初中入学率100%，初中升高中段比例99.9%，高等教育毛入学率72.2%。全区共有幼儿园75所，在园幼儿26644人；小学46所，在校学生46172人；普通中学24所，在校学生35551人。职业中学（机构）2所，在校学生7454人。民办学校在校学生9302人。全年普通中小学新增校舍9.36万平方米。拥有中小学专任教师5813人，中小学校每位教师负担学生14.06人。

【科技】 新增国家高新技术企业158家、省级科技型企业254家。拥有众创空间6家，入驻创业团队213个；科技企业孵化器8家，入驻企业229家。全年组织实施各类科技计划项目617项。有效发明专利拥有量3100项；专利授权5816项，其中发明专利780项。新引进高校毕业生8522人，新引进硕士研究生等高层次人才1322人。

【文化】 全年文化产业增加值61.3亿元，同比增长5.0%。越剧团国内演出83场次，观众6.6万人次。区广播电台每日播音17小时，区电视台每日播出18小时。数字电视用户18.7万户。《富阳日报》全年出版251期，日发行4.5万份。区图书馆藏书651千册（件），书刊外借107万册次。全区县级以上文物保护单位162处（群），其中省级以上8处（群）。馆藏全宗档案195个，案卷（件）档案115579卷。开放馆藏全宗档案84个，案卷（件）档案20236卷。

【卫生】 推进省人民医院富阳院区、省中医院本部2个省级重点项目建设，区第一人民医院与浙大城市学院医学院开展挂牌合作。全区有各类医疗卫生机构579个，医疗床位4880张。其中医院25个，医院床位3641张，社区卫生服务中心（站）179个，社区卫生服务（站）床位118张。拥有卫生技术人员1367人，其中执业医师2884人，执业助理医师449人，注册护士3311人。全年完成无偿献血14482人次，其中流动献血4163人次，献血总量426.2万毫升。全区儿童“五苗”接种率99.0%，“四苗”接种率99.0%，婴儿死亡率1.6‰。

【体育】 全年举办各类群众性体育比赛209场，参赛运动员3万人次。全区共有体育场馆28个，健身苑（点）592个。新建健身苑（点）13个、篮球场18个、乒乓球室8个。农村健身设施覆盖率达100%。体育设施达到省级标准行政村276个，体育强乡镇（街道）24个。共获得杭州市级以上各类奖牌169.6枚，其中金牌55.6枚、银牌58枚、铜牌56枚。

【人口】 全区常住人口83.9万人，户籍总人口694913人，同比增长5.5‰；出生人口5207人，出生率7.5‰；死亡人口4161人，死亡率6.0‰，自然增长率1.5‰。登记在册的流动人口数282192人，同比增长2.7%。

【居民生活】 全体居民人均可支配收入59666元，同比增长10.1%；城镇常住居民人均可支配收入69316元，同比增长9.5%；农村常住居民人均可支配收入42051元，同比增长10.4%。全区民用汽车拥有量199538辆，其中私人汽车拥有量174772辆，每百户家庭拥有私人汽车71辆。

图5 2017—2021年全区全体居民人均可支配收入及增速示意图

【就业】 全年新增城镇就业26805人，帮扶城镇失业人员实现再就业5390人，帮扶就业困难人员实现再就业1885人，城镇登记失业人数12521人，城镇登记失业率2.34%。

【社会保障】 全区参加职工基本医疗保险人数419763人，城乡居民基本医疗保险290904人，参保率99.9%。住房公积金缴存登记单位5942个，建缴职工94497人，公积金归集总额217992.5万元，发放公积金个人住房贷款4764户，贷款总额261864.1万元，支持职工购房面积49.93万平方米。

【救济福利】 全区最低生活保障人数11504人，其中城镇401人。城乡居民最低生活保障标准为1102元。拥有居家养老照料中心301家，养老床位3260张。五保供养服务中心12所，供养老人401人。福利院1所，床位166张，收养婴幼儿童10人，老人25人。共有特困人员653人，集中供养286人，集中供养率43.8%。全年区慈善总会募集捐款3520.6万元，支出各项救助金3025.2万元。

【城市建设】 推进杭黄“门户眼”建设，新建亚运场馆2个，推进春江轻纺、电力城等区块有机更新。主城区建成区面积31.7平方千米，市区道路长度294千米。全年全社会用电量71.5亿千瓦时，同比增长3.2%，其中城乡居民生活用电11.2亿千瓦时，增长10.4%。全年城区供水总量5528万立方米，天然气供气总量22163万立方米。年末实有公园22个。市区园林绿地面积1255.3公顷，市区公园绿地面积701.0公顷，人均公园绿地面积14.6平方米，建成区绿化覆盖率42.5%。

【资源灾害】 全区总供用水量30409万立方米，其中工业供用水量4365万立方米。完成造林面积449.4公顷，其中人工造林449.4公顷。全区森林覆盖率65.83%。全区农作物受灾面积949.5公顷，各类自然灾害造成直接经济损失20186万元。

【环境保护】 深入推进“治气、治水、治土、治废”四大攻坚行动，富春江出境断面水质连续7年保持优秀，污染地块安全利用率稳定保持100%，全面完成“无废城市”建设各项任务，获评省级清新空气示范区。空气优良天数337天，空气优良率达92.3%，PM2.5年均浓度30.3微克/立方米。年末拥有国家级生态乡镇（街道）18个，省级生态乡镇（街道）2个，杭州市级生态乡镇（街道）4个。

【安全生产】 全区共发生各类生产安全事故17起，死亡13人，直接经济损失1159万元，其中交通事故16起，死亡12人。

（区统计局）

气　象

【概况】 2021年，富阳年平均气温明显偏高，降水量偏多，雨（雪）日略偏多，日照时数正常；月平均气温除7月和8月较常年平均持平外，其他月份较常年平均都偏高，夏季高温天数少；梅雨期强对流过程多。四季气候特点为冬季（2020年12月至2021年2月）气温明显偏高、降水明显偏少、日照明显偏多；春季（2021年3—5月）气温偏高、降水正常、日照偏少；夏季（2021年6—8月）气温持平、降水特多、日照偏少；秋季（2021年9—11月）气温偏高、降水偏少、日照偏多。综合各种气象因素，2021年气候属中等偏差年景。

【气温】 全年平均气温18.7℃，比常年平均高1.5℃。全年有10个月月平均气温在常年平均值之上，其中偏高1℃及以上的月份有1月、2月、3月、5月、9月、10月和12月；其中2月、9月和11月为富阳本站有记录以来最高，3月、5月和10月为富阳本站有记录以来第3高。

全年日最高气温≥35℃的高温天数为22天，比常年平均少12天，其中5月1天、6月1天、7月12天、8月5天、9月3天。全年日最高气温≥37℃的高温天数为4天，全部在7月。

年极端最低气温-6.8℃，出现在1月8日。

年极端最高气温37.7℃，出现在7月5日。

入春：日平均气温稳定通过气温＞10℃的初日出现在3月9日，比常年平均早1天（常年3月10日）。

入夏：日平均气温稳定通过气温＞22℃的初日出现在5月21日，比常年平均晚1天（常年5月20日）。

入秋：日平均气温稳定通过气温≤22℃的初日出现在10月11日，比常年平均晚12天（常年9月29日）。

入冬：日平均气温稳定通过气

2021年富阳区气象要素与常年平均对照一览表

表2

月份	平均气温（℃）		降水量（毫米）		降水日数（天）		日照时数（小时）	
	2021年	常年平均	2021年	常年平均	2021年	常年平均	2021年	常年平均
1	6.30	4.70	14.60	88.80	7	13	172.90	96.70
2	11.00	6.90	66.90	92.40	11	13	108.00	98.30
3	13.10	11.10	147.90	139.70	23	15	90.50	122.50
4	17.70	16.90	56.70	128.40	15	14	120.60	144.30
5	23.50	21.90	199.90	141.00	19	14	141.80	158.20
6	25.90	25.00	377.80	263.70	18	16	105.40	127.00
7	29.00	29.10	448.70	181.80	16	12	156.60	210.90
8	28.50	28.50	1950.00	165.80	16	14	160.30	195.20
9	27.00	24.20	98.80	120.20	8	12	187.00	141.10
10	20.20	18.70	70.70	63.50	13	9	133.70	142.80
11	13.50	12.80	52.90	73.10	12	11	126.30	117.80
12	8.10	6.90	11.00	64.30	6	10	188.60	112.90
合计平均	18.70	17.20	1740.90	1522.70	164	153	1691.70	1667.70

注：数据记录地点位于城区镬子山的富阳区气象台，常年平均数据采用1991—2020年30年统计。

温≤10℃的初日出现在12月22日，比常年平均晚20天（常年12月2日）。

终霜日为2月18日，比常年平均早9天（常年为2月27日）；初霜日为11月23日，比常年平均早4天（常年为11月27日）；全年无霜期为277天。

【降水】 年降水量1740.9毫米，比常年平均多218.2毫米，多14.33%；降水量比常年平均偏多的月份有3月、5月、6月、7月、8月和10月，其中，7月为富阳本站有记录以来第2多；降水量比常年平均偏少的月份有1月、2月、4月、9月、11月和12月。

全年共出现暴雨9次，分别为5月23日、6月10日、6月12日、6月13日、7月24日、7月25日、7月26日、7月30日、8月17日。

年降水日数164天，比常年平均多11天。

【光照】 年日照时数1691.7小时，比常年平均多24小时，多1.44%；全年日照比常年平均偏多的月份有1月、2月、9月、11月和12月；全年日照比常年平均偏少的月份有3月、4月、5月、6月、7月、8月和10月。

【灾害性天气】 全年灾害性天气主要为台风影响大、梅汛期雨量偏多，共有冰雹2次、暴雨9次、寒潮2次和大风1次。

台风　7月22日20时至28日8时，2021年第6号台风"烟花"正面影响富阳，区面雨量286.9毫米，500毫米以上站点6个，最大湖源乡新二村681.3毫米，其次湖源乡杨家坞村602.7毫米，城区229.5毫米。出现8级以上大风站点15个，最大里山镇安顶山10级，其次万市镇青岭头10级，城区7级。受"烟花"影响，全区24个乡镇（街道）不同程度受灾，其中灾情最严重的乡镇是常绿镇、湖源乡、大源镇和银湖街道。

9月12—14日，2021年第14号台风"灿都"影响富阳，渔山乡、里山镇和大源镇累计雨量超100毫米。因台风最大小时雨强基本都在20毫米以下，仅安顶山站出现8级阵风，农业方面影响不大。

2021年1月22日，富阳开展人工影响天气作业

（区气象局 供稿）

梅汛　6月10日入梅，7月5日出梅，梅雨期25天，与常年持平。6月9日20时至7月4日20时，区面雨量351.8毫米，400毫米以上站点9个，最大常绿镇化山村492.1毫米，其次洞桥镇小坞村441.5毫米，城区404.4毫米。梅雨量偏多，比常年（337.6毫米）偏多19.8%。雨量分布不均匀，短时降雨量大，6月16日18—19时万市镇新民村最大1小时雨强达70.5毫米，局地短时暴雨多发频发。

暴雨　6月9日19—23时，受雷雨云团影响，富春街道、鹿山街道、春江街道和东洲街道出现短时暴雨，降水量在80～120毫米，最大东洲街道富春江村117.2毫米，富阳本站85.5毫米。

6月12日19—23时，受雷雨云团影响，春江街道、富春街道、银湖街道和东洲街道出现短时暴雨，全区面雨量46.5毫米，100毫米以上站点4个，最大春江街道新建村128.4毫米，其次银湖街道泗洲村123.8毫米，富阳本站为122毫米，最大1小时雨强为春江街道新建村65.2毫米（17时至18时），气象台首次发布暴雨红色预警信号。

8月11日21时至12日0时，受雷雨云团影响，渌渚镇、新登镇、胥口镇、永昌镇、洞桥镇和新桐乡出现短时暴雨，降水量为70～110毫米，100毫米以上站点3个，最大渌渚镇杨袁村114.4毫米。

冰雹大风　9月2日，受雷雨云团影响，渌渚镇、新登镇、胥口镇出现局地冰雹和大风，冰雹最大直径1厘米，8级以上大风气象站5个。

9月29日14—16时，受雷雨云团影响，东洲街道、银湖街道、富春街道和渔山乡出现局地冰雹和大风，银湖街道、东洲街道出现直径1～2厘米的冰雹，出现9级以上大风气象站11个，最大在东洲街道富春江村10级，富阳本站为9级，大风造成田块水稻倒伏。

寒潮　11月6—8日，富阳本站48小时日平均气温降温幅度达11.5℃，9日最低气温3.6℃，达寒潮标准；12月24—26日，富阳本站48小时日平均气温降温幅度达10.1℃，26日平原地区最低气温-1℃～-3℃，山区最低气温-3℃～-7℃，出现严重冰冻、雨夹雪或雪。

干旱　1—2月，富阳晴多雨少，1月1—21日仅出现0.1毫米降水；1月6—21日连晴16天，2月15—24日连晴10天，出现气象干旱，造成山塘水库蓄水量低，农村出现用水困难，影响农作物正常生长。

大风　9月29日，富阳出现大风天气，为23.50米/秒（9级），全年出现大风1次。

大雾　全年出现大雾26天，比常年平均（29天）少3天。

霾　全年出现霾4天，比常年

平均（48天）少44天。

（张日佳）

水 文

【降水情况】2021年，全区平均降水量1908毫米，为常年降水量的1.3倍；平均降水天数153天。单站年降水量最大为盛村站2402.5毫米。汛期为4月15日至10月15日，平均降水量1458.6毫米，为常年同期降水量的1.4倍。单站汛期降水量最大为小樟村站1929毫米。梅雨期为25天，6月10日入梅，7月5日出梅，平均梅雨量353.1毫米，为常年梅雨量的1.4倍，单站梅雨量最大为何务站436毫米。7月25日，第6号台风“烟花”在浙江舟山登陆，全区7月22—27日持续强降雨，平均过程雨量282毫米。

2021年富阳区月平均降水量和降水天数一览表

表3

	1月	2月	3月	4月	5月	6月	7月	8月	9月	10月	11月	12月	全年
降水量（毫米）	14.3	63.5	195.1	52.4	239.3	324.5	411.4	336.5	114.6	84.2	59.7	12.5	1908.0
降水天数(天)	7	12	19	12	18	17	15	15	9	12	11	6	153

2021年富阳区基本雨量站降水量和降水日数一览表

表4

序号	站名	梅雨期降水量（毫米）	汛期降水量（毫米）	全年降水量（毫米）	全年降水日数（日）
1	盛村	387.5	1873.0	2402.5	160
2	小樟村	313.0	1929.0	2389.0	164
3	古城	407.0	1751.5	2276.0	152
4	场口	364.0	1555.0	2000.0	149
5	新登	381.0	1437.5	1910.0	152
6	岩石岭水库	373.0	1445.5	1902.0	155
7	千家村	319.0	1425.0	1895.0	153
8	大源	279.0	1467.5	1894.5	147
9	窄溪	276.0	1376.0	1869.0	146
10	永昌	352.0	1400.0	1835.5	145
11	富阳	321.5	1397.0	1811.5	147
12	何务	436.0	1286.5	1703.0	156
13	方里	382.5	1282.7	1695.7	151
14	东坞	379.5	1263.0	1662.5	158
15	杉树湾	312.5	1246.0	1649.5	159
16	徐畈	366.5	1202.0	1631.5	160
	平均值	353.1	1458.6	1908.0	153

2021年徐畈站和窄溪站水面蒸发量一览表

表5

单位:毫米

	1月	2月	3月	4月	5月	6月	7月	8月	9月	10月	11月	12月	全年
徐畈站	36.2	33.7	40.2	61.8	85.7	75.5	100.1	89.1	90.6	61.1	48.0	41.8	763.8
窄溪站	41.2	37.5	42.2	71.1	91.9	77.3	106.9	107.3	114.3	78.9	49.4	45.4	863.4

2021年富春江富阳站和窄溪站水位一览表

表6

单位：米

		1月	2月	3月	4月	5月	6月	7月	8月	9月	10月	11月	12月	全年
富阳站	最高	4.91	5.34	6.06	6.41	7.21	6.22	7.43	6.29	5.98	5.74	5.91	5.04	7.43
	最低	2.50	2.36	3.68	3.36	3.42	3.93	3.31	3.17	2.73	2.36	2.44	2.59	2.36
	平均	3.53	3.55	4.57	4.63	5.15	4.96	4.74	4.59	4.11	3.83	3.63	3.54	4.24
窄溪站	最高	5.16	5.65	6.39	6.74	7.73	7.02	8.36	6.63	6.29	6.11	6.27	5.24	8.36
	最低	2.53	2.37	3.70	3.40	3.44	3.99	3.33	3.25	2.70	2.34	2.42	2.58	2.34

注：85基面。

降雨量在富阳区域内分布不均，从南到北逐渐递减，南部区域平均雨量497毫米（最大为常绿站565毫米）、富春江两岸区域平均雨量297毫米、中北部区域平均雨量211毫米、西北部区域平均雨量158毫米。

东洲岛流量自动监测站

（区农业农村局 供稿）

【蒸发情况】 徐畈站年蒸发量763.8毫米，其中：7月蒸发量100.1毫米，为全年最大月蒸发量；7月21日蒸发量5.7毫米，为最大日蒸发量。窄溪站年蒸发量863.4毫米，其中：8月蒸发量107.3毫米，为全年最大月蒸发量；7月21日蒸发量6.8毫米，为最大日蒸发量。

【水位情况】 富春江富阳站：年最高水位7.43米（7月2日23:55），年最低水位2.36米（2月24日14:35），年平均水位为4.24米。富春江窄溪站：年最高水位8.36米（7月2日21:40），年最低水位2.34米（10月2日17:35）。壶源江湖源站：年最高水位31.21米（7月24日），洪峰流量1300米^3/秒，最低水位26.66米（12月30日），平均水位27.22米，最小流量0.82米^3/秒，平均流量30.6米^3/秒。南安溪徐畈站（测站基面）：年最高水位4.92米（7月2日），最低水位3.07米（12月30日），平均水位3.25米，年最大流量165米^3/秒，最小流量0.023米^3/秒，平均流量1.81米^3/秒。皇天畈内河水位未超危险水位（6.45米）。岩石岭水库（中型水库）最高水位53.65米（8月16日23：30），最低水位48.58米（10月14日19：00），全年溢洪8次。

（于璇）

【编辑 刘亮】

5 中国共产党杭州市富阳区委员会

Hangzhou Fuyang District Committee of the Communist Party of China

区委重要会议

【中国共产党杭州市富阳区第二次代表大会】 12月28—30日，中国共产党杭州市富阳区第二次代表大会召开。主要议程：听取和审查中国共产党杭州市富阳区第一届委员会工作报告；审查中国共产党杭州市富阳区第一届纪律检查委员会工作报告；选举产生中国共产党杭州市富阳区第二届委员会；选举产生中国共产党杭州市富阳区第二届纪律检查委员会；选举出席中国共产党杭州市第十三次代表大会代表。

【区委一届十一次全体（扩大）会议】 7月16日，富阳区委一届十一次全体（扩大）会议召开。会议高举习近平新时代中国特色社会主义思想伟大旗帜，深入贯彻习近平总书记在庆祝中国共产党成立100周年大会上的重要讲话精神，认真学习贯彻《中共中央、国务院关于支持浙江高质量发展建设共同富裕示范区的指导意见》，按照浙江省委十四届九次全会、杭州市委十二届十二次全会部署要求，团结带领全区广大党员干部群众，坚定不移推进产业新动能、城市新轴线、发展新环境立起来，探索破解新时代社会主要矛盾的富阳路径，推动共同富裕先行先试，高水平描绘现代版富春山居图，争当高质量发展建设共同富裕示范区星城范例。

【富阳区“迎亚运、展风采，全面打造现代版富春山居图”行动领导小组会议】 1月15日，富阳召开“迎亚运、展风采，全面打造现代版富春山居图”行动领导小组会议。区委书记吴玉凤在会上强调，要用实干迎战、用业绩作答，创新建立项目长、链长、指挥长“三长制”，主攻九大工程、八大产业、五大提升，加快推进富阳城市、产业、环境“立起来”，全面打造现代版富春山居图。区委副书记、代区长王华主持会议。汤金华、陆洪勤、徐林亮等区四套班子领导参加。

【2020年度富阳区党委（党组）书记抓基层党建和人才工作述职评议大会】 1月31日，2020年度全区党委（党组）书记抓基层党建和人才工作述职评议大会在区委党校召开。吴玉凤、王华、徐林亮等区领导参加会议。会上，市委组织部副部长、市委人才办常务副主任陈键讲话，鹿山街道等8个乡镇（街道）和区文广旅体局等6个区级机关单位主要负责人作口头述职，其他单位作书面述职。参会人员根据述职，评议各乡镇（街道）党（工）委和区级机关单位党组织2020年度党建工作情况。

【全区公安工作会议】 2月10日，全区公安工作会议召开。区委书记吴玉凤强调，要深刻领悟习近平总书记重要讲话和训词精神，坚定信仰、服务大局、甘于奉献、作风优良、挺纪在前，努力锻造一支党和群众放心满意的富阳公安铁军，为高水平打造现代版富春山居图再立新功。区领导徐林亮、沈尧、柳士明参加。

【区纪委一届六次全体（扩大）会议】 3月1日，富阳区纪委一届六次全体（扩大）会议暨全区作风建设大会召开。区委书记吴玉凤在会上强调，要以习近平新时代中国特色社会主义思想为指导，全面落实十九届中央纪委五次全会、省纪委十四届六次全会、市纪委十二届六次全会精神和全市深化作风建设大会精神，纵深推进全面从严治党，扎实做好党风廉政建设和反腐败工作，以“全面赶考年”活动推动全区各项工作迈上新台阶，为高水平打造现代版富春山居图提供坚强纪律保障。区委常委、区纪委书记、区监委主任胡志明主持会议并作工作报告。汤金华、夏芬、张霖、陈平、钟永明、万重丰、王继刚等区四套班子领导参加。会议以视频形式召开，各乡镇（街道）设分会场。会上，与会人员集中观看《全面从严治党永远在路上》专题片。

【全区党史学习教育动员部署会】 3月10日，富阳举行全区党史学习教育动员部署会。区委书记吴玉凤在会上强调，要深入学习贯彻习近平总书记在党史学习教育动员大会上的重要讲话精神，认真落实全省、全市党史学习教育动员部署会精神，守好红色根脉、传承红色基因，以“五学五优”为目标深入开展党史学习教育，为全面加快“三个立起来”，高水平打造现代版富春山居图开好新局。区委副书记、区长王牮主持，汤金华、陆洪勤等区四套班子领导参加，区委常委、宣传部部长夏芬就全区党史学习教育方案作情况说明。

【2021年区委政法工作暨政法队伍教育整顿动员部署会】 3月15日，区委政法（信访）工作暨政法队伍教育整顿动员部署会召开。区委书记吴玉凤强调，要深入贯彻习近平总书记对政法工作重要指示，全面落实中央和省市政法工作会议精神，增强责任担当、扛起全新使命、夯实基层基础，为高水平打造现代版富春山居图再立新功。区委副书记、区长王牮主持。区委副书记徐林亮作工作报告。区领导张霖、陈鸿麟、沈尧、孙晓华、赵平、任平、柳士明参加。

【全区党建工作会议暨“全面赶考”专项行动会议】 3月17日，富阳召开全区党建工作暨“全面赶考”专项行动动员部署会。区委书记吴玉凤强调，要全面落实新时代党的建设总要求，不断强化“大党建”引领保障作用，持续开创新时代党建工作新局面。区领导徐林亮、胡志明、夏芬、张霖、陈平、万重丰参加。

【区委农村工作会议】 3月18日，富阳召开区委农村工作会议。区委书记吴玉凤在会上强调，要全面贯彻落实中央农村工作会议、全国脱贫攻坚总结表彰大会和省市委农村工作会议精神，大力实施乡村振兴战略，奋力描绘好现代版富春山居图田园卷，确保美丽乡村建设继续走在全省前列、当好全国示范。区委副书记、区长王牮主持。区领导汤金华、徐林亮、夏芬、钟永明、万重丰、孙柏平参加。

【全区经济工作暨产业新动能立起来推进大会】 3月31日，富阳召开全区经济工作暨产业新动能立起来推进大会。区委书记吴玉凤在会上强调，要学习贯彻中央、省市委经济工作会议及有关会议精神，坚持产业兴区、工业强区，全力打造杭州一流、全省示范的高新产业强区和高新制造业示范区，全速推动产业新动能立起来，为高水平打造现代版富春山居图夯实产业基础，以优异成绩庆祝中国共产党成立100周年。区委副书记、区长王牮主持。汤金华、陆洪勤、徐林亮等区四套班子领导参加。

【富阳区文明委全体（扩大）会议】 4月8日，富阳召开区文明委全体（扩大）会议暨“迎亚运·展风采”大文明提升行动推进会。区委书记、区文明委主任吴玉凤在会上强调，要突出重点、抓实载体，全力实施“迎亚运·展风采”大文明提升行动，让文明成为现代版富春山居图最美底色。区领导夏芬、郎卫国、何献忠参加。

【杭州市富阳区数字化改革工作推进大会】 4月19日，富阳召开全区数字化改革推进大会。区委书记吴玉凤在会上强调，要提高政治站位、紧盯目标任务、完善推进机制，全力打造全省数字化改革标杆区。市政府副秘书长、市数据资源管理局局长徐青山到会指导。王牮、汤金华、徐林亮等区四套班子领导参加。

【全区乡镇（街道）党（工）委书记工作交流会】 4月21日，富阳召开全区乡镇（街道）党（工）委书记第一季度工作交流会。区委书记吴玉凤在会上强调，要牢牢把握“发展、改革、稳定”三条主线，积极适应快节奏、高频度、无间隙的工作常态，拿出“全面赶考”状态、锐意改革精神，努力在各项工作中争先创优。区委副书记、区长王牮主持。汤金华、陆洪勤、徐林亮等区四套班子领导参加。

【全区庆祝“五一”国际劳动节暨“职工心向党·建功新时代”表彰大会】 4月28日，全区庆祝“五一”国际劳动节暨“职工心向党·建功新时代”表彰大会在富阳影剧院举行，区领导吴玉凤、王牮、徐林亮、夏芬、裘富水、高飞、孙晓明参加活动，并为受表彰的劳动者和工会组织颁奖。

【传承百年党史 青春建功“三立” 富阳区纪念“五四”青年节座谈会】 4月29日，富阳举行纪念“五四”青年节座谈会。区委书记吴玉凤来到青年们中间，与大家一起重温百年党史，谈理想信念、谈人生价值、谈奋斗成长，并对广大青年提出殷切期望。她寄语全区青年，要继承发扬好“五四精神”，从党史学习教育中传承红色基因、汲取青春力量，汇聚起新时代青年奋斗的磅礴伟力，努力在富阳全面加快产业新动能、城市新轴线、发展新环境“三个立起来”征程中建功立业。区委副书记徐林亮主持，区领导万重丰、裘富水、孙晓明参加。

【全区党史学习教育专题实践活动推进会】 5月27日，“民呼必应·幸福同行”富阳区党史学习教育专题实践活动推进会在富春街道春华村村委大楼召开。区委书记吴玉凤在会上强调，要牢记习近平总书记重要嘱托，调查研究察实情、以民为本办实事、破解难题求实效，在高水平打造现代版富春山居图实景画卷中幸福同行，以优异成绩向建党百年献礼。区委副书记、区长王牮主持。区领导汤金华、徐林亮等参加。

【区委武装工作会议暨区国防动员委员会第19次会议、区委退役军人事务工作领导小组（区双拥工作领导小组）会议】 7月5日，富阳区召开区委武装工作会议暨区国防动员委员会第19次会议、区委退役军人事务工作领导小组（区双拥工作领导小组）会议。会议由区委副书记、区长王牮主持，区委常委、常务副区长张霖宣读富阳区《关于表彰2020年度武装工作先进单位、先进个人的通报》。区人武部部长牟永辉作2020年度武装工作报告。富春街道、东洲街道、新登镇、湖源乡、万市镇作党管武装工作述职。会前，与会人员还集中观看退役军人事务工作专题片《尊崇》。区委书记、区人武部党委第一书记吴玉凤强调，要坚持党管武装，聚焦备战应急，全面提升国防后备力量建设水平，不断开创富阳武装工作新局面。区领导王华、徐林亮、张霖、王继刚、牟永辉参加。

【乡镇（街道）党（工）委书记工作交流会】 7月12日，富阳召开全区半年度乡镇（街道）党（工）委书记工作交流会。区委书记吴玉凤在会上强调，要弘扬伟大建党精神，扛起“五大历史使命”，面向争创社会主义现代化先行省、高质量发展建设共同富裕示范区的新征程，高水平描绘现代版富春山居图。汤金华、陆洪勤、徐林亮等区领导参加。会上，富春街道、东洲街道、银湖街道、新桐乡、新登镇、胥口镇、大源镇、里山镇、场口镇、龙门镇、湖源乡、洞桥镇党（工）委书记先后汇报上半年工作成效和下一步工作思路。新桐乡新桐村、新登镇上山村、湖源乡新二村党组织负责人作交流发言。

【富阳区迎展行动半年度大比武暨领导小组第二次会议】 7月14日，富阳举行“迎亚运、展风采，全面打造现代版富春山居图”行动半年度大比武。会议强调，要继续以“迎展行动”为抓手，保持奋发有为的精神状态，努力实现富阳发展从跟跑到并跑再到领跑。吴玉凤、王华、汤金华、陆洪勤、徐林亮等区四套班子领导参加。

【高质量发展建设共同富裕示范区星城范例领导小组第一次会议】 8月20日，富阳区争当高质量发展建设共同富裕示范区星城范例领导小组第一次会议召开。区委书记吴玉凤主持会议并讲话。她强调，要深入学习贯彻习近平总书记关于共同富裕的重要论述，按照中央和省市部署要求，以“一张蓝图绘到底、一锤紧着一锤敲”的精神持续推动改革创新，力争公共服务优质共享试点率先取得实质性、辨识性进展，推动共同富裕争当星城范例形成阶段性、标志性成果，在浙江高质量发展建设共同富裕示范区、杭州争当城市范例中展现富阳风采。区领导王华、徐林亮、张霖、钟永明、何献忠、喻乃群、沈尧、南晓清、卜利斌、许玉钧参加。

【第二届富阳区卫生健康乡贤联谊会】 9月19日，第二届富阳区卫生健康乡贤联谊会顺利举行，来自全国各地卫生健康领域的乡贤代表共聚富春江畔，会乡友、听乡音、叙乡情，共谋富阳发展大计。区领导吴玉凤、王华、汤金华、陆洪勤、夏芬、陈平、王龙华、南晓清、包国灿参加。会场上，乡贤们围桌座谈、畅所欲言，或为家乡巨大变化点赞，或为卫健事业发展出谋，或为富阳未来发展献计。

【全区学习贯彻党的十九届六中全会精神“六讲六做”大宣讲行动动员部署会】 11月22日，富阳召开学习贯彻中共十九届六中全会精神“六讲六做”大宣讲行动动员部署会。区委书记吴玉凤在会上强调，要深入学习贯彻中共十九届六中全会精神，按照中央和省、市委部署要求，精心组织开展好“六讲六做”大宣讲行动，为高水平描绘现代版富春山居图、争当高质量发展建设共同富裕示范区星城范例提供坚强思想保证和强大精神动力。区委副书记、区长王华主持，区领导汤金华、陆洪勤等参加。区委常委、宣传部部长夏芬通报区委关于深入学习贯彻中共十九届六中全会精神广泛开展“六讲六做”大宣讲行动的总体安排。5名“双千双网”宣讲员代表发言。

重要活动

【富阳区党建引领高水平社会治理“百日解百难”大比武活动】 1月7日，富阳区举行党建引领高水平社会治理“百日解百难”大比武。表彰2020年区十佳城乡组团、十佳社区大党委，区领导吴玉凤、徐林亮为十佳城乡组团颁奖，区领导万重丰、赵玉龙为十佳社区大党委颁奖。区领导钟永明、孙晓明为9个新建社区授牌。

【富阳区政府与中国银行浙江省支行签约活动】 4月1日，富阳区政府与中国银行浙江省分行签署协议，开启双方全面战略合作。中国银行浙江省分行党委书记、行长吴敏、中国银行浙江省分行副行长兼杭州市分行行长赵永顺、区领导吴玉凤、王华、张霖、高飞参加签约仪式。

【“迎亚运、展风采，全面打造现代版富春山居图”行动首季大比武】 4月9—10日，富阳举行“迎亚运、展风采，全面打造现代版富春山居图”行动首季大比武。9日下午，区四套班子领导分4组带队实地考察。10日上午，参与比武10个项目以“路演”形式逐个陈述工作进展。经现场实名测评，亚运射击射箭现代五项馆、执法办案管理中心、数字新零售产业群落、创兴智能、北支江水上运动中心等项目获一等奖；秦望通道、富春湾大道（一期）、大盘山隧道、新亚低温、“危废智治”平台等项目获二等奖。区领导为获奖单位颁奖。区委书记吴玉凤强调，要用实干迎战、用业绩作答，交出“迎展行动”精彩答卷。王华、汤金华、陆洪勤、徐林亮等区四套班子领导参加。

【2021杭州市富阳区道德模范（平民英雄）暨最美孝心少年颁奖活动】 4月14日，“迎亚运、展风采”2021杭州市富阳区道德模范（平民英雄）暨最美孝心少年颁奖活动在富阳影剧院举行。区领导吴玉凤、汤金华、陆洪勤、夏芬、何献忠、包国灿参加颁奖活动，并为道德模范获得者颁奖。

【中国幸福城市治理论坛】 5月18日，中国幸福城市治理论坛暨“2021中国最具幸福感城市”调查推选启动仪式在富春山馆举行。瞭望周刊社总编辑党委书记冯瑛冰、杭州市副市长王宏致辞。全国政协委员浙大城市学院校长罗卫东、受邀城市代表和专家学者、区领导吴玉凤、王垟、夏芬、陈平、裘富水、包国灿等参加。

【《富春山居图》合璧十周年活动】 6月1日，《富春山居图》合璧十周年纪念活动在浙江省人民大会堂启幕，350多名来自海峡两岸的嘉宾及青年朋友齐聚杭州，共襄盛会。活动由国务院台湾事务办公室交流局指导，杭州市人民政府、海峡两岸关系研究中心、浙江省人民政府台湾事务办公室、浙江省文化和旅游厅、浙江广播电视集团共同主办，杭州市台办、富阳区人民政府承办。中共中央台办、国务院台办主任刘结一，浙江省人大常委会党组副书记、副主任熊建平，中共中央台办、国务院台办原副主任王在希，原文化部副书记、副部长赵少华，浙江省政协原副主席孙文友等领导出席活动。浙江省人民政府党组成员、副省长徐文光主持。中国国民党前主席、中华青雁和平教育基金会董事长洪秀柱，台湾文化事务主管部门前负责人洪孟启以视频录制方式参与纪念活动。吴玉凤、王垟、汤金华、陆洪勤、徐林亮等富阳区领导参加活动。

【三江汇党建联盟活动】 6月5日，由杭州市三江汇管委会主办，富阳区委组织部、渔山乡党委承办的杭州湘湖·三江汇党建联盟启动仪式在渔山乡省级粮食功能区举行。杭州市人大常委会副主任、市三江汇管委会党组书记卢春强，市委组织部副局级组织员李健，市委党史研究室主任郎健华，滨江区委常委、组织部部长商丽萍，萧山区委常委、组织部部长陆志敏，西湖区委组织部常务副部长方晓平，富阳区领导吴玉凤、万重丰参加活动。

【省、市人大联动视察亚（残）运会场馆建设】 6月8日，浙江省人大常委会党组书记、副主任梁黎明，杭州市人大常委会党组书记、主任李火林率领部分全国、省、市三级人大代表，分两组视察富阳区亚（残）运会场馆建设工作。浙江省人大常委会副主任李卫宁、赵光君，秘书长鲁俊，杭州市人大常委会副主任郑荣胜、陈红英、罗卫红、卢春强、徐小林，副市长陈卫强，富阳区领导吴玉凤、王垟、汤金华、张霖、赵玉龙、许玉钧、王小丁参加。

【赴嘉兴市南湖区学习考察】 6月27日，富阳区委书记吴玉凤率领区四套班子领导到嘉兴市南湖区，参观南湖革命纪念馆，瞻仰南湖红船，沿着早期共产党人足迹，感悟共产党人赓续百年的“红船精神”。嘉兴市委副秘书长、办公室主任沈雨祥，南湖区委书记朱苗，区委常委、统战部部长霍忠华，富阳区领导汤金华、陆洪勤等参加活动。

【富阳区庆祝中国共产党成立100周年文艺演出】 6月30日，富阳隆重举行“壮阔百年·繁花富春”庆祝中国共产党成立100周年大型晚会。吴玉凤、王垟、汤金华、陆洪勤、刘润长、徐林亮等区四套班子领导与区级老干部代表、全区各界党员干部群众代表会聚一堂，共同回顾党的百年征程，讴歌党的光辉业绩，祝福党的百年华诞。

【全区重大项目集中开工活动】 8月4日，2021年富阳区重大项目集中开工仪式在杭黄未来社区地块举行。集中开工项目23个，总投资213.5亿元，对富阳加快新旧动能转换、改善人居环境、提升城市品质具有重要意义。

【“一府两院”工作报告会暨“民呼我为——高品质城市建设”专题询问活动】 8月5日，富阳举行2021年“一府两院”工作报告会暨“民呼我为——高品质城市建设”专题询问。区委书记吴玉凤参加会议并讲话。区委副书记、区长王垟作半年度政府工作报告，并专题报告生态环境状况和法治政府建设情况。区人大常委会主任汤金华对推进人大工作与建设提出具体要求。

【赴萧山区学习考察】 8月19日，富阳区委书记吴玉凤率领富阳区党政代表团赴萧山区考察，学习兄弟区县在未来社区、乡村新社区、科创平台建设等方面的先进经验。杭州市委副书记、萧山区委书记佟桂莉，萧山区委副书记赵立明接待考察团一行。富阳区领导钟永明、喻乃群、卜利斌、许玉钧参加考察。

【张小泉股份有限公司上市仪式】 9月6日，张小泉股份有限公司股票“张小泉”在深圳证券交易所创业板正式挂牌上市，这是证券市场“富阳板块”第6家上市企业，也是创业板注册制改革后首支富阳股票。受新冠肺炎疫情影响，张小泉在东方茂开元名都大酒店举行隆重但并不铺张的云敲钟上市仪式。杭州市副市长柯吉欣，富阳区领导吴玉凤、汤金华、陆洪勤、徐林亮、何献忠、高飞参加上市仪式。

【“迎亚运、展风采，全面打造现代版富春山居图”行动三季度大比武】 10月19日上午，富阳举行“迎亚运、展风采，全面打造现代版富春山居图”行动三季度大比武。会议强调，要全力以赴、攻坚克难，重点抓好“四个冲刺”“奋力冲起来”，确保圆满交出年度高分答卷。吴玉凤、王垟、汤金华、陆洪勤、徐林亮等区四套班子领导参加。下午，区四套班子领导分4组带队实地考察，晚上在银湖体育中心举行汇报展示。富阳区住建局、富春街道、新登镇、区经信局、区发改局、区委政法委、区卫健局等7个单位上台展示工作成果。经现场实名测评，富春街道迎展项目征迁与落地保障、智能装备产业群落谋划与推进、“智廉医院”应用场景等获一等奖；迎展项目建设工程管理与安置房建设、新登古城复兴工程推进建设、节能环保产业群落谋划与推进、“家和智联”应用场景等获二等奖。现场还颁发2021年“迎展行动”第二批10个奔跑奖和4个创新奖。

【富阳区人民政府与浙大城市学院共建浙大城市学院医学院直属附属医院战略合作签约仪式】 10月27日，杭州市富阳区人民政府与浙大城市学院合作签约仪式在区政府会议中心举行，双方将通过校地合作，在富阳共建“浙大城市学院医学院直属附属医院”，在富阳区第一人民医院增挂牌子，为富阳区争当高质量发展建设共同富裕示范区星城范例、加快实现公共服务优质共享再添动力。杭州市副市长陈卫强、富阳区委书记吴玉凤、浙大城市学院党委书记洪庆华出席并讲话。富阳区委副书记、区长王华与浙大城市学院校长罗卫东分别代表双方签署战略合作协议。杭州市卫健委党组书记、主任孙雍容等相关部门领导，富阳区领导夏芬、张霖、南晓清参加。与会领导共同见证签约，并为“浙大城市学院医学院附属第一医院”揭牌。

【杭州市“院士专家杭州行”活动】 11月8日，“院士专家杭州行”活动走进富阳，参观走访富阳特色点位、举行书法展揭幕仪式。潘云鹤、高从堦、董石麟、潘德炉、朱位秋、都有为、杨树锋、黄荷凤、戴民汉、孙立成等院士及专家参加活动，富阳区领导吴玉凤、夏芬、万重丰等参加。

【秦望通道工程盾构机始发仪式】 12月27日，秦望通道工程盾构机始发仪式在杭州富春湾新城秦望通道工程江南工作井施工现场举行，这标志着秦望通道工程正式进入隧道过江段主体结构施工的新阶段，也标志着富阳拥江发展、融杭发展迈出最坚实的步伐。富阳区委书记吴玉凤与中铁建总经济师赵晋华、富阳代区长马利阳、上海隧道副总经理刘凤华共同为“富春号”“秦望号”2台盾构命名揭牌。杭州市发展改革委、市建委相关负责人，富阳区领导汤金华、陆洪勤、张霖、钟永明、喻乃群、许玉钧参加。

上级领导到富阳调研

【全国妇联副主席、书记处书记蔡淑敏一行到富阳调研】 3月25日，全国妇联副主席、书记处书记、党组成员蔡淑敏到富阳，调研家庭家教家风建设在基层社会治理中作用发挥情况。浙江省妇联党组书记、主席王文娟，杭州市人大常委会副主任陈红英，富阳区领导吴玉凤、王华、徐林亮、高飞陪同调研。

【浙江省政协副主席孙景淼到富阳考察】 8月16日，浙江省政协副主席、党组副书记孙景淼一行到富阳调研。他指出，要抢抓“三大机遇”、坚持“三生融合”、迭代“四个林立”，建设生活富裕生命阳光的未来之城，打造共同富裕的“未来之星”。省政协常委、社法委主任刘树枝，富阳区领导吴玉凤、陆洪勤、喻乃群、许玉钧参加。

【浙江省省长郑栅洁到富阳调研】 9月1日，中共浙江省委副书记、省长郑栅洁到富阳调研。他强调，高质量发展建设共同富裕示范区，需要坚实的产业支撑。富阳区位优势、生态优势突出，率先共同富裕大有可为、充满希望。要深入贯彻省委十四届九次全会精神，按照全省农业高质量发展大会和新一轮制造业“腾笼换鸟、凤凰涅槃”攻坚行动推进大会的决策部署，把产业项目摆在更加突出、更加重要的位置，强化坐不住、等不起、慢不得的紧迫感，自觉在全省乃至全国范围找差距、求突破、争先进，以日夜兼程、只争朝夕的状态，以埋头苦干、打破常规的干劲，抢机遇、抢时间、抢进度，为持续巩固高质量发展良好态势作出更大贡献。

【浙江省副省长王文序到富阳调研地下空间和人防建设】 12月21日，浙江省副省长王文序到富阳督查人防工作。省人防办主任肖培生，杭州市副市长缪承潮，市人防办主任裘新谷，富阳区领导吴玉凤、马利阳参加。王文序一行实地督查秦望“城市眼”人防综合体、江宸府结建人防工程和人防指挥所，随后在指挥所地下指挥大厅召开督查汇报会，听取杭州市和富阳区人民防空工作有关汇报。

【杭州市委书记刘捷到富阳调研】 12月28日，浙江省委常委、杭州市委书记刘捷到富阳调研。他强调，要深入贯彻中央和省委经济工作会议精神，扎实做好“六稳”“六保”工作，千方百计扩大有效投资，谋深抓实重大政策、重大改革、重大平台，推动资源要素向重大项目集中，全力优生态、拉长板、提能级，为实现高质量发展增添强劲动力。杭州市领导朱建明，富阳区领导吴玉凤、喻乃群参加。

常规性工作

【全面深化改革】 2021年，召开中共富阳区委改革委员会会议2次，成立数字化改革工作推进领导小组，组建数字化改革工作专班、“1+5”领域6个工作专题组，制定并印发《中共杭州市富阳区委全面深化改革委员会2021年工作要点》《杭州市富阳区数字化改革总体方案》等文件，统筹推进16项区领导牵一发动全身重大改革项目、全区重点改革项目落实落细。编制形成区本级数字化改革应用、理论、制度成果“三本账”，统筹推进52项应用场景、125个理论制度体系项目建设，刊发《富阳改革》46期，举办区级改革创新项目设计比武大赛，激发创新争先氛围，涌现出医学检查检验结果互认共享改革、“家和智联”等一批牵引力强、辨识度高的改革品牌。医学检查检验结果互认共享改革上升为“浙医互认”，得到国务院总理李克强、副总理孙春兰和浙江省委书记袁家军等领导的批示肯定，荣获全省改革突破奖铜奖，得到浙江省委、省政府主要领导批示6次，全国推广。《干部政治素质数字化档案》在中央改革办《改革情况交流》第93期单篇刊发，获得浙江省委常委、秘书长陈奕君，省委常委、市委书记刘捷批示肯定。“家和智联”应用实现家庭矛盾纠纷全链条闭环管理，获全国人大常委会副委员长沈跃跃，浙江省委常委、政法委书记王昌荣等领导批示肯定。“空巢老人安全守护系统”入选国家发展改革委首批运用智能技术服务老年人示范案例，改革经验在中央电视台《新闻联播》栏目播出。“人生一件事”改革获得浙江省省长郑栅洁批示肯定，“数智巡察”在中纪委内网、中巡办《巡视巡察参考》刊发，“应急一张图”、工伤一件事等5项改革经验在浙江省《竞跑者》刊发。

【政策研究】 围绕富阳区委决策部署和工作重点，着力把握当前经济社会发展阶段性特点，开展重点课题调研，完成现代版富春山居图内涵与指标体系研究等课题调研。统筹做好区领导主持课题工作，梳理区领导2020年度领衔课题报告和2021年度课题选题。办好区委刊物，全年出刊《美丽富阳》6期，获评“全国城市优秀党政期刊”。全年高质量完成全区性重要会议、重要活动、重大工作的讲话材料、汇报材料等300余篇，其中区党代会报告1个、区委全会报告1个，区委常委会纪要37期。

【信息工作】 2021年聚焦高新产业发展、高品质城市建设、高水平社会治理，认真梳理、刊发各单位的特色创新工作，全年编发《富阳信息通报》（专报、转报）32期，获富阳区领导批示30个。全年上报舆情信息475篇，被中央办公厅单、综合录用16篇，其中2篇被评为年度录用好稿；被浙江省委办公厅录用81篇（单篇31篇、综合50篇），其中正面亮点信息10篇；被杭州市委办公厅录用21篇（单篇13篇、综合8篇），其中专报1篇，全年累计获省市领导批示12次。

【督查工作】 全年紧紧围绕全区“迎亚运、展风采，全面打造现代版富春山居图”要求，以“3+X”（其中“3”是指“三个立起来”的重点工作，涉及产业新动能、城市新轴线、发展新环境等方面；“X”是围绕区委、区政府某一时间或某个阶段部署的重要工作），内容为督查重点扎实开展督查。全年组织开展收储土地“拔钉清零”情况、农村房屋安全隐患情况、“最清洁”乡村环境整治提升行动开展情况、工程渣土“一盘棋”消纳处置落实情况、“为基层减负”工作落实情况、现代版富春山居图东洲画卷样板工程攻坚决战情况、高水平打造“最清洁”乡村环境行动开展情况等各类专项督查活动130余次，向富阳区委、区政府主要领导上报督查专报110余件，制（编）发全区性文件3件、通报8期。围绕全区重要活动扎实开展重点督查，为上级领导到富阳调研和督查等重大活动顺利开展提供坚实保障。协同开展疫情防控专项督查、中央和省级环保督察整改工作，以及北支江综合整治专项工作。统筹做好浙江省委巡视反馈问题整改工作，累计完成整改2件，正常推进1件。重点落实“七张问题清单”问题整改工作，累计完成销号省级清单问题4个、市级清单问题27个、区级清单问题22个，办结率98%，全区问题管控力指数93.70，位列全市第2。牵头落实媒体监督工作，对各级曝光案件开展整改反馈和抽查核验工作，累计完成销号省级《今日聚焦》2期、市级《今日关注》3期、区级《聚焦一线》29期。做好市、区两级领导批示交办办理，落实闭环式管理，全年共办理反馈上级党委领导批示交办件12件；转办区委主要领导批示件1759件，调研或会议督办件222件。充分发挥协调督查办公室的工作职能，牵头开展“为基层减负”专项督查，用好省“三服务”协同办理电子化平台，全年上报典型案例10篇，全区收集服务群众类、服务基层类、服务企业类问题9279个，办结率99.98%。

【考评工作】 突出争先创优，力促上级考核争优秀。坚持省市考核重点专项跟踪考、创新创优日常考、评价工作攻坚考，全面对标对表省市考评指标。在全区干部对标竞进、比学赶超、提质晋位的干事氛围下，杭州市综合考评荣获历史最佳成绩，取得第2名的优异成绩，连续3年获得“优秀”等次，综合考评工作更上一层楼。突出服务绩效，力促区级考评更完善。富阳区综合考评秉持“对表对标上级重点、突出本级破难攻坚、争先创优扩大影响、侧重个性精准分类、数字赋能数智考评、统筹准入基层减负”六大原则进行优化和完善，考评内容重点突出“三比三争”，区级机关重点围绕比对外影响争先进、比对下服务争满意、比内部作风争业绩，乡镇（街道）重点围绕比高质量发展争快、比高水平治理争好和比高素质队伍争强，充分发挥考核“指挥棒”“风向标”“助推器”的作用。突出改革创新，力促考核评价数智化。积极打造数据化集成一体平台，建立健全富阳区“数智考评”系统，区级机关和乡镇（街道）等应用场景均已上线运行。进一步深化电子化评价，全年向5万多名代表发送邀请短信，将近8000名受邀代表参与评价，同步征求到855条社会评价意见作为2022年区本级原始意见进行整改。

【保密工作】 2021年，富阳区国家保密局切实做好保密工作，筑牢全区保密防线。一是强化党管保密。6月，区委常委会听取保密工作专题汇报，区委书记吴玉凤对强化保密工作提出具体要求。二是细化保密规范。细化《杭州市富阳区保密考核细则》《富阳区定密工作指南》，运用于对全区所有单位的覆盖式保密检查；同时，积极开展宣传教育，邀请省、国家保密局局长作专题辅导、区保密局成员自行授课18次，开展全区保密教育培训班。三是落实党政专用新型语音普网项目。完成区级机关单位、乡镇（街道）电话号码和座机的数据采集工作，并逐步开展制订实施方案，确保2025年年底实现区级机关单位、乡镇（街道）白机全覆盖。

【富阳、台湾两地交流】 6月1日，“公望富春·共绘新图”——纪念《富春山居图》合璧十周年两岸书画摄影展在富阳开幕，有“两岸书画家作品联展”、朱龙庵、高逸鸿、傅狷夫书画作品展、刘墉临《富春山居图》特展、纪念《富春山居图》合璧十周年摄影展、《两岸半屏山》钢笔画作品展等5个展览。国台办原副主任、全国台湾研究会副会长王在希出席开幕式并讲话，来自海峡两岸的书画家、特邀嘉宾以及媒体记者约200人参加开幕式。7月22日，中国国民党前主席、中华青雁和平教育基金会董事长洪秀柱一行到富阳考察“海峡两岸交流基地”，参加“两岸新绘《富春山居图》收藏交接仪式”，进一步深化两岸因画结缘的同胞情谊。9月25日，富阳承办第十三届“两湖论坛”分活动之“童眼看两湖·同心祈和平”杭州—南投青少年《新时代富春山居图》主题书画展，两岸青少年以灵动的笔触，勾勒出一幅幅色彩斑斓的书画心语，表达对和平的真诚期盼。2021年，富阳区委荣获“浙台经济社会融合发展突出贡献单位”称号。

（高良波）

2021年4月6日，富阳区委书记吴玉凤到银湖街道勤丰村开展“昼访夜谈”调查研究活动

（区委组织部　供稿）

组织工作

【党组织和党员基本情况】 全区全年设党工委9个、党组44个、党委221个，党总支部246个，基层党支部2662个。党员52929名，其中女党员16287名，少数民族党员127名。流动党员632名，其中外出流动党员327名，接收流动党员305名。

【干部队伍教育】 坚持把学习贯彻习近平新时代中国特色社会主义思想作为干部教育培训的核心要义，组织开展习近平总书记“七一”重要讲话精神、中共十九届六中全会等专题学习，引导领导干部坚定政治立场。实施“全面赶考”专项行动，系统筹划全年干部教育培训工作，创设区管正职“政治三力”提升专题研讨班、区管副职“三个一流”周末进修班、“三家大讲堂”等班次，不断深化干部党性锻炼、专业培训“两手抓”，全年举办主体班次13期、部门班次21期。

【乡镇领导班子换届】 细致做好乡镇换届考察、“向组织说说心里话”、全额定向推荐、“三账五单”梳理等工作，全面完成年轻干部、“五类人员”等各项指标要求。抓严抓实“八大风险”防范，制作发放换届纪律“十严禁”提醒卡、组织观看警示教育片《警钟长鸣》、组织签订换届纪律承诺书，营造风清气正的换届生态。选出新一届乡镇党代表和新一届党委、纪委班子1146名，所有“两委”委员均满票当选。19个乡镇的新一届领导班子成员，35岁以下占比30.2%，全日制大学及以上学历占比50.2%，结构和功能明显改善。

【干部政治素质数字化档案】 以杭州市委组织部乡镇（街道）党（工）委书记“数字画像”试点为契机，建立以“一档两评三迹”为主要内容的乡镇（街道）党政正职“数字画像”，打造集实时统计、查询、分析、预警等功能于一体的干部政治素质数字化档案，开发完善“三色预警”、职级晋升、模拟调配等应用功能，实行干部政治表现“一人一档、动态监管”，积累涵盖全区所有区管干部信息近3.2万条。

【庆祝中国共产党成立100周年系列活动】 组织推选先进基层党组织、优秀共产党员、优秀党务工作者，全区入选省市“两优一先”28人（个），评选表彰区“两优一先”200人（个），发放“光荣在党50周年”纪念章3028个，推荐富春江集团党委获评全国先进基层党组织。推出“百场红色讲坛、百堂红色党课、百名业务骨干、百个初心故事、百个党组织重走红色路”等“五个一百”党员教育活动，与上级联动开展全区新党员集中宣誓，营造知党爱党、向党为党的浓厚氛围。

【村社党组织书记帮带】 依托省、市、区三级兴村治社名师（导师）队伍，根据村社产业发展、乡村治理、美丽经济、综合治理、矛盾化解等实际需求，组织全区25对共50名村社党组织书记，“双向式”配对“师徒”团队。以老带新，以强带弱，师徒遵循带思想情怀、带组织建设、带群众工作、带产业发展、带基层治理“五个带”和学胸怀格局、学先进理念、学工作本领、学优良作风、学规矩意识“五个学”的帮带责任要求，重点落实完善一批村级规范化工作制度、掌握一套抓班子带队伍的有效办法、化解一批信访矛盾问题、推动一批民生实事项目建设“四个一”工作任务。

【迭代开发“民呼必应”应用场景】 坚持以数字化改革为牵引，升级完善“民呼必应”应用场景，打破传统基层治理工作瓶颈，赋能各级基层党组织统筹市场、社会、政府多元力量，形成党建统领、多元融合的基层治理服务体系。至2021年底，应用场景认证群众60余万人，累计办理群众需求12.5万余件，日均办理700件。在全省机关党建数字化改革推进会、杭州市“民呼我为”数智平台建设现场推进会上交流发言，获杭州市委常委、秘书长朱建明批示肯定。

【持续优化人才政策】 完善人才政策体系，出台新时期人才政策六大配套细则及技能人才专项政策，建立“全面、精准、有效”人才政策体系。健全人才考核机制，紧扣省市最新要求优化完善区级人才工作目标责任制考核办法，发挥考核“指挥棒”的作用。全年新增各行业领域省级以上领军型人才 29 人，其中自主申报入选国家级引才计划人才 1 人、省“万人计划”人才 1 人、杰出工匠 2 人、市级海外引才计划人才 4 人，获评全国十佳农技推广标兵 1 人、全国最美林草科技推广员 1 人；累计引进高校毕业生 11016 人，同比增长 29.27%，引进硕士及研究生等高层次人才 1524 人，同比增长 15.28%。

【推进人才平台建设】 依托杭州光机所和光电激光产业重点企业，建设光电激光产业协同创新创业中心，通过四跨协同，加速形成“人才引育 + 科技创新 + 资本嫁接 + 产业转化”全链条体系，联合 12 家区内相关领域企业成立产业联盟，入库专家、工程师等 61 人，引进菲利普·罗素团队等高层次人才项目 20 余个。进一步深化与高校院所合作，与浙江工业大学签订战略框架协议，聚焦省级新型研发机构、省级重点实验室等目标，持续提升已落地平台能级。新引进浙江工商大学浙江（富阳）食药质量安全工程研究院、浙江求是应急科技研究院等双创平台，人才双创阵地不断壮大。

【完善人才留富服务】 进一步浓厚评优氛围，组织评选“富春特聘专家”“富春特支人才”“高级经营管理人才”等各类人才 70 余人。高质量举办人才活动，组织举办“第一届光学前沿高峰论坛”“2021 杭州富阳人才科技创新创业嘉年华系列活动”“星耀江畔·才聚富春‘院士富阳行’”“‘数智变革新时代’第三届创新主张大会”等高层次人才活动，共吸引院士专家 10 余名、海内外人才 800 余名到富阳参会。进一步落实关键小事，加大人才子女就学、购（租）房补贴落实解决力度，共解决 66 名人才的 69 个子女入学需求，向 251 名高层次人才发放购（租）房补贴共计 2146 万元。

（叶城钢）

宣传思想工作

【理论学习】 2021 年，组织开展区委理论学习中心组专题学习 29 次，创新开展“跟着总书记学党史”专题夜学 17 次，引领带动党史学习教育实现全覆盖。持续推进“学习强国”学习平台推广应用，学员超 26 万人，杭州平台录用 1600 余条，浙江平台录用 170 余条，全国平台录用 148 条。建立区委讲师团和专家宣讲团，整合宣讲骨干 600 余名，组建百支“富春窗”党史学习教育宣讲团，创新打造“富春窗·党史少年说”等特色宣讲品牌 100 余个，开展主题宣讲 1700 余场，线上推送“云党课”3300 多堂，惠及群众 50 余万人次。牵头打造中央调查组在富阳史料陈列馆、红色报刊史料研学中心、新四军两渡富春江研学中心等“红色打卡点”26 个，推出红色研学线路 7 条，累计参与红色研学超 32 万人次。

【对外宣传】 全媒体开设“奋斗百年路 启航新征程”专题专栏，推出“富春红色故事”“民呼必应 幸福同行”等党史学习教育主题栏目 10 个，推送报道 8700 余篇，累计阅读超 4800 余万次。坚持“富阳发布”权威发声，在重大突发事件中起到正面回应、精准发布、主流传播的效果。坚持以“采编先融”推动媒体深度融合发展，“爱尚富阳”App 改版，实现传播力、服务力、聚合力大幅提升。开展融媒业务大比武，2021 年度区级媒体获得市级以上新闻类奖项 30 余项，区融媒体中心获全省广播电视新闻融合传播电视新闻协作一等奖和浙报集团共享联盟年度最高奖——最具传播力奖，提前 1 个月完成全区 24 个乡镇（街道）微融媒体中心全覆盖的目标。贯穿打造“现代版富春山居图”主线，围绕中心工作密集推出系列报道 3900 余篇，其中中央级主流媒体重点报道 495 篇，省级主流媒体重点报道 731 篇。制定《富阳区突发事件和热点舆情新闻发布应急预案》，梳理完善新闻发言人制度，着力提升突发事件和各类媒体热点舆情的应对处置能力。开展“初心使命 百人百年”“理想点亮青春有光”等网络短视频传播活动，深化打造“春江时评”网评阵地，11 月底，建成富阳区首个网络文化家园。

【精神文明建设】 全域开展“迎亚运、展风采”大文明提升行动，组织开展大比武活动。创建浙江省文明镇 1 个、文明村 4 个、文明单位 2 个，国网富阳供电公司、新登镇

2021年6月24日，富阳举行杭州市“党旗下的诵读”系列活动启动仪式暨“筑梦富春·党旗下的诵读”富阳区庆祝中国共产党成立100周年大型诵读活动

（区委宣传部 供稿）

半山村分别荣膺全国文明单位和全国文明村称号。实现“15分钟文明实践服务圈”全覆盖，累计开展文明实践活动8000余场，参与人数逾35万人次，其中机关党员干部文明实践参与率91.37%，人均服务时长37.51小时。打造文明实践特色品牌，银骥助力志愿服务联盟成立“解忧工作室”10家，“红十字救在身边”服务中心投入使用，“心灵港湾”入选浙江省志愿服务创新案例，新劳动教育入选全国中小学劳动教育典型案例，“文明一立方”“全民清洁日”主题活动吸引大批市民踊跃参与。全年开展各级“最美群像”选育活动40余次，选树富阳好人121人、入选杭州市“美德少年”2人、“杭州好人榜”4人、“浙江好人榜”2人，认定“富阳工匠”“最美退役军人”各10人。开辟“每月好人榜”专栏，宣传“富阳好人”10批次。依托数字化改革，开发“富春风尚汇”应用场景，多跨协同归集公民全生命周期正能量数据，以数字化手段打造“最美群像”选育全流程闭环，被列入全省重点培育项目和杭州市宣传系统“揭榜挂帅”项目。

【文化活动】富阳在全省先行发布《“建新时代文化强区，绘现代版富春山居图”（2021—2025）行动任务》，扎实推进“礼堂活跃工程”。推动数字化改革，完成省“礼堂家”数据管理系统统建应用，全年累计服务超350万人次。以“家在富春江上”为品牌，举办“壮阔百年 繁花富春”全区庆祝中国共产党成立100周年大型文艺晚会、2021中国最具幸福感城市推选启动仪式、红色报刊史料研学中心开放仪式等各类文化活动3000余场次，惠及群众50余万人次，得到省委常委、宣传部部长朱国贤等领导和群众的一致好评。创新举办“百家礼堂颂党恩庆百年”“百家礼堂迎亚运展风采”等线上线下专题活动500余场次，线上观众累计超100万人次。精心制订《钱塘江诗路（富春江）建设行动计划》，持续推进《富春山居文化丛书》、《浙江文史记忆丛书》（富阳卷）编纂、出版等工作，组织开展浙江省、杭州市“五个一批”人才评选推荐和文艺精品工程扶持项目申报工作，其中《钱塘茶人（草木人间）》《海的风》《我有一条江》3个项目成功入选，顾晓刚入选浙江省“星光计划”影视人才。承办2021“书香杭州”阅读系列活动启动仪式，引进喜马拉雅公司承建智慧阅读场所，建立数字化阅读驿站83个，“城市书房”3家，企事业单位阅读场地364个，阅读俱乐部185个。围绕“社科四有”主题，大力推进社科普及活动，刊发“社科有研”信息专报6期，举办“社科有卷”读书会8期、“社科有约”沙龙16次。借力浙江卫视《浙江文化大讲堂》，拍摄推送富阳千年古城古镇古村系列专题片3期，超200万人次观看。

（王倩倩）

统战工作

【巩固“大统战”工作格局】中共富阳区委常委会专题研究统战工作7次，审议通过《杭州市富阳区社会主义学校2021年度培训计划》《杭州市富阳区工商联换届工作方案》《杭州市富阳区政协换届有关人事安排工作的实施方案》等文件。调整富阳区委统战工作领导小组成员单位，审议《关于2021—2025年杭州市富阳区推动新的社会阶层人士统战工作创新发展的实施意见》《杭州市富阳区新生代企业家培育工程三年规划（2021—2023年）》等文件。分别召开与区委组织部、宣传部工作联席会议各1次。举办党外代表人士专题培训班、新的社会阶层人士专题培训班、民营企业家专题培训班、新生代企业家专题培训班以及区各民主党派骨干力量专题培训班6期。开展各类学习教育活动30余次。制定《全区统一战线“同心向党·庆祝中国共产党成立100周年”系列活动方案》，举办党史学习教育专题“同心大讲堂”3期，推送“同心向党”专题内容27期，摄制“同心同行”栏目11期，举办“同心向党·最美统战人物”评选表彰活动，表彰各类先进典型32例。

【民族团结工作】开展民族共富工程，着力构建民族工作“石榴红”品牌。进一步优化杭州日月电器股份有限公司服务来自新疆员工的“五心工作法”，全年接收来自新疆的员工154名。双江村“畲香美寨、诗画双江”特色创建工作入围省级民族乡村共同富裕示范点。承办全省国家通用语言培训成果展示交流会议，大源育才学校与蒋家桥社区成功创建省级民族团结进步重点培育单位。举办新登“三月三”民族风情节。

【统战队伍建设】重点抓好政协换届有关工作，经与区政协党组、区委组织部以及各界别牵头单位协商，确定拟留任委员80名、拟推荐人选135名以及岗位安排委员72名名单。在党外干部队伍建设上，全年有区管正职1名提拔为市管干部，区管副职1名提拔为正职干部，科级干部5名提拔为区管副职领导干部。结合乡镇换届，组织举办基层统战干部培训班；结合数字化改革工作需求，培养培育统战干部的数字化思维和能力。

【统一战线数字化改革】富阳区党外代表人士“全链条”管理系统、宗教场所空间规划“一张图”系统列入全省统战系统数字化改革S0清单。“全链条”系统围绕党外代表人士发现、培养、使用、管理4个环节，解决职责定位、标准框定、流程完善和数据集成等问题。“一张图”系统基本实现对全区宗教场所相关数据的实时掌控，着力解决宗教场所的“规划少、审批难、布局乱”的实际问题。富阳区工商联牵头的“亲商码”企业服务号及数据驾驶舱应用场景建设工作，入围省工商联第一批“揭榜挂帅”名单。

【基层统战工作规范化建设】持续推进《杭州市富阳区基层统战工作规范化建设实施方案（试行）》的执行落实，全区市级示范点9处，区级阵地13处，乡镇街道统战之家24个，镇村两级乡贤馆60余个，以及鹿山街道日月电器少数民族服务中心、“浙疆情”石榴籽家园、

2021年4月10日,富阳举办2021杭州·双江第七届“三月三”民族风情节
（区委统战部　供稿）

胥口镇海正药业企业统战部、场口镇亲清示范点等工作特色阵地21处。以“品牌建设年”为主题，引导各乡镇街道和部分区级机关单位结合自身特色，挖掘和打造一系列统战工作品牌和亮点，申报品牌项目71个，包括乡贤、民宗、商会、党外知识分子和新的社会阶层人士等工作。

【亲清政商关系】出台《富阳区践行亲清新型政商关系助力打造一流营商环境的实施意见》，构建以“3+3+3”工作体系为主体的富阳版“亲清示范区”。打造政府侧亲清新型政商关系实体化样板5个以及民企侧“清廉民企”示范企业10家，形成“5+10”亲清示范集群。全年举办“亲清直通车·政企恳谈会”8场、“富商学习会”21场。《富阳区工商联创新民企“法治体检”常态化》案例入围全国工商联“法律服务在行动”5类50个创新案榜单。

【民营企业结对地区帮扶】全区民营企业赴结对地区举办劳务协作招聘会13场次，推送就业岗位10450个，解决异地就业1951人；21家企业参与产业扶贫，投资额超13亿元；累计捐款捐物超9000万元。富阳民企对口帮扶缙云县捐款捐物超4000万元，2家民营企业负责人被聘为缙云县人民政府经济发展顾问。

【咨政建言】制定《2021年杭州市富阳区政党专题协商计划》《杭州市富阳区各民主党派直接向中共杭州市富阳区委提出建议制度》等文件。全区统一战线通过政协平台、《建言直通车》渠道以及对口联系、民主协商座谈会等多种形式，提出各类意见建议70余件。

【宗教和谐稳定】全年开展普法宣教“三进”活动20余场次，完成基督教“两会”（中国基督教三自爱国运动委员会、中国基督教协会）换届。指导宗教场所16处参与“美丽场所”创建，周家弄堂创建省级宗教法治宣传基地，天钟禅院创建全省宗教活动场所消防安全标准化管理“百优争创”优秀单位。

【商会组织建设】完成十一届富阳区工商联（总商会）换届工作，执行委员142名，民营经济人士占97.9％。持续推进基层商会党建和规范化建设工作，基层商会30家和异地商会6家实现党建“全覆盖”，党委的8家民营企业全部建有统战部。制定《杭州市富阳区新生代企业家培育工程三年规划》，打造“5+20+100”新生代企业家人才梯队。

【新乡贤统战工作】全年由乡贤牵头招引和洽谈的乡贤回归项目46个，涉及资金约63亿元；由各级乡贤联谊会发起捐款捐物累计超过3000余万元；建立教育帮扶等基金21个，募集资金超6000万元。乡贤发起的各类乡村振兴活动250余次，帮助化解矛盾纠纷800余件。参与举办富阳区首届创新创业大赛，吸引入驻项目20余个；通过侨界人士对接海外招商项目3个，实际落地1个。

富阳区各民主党派、统战团体开展各类社会服务活动100余场，受益群众5000余人。“公益联盟·同心荟”开展“西部助学健康包”等品牌公益项目；富阳区新联会网联分会设立乡村振兴直播实训基地；富阳区侨家大院依托“青芒计划”开展各类活动20余场，其中线上活动8次，覆盖留学生群体2000余人次。

（刘建峰）

巡察工作

【概况】4月7日，富阳区委理论学习中心组专题学习《关于加强巡视巡察上下联动的意见》和中央、省委巡视巡察有关会议精神。5月21日、11月5日，区委常委会2次传达学习中央、省委有关巡视巡察工作新精神新要求。3月10日，区委召开“2021年度区委巡察工作动员部署会”，总结2020年巡察工作，部署2021年巡察工作，区委书记吴玉凤出席会议并提出工作要求。区委书记亲自约谈区交通运输局、区文广旅体局、区住建局、区行政服务中心、区供销总社、交通集团、东洲街道、渌渚镇等8家单位党委（党组）书记，集体约谈杭州市生态环境局富阳分局领导班子，提出整改要求，进一步压实整改责任。

【巡察问题整改】结合省委“七张问题清单”、省委巡视办移交巡视发现的共性问题以及市委巡察机构整改任务清单的有关内容，梳理整合，落实7个方面问题的整改任务，明确整改措施、责任领导、责任部门、责任人和整改时限，根据时间节点逐条整改，逐项落实，完成中央巡视指导督导反馈问题整改。根据杭州市委巡察工作领导小组《关于落实省委巡察指导督导反馈问题整改工作方案》要求，主动认领整改任务，自觉对照自查，梳理出 6 个方面 12 个问题，制定整改措施 47 项。2021 年年底，完成整改 11 个，修订完善制度 18 项，完成省委巡察指导督导反馈问题整改。

【政治巡察】 完成对 8 家区级机关所属单位党组织的延伸巡察，对 8 个区级、125 个村（社）党组织进行巡察“回头看”，对 60 个村（社）党组织开展村（社）延伸巡察“回头看”。根据杭州市委巡察办统一部署，开展涉粮领域专项巡察。编印《一周一通报》 10 期，督促被巡察党组织落实整改责任。强化日常监督，区纪委、区委组织部、区委巡察组联合对 24 家单位开展“回访检查”，发现整改不到位问题 32 个，督促再整改再落实。在原有 12 家协作单位基础上，与区人大机关、区政协机关、区统计局、区住建局、区民政局 5 家单位建立协作配合机制。打破“数据壁垒”，完善部门间协作配合机制，与纪委监委、财政、审计等部门实现监督信息共享。继续推行“阳光巡察”，《富阳日报》上对巡察反馈的问题和问题整改情况公开公示 6 次，邀请被巡察单位党组织书记在《书记谈巡察》专栏发表体会文章 8 篇。制作《富阳区委巡察工作纪实》专题片，编印《巡察这五年，向区委报告》等册子 4 本。

【巡察成果】 全年共发现问题 1761 个，移交问题线索 82 件，推动立案 17 件，党纪政务处分 17 人，移送司法机关 4 人，组织处理 62 人，提醒谈话 950 人，建立和完善制度 326 项，退回（收缴）资金 207 万元。

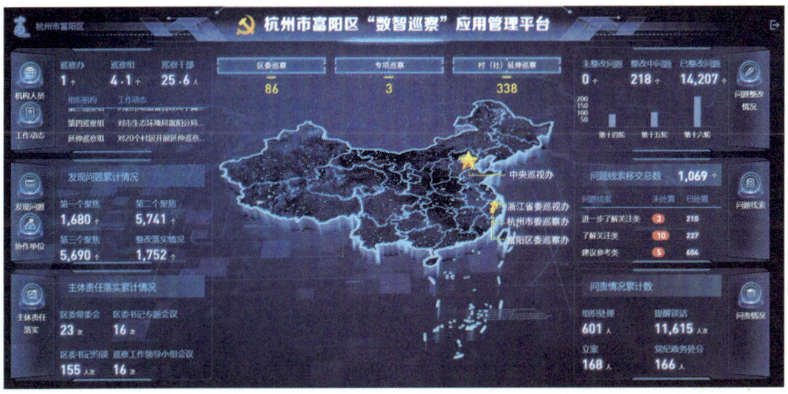

杭州市富阳区“数智巡察”应用管理平台
（区委巡察办 供稿）

【巡察信息化建设】 3 月，中央巡视办“统建系统”巡视巡察工作网络平台试用，开展操作培训 5 次，录入相关数据 762 条，提出意见建议 12 条。全面应用巡视巡察单机系统，每轮巡察实时录入信息数据，至年底，录入数据 1.5 万余条。在中央巡视办统建系统“网络平台”和“单机系统”基础上，围绕“数据利用、成果运用、综合办公、内部管理”，建设“六横六纵两入口”的“数智巡察”应用管理系统，围绕问题的“发现、核实、整改”全周期，进行闭环管理。系统 1.0 版本开发基本完成，上线试运行。

【巡察队伍建设】 区委巡察机构全体党员赴龙门镇开展“昼访夜谈”活动，与省委巡视机构党总支、市委第三巡察组联合开展红色研学活动。开展“三八”妇女节、“五四”青年节、工会疗休养等群团活动，增强队伍凝聚力。全体巡察干部参加省委巡视办组织的巡察指导督导专题辅导培训，交流学习体会。2 名巡察干部参加杭州纪检监察培训中心组织巡察业务培训。3 名巡察干部上挂省委巡视办、市委巡察办“以干代训”。结合巡察机构中层岗位空缺情况，开展中层干部选拔任用工作，3 名副科级干部提拔为正科级巡察专员，6 名一般干部提拔为副科级巡察专员。

（方 菲）

机构编制工作

【加强党对机构编制的统一领导】 出台机构编制事项调整实施办法，明确调整机构编制事项均需以党组织名义报送，并就工作程序作出规定。按上级部署，在杭州市富阳区文化和广电旅游体育局增挂杭州市富阳区文物局牌子，在杭州市富阳区农业农村局增挂杭州市富阳区乡村振兴局牌子，设立中共杭州市富阳区委社会建设委员会，完成教育“双减”机构设置，做好相应的职责调整，确保相关重点工作顺利推进。

【完成全省公办幼儿园办园体制改革创新配套政策试点任务】 公办幼儿园办园体制改革创新配套政策试点工作，坚持问题导向、协同联动，建立“1+N”政策体系（一个实施方案、N 个配套政策，包括教职工总量管理办法、招聘制度、日常管理办法、薪酬稳步增长机制、经费分担机制等），蹄疾步稳推动试点工作落地见效。按照“一次核定，分步到位”原则给予公办幼儿园编外教师一定的消化过渡期，通过合同制招聘、转岗、退休和解聘等方式有计划地分流安置，完成全省试点任务。

【推进机构编制领域数字化改革】 制定《富阳区委编办数字化改革五年工作方案》，有序加以实施。作为全省 3 个区（县）试点单位之一，率先完成全省机构编制数字化平台测试工作。重新界定 18 个领域 101 项职责分工，完成 8 个疑难边界职责划分和 11 个“一件事”流程再造，建设完成职责职能数字化应用平台，有效破解四个平台交办难题。完成日常机构编制业务全流程数字化应用、机构编制文件全流程电子化归档、事业单位登记无纸化公示改革。2021 年，中共杭州市富阳区委机构编制委员会办公室获全省事业单位改革先进集体。职责职

2021年4月12日，富阳开展区镇（乡镇、街道）两级运行及职责协同情况调研
（区委编办　供稿）

能数字化应用平台获得区委主要领导批示肯定。

【加强机构编制保障】春季、秋季开展2次集中走访，听取意见建议230余人次，与部门上门对接机构编制事项110余次，办理领导批示12次，重新制定开发区“三定”规定，优化调整公安分局等19家单位的内设机构设置。调研、核定2021学年公办幼儿园阶段教职工编制数及辅助岗位。全区中小学教职工编制全面达到国家基本标准。

（姜伟锋）

信访工作

【信访积案攻坚破难】出台《富阳区“党建+信访”工作体系建设方案》，以“民呼必应·幸福同行”主题活动为契机，开展信访“十大专项解民难”、集中治理重复信访、化解信访积案专项工作，压实信访工作责任，构建良好信访生态，国家、省、市交办185件信访积案100%化解。富阳区连续4年被浙江省信访工作领导小组命名为“无信访积案县（市、区）”。

【统一平台有效运转】对热点难点问题，持续开展“四督一退办”，通过发函督办、现场督办、跟踪督办、电话督办等方式进行督查督办。2021年，发函督办94件，现场督办266件，协调335件，跟踪督办2080件，电话督办3142件次。创新开展“63312345”代表委员热线日活动，每月10日左右，邀请乡镇（街道）副书记、人大代表、政协委员走进区长公开电话受理中心，体验热线接听、电话回访，提意见建议，展示、宣传、完善“63312345”工作。富阳区长公开电话受理中心团支部被评为杭州市五四红旗团支部，获2021年杭州市“工匠杯”“12345”政务热线客服技能大赛团队三等奖。

【访源治理攻坚】开展乡镇（街道）访源治理攻坚专项竞赛，对乡镇（街道）越级访指标量化分解，实行月度通报、季度预警、年度排名。突出问题实行“一事双交”，同责管理。推行重点镇街挂牌（案）管理，开展红橙黄三色预警。实行每月晾晒，每月通报推诿扯皮、办理不到位等典型案例，全年曝光典型案例19个。

【规范依法信访秩序】健全信访普法阵地，规范信访秩序，依法打击处置违规违法信访行为。以6月信访宣传月为契机，进乡镇、进社区，利用公开栏、知识竞赛等开展依法信访宣传；聚焦依法终结闭环，进一步推进实体化运作依法终结和听证评议工作，形成依法终结闭环机制，全年开展信访听证5件，依法终结信访事项4件。

【加强信访队伍建设】开展全区信访干部“技能提升月”“三练三比”岗位练兵比武行动等活动，不断提升信访干部综合能力和业务水平。建立新任信访干部岗前培训及信访干部多岗位交流、挂职锻炼制度。以“我为群众办实事”为主项，结合“昼访夜谈”调查研究年活动，赴环山乡开展“三服务”活动，党员干部分片联系24个乡镇（街道），及时解决群众反映热点难点问题30余项。

（楼烨华）

党校教育

【“富春山居红色学府”打造】中共富阳区委党校高举习近平新时代中国特色社会主义思想伟大旗帜，围绕区委、区政府中心工作，以打造县市区一流党校为目标，持续推进人才强校、科学办校、品牌兴校、质量立校、文化塑校，推动党校工作再上新台阶。2021年，“富春山居红色学府”荣获富阳区十佳机关党建品牌，党校机关党支部被评为富阳区优秀基层党组织、“清廉机关、模范机关”建设工作先进集体。党校连续2年获富阳区级机关综合考评一等奖。

【学习宣传习近平新时代中国特色社会主义思想】以党史学习教育和学习中共十九届六中全会为契机，成立中共富阳区委党校党史学习教育宣讲团，参加区委党史宣讲团、区级机关党史“先锋”宣讲团，在全区范围内广泛开展党史学习教育宣讲活动，推动党史宣讲进企业、进农村、进社区、进机关、进校园、进网络“六进”活动。全年，教师累计开展习近平新时代中国特色社会主义思想、“四史”、习近平总书记“七一”重要讲话精神等专题宣讲175场次，受众14529人次。

【创新教育模式】坚持突出党员理想信念教育和党性教育，结合党史学习教育、中央和地方重要会议精神以及区委、区政府中心工作，将党性教育作为培训课程的重要内容。开设富春名家大讲堂暨“三家”大讲堂、富阳区数字化改革专题培训班、第二十八期中青年干部培训班和年轻干部“墩苗工程”周末进修培训班等主体班次及杭州市政府办公厅党员春训班、富阳—德格两地交流交往交融专题培训班、杭州市委办公厅党支部书记培训班等高层次委托班次，邀请孙景淼、褚健、李晓江等省市业务部门行家、知名企业家、高校及科研院所科学家到富阳授课，解读具体业务政策，剖析行业发展现状和趋势，提升干部专业化能力。全年累计举办各类培训班84期，受训17492人次。

【现场教学】 进一步挖掘全区在打造现代版富春山居图实践中的特色亮点工作，谋划现代版富春山居图特色现场教学线路。在已有现场教学案例基础上，挖掘开发“中央调查组在富阳史料陈列室”“新四军两渡富春江红色研学中心”现场教学点案例。全年承接浙江省委党校中青班、厅级领导干部进修班、浙建集团经理书记培训班、嘉善县选调生培训班、富阳—德格两地交流交往交融专题培训班等高层次委托班、省内外培训班，在富阳22个现场教学点开展现场教学60余场5600余人次，扩大富阳知名度和美誉度。

【教学改革】 坚持“用学术讲政治”，组织教师参与中央党校党史专题网络直播课程、“浙里好课”直播课程学习、中网院培训师资网络集中培训等教学提升课程，以学促提升；组织开展新课试讲、磨课、观摩等教学活动，以练促提升；组织青年教师参加杭州市委组织部、宣传部开展的党史微课评比活动，以赛促提升。获杭州市党校系统微课竞赛一、三等奖，2名教师获“杭州市优秀党课主讲人”称号，1名教师获富阳区“富春窗”青年理论宣讲大赛二等奖。

【科研咨政】 以“一中心四团队”为基础，鼓励教师发挥理论特长，坚持理论与现实相结合，在研究领域深耕细作。2021年，教师在省党校系统理论研讨会征文中获一等奖2篇、二等奖4篇、三等奖1篇，入选2篇，获奖等次、数量再创新高；文章发表21篇，7项课题获23批规划课题立项，在规划课题结题、立项中获新突破；2项课题获省专项课题立项，其中重点1项。紧盯打造现代版富春山居图、数字化改革等中心工作，呈送《全力推进数字化改革 智绘“云上富春山居图”》《高水平打造现代版富春山居图的理论阐述和实践路径》等《领导参阅》5期，均获区委主要领导肯定性批示。2021年，区委党校获全省党校（行政学院）系统科研组织奖第三名。

（张琦迪）

党史和地方志工作

【富阳地方党史三卷编纂】 完成《中国共产党富阳历史第三卷（1978—2002）》初稿编写，全书共5编、50多万字，分别召开老领导征求意见会和省市党史专家审稿会，并通过初审。

【地方党史学习教材编纂】 4月，根据区委领导和区党史学习教育领导小组办公室要求，整理编印《习近平同志的富阳足迹》《富阳地方党史学习教育读本（一）》《富阳地方党史学习教育读本（二）》《新时代调查研究之风在富阳的传承》等地方党史教材4本，提供全区各级党组织和党员干部学习，合计发放4000余册，该项工作走在杭州地区前列。

【新四军两渡富春江红色研学中心启用】 6月10日，新四军两渡富春江红色研学中心启用，两渡富春江新四军亲历者、新四军后代、解放军某部现役领导、省市新四军历史研究会领导及富阳区、乡各级领导等200余人参加启用仪式。研学中心位于常绿镇，建设历时3年，通过翔实的史料和现代化展陈方式，全面、生动地再现了新四军两渡富春江可歌可泣的英勇历史，为全区党员干部提供一个全新党史、党性学习教育平台。同时制作党史通俗读物《烽火映富春》连环画，作为新四军两渡富春江红色研学中心启用伴手礼正式推出。连环画为一套5册，分为新四军一渡富春江、新四军二渡富春江、新登战役、激战芳泉和军民鱼水情5个部分，以图文并茂的形式再现新四军两渡富春江的历史画面，受到读者好评。

【中央调查组在富阳史料陈列室启用】 为纪念中央调查组在富阳调查60周年，区委党史研究室与区委组织部、东洲街道一起建成中央调查组在富阳史料陈列室，于3月5日正式开放。同时参加由杭州市委办公厅组织的“中央调查组在富阳历史事件实地回访调研”活动，赴东洲街道学校沙村进行为期15天的回访调研，并形成《乡村共同富裕道路的探索与突破》蹲点调研报告。

【“纪念中央调查组在富阳调查60周年”暨作风传承研讨会】 5月11日，“纪念中央调查组在富阳60周年”暨作风传承研讨会在富阳召开。中共中央党史和文献研究院二级巡视员李树泉，中国社会科学

2021年9月，“富春山居红色学府”校园红色文化手绘地图发布

（区委党校 供稿）

院大学政府管理学院常务副院长蔡礼强，中央党校（国家行政学院）党建部教授、中国领导科学研究会副秘书长张国玉，省委党史和文献研究室一级巡视员曾林平，市委党史研究室（市志办）主任郎健华等领导和专家学者，富阳区领导吴玉凤、夏芬、万重丰参加。研讨会努力弘扬传承中央调查组人民至上的价值追求、实事求是的工作作风、科学有效的调研方法、敢讲真话的责任担当，助推富阳“调查研究年”活动深入开展。会后编印《纪念中央调查组在富阳 60 周年暨作风传承研讨会资料汇编》。

2021年5月11日，富阳召开“纪念中央调查组在富阳60周年”暨作风传承研讨会

（区委党史研究室 供稿）

【“百份初心献百年”党史学习宣教活动】 4 月 1 日，举行“百份初心献百年”党史学习宣教活动。按照富阳区党史学习教育工作部署要求，为深入推进富阳党史学习教育，联合区委宣传部、区直机关工委等 6 家单位举行“百份初心献百年”党史宣教活动启动仪式，观看红色讲解员比赛视频，举行《富阳地方党史学习教育读本》首发式，为特殊群体党员送学，进一步浓厚党史学习教育的氛围。

【富阳地方党史图版展】 开展百年征途——富阳地方党史图版展。图片展以图文并茂的形式全面展现中国共产党在富阳百年的发展历程，讴歌富春儿女在党的领导下前赴后继、不懈奋斗、开拓创新、艰辛逐梦的可贵精神。先后深入乡镇、社区、学校巡展 50 场次，深受广大市民和青少年喜爱。

【红色故事宣讲】 报送《孙晓梅》《新登战役》等 15 个红色故事讲解视频，举办“传承红色基因，讲好红色故事”讲解员比赛。组织参加杭州市委宣传部、杭州市委直属机关工委、杭州市委党史研究室等单位联合举办的“传承红色基因，讲好杭州故事——百年红色故事微宣讲大赛”，荣获二等奖及优秀组织奖。

【纪念抗美援朝主题图片展】 11 月，举办纪念抗美援朝主题图片展。展览由区党史学习教育领导小组办公室、区委党史研究室、区退役军人事务局、区档案馆共同举办，通过大量的图片、史料结合具体战役战斗和重大事件，展现抗美援朝的战争历史和富阳人民踊跃支前热潮场景，弘扬伟大的抗美援朝精神，进一步深入推动全区党史学习教育。

【《富阳年鉴（2021）》出版发行】 11 月，《富阳年鉴（2021）》由方志出版社正式出版发行。《富阳年鉴（2021）》采用分类编纂法，以类目、分目、条目 3 个层次为框架结构。卷首设特载、年度聚焦、大事记、区情综览，全书共设 35 个类目，260 个分目，1699 个条目，共 90.4 万字。全面、客观地反映 2020 年富阳区人民勇于开拓创新，在政治、经济、文化、社会、生态文明和党的建设中取得的新成就、新经验，以及在前进道路上遇到的新情况、新问题。《富阳年鉴（2021）》是富阳历史上第 26 部综合年鉴。

【《富阳微村志（第二辑）》出版发行】 11 月，由富阳区委党史研究室（区地方志办公室）编纂的《富阳微村志（第二辑）》由上海文化出版社正式出版。本书共 57.6 万字，收录行政村 32 个，涉及富阳区乡镇街道 24 个，其中包括全国文明村永昌镇唐昌村、全国乡村治理示范村渌渚镇莲桥村、中国名村春江街道八一村等。

（吕克 刘亮）

档案工作

【省档案数据共享中心试点单位】 贯彻落实习近平总书记关于全面深化改革和数字中国建设的重大部署，助力数字浙江建设。2021 年，富阳区档案馆被列入浙江省档案数据共享中心试点单位，做好本地查档服务系统对接及共享目录数据整改和汇集工作，完成数据的整理汇集和上报任务，上报中华人民共和国成立后文书档案全宗约 140 个，案卷级目录 37721 条，卷内目录 648787 条，一文一件目录 48902 条；民生专题知青目录数据 13505 条。全面对接全省档案一体化平台，协同推进浙江省档案数据共享中心建设，实现省域查档服务“一网通办”。

【微视频《郁曼陀血衣冢志铭》入选国家档案馆百部展播】 通过档案和档案工作展现党的伟大奋斗历程和取得的辉煌成就，集中展示新时代档案工作新使命、新作为和档案人新担当、新风采，富阳区档案馆选送微视频《郁曼陀血衣冢志铭》

入选国家档案馆庆祝中国共产党成立100周年档案系统百部微视频展播作品，为浙江省入选的3家单位之一。

【档案工作服务农村基层社会治理省级试点】 2020年7月，富阳区被确定为浙江档案工作服务农村基层社会治理试点。区档案馆围绕试点创建要求，以试点工作为契机，以基层治理为抓手，创新镇村档案工作机制，促进城乡档案公共服务均等化，逐步建立区、镇、村三级上下联动，区档案局、档案馆左右联通，多措并举，探索档案工作服务农村基层社会治理的“富阳模式”。一大批体现领导决策、民主管理、文化特色、疫情防控、组织换届的重要资料陆续收集并存村档案室。借助一窗受理平台下放档案查询权限至乡镇（街道）及行政村，打通档案利用服务“最后一公里”，完成档案查阅利用基层便民全覆盖。2021年12月，通过省级试点验收。

【华东师范大学实习基地成立】 富阳区档案馆和华东师范大学马克思主义学院举行馆——院合作仪式暨富阳档案整理及区史区情研究座谈会，在区档案馆设立华东师范大学实习基地。区档案馆与华东师大马克思主义学院合作，在档案编研、口述历史采集、地方文献整理、富阳区情研究、党史及新四军史研究等方面加大合作力度，推出系列编研成果。

【档案利用服务】2021年，富阳区档案馆接待档案利用者4124人次，利用档案271500卷次3250件次，累计复制档案19585页。深化“异地查档 跨馆服务”，通过浙江省档案服务网受理网上查档1670件，其中查本馆档案910件、受理省际间查档7件、杭州市一窗综合受理平台知识青年身份认定3件，真正实现市民查档 “跑零次”。

【档案接收】做好进馆档案、疫情防控档案、民生档案等档案接收工作，接收中共富阳区委组织部、区工商联、区科协、区残联、春江街道、东洲街道、鹿山街道、渌渚镇、胥口镇、上官乡、环山乡等单位档案12973卷、45936件，电子目录24.7万条、电子影像143.2万页，容量840GB。其中疫情防控档案602件，婚姻登记档案9118件，老干部人事档案3019卷，以及富阳区教育局、区总工会等单位作废图章318枚。

【档案馆基础业务】加强库房档案规范化管理，整理馆内报纸、期刊17种260本和图书101册，剔旧更新装作废图章案卷盒200个；编写全宗卷的大事记、组织沿革、全宗介绍等30余个，整理和装订全宗九大类资料100余个。为实现档案资源更好地服务群众服务民生，加快档案开放鉴定工作步伐，初审J003、J004、J007、J009等7个全宗目录4万余条，复审目录1万余条。全面启动民生档案（婚姻）目录数据和影像数据的扫描整改工作，数字化加工婚姻档案7966卷，计目录14万条、原文103万页。

【档案文化建设】 以“古今富春——富阳区档案史料展”为依托，开展“如果档案会说话”档案体验活动；围绕建党100周年，推出“百年图说——建党100周年图版展”；开展“6·9”国际档案日宣传活动，桂花西路、江滨西大道等《富阳日报》阅报栏设置《档案见证富阳百年风云变迁》宣传图片；拍摄短视频《跟着档案去旅行——新登古城》；服务葛洪丹谷小镇建设，《富阳档案》第4期刊出《从葛洪炼丹到葛洪丹谷》；从档案史料研究入手，挖掘新登古城文化《富阳档案》第4期刊出《民国档案中的新登家族》。

【档案编研】挖掘尘封的红色档案故事，推出《尘封的红色档案故事》；立足馆藏党史档案资料，刊出《富阳历次党代会档案史料选登》；弘扬富阳本土英烈人物，特刊《红色档案中的富春英烈故事》；挖掘新登民国历史文化，出版《浙江新登土地产权研究（1914—1947）》。

（陈　明）

老干部工作

【概况】2021年年底，富阳区离休干部69人，含副县职以上离休干部1人，杭州市属代管2人，易地安置离休干部11人。退休干部8540人，其中机关单位退休干部3020人，事业单位退休干部5520人。离退休干部党员4404人，党组织273个，党支部书记166人。2021年，富阳区委老干部局获评“浙江省老干部工作先进集体”。

【庆祝中国共产党成立100周年】组织开展庆祝中国共产党成立100周年系列活动。全市老干部系统率先完成2个“百年回眸·红色

2021年7月29日，华东师范大学马克思主义学院和杭州市富阳区档案馆举行馆院合作签约仪式

（区档案馆　供稿）

微故事”拍摄及“云展播”；推荐获评杭州市级“最美老党员”“最美正能量之星”13名，杭州市级老干部系统“壮丽100年 讴歌新时代”主题征文获奖5篇。6月8日，组织指导全区118个离退休干部党组织开展首次联合主题党日活动，集中收看浙江省委老干部局“红色基因永相传”主题党日网络直播。开展“光荣在党50年”纪念章颁发、老党员事迹展播、“老党员讲党课”等活动。区委老干部局领导干部为76位离休干部上门发放纪念章，送上组织的关怀和问候。6月23日，首次以网络直播方式，举办“初心·再出发”全区老干部庆祝中国共产党成立100周年文艺演出，在线收看收听观众4.8万人次。

【党史学习教育】区委老干部局作为富阳区党史学习教育领导小组成员单位，聚焦学史明理、学史增信、学史崇德、学史力行，扎实推动党史学习教育走深走实走心。发挥“五老”（老干部 、老战士、老专家、老教师、老模范）作用，开展“百名讲师进百所学校讲百堂党史”活动90余场次；开展“老少信仰对话”“共学党史共话初心”主题座谈会50余次，受众5000余人；打造3条本土红色线路，开展“沿着家门口红色足迹学党史”活动121场次。发挥党建引领作用，广泛组织离退休干部党员参与党史知识竞赛，分别荣获浙江省老干部系统“十佳优秀组织奖”和杭州市线上竞答团体第一名。为行动不便、不会使用智能手机70余名离休干部送去大字版党史书籍和拷入有声读物的“红色收音机”，得到媒体和有关部门的关注和好评；5月19日，与区委宣传部、统战部、退役军人事务局、新疆疗养院等单位联合举办“疆浙情 同学党史 共话初心”主题活动，安排东吴小学学生、日月电器青年党员一同参与，效果良好。

【离退休支部党建】继续推进离退休干部党支部规范化建设，2021年累计完成29个离退休干部党支部规范化建设；指导区司法局老干部党支部主题党日案例荣获全省老干部系统一等奖。5月12—14日，在区委党校举办全区离退休干部党组织书记培训班。持续推进离退休干部党建融入城市基层党建，选树培育富春街道城西社区、恩波社区创建市级“金秋驿站”2家。6月，新建“银色家园”党建共享基地，被评为2021年区级新时代文明实践基地。

【志愿服务数字化改革】坚持数字赋能，聚焦老干部志愿服务存在信息不畅通、供需不匹配、机制不健全、参与度和活跃度不够高等难题，试点开展全省老干部志愿服务数字化改革。12月20日上午，“志愿浙江——银耀之江”全省老干部志愿服务数字化改革重大应用上线仪式暨应用推广会在富阳召开，成为全省老干部系统首家应用场景上线单位。出台《关于加强党建引领全面深化新时代离退休干部志愿服务活动的实施方案》《富阳区老干部志愿服务管理办法（试行）》《富阳农商银行老干部志愿服务“时间银行”积分兑换实施细则（试行）》3项制度，为老干部志愿服务常态化、规范化、项目化发展提供载体平台和制度支撑。

【老干部正能量发挥】做深做实“银骥助力”志愿服务品牌。社区“解忧工作室”、乡镇街道“银雁返乡联络站”进一步提质增效，社区老干部“解忧工作室”获评富阳区“民呼必应·幸福同行”最佳案例，《依托“银骥笔谭”舆情工作室延伸“民情瞭望”触角》获评2021年度全省老干部工作“优秀创新案例”。以“争做最美老干部、人人增添正能量”主题活动为抓手，持续开展“最美”评选，评选出年度最美老干部团队、最美离退休干部党支部、最美老干部支部书记、最美老干部100个。

【老干部服务保障】投入约24万元，11月底，完成20户离休干部居家安全守护智慧养老设备安装和19户离休干部家庭第二期适老化改造，使离休干部居家养老更加智能、舒适、安全，《数字赋能 安全守护》获评2021年度全省老干部工作“优秀创新案例”。加大困难离退休干部、离休干部遗属的关心关爱，慰问241人，发放慰问金约28万元。《杭州市富阳区建立困难离退休干部帮扶机制（1992年）》入选“全省老干部服务管理百件大事”。

【文化养老】以文化建设引领老龄事业发展，依托老干部活动中心、老年大学两大阵地，组织开展丰富多彩的老年文体活动；关注老干部身心健康，集中安排富阳区中医院退休专家义诊18场次。5月，启用“金秋e站”老年大学线上平台，同步推进“华数电视云课堂”建设。优化老年大学教师队伍，教师平均年龄由65.6岁下降至58.2岁，专业化占比由68%提升至82%。

【机关干部自身建设】以“清廉机

2021年12月20日，“志愿浙江——银耀之江”全省老干部志愿服务数字化改革重大应用上线仪式暨应用推广会在富阳召开

（张晓庆　供稿）

关、模范机关”创建为载体和抓手，制定局机关干部“三学三比三争三提升”实施方案，一季一晒一赛，倒逼干部树立“赶考”紧迫感和压力感；深化“点亮微心愿”机制和“银领服务队”机关党建品牌建设，常态化助力城东社区开展疫情防控、文明城市创建等志愿服务；不断浓厚廉政文化氛围，1幅剪纸作品在杭州市纪委、市司法局联合举办的建党百年第二届“廉值千金心向党”剪纸艺术大赛中获奖；结合党史学习教育，赴里山镇安顶村开展“昼访夜谈”和“走亲连心三服务”活动，收集各类意见建议18条，帮助村企解决实际难题6件。

（张晓庆）

关心下一代工作

【青少年党史学习教育】 2月，拍摄“党史少年说·推荐好书《写给青少年的党史》”宣传视频，动员青少年阅读红色书籍。3月，联合富阳区委宣传部、区教育局等部门，共同举行富阳区“党史少年说”宣讲团成立暨“五老讲党课进校园”活动大型启动仪式。4月，召开“五老讲党课进校园”推进会，下发《关于在全区青少年中开展党史学习教育的通知》，推出3条“青少年红色党史参观线路”。发挥“五老”作用，在青少年中广泛开展以党史学习为主线的“百名五老 百所学校 百堂党课”建党百年主题宣讲活动。全区参与党史宣讲“五老”159人，宣讲300余场，受益青少年3万余人次；组织寻访红色足迹参观体验活动200余次，受益青少年1万余人次。

【教育基地建设】 创建第二批区级关心下一代教育基地，新增富阳区红色报刊史料研学中心、新四军两渡富春江红色研学中心、中央调查组在富阳史料陈列室、孙晓梅烈士纪念馆、杭州（国际）青少年洞桥营地、富春七小（新劳动教育理念原创地）、杭州湘溪悦家果蔬乐园等一批以红色党史和新劳动为主的新型教育实践基地，实现党史教育基地“红领巾宣讲团”全覆盖。至2021年年底，全区创建教育基地省级1个、市级3个、区级20个、乡镇级52个，为青少年拓展教育活动空间和“五老”发挥优势搭建重要平台。“红领巾”进基地讲党史183场次，受众超2万人次。10月，在东洲的杭州富春江水电博物馆被杭州市关工委列入市关心下一代教育基地。

【法治教育 关爱帮困】 利用“五老”资源开展未成年人普法宣传，全年开展法治教育宣讲活动53场，同时借助公安、司法的法治宣传资料，组织乡镇街道关工委开展进校园、进文化礼堂、进社区开展普法培训活动，联动公安、检察院拍摄反诈、未成年人保护等微视频；每个乡镇确定2名以上困难青少年开展结对帮扶，包括爱心资助、短期陪伴、心理帮扶、“五老”结对，逐步建立精准帮扶长效机制。

【假日爱心学校】 在做好疫情防控各类措施基础上，以学校、村（社区）为主体，村校、校企结合，“五老”参与，多方协作，坚持以“加强学生思想教育，丰富学生假期生活，保障学生假日安全，促进青少年健康成长”为指导思想，结合实际，创新模式，开设思想道德、文化教育、科技知识、法治宣讲、文体活动、技艺传授和暑假作业辅导等丰富的教学课程。7月1日至8月20日，全区创办假日爱心学校35所，开设班级58个，招收学生1240余名。

【撰写宣讲参考资料《育苗》】 组织19名“五老”骨干撰写《育苗》册子，分为党史政治、法律法规、公民道德、家教万象、科普杂谈、特别资讯6个模块，汇集王韶国的《让数字说话——纪念中国共产党诞生100周年》、寿美珠的《让长征精神代代相传》、张建华的《富阳人民的求解放斗争》等21篇有思想、有价值的宣讲作品，下发各乡镇街道关工委及中、小学关工委，作为“五老”宣讲参考资料，起到传承红色基因、探讨教育经验、培育新苗成长作用，教育青少年1.7余万人次。

【宣传报道】 2021年，向《中国火炬》杂志、“中国火炬”微信平台等各大报纸、杂志、网站、数智群团平台投稿，宣传报道富阳区关工委重点、特色亮点和创新工作，被录用稿件812篇次。党史学习教育、基地建设、未成年人帮教、优秀“五老”事迹等多次在浙江省关工委微信公众号“主题教育”“品牌视角”“最美五老”栏目刊登。

3月23日，杭州市关工委常务副主任吴春莲对《五老讲党史 党史少年说 薪火永传承》上报材料作出批示：“富阳关工委创新青少年党史教育方式方法，抓手多、载体好、行动快、发动早。组织“五

2021年3月，富阳区“党史少年说”宣讲团成立暨“五老讲党课进校园”活动启动

（区委老干部局　供稿）

老”写党史故事，实现党史学习教育基地红领巾宣讲团全覆盖，打造富阳关工新品牌。其做法很好，值得推广。”并印发各区县（市）关工委学习参考。

9月28日，浙江省关工委主任徐宏俊对上报材料《党史少年说 少年说党史》作出批示：“富阳区关工委创新工作载体，用活红色资源，组织青少年以讲促学、以赛代练、以学促行，推进青少年党史学习教育走深走实取得实效，为你们点赞。”

2021年，王韶国获“红船精神优秀‘五老’宣讲员”称号；赵小强获“浙江省青少年英才·红船好少年”称号，并入选《红船领航成长》红船好少年事迹故事读本；盛志军获全国教育系统关心下一代工作先进工作者。

（骆叶青）

【编辑　沈绍坤】

6 杭州市富阳区人民代表大会

Hangzhou Fuyang District People's Congress

重要会议

【区十六届人大五次会议】 2月6—8日富阳区十六届人大五次会议举行，出席会议代表244名。会议听取、审查和批准区人民政府工作报告、区人大常委会工作报告、区人民法院工作报告、区人民检察院工作报告。审查和批准富阳区国民经济和社会发展第十四个五年规划和二〇三五年远景目标纲要，审查和批准富阳区2020年国民经济和社会发展计划执行情况的报告及2021年国民经济和社会发展计划，审查和批准富阳区2020年财政预算执行情况的报告和2021年财政预算。会议投票表决2021年政府民生实事项目，依法选举王犇为富阳区人民政府区长，选举王龙华为富阳区第十六届人民代表大会常务委员会副主任，选举袁媛、夏华根、盛志军为富阳区第十六届人民代表大会常务委员会委员。

2月6日，召开预备会议，选举产生由47名成员组成的大会主席团，选举赵玉龙任大会秘书长，通过大会议程。会议期间，举行3次全体会议，4次主席团会议。

本次大会共收到代表的议案和建议197件，全部立案，涉及城乡基础建设56件、社会事业发展28件、民生保障30件、农业经济30件、工业经济18件、资源管理10件、现代服务业13件、其他12件。其中，“提升富阳城市品质”被列为大会1号议案，由区人大常委会主任会议集体督办，区人民政府区长牵头办理，其余代表议案、建议均作建议处理，交相关部门处理。本次大会的建议中，加快推进新时代美丽乡村建设、持续改善营商环境、完善城乡交通路网建设、深化“美好教育”等建议，代表们反映比较集中，呼应群众的迫切愿望，比较客观、准确地反映城乡统筹发展、产业转型和社会治理等方面的问题。

【区十六届人大常委会第三十九至第五十一次会议】 全年区十六届人大常委会年内举行会议13次，听取和审议专项工作报告15个，发出审议意见书8份，作出决议、决定29项。

区十六届人大常委会第三十九次会议于1月15日召开。主要议题：（1）听取和审议杭州市富阳区第十六届人民代表大会第五次会议议程（草案）；（2）听取和审议关于召开杭州市富阳区第十六届人民代表大会第五次会议的决定（草案）；（3）审议并表决代表工作有关事项。

第四十次会议于1月21日召开。主要议题：（1）审议并表决公安机关提请杭州市富阳区人大常委会许可采取刑事强制措施有关事项；（2）审议并表决代表工作有关事项。

第四十一次会议于2月1日召开。主要议题：（1）听取和审议计划报告和政府投资项目计划（草案）；（2）听取和审议国民经济和社会发展第十四个五年规划和二〇三五年远景目标纲要（草案）；（3）听取和审议财政报告以及部门预算（草案）；（4）听取杭州市富阳区人大常委会工作报告，原则通过这个报告，同意提交杭州市富阳区第十六届人民代表大会第五次会议审查。听取和审议杭州市富阳区人大常委会2021年工作要点（草案），以电子表决方式通过该要点，同意提交杭州市富阳区第十六届人民代表大会第五次会议，向代表通报；（5）听取杭州市富阳区人大常委会关于2020年政府民生实事项目监督情况的报告；（6）征求对杭州市富阳区人民政府工作报告（征求意见稿）、杭州市富阳区人民法院工作报告（征求意见稿）、杭州市富阳区人民检察院工作报告（征求意见稿）的意见；（7）书面审议《杭州市富阳区2020年法治政府建设年度报告》，原则通过这个报告，同意提交杭州市富阳区第十六届人民代表大会第五次会议向代表通报；（8）书面审议《杭州市富阳区2020年生态环境状况和生态环境保护目标完成情况报告》，原则通过这个报告，同意提交杭州市富阳区第十六届人民代表大会第五次会议向代表通报；（9）审议2021年政府民生实事候选项目，原则通过，同意提交杭州市富阳区第十六届人民代表大会第五次会议审查，由代表票决2021年政府民生实事项目；（10）审议2021年政府民生实事项目票决办法（草案），原则通过该草案，同意提交杭州市富阳区第十六届人民代表大会第五次会议表决；（11）听取杭州市富阳区第十六届人民代表大会第五次会议筹备工作情况的报告；（12）审议杭州市富阳区第十六届人民代表大会第五次会议日程（草案）、有关名单（草案）和关于代表提交议案截止时间的决定（草案）等；（13）听取并审议杭州市富阳区第十六届人大常委会代表资格审查委员会关于代表变动和代表资格审查的报告；（14）审议并表决人事任免有关事项，决定接受孙洁、魏东2人辞去杭州市富阳区人民政府副区长职务，并报杭州市富阳区人民代表大会备案；免去杨平洪杭州市富阳区监察委员会委员职务，任命吴冰同志为杭州市富阳区监察委员会委员；免去刘珍玲杭州市富阳区人民法院审判员职务；决定接受华之江辞去杭州市富阳区第十六届人民代表大会常务委员会副主任职务，报杭州市富阳区人民代表大会备案；决定接受孙丙炎、李建成同志辞去杭州市富阳区第十六届人民代表大会常务委员会委员职务，报杭州市富阳区人民代表大会备案；免去孙丙炎杭州市富阳区人大常委会富春街道工作委员会主任职务、李建成杭州市富阳区人大常委会银湖街道工作委员会主任职务，任命盛志军为杭州市富阳区人大常委会富春街道工作委员会主任、夏华根为杭州市富阳区人大常委会银湖街道工作委员会主任。

第四十二次会议于3月25日召开。主要议题：（1）听取和审议富阳区法治政府建设情况的报告；（2）审议并表决人事任免有关事项，决定免去赵骊中杭州市富阳区人民政府办公室主任职务，决定任命李丰为杭州市富阳区人民政府办公室主任。

第四十三次会议于5月28日召开。主要议题：（1）审议并表决公安机关提请区人大常委会许可采取刑事强制措施的有关事宜；（2）听取和审议区政府关于公共文化服务保障“一法一条例”贯彻执行情况的报告；（3）听取和审议区政府关于《浙江省粮食安全保障条例》贯彻执行情况的报告；（4）审议并表决人事任免有关事项，任命黄露为杭州市富阳区人民法院审判员，任命洪世平为杭州市富阳区人民检察院副检察长，免去章强明同志杭州市富阳区人民检察院副检察长、检察委员会委员职务，任命叶慧为杭州市富阳区人民检察院检察委员会委员。

第四十四次会议于7月27日召开。主要议题：审议并表决人事任免工作有关事项，决定接受何献忠辞去杭州市富阳区人民政府副区长职务，并报杭州市富阳区人民代表大会备案；决定任命南晓清为杭州市富阳区人民政府副区长；决定免去包莹莹杭州市富阳区统计局局长职务；决定任命俞小康为杭州市富阳区统计局局长；任命高开封、洪勤方、刘颖清3人为杭州市富阳区人民法院审判委员会委员。

第四十五次会议于7月29日召开。主要议题：（1）听取和审议区政府关于杭州市富阳区2021年上半年国民经济和社会发展计划执行情况的报告；（2）听取和审议区政府关于杭州市富阳区2021年政府投资项目计划上半年执行情况的报告；（3）听取和审议区政府关于杭州市富阳区2020年度财政决算和2021年上半年预算执行情况的报告；（4）书面审议区政府关于杭州市富阳区2019年度预算执行情况和其他财政收支审计意见落实情况的报告；（5）听取和审议区政府关于杭州市富阳区2020年度预算执行情况和其他财政收支情况审计工作报告；（6）听取区政府关于2021年政府民生实事项目进展情况报告；（7）听取区政府关于“迎亚运、展风采，全面打造现代版富春山居图”行动方案中“九大工程”推进情况的报告；（8）听取区政府关于高品质城市建设工作的报告。

第四十六次会议于9月28日召开。主要议题：（1）听取和审议区政府关于富阳区企业职工基本养老保险基金运行情况的报告；（2）审议并表决关于加快推进高品质城市建设的审议意见；（3）审议并表决杭州市富阳区人大常委会关于开展第八个五年法治宣传教育的决议；（4）审议并表决人事任免工作有关事项，免去林彬、任艳晓2人杭州市富阳区人民法院审判员职务，黄韦卿同志杭州市富阳区人民法院立案庭庭长职务；免去章元珍杭州市富阳区人民检察院副检察长、检察委员会委员职务，免去蒋新法杭州市富阳区人民检察院检察员职务。

第四十七次会议于10月25日召开。主要议题：（1）听取和审议关于区、乡镇两级人大换届选举工作的有关事项；（2）审议并表决人事任免工作有关事项，决定任命蒋建军为杭州市富阳区文化和广电旅游体育局局长、何君明为杭州市富阳区人民政府金融工作办公室主任，决定免去夏朝明杭州市富阳区文化和广电旅游体育局局长职务、张琳杭州市富阳区人民政府金融工作办公室主任职务；免去杨来斌杭州市富阳区监察委员会委员职务，免去章元珍杭州市富阳区人民检察院检察员职务，任命夏立忠为杭州市富阳区人大常委会代表工作委员会主任；免去袁小军杭州市富阳区人大常委会代表工作委员会主任职务、夏立忠杭州市富阳区人大常委会城建环保工作委员会主任职务、汪明良杭州市富阳区人大常委会财经工作委员会副主任职务、方罗胜杭州市富阳区人大常委会富春街道工作委员会副主任职务、李国林杭州市富阳区人大常委会春江街道工作委员会副主任职务、高勤杭州市富阳区人大常委会东洲街道工作委员会副主任职务、闻林雪杭州市富阳区人大常委会鹿山街道工作委员会副主任职务、凌忠良杭州市富阳区人大常委会银湖街道工作委员会副主任职务。

第四十八次会议于11月29日召开。主要议题：审议并表决有关人事任免有关事项，决定接受王华辞去杭州市富阳区人民政府区长职务，并报杭州市富阳区人民代表大会备案；决定任命马利阳为杭州市富阳区人民政府副区长，代理杭州市富阳区人民政府区长职务。

第四十九次会议于12月17日召开。主要议题：（1）听取2021年区政府民生实事项目完成情况报告；（2）听取和审议区政府关于富阳区国有自然资源资产管理情况的专项报告、关于富阳区国有资产管理情况的综合报告；（3）听取和审议区政府关于2021年财政预算调整的报告；（4）审议并表决人事任免工作有关事项，任命沈阳红为杭州市富阳区监察委员会副主任；免去徐文斌杭州市富阳区人民法院综合审判庭庭长职务、金增儿杭州市富阳区人民法院城南人民法庭副庭长职务、吴江龙杭州市富阳区人民法院民事审判四庭副庭长职务。任命余文玲为杭州市富阳区人民法院审判员、审判委员会委员、副院长，徐文斌为杭州市富阳区人民法院立案庭庭长、金增儿为杭州市富阳区人民法院综合审判庭庭长、吴江龙为杭州市富阳区人民法院城南人民法庭副庭长、高春芳为杭州市富阳区人民法院民事审判四庭副庭长，吴翰佩、张鸿达、朱恺、张云花为杭州市富阳区人民法院审判员；任命桑涛为杭州市富阳区人民检察院检察员、检察委员会委员、副检察长。决定接受胡志明辞去杭州市富阳区监察委员会主任职务，并报杭州市富阳区人民代表大会备案；决定接受赵平辞去杭州市富阳区人民法院院长职务，并报杭州市富阳区人民代表大会备案；决定接受任平辞去杭州市富阳区人民检察院检察长职务，报杭州市富阳区人民代表大会备案，并由杭州市富阳区人民检察院报经杭州市人民检察院检察长提请杭州市人大常委会批准；决定沈阳红代理杭州市富阳区监察委员会主任，并报杭州市富阳区人民代表大会备案；决定余文玲代理杭州市富阳人民法院院长职务，并报杭州市富阳区人民代表大会备案；决定桑涛代理杭州市富阳人民检察院检察长职务，并报报杭州市人民检察院和杭州市人大常委会备案；决定接受高飞、卜利斌2人辞去杭州市富阳区人民政府副区长职务，报杭州市富阳区人民代表大会备案；决定任命詹艳青为杭州市富阳区人民政府副区长；任命戴爱良为杭州市富阳区人大常委会城建环保工作委员会主任。免去蒋寿南杭州市富阳区人大监察和法制司法委员会副主任委员职务、戴钰虎杭州市富阳区人大监察和法制司法委员会副主任委员职务、李百山杭州市富阳区人大财政经济委员会副主任委员职务、李云峰杭州市富阳区人大常委会东洲街道工作委员会主任职务、周鹏飞杭州市富阳区人大常委会鹿山街道工作委员会主任职务；决定任命刘海军为杭州市富阳区市场监督管理局局长，李向明为杭州市富阳区财政局局长；决定免去戴爱良杭州市富阳区市场监督管理局局长职务、刘学军杭州市富阳区财政局局长职务。

第五十次会议于2022年1月15日召开。主要议题：（1）听取和审议杭州市富阳区第十七届人民代表大会第一次会议议程（草案）、日期（草案）、日程（草案）、有关名单（草案）；（2）听取和审议关于召开杭州市富阳区第十七届人民代表大会第一次会议的决定；（3）听取杭州市富阳区第十七届人民代表大会第一次会议筹备工作情况的报告；（4）听取和审议《杭州市富阳区人民代表大会议事规则》；（5）听取和审议计划报告和政府投资项目计划草案；（6）听取和审议财政报告以及部门预算草案；（7）书面审议杭州市富阳区2021年法治政府建设情况的报告，原则通过这个报告，同意提交杭州市富阳区第十七届人民代表大会第一次会议；（8）书面审议杭州市富阳区2021年生态环境状况和生态环境保护目标完成情况报告，原则通了这个报告，同意提交杭州市富阳区第十七届人民代表大会第一次会议；（9）征求对杭州市富阳区人民政府工作报告（征求意见稿）、杭州市富阳区人民法院工作报告（征求意见稿）、杭州市富阳区人民检察院工作报告（征求意见稿）的意见；（10）听取和审议区政府关于区十六届人大五次会议代表议案建议办理情况的报告；（11）审议2022年政府民生实事候选项目，并原则通过，同意提交杭州市富阳区第十七届人民代表大会第一次会议审查，由代表票决2022年政府民生实事项目；（12）听取杭州市富阳区人大常委会工作报告，原则通过这个报告，同意提交杭州市富阳区第十七届人民代表大会第一次会议审查。会议听取和审议了杭州市富阳区人大常委会2022年工作要点（草案），同意提交杭州市富阳区第十七届人民代表大会第一次会议征求意见，由区十七届人大常委会第一次会议审议表决；（13）听取杭州市富阳区人大常委会关于2021年政府民生实事项目监督情况的报告；（14）审议2022年政府民生实事项目票决办法（草案），原则通过该草案，同意提交杭州市富阳区第十七届人民代表大会第一次会议表决；（15）听取和审议代表提交议案截止时间的决定（草案）、大会会前活动及预备会议安排、主席团会议日程（草案）等；（16）听取和审议区人大常委会各街道工作委员会工作报告；（17）审议并表决人事任免有关事项，决定免去方亮杭州市富阳区教育局局长职务、陆建荣杭州市富阳区城市管理局局长职务、俞小康杭州市富阳区统计局局长职务、

2021年4月，区人大常委会开展迎展行动“九大工程”专项监督

（区人大办 供稿）

俞加兴杭州市富阳区农业农村局局长职务；决定任命费国民为杭州市富阳区教育局局长、陆建荣为杭州市富阳区综合行政执法局局长、蒋雪彪为杭州市富阳区统计局局长、钱江涛为杭州市富阳区农业农村局局。任命陆鑫慧为杭州市富阳区人大常委会东洲街道工作委员会主任、曹振宇为杭州市富阳区人大常委会鹿山街道工作委员会主任、裘云杰为杭州市富阳区人大常委会财政经济工作委员会副主任、华森洪为杭州市富阳区人大常委会富春街道工作委员会副主任、章国权为杭州市富阳区人大常委会银湖街道工作委员会副主任。

第五十一次会议于 2022 年 1 月 27 日召开。主要议题：听取并审议区人大常委会代表资格审查委员会关于杭州市富阳区第十七届人民代表大会代表资格审查的报告，并批准该报告。

常委会监督工作

【法律监督】5 月，开展《浙江省粮食安全保障条例》执法检查。针对粮食安全危机意识淡薄，农民种粮积极性不高，耕地“非粮化”“非农化”问题突出，富阳区内粮食仓容总量小，社会化存储力度不大等问题，提出进一步深化思想认识，增强做好粮食安全工作的紧迫感；进一步压实攻坚责任，系统提升粮食安全治理能力；进一步增强法治意识，推动条例全面贯彻落实。

5 月，开展公共文化服务保障“一法一条例”执法检查。针对保障责任未完全落实到位，服务效能发挥不够充分，资源配置需要进一步优化，社会力量参与不够广泛深入，专业人才紧缺等问题，提出进一步提高政治站位，不断完善公共文化服务体系统筹协调机制；进一步加大保障力度，加强区级重大文化设施项目建设；要进一步优化公共文化设施布局，推进城乡公共文化服务体系一体化建设；进一步引导和支持社会力量参与公共文化服务。

【工作监督】3 月，开展法治政府建设专项监督。针对思想认识不够到位，法治队伍建设有待加强，行政执法行为不够规范，综合执法改革推进尚有差距，部门协同有待进一步加强等问题，提出进一步提高思想认识，统筹推进法治政府建设工作；进一步推动数字赋能法治政府建设，推动区级层面审批、监管、处罚、评价统筹衔接；进一步抓好关键少数，强化政府组成部门主要负责人依法履职、依法行政意识；进一步加强队伍建设，搭建“高精专”法治队伍。

5—7 月，开展高品质城市建设专项监督，进行专题询问。针对规划龙头作用有待加强、城市特色亮点有待凸显、城市服务功能有待完善、基础设施建设有待增强、智慧城市建设有待提高、城市管理水平有待提升等问题，提出强化规划设计，持续推进高品质城市建设；增强公共服务，打造共同富裕星城范例；完善基础设施，不断提升城市承载能力；加快数字改革，打造服务高效的智慧新城；提高治理能力，营造舒心安心的城市环境。

7—9 月，开展企业职工基本养老保险基金运行情况专项监督。针对富阳区企业职工基本养老保险工作在运行中出现基金收不抵支、赡养比失衡、参保意愿不强以及部门协同欠缺等问题，提出加快产业发展，鼓励和吸引更多年轻人到富阳创业就业；建立长效机制，防范社保基金流失；强化征缴刚性，逐步达到主城区缴费基数夯实率水平；加强宣传引导，强化法律意识。

2021年7月，富阳开展民生实事项目专项监督
（区人大办　供稿）

重大事项决定

【常委会决定】7 月，杭州市富阳区第十六届人大常委会第四十五次会议听取和审议《关于杭州市富阳区 2020 年财政决算（草案）的报告》，批准杭州市富阳区 2020 年财政决算；听取和审议《关于杭州市富阳区 2021 年债务限额调整的报告》，同意 2021 年地方政府债务限额调整为 214.74 亿元。

9 月，作出关于开展第八个五年法治宣传教育的决议，提出深入学习宣传贯彻习近平法治思想，全面推进新时代法治富阳建设，进一步增强公民法治素养和社会治理法治化水平，使法治成为社会共识和基本准则。

12 月，杭州市富阳区第十六届人大常委会第四十九次会议听取《关于杭州市富阳区 2021 年财政收支预算调整的报告》，对 2021 年财政收支预算调整方案进行审查。会议决定，批准区人民政府提出的《关于杭州市富阳区 2021 年财政收支预算调整的报告》和 2021 年财政收支预算调整方案。同意杭州市富阳区 2021 年地方政府债务限额调整为 245.44 亿元。

【人事任免】区人大常委会坚持党管干部原则和人大依法任免干部相统一的原则，全年依法任免国家机关工作人员 82 人次，其中接受辞职 12 人。

2 月 1 日，区第十六届人大常

委会第四十一次会议表决通过，任免7人次，接受辞职5人；3月25日，区第十六届人大常委会第四十二次会议表决通过，任免2人次；5月28日，区第十六届人大常委会第四十三次会议表决通过，任免4人次；7月13日，区第十六届人大常委会第四十四次会议表决通过，任免6人次，接受辞职1人；9月28日，区第十六届人大常委会第四十六次会议表决通过，任免5人次；10月25日，区十六届人大常委会第四十七次会议表决通过，任免15人次；11月29日，区十六届人大常委会第四十八次会议表决通过，任免2人次，接受辞职1人；12月17日，区十六届人大常委会第四十九次会议表决通过，任免28人次，接受辞职5人；2022年1月15日，区十六届人大常委会第五十次会议表决通过，任免13人次。

代表工作

【代表选举】坚决贯彻落实习近平总书记关于做好县乡人大换届选举工作的重要指示精神和省、市、区委决策部署，把坚持党的领导、充分发扬民主、严格依法办事贯穿选举工作始终。强化与组织部门的密切配合，切实做好区、乡镇两级人大换届选举各阶段的组织领导和业务指导。开展督导14次，组织业务培训3次，印发选举资料20余万份，有效把好代表入口关，保障选民选举权。全区共选举产生新一届区人大代表289名，乡镇人大代表1125名，代表结构和素质进一步优化。

【代表活动】做优代表履职服务。通过“线上+线下”形式组织代表聆听“跟着习近平总书记学‘四史’”“全面推进数字化改革，实现改革发展新突破”等专题讲座，全面提升履职能力；组织2020年度代表履职积极分子赴贵州遵义开展

2021年8月，富阳召开“一府两院”工作报告会

（区人大办　供稿）

“学党史　守初心”培训活动，汲取奋进力量，激发履职热情。

做实代表联络站建设。开展“星级人大代表联络站”创建评比活动，在代表联络站标准化、规范化、常态化基础上，拓展延伸联络站功效；开展“委办主任周五晚进站接待选民”主题活动，实现各乡镇（街道）人大主席（主任）每月进辖区联络站接待选民常态化，累计开展接待走访87次，接待选民400余人次。

做精议案建议督办。按照“内容高质量、办理高质量”的要求，由区人大常委会主任牵头督办区十六届人大五次会议议案，主任会议成员重点督办加快推进新时代美丽乡村建设、持续改善营商环境、完善城乡交通路网建设等代表反映集中的建议，推动议案建议办理取得实质性成效。

【乡镇（街道）人大工作指导】完善街道居民议事范围、议事会议成员履职、意见建议办理等规定，有效推进街道基层民主政治建设；完善常委会领导联系乡镇（街道）人大工作制度，坚持乡镇（街道）人大负责人列席常委会会议机制，通过日常指导、上下联动监督、组织经验交流等形式，进一步夯实基层基础。

议案建议

【议案建议办理】区十六届人大五次会议以来，围绕“让代表满意，让群众受益”目标，区政府将所有代表议案和建议197件交办至65个承办单位，199件（含上年2件）建议在规定时限内完成办理和答复。其中解决或基本解决157件，占78.9%，同比提高11.4%；意见被采纳并列入逐步解决计划的26件，占13.1%；因条件所限暂时难以解决或留作参考的15件，占7.5%；与法律法规、政策不符的1件，占0.5%。代表对各承办单位的办理态度和办理结果满意率均为100%。

【关于提升富阳城市品质议案】议案《关于提升富阳城市品质》：一是城市轴线更清晰，全域空间格局不断优化，城市“十字金轴”架构初步构建；二是城市建设加速度，交通会战热火朝天，城市地标加速形成；三是城市功能更完善，教育、住房、医疗等公共服务不断优化；四是城市生活更精彩，群众安全感大幅提升，环境美誉度大幅提升。

（刘　哲）

【编辑　沈绍坤】

7 杭州市富阳区人民政府

Hangzhou Fuyang District People's Government

重要会议

【区政府全体会议】 2月26日上午，区政府召开第八次全体（扩大）会议，深入学习贯彻习近平总书记考察浙江、杭州重要讲话精神，全面贯彻落实中共的十九届五中全会和省市区委决策部署以及区两会精神，以“迎亚运、展风采，全面打造现代版富春山居图”行动为总载体，坚持实干至上，指标化、项目化、闭环化、协同化抓落实，确保政府工作报告目标任务圆满完成，为“十四五”顺利开局奠定坚实基础。

【区政府常务会议】 全年召开区政府常务会议11次，讨论研究事关全区经济和社会事业发展的重大问题和重要事项。

1月21日上午，区政府召开常务会议。会议审议《2021年政府工作报告》《杭州市富阳区国民经济和社会发展第十四个五年规划和二〇三五年远景目标纲要草案》《杭州市富阳区2021年度投资项目计划》《关于杭州市富阳区2020年国民经济和社会发展计划执行情况与2021年国民经济和社会发展计划草案的报告》《关于杭州市富阳区2020年财政预算执行情况和2021年财政预算草案的报告》《杭州市富阳区2020年生态环境状况和生态环境保护目标完成情况报告》《富阳区政府与浙江工商大学共建杭州市富阳区科源食药质量安全工程研究院协议书》《富阳区农村危房治理专项行动方案》《富阳区高速公路通行费补贴实施办法》，听取2020年富阳区第二期高层次人才“5110”计划A类项目情况的汇报。

3月15日上午，区政府召开常务会议。会议审议《2021年度杭州市富阳区政府重大行政决策事项目录》《杭州市富阳区关于全面推进健康富阳建设行动计划实施意见》，听取富阳区国土空间规划城镇开发边界方案划定工作以及关于应急产业技术创新研究院共建情况的汇报。

4月1日下午，区政府召开常务会议。会议审议《杭州市富阳区公共租赁住房家庭收入和财产准入标准、公共租赁住房货币补贴标准》。

4月27日下午，区政府召开常务会议。会议审议《进一步完善基层组织经费保障体系的有关意见》《关于富阳区企业投资工业项目“标准地”履约监管补充意见的通知》《关于富阳区鼓励工业企业利用存量工业用地实施厂房改扩建促进用地节约集约的通知》。

6月18日上午，区政府召开常务会议。会议审议《擦亮富阳骨伤金名片三年行动方案（2021—2023年）》《关于现代版富春山居图美丽乡村标杆点（线）创建的实施意见》《杭州市富阳区制造业“冠军”企业培育工作三年行动方案（2021—2023年）》。

7月22日上午，区政府召开常务会议。会议审议《富阳区医学检查检验结果互认共享改革相关配套制度》《富阳区旅游业高质量融合发展三年行动计划》《富阳区促进旅游业高质量融合发展的扶持政策》《杭州市富阳区人民政府关于深入实施“凤凰行动”计划加快推动企业上市的若干意见》，听取2021年富阳区第一期高层次人才“5110”计划A类项目情况汇报、《杭州市富阳区2021年上半年法治政府工作报告》《关于杭州市富阳区2020年财政决算的报告》《关于杭州市富阳区2021年上半年预算执行及全年收支预测情况的报告》和关于杭州市富阳区2021年政府投资项目计划调整情况的汇报。

8月20日下午，区政府召开常务会议。会议审议《富阳经济技术开发区“十四五”发展规划》《杭州富春湾新城国民经济和社会发展“十四五”规划和二〇三五年远景目标纲要》《富阳区制造业高质量发展“十四五”规划》《富阳区综合交通发展“十四五”规划》《富阳区生态环境保护“十四五”规划》《杭州市富阳区养老服务电子津贴实施办法（试行）》《新登古城特色街区运营招商方案》《杭州市富阳区2021年深化民营和小微企业金融服务综合改革试点实施方案》。

9月17日上午，区政府召开常务会议。会议审议《杭州市富阳区老旧小区住宅加装电梯项目管理工作实施细则（试行）》《关于坚决制止耕地“非农化”防止耕地“非粮化”稳定发展粮食生产的意见》《富阳区小额公共资源交易管理办法（试行）》《关于深入推进制造业数字化改造加快建设“未来工厂”的实施意见》《杭州市富阳区产业质效提升三年行动计划方案（2021—2023年）》，书面听取全区“五水共治”有关工作情况和应急管理工作情况的汇报。

10月9日下午，区政府召开常务会议。会议审议《杭州市富阳区人民政府与浙江大学医学院附属邵逸夫医院新一轮医疗合作协议》。

11月16日上午，区政府召开常务会议。会议审议《杭州市富阳区关于加强婴幼儿成长驿站建设的实施意见》，听取2021年富阳区第二期高层次人才“5110”计划A类项目情况、2020年度富阳区儿童青少年近视综合防控工作情况的汇报。

12月22日下午，召开区政府常务会议。会议审议《关于进一步加强技能人才队伍建设的实施意见》、《富阳区新一轮制造业“腾笼换鸟、凤凰涅槃”攻坚行动方案》，听取2020年度富阳区工业企业亩产效益综合评价结果、富阳区2021年法治政府建设工作、禁毒工作以及治理电信网络诈骗工作等情况的汇报。

政务工作

【区长办公会议】 全年召开区长办公会议12次，会议内容一般为回顾总结上月政府工作，研究部署当月政府工作重点。

【区政府专题会议】 全年召开区政府专题会议50余次，主要研究和讨论事关全区经济和社会各项事业发展的专项问题。

【其他重要会议】 区政府全年主持召开其他重要会议：全区生态环境暨“五水共治”工作会议、富阳区驻外招商工作动员大会暨驻点招商出征仪式、节前安全生产及城乡环境卫生整治工作部署会、美丽乡村、标杆点建设和耕地功能恢复工作推进会、富阳—缙云山海协作视频联席会议。

【外事工作】 强化涉外疫情防控隔离点管控，承接好杭州萧山国际机场的航班分流隔离工作。2021年，全区共落实管理境外航班58架，境外来富人员4199人，其中境外人员418人。高效服务新冠肺炎疫情期间来华入富工作外国人，邀请入富工作外籍人员25名。做好全区范围内公共外语标识中英文翻译审核管理工作，优化全区城市语言环境，提升城市国际化水平。

【督办工作】 细化分解《政府工作报告》涉及的目标任务、重要工作和民生实事工程，2021年共梳理区政府工作报告重点工作318项，省市区三级民生实事项目59项，实行重点工作每季度督查、民生实事每月督查模式，全年下发重点工作督办单25份，督办问题132个，全部按期答复，问题解决率96.5%。建立领导批示交办每周反馈内容梳理、每月督查汇总、每季度“回头看”销号工作机制，全年办理区领导批示490件，编辑《批示反馈梳理》12期、《政务督查专报》20期。

【“两会”议案建议和提案办理】 全年办理区级人大代表建议199件、政协委员提案133件。按时办结率100%，人大代表满意率100%，政协提案满意率100%。

【政务信息】 坚持“全员办信息”制度，提高政务信息报送水平，全年共计完成上级约稿214篇，围绕亮点创新工作共上报专报55篇，获省市领导批示44篇。

【公文处理】 严控执行发文立项、配额管理和前置审核，坚持发文有依据、发文程序合规、发文主体规范的标准，每月控制好发文数量，确保三类文件发文数量控制在配额以内。

（李高建）

行政服务

【省级示范大厅建设】 3月，富阳行政服务中心被浙江省大数据发展管理局确定为省级政务服务示范大厅试点。至12月底，认领“一网通办”事项1357个，实施8个“一网通办一件事”，基层服务网点上线376个，运用全省通办事项1206个，80%综合自助机切换至“一网通办”，窗口端收件率99.27%，名列杭州市前茅，全部完成试点任务。5月，被选为省政务服务“一网通办”优化试点单位，针对建设、民政、人社3条线111个事项累计提交优化建议326条，验收完成优化建议198条，切实履行“一地创新，全省受益”政务服务领域的富阳担当。《富阳区开展政务服务示范大厅省级试点工作，打造智慧政务服务综合体》得到杭州市常务副市长戴建平的批示肯定。浙江省“一网通办”培训会上，富阳政务服务数字化改革效能指数考核及“一网通办”应急预案制度建设2项试点经验在全省推广。

【智慧化政务服务综合体初具规模】 按照省市关于加强行政服务中心建设的实施意见，全力打造智慧化“政务综合体”，实现“五个一”智慧服务。一是部署智能云呼系统，集成27个部门的32门电话至“63155500”，实现咨询服务一号云呼。二是上线“浙里办”在线取号、预约功能，实现预约取号一键直达。三是开发证照到期告知智办系统，实现到期换证一次告知。四是提升办事大厅扶残助残及适老化能力，在杭州市首先上线无障碍信息交流系统，实现暖心服务一键响应。五是开发建设数字驾驶舱，上线大厅硬件主动巡检、重点人员关怀服务、一件事运行、潮汐窗口合理调度、跨区域通办5个应用场景。

【“一件事”智能速办迭代升级】 围绕共同富裕示范区建设，对公民个人全生命周期9个阶段216个“关键小事”进行梳理分类，深化

富阳区行政服务中心

（区审管办　供稿）

推进一表申请、一网运行、一站办理。推出多跨协同“人生一件事”40个，跑腿次数压减83%，申报材料压减80.3%，办理时间压减78.2%。围绕优化营商环境，持续做优“亲清在线”服务，深化企业以及项目审批“一件事”集成服务，实现企业开办、不动产登记等“分钟制”，项目审批“小时制”，至年底，27个“企业一件事”累计办5.3万余件次。《富阳区聚焦“关键小事”推进“人生一件事”智能速办》获得浙江省委副书记、省长郑栅洁批示肯定，并登上新华社《政务智库报告——数字政府观察》第9期。

【加强交易源头管理】　一是完善交易平台建设。实现所有交易项目交易环节全流程电子化，鼓励企业提交电子保函，推进远程异地评标，着力完善和优化见证、场所服务功能，升级完善物理隔离、技术隔离等措施，改造监督室、电子评标室等设施设备，持续推进规范化、标准化建设。二是规范开评标现场操作。梳理完善《业务受理管理规定》《开标评标现场服务与管理规定》等10项制度，确保开评标活动每一步骤都扣好合规的纽扣。三是完善“政采云”平台监管。升级网上超市审核系统，加强电子卖场日常管理，建立实地抽查制度。至年底，实地抽查供应商约190家，发现存在违规问题8家，责令限期整改。

【规范交易行为】　一是完善出台小额管理办法。进一步规范小额公共资源交易活动，责任更明晰、政策更系统、效率更突显。二是规范招标代理行业。开展从业人员能力评价工作，对专职人员进行业务能力考试，6月、10月开展2场考试。加强失信查处力度，对全区38家代理机构进行全覆盖专项督查，发现问题3起，责令整改1起。三是推行“政采云”向村社组织延伸。将区内村社组织30万元以下货物和服务采购纳入“政采云”网上交易电子平台，使村社组织采购更规范便捷，实现全网留痕、在线监督。

（方连群）

住房公积金管理

【住房公积金缴存】　2021年，富阳区机关事业单位和企业住房公积金缴存比例，单位和个人分别按工资总额5%～12%缴存，缴存基数最低为2010元，最高为32077元。全区新开户单位1339家，同比增长48.61%，职工33718人，完成年度计划224.79%，同比增长46.24%；净增缴存职工7907人，同比增长7.70%；至年底，缴存额为21.80亿元，完成年度计划114.73%，同比增长13.53%。其中一般公积金21.63亿元，住房补贴0.17亿元。全年对38家申请开具上市证明企业进行全员建缴合规性审查。

【住房公积金提取】　2021年，办理提取业务27.7万笔，提取额16.53亿元，完成年度计划110.20%，同比增长8.54%。年末住房公积金缴存余额42.48亿元，其中一般公积金41.96亿元，公积金补贴0.42亿元，一次性住房补贴0.10亿元。推出个人住房公积金缴存信息查询业务，查询“跨省通办”8项、“全省通办”29项，对异地缴存职工实现异地办理。还贷提取按月转账业务新增宁波银行、上海银行、广发银行、江苏银行4家合作银行。

【住房公积金贷款】　2021年，发放个人贷款4764户，同比增长28.10%；支持职工购房50.19万平方米，同比增长22.53%；个人贷款发放额26.19亿元，完成年度计划163.67%，同比增长27.52%；年末个人住房贷款余额80.91亿元。至12月底，全区个人住房公积金贷款率190.45%，贷款逾期率0.002‰。加强对贷款楼盘和准入项目的考察管理，通过实地走访实时掌握楼盘结顶情况。全年走访贷款楼盘16个，考察项目18个。

【住房公积金资金管理】　2021年，富阳住房公积金分中心加强业务稽核，对公积金缴存、提取、贷款等业务进行风险疑点排查和规范性检查，重点抓好公积金业务审批、资金分配使用、公款存放等关键环节的风险防控，确保资金安全。严格实施存款竞争性存放，2021年组织实施竞争性存放招标2期，合计金额3.38亿元，邀请派驻纪检组全程监督，杜绝违纪违规行为发生。全年实现住房公积金业务收入24046.38万元，其中委贷利息收入23388.31万元，住房公积金存款利息收入0.19万元，增值收益存款利息收入655.47万元，资金统一运行收支分摊2.27万元，其他收入0.14万元；业务支出20116.70万元，其中用于结付个人住房公积金利息支出5991.44万元，委贷手续费支出1168.89万元，内部占用资金利息支出2834.82万元，其他支出10121.55万元；收支相抵实现增

富阳区公积金办理窗口

（公积金富阳分中心　供稿）

值收益 3929.68 万元；提取贷款风险准备金 3929.68 万元。

【住房公积金数字化建设】2021 年，为推进政府数字化建设，富阳分中心以数智为引领，强化公积金缴存提取等各项服务：一是 7 × 24 小时不打烊“随时办”服务不断完善，单位登记等 29 项业务实现 24 小时全天候实时办理；二是在亲清在线平台上线 8 个模块的公积金业务，新增 15 个服务功能，共计 27 个业务功能，全覆盖单位事项业务；三是实现不动产抵押登记全程网办；四是身份信息连锁变更一件事联办，借助一窗受理平台流转获取变更公积金信息客户的身份信息、相关材料和表单，线上审核，实现个人身份信息即时变更；五是通过省退休“一件事”功能，企业在人社部门申请办理达到法定退休年龄领取基本养老保险待遇时可以一表申请个人住房公积金账户封存和离休、退休提取住房公积金两个事项，实现网上全流程办结。

（刘　青）

人才人事工作

【人才招聘】强化网上引才服务，首创“乐业富阳职等你来”系列直播带岗“云聘会”，发布岗位 527 个，需求人数 4019 人，在线观看人数 41 万人。组织企业参加高校毕业生线上招聘会、高层次人才云聘会、长三角云聘会等 15 场线上招聘活动，开展“乐业富阳，职等你来”系列招聘活动，实现线上线下同步招聘，累计开展各类招聘活动 65 场，企业参会 1289 家次，推出招聘岗位 5851 个，需求人数 38844 人。

【优秀高校毕业生引进】出台《关于印发〈关于加强新时期高层次人才引育的若干意见〉配套细则的通知》，进一步集聚和激励各类优秀人才来富创新创业。组织企业赴广西、安徽等地参加校园线下招聘 42 场。全年招引大学生 11016 人，引育研究生等高层次人才 1524 人，累计为 7001 名人才发放补贴 5653.8147 万元。

【引才引智】征集研究生团队创业项目 12 个，其中 4 个入选资助名单，引进硕士以上学历创业人才 32 名。开展研究生联合培养三方合作，与杭州巨峰科技有限公司、海正生物制药有限公司、杭州新恒力电机制造有限公司等多家区内重点企业达成合作意向，招录研究生 60 余名。强化省内外重点高校合作引才力度，与中国计量大学、浙江科技学院等 10 所省内外高校建立校地合作联络站。

【人才培养开发】认定 E 类以上杭州市高层次人才 635 名、选聘“钱江特聘专家”3 人、“富春特聘专家”10 人、“富春特支人才”35 名；新建博士后工作站 3 家，引进博士后 6 名。组织“135”人才 500 余人次参加研修培训，评审中高级职称 2041 人，新增专业技术人员 4979 人，新认定 10 家区级大师工作室。

【扶持大学生创业】全年资助 69 个大学生创业无偿资助项目计 551 万元，资助“创青春”“互联网＋”等国赛资助项目、第七届中国杭州大学生创业大赛项目、大学生创业扶优资助项目各 2 个。杭州市大学生创业园（富阳）获评首批市级创业孵化示范基地。推荐入选杭州市大创杰出人才 2 人、杭州市大学生创业“未来之星”6 人。

2021年3月6日，富阳举行“乐业富阳，职等你来”春季大型人力资源交流大会暨高校毕业生就业洽谈会

（区人力社保局　供稿）

【人才服务和档案管理】 全年办理浙江省引进人才居住证 1036 张，新落人才集体户 360 人。办理普通高校毕业生就业协议 1341 人，接收应届高校毕业生档案 3639 份。为企事业单位和个人办理档案管理 7285 人次，新增存放档案 4527 份。

【事业单位管理】 坚持“阳光招考”，组织公开招聘事业单位工作人员 134 人，指导富阳区教育局、富阳区卫生健康局公开招考教师 187 名、医卫人员 214 名。推进事业单位“一件事”改革，完成 336 家事业单位 14133 名事业人员平台纳管，社保、医保、公积金等集成业务“一件事”累计办件 6726 件。完善事业单位岗位设置和聘任管理，办理岗位设置调整 211 家 7153 人次。严审中层干部任免资格条件，完成 760 名中层干部任免审核。激励关爱，完成 72 名新招录事业人员参加初任培训，2146 名考核优秀事业人员予以嘉奖，96 名事业人员交流调动，482 名事业人员转正定级。

（杨　广）

应急管理

【抗击台风“烟花”】 7 月 20 日 14 时，2021 年第 6 号台风“烟花”加强为台风，向西北方向移动。22 日 17 时，中心位于浙江省象山县东南方向约 760 千米洋面上，25 日 12 时 30 分，在舟山普陀区登陆，后继续向西北方向移动。26 日 9 时 50 分，在平湖市沿海二次登陆，对富阳区造成较大影响，特别是南部常绿镇、大源镇、湖源乡。

7 月 22 日 21 时，富阳区防台指挥部（简称区防指）根据气象预报，启动防台风Ⅳ级应急响应。23 日 19 时 30 分、24 日 14 时 30 分、24 日 21 时 30 分，分别提升应急响应至Ⅲ级、Ⅱ级、Ⅰ级。27 日 10 时、28 日 9 时 30 分，降至Ⅲ级、Ⅳ级，28 日 17 时 30 分，解除防台Ⅳ级应急响应。

7 月 22 日 21 时至 27 日 21 时，富阳区降雨量 279.1 毫米。降雨量 500 毫米以上 5 个站点，占比 8%，

富阳区应急管理一张图平台

（区应急管理局　供稿）

降雨量 450 毫米以上 8 个站点，占比 12%。最大的湖源乡新二村降雨量 666.1 毫米，其次湖源乡杨家坞村降雨量 574.3 毫米。大源镇最大史家村降雨量 565.3 毫米，常绿镇最大化山村降雨量 552.3 毫米，城区降雨量 224.4 毫米。31 座水库超汛限（溢流）运行，城区易内涝点积水 11 处，小区积水 1 处，发生地质灾害、小流域山洪等重要险情 15 起。台汛期间，区防指下发紧急通知 4 次、工作提示单 6 期。

【台风“烟花”受灾情况】 据不完全统计，至 7 月 28 日 9 时，富阳区农作物受灾面积 594.2 公顷，养殖业损失面积 6 公顷，损坏房屋 32 间，损毁农村公路 16.6 千米，受损堤防 9.41 千米，地质灾害 55 处，直接经济损失约 8504 万元。

【应急处置】 全区接报重要险情 15 起，其中地质灾害 8 起，小流域山洪 3 起，积水 2 起，断电 1 起，路面塌陷 1 起。区防指下发通知 2 次，组织转移地质灾害风险防范区、小流域山洪高危险区（含极高危险区）的影响人员和老旧房、临溪临崖房、民宿“农家乐”、在建工地等区域人员 59741 人，其中临时转移工地人员 40744 人；转移涉险人员 18997 人，其中地质灾害风险防范区 967 人，小流域山洪极高危、高危区 4257 人，其他 13773 人。在城区几处低洼内涝点位备勤。使用 2 台机组对城区皇天畈区域排涝，采取相关措施排涝处置城区易内涝点积水点 12 处。以社区“大党委”为依托，迅速集结 65 个区级机关所属党员干部 8400 余名，深入 59 个社区 175 个小区 312 个网格落实城区防汛防台任务，确保人民群众生命财产安全。

【应急保障】 台汛期间，落实应急救援力量，出动救援队伍 217 支次，救援人员 4893 人。调拨区级物资 15 批次，涉及麻袋、编织袋、草包等 11 万只，应急包 1500 个，松桩 80 根，合金网兜 160 个，钢管 100 根，应急灯 200 个等。全区累计投入袋类物资 25.26 万只，应急排水泵 1128 台，应急包 1500 个，动用挖机等大型机械设备 331 台。

【基层应急管理体系和能力建设】 区应急管理局出台《关于富阳区贯彻落实杭州市基层应急消防管理体系和能力建设工作重点任务实施意见的通知》《关于乡镇（街道）综合应急救援队伍建设的通知》，要求东洲街道、银湖街道、大源镇 3 个镇街创建应急消防管理体系和能力建设精品镇街，明确机构设置、人员安排、硬件配置、工作职责等内容，规范综合应急救援队伍建设标准。24 个乡镇（街道）的综合信息指挥室增挂应急管理站牌子，增加“承担辖区内应急管理、安全生产和防灾减灾日常工作的统筹、协调、指挥、考核”等职责。银湖街道、大源镇 2 个镇街完成应急消防管理站规范化建设，东洲街道、鹿山街道、银湖街道、大源镇、龙门镇 5 个乡镇（街道）完成应急和消防救援队伍建设。

【应急储备】 避灾点建设。富阳区避灾安置场所322个，其中区级避灾中心1个，乡镇（街道）级避灾中心24个，村（社区）级避灾安置点297个。2021年年底，全区避灾安置场所规范化建设达60%以上，避灾安置场所30个完成规范化建设，87个完成可视化建设。物资储备。建设区级应急物资仓库3200平方米，应急物资实行区、乡镇（街道）、村（社区）分级分类储备。全区储备麻袋19万只、草包20万只、编织袋19万只、铁锹3531把、应急灯955个、应急排水泵361台、应急发电机组106台、应急生活包6110个、应急电话236部，其他应急抢险物资按要求全部储备到位。统筹调度应急排水泵、排涝车、挖掘机、无人机、冲锋舟等装备器械。采购大功率应急排涝车2台，全区共4辆；整合全区推土车、挖掘机、吊车等大型机械设备470台，促成美科斯叉车（浙江）有限公司的直升机编入富阳区狼群救援服务中心，搭建“空中急救”绿色通道。全区分类梳理整合各类救援队伍112支4500人。培育、引导社会救援队伍和企业应急救援力量参与富阳区应急救援，发放补助资金105万元。

【健全完善应急管理一张图】 完成应急管理一张图平台全部功能模块开发，巡查、检查、督查等手机App和平台所有既定功能正常使用。平台动态展示全区2036个自然灾害风险点的运行情况、应急处置救援队伍、物资储备等情况，特别是平台上明确展示避灾场所322处、物资仓库43处、81支队伍驻地等。制定出台管理平台检查、督查制度，乡镇（街道）平台使用率达100%。

【安全排查整治】 2021年，完成年度安全生产综合治理三年行动任务205项；完成农机渔业、消防、危矿、旅游、城市运行、交通运输、建设施工和工业企业等8个“遏事故”重点领域247条风险链关键节点管控措施；完成交通运输、危化矿山、工业企业、旅游、城市运行、建设施工、消防等7个领域风险普查工作。小微企业风险管控体系建设2215家，危险化学品使用企业落实安全评价300家。严格落实隐患整改闭环机制，开展隐患督办交办6期，督办企业（单位、项目）105家次，隐患426处，完成整改420处，正在整改中6处。

【落实清单管理】 细化局科室工作清单124项，个人工作清单253项。完成矿山、危化、加油站等8类检查标准165条；企业机械设备管理、生产车间管理、仓库管理、管理台账等共性检查标准33条，特种纸、胶鞋、食品、铸造等4个行业个性标准18条。实行全员执法和乡镇（街道）委托执法，非事故立案查处268件，事故、非事故移送公安追究刑事责任8起。春节、“五一”、“七一”、“十一”期间，24个乡镇（街道）、16个专委会牵头部门共查找风险3180处，制定管控措施14188条，发现并整改隐患25557处。

【强化宣传教育】 2021年，培训企业主要负责人和安全管理人员1822人，企业百万员工培训通过23386人，网络学院注册培训20027人。利用传统媒体、新媒体等多渠道开展安全生产法、用气用电用火安全、森林防灭火、汛期安全、有限空间作业等专题宣传，深入开展“安康杯”竞赛之网络有奖答题和走进社区活动，向社会、民众普及安全知识。参与网络有奖答题21.3万余人，发放和张贴宣传挂图6000余件，灯箱广告覆盖社区17个、封闭式小区81个。

【安全生产执法】 2021年，区应急管理局确定监督检查工作日1608个，通过全员执法、委托执法等手段，全年办结非事故处罚案件264起，罚款364万元。区安全生产委员会办公室每月在《富阳日报》刊登非事故处罚案件信息，点名道姓公开企业名称、违法行为、处罚条款及罚金。全年12期曝光企业314家。将事故类行政处罚和5万元及以上的非事故类行政处罚信息纳入富阳区公共信用信息系统，涉及相关企业和个人信息64条。

【生产安全事故】 2021年，全区发生三类（工矿商贸、道路交通、水上交通）生产安全事故17起，致死亡13人。

【宣传活动】 2021年“5·12”防灾减灾日，富阳区开展以“防范化解灾害风险，筑牢安全发展基础”为主题的防灾减灾系列宣传活动。联合区教育局开展防灾减灾进校园宣传，会同区卫健局、消防大队等部门开展应急演练和广场宣传，联合万市中学开展防灾减灾公益宣传周活动。精心策划开展广大师生互动性强、参与度高的防震减灾科普知识竞赛、演练实操等活动，宣传和普及洪涝、台风、地震、火灾等各类灾害防范应对措施，提高风险防范意识和避灾自救互救能力。全面开展户外宣传。在全区村、社区和人员密集场所张贴宣传海报，拓宽向社会公众普及防灾减灾救灾知识的途径，进一步向公众普及防灾减灾知识和避灾自救技能，全面提升公众应对各类灾害事件的防范意识和自我保护能力。发动乡镇（街道）、部门开展主题宣传，悬挂横幅120余条，张贴海报1000张，发放宣传资料1500余份、宣传品1000份，发送宣传短信1.2万余条，投入电子屏30余个播放防灾减灾知识，公众号推送信息转发量10万余次，提高广大群众防灾减灾意识。安全生产月，联合区总工会、卫生健康局开展“安康杯”竞赛，以网络有奖答题方式，强化对安全生产等知识的普及与宣传，增强全社会化安全意识。累计参与21.3万人次，其中完成答题21万余人次，分享朋友圈转发约3万次。题库涉及安全生产51题、职业健康25题。开展安全进社区活动，在社区的醒目位置，以灯箱广告等形式，张贴或悬挂安全标语、横幅、挂图等，形成宣传声势，覆盖社区17个，封闭式小区81个。24个乡镇（街道）和有关部门累计发放和张贴宣传挂图

6000余件。

（王立力）

数据资源管理

【区数据资源管理局党组建立】 9月25日，经区委常委会同意，建立中共杭州市富阳区数据资源管理局党组，葛华锋任中共杭州市富阳区数据资源管理局党组书记，丁文杰、于绩洋任中共杭州市富阳区数据资源管理局党组成员。11月17日，经中共杭州市富阳区委直属机关工作委员会同意，丁文杰同志任中共杭州市富阳区数据资源管理局机关支部委员会书记。

2021年11月12日，富阳区数字化改革应用场景演示
（区数据资源局　供稿）

【数字化改革】 2月18日，根据全省数字化改革大会提出“152”体系总体部署和“四横四纵两端”架构要求，建设区级一体化智能化公共数据平台，夯实数字化改革支撑总平台，支撑党政机关整体智治、数字政府、数字经济、数字社会、数字法治五大领域改革，迭代升级“浙里办”“浙政钉”。持续开展数据归集，对接部门51个，梳理汇聚教育文化、社保缴纳、公共安全、交通运输等相关领域数据3.27亿余条，通过数据高铁回流245项，共计682万余条。

【数字赋能疫情防控】 1月，首次开发并上线运行“舒心返”信息登记系统，在运行期间，平台累计收到市民自主填报信息1.6万条，乡镇（街道）防疫工作人员走访上报信息2.7万条。全年区数据资源局及时处置各类健康码相关问题，共处理健康码申诉7280条、老人小孩代办问题351条，提交协助“12345”市长公开电话处理健康码相关问题工单130余件。

【政府投资信息化项目全流程统筹管理】 9月，出台《富阳区数字化改革项目统筹管理办法》，明确数改项目统筹范围、重点支持对象、申报实施流程和部门职责分工，充分比对浙江省数字资源系统目录，防止数字化改革项目重复建设。

【电子政务基础建设】 加强政务云平台、电子政务网络、视联网平台建设，统一托管全区机关单位机房。至年底，政务云平台为42个部门提供600余台云服务器应用，实现同城异地双活云平台互为备份，确保各项业务不间断运行，为数字化改革构筑数据底座。9月，出台《杭州市富阳区公共区域视频监控统筹建设管理办法（试行）》，明确全区视频监控按照“五统一”标准开展建设，推进视频监控共享平台建设，为规划资源、应急管理、城市管理、迎展办等单位提供视频服务。

（魏清远）

【编辑　沈绍坤】

8 中国人民政治协商会议杭州市富阳区委员会

Hangzhou Fuyang District Committee of the Chinese People's Political Consultative Conference

重要会议

【政协九届五次会议】 2021 年 2 月 5—7 日，富阳区政协九届五次会议在富春街道举行。全区 22 个界别 248 名政协委员和 15 名列席人员参加会议。会议听取并审议通过区政协主席陆洪勤代表区政协第九届常务委员会所作的工作报告、副主席孙晓华受区政协第九届常务委员会委托所作的提案工作报告，表彰 2020 年度先进界别小组和优秀提案。与会人员列席区第十六届人大第五次会议，听取并讨论政府工作报告和会议的其他报告。会议审议、通过政协第九届杭州市富阳区委员会第五次会议决议。会议期间，收到全区各民主党派、工商联、无党派人士、有关人民团体和政协委员以提案形式提出的意见建议 193 件。

【政协常委会会议】 1 月 27 日，区政协召开九届常委会第十八次会议，听取区委常委、常务副区长张霖关于区政协九届四次会议以来提案办理情况报告，协商 2021 年政府工作报告以及计划、财政、环境、法治政府建设和法、检两院工作等报告征求意见稿；协商通过区政协九届五次会议常委会工作报告和提案工作报告、大会建议案（草案）、2021 年重点履职工作计划、大会议程和日程等有关会议筹备事项。

2 月 6 日，区政协召开九届常委会第十九次会议，听取区政协九届五次会议各学习讨论小组讨论情况汇报，协商确定区政协第九届委员会增补副主席候选人名单、选举办法（草案）、总监票人及监票人建议名单，审议提案审查报告（草案）、大会建议案（草案）、大会决议（草案）。

8 月 5 日，区政协召开九届常委会第二十次会议，审议《关于加强和促进人民政协凝聚共识工作的实施意见（草案）》《关于强化政协委员责任担当的意见（草案）》《区政协 2021 年度上半年工作总结和下半年工作思路》，听取区委常委、常务副区长张霖关于区政协九届五次会议以来提案办理情况通报，协商九届区政协历年大会建议案办理落实情况、半年度政府工作报告、上半年全区计划及财政执行情况报告、上半年生态环保报告和区法院、区检察院上半年工作情况报告，专题视察区政协九届一次会议建议案《全力打造“春江花月夜”城市核心功能区、推动富阳城市转型、拥江发展》办理落实情况。

11 月 5 日，区政协召开九届常委会第二十一次会议，民主评议《关于推广安装智慧电梯的建议》等 8 件区政协九届五次会议重点提案办理情况，通过承办部门汇报、常委和提案人点评打分、当场公布评议结果，提升提案办理绩效。

政治协商

【请你来协商】 3—9月，开展家政服务、民生提案办理、原生态富春山居图新桐示范段、食品行业、西岩山温泉康养旅游度假区、城北区块文旅产业发展等区级“请你来协商”专题活动 6 场，提出意见建议 81 条，被吸收采纳 45 条。如采纳推动东坞山豆腐皮产业转型升级、新桐研学旅游体系建设、阳陂湖文化研究院实体化运行、新桐绿道建设高质量推进等。

【基层协商】 推进以 24 个乡镇（街道）协商议事堂、28 个以上村（社）协商议事厅和 17 个委员协商工作室为平台的基层协商体系，打造全省领先的基层协商民主实践范例。全年开展基层协商活动 144 场，落实意见建议 135 条，解决建房难、拆整难、转型难、治理难等一批突出问题。春江街道举办安置小区电梯加装专题协商会议，推动资金筹措、部门审批、群众利益、长效管理等难题化解；场口镇聚焦“微镇”项目协商，推进老镇区文化保护与传承，助推“小城市”建设；湖源乡把“请你来协商”放进老宅老台门，围绕精品民宿发展共商发展，推动组建民宿产业联盟、制订民宿发展规划、打造旅游民宿联合数智平台。

4 月 14 日，召开乡镇（街道）基

2021年4月14日，区政协召开乡镇（街道）“请你来协商”平台建设推进会
（区政协办 供稿）

层协商平台建设现场推进会，邀请杭州市政协党组副书记、副主席张仲灿和富阳区委书记吴玉凤参加会议并作重要讲话。“请你来协商·后周居民议事厅”社区协商案例被编入教育部小学高年级版教材《习近平新时代中国特色社会主义思想读本》，《让协商民主之花在富春大地绚丽绽放——杭州市富阳区政协积极打造基层协商民主“示范窗口”》报道获省政协主席葛慧君批示肯定。省委党校专题到富阳调研基层协商议事堂（厅）建设工作，认为很有研究价值，值得各地借鉴。

民主监督

【专项集体民主监督】 开展省、市、区三级政协“推进美丽大花园建设、展现美丽中国富阳风采”专项集体民主监督，围绕原生环境保护、城市颜值提升、社区空间优化、美丽乡村提标、历史文化保护等内容监督建言，助推“高品质城市建设”。开展主席会议视察偏远乡镇社区卫生服务中心建设、老旧小区综合改造提升等工作，提出改进建议。

【委派民主监督员】 聚焦“迎亚运、展风采，全力打造现代版富春山居图”专项行动开展八大产业群落民主监督，组建8个监督小组对31个产业项目开展10轮监督，召开监督工作专题讨论会6次，发现问题65个，提出建议32条。区政协主席会议2次专题研究监督工作，赴武汉开展光电通信产业招商，协调化解西岩山温泉项目规划和设计修编、淘宝村播学院房屋加固、加快大华项目周边配套建设、葛洪丹谷房产注销、远鸿新能源项目的出行道路、渣土消纳、混凝土供应等问题。

【社情民意信息】 区政协畅通民意反映渠道，将人民群众和社会各界人士的意见、呼声，及时反映至区委、区政府及相关部门，督促办理落实。全年收到社情民意信息264篇，上报省、市政协15篇，编发《富阳政协·普刊》1期、《富阳政协·参政建言》10期、《富阳政协·社情民意》6期共22篇。其中，调整疫情药品禁售目录、循环经济产业园安置区块建设、加大方言文化保护等建议，得到有关部门采纳落实。

参政议政

【提案工作】 区政协九届五次会议以来，区政协收到以提案形式提出的意见建议193件，立案133件，立案率68.9%。至年底，均已办复，其中得到解决落实的提案73件。确定《落实首位战略，推动创新策源，全力打造国家硬科技创新示范区》为政协全体会议建议案，《关于高水平建设杭州富春湾新城地下空间的建议》等8件提案为重点提案。2月28日，区政府召开提案办理交办会，明确66个承办单位。依托数字化改革契机，开展“数字提案”应用场景建设，实现提案工作掌上提、掌上办、掌上查、掌上评。开展“民生提案现场办·请你来协商”，选取粮食安全、交通治堵、教育减负、智慧养老、社卫服务等5件热点民生提案，邀请区委副书记、区长王垒参加协商，实现建议当年落实。开展区政协常委会会议评议重点提案、专委会评议集体提案、界别小组评议个人提案的三级民主评议提案办理情况，强化提案办理实效。评选区政协2021年度优秀提案18件。

【专题调研】 区政协聚焦区委“三个立起来”中心工作，选取增加辖区银行分支机构、加快家政服务业高质量发展、三级矛调中心建设、新桐场口联动打造高规格旅游目的地、打造富阳乡村游精品点、困境儿童帮扶工作长效机制、发展山湾经济、老旧小区综合改造提升、富阳高质量融入城西科创大走廊等课题内容开展调研，全年提交调研报告15篇，获区委、区政府采纳并交由相关部门落实。

【助解民生小事】 以委员主导、媒体联动、群众参与、部门互动的形式，围绕老旧小区改造工作、液化石油气钢瓶安全维护、城区交通堵点乱点治理、困境儿童长期帮扶、脑中风高危对象筛查、城区楼道亮灯工程等6件事关百姓生活感受的身边事，组织界别小组开展助解“民生小事”履职活动，发现问题11个，提出建议17条，并推动落实。如以主题“四季常伴、益路童行”为200名困境儿童开展个性化陪伴帮扶活动，与市场监管局开展液化石油气钢瓶安全情况调查等。

经常性工作

【党史学习教育】 围绕“五学五新”目标，以“忆党史·守初心”等五大活动为载体，推进区政协党史学习教育。全年共召开专题学习活动8次，赴金萧支队江北办事处史料馆等地开展现场教学7次，领导干部下基层上党课24堂，重温入党申请书21人，表彰先进典型24人，撰写心得体会28篇。组织全体委员参加省、市政协“千名委员读百年党史”活动4次，发言1000余条，开辟“读百年党史忆政协初心”百名委员读党史微信专栏，邀请区政协委员20名朗读党史著作节选，推出“跟党走·筑同心”党史微宣讲活动视频展播、“翰墨颂党恩丹青歌盛世”书画作品展等活动，展现党史学习教育的书香政协特色。

【中心任务】 承担区委交办的产业发展、美丽经济建设、教育卫生建设等中心工作，依托中科院上海光机所杭州分所为创新平台“双招双引”对接洽谈光电激光产业项目17家，推动阳陂湖生态公园二期工程、新登古城修复与建设工程、北支江综合整治及亚运场馆建设工程等项目建成亮相，推进全区各重点教育卫生建设工程，助推里山溪等4条河道整治，助力富春江开渔节暨江鲜大会、壶源溪“青水绿山”嘉年华等活动举办。

【理论研究】 制订《杭州市富阳区政协2021年度理论研究工作计划》，明确理论研究任务，全年撰写文章3篇，其中《关于构建县级政协集成化协商平台的思考》获省政协理论研究优秀论文三等奖。

【学习培训】 举办政协读书会1期。8月17日，邀请区委副书记、区长王垈作富阳区2021年上半年度经济社会发展情况通报，浙江省委党校教授吴飞作“数字化改革”专题讲座。举办政协讲坛2期。4月22日，邀请浙江省委党校原副校长郑仓元教授作题为《中国共产党与中国道路百年探索》的讲座；9月24日，邀请国家二级心理咨询师李红讲师作题为《情绪与压力管理》的讲座。

【数字赋能】 打造“1+6+X”富阳数智政协系统，即1个数字驾驶舱，提案、社情民意、会议活动、履职考核管理、数字文史、协商进基层等六大应用场景，X项扩展应用，通过与“浙里办”“民呼我为”“民呼必应”等系统的多跨协同与互联互通，推动民意征集、问卷调查、提案办理、委员履职考核等工作全流程掌控、全过程展示，实现“请你来协商”线上直播、成果转化、办理评价等全线上流转、多平台协同。

【文史工作】 结合“富春山居·味道山乡”活动，挖掘新登传统文化资源、鹳山景区历史文化精髓、阳陂湖历史文化等内容，编撰出版《寻味：富阳传统美食》《新登文丛》等。选送《富阳民间工匠》《一江十溪润富阳》参加十一届杭州市政协优秀文史图书评选，分获各专业类二、三等奖。联合杭州市基础教研室、区文联、区教育局举办“向阳而生”——杭州公望少儿美术作品展。

【团结联谊】 全年支持各民主党派提交集体提案7件，在政协全体会议和协商会议上发言12人次，为富阳发展画好最大同心圆、汇聚最大正能量。参加各民主党派、工青妇、宗教、侨台等文化联谊活动，协助开展“问源富春山居寻茶”——2021富阳茶文化主题系列活动、海峡两岸交流、三月三畲乡节等活动，依托茶文化研究会、政协联谊会等社团开展对外交流，讲好富阳故事。

【服务基层】 开展“走亲连心三服务”活动，全体机关干部累计走访服务企业90余家，基层村社200余次，累计开展“昼访夜谈”20余次，收集意见建议41条，帮助化解道路建设、污水排放等问题21个，累计开展志愿服务48人次，助力微心愿20个。组织政协委员开展送文化、教育、科技、规划、卫生、体育、法律“七下乡”活动15场，发挥委员工作室专业优势，为基层群众提供书法、国画、规划政策、健康咨询、养生保健、书画惠民等服务。

2021年5月，区政协举办优秀政协委员党史学习教育专题培训班

（区政协 供稿）

重点提案

【全体会议建议案】 区政协九届五次会议提出全体会议建议案1件。

建议案《落实首位战略，推动创新策源，全力打造国家硬科技创新示范区》提出，打造硬科技创新示范区，是新时期富阳肩负国家使命和“重要窗口”责任的担当作为，是新时期富阳在杭州发展格局中奋起直追或者弯道超车甚至“换道超车”的最佳路径，是引领富阳经济持续高质量发展的坚实保证，同时富阳面临科技创新战略支撑、发展空间提供潜能、科创资源不断集聚、创新环境持续优化等机遇，存在理念思维亟待突破、科创资源争夺激烈、创新生态仍需优化等挑战，建议“十四五”期间，富阳把打造硬科技创新示范区作为产业规划发展的目标和旗帜，全力实施“21231工程”，即以富阳经济技术开发区和杭州富春湾新城为2个主平台，以“支持硬科技研发—畅通硬科技转化—培育硬科技企业—做强硬科技产业”为1条核心主线，坚持科技创新与体制创新“两轮驱动”，全力培育光电制造、生物技术、智能装备三大硬科技产业，力争通过五年时间实现硬科技产业的产值突破一百亿元，力争2025年前被科技部火炬中心认定为国家硬科技创新示范区，为未来富阳的经济腾飞打下坚实基础。

区委一届十次全体（扩大）会议报告把“加快建设硬科技创新示范区”列为重要发展目标，区政府把“硬科技创新示范区创建”纳入富阳区“十四五”科技创新发展规划，成立党政主要领导双组长制的硬科技创新示范区创建工作领导小组，推进杭州光机所、浙工大“工创谷”等7家创新创业研究院建设，共引进硕士以上高层次人才240个、创新创业团队138个、产业化项目15个。

【关于推广安装智慧电梯的建议】 民建富阳区支部和区政协商贸组提出，富阳区在用电梯超过6500台，有不少老旧电梯使用超过10年，安全性问题越来越迫切，建议建立健全一梯一档，分步建立电梯智慧监管体系；把电梯维保企业接入智慧监管平台，推动透明维保，破解事中监管难题；探索智慧救援，提高应急处置效率。2021年，区政府将“新增智慧电梯系统安装500台”作为区政府民生实事项目，并作为“迎亚运、展风采，全面打造现代版富春山居图”年度目标任务之一。区市场监管局推进59家在富开展电梯维保业务企业和7657台在用电梯全部接入杭州特种设备智慧监管系统“电梯智慧监管平台”，透明维保率达到100%，实现信息可追溯。

【关于进一步提升富阳区乡贤会运作管理水平的建议】 区政协文体新闻组调查发现，富阳区乡贤会在组织机构、日常运作、经费使用管理、作用发挥上还存在一些问题，应当引起高度重视，建议进一步规范乡贤会运作体系，完善乡贤推荐、认定、评价、退出机制，完善乡贤联络服务机制，强化乡贤激励机制。区委统战部按照乡贤“六有六化”的工作体系要求，基本建立区级重点、镇（街）级、村级、行业主管4个层面的乡贤人员信息库，出台《关于建立富阳区乡贤招商项目对接评估机制的方案》，细化乡贤工作品牌化工作，引导乡贤回归和招商引资。2021年，由乡贤牵头招引和洽谈的乡贤回归项目46个，涉及资金63亿元，捐款捐物（含教育基金）超6000余万元。

【关于以西岩温泉为引爆点，打造西岩山文旅度假区的建议】 区政协交通旅游组和致公党富阳区支部建议，以浙江省打造130个大花园耀眼明珠、建设“诗画浙江”大花园鲜活样板为契机，强化组织保障，科学研究范围，精心编制规划，制订激励政策，争取上级支持，推进“富春西岩山生态文化旅游度假区”高质量发展。区政府成立富阳西岩温泉文化旅游度假区项目建设推进工作小组，推进修编《富阳西岩温泉文化旅游度假区总体规划》，入选2020年省服务业重大项目计划。

【关于完善0～3岁婴幼托育服务工作体系的建议】 民盟富阳区基层委员会调研发现，富阳区婴幼托育机构和服务的注册与备案间存在漏洞、机构中从业人员良莠不齐、监督管理专业人员少、无法有力监管等问题，建议明确0～3岁婴幼托育机构的管理部门，增加专业管理监督人员，增设区婴幼儿照护服务指导中心的专职指导人员，建立健全评估和处罚惩戒机制，严格市场主体管理责任，加快专业人员培养，鼓励优质社会资本进入托育服务行业，构建以社会办托为主体，公共服务为补充，多元化、多层次的托幼服务体系。区卫生健康局、区市场监管局、区民政局合力推出“托育机构一件事”一站式联办、一体化服务项目，区卫生健康局通过“杭州市婴幼儿照护平台系统”，对全区所有托育机构进行信息录入与线上管理，推进建设婴幼儿成长驿站10家、新增托位200个、完成专业课堂50场。

【关于高水平建设杭州富春湾新城地下空间的建议】 区政协特邀二组、财金组和农工党富阳区基层委员会调研发现，杭州富春湾新城地下可开发空间总量达1352万平方米，但存在规划系统性不强、规划实施刚性不足、建设标准相对偏低等问题，建议多规有机衔接，提升规划系统性；落实制度保障，强化规划实施刚性；对标未来城市，提升建设标准。杭州富春湾新城管委会在完成竖向标高、给排水、电力等专项规划基础上，推进杭州富春湾新城总部楼宇经济区、杭黄一平方公里等重点地区的地上地下规划落实，以及地下空间的互联互通。

【关于构建新时代家校协同育人机制的建议】 区政协教育组认为，构建家校协同育人机制，既是贯彻教育大政方针的根本要求，也是关系每个家庭的切身利益，提出强化规划引领、完善工作体系、抓好师资队伍、建构系统课程、强化实施落地、落实保障措施等建议。区委成立家庭教育工作领导小组，开展“家和智联”数字化改革创新，制定“一户一策”措施274351户，建立“富春娘家人”婚姻家庭矛盾化解工作室325个。区妇联负责横向构建政府、部门、乡镇（街道）、村（社区）、社会组织、家庭“六位一体”家庭教育指导服务体系，成立“富阳区家庭教育指导中心”。

【关于推进无障碍环境建设打造有温度的富春山居图的建议】 区政协环境资源组认为，无障碍环境建设是社会文明进步的重要标志，富阳区无障碍设施建设稳步推进，理念逐渐深入人心，但基础还较为薄弱，建议推进整改清单化，减少障碍存量；推进建设规范化，优化工作机制；推进交流信息化，强化数字赋能；推进参与全员化，强化宣传教育。区住建局研究印发《富阳区信息交流无障碍环境建设指导意见》，明确行政办事、党群服务、医疗卫生、商业服务、城市道路、图书馆等场所的信息交流无障碍配置要求，排查发现和整改各类无障碍环境问题4854个，并邀请残障人士对无障碍环境建设成果和设施进行现场体验。

【关于加强区农村生活污水设施运维管理的建议】 区政协特邀一组提出，农村生活污水处理设施改造工程实施五年来，为改善农村生态环境发挥积极作用，但存在工程遗留问题多、设施运行超负荷、第三方管理存在短板等问题，建议加强统筹管理，提升运维水平，强化宣传引导，培养良好习惯，提高农户参与度。区住建局重新制定《杭州市富阳区农村生活污水处理设施管理办法》，联合区治水办，打造监管、运维、预警一体的智能化农村生活污水治理监管平台，通过检查、考核、水质抽检等各种形式，督促运维企业、村民做好终端检查和监督。

（陆勤波）

【编辑　沈绍坤】

9 纪律检查·监察

Discipline Inspection and Supervision

重要会议

【区纪委一届六次全会】 3月1日，富阳区纪委一届六次全体（扩大）会议召开，回顾总结2020年纪检监察工作，部署2021年任务，审议通过胡志明代表区纪委常委会所作的《奋力推进纪检监察工作高质量发展为高水平打造现代版富春山居图提供坚强有力保障》工作报告。富阳区委书记吴玉凤出席全会并讲话。

监察体制改革

【派驻机构改革】 设立派出富阳经济技术开发区纪检监察工作委员会，在区纪委、区监委和富阳经济技术开发区党工委双重领导下工作。强化派驻纪检监察工作规范化建设，推动阵地规范化、制度规范化、队伍规范化，进一步巩固深化派驻日常监督、项目化监督、一组一品监督等机制，推动派驻纪检监察工作高质量发展。

执纪审查和监察调查

【信访举报工作】 建立批示督办机制、信访对账机制、约谈提醒机制，推进信访问题源头治理，开展信访举报规范化建设年行动，提升信访举报工作规范化水平，2021年，受理群众纪检监察信访263件次，同比下降16%，“控增量、减存量、提质量”效果显现。深入开展“三清三提升”行动，推动重复举报治理工作，全年化解“三多”信访件13件，成效较为明显。同时，开展日常澄清正名和打击诬告陷害工作，全年为5名党员干部开展澄清正名，打击诬告陷害1人。

【审查处置】 2021年，各级纪检监察组织处置问题线索1141件，同比下降10.58%；立案371件，同比增长3.06%。党纪政务处分356人，同比增长6.59%，其中区管干部7人、科级干部15人、村干部52人；移送司法机关9人，挽回经济损失2002.5万元。

作风建设

【纠治“四风”问题】 查处违反中央八项规定精神问题107件132人，党纪政务处分46人。整饬“六大顽疾”，查处“三不”问题100件144人，党纪政务处分25人。开展形式主义官僚主义、漠视侵害群众利益问题等专项监督32项，发现问题422个，处理152人。做好政法队伍教育整顿监督执纪问责，处置问题线索114件，党纪政务处分15人，组织处理83人。加大通报曝光力度，拍摄专题作风建设曝光片2期，印发典型问题通报9期，曝光问题27个37人。

2021年4月19日，杭州市富阳区住房和城乡建设局原党委委员、副局长储勤君涉嫌受贿罪一案在法院公开开庭审理

（区纪委 供稿）

2021年11月2日，杭州市纪委书记、监委主任陈擎苍（左2）到富阳调研清廉医院建设工作

（区纪委　供稿）

党风廉政建设

【围绕中心服务大局】 根据中央和省、市、区委重大决策部署，高质量完成上级巡视反馈问题和“七张问题清单”的年度整改任务；全力保障疫情防控工作，开展督查2000余次，编发《督查通报》68期，通报和督促整改问题1500余个；围绕保障亚运会、亚残运会筹备工作，开展“迎展”专项监督，发现问题线索13件，处理12人；严明换届纪律，开展资格审查7000余人，提出不建议担任意见15人。

【“四责协同”】 开展“四责协同”督导评价，印发通报4期，发现并推动整改问题79个。“一案双查”领导责任落实不力问题29件35人，给予党纪政务处分5人。

【项目化监督】 聚焦招商引资等十个领域开展“项目化”监督，发现问题172个，移送问题线索61件，处理42人，向区委主要领导报送专报14篇。

【数字化改革】 打造“智廉小脑”，汇聚行业主管部门监管数据4.3亿条，构建“四位一体”多跨协同应用场景；搭建大数据监督预警模型76个，财政资金拨付监督模型被纳入浙江省公权力大数据监督应用场景“一本账”，劳务用工“小灵通”监督模式被评为全省首批基层监督特色应用场景。开发“数智派驻”平台，以分类“嵌入式”监督理念，推动大数据监督向重点部门延伸。

【八大清廉单元建设】 创建省级清廉机关先进集体1家、区级10家。建成村级规范化示范点100个，其中富春街道宵井村、银湖街道唐家坞村入选市级清廉村居建设示范点。建成省级、市级清廉学校示范点9个，富春中学清廉建设获“全省基层清廉建设十大经验创新提名奖”。首创全国“智廉医院”大数据监管平台，被列入省、市改革试点。召开全区清廉国企建设推进会和全区民营企业清廉建设经验交流会，培育清廉示范民企5家，建立健全非公有制企业纪检组织110个。推动制定清廉交通“五化工作体系”。建成清廉文化阵地109个，推动创建“清朗·富春山居”文旅品牌，《换位31天》《墨镜》等片获“玉琮杯”大赛多个奖项。打造亲清政商关系三类示范样板，完善商业贿赂犯罪档案查询和不廉洁企业“黑名单”制度建设等，持续推动优化亲清政商关系。

【警示教育】 做实查办案件“后半篇文章”，召开案情通报会4次，组织庭审旁听活动8场900余人次，对250名受处分人员开展回访教育。建成富阳区廉政警示教育馆，以“身边事”教育“身边人”。全年纪检信访总量255起，同比下降18.5%，其中检控类信访194起，下降18.8%，市民群众对全面从严治党的满意度达到98.3%。

派驻（出）机构和队伍管理

【纪检监察队伍建设】 立足政治机关定位，扎实开展党史学习教育和“讲善求”主题活动。结合乡镇换届，严把考察关，选优配强基层纪检监察队伍。加强全员培训，依托“清风”系列平台，分层级、分岗位开展“滴灌式”学习培训6场

富阳“清廉村居”纪检监察监督平台

（区纪委　供稿）

1000余人次，全面提升干部队伍业务能力水平。实行面对面听取和例会随机抽检履行“一岗双责”情况，层层压实干部管理责任。加强审查调查全过程监督管理，严格监督约束执纪执法权，严守安全文明底线。强化“八小时以外”监督约束，实行纪检监察干部分级、分层报告制度。发挥特约监察员监督功能，自觉接受外部监督，严防“灯下黑”。

【持续落实“大党委制”责任要求】在社区疫情防控、文明指数测评、环境卫生大整治等工作中，充分发挥“大党委制”牵头单位作用，组织参与志愿活动20余次，在疫情防控工作中，全区纪检监察干部全员上阵，既“督”又“战”，为打赢全区防疫阻击战提供坚实保障。

【深入基层】深入开展“六个一批”“七个一”“昼访夜谈”“走亲连心三服务”等活动，开展民情调研9次，征求民生意见68件，领衔办理民生实事9件，督办实事任务58件，“昼访夜谈”中帮助解决问题或困难44个。

（张凌云）

【编辑 沈绍坤】

10 民主党派
Democratic Parties

中国民主同盟杭州市富阳区基层委员会

【概况】 2021年，中国民主同盟（以下简称民盟）杭州市富阳区基层委员会新发展盟员3人，共有盟员73名，其中市政协委员2名，区政协委员11名，下设文化、教育、科技、综合4个支部。全年共组织活动37次，其中：学习讨论活动11次，参政调研活动11次，监督协商活动5次，社会服务活动10次。被民盟省委会评为“省十佳示范基层组织”“五星级盟员之家”“社会服务工作工作先进集体”，连续4年被民盟市委会评为“先进基层组织”。

【思想建设】 开展盟员“双走访”活动，由班子成员或支部主委带队，全年走访盟员所在单位7家次，走访盟员30人，了解盟员情况，发现优秀党外人士，征集参政调研线索。5月，参观杭州科技职业技术学院陶行知纪念馆。5月22日，开展“学党史、温盟史”主题学习活动。6月，赴富阳金家山革命烈士纪念碑开展缅怀革命先烈主题活动。7月，基层委员会和所属各支部按照民盟市委会的部署，从中共政治理论、新时代参政党建设理论、全国和地方“两会”精神、中共党史与民盟史、本地区工作等方面，认真学习贯彻习近平新时代中国特色社会主义思想、全国“两会”和中共十九届六中全会精神、中共富阳区委第二次党代会等内容，教育和引导广大盟员树牢“四个意识”、坚定“四个自信”、深刻把握“两个确立”、切实做到“两个维护”。11月，全体盟员深入学习中共十九届六中全会精神。全年盟员通过“盟员云讲坛”系列讲课，学习书法、盟史、民盟先贤、抗日英雄孙晓梅等专题课程11次。

【参政议政】 区政协九届五次全体会议期间，提交集体提案2件、个人提案6件。“数字赋能在乡村振兴中的支撑作用”“丰富旧城改造模式”“优化乡镇财政管理促进乡镇经济发展”“推进区域联动发展促进共同富裕”4项课题被民盟市委会确定为中标课题，“关于综合性医院感染科建设的调研”“关于保护发展经典民生产业的调研”2项课题被民盟市委会评为论文二等奖。6月，参观调研秦望通道江南工作井项目、杭富地铁宋家塘车辆段上盖TOD项目，借助“盟员看发展”平台提出意见建议。9月，赴规划和自然资源局富阳分局开展立项课题“数智赋能促进农村土地承包经营权管理和发展”专题调研，对林权的让渡、金融融资等问题提出意见。12月，在盟市委调研室带队前往浙江援青柴达木城市会客厅，就“关于进一步完善劳务协作机制，推动共同富裕的建议”课题开展深入调研，围绕完善东西部劳务协作、职业教育再深耕、强化产教研合等方面提出意见建议。全年共撰写宣传稿件64篇，其中被民盟中央录用4篇，民盟省委会录用25篇。

【监督协商】 开展教育事业数字化改革专项监督，走访教育培训机构、区教育局等单位，提交监督调研报告和关于进一步加强艺术类教育培训机构管理工作的建议，开展教育、文化事业发展对口协商交流。

【社会服务】 全年围绕支教、绿色社会服务品牌，策划系列活动。依托盟员企业开展“垃圾分类进校园”系列活动，持续3年在富春第二小学等学校收集牛奶盒，拓展省级绿色文明教育基地和新劳动教育基地建设。4月，联合中共富阳中医骨伤医院病区二支部、中共富阳区行政服务中心社会事务综合受理区支部，赴大盘山隧道建设现场为建设者开展服务亚运送医活动。7月，联合富阳自行车协会举办“迎亚运、展风采、骑行绿道看富春”活动。

7—8月，派出盟员名师团队，在城郊三桥社区、富春街道三联村暑期假日爱心学校开展“圆梦助学”送教系列活动。

（赵涵文）

中国民主建国会富阳区支部

【概况】 中国民主建国会（以下简称民建）富阳区支部发展新会员5人，现有会员51人，获评2021年杭州市先进支部和“2016—2020年度民建杭州市先进集体”。6名会员参加民建杭州市第十四次代表大会，原支部副主委张琳当选民建杭州市委会第十四届委员会专职副主委兼秘书长，孙丙华当选民建杭州市委会第十四届委员会委员。单旭艇当选为市委会参政议政委员会副主任，王卫琴、陈振纲当选为参政议政委员会委员；胡宇菲当选为市委会外联委副主任；周振洪当选为市委会理论研究委员会委员；华润明、曾想当选为市委会青年工作委员会委员。陆炜强当选杭州市人大代表，当选富阳区第十届政协委员委员13人，其中孙丙华、沈晓亮、单旭艇、曾想为区政协常委。获2016—2020年度民建杭州市优秀会员称号7人，分别为单旭艇、王卫琴、方东、许若冰、胡宇菲、陈振纲、洪英。

【参政议政】 民建富阳区支部共提交集体提案4件，向民建杭州市委会和区委统战部提交各类信息37条，其中民建中央录用7篇，省委统战部录用2篇，民建浙江省委会录用19篇。民建富阳区支部获评2020年度信息工作先进集体。“关于我区发展产业大脑+未来工厂的若干建议”的调研课题，获区委书记吴玉凤高度评价。单旭艇撰写《关于杭州市推动航空产业发展的若干建议》获得民建浙江省委会年度参政议政一等奖、民建杭州市委会年度优秀参政议政成果三等奖，单旭艇获评2020杭州市民建年度优秀信息员、2020年浙江民建参政议政积极分子。

【组织建设】 全年组织各类形式活动17次。6月5日，举行企业家工作委员会第一次全体委员大会，民建杭州市委会副主委刘政奇参加活动；6月24日，举行“寻根铸魂守初心，跟我们一起重温历史”庆祝中国共产党成立100周年暨杭州民建成立70周年活动，民建杭州市委会主委郭清晔参加并讲话；7月14日，组织会员观看红色电影《柳青》；10月30日，举办“高质量发展建设共同富裕示范区”专题沙龙座谈会。

【学习生活】 3月20日，民建富阳区支部召开年度工作会议学习全国两会精神；4月14日，召开专题会议，学习中共中央习近平总书记在中共党史学习教育动员大会上的重要讲话精神和传达学习民建杭州市委会十三届十九次常委会会议精神；7月24日，召开半年度工作会议，传达学习区委一届十一次全会精神；9月25日，开展专题学习暨走访会员企业活动，深入学习贯彻民建杭州市第十四次代表大会报告，并走访参观会员企业；11月26日，召开专题会议，学习中共十九届六中全会精神。

【社会服务】 5月31日，民建富阳区支部联合民建省青企联、民建钱塘总支部、萧山二支部、上城三支部、十二支部、十四支部、杭州市三门上会共同举行“民建思源新春江人助学基金”圆梦外来务工子女专题活动，为三星博爱小学学生送去各种学习用品和儿童节“微心愿”定制礼物，价值6万元；10月，组织会员购买德格县扶贫大礼包，购买金额3.46万元；11月，民建富阳区支部在内蒙古赤峰市举行抗疫物资捐赠活动，为当地村民捐赠口罩8000余个、消毒液200余瓶；11月9日，单旭艇、王卫琴、丁烽、周振洪被富阳区人民检察院聘为检查机关公益诉讼志愿观察员。

（单旭艇）

2021年8月，中国民主建国会富阳区支部会员代表参加中国民主建国会杭州市第十四次代表大会

（中国民主建国会富阳区支部　供稿）

中国农工民主党杭州市富阳区基层委员会

【概况】 中国农工民主党（以下简称农工党）杭州市富阳区基层委员会下辖支部5个，分别为人民医院支部、医卫综合支部、联合支部、教育支部、新登支部。共有党员119人，其中省政协委员、市人大代表、区人大代表各1人次，区政协副主席1人，区政协常委3人，区政协委员11人。农工党杭州市富阳区基层委员会获评农工党浙江省“先进基层组织”和农工党杭州市“先进集体”；人民医院支部获评农工党浙江省“先进社会服务集体”。汪春良、商玲分别被农工党浙江省委会评为“社会服务工作先进个人”和“宣传工作先进个人”。商玲的文章《回望峥嵘忆初心 坚守信念勇担当》获农工党中央庆祝中国共产党成立100周年征文

2021年11月26日，农工党富阳区基层委医疗健康服务站成立
（农工党富阳区基层委员会 供稿）

三等奖。孙晓明、马敏俊、林海燕、沈吕诚、商玲、韩康等6名党员被农工党市委会评为2021年度“优秀党员”。蒋旭波、邵锦晖、柳元、张利琴、邵悦萍、何丹等6名党员被农工党市委会评为2021年度“优秀党务工作者”。甘莉获评“杭州市最美医师”。获评杭州市委会五星级支部1个、四星级支部3个、三星级支部1个。

【宣传思想】 全年举办各类专题学习会、理论中心组学习会、读书培训班8次，组织参加市委会、区政协、区委统战部举办的各类学习座谈会25次。3月，教育支部举办党员读书活动暨陆桂云新作《烟火乡间》创作分享会。4月，基层委举办培养教育期党员学习培训会议。5月，举办全体党员“同心筑梦跟党走，庆祝中国共产党成立100周年”主题教育活动。6月，组织党员参加统一战线党史学习教育暨“同心论见”夜学活动。全年在农工党中央刊物、《联谊报》、《杭州农工》、《富阳日报》以及浙江农工党、杭州农工党、富阳政协、富阳统战等网站和微信公众平台上发布宣传报道、党员文章共计50余篇次。陆桂云、何文明、甘莉等10余名党员的工作履职和先进事迹被各级媒体宣传报道。

【组织建设】 新增正式党员10人，分别为朱丹、吴丹群、骆丽娜、陈志云、章舒莎、齐瑞华、缪泮顺、朱琴霞、冯奇、徐孟杰。召开新党员及培养教育期党员座谈会2期，开展参政议政专题培训。推选优秀年轻党员6人参加农工党省、市委会举办的培训活动；组织中青年骨干党员40人次参加区政协、区委统战部和区基层委举办的培训活动。组织退休党员活动1次，支部间交流活动2次，慰问党员15人次。

【参政议政】 全年参加区委、区政府及政协、统战部组织的各类民主协商会、情况通报会10次。基层委“基层综合执法数字化改革”课题调研组围绕整合基层执法职责、优化配置执法资源、健全执法协同机制等问题开展多次调研。邵锦晖、徐永群、张利琴、唐焕庆、沈吕诚参加区政协就偏远乡镇社卫中心服务能力提升专题视察活动，助推补齐公共卫生服务短板。全年撰写并上报调研报告13个。“两会”期间，共提交14件提案、建议，包括《关于发展美食旅游助力乡村振兴的建议》《关注校医队伍建设 夯实学校传染病防控工作基础》《关于高水平建设杭州富春湾新城地下空间的建议》《关于健全药品供应保障机制的建议》等集体提案4件。由农工党、区政协特邀二组和区政协财金组联合提交的《加强地下空间开发利用 高水平建设杭州富春湾新城未来城市》提案被列为政协全体会议大会发言，由农工党和区政协医卫组联合提交的《关于健全药品供应保障机制的建议》被列为大会书面发言。集体提案《关于深化富阳中医骨伤品牌建设的建议》《关于加快推进医养结合健康养老服务的建议》，夏善泉提交的《关于完善工业企业征迁补偿政策的建议》、柳元提交的《关于发展我区临终关怀事业的建议》、唐焕庆提交的《关于规范电梯广告投放及监管的建议》被评为区政协九届四次会议以来优秀提案。全年共向上级部门报送社情民意信息30条，其中：《关于更好的发挥全科医生作用的建议》《关于防治城市内涝的几点建议》分别被农工党浙江省、市委会录用；《关于加大方言文化保护的意见建议》《尽快在我市推出野生动物肇事公众责任保险》被区政协录用，并转送区四套班子领导和有关部门。

【社会服务】 基层委下属各支部定期赴区残疾人综合服务中心、大源中学和老年大学开展社会服务活动。全年累计开展急救培训7次，社会服务6次，受益群众1300余人次。11月，农工党富阳区基层委医疗健康服务站在场口镇社区卫生服务中心成立，为农工党杭州市委会助力共同富裕的社会服务基地之一。该基地由农工党医疗专家为主体，成立急诊科、消化内科、肛肠科、泌尿外科、医学影像科帮扶专家诊疗团队，成立名医工作室，通过“一对一”师徒结对、手术带教等帮扶模式，逐步培养一批基层医疗技术骨干。基层委连续三年被农工党浙江省委会评为社会服务先进集体。齐瑞华作为富阳首批医疗专业技术人才，赴四川甘孜州德格县人民医院，开展为期1个月的对口支援工作。

（柳　元）

致公党富阳支部

【概况】 致公党富阳支部现有党员19人，全年发展新党员2人，为金维、蒋润哲；转出党员关系2人，为吕晴、金军。致公党富阳支部获致公党杭州市委会2021年度海外联

2021年5月22日，致公党富阳区支部举行“学党史、强信念、跟党走”主题教育集中学习

（致公党富阳支部　供稿）

谊工作先进集体、党史学习教育先进集体。许青、刘宇涛、张昕然分别获致公党杭州市委会2021年度社会服务工作先进个人、宣传思想工作先进个人和海外联谊工作先进个人。詹静怡获评致公党富阳支部2021年度宣传思想先进个人，张生泉、金维、杨静获评致公党富阳支部2021年度社会服务先进个人，倪敏子、朱红霞获评致公党富阳支部2021年度议政建言先进个人，李玲燕获评致公党富阳支部2021年度组织工作先进个人。富阳电视台“同心同心”栏目对许青事迹进行专栏报道《许青：锋芒毕露“创二代”》。许青企业杭州富阳中荷电子有限公司入围第三批专精特新“小巨人”企业名单。张昕然企业厘米（银湖）空间入选杭州市侨联侨界首批8家创新创业基地。

【参政议政】 申屠晨光、蒋向群、倪斌、倪敏子、许青、蒋润哲参加中国人民政治协商会议杭州市富阳区第九届委员会第五次会议，提交个人和集体提案共8篇，入选刊发本次大会发言稿2篇，倪敏子代表上台作大会发言，支部集体提案《关于加速“双创”平台建设 提升企业孵化能力的建立》被评为区政协九届四次会议以来优秀提案。调研课题《关于优化富春江水上交通建设，高水平绘就现代版“富春山居图”的建议》获杭州市委会2020年度参政议政优秀成果三等奖。完成“区域联动发展 打造富春山居图示范段最美窗口”课题调研。开展“楼宇招商”数字化改革项目民主监督和课题调研、“城区交通堵点乱点治理问题”民生小事实地民主监督、“推进美丽大花园建设、展现美丽中国富阳风采”等民主监督活动。

【自身建设】 全年定期开展支部班子召开理论中心组学习，参加市委会、区委统战部组织的读书会、座谈会、学习会和交流会，学习贯彻中共十九届六中全会精神及中央、省、市各级文件精神。开展党史学习教育活动现场教学1次，集中学习4次。4月，申屠晨光参加省委统战部党外人士能力素质提升班；刘宇涛、詹静怡参加致公党杭州市委会2021中青年骨干暨政治共识教育专题研讨班；倪斌、许青、杨静、张昕然参加2021年富阳区党外代表人士专题培训班。5月，倪斌、汪俊凯和许青在广州中山大学参加杭州市富阳区新生代企业家培训班，蒋向群参加杭州市富阳区优秀政协委员党史学习教育培训班。6月，支部参观浙江革命烈士纪念馆、马寅初纪念馆等教育点，开展党史教育现场教学活动。9月，支委班子成员参加2021年领导干部读书班和“新时代中国特色社会主义参政党建设”专题讲座。

【海外联谊】 依托富阳“侨家大院”，组织开展面向留学生和归国新侨群体的各类文化、经济活动60余次，承办致公党杭州市委会2021年宣传工作会议暨通讯员培训会，组织与滨江总支开展走访交流。

【社会服务】 协办“迎亚运，展风采，巡江河，保平安”2021富春江水上救援队巡防启动仪式，向水上救援队捐赠水上救援桨板。富春江水上救援队成立以来，累计巡逻300多天2000多人次，成功援救溺水者20余名。杨静前期负责的“浙江省海豹救援队富阳支队”完成筹建，常态化开展水域打捞、24小时急寻、水上联合演习及志愿服务。支部党员参与消费扶贫活动，认购四川德勒农产品39份，共计6750元。

（蒋向群）

【编辑　孙国明】

11 群众团体
Mass Organizations

杭州市富阳区总工会

【概况】2021年，区总工会围绕庆祝建党百年主题，推进“一颗红心永向党、十百建功新富阳”系列活动，围绕“五个群团”建设，推进政治引领、社会治理、数智群团、产业工人队伍建设改革和助力共同富裕建设五项重点工作，建设更具引导力、战斗力、凝聚力、服务力、创造力的“五力”工会，在工会体系化建设、数字化改革、精准化服务、有效化保障、创新化突破等方面取得了良好成效。聚焦基层基础，扩大工会组织覆盖面，持续开展工会组建百日攻坚行动，突出推进新领域、新行业、新产业建会工作，重点抓好家政服务员、商场信息员、快递员、货车司机等新就业形态劳动者入会工作，全年新建各类工会组织192家，新增实名制工会会员1.7万余名。全区实名制注册基层工会达到1801家（涵盖8806家单位）、会员达到18.6万余名。

【党史学习教育】开展中共十九届六中全会精神“六讲六做”大宣讲行动，组织区、乡镇（街道）、企业三级工会主席进村入企上党课，举办“职工心向党、建功新富阳”职工文艺展演，忆光辉历程、颂丰功伟绩，喜迎建党百年。开展“百场免费培训+党史学习”进企业活动，通过宣讲百年党史、举办红色故事会、推送“历史上的今天”等形式，举办党史宣讲105场，参与企业161家、职工1万余名。

【劳模工匠示范引领】举办庆“五一”劳动者表彰大会，表彰第三届“富阳工匠”10名、优秀“新富阳人”100名，专项奖励百名优秀“新富阳人”资金30万元，大力弘扬劳模精神、劳动精神、工匠精神。组建劳模工匠宣讲团，组织劳模工匠51人分赴百家企业、学校、社区，与5000余名职工群众分享初心故事和成长经历，引领职工群众立足岗位创新创造。组建百名劳模工匠志愿服务队，围绕高质量发展，发挥各行业劳模工匠的技术技能优势和无私奉献情怀，征集开展志愿服务项目32项。

【优秀职工入党推荐】开展新时代产业工人“推优入党”工作，引导企业工会向基层党组织推荐百名优秀职工为入党积极分子。全年推荐入党122人，其中本科以上学历44人、中级以上职称44人、获区级以上荣誉16人。

【数智群团建设】牵头开展全区数智群团建设推广应用工作，着力打造数智群团常态化联动机制，深化群团改革。一是“专班+专项”，推动群团工作联合运转。从12家群团抽调精干力量组建工作专班，制定月度目标、分解落实、清零通报三张清单，采取周会商、月对账、

2021年4月29日，富阳举行庆祝“五一”国际劳动节暨“岗位建新功·盛会展风采”表彰大会

（区总工会　供稿）

季晒榜的形式，实施党史学习教育、共迎亚运、暖“新”关爱、群团有礼、民呼我应等专项行动，推动群团工作整体谋划、合力推进。二是“多元+多跨”，推动群团由相对封闭走向开放多元。完善群团所属101个阵地的人员、设施、经费配置，实现群团阵地线上预约，向群众开放使用。整合群团下辖社会组织77家，实现群团与社会组织工作互动、资源共享、业务相融。与住建、法院、人社等职能部门联合开发无障碍出行、云商法官、云上鹊桥、赛马场等多跨协同应用场景，拓展群团工作的内涵和外延。三是“五共+五力”，推动群团由自成体系走向整体联动。按照组织共建、资源共享、活动共推、阵地共拓、风采共展“五共”模式，推广应用一个管理端——“五共”管理系统、一个服务端——群团集市，建立区、镇街两级系统管理员队伍，发动近14万名群众注册群团集市，形成“一键到底”的工作格局。合力打造引导力、战斗力、服务力、凝聚力、创造力“五力”群团工作品牌，上线劳模工匠宣讲、百场技能比武、交友联谊、“迎亚运·展风采”嘉年华等特色活动。

【新时代产业工人队伍建设改革】 牵头推进全区新时代产业工人队伍建设改革工作，增强部门、镇街、企业的协调协同力度，在组织领导、推进实施、参与广度等方面，抓点做样、以点带面。一是牵头推进部门协同。实施成员单位负责制、工作专班制、任务清单制、落实督查制，召开3次协调小组工作会议和现场推进会议，制定年度65项任务清单。实施年度一个创新项目、一项课题成果、一次经验交流会、一系列试点指导、一批配套政策等“五个一”推进机制，逐步形成任务明确、各司其职、齐头并进的工作态势。二是有序推进试点示范。采取省、市、区三级试点推进模式，富春江集团和东洲街道为省级试点，1家国有企业和4家非公有制企业为市级试点，47家基础较好的非公有制企业为区级试点。及时对试点企业实行分级工作指导、业务培训、督查落实、经验总结，分片开展观摩交流活动5次，总结推广试点经验成果2项。三是广泛推进内生动力。发挥劳动先进典型榜样作用，建立健全劳模工匠、技能大师及其工作室、突出贡献者、职业技能带头人、优秀员工等一系列优秀产业工人评比表彰机制，评比表彰各类劳动先进423人次；完善区级F类人才目录、企业技能人才自主评价、百场职业技能竞赛、高级技能人才奖励、合理化建议奖励等一整套技能人才奖励激励机制，表彰奖励各类技能人才1088人次；出台实施校政企三方“产教联盟”、职业技能“考评聘”一条龙、高新人才“育雏引凤”计划、技能富阳五年行动计划等一系列产业工人技能培育晋升政策措施，畅通产业工人成长成才通道，全区4.5万人达到中高级技能水平。

【和谐劳动关系创建】 建立健全区、镇街、村社、企业四级工会劳动争议预警体系，推行工会、社工、义工“三工”联动调处劳动争议的模式，建立事前、事中、事后闭环管理，构建劳动争议风险隐患发现及时、干预迅速、调处有力的工作机制，有效防止群体性事件发生，促进全区劳动关系和谐稳定。全年区职工服务中心共接待职工来信来访145人，有效调处劳动争议97件，为职工挽回经济损失106万元。

【助力共同富裕星城范例建设】 9月，区总工会制定实施工会助力高质量发展建设共同富裕示范区星城范例行动计划，深化强基铸魂、建功立业、稳岗增收、帮扶救助、权益维护、素质提升、品质服务、美丽创建、对口支援等行动，助力思想、发展、群体、民生、和谐、技能、精神、生态、区域共富，以项目化、时间表、责任制的形式推进九大行动各项工作。乡镇（街道）总工会、AAAAA级企业工会结合实际，成立工作领导小组，出台助力“共富”举措，统筹工会组织、队伍、活动和资金等优势资源，全面推进专项行动。如浙江富春江集团设立6000万元关爱基金，让员工共享发展成果。

【职工服务】 结合“昼访夜谈”，持续开展“当一周工人、体工会初心”活动，走访了解困难职工家庭300户，征集职工需求46项，完成39项；发动工会党员干部领办困难职工“微心愿”15个，协助结对永昌村办理实事22项。全年帮扶救助慰问困难职工40人次，发放慰问金10.64万元；对春节留富过年的633家企业8433名职工发放101万元过年红包，对2910名外地职工发放返乡返岗交通补贴57.5万元；职工医疗互助扩面至1762家单位、15.8万人次，对5367名职工补助医疗费670万元；帮助800余人实现就业再就业，为5000名一线职工提供免费疗休养，为2700名一线职工提供免费体检，区、镇街两级工会对1.2万名一线职工开展高温慰问。

【结对扶贫】 聚焦精准扶贫，实施企业一线职工赴缙云疗休养三年行动计划。全年共有3102名企业一线职工赴缙云疗休养，区、乡镇（街道）两级工会给予经费补助139.59万元。发动108家企业工会采购“扶贫礼包”6256份，涉及金额68.56万元。

【工会经费管理】 全年税务代征工会经费4153.68万元，拨付24个乡镇（街道）工会工作经费773.94万元，完成上解杭州市工会经费1333.75万元，返还小微企业工会经费1023.11万元，缓减企业上缴工会经费4946.37万元。

（盛泉军）

共青团杭州市富阳区委

【概况】 2021年，富阳有各类团组织1535个，建团率100%，其中基层团组织88个，团工委12个，团总支51个，团支部1138个。全区14～35周岁青年22.4万人，其中团员2.84万人，团青比例12.67%。全年发展新团员1372人。

【富阳区新企联（青商会）2021年理事（会员）大会】 1月8日，富阳区新企联（青商会）2021年理事（会员）大会召开，到会理事（会员）共93人，区委常委、统战部部长陈平参加，区委副书记、代区长王华受邀出席并寄语全区青年企业家，做爱党爱国的忠实粉，做敢拼敢闯的追梦人，做守正守信的生力军，为高水平打造现代版富春山居图贡献青商力量。会上举行新理事（会员）入会仪式，表彰2020年度优秀理事（会员）及抗击新冠肺炎先进个人。

【“深化团银走亲 共建青春社区”专项行动】 3月5日，富阳区迎“3·5”学雷锋纪念日暨“深化团银走亲 共建青春社区”专项活动仪式举行，副区长高飞，团区委、富春街道、中国人民银行富阳支行、富阳区银保监组、富阳农商银行等单位负责人，青年志愿者代表等80余人参加。团区委、富阳农商银行签署《团银攻坚战略合作协议》。

【“红旗飘飘 我在红色富春学党史”主题知识竞赛】 4月15日，“红旗飘飘 我在红色富春学党史”富阳区青年党员干部党史知识竞赛在区融媒体中心演艺厅举行，活动由区党史学习教育领导小组办公室、共青团杭州市富阳区委联合主办，区融媒体中心协办，来自各乡镇（街道）、区级机关青年党员共200余人参加。竞赛共分为个人赛和团体赛两个赛制，竞赛内容包括中国共产党历史、新中国史、改革开放史、社会主义发展史以及习近平总书记关于青年工作的重要思想等内容，同时涵盖时政热点、地方特色等内容。

【富阳共青团“专家议改革”座谈会】 5月20日，团区委召集省市区部分数字化改革领域专家学者开展“专家议改革”座谈活动。团区委曹杰解读《富阳共青团数字化改革工作实施方案（征求意见稿）》，介绍当前富阳共青团着手打造的“1+3+4”多场景应用的数智综合集成系统。富阳移动公司团支部书记盛潇波、富阳移动公司信息化主任俞涛涛、信创云网事业部销售总监李华媛、省党政机关整体智治专班专家马巍等人交流意见，提出建议。团区委副书记袁媛介绍相关情况，提出突出问题和服务导向。

2021年6月9日，富阳举办“富春窗·党史青年说”情景巡演宣讲晚会
（团区委 供稿）

【富春窗·党史青年说情景巡演宣讲晚会】 6月8日，“百年峥嵘传薪火 青春追梦颂党恩” 2021年杭州市富阳区富春窗·党史青年说情景巡演宣讲晚会在富阳影剧院举行，市委宣传部副部长应雪林、团市委书记李莲萍，区领导徐林亮、夏芬、万重丰、裘富水、高飞、孙晓明，各区级机关、乡镇（街道）相关负责人，各级团组织、部分团员青年、少先队员代表参加。宣讲活动分为新民主主义革命时期、社会主义建设时期以及改革开放和中国特色社会主义新时代三个篇章，以红色情景剧形式，分别讲述富阳青年冲锋陷阵、抛洒热血的英雄事迹，投身建设、服务人民的奉献故事以及解放思想、勇于创新的新时代青年担当，集中展现一代代富阳青年对祖国、家乡和人民的赤子之心。

【富阳区大学生暑期社会实践活动】 7月16日，富阳区“百年百团 寻访富春”暑期社会实践团出征暨2021届青潮学子联盟成立仪式在东吴文化公园举行，来自复旦大学、杭州师范大学等来富暑期社会实践团师生代表、部分高中毕业生代表120人参加。活动成立2021届青年学子“青潮联盟”，富阳中学邵杭奕任会长，江晓婧等15人分别担任副会长和理事。推出富阳区大学生暑期社会实践“实习码”，“实习码”与“富阳就业超市”相连通，汇聚全区各企事业单位暑期社会实践岗位需求，为暑期大中学生提供更加便捷的岗位信息。

【共青团基层组织改革全国试点推进会】 9月9日，富阳区召开共青团基层组织改革全国试点推进会，共青团基层组织改革试点工作领导小组的部门成员单位分管领导参加，区委副书记徐林亮出席并讲话，副区长高飞主持会议。自6月承接全国试点工作以来，富阳制定《富阳区共青团基层组织改革全国试点实施方案》《富阳区共青团基层组织改革全国试点工作时间推进表》《富阳区共青团基层组织改革全国试点工作任务分解表》。

【杭州市富阳区物业管理行业团工委成立】 9月18日，杭州市富阳区物业管理行业团工委成立大会在山水物业总部大楼举行，住建局副书记柴军浩、团区委副书记杨小华、区物业管理行业协会会长叶军以及新当选团委委员、从事物业管理行业青年代表30余人参加会议。区物业管理团工委设书记1名，副书记2名，书记由区住建局团委书记兼任，副书记分别由区物业服务中心、三江物业公司青年担任，委员由辖区天意物业、绿城物业、万科物业、山水物业等单位团组织负责人担任，为全区首家行业团工委。

【杭州市富阳区物流行业团工委成立】 11月5日，富阳区快递物流行业团工委成立大会暨“青骑侠”志愿服务队授旗仪式在富春街道风浦社区进行，团市委学校与权益部部长洪琳、团区委副书记宋心璐、朱哲敏以及新当选的快递物流行业团工委班子成员参加，中国邮政富阳分公司寄递事业部副总方明军主持会议。区快递物流行业团工委设委员9名，书记由富阳邮政分公司青年骨干担任，副书记分别由富阳顺丰快递网点、富阳美团网点青年担任。

【富阳区共青团系统学习贯彻党的十九届六中全会精神“六讲六做”大宣讲行动】 11月25日，富阳区共青团系统学习贯彻中共十九届六中全会精神“六讲六做”大宣讲行动动员部署会召开，各直属团组织及新兴领域派出团工委负责人，团区委机关及下属事业单位全体在编干部，区青少年宫支部、区志愿者协会支部全体党员100余人参加。会议由团区委副书记何军浩主持，团区委副书记宋心璐作专题党课并动员讲话。来自富春街道团工委的杨海艳等10人被聘任为富阳区六中全会精神青年宣讲团首批成员，青年宣讲员程成就中共十九届六中全会精神进行首场宣讲。至年底，宣讲团共有成员34人，举办各类宣讲活动46场，服务青少年超千人次。

【杭州市暨富阳区“普法集市活动”】 12月4日，“共迎亚运·法治先行”杭州市暨富阳区“12·4”普法“集市”活动在富阳区党群服务中心举行。活动由杭州团市委主办、富阳团区委承办。杭州市公安局富阳分局、富阳区人民检察院、富阳区人民法院、富阳区司法局、抱朴律师事务所、浙商证券富阳营业部等单位为社区居民、青少年宣讲《中华人民共和国宪法》《中华人民共和国未成年人保护法》及通讯网络诈骗、民间借贷等法律知识，并通过剖析日常生活中常见的典型案例“以案说法”，引导群众自觉守法用法。在职律师现场法律咨询，干警、检察官面对面法制宣传，参与群众60余人，共计派发宣传手册100余份，现场解答法律问题10余个。

（陈若冰）

富阳区妇女联合会

【概况】 全区有基层妇女组织661个，其中：乡镇（街道）妇联24个、机关和事业单位妇女委员会（妇女工作委员会）36个；村（社）妇联331个，“四新”领域妇联组织270个。妇女团体会员32个，其中：区女企业家知识分子联谊会1个、区工会女职委1个、乡镇（街道）农家女能手协会24个。区妇联下属事业单位区妇女活动中心1个。全区有专职妇联干部34名，其中：区妇联10名，乡镇（街道）妇联24名。

【妇女组织建设】 实现已建党组织的“两新”组织，楼宇商圈、产业园区、特色小镇、专业市场中妇女组织全覆盖。全区有各类“四新”妇女组织270个，妇女之家、妇女微家385个。

【妇女活动】 全年举办“巾帼心向党、奋斗新征程”网络直播、“巾帼颂党富春情”合唱音乐会等活动，线上关注10余万人；成立“巾帼宣讲团”，开展线上下线宣传宣讲100余场次，参与妇女群众2.3万余人次。开展“迎亚运、展风采，百岗联盟云宣誓”活动，举办妇女健身公益推广183场次，参与妇女近5000余人次。

【两规实施】 完成区“十四五”妇女儿童发展规划和家庭教育规划编制，新增妇女与家庭建设、儿童与家庭、儿童与安全等领域，明确重点指标目标22个、重点实事项目10个。“十三五”妇儿规划工作在全市妇女儿童工委会议上作交流发言。

【家和智联平台建设】 深化“家和智联”平台，实行红黄绿橙四色管理法，提升重点人群和婚姻家庭矛盾纠纷家庭精准服务、精准化解力度，基层妇联组织、妇联干部采集婚姻家庭矛盾信息1961条，化解红、黄码家庭4191户。探索“数智妇联”平台建设，推进数智群团建设，发布线上活动70场。其中家和智联工作获全国人大常委会副委员长沈跃跃批示肯定。

【“最美庭院”大比武活动】 全区推行“一户一档”分类管理的“美丽庭院大比武”机制，全年共开展“最美庭院”大比武8场，评出优

2021年4月24日，富阳举办浙江省第五届“妈妈的味道”活动
（区妇联 供稿）

胜乡镇8个，区级示范户1000户；全年合格率保持在91.36%，示范户比率达到47.13%。创建“美丽街巷”12条，“巾帼示范带”8条，获区实施乡村振兴战略先进部门。

【双学双比 巾帼建功】 全年组织来料加工经纪人、家政服务、民宿女主人培训班27次；牵头协调多个部门，落实来料加工低收入人群区级财政补助资金39.32万元。推进“巾帼建功”创建活动， 在“三八”妇女节期间，联合区人力社保局开展“巾帼春风送岗位 携手创业新时代”线上女性就业专场招聘会3期。举办富阳区“巾帼文明岗”授牌暨创建交流培训会，对2021年度65家申报创建“巾帼文明岗”的岗位负责人开展培训。全年，申报创建省级“巾帼文明岗”5家；被命名为市级“巾帼文明岗”6家、“巾帼建功”标兵4人；评审命名区级“巾帼文明岗”30家。

【“好家庭”信用贷】 推广“好家庭信用贷”，共发放“好家庭”信用贷1012万元，帮助种养殖、民宿、来料加工等行业的78名女性及家庭创业。

【“一镇一品”创建】 推进全区乡镇（街道）“一镇一品”创建工作，开展年度比武，选树各具特色的基层妇联品牌10个。

【家庭文明建设】 选树宣传“最美家庭”等各类先进家庭典型180余户，获评全国“最美家庭”1户、省市“最美家庭”4户，省市绿色家庭19户。开展第三届富阳区文明家庭推荐工作，评选命名区文明家庭40户。

【家庭教育】 成立区家庭教育指导中心，建立由107名家庭教育指导师组成的指导团队，推出家庭教育课程55个，举办“百场家庭教育知识进家庭”讲座100余场。

【妇女维权】 全区妇联有效处理家暴警情1223起，“富春娘家人”工作室接访73件，婚调委调处30件。与区法院联合成立全市首个“家事微法庭”，通过网络平台调处案件53件，杭州市妇联和杭州市中级人民法院“微法庭”现场会在富阳召开。完成“富春娘家人”工作室335个村社建设全覆盖，开展349名基层妇女维权干部、家事调解员理论培训。联合公安富阳分局联合开展巾帼反诈进万家专项行动，成立“巾帼义警”2039名，区级宣讲队员44名，开展线上线下宣传3000余场，覆盖40万人次。

【关心关爱行动】 牵头开展区四套班子领导“六一”慰问活动，共走访慰问小学、幼儿园10所；走访慰问困难妇女65名，共计金额6.5万元。

（陈　澄）

杭州市富阳区科学技术协会

【概况】 2021年，杭州市富阳区科学技术协会有区级学（协）会19个、民办非企业3个、企业科协11个、院士工作站3个（其中省级1个，市级2个），市级专家工作站1个，乡镇、街道科协24个，社区科协分会49个，下属事业单位1个。杭州市富阳区科学技术协会获评中国科协办公厅2021年科普中国信息员队伍建设区县级科协优秀组织单位，获评杭州市科学技术协会2021年度“科普中国”落地应用优秀组织单位。

【富阳区科学技术协会第十一届三次全委（扩大）会议】 11月19日，富阳区科学技术协会十一届三次全委会议召开，会议回顾2021年工作，研究部署下一阶段重点任务，听取审议富阳区科学技术协会十一届三次全委（扩大）会议工作报告。

【民生问题调研报告】 针对热点民生问题组织会员开展调查研究， 撰写调研文章3篇，分别为《凝炼工作成果，着力为我区建设共同富裕示范区星城范例贡献智慧和力量》《关于进一步加强我区公办小学“学后托管”工作的调研报告》《富阳区老旧小区综合提升改造工程存在的问题与建议》，获区委、区政府主要领导批示肯定。

【“院士杭州行”走进富阳系列活动】 11月8—10日，“院士杭州行”走进富阳系列活动举办，中国工程院院士潘云鹤等11名院士专家走访富阳特色点位，了解富阳城市、产业、文化发展状况，提出富阳区经济社会发展意见建议。

【基层科协秘书长队伍建设】 加强基层科协秘书长培训，厘清工作思路，提高工作能力和业务水平，推动全区科普事业发展。 4月12—14日，举办富阳区科协2021年科普工作培训班；5月14日，举办各乡镇（街道）科协秘书长、村科普宣传员培训；6月21日，组织部分乡镇（街道）科协秘书长参加市科协科普服务能力提升培训班。

【科普活动开展】 开展科普活动进基层，设计制作配送科普宣传折页进农村文化礼堂、社区及区党群服务中心场所，全年累计54万份，内容包括自然科学、社会科学、疫情防控、安全生产、防灾减灾、五水共治、电信防诈骗、疾病预防、养生保健、家庭教育和防溺水等。9月11日，举办2021年全国科普日暨杭州市富阳区第34届科普宣传周启动仪式，科普宣传周期间举办科普知识有奖竞赛、科普研学活动、送科普电影下乡等活动144项，举办科技培训（讲座）92场、老年人智能手机培训17场，制作科普挂图、展板、海报等10899块（张），发放各种科技科普宣传资料3.05万份、科普图书资料700余册，参与科技宣传人员570人次，受益人群达2.16万余人次，实现乡镇（街道）科普宣传全覆盖。 6月4日，举办“富阳区第十三届青少年模型锦标赛暨2021年中小学生科技节”；8月2—6日，举办“红船再出发、科普新征程”科普展览活动。

2021年11月8—10日，富阳举办“院士杭州行”走进富阳系列活动

（区科协　供稿）

【科普大讲堂活动】 依托科普讲师团，围绕“节约能源资源、保护生态环境、保障安全健康、促进创新创造”主题，开展节能环保、健康卫生、实用技术、安全常识等科普知识讲座、专题报告、技术培训和学术交流186场，受训人员10295人次。6月23日，杭州籍中国科学院院士都有为教授为富阳中学高三毕业生作“青春无悔创人生”主题报告；9月16日，中国科学院老科学家演讲团成员孙保卫和郭耕为富阳区富春第三中学、富阳区银湖中学学生开展科普讲座。

【科普信息化传播】 通过“公众科普”微信平台推进“科普中国”宣传，扩大信息员队伍，累计推送图文信息1683篇，最高峰值关注人数49018人，涉及城市299个，日均点击阅览超过1000次科普信息214篇，单篇科普微信最高阅读人数18012人次，总阅读量29.6万余人次。富阳科普网站发送图文信息67篇，动漫作品17个，科普视频6部，新增注册“科普中国”信息员9471人，累计注册44917人，注册人数位列全市第二，分享科普文章124180篇，科普信息传播活跃位列全市第二，初步形成科普信息化的协同机制和运营模式。利用“科普自由行”活动，通过公众科普微信平台，线上报名参加科普知识竞赛12万余人，线下接待1100余人次。

【科普电影进校园】 10月15日至11月30日，委托杭州富阳时尚影艺文化发展有限公司，在610个村（社区）和30所中小校播放科普电影693场，内容涉及食品安全常识、防灾减灾、防电信诈骗、健康卫生青少年防溺水、校园安全及事故应对办法、火海逃生等，提升群众和青少年认知辨别能力，提高市民和中小学生科学素质和安全防范意识。

【青少年科普教育基地】 调研梳理全区青少年科普教育基地28家，申报杭州市科普研学旅行项目2个，分别为杭州市富春江水电设备有限公司水电科普教育基地、吉庆农伯科普教育基地。

【富阳“银龄跨越数字鸿沟”科普专项行动】 开展富阳区“银龄跨越数字鸿沟”三年行动（2021—2023年），活动主题为“跨越数字鸿沟 共享智慧生活”，会同建设银行富阳支行和联通富阳分公司联合，发挥系统优势资源，组建骨干队伍，编印教材视频，开设培训网点，开展老年人智能手机运用能力培训。至年底，开展“银龄跨越数字鸿沟”科普专项行动216场次，参加培训老年人8929人次。

【数智群团建设】 做好杭州群团“五共”协同管理平台工作，开通乡镇（街道）管理员账号，推广应用“群团集市”，确保“群团集市”在科协系统的注册使用率。全年“群团集市”推出科普阵地6个，科普活动17场次，“风采共展”89条，累计访问次数10.6万余人次。

【富阳科技馆展陈设计】 成立富阳科技馆展陈顶层设计工作专班，开展科技馆布展顶层设计，制订科技馆布展装修工作五年计划，聘请富阳科技馆布展装修专家团专家5人。考察上海浦东、静安、嘉定、临安青山湖科技城、德清地理信息小镇、平湖中国航天科普馆等科技馆，走访相关部门、专家、科研院所，制作发放“我心目中的富阳科技馆”调查问卷，探讨富阳科技馆建设、布展、运营经验教训，配合设计单位调研教育局等部门6个，论证分析富阳科技馆展陈定位、布展大纲、装修设计、运营模式，完成富阳科技馆展陈顶层设计方案。

【反邪宣传警示教育】 10月15日，以“磨砺意志 快乐成长”为主题的《科学与人》走进杭州（国际）青少年洞桥营地特别节目暨“百年华诞心向党 远离邪教享安康”2021杭州市富阳区防范邪教宣传月启动仪式在杭州市洞桥青少年营地举办，富阳区施肩吾小学、万市镇中心小学等200多名学生参加，活动通过图片、漫画等方式阐述邪教本质、危害性及如何抵制邪教侵害，增强抵制和拒绝邪教的能力和自觉性，营造积极向上、健康和谐生活环境。

（李成钢）

富阳区文学艺术界联合会

【概况】 2021年，区文联有所属协（学）会13个，会员1731名，其中国家级会员74名，省级会员216名，地（市）级会员467名。全年出刊《富春江》正刊4期。

【中国文联调研富阳】 5月16日，

中国文联国内联络部主任、中国文联网络文艺传播中心主任谢力，中国文联国内联络部评奖处处长李翔一行调研富阳基层文联组织建设、艺术乡建等工作。浙江省文联党组成员、书记处书记吕伟刚，区领导夏芬，区文联党组书记、主席宋富华陪同。

【“文联社会·艺心向党”主题文艺实践活动】 全年举办“光辉历程”第五届上海合作组织国际美术双年展暨第八届“画说西湖”国际美术论坛、“同心筑梦·共描未来”浙江画院作品展、“日出东方”李大震中国画作品展、“富春山居·自在阳陂湖”庆祝中国共产党成立一百周年杭州市女美术家作品展、“百年风华·千秋伟业”杭州市庆祝中国共产党成立一百周年诗书画展（富阳站）、“现代版富春山居图”富阳区第六届书法篆刻大展、“百年百印”庆祝中国共产党成立一百周年篆刻作品展、“富春杯”首届浙江省青年故事会、“扬帆百年·共迎亚运”文艺快闪等创作展演，乡镇（街道）文联组织红歌合唱大赛、颂党恩书画笔会、建党百年红色影像展、诗歌朗诵等文艺活动。

【“公望富春·共绘新图”纪念《富春山居图》合璧十周年两岸书画摄影作品展】 6月1日，“公望富春·共绘新图”纪念《富春山居图》合璧十周年两岸书画摄影作品展在富阳区公望美术馆举办，活动由杭州市人民政府、浙江省人民台湾事务办公室主办，展览包括“公望富春·画合圆梦”纪念《富春山居图》合璧十周年两岸书画家作品展、“公望富春·共绘新图”纪念《富春山居图》合璧十周年摄影展、“跨海三杰·梦回故里”朱龙庵、高逸鸿、傅狷夫书画作品展、“公望富春·山水回响”刘墉临《富春山居图》特展、“两岸情深·半屏相连”《两岸半屏山》钢笔画作品展等展览5个。

【“富阳记忆”叶盛高摄影作品展】 2月2—28日，“富阳记忆”叶盛高摄影作品展在区公望美术馆举行，展出具有时代印记的老富阳照片200余幅，涉及城市变迁、风土人情、农（渔）民生活、文化体育等多个领域，呈现富阳城乡四十年来的发展变化，承载着时代更迭的集体记忆，参观达2万人次。

2021年2月2—28日，富阳举行“富阳记忆”叶盛高摄影作品展

（区文联　供稿）

【文艺志愿服务】 全年全区共有艺术家67人赴24个乡镇街道的小学39所、中学11所开展文艺支教活，课程包括美术、书法、摄影、器乐、篆刻、文学、民间文艺等类别。组织送福送春联、讲座等文艺志愿服务50场，惠及群众5000余人。组织文艺工作者抗击新型冠状肺炎疫情相关书法创作42件，篆刻61件，美术22件，诗词故事类9件，视频类6件，雕塑1件，总计141件，“富阳文艺”公众号推送6次。

【公望美术馆展览】 全年共举办“富阳记忆”——叶盛高摄影作品展、故邑崇怀——汤起康捐赠书画作品展、“同心筑梦 共描未来”浙江画院作品展、日出东方——李大震中国画作品展、“公望富春·共绘新图”纪念《富春山居图》合璧十周年两岸书画、摄影作品展、“富春江赞”美术作品展、“百年风华 千秋伟业”——杭州市庆祝中国共产党成立100周年诗书画联展（富阳站）、“现代版富春山居图”——富阳区第六届书法篆刻大展、第13届浙江·中国非物质文化遗产博览会（杭州工艺周）、“向阳而生”2021杭州公望少儿美术作品展、“光辉历程”第五届上海合作组织国际美术双年展（特展）暨第八届“画说西湖”国际美术论坛、“百年百印”庆祝中国共产党成立100周年篆刻作品展、水送山迎——鲍贤伦书法作品展。

【区文联所属文艺家协（学）会活动】 区作家协会举办庆祝中国共产党成立100周年征文活动；区美术家协会筹备“黄土·富春情”中国画作品展；区书法家协会承办“现代版富春山居图”第六届书法篆刻大展，“富春山居”区第三届临帖大展；区摄影家协会开展第四届摄影艺术展；区音乐舞蹈家协会举办“扬帆百年·共迎亚运”文艺快闪；区戏剧曲艺家协会积极参与杭州市文联主办的杭州市百名戏剧演员歌颂党大型文艺晚会；区电影电视艺术家协会以“乡村里的富阳红色记忆”为主题拍摄制作红色短视频；区民间文艺家协会承办“富春杯”全省首届青年故事会，红色故事进文化礼堂巡讲；郁达夫研究学会联合中国现代文学研究会、郭沫若研究会、田汉研究会，共同举办“创造社与现代中国文化——纪念创造社成立一百周年”学术研讨会；《三国演义》学会承办全国市县三国研究机构学术会议；富春印社举办公益篆刻培训10期，250人次参与；浙江省书法家协会篆刻委员会2021年工作会议暨浙江篆刻未来发展研讨会，决胜小康——物阜民从康篆刻作品展；黄公望研究会举办“公望诗会·诗吟亚运”为主题的文化活动；董邦达董诰研究会组织“二董文化专题讲座”，“二董文化考察调查”，拓展和深化“二董文化主题创作”。

【乡镇（街道）文艺】 富春街道举办“富春杯”浙江省青年故事会。春江街道联合举办“故邑崇怀”汤起康捐赠书画作品展。东洲街道举办庆祝中国共产党成立100周年文艺会演比赛。鹿山街道举办庆祝中国共产党成立100周年“鹿山杯”富阳区书法大赛。银湖街道举办庆祝中国共产党成立100周年首届“姥岑山杯”富阳区书法大赛。春建乡举办首届茶山寻景作品征集活动。新桐乡举办“百年党旗红·亚运展风采”文艺会演。新登镇举办《新登文丛》系列新书首发式。渌渚镇举办2021“民间民俗·多彩浙江”周雄孝文化节。胥口镇成功创建杭州市摄影小镇。永昌镇创作百米书画长卷献礼建党百年。大源镇举办百名少年红色征文比赛。灵桥镇举办第七届“孙过庭杯”书法大赛。里山镇举办“我们的节日·中秋”主题活动。渔山乡举办2021杭州富阳渔山稻香文化节。上官乡举办盛忠民作品《芒花祭》新书发布会。常绿镇挖掘红色文化，创编。场口镇举办2021富春江开渔节暨江鲜大会。常安镇推出“星空讲堂”，抓好书画、摄影、根雕、排舞艺术的培训。龙门镇举办“筑梦富春·党旗下的诵读”富阳区庆祝中国共产党成立100周年大型诵读活动。环山乡编辑出版《环山印记·第一辑》。湖源乡举办“迎亚运展风采”暨庆祝建党百年“湖源”乐水小镇摄影大赛。万市镇举办2021浙江·富阳“银杏之秋”第十三届万市银杏节。洞桥镇洞桥村被授予“浙江省书法村”称号。

【重要创作成果】 实施“对话富春江”项目10个。杭州市委宣传部、杭州市文联重点签约创作项目，浙江文艺出版社百年献礼作品，富阳文联重点作者主题创作作品，方格子长篇小说《我有一条江》由浙江文艺出版社出版。入选省第二批文化精品工程的郁峻峰作品《郁达夫年谱》出版。方格子作品《我有一条江》，扶持区作家协会盛忠明作品集《芒花祭》、巴克作品《亲爱的租客们》、叶萍作品《魏薇薇》分别出版。区美术家协会骆松涛项目《富春山居（新卷）——美丽乡镇行中国画纪实》入选杭州市文联文艺精品工程扶持。 区戏剧曲艺家协会冯轶辉荣获“杭州戏剧奖·兰花表演奖”。

【文艺人才情况】 区作家协会葛文高、蒋立波分别加入中国作家协会，叶萍入选杭州市文联第十一批青年文艺人才。区美术家协会蒋仁杰加入中国美术家协会。区摄影家协会陈正林加入中国摄影家协会。区民间文艺家协会周国华加入中国民间文艺家协会。区书法家协会方爱龙为省书协学术委员会副主任兼秘书长，羊晓君为隶书委员会副主任，李志荣为楷书委员会副秘书长，唐一峰为行书委员会委员，周杏茗、曹国海、潘海峰为隶书委员会委员。区摄影家协会汪高峰被省摄影家协会评为优秀志愿者。

（沈小惠）

富阳区工商业联合会

【概况】 2021年，富阳区工商业联合会新增会员262家，会员总数1656家。组建灵桥商会党支部，指导新登、渌渚、春建、常绿商会换届选举。全区所属商（协）会28家，其中：乡镇、街道商会24家；行业商（协）会1家，即杭州市富阳区电动车行业协会；其他2家，即杭州市富阳区企业家协会、杭州市富阳区民营企业联谊会。富阳异地商会1家，为富阳莲都商会，异地富阳商会6家，即广东省浙江富阳商会、深圳市富阳商会、北京富阳企业商会、上海宝山富春经济促进发展中心、乌鲁木齐富阳商会、杭州上城富春企业家俱乐部。

参加杭州市工商联第十四届会员代表大会非公经济代表11人。其中孙峰锋当选杭州市工商联副主席，孙伯勇当选杭州市总商会副会长，俞飞英等4人当选杭州市工商联常委，陈献忠等5人当选杭州市工商联执委。富阳区第十届政协委员中，工商联推荐非公经济代表22人。

富阳区工商业联合会获评全国工商业联合会2020—2021年度全国“五好”县级工商联、2021年度全国工商联民营企业调查点工作先进基层工商联；获评省工商业联合会2021年度全省工商联系统服务“两个健康”工作成绩突出集体；获杭州市对口帮扶贵州省黔东南州和湖北省恩施州工作集体嘉奖；《杭州市富阳区工商联创新民企“法治体检”常态化》入围中华工商时报社、全国工商业联合会法律部确定“工商联法律服务在行动”创新案例；《创新亲清政商关系“富阳模式”打造一流营商环境“新高地”》入围2021年度第四季度及年度服务“两个健康”最佳实践案例。

【富阳区工商业联合会（总商会）第十一次会员代表大会】 10月31日，杭州市富阳区工商业联合会（总商会）第十一次会员代表大会召开，正式代表205人，列席代表53人，特邀代表64人参加。浙江春江轻纺集团有限责任公司总经理、区工商业联合会主席孙伯勇作《聚力新时代 奋进新征程 为争当高质量发展建设共同富裕示范区星城范例努力奋斗》工作报告，回顾过去五年区工商业联合会成绩，明确区工商业联合会今后五年工作重点。会议选举产生区十一届工商业联合会（总商会）执委142人。孙峰锋当选区工商业联合会（总商会）主席（会长），郑金林等47人当选区工商业联合会（总商会）副主席（副会长），赵敏燕当选为秘书长，聘请孙伯勇为区工商业联合会名誉主席。

【思想引领】 擦亮“富商学习会”品牌，围绕“学党史·颂党恩·跟党走”、弘扬新时代企业家精神、践行亲清新型政商关系、争当共同富裕排头兵等主题，进企业、进机关等活动12场次，担任工商联执委和企业家协会理事骨干企业家200余人开展分组学习，安排担任工商联副主席、副会长的企业家进行党史宣讲，形成让企业家讲、让企业家听、让企业家悟氛围。弘扬富商精神，运用多媒体技术，围绕两个健康、富商永远跟党走主题，开展企业家宣传教育。开展“学党史·守初心”融媒体展播活动16场（次），讲述富商故事，宣传富商典型，引领全区企业家弘扬新时代企业家精神。

2021年4月8日，富阳举办全区亲清政商关系示范点建设现场推进会
（区工商联　供稿）

【服务企业】 开展亲清直通车·政企恳谈会“1+7”专场活动，收到意见建议100多条，梳理并与相关部门对接、跟踪，企业家满意度100%；建立“千所联千会”机制，举办民营企业法律培训班3期；运行“云商法官”应用场景，线上服务民企法律需求；举办“检察开放日”、检企“面对面”法治护航座谈会等活动。开展“助企纾困·走进金融”系列活动，深化“驻会金融指导员”工作机制，举办银企对接座谈会4次，投放贷款8笔1080万元；与高校合作举办“品质富商”研修班2期82人参加，提升企业家管理水平。

【富阳亲清政商关系新生态构建】 4月，富阳区践行亲清政商关系示范点建设推进会举办，按照“可看、可听、可学、可持续”要求建设硅谷小镇、富春湾新城小微园区、场口镇、上官商会、富春江集团等政府侧和企业侧、商会侧“5+10”亲清政商关系实体化示范集群。联合浙商研究院等合作探索县域“亲清指数”评价办法与评价机制，推动富阳亲清政商关系工作对策办法。开展“民企评部门”“民企评营商环境”“民企评银行”等活动。7月，浙江电视台《浙里视点》栏目专题报道富阳区工商业联合会“构建亲清政商关系，助力两个健康发展”做法和成效。

【基层商会建设】 1月，环山商会组建环山乡“商·贤”会，服务当地社会经济建设；6月，新桐商会组织民营企业家会员20余人赴井冈山开展党史学习教育；灵桥商会组织民营企业家会员20余人赴嘉兴开展红色研学活动；6月，上官商会入围省工商业联合会“亲清直通车”基层站点试点；9月，上官商会作为浙江省乡镇商会唯一代表参加全国工商联在湖北宜昌召开的全国乡镇街道商会建设推进会；12月，新登商会成立参与社会治理机制“解纷联盟”，推动商人纠纷商会解，共受理咨询32条；常安商会发动会员企业16家，党员职工150余名参与环境大整治30余次；洞桥商会助力构建“共富链+农户+环境+项目”营地经济，打造共同富裕新实践；环山、湖源、万市等商会开展疫情防控、普法教育、乡村振兴等活动10余次；成立灵桥商会党支部。上官商会获杭州市“四好”商会称号。

【富阳工商业联合会改革创新】 以“机关党建+基层商会党建+非公企业党建”为载体，打造“党建链+融合工程，做实“富商永远跟党走”党建工作品牌。开展江苏杭商回乡行、富阳在杭企业商会、上海富阳商会等活动，赴广州、广西、深圳开展富阳推介会，走访云南杭州商会、广东富阳商会等异地商会，指导上海富阳商会换届。开展以“红色魂、长征路”为主题的党史学习教育红色研学活动，组织联商联企体悟学党史活动；加快数字化改革，“亲商码”入围省工商业联合会数字化改革第一批“揭榜挂帅”名单，上线“云商法官”应用场景，企业涉法问题一键直达法官。走访企业、商会、结对村社区150多家（次），收集并梳理问题、建议100多条，其中跨部门解决79条，满意率100%。

【企业调研】 3月，调研全区2020年产值超5亿元民营企业25家，整理核实营业收入总额、税后净利等指标。开展民营企业政策落实情况和运行状况调查、社会责任等网上调查11次，调查企业1800余家次；5月，区工商业联合会在全省民营企业调查点暨亲情直通车工作培训会上作《强队伍、建机制、重实效，打造网上调研工作品牌》交流发言。12月，获全国工商联民营企业调查点工作示范单位称号。

【建言献策】 区第十届工商业联合会主席、浙江春江轻纺集团有限公司总经理孙伯勇在省委民营企业座谈会上作《进一步促进我省纺织行业健康稳定发展的意见和建议》发言，由杭州市政协组织的在杭州电视台栏目——《我们圆桌会“政协视点：红心向党初心如磐”》作《学党史用党史，履职为民》主题发言。在富阳区“两会”期间，共撰写提交提案、议案33件，其中：

区工商业联合会执委、杭州富阳中荷电子有限公司总经理许青提交《关于推进“悦读”场所建设，打造“书香城市”的提案》；区工商业联合会执委、杭州银湖激光科技有限公司常务副总经理蒋润哲提交《关于富阳籍人才“雀鸟归巢”，助力打造现代版富春山居图的建议》提案；第十届区工商业联合会副主席、金富春集团有限公司周文峰提交《关于增加对富阳养老机构扶持力度、推进养老服务发展的建议》议案；区工商业联合会副主席、浙江珍琦护理用品有限公司董事长兼总经理俞飞英提交《关于建立引进和培育企业数字化人才机制的建议》议案。组织发动参加社会责任企业1600多家（次）、调研民企运行11次，完成数量和成效均列省工商业联合会系统前列。

【民营企业家社会责任履行】 1月，浙江金固股份有限公司、杭州鸿世电器股份有限公司、杭州富生电器有限公司等企业推出过年红包、年夜饭补助、轮流调休、年货礼包等举措，鼓励外地员工留富过年；3月，组织企业参加省工商业联合会助力26区跨越式发展专项行动，共2批次6家，其中获聘缙云县人民政府经济发展顾问企业负责人2人；5月，富阳在杭企业商会向灵桥镇中心小学捐赠图书4680册，价值18余万元，会员企业杭州园林设计院股份有限公司董事长吕明华在灵桥镇中心小学设立“杭州园林”教奖学基金，每年出资25万元，用于奖励优秀教师、学生；10月，向全区民营企业家发出《争当建设共同富裕排头兵》倡议，为奋力打造共同富裕示范区星城范例贡献富阳民营企业的力量；10月，组织浙江金鑫集团、杭州华威医疗器械有限公司、杭州盛创实业有限公司、杭州博观国际旅行社有限公司赴甘孜州德格县开展对口帮扶考察，达成初步意向企业3家。组织民营企业家参与新一轮东西部扶贫协作，开展“万企帮万村”、产业扶贫、消费扶贫等行动及社会公益活动，全区民营企业家各类捐款捐物超过2000万元。

（朱欢英）

【编辑 孙国明】

12 法 治

Rule of Law

政法综治

【概况】 2021年，富阳常态化开展扫黑除恶，连续16年命案全破，“两抢”、强奸等五类案件破案率连续4年达到100%，侦破部督“11·19”洗钱犯罪团伙等重大案件，有效打击电信网络诈骗。完成中国共产党成立100周年、十九届六中全会、各级“两会”、国庆节等重点时期的安保维稳工作，处置富春环保热电厂拆迁安置等重大涉稳事件20余件，四级信访人次总量同比下降15.5%，信访量实现“三降一平”态势，全年共78批92人次，相比2020年，批次下降41.4%，人次下降52.6%，创近十年最佳成绩，连续4年创成无信访积案区。区委政法委连续4年获区内综合考评一等奖，获杭州市政法系统教育整顿先进集体、全省改革创新工作中成绩突出先进集体、全国维护妇女儿童权益先进集体等荣誉称号，“平安富阳”创建实现十七连冠。

【疫情防控】 全区政法干警和800多名网格员投入防疫一线，累计检查重点场所16062家次，发现并整改问题6128个，责令停业整顿105家，开展联合执法活动10次，关停场所5家，告诫1131次，行政拘留7人，罚款2人。整改反馈市级下发工作单68批次、漏洞问题301个。

【平安创建】 聚焦目标任务，全力做好系统合力推进，出台平安创建领导小组、大平安闭环管控体系等系列文件12份，实行部门季度报、乡镇月度考、村社双月晒、专班常态查、领导重点督的责任体系，大平安风险闭环管控体系更加完善。聚焦交通运输、危化矿山、工业企业、旅游、城市运行、建设施工、消防等重点领域，有序推进专项整治，治安警情、交通亡人事故、火灾事故和工矿商贸事故分别下降0.92%、3.7%、5.7%和12.5%，实现连续5年下降。组织开展全国平安之星进村社宣讲、平安主题征文等活动，推动平安政法宣传，“平安三率”连续3年零失分，专项工作位列全市第2名。

【社会治理】 围绕“一中心四平台一网格”，推动县域社会治理体系迭代升级，婚姻家庭矛盾纠纷化解改革获全国人大常委会副委员长、全国妇联主席沈跃跃批示肯定；“关键小事”智能速办做法获省委副书记、省长郑栅洁批示肯定；“三严三实”的省级稳评试点工作和“1+1+3”社会心理服务实战体系获省委政法委书记王昌荣批示肯定；网格管理一体化工作获省委政法委副书记王中毅批示肯定；“多管齐下、治源节流”的诉源治理模式获市委政法委书记许明批示肯定并在全市推广。推动在线诉讼服务

2021年10月15日，杭州市富阳区“渌渚周雄”杯“平安富阳”主题征文比赛举办
（区委政法委 供稿）

平台应用建设，深化民事诉讼程序繁简分流改革，完善破产案件简易审理机制，破产案件平均审限100.6天，同比缩减126天。

【法治保障】 深入推进“法治富阳”建设，创新合法性审查模式获省司法厅高度肯定，区镇村三级述法制度在《法制日报》和司法部《司法行政交流》刊文推广。公证业务“零次跑”获杭州市委肯定，《违法建筑查处规范化指引》2.0版在全省推广，制定全省首个《政法一体化协同联动工作实施办法》。优化“三三〇一”运行机制和法院执行工作“一件事”改革，深化涉企案件“双向保护”机制，承办破产审判现代化与营商环境法治化杭州论坛。推进区委检察工作会议、法检联席会议召开。成立区检察院法律援助工作站，深化涉企案件“双向保护”机制。人行横道信号灯声响提示装置行政公益诉讼案听证会做法获央视、《检察日报》采访报道。成功创建法治浙江建设示范区、2020年度法治浙江（法治政府）建设先进区，法治建设满意率连续3年获杭州第一、全省前列。

【数字法治建设】 “家和智联”数字法治改革，获评全省数字法治第一批好应用项目，并获省委书记袁家军多次肯定。“执法规范化建设”获公安部肯定，“富春智诈”“智慧司法门户”被评为杭州市数字法治好应用。全年共获杭州市数字法治金奖1个、银奖2个、铜奖5个，3个应用场景纳入全省“一本账”，4个应用场景纳入杭州市“一本账”，数字法治年度考核杭州市第2。

【政法队伍建设】 全年健全完善队伍管理制度75项。深入开展政法队伍教育整顿，围绕“四项任务”，抓好“三个环节”，开展谈心谈话1166人次，测评收集问题198个，其间主动说明情况121人，核实45人违纪违规问题；智能化数据排查3241人，涉嫌“三违规”情况2人，责令检查1人、谈心谈话教育1人；会同纪委核查线索91条，查实处理4件4人次，作出处理72人次。落实奖励机制，选树先进集体29个、先进典型30人，推荐政法英模6名。

（钟益林）

公安

【概况】 2021年，富阳区社会治安、交通秩序持续平稳，“110”总警情及刑事、治安、交通等主要警情数同比下降1.84%、4%、0.9%、4.24%。执法规范化建设成效及相关经验做法获国务委员、公安部部长赵克志，公安部党委副书记、副部长王小洪，公安部党委委员、副部长刘钊及副省长、省公安厅厅长王成国批示肯定，并在全国、全省推广；“关键小事”智能速办做法获省委副书记、省长郑栅洁批示肯定；执法办案管理中心建设获省委常委、政法委书记王昌荣高度评价，杭州市公安局富阳区分局为2021年省公安厅数字公安法治建设试点单位。杭州市公安局富阳区分局反诈中心获评全省公安机关打击电信网络诈骗犯罪专项行动突出集体，法制大队获评2021年度省公安厅“最美警队”。全年，获二等功1人次，获三等功集体3个23人次，获嘉奖集体27个65人次，获褒奖表扬47人次。

【上级领导调研】 2月23日，省委常委、政法委书记王昌荣到富阳调研执法办案管理中心诉源治理工作；2月24日，省公安厅副厅长、市委常委、公安局局长金志到富阳调研派出所“110”接处警、“小脑＋手脚”勤务机制运行工作；3月11日，省公安厅政治部副主任叶昌德、巡（特）警总队政委邬海珍到富阳调研教育训练、警营文化、训练基地建设和执法办案管理建设工作；3月25日，省公安厅副厅长、市委常委、公安局局长金志，台州市副市长、公安局局长朱建军调研执法办案管理中心；10月12日，公安部研究室党委副书记、副主任王书君到富阳调研执法办案管理中心建设运行情况及特色亮点工作；10月17日，省禁毒办常务副主任、公安厅禁毒总队总队长陈斌到富阳调研指导禁毒工作；11月30日，省公安厅党委委员、驻厅纪检监察组组长赵旭升调研东洲派出所营房建设工作。

【富阳执法办案管理中心建设经验推广】 4月28日，《人民公安报》专题报道富阳执法办案管理中心建设经验做法；国务委员、公安部部长赵克志，公安部党委副书记、副部长王小洪，公安部党委委员、副部长刘钊及副省长、省公安厅厅长王成国批示肯定相关经验；省委常委、政法委书记王昌荣，公安部法制局副局长马宝明及全国100余家单位到分局考察交流。

2021年1月10日，富阳举行升警旗仪式，庆祝首个“中国人民警察节”

（市公安局富阳分局　供稿）

2021年3月30日，富阳举行庆祝中国共产党成立100周年安保“百日攻坚战”暨“忠诚5号”集中行动启动仪式

（市公安局富阳分局　供稿）

【政法一体化协同联动】 3月24日，印发全省首个《政法一体化协同联动工作实施办法》，创新“10+X”项协同联动机制，实现协同办案零距离、审理判决零距离、沟通交流零距离、服务零距离。建成政法一体化协同联动中心，设置单轨制协同区、案件保管区、集中组卷区、协同联动区、案件会商区及公安、检察院、法院、司法局办公区。自主研发“政法联动协同系统”，入围省公安厅数字化改革重大应用场景跑道。实时开展线上信息传递、流转交办、结果反馈、审核审批、记录留痕、会商研讨等协同事项。全年开展各类案件集中会商195次，检察院提前引导侦查办案173起，办理刑拘直诉、48小时速裁、刑事快办等刑事速裁程序案件371起418人，办理率27%。实现案卷一体化单轨制网上协同率100%，中心驻点律师开展零距离法律帮助率100%，社区矫正管理、未成年人案件办理等协同联动率100%。

【“人生一件事”迭代升级】 5月，推出公民身份信息变更一件事，公民身份信息变更后，同步换发其他证件，实现联办事项一窗受理、只跑一次，年内联办该业务723笔。6月，完成省级民生实事“车辆检测一件事”，破解车辆检测场地堵、事项多、窗口乱等难题，实现机动车检测、机动车交强险、商业险一站式办理，投入使用银湖、春江、西环北路等检测站3处。4月28日，推出“营运车辆非现场违法处理一件事”，破解群众办理非现场处理业务未带从业资格证问题。“人生一件事”改革工作获省长郑栅洁批示肯定：“做法很好，同时可了解群众的认同感、获得感。”

【政安基础管控平台研发】 8月，开发“政安基础管控平台”（含移动端App）并在全区派出所推广使用。至年底，政安基础管控平台录入重点人、重点阵地及新兴群体等基础信息2025条，更新走访等动态信息325条，实现政治安全保卫工作实时化、数字化、便捷化及全要素、全过程管控，提升派出所政治安全保卫基层基础工作数字化水平，获评市公安局个性化创新亮点工作。

【富春治（智+）诈平台建设】 为有效遏制全区电信网络诈骗案件频发势头，5月1日，“富春智呼”“96110”中心正式运行。全区全年电信网络诈骗案件同比下降25.34%，案损下降3.1%，追赃挽损1700余万元，“96110”中心累计拨打宣传电话119万余个，劝阻网诈案件488起，控案止损3395.44万余元。

【新型冠状病毒肺炎疫情精密智控】 常态化运行疫情防控指挥部“一办十一组”工作机制，做好风险人群区域协查，加强风险地区来富阳人员预警、核查、管控，守牢全区疫情精密智控阵地。全年，研判分析上级下发涉疫风险人员4.98万余人次，指导督促乡镇街道纳管人员1.13万人次，核查异动人员0.2万人次、涉疫入所人员500余人、核查卫健密接、次密接人员800余人次。

【涉政治安全风险隐患化解】 全年全区未发生涉政治安全案件事件，报送政治安全保卫情报信息1031条，其中市公安局录用769条、省公安厅录用605条、公安部录用233条，报送政治安全保卫信息工作专报16期。

【涉外安全隐患排查整治】 制订涉外安保工作方案，组织派出所开展清理“三非”（非法居留、非法就业、非法入境）整治活动，严厉打击各类非法活动。全年，查处“三非”案件21起，其中非法居留12起，非法就业7起，非法入境2起。

【出入境领域违法犯罪活动】 会商协调跨境赌博、跨境电信网络诈骗等违法犯罪案件，分析掌握出入境领域犯罪活动，同步侦查跨境违法犯罪活动和偷渡活动。核查、研判案件线索，梳理在侦跨境违法犯罪案件信息，研判分析人员流、信息流、资金流，组织各派出所开展落地查控。全年，办理妨害国家边境管理案件7起。

【教育“双减”维稳】 提出全区学科类培训机构综合评估专业指导意见，分级评估学科类培训机构开展，确定高风险机构25家，中风险机构40家，低风险机构63家。落实属地派出所每日走访高风险机构制度，处置精锐教育、星火教育经营问题。

【互联网维稳】 开展网上情报搜集报送工作，做好舆情信息、舆情管理、情报专项、维稳等10余项工作。全年，上报分局情报信息1189条，上报公安部、省、市局情报信息1883条。及时处置“网约车女乘客跳车”舆情。

【护网（关键信息基础设施安全保卫）行动】 印发《富阳区2021年公安机关网络安全执法和数据安全专项监督检查工作方案》，形成任务清单，督促全区各行业、领域责任主体单位梳理重要网络和业务信息系统（平台）。组织网络安全专业技术力量排查、纠错、整改网络安全风险隐患和漏洞，通报、预警、处置全区信息系统（网站）网络安全隐患和漏洞。

【安保维稳工作】 开展安保维稳“百日攻坚战”，运行安保指挥部“一办十一组”工作机制，推出安保维稳刚性措施18项和战时思想政治工作措施33项，分批次开展主题式集中行动4次，提级社会面治安防控等级响应，做好中国共产党成立100周年、全区亚运场馆安防基础设施建设、亚运安保测试赛等大型活动安保，组建“东吴水师”水上应急处置队伍；牵头办理涉稳案件8起，其中刑事案件2起，刑事打处2人；行政案件6起，行政拘留6人，行政罚款2人。专案经营4起，传唤告诫47人次。排查发现各类涉项目工程类矛盾纠纷30余起，牵头成立维稳工作专班6个，妥善处置银湖街道大城小院房产业主维权等群体性事件5起。

【大源镇受灾群众救援】 7月25日，台风“烟花”导致大源镇大黄岭路段出现山体滑坡，道路阻断，未撤离群众5户14人，面临二次滑坡危险。市公安局富阳分局调集巡（特）警、派出所、交警警力近100人，历时2小时将被困群众安全撤离，受区委主要领导赞扬。

【违法犯罪案件侦破攻坚】 推进扫黑除恶斗争，打击各类违法犯罪活动，连续16年命案全破，“两抢”、强奸等五类案件破案率连续4年达100%，侦破公安部督办“11·19”洗钱犯罪团伙、“2·26”部标涉毒、省公安厅督办江苏宜兴籍未成年盗销犯罪团伙、流窜预谋抢劫团伙、富春江盗挖江砂，危害珍贵、濒危野生动物等重大案件，侦破全国首例利用期货违规交易侵吞公司资金案，参与处置杭州野生动物世界金钱豹外逃案。全年，刑事拘留1110人，取保候审395人，行政拘留2464人。

【网络案件侦查】 加强网络情报导侦机制，全年侦办主侦案件（黑客类、侵公类、帮信类、助考类12种）77起，分别抓获侵公类、帮信类犯罪嫌疑人18人、204人。配侦网络诈骗案件776起、分析案件线索数据8600余条、落地抓获涉网诈犯罪嫌疑人97人，破获湖南娄底、隆回籍人员为首的恒隆地产App诈骗案，侦破268万元诈骗案，追赃63.5万元。启动针对财务人员拉群诈骗预警机制，全年预警119起，推送辖区派出所及时处置。撰写《涉网犯罪侦查技战法之域名查证的基本思路》，获市公安局技战法评比二等奖。

【“护航”经济发展专项行动】 开展“护航”专项行动，护航全区经济社会转型升级，保障湖杭高铁、地铁沿线整治、富春湾新城等重大项目推进。全年受理各类经济案件72起、立案41起、破案32起，不予立案38起，撤销年前案件3起。抓获犯罪嫌疑人51人（其中逃犯7人），移送起诉35起44人。受理涉企案件19起，立案15起，抓获涉企犯罪嫌疑人12人，起诉17人，为企业挽回损失996万元，涉企追赃率50.27%，追赃、起诉率列杭州地区前列。开展“猎狐行动”，成功劝返对象3人。开展“歼—21专项行动”，梳理非法结算线索10条，录入“探源”3起，公安部录用2起，协同部署打击转“云端”数据2起，抓获嫌疑人10人。

【涉众型犯罪防控】 开展集资类案件“定点”清除工作，落实领导包案、逐案研判措施，以案情通报、建立投委会、定期研判等措施，化解涉稳风险，抓获涉众型犯罪嫌疑人14人，破获8起。约谈、告诫涉稳重点人23人次，建立微信沟通平台3个。排查金融类企业217家，商务托管单位302家，梳理异常单位101家、高风险企业20家。风险评估“三味农庄”、“金有金”等风险企业15家，促成“金有金”“三味农庄”有序清退，全年发生涉众型案件2起。

【积案清理】 摸清“积案”底数，梳理往年受而不立、立而不破及未破非法集资类案件，即在侦长期“挂案”101起、涉企“挂案”34起、集资类案件6起。建立“红黄蓝”三色管理结案制度（红色为必清案件，要求民警每周必有工作进程，黄色每月必有工作进程，蓝色为督促民警快侦快办），全年清

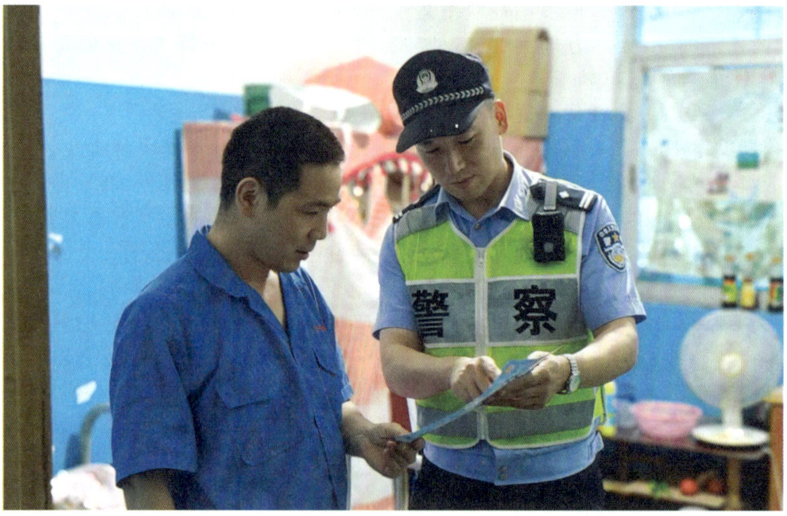

2021年6月1日，富阳开展“忠诚10号”集中行动
（市公安局富阳分局　供稿）

理积案31起，其中作出不予立案25起，撤销年前案件3起，破获集资类案件3起，清理涉企积案15起，帮助企业追回赃款320万元。

【经侦工作】 创新涉企案件工作法，建立企业“合规”工作室，建立企业内控制度12家。举行防范非法集资宣传活动，发放防范非法集资宣传资料5000余份，开展进企业反诈宣传，提升群众识骗防骗能力。做好经侦民警培训，开展资金分析、虚拟币等领域培训15次，带线索实战培训4人次，参加资金分析培训12人次，通过“市级资金分析师”资格2人，代表省公安厅参加公安部“论剑比武”获第3名，市经侦部门数据导侦大比武三等奖。

【环食药案件查处】 全年，办理环食药刑事案件41起，破获犯罪团伙12个，采取刑事强制措施108人，同比上升18.7%；办理行政违法排污案件2起，拘留3人，移诉92人，同比上升5.7%，移诉总量完成率167.3%。办理公安部督办案件2起，“省标”案件4起。9月，获市公安局环食药技战法大比武第2名。

【案审余罪深挖】 全年，接收案件182起411人，移送起诉445人，与上年同期相比分别上升19.7%、24.5%、1.28%。突破零口供案件33起41人，深挖余罪71起101人，与上年同期相比分别上升37.5%、32.2%、16.4%、7.45%。

【反恐宣传演练】 建立“110”反恐指挥联动机制和县级反恐怖现场处置第一响应力量，在区第一人民医院、中小学幼儿园、富阳客运站、化建民爆等重点部位开展反恐应急处置演练30余场次。推进反恐宣传，在社区、学校、反恐重点目标等单位开展反恐安全防范培训和宣传50次。

【“护校安园”专项行动】 落实《“护校安园”专项行动工作的实施方案》，开展安全检查1500余次，指导应急演练310余次，配合检查寝室和校门口刀具70余次。落实护学警力230余人次/日，开展视频巡查126次，发现并督促隐患问题整改72个。

【公共交通安全管理】 落实《杭州市长途汽车客运站反恐怖防范操作规范》，确保汽车客运站和高铁站严格执行实名购票及过机安检制度。全年，排查发现各类管制刀具等危险物品4821件，协助公安机关抓获各类违法犯罪嫌疑人12人。压实公交企业主体责任，落实配备兼职安全员，加强安全隐患排查，强化公交巡查力度，全年排查化解问题隐患20个，隐患抄告5份。

【道路交通安全治理】 推进全区道路交通安全治理攻坚行动、开展大兵团作战“围剿”整治、联合设卡、百警系列富阳专项行动等，查处各类交通违法行为71.16万余起，排查、治理事故溯源隐患、农村公路“五个一”隐患等1.02万处，建立交治中心24个，村社、企业交治站536家，宣教群众125.41万人次，交通参与者重再犯率全市最低。创新推出高音喇叭、无人机、TPTU（交警机动巡逻执法）一体化勤务，落实“有警处警、无警维序”，优化城区交通保障。开展“平安大道”建设，推动各镇街建立“小交改”机制，相关道路交通事故、伤（亡）人事故显著下降。

【“全域通办”试点推广】 落实省委、省政府公安政务服务数字化改革，打造杭州“15分钟出入境办证服务圈”，推进派出所出入境业务“全域通办”，选定新登（行政服务分中心）、银湖（所内窗口）、场口派出所（行政服务分中心）作为出入境业务“全域通办”试点派出所。10月，设备调试完毕，正式启用。

【“出入境证件”申领】 根据“非必要不出境”要求，出台全区出入境管控工作方案，落实“四必问（工作单位、出境目的、出境事由、随行人员必问）”制度，严防疫情输入和赴境外从事违法违规活动。加强面见询问，从严办理中国公民出入境证件，核清出入境证件数据。核实清理全区居民和国家工作人员出入境证件数据，宣布作废证件893本，核实死亡人员951人。

【窗口服务提升】 优化窗口设置，在全区范围内设置个性化自助导办区域窗口15个，提供平板电脑和智能手机帮办服务。新增轮椅、医疗设置、爱心专座等服务用品及设施，推出“绿色通道”“容缺受理”“专员帮扶”等特色服务举措。加快“一窗通办”建设，围绕通办事项85项、多途径推进高频事项清单32项，安排前台导办人员引导群众办理。全年，办理“一窗通办”业务7851笔，户籍类事项11059件，治安许可类事项5830件，边境通行证248笔。内地居民出国及往来港澳台地区业务2698人次，其中护照298人次，港澳通行证2398人次，往来台湾通行证2人次。受理港澳台业务28人次，公章审核45141枚，处理差评70件，打造跨场景4个，办件7.02万件。推进长三角一体化联办户籍相关业务，实现上海、江苏、安徽户籍迁移业务网上联办，办理一站式跨户籍迁移452件；通办温州、湖州、金华、衢州四地市常见户籍业务35项。

【“一网同心”政务服务帮办】 4月26日，发布《“一网同心”政务服务帮办实施方案》，解决群众办理业务过程中反映的问题。发挥“网办中心”枢纽作用，建立市公安局富阳分局科室、派出所、乡镇、村四级“一网同心”党员帮办队伍387人，初步实现全区人口全覆盖，累计帮办残疾人、老年人、偏远地区人员3849人。建立“一名网办员+一台手机”帮办模式，将服务从固定时间、固定场所、固定民警向全时、全域、全民扩展，构建政务联络群，实现“全警+全民”零距离融合，实现在线交流工作情况、及时反馈服务政策、指导掌上办事、实时收集社情民意、提供送证上门等便民服务。全年，共帮办事项4235件，为行动不便群体提供上门办证送服务163人次。

【信息安全等级保护】建立“两机制一措施”工作机制，即数字化项目前置安全论证审核机制、三方联合会商督导工作机制和职能部门等级保护监督管理举措。实行同步论证、同步保障、同步实施、同步验收全区新建系统项目等级保护工作，未按规定将网络安全防护建设和等级保护工作纳入新建数字化项目内容的，经审核后不予批准或不通过项目验收。滚动式排查摸底全区各单位已建系统（平台／网站）等保制度落实情况，未落实的单位发放整改通知书，督促业主立整立改，加固安全防护设施。发挥职能部门等保监督管理举措，实地核验法定测评机构网络安全等级保护定级报告、测评报告等材料质量，退回明显与实际不符等质量差的材料并责令整改。

【智慧网络建设】全年建成、投入使用视频、人脸等感知点位2649路，依托“富春智联”一体化平台，开通全区行政村276个、社区59个及智安小区172个前端应用平台，推进全区二级以上医院6所、中小学校74家、幼儿园65家、高校2所、金融机构30家、加油站12个、文博单位1家、水电煤服务点3家等重点单位的安防监控接入，实时感知社会风险。

【公安数字化改革实战场景应用】围绕中国共产党成立100周年、亚运智慧安保及科技赋能实战需求，以城市大脑警务操作系统V3.0为牵引，重点推动富春治（智＋）诈系列平台场景、政安基础管控、“富春智流”、重点行业场所监控管理、重点人员网迹分析等系统平台建设应用10个，其中富春治（智＋）诈系列平台场景、执法服务政法协同联动系统入围省级重大应用场景跑道，富春治（智＋）诈”获杭州市数字法治场景应用项银奖。

【移动警务】围绕派出所建设及行政执法规范化推进需求，为一线执法执勤警力增配警务通708部、执法取证仪650部、对讲机135部，各单位执法执勤警力警务通、执法取证仪和对讲机配备率100%。开发执法办案服务系统警务通端App，实现办案环节中邮寄送达、价格认证、伤势鉴定、资料调取、律师接待等内容八大项纳入移动端应用。

【基础管控中心】抓住基础管控主线，整合全局基础任务，实现任务指令、督导检查、通知通报相统一。梳理各警种通报、通知、工作指令75项，各警种基础工作任务29项，统一归口杭州市公安局下发的各类任务26项。抓统筹引领，减负增效，将常规基础工作65项、系统平台32类纳入基础工作指导手册，联合警种开展基础业务培训，基础副所长13人、社区民警56人参加。持续促进派出所基层工作效率、能力提升，指导各派出所管好全区出租房屋3.7万余处和流动人口30.6万人。落实重点人、事、物品、行业场所等基础要素多轮次、全流程闭环管控，常态化开展基层基础“四晒”活动。

【平安队伍建设】开展百万警进千万家、“昼访夜谈”和“全警联村社·共绘安居图”等活动，融入基层治理“四平台”、三级矛调中心及“家和智联”平台，化解各类矛盾纠纷7000余起。建立晨夕义警、星月义警等义警队伍242支、6万余人，组织各类平安巡防、宣传防范、走访排查等活动1300余场，督促整改火灾隐患8600余处，发掘表彰见义勇为人员15人。

【基础管控数字化】推进智安小区建设成效应用，建成智安小区前端感知网298个，汇聚全区335个村社的房屋、人员、车辆信息数据到“富春智联”平台97.9万余条，办结辖区民众需求事件9.5万余起。加强流动人口管理，向房东2.8万余人推广应用富阳“好房东”App，全年在线申报流动人口信息24.5万余条。用好“微信＋”社区警务工具，依托信鸽平台，将全区微信群870余个群成员6.1万余人纳入统一管理，每天搜集各类信息3500余条；通过“一键群发”功能，定期发布预警提醒、防范提示，开辟社区警务工作网上阵地。

【网络预约居住房管理】依托“浙江省网络预约居住信息登记平台”，动态巡查网络预约住房应用App，全年排查房源578处，列管房源131间。规范网络预约住房经营秩序，联合检查5次，签订《网络预约住房治安责任保证书》《网络预约住房消防责任保证书》，形成执法单位与物业公司、网络预约住房运营商、经营人信息共享长效防控机制。指导、督促网络预约住房经营者利用人像识别、身份识别等智能设备实时采集、上传入住人员活动轨迹。取缔提醒整改后仍存在安全隐患的网络预约住房，打击网络预约住房内违法犯罪活动。年内行政处罚20余人，追缴非法所得9万余元，挤压非法经营公司5家，取缔80余间，引导网络预约住房转变业态70余间。

【监所管理】全年，区看守所依托市公安局城市大脑数据资源及监管服务互通系统中的待收押人员信息，风险评估新入所人员信息。落实每周医务工作例会，风险评估在押人员健康状况，分级管理、精准治疗重点病号，降低监所风险；完善与富阳精神病院和疾控中心的医疗检查工作机制，筛选在押人员艾滋病、糖尿病、结核病，实现监所安全“零事故”，持续创建“全国一级看守所”。

【智慧监所建设】通过执法管理系统平台搭建认罪认罚服务系统，由办案单位将所有待收押人员的关系背景、心理状况、病理信息、健康检查等情况信息推送至看守所，办案单位根据嫌疑人或案件情况，发起收网收押预约、医疗服务预约、教育转换预约、认罪认罚预约，实现在押人员精准管控，服务办案单位工作需求。制定全省首个《政法一体化协同联动工作实施办法》，推进羁押期限变更、交付刑罚执行等业务，实现政法单位网上协同办理。根据推送情况，建立提前告知提醒机制，落地驻所检察室执法建议。改造监区内动态监测设备智能化，提升硬件性能、开发软件平台，自动捕捉、实时推送监室违规行为，提升监所整体安全防范能力。

【专业警种为主新型办案机制建设】 8月27日，印发《关于推行专业警种为主新型侦查办案机制的实施细则》，建立业务警种、专业警种、派出所三级侦查办案组织架构，启动刑事案件集中办理。推行派出所办理刑事案件负面清单，科学划定派出所、业务警种、专业警种职责边界、管辖分工，推动业务警种刑事办案，派出所服务群众、参与社会治理工作机制，刑侦、治安、交警、案审等警种主办案件占总量的71%。

【“二三四”监督管理机制】 6月，法制大队全员进驻执法办案管理中心，围绕“警、案、人、物、音视频”等执法要素，制定刑事办案、行政执法全覆盖监督制度，创新“二三四”监督管理机制，即专职警力每日监督警情、案件、办案区、涉案财物、执法音视频，实行“所级中心前端管、局级中心重点管”的二级管理机构，实现警情等重点执法活动“130%”的叠加管理，全局执法问题发现率提升59%；制定“红橙黄”三色执法问题清单，根据发现的执法问题严重程度，分政务督导单、执法管理委员会督导单，纪检警务督导单；落实“四个当日”即当日检查、当日通报、当日整改、当日反馈中心发现的各类执法问题，确保问题当日结清。全年，累计发布通报380余次，发现整改接处警等各类执法问题3056个，当场指出并落实问题整改1543次。

【电子数据取证建设】 完成电子数据取证及实验室三级建设，通过2021年度司法部测评并获得证书，加大电子取证分析培训力度，邀请专业讲师授课，建设电子取证分析人才梯队。在侦办杭州野生动物世界危害公共安全案件中，成功提取相关电子证据，为案件定性提供核心证据。

【组建山地救援队】 10月，市公安局富阳分局在巡（特）警大队组建山地救援队，共30人，联动富阳狼群救援队授课教学，举行野外救援实战演练，提升特警应急处置能力。全年机动队全天候屯警街面，快速反应处置各类突发性、群体性及个人极端案事件，劝导和挽救欲轻生人员20余人。

【民警执法权威维护】 落实《公安机关维护民警执法权威工作规定》《浙江省公安机关维护民警执法权威工作实施办法》《全市公安机关维护民警执法权威工作实施细则》，实时掌握侵犯民警正当执法权威案件的发案情况，监督办案单位依法严肃查处，及时提醒相关单位并上门慰问被侵害民警。年内查处妨害公务（阻碍执行职务）案件41起，其中刑事案件7起、行政案件34起，刑事拘留7人、行政拘留30人、行政罚款9人、行政警告1人。维权慰问民警21人、辅警28人，发放慰问金3.4万元，督察正名受到不实举报投诉民警1人。

【投诉核查】 确定专职民警负责举报投诉核查，确保举报投诉事项在规定时间内办结。全年受理各类督察投诉94件，其中领导交办12件、“12389”投诉34件、信访转办10件、“110”投诉32件、来电投诉2件，其他4件。经核查属实1件、基本属实3件、部分属实8件、失实82件。

【公安队伍教育整顿】 落实从严管党治警主体责任，推进“正风肃纪”工程，加强“清廉公安”建设。抓实问题整改、常态严管、追责问责，持续开展队伍教育整顿活动及区委巡察问题整改工作，专项治理重点领域腐败和作风问题，全面查纠各类顽瘴痼疾，查摆整改问题289个。依纪依规处理54人，其中效能问责43人，党纪政务处分、处理11人，另禁闭2人、免职1人、撤职2人，双开1人，政治生态得到新优化。

【督察问责】 全年，开展公安队伍执纪监督、社会面基础管控等现场督察14轮次，出动督察警力220余人次，发布督察通报46期，督察警示5期，发现整改各类问题260余个，督促各基层所队自查自纠问题210余个，实施提醒纠正57人次，提出督察建议35条。举办网上督察实战轮训。

【辅警队伍建设】 全年新招录辅警83人，完成集中培训优化提升838人，整顿清退13人。10月，首次开展“双向选择、双向激励”辅警试岗淘汰模式，在岗辅警1300人被交流岗位115人。

【爱警暖警措施】 推出战前体检、“上门问诊”、“护心热线”、二级“家属联盟”、“家政应急帮帮团”、“少年警校”托管班、功模民警辅警子女统筹入学等暖警举措12项，常态化开展困难帮扶解困和关爱慰问，落实帮扶慰问资金80余万元，帮扶慰问290人次，其中互助协会85人次57.8万元，关爱警察基金会56人次15.3万元，工会149人次7.5万元。

（徐晓红）

检察

【概况】 区检察院受理审查逮捕案件373件551人，受理审查起诉案件1172件1513人。建立环食药、扫黄打非、网络赌博、电信诈骗等专业化办案组，办理“9·15”跨境网络赌博、断卡行动、“浙里贷”套路贷等专案。起诉区监委移送审查的职务犯罪案件11件11人，依托职务犯罪案件庭审观摩平台上好廉政警示教育课，发挥检察反腐败作用。获全国检察宣传先进单位等集体荣誉15项，个人三等功等荣誉37项。

【法治营商环境优化】 深化涉企案

件“双向保护”机制，制定《涉企刑事案件办理流程规范》，将涉案企业保护、企业止损避险作为涉案人员逮捕必要性和起诉必要性审查的重要考量因素，不捕2件2人，不诉8件9人。继续落实支持涉民营企业社区矫正对象从事生产经营活动的简化请假外出审批手续等措施。出台《关于在检察院设立法律援助工作站的意见》，成立区检察院法律援助工作站，组建“民营企业法律服务团”，为企业提供菜单式服务。

【未成年人权益保护】 严厉打击侵害未成年人合法权益犯罪，起诉侵害未成年人人身权利罪案件17件18人。坚持宽容不纵容，对未成年人犯罪案件作出不批准逮捕6人，相对不起诉15人，绝对不起诉2人。全面落实“一号检察建议”，深化未成年人权益侵害预防保护工作机制，建立“一站式”询问场所；办理涉未成年人公益诉讼案件，完善校园安全风险防控体系；通过法治进校园、庭审观摩等形式强化“两法”宣传。

【刑事检察】 出台《关于共同推进检察官办公室建设，加强检警协作与刑事侦查法律监督的工作意见》，提前介入引导侦查，优化行刑衔接机制，跟踪落实不起诉案件的行政处罚情况，有效提升“两项监督”质效。至年底，监督公安机关立案91人、撤案16人，追诉漏犯2人（数据以案卡系统查询为准）。探索建立“4+2”抗诉审查模式，有效减少抗诉案件“偏科”“漏网”。加大刑事执行监督力度，发出纠正违法通知书61件、检察建议13件。推进司法工作人员职务犯罪侦查，摸排市院交办线索2条。

【民事行政检察】 常态化开展员额法官民事案件抽查机制，通过再审检察建议方式作出生效裁判监督13件，做好当事人服判息诉，维护司法权威。开展民事审判活动和执行活动监督，向区法院发送并采纳检察建议25件。强化行政诉讼监督，办理行政生效裁判监督案件1件、行政审判程序和执行活动监督案件50件。以促进案结事了政和为根本，稳步开展行政争议实质性化解，化解行政争议4件。出台《关于加强行政检察与行政执法监督衔接工作的意见》。

【公益诉讼检察】 规范推进公益诉讼检察，办理公益诉讼案件66件，向行政机关发出检察建议60份，均获采纳，其中冷鲜禽食品安全行政公益诉讼案件获评最高检守护美好生活专项监督活动典型案例。在全省率先组织召开关于人行横道信号灯声响提示装置行政公益诉讼案听证会，检察建议提出的5处路口已安装智能声响提示装置，该做法获央视、《检察日报》等主流媒体采访报道。突出安全生产领域专项监督，聚焦消防安全、道路交通安全，办理行政公益诉讼案件16件，推动职能部门与乡镇街道联动履职。

【社会综合治理】 严格落实群众信访7日内程序性回复、3个月内办理结果答复制度，受理各类来信来访线索468件。深化司法救助助力脱贫攻坚，加强部门联动，关注贫困户、未成年人、残疾人等重点对象，注重在案件受理关口和办理环节寻找线索，办理司法救助案件22件，发放司法救助金29.6万元。探索打造“枫桥式”检察室，由新登检察室专门办理辖区轻微刑事案件，依托“办案+”模式内外协同联动机制和“矛盾纠纷最多跑一地”机制，促成刑事和解，推动矛盾纠纷就地化解。

【数字检察】 以《浙江数字检察建设“十四五”规划》《杭州市富阳区数字化改革总体方案》为指导，成立数字化改革领导小组，强化人才支撑，落实资金保障。全年开展检察技术支持办案215件次，远程提审、庭审300余次。探索开发建设刑事被害人权益保护数字平台、看守所“数字纠违”平台。

【富阳检察院品牌建设】 发挥检察主导作用，协同公安、法院落实好认罪认罚从宽制度，推进量刑建议精准化、智能化、规范化，优化司法资源配置、提高诉讼效率、修复社会关系。适用认罪认罚案件965件1171人，确定刑量刑建议提出率和采纳率均远高于全省平均水平。以人民群众法治需求为导向，聚焦法治建设热点、社会关注焦点、民生痛点难点，全面推进“两微一端”新媒体平台建设，创新培育富检新媒体品牌，成立壹检新媒体工作室，推出“拜托了，富检君”专栏，新媒体指数在全市、全省排名前列。

（傅杨丽）

2021年3月12日，区检察院在全省率先组织召开人行横道信号灯声响提示装置行政公益诉讼案听证会

（区检察院　供稿）

法 院

【概况】 富阳区法院全年受理各类案件 18173 件，审结 18131 件，一线法官人均结案 318 件，服判息诉率 89.64%，自动履行率 40.68%。诉源治理成效持续突显，收案数和一审民商事收案数实现连续 3 年同比下降。“八升五降”核心指标总分位列杭州地区法院第 6。获杭州市级以上集体与个人荣誉 11 个，其中全国先进 2 个。

【执法办案】 推进民事诉讼程序繁简分流改革，合理扩大独任制审理范围，严格限定适用标准，适用独任制审结案件 7138 件，平均审理天数同比缩短 5.56 天。简化庭审程序，完善诉调无缝对接，简易案件平均审理期限 36 天。提高小额程序适用率，引导当事人选择更加简捷、灵活的小额程序。强化民生权益保障，优化家事审判方式，稳步推进“家和智联”婚姻家事纠纷排查化解平台运用，妥善审结婚姻家庭纠纷 734 件。全力遏制家庭暴力，及时签发人身安全保护令，维护家庭和谐稳定。践行“我为群众办实事”，院领导下访接访 39 人次。常态化开展根治欠薪专项行动，帮助劳动者追回欠薪 880.21 万元。

【护航区域发展】 助推城市功能区块转型升级，妥善审理涉秦望、江南、银湖区块、渌渚循环产业园等拆迁类案件。探索“拆执破”衔接机制，妥善审理裕丰化学破产清算等案件 67 件，为产业强区腾出土地 13 公顷，五年累计 312 公顷。围绕共同富裕示范区建设和亚运会保障，开展涉诉信访积案清零工作。服务“六稳”“六保”，严格落实市中院执行管理规定，审慎适用保全等强制措施。深化行政争议化解“五化协同”机制，推进源头防范、实质化解，助推法治政府建设。全年受理行政案件 124 件，审结 121 件，协调撤诉案件 57 件，协调撤诉率 47.1%，行政机关负责人出庭应诉率 100%。7 月，区法院作为全市唯一一家法院在杭州市法治政府建设暨“两高一低”专项整治工作推进会中介绍经验。

2021年12月22日，富阳举办杭州市富阳区高质量建设“共享法院”推进会

（区法院 供稿）

【诉源治理】 深化“共享法庭”建设，推动诉源治理从“微法庭”向“共享法庭”升级。12 月，富阳区“共享法庭”推进会召开，累计建成“共享法庭” 362 家，其中富春家事“共享法庭”入围全省首批示范“共享法庭”，装饰装修“共享法庭”获新华社客户端报道。全年镇街村社“共享法庭”累计化解纠纷 2100 余起，行业特设“共享法庭”化解纠纷 1500 余起。诉前调解案件总数 10180 件，成功率 39.4%。在全市法院院长会议上介绍先进做法 3 次，相关成效经验获市委政法委书记许明批示肯定。

【法治营商环境】 参与营商环境改革创新试点城市建设，打通堵点，推进减时、降费、提质。深化破产案件简易审理，提高“办理破产”审理质效，破产案件平均审限 100.6 天，同比缩减 126 天。总结破产审判现代化的积极探索与成功实践，承办破产审判现代化与营商环境法治化杭州论坛。深入推进买卖合同专审，着力提升“执行合同”便利度，从快高效审结涉企纠纷案件，审理平均用时同比减少 16 天。营商环境测评涉法院指标获杭州地区综合排名第一。

【数字法院改革】 研发“办理破产一件事”数字化综合集成改革项目并纳入全省法院试点，推出金融风险监测预警系统、“云商法官”志愿服务平台，推进执行工作管理体系现代化，建立健全协助法院执行“一件事”联办机制，探索“网格员协助执行”。4 月，上线“执行管家”，通过线上执行服务菜单化，实现终本案件开放式、数智化管理，全方位提供执行终本案件后续服务，事项办理平均耗时 30 天，消化终本案件 697 件，执行到位案款近 2 亿元，被列为杭州法院推进“浙江全域数字法院”改革重点项目，成果获全市法治场景应用铜奖。

【维护公平正义】 落实宽严相济刑事政策，对在办 751 件案件适用认罪认罚从宽举措，依法高效惩治犯罪。维护经济安全和金融秩序，依法审理“浙礼贷”“车邦贷”华灿金融“蜂窝贷”非法吸收公众存款等涉众型经济犯罪案件，涉及金额 6.6 亿元。深入推进执行改革，优化“三三〇一”运行机制，完善分道、分类、分段执行办案模式，畅通案件流转，强化节点监管。开展案款清退专项活动，推进案款清退 12778 笔 9.57 亿余元。加大司法救助力度，发放司法救助金 24.5 万元，依法为当事人缓、减、免交诉讼费 113 万元，传递司法人文关怀。

（王泽烽）

司法行政

【概况】 2021年，富阳区获2020年度法治浙江先进区、2019—2020年度法治浙江示范区荣誉，“三级述法”等多项工作获《法治日报》、新华网等国家级媒体专刊报道，法治工作获国家、省、市各级领导批示肯定16次，司法行政工作获各级领导批示肯定、专刊报道23次。

【习近平法治思想学习宣传】 将习近平法治思想学习宣传贯彻纳入“八五”普法规划、年度法治工作考核，全面部署“六大专项行动”、社会矛盾纠纷多元化解、数字法治建设等工作，围绕省市“任务清单”细化工作任务88项、具体举措216项。加强习近平法治思想宣传，在全区20个国家级、省级民主法治村，138个法治文化礼堂等阵地中融入“十一个坚持”等内容。8月19日，贯彻习近平总书记在中央全面依法治国工作会议上的重要讲话精神任务交办会召开，部署任务清单推进情况；12月3日，邀请省司法厅党委委员、副厅长蒋建森为区委理论学习中心组（扩大）学习会作习近平法治思想专题讲座。

【第一责任人法治职责履行】 召开区委全面依法治区委员会第三次会议，审议通过法治富阳“十四五”规划，首次将区委书记听取执法、司法、守法、普法协调小组组长年度工作汇报纳入委员会制度安排；4月16日，杭州市委依法治市委员会第三次会议召开，富阳区委书记吴玉凤作履行推进法治建设第一责任人职责情况典型发言；3月10日，杭州市法治政府推进会召开，富阳区政府做典型交流发言；全年全区90个单位118名党政负责人作书面述法报告，市公安局富阳分局、春江街道负责人作口头述法；乡镇（街道）行政负责人实现年中、年末人代会（议事会）口头述法全覆盖。严格执行领导干部常务会议会前学法制度，区委理论学习中心组学法3次，区政府常务会议学法4次；组织全区市管干部和公务员参加网上学法考试，参考率和通过率均达100%，非人大任命领导干部通过任前考法92人。12月4日，在区法治文化公园开展宪法宣誓活动，150余名非人大任命领导干部和法院、检察院、公安局等部门代表集中宣誓。

【依法决策建设】 落实区政府常务会议重大行政决策、行政规范性文件、行政协议、重大历史遗留问题处置等合法性审核；全省首发《重大行政决策管理手册》，落实重大行政决策目录化管理，公布区级重大行政决策事项8项，指导24个镇街、18个部门公布决策事项45项，推进目录化管理全覆盖。制发2021年度政府法律顾问工作通报、合法性审核督办函，首发十大法律顾问典型工作案例，修订完善法律顾问考核管理办法2.0版，明确政府法律顾问服务内容新十条，法律顾问全年为各部门、乡镇街道出具合法性审查意见2019个，参与涉法涉诉、信访、复议诉讼等案件391次，提供有效法律意见656条。公证保障秦望安置房选签、选房工作，历时38天，确保5241户选房工作顺利完成。乡镇街道合法性审核制度获省司法厅党委委员、副厅长方腾高、蒋建森调研肯定，并获《法治浙江简报》2021年第1期刊文推广；“重大行政决策‘闭环式一体化’规范系统”纳入全省司法行政系统“最佳培育项目”；入围全省50篇政府法务工作典型案例3个。

【“两高一低”专项整治】 创新建立“五化协同”机制（区领导包案化解、涉案单位专班化解、风险提示联动化解、协调研判聚力化解、责任闭环倒逼化解），至年底，全区行政复议128件，发案量同比上年上升36.17%；诉讼124件，同比上年上升11.71%；复议纠错率12%、诉讼败诉率5.83%，复议纠错率同比上年上升3.43个百分点，诉讼败诉率同比上年下降3.04个百分点，位于8%警戒线以下。组建行政争议调解容错裁定委员会，梳理行政争议化解正面清单5条、行政案件败诉追责负面清单4条。召开全区行政败诉（纠错）案件集体约谈专题会议，全年共约谈涉案单位负责人44人次，向区纪委监委移送行政败诉案件问题线索2条。制发《信息公开案件百问百答》《乡镇综合执法文书范本》等系列规范化指引，其中迭代升级《违法建筑查处规范化指引》2.0版，获省委依法治省委员会全省发文推广。

【重点领域法治改革】 推进“大综合一体化”行政执法改革，成立“大综合一体化”行政执法改革领导小组，区委副书记任组长、常务副区长和分管副区长任副组长，组建工作专班，按照系统化谋划、数字化牵引、专班化推进、常态化联动、清单化管理工作机制，统筹推进区、镇街两级行政执法改革；推行乡镇（街道）法治化综合改革，制定《关于加强法治乡镇建设的实施意见》，富春街道为省级试点单位，场口镇、洞桥镇为市级试点单位，相关经验做法被《法治杭州简报》专刊报道；开展法治乡镇建设实地督察，督察内容包括法治乡镇建设、基层司法行政工作等，累计发现问题77个，督促相关乡镇（街道）限期整改；推动法治数字化改革，打造“1+3+N”多跨应用场景，“1”为1个智慧司法门户，为省内首个区县版司法行政数字驾驶舱试点，获评市委政法委“五阶”管理办法银奖，“3”为3个项目入围全省数字化改革重大应用“一本账S1”清单项目，即“富春微矫正”“行政争议全流程化解”“违建查处一件事闭环治理”，“N”为挖掘N个数字化改革场景建设。

【规范行政执法】 建立执法监督衔接机制，深化“1+2+4”行政执法监督模式，邀请两代表一委员、行政执法监督员对综合执法事项执行情况、重点领域执法案卷进行监督检查，全年对8个执法部门制发12份“行政执法监督通知书”，均已整改到位。严格落实行政执法持证上岗制度，动态调整全区行政执

2021年12月4日，富阳举行宪法宣传周暨“八五”普法启动仪式

（区司法局 供稿）

法主体与执法人员名单。组织全区各执法部门开展执法案卷评查，召开法治富阳（法治政府）专题培训班。

【社区矫正和安置帮教】 围绕部级“智慧矫正中心”创建目标，投入130余万元装修改建区矫正中心，实现分区规范、功能升级。制定社区矫正“两图一单”（职责清单、调查评估流程图、矫正工作流程图），实施“精准矫正”。至年底，全区在册社区矫正对象572人，刑释人员2611人，无脱漏管情况发生，社区矫正工作获省司法厅党委委员、副厅长劳泓批示肯定。

【基层调解】 健全调解、复议、诉讼有效衔接机制，推进人民调解、行政调解、司法调解优势互补、协调联动，完善专职人民调解员规范化程度，推动区人民调解委员会实体化运作，探索建立一批普调结合品牌工作室，形成具有富阳地域特点的“全要素、全口径”多元化大调解格局。全年全区各级调解矛盾纠纷12545起，调处成功率99.7%，涉及金额23.57亿元。

【“八五”普法】 启动“八五”普法，确立“全国依法治理先进区县”工作目标，提出智慧式、实践式、阵地式、联动式宣传方式，落实“谁执法谁普法”责任制。深化“十字金轴”沿江（沿地铁）精品法治路线三年行动计划，选取银湖街道梓树村等42个沿江（沿地铁）村（社），创建“枫桥式”司法所、普法阵地、样板法律服务点。至年底，全区共有国家级民主法治示范村2个，省级民主法治村31个，省级“枫桥式司法所”2家，杭州市级“文明规范公正司法所”8家。首创区、镇街、村社三级述法制度，构建“述—评—改”闭环机制，制发依法治村十大标准体系，相关工作获市委常委、宣传部部长戚哮虎，杭州人大常委会党组书记、主任李火林批示肯定，被新华网、中国普法等30余家媒体宣传报道，司法部《司法行政交流》、省委依法治省办《法治浙江简报》等专题刊文推广，成功入选杭州市首届十大法治实践。“七五”普法工作获省司法厅党委委员、副厅长劳泓，区委书记吴玉凤批示肯定，并获评全省依法治理创建先进单位。

【公共法律服务】 结合“法雨春风”“民呼我为”“千所联千会”等专项行动，开展服务企业“大走访”“大体检”，为企业决策、技术研发提供强有力的法律支撑。推进法律顾问“十个一”工作法，建成市场主体法律顾问服务网格341个，覆盖市场主体77104家。实施律师行业“扬帆行动”，全区律师参与区联合接待中心、区长公开电话等值班值守1055天（次），接待咨询6603人次。8家律所继续与省内7家优秀所开展结对帮扶；指导抱朴所成功创建杭州市规范化律师事务所，共成功创建6家；全区执业律师、公职律师、援助律师205人，全面建设小康社会评价指标中律师万人比达2.5。推行公证业务“零次跑”，获杭州市常务副市长戴建平，杭州市司法局党委书记、局长徐前批示肯定。

（汪泽成）

案 例

【抓获贷款诈骗引流团伙成员】 2月3日，市公安局富阳分局接公安部部推线索，富阳出现为境外诈骗团伙提供引流服务的违法行为。市公安局富阳分局立即周密部署，抽调刑侦、网警大队精细研判；摧毁位于富春街道宝龙城市广场的犯罪窝点，抓获以胡某某、陈某某为首的引流犯罪团伙成员6人，缴获作案电脑7台，作案手机19部。经审查，嫌疑人交代，是年1月，胡某某、陈某某通过线上招募人员，利用小众软件寻找买家，购买手机卡、电脑、手机等作案工具，租赁作案场所，组织团伙成员电话推广“京东金条”“百度有钱花”“海尔金融”等App，为境外贷款诈骗团伙引流，共获利6万余元。

【“96110”劝阻网络投资诈骗案件】 12月28日，市公安局富阳分局“96110”中心接群众来电，了解骆某通过某网络平台投资原始股，累计充值16万元。现平台系统出错，提现需完成系统推荐新股任务，骆某准备投入200万元。“96110”智呼专员判断此为典型的投资理财平台诈骗，通过开展电话劝阻、反诈宣传和民警上门劝阻，成功劝阻该起网络投资诈骗案件，挽回经济损失200万元。

【全省首起利用期货交易职务犯罪案件破获】 4月7日，浙江富冶集团有限公司负责人反映浙江富冶集团有限公司及子公司期货账户合法权益有被侵害可能，要求调查。受案后，办案民警赴上海期货交易所，了解期货交易相关知识和期货正常交易及数据行为方式，初步掌握浙江富冶集团有限公司及子公司期货账户存在异常交易及数据行为，即存在多个自然人账户与公司账户有过频繁的对手交易，其中一个自然人账户为该公司工作人员毛某伟。办案民警从上海期货交易所调取该公司及所有发生过自然人账户的开户地、开户身份，商请该所提供数据分析报告。分析调取数据发现毛某伟等多个身份均有关联性，系近亲戚关系；调取相关期货公司账户原始数据，发现开户人的影像资料、拍摄环境，登记手机，绑定银行卡等重要资料；调取相关银行卡交易明细分析资金流，确定资金来源和流向。综合上述证据锁定毛某伟系案件嫌疑人。办案民警将其带入公安机关审查。毛某伟交代利用公司期货部操作手职务之便，在授权操作公司期货买卖时，预埋控制多个自然人账户期货合约，进行违规操作，个人非法获利300余万元，造成公司损失1800余万元。民警及时冻结涉案银行卡、期货账户，查封非法获利出资购买的房产，追回全部非法所得。

【富阳区首起涉疫苗案件破获】2月8日，市公安局富阳分局接市公安局环食药支队线索：发现未曾在浙江地区工作生活的人员，在银湖街道受降社区卫生服务中心接种新冠疫苗，有违规接种嫌疑。经调查，查明嫌疑人张某（男，38岁，银湖街道人，杭州亿粒果贸易有限公司实际经营者）自上年12月起，委派手下人员陈某某（男，25岁，永嘉县南城街道人）联系中介，从出国中介公司获取将要出国人员58人，利用出国人员急需接种新冠疫苗的需求（浙江地区以外暂未放开新冠疫苗接种，而富阳可对属地企业员工或常住人口注射新冠疫苗），将58人挂靠到其公司名下，先后安排至富阳接种疫苗，收取每人每针1000～1900元费用，从中赚取差价非法获利5万余元。2月10日，嫌疑人张某、陈某某因涉嫌非法经营罪被依法采取刑事强制措施。

【重大危害珍贵、濒危野生动物案件破获】6月10日，市公安局富阳分局获取线索，暂住在富阳区富春街道的陆某在百度贴吧销售犀牛鬣蜥、辐射陆龟等国家珍贵野生动物，涉嫌危害珍贵、濒危野生动物罪。经排摸线索、调取视频监控，在陆某居住房间内查获国家一级保护动物犀牛鬣蜥5只、辐射陆龟2只，国家二级保护动物中美刺猬鬣蜥1只、豹纹陆龟2只。嫌疑人陆某因涉嫌危害珍贵、濒危野生动物罪被分局批准刑事拘留。

【全链条收网网络诈骗犯罪团伙】4月，市公安局富阳分局反诈中心发现辖区发生以“投资炒房”名义实施的网络诈骗案件。7月，依据前期研判信息成立专案组，分组前往湖南和广东等地实地侦查，秘密掌握嫌疑人详细身份、落脚点和活动规律。根据落地侦查情况，专案组制定抓捕方案，与当地警方沟通，明确讯问场所、支援警力。8月1日，市公安局富阳区分局抽调警力56人分赴湖南长沙、娄底、邵阳和广东广州、韶关等地集结待命。8月2日，二省五市同时集中收网，抓获嫌疑人44人，捣毁起初在湖南怀化，后转移至广东广州的网络诈骗犯罪窝点1个，扣押作案手机、电脑若干。经连夜讯问和甄别，刑拘涉及本地案件嫌疑人10人，对广州诈骗窝点内的其余人员移交广州警方处理。

【冷鲜禽食品安全行政公益诉讼案】1月，区检察院在“冷鲜禽”食品安全公益诉讼专项行动中发现，位于辖区某乡镇的家庭农场在某网络交易平台上注册店铺，发布“农村散养土鸡现杀冷链运输”等销售链接，页面显示所销售的“冷鲜禽”类月销量数百只，但缺少“一证两标”等检疫信息，可能存在食品安全隐患。1月27日，区检察院决定立案调查，1月29日，依法分别向区市场监管局和区农业农村局制发检察建议，建议对涉案家庭农场以及快递企业的上述违法行为依法进行调查和处理，强化“冷鲜禽”屠宰检疫、线上经营、运输等环节的监管。区市场监管局收到检察建议后，对涉案家庭农场进行现场检查并开展行政约谈，责令该农场立即整改，同时联合区农业农村局对辖区农产品第三方交易平台开展排查，督促平台建立畜禽初级农产品养殖户网络经营者清单、落实禽类产品入网经营者无证无照或无“一证两标”报告制度等。区农业农村局对涉案家庭农场立案调查，同时根据案件关联性责令涉案快递企业落实整改，规范收件查验工作，并联合区市场监管局开展专项行动，对3家大型农贸市场、58家畜禽企业开展检查。在检察机关推动下，区市场监管局和区农业农村局建立执法联动工作机制，开展线上线下联合监督执法，规范了相关责任主体的经营行为。该案获评最高检守护美好生活专项监督活动典型案例。

2021年1月27日，区检察院现场调查取证家庭农场销售“冷鲜禽”未按规定屠宰检疫、“一证两标”缺失情况

（区检察院　供稿）

【人行横道信号灯声响提示装置行政公益诉讼案听证会】 区检察院聚焦视障人员“过街难”问题，主动对接区残联、区无障碍办，明确辖区内视力残疾一级、二级人员主要分布地，联合浙江省盲人学校对137位在校学生开展问卷调查，论证点位设置必要性。3月11日，在全省范围内率先组织召开关于人行横道信号灯声响提示装置行政公益诉讼案听证会，邀请市人大代表、政协委员、无障碍环境设计专家等人士担任听证员，听取区无障碍办、区财政局、富阳公安分局等相关单位及视障人士代表等多方意见，并围绕盲人通行集中路段的认定、安装声响提示装置与噪声扰民问题的解决等开展论证与评议。各方就五个路口人行横道均需安装声响提示装置达成共识，区检察院当场向行政机关送达检察建议。4月29日，检察建议提出的路段路口成功通过智能化语音提示装置验收，有效解决特殊群体“过街难”问题。

【“非法电鱼”公开听证会】 8月31日，区检察院新登检察室召开首次案件公开听证会，公开听证审查两起非法捕捞水产品案，公安机关侦查人员代表、案发地胥口镇人民政府工作人员及市人大代表、区政协委员、区农业农村局工作人员参加。承办检察官介绍案情，公安机关侦查人员代表、案发地乡镇工作人员出具意见。听证员们围绕案件的社会危害性大小、犯罪手段的严重程度、当事人的认罪认罚态度等方面进行评议，同意检察机关对四名犯罪嫌疑人作出相对不起诉决定，并要求四名犯罪嫌疑人今后积极放养鱼苗，向周围的亲朋好友宣传国家的禁渔政策，弥补和挽回自己的行为造成的损失。

（徐晓红 傅杨丽）

【编辑 孙国明】

13 军 事
Military Affairs

人民武装

【概况】 富阳区人民武装部（以下简称区人武部）坚持以习近平强军思想为指导，坚决贯彻党中央和中央军委决策部署，紧紧围绕党在新时代的强军目标，全力加强国防后备力量建设，全面落实党管武装工作各项制度，在富阳区委区政府的有力支持下，围绕担负使命任务，维护辖区安全稳定，紧盯防疫安全工作，紧盯民兵整组任务，扎实抓好廉洁征兵工作，科学统筹，全力应战，有序推进各项工作和任务落实，被省军区评为民兵工作成绩突出单位。

【富阳区常委议军会议】 1月7日，富阳区委常委会召开议军会，研究讨论富阳区人民武装工作。区人武部部长牟永辉传达军委国防动员部贯彻落实民兵建设“十四五”规划任务部署会议精神，区委常委、区人武部政治委员王继刚汇报富阳区武装工作开展情况。

【区委武装工作暨国动委全体会议】 7月5日，召开区委武装工作会议暨区国防动员委员会第19次会议，区委书记、区人武部党委第一书记吴玉凤强调，要坚持党管武装，聚焦备战应急，全面提升国防后备力量建设水平，不断开创富阳武装工作新局面。宣读富阳区《关于表彰2020年度武装工作先进单位、先进个人的通报》和2020年度武装工作报告。富春街道、东洲街道、新登镇、湖源乡、万市镇作党管武装工作述职。

2021年3月24日，富阳区为立功受奖军人家庭送喜报

（区人武部　供稿）

【队伍建设】 2021年，区人武部加强干部队伍建设，落实干部半年讲评、专武干部阶段性工作讲评，组织专武干部参加省军区、警备区两级专武干部训练比武。坚持交班制度、24小时值班制度、职工绩效考核制度，抓实首长机关“月训三天、季考一次”训练制度，全年共完成首长机关训练480小时，现役干部和文职人员参训率合格率均达100%。

【民兵训练】 4月6—10日，区人武部组织区民兵集中训练，专武干部、民兵连连长、民兵教练员参加。集训以《军事训练监察条例》《民兵军事训练大纲》为依据，采取自学自训与集中组织的方法。5月18—22日，杭州市专武干部暨重点民兵分队干部骨干网上集练举行，设区民兵训练基地为分会场，全区部分专武干部、区民兵应急连排长以上骨干参加。5—6月，组织参加民兵专业分队跨区联训。6月8—13日，分两批次组织完成民兵共同基础训练。

【民兵组织整顿】 5月20—27日，区人武部对各乡镇街道进行民兵组织整顿进行集中点验，到点率95%以上，点到率100%。获浙江省军区组织民兵整顿专项检查全省第2名，受到省军区及杭州警备区表扬。

【国防动员潜力调查】 4月，富阳

区国防动员潜力调查按照“筹划部署、组织实施、实践运用、复盘总结”开展，其间完成市数据汇审、整改3次，获市国防动员委员会通报表彰。

【学生军训】 2021年，区人武部承担富阳区江南中学、黄公望中学等9所高中学校的军训任务，共动用教官176人次，完成7860人学生军训任务。

（潘 娇）

人民防空

【概况】 2021年，区人防办结合“3·1”国际民防日、“5·12”防灾减灾日、“9·18”事变纪念日等活动，发放防空防灾宣传手册2.5万余册，组织在校学生、社区居民、企业员工、商场员工共11场次计2.4万余人进行人员应急疏散演练，有效提升民众的防空防灾知识和技能。积极向各类媒体投送信息，人防工作信息及相关文章被《中国人民防空》杂志录用1篇，杭州人防网站及公众号录用23篇，富阳住建公众号录入25篇，浙江新闻客户端录入1篇，《富阳日报》录入2篇，富阳发布及富阳新闻网录入1篇，富阳电视台报道1次。警报试鸣日前后3天，共通过便民信息服务平台向社会各界发送防空防灾宣传信息累计20余万条。

【人防应急指挥保障】 2021年，区人防办在疫情期间、梅雨汛期、台风灾害天气等时期，积极做好警报应急准备，充分发挥设备优势，应急通信指挥车及时保障抢险一线指挥。

【人防行政审批】 2021年，区人防办严格按照人防相关法律法规和省、市人防办审批要求，做到依法规范审批，严格按程序操作。

【人防工程管理】 2021年，区人防办区人防办组织工程使用单位进行人防工程管理员培训，取得工程管理证书256人；加大对人防工程和设施的巡查力度，落实日常维护管理责任。至年底，随机巡查单位221个，下发整改通知单18张。从检查的情况看，全区结建防空地下室工程安全和设备使用情况基本良好。

（赵心露）

退役军人事务

【概况】 完成投资360万元金家山革命烈士纪念碑维修，全年累计接待祭扫市民和学生2000余人次。安排25万元专项资金完成6个乡镇的9个烈士墓的维修，安排10.6万元专项资金用于零散烈士纪念设施日常管护。完成春江街道孙关顺烈士报批，确认孙关顺、喻其珊等烈士安葬地信息。开展烈士遗属关爱工作，“八一”、春节、清明等重要节日走访慰问烈属142人次；组织社会力量为烈属检修水、电、气，确保平安过年；烈士纪念日，邀请6名烈属代表参加全区的纪念活动；组织10名烈属赴广西防城港烈士陵园祭扫徐法祥、许早成、金锦泉、罗云水4位烈士。组建以烈士纪念设施讲解员和英模代表为主的宣讲团，通过“进机关、进社区、进企业”开展英烈宣讲20余场次，听众1000余人；组织参加杭州市英烈事迹讲解比赛，分获二、三等奖，综合排名位列区县第一；联合区教育局等单位，通过开展英烈进校园、开学第一课等形式，宣传英烈精神。清明节期间，组织开展“你为国尽忠，我为你尽孝”的为烈属服务活动。

【优待优抚】 2021年，全面落实优抚对象优待金与杭州主城区同城待遇。接收审批伤残和带病回乡等各类身份人员16人，发放在乡老复员军人、带病回乡退伍军人、参战参试退役人员等优抚对象生活补助，伤残、三属抚恤金，伤残、“三属”死亡抚恤，60周岁以上农村籍退役士兵老年生活补助费，病故军人一次性抚恤金，烈士遗属异地祭扫费。对重点优抚对象实施医疗保障经费。向义务兵父母发放义务兵家庭年优待金。开展困难退役军人帮扶援助工作，发放救助金、慰问金。列支经费，征集社会化优抚项目6个。

【接收安置】 2021年，完成秋冬季退役士兵接收安置及审核工作，完成军转干部、转业士官接收报到、档案考核与理论考试等工作，安置军转干部、转业士官。组织退役士兵参加成人学历教育培训。举办退役士兵专场就业招聘会3次。

【服务站体系建设】 2021年，推进退役军人服务站规范化建设，实现服务保障体系建设“从有到优”。全年共有259个服务站创建“全国示范型”，33个服务中心（站）创建“全省枫桥式”，区服务中心分别获评“浙江省服务保障体系建设先进单位”“富阳区模范集体”，新登镇、银湖街道受降村2个单位获评“浙江省红色精品服务站”。

（沈娜 李彩云）

【编辑 何开城】

2021年4月2日，区退役军人事务局开展“你为国尽忠，我为你尽孝”活动

（区退役军人事务局 供稿）

14 农业·新农村

Agriculture and New Countryside

● 打造现代版富春山居图

综　述

【概况】 全区全年实现农林牧渔业总产值 69.3 亿元，增幅 2.7%；农业增加值 49.9 亿元，增幅 2.2%。农村常住居民人均可支配收入 42051 元，增幅 10.4%。

【新时代美丽乡村建设】 全区全年各类美丽乡村创建总投资约 11.5 亿元。启动创建新时代美丽乡村 98 个、现代版富春山居图美丽乡村标杆点 15 个和标杆线 2 条。完成新时代美丽乡村创建 83 个，打造完成标杆点 10 个和标杆线 2 条，打造洞桥镇“人文贤德”市级风情小镇项目建设、万市镇方里村等市级精品村 8 个，完成常绿镇大章村省历史文化（传统）村落保护利用重点村项目建设，完成场口镇上图山村省历史文化（传统）村落保护利用一般村建设；成功申报认定省新时代美丽乡村精品村 23 个、省新时代美丽乡村达标村 90 个、省特色精品村 5 个、省级示范乡镇 2 个。富阳获评 2021 年度全省深化“千万工程”建设新时代美丽乡村（农村人居环境提升）工作优胜区。

【农村人居环境提升】 制定和编印富阳区现代版富春山居图美丽城乡建设标准体系，完善“十不允许”“十相联治”标准要求。参与制定高水平打造“最清洁”乡村环境行动方案，围绕“三清理三整治三提升”标准要求，每月开展专项督查检查工作，全区农村环境面貌得到较大提升。开展 2021 年度城乡公厕服务大提升，完成富春街道宵井村杭派民居公厕等 3 座农村公厕的新建、提改任务，成功申报认定春建乡咸康村骑行绿道公厕等省级示范性农村公厕 3 座、常绿镇黄弹村石梯公厕等省级星级农村公厕 12 座。

美丽经济

【农业产业】 全区有农业龙头企业 141 家，其中省级 7 家、市级 60 家、区级 74 家。全年新增杭州市级农业龙头企业 7 家、区级农业龙头企业 7 家，全区农业龙头企业固定资产总值 83.4 亿元。

【民宿经济】 全区有民宿经营户 619 家，其中民宿示范村（点） 71 个。全年民宿累计接待游客 38.6 万余人次，经营收入达到 5230 万元。

【农村电商】 全区有农产品线上电商 621 家，电商专业村 6 个，全域农村电商全年销售额突破 8 亿元，同比增长 8% 以上。富春山居农产品品牌馆搭建线上线下“富春山居”农产品销售网络，通过乡镇专场、抖音直播、销售比武等形式，创新“直播带货”新模式，年度直接销售额突破 1000 万元，带动销售突破 3000 万元。

湖源乡龙鳞坝

（区农业农村局　供稿）

【美丽经济项目招商】 建立全区农业农村招商资源库，指导开展美丽经济项目招商，全区各乡镇（街道）共有新招引或在谈美丽经济项目47个，在建或意向投资额33.4亿元。

【“富春山居”区域品牌】 举办农产品包装设计大赛、云上年货节等活动，培育“安全、优质、绿色”的农业品牌，助推农业转型升级、提质增效。全年组织外出参展6次，参展企业40余家（次），永昌臭豆腐获浙江省首届乡村美食技艺比赛“农家特色小吃金奖（全省共20个）；东坞山豆腐皮和杭州上臣食品有限公司的手剥巴西松子获2021广州国际农产品博览会金奖。培育市级乡村产业技能大师6人，技能大师工作室3个，培育农创客人才320人。

【农事节庆活动】 举行“味道山乡”活动，全年共举办新登半山桃花节、富春山居斗茶大会暨拔山开茶节、富春江开渔节、永昌竹文化旅游节、渔山稻香节等农事节庆活动11个，带动当地餐饮、民宿、农产品销售、农事体验等产业发展，乡村旅游接待人次突破1000万人次，经营总收入突破10亿元。“富春山居·味道山乡”精品线路入围2021年浙江省100条休闲农业与乡村旅游精品线路，“富春风潮”农旅线路入围杭州市10条红色乡村精品线路。

【区域联动组团发展】 以“把味道山乡做成综合性产业品牌”为目标，挖掘葛溪流域文化资源，提炼山乡文化、传统风俗，推进葛溪流域组团发展，新发展“我在富春山乡有个家”代言家庭53户，带动农户就业1200余人，累计接待游客超过230万人次，实现乡村旅游经营收入超过1.1亿元。

农村经济管理

【精准帮扶】 出台《关于杭州市富阳区进一步扶持低收入农户增收的实施方案》，全区全年低收入农户养殖生猪300余头，开展来料加工500余人，吸纳就地就近就业近900人次，低收入农户人均可支配收入22290元，增幅12.3%。以全省低收入农户帮促数字化系统迭代升级为契机，将数字化改革贯穿巩固拓展脱贫攻坚成果同乡村振兴有效衔接，推进多部门多场景系统数据共享共建，打通民政等20个部门60项数据壁垒，深化低收入农户常态化管理。做好区县（市）协作，拨付桐庐县协作资金2000万元，会同拱墅区、滨江区完成4亿元产业转移投资任务。做好四川省德格县帮扶，协助德格县完成德格县更庆镇八一桥村乡村振兴村建设，康巴文化博览园项目建设（完成建设“非遗”及民族手工艺等展览、展示、展销中心共5900平方米和配套基础设施）。强化“山海协作”和省级帮扶，推进淳安县郭村村小蚕养育房改造提升工程、农副产品交易中心建设工程、缙云县周村村精品民宿等项目建设。

【集体经济发展】 全区全年288个村（社）集体经济年收入11.8亿元，增幅13.31%，经营性收入9.02亿元，增幅17.89%；经营性收入30万元以上的村社288个，占比100%，经营性收入50万元以上的村社达273个，占比95%，超额完成省、市有关考核任务。出台富阳区《关于实施村级集体经济巩固提升三年行动计划的意见》，实施“村企合作”三期工程，新增投资9000万元，累计投资2.71亿元，每年为164个村创收2710万元。与富阳农商银行签订新一轮战略合作协议，为村集体经济巩固提升项目提供LPR最优利率，建立128个村级金融服务点，每年每村可增收10万元。通过村庄经营、职业经理人、金融强村、飞地抱团、社企合作等举措推动镇村两级因村制宜、一村一策，盘活闲置资产资源，使村集体资产变资金，建立长效增收机制。

【“三资”管理】 推进省农村集体经济数字管理系统使用。6月，上线富阳区农村集体经济数字化管理系统财务模块；10月，完成基础数据归集，录入人口信息65.69万人，覆盖率达117%，标签完整率100%；全年审批通过59645笔，涉及金额40.79亿元，成功支付37734笔，涉及金额7.41亿元。申报省清廉村居建设示范标杆培育对象，富春街道宵井村、银湖街道唐家坞村获评2020年度杭州市清廉村居特色样板，有效激活区、镇、村三级监督力量，推动清廉村居建设。完成全区288个村（社）审计，审计金额121.09亿元，组织村级财会人员数字系统培训3期380余人。

【土地“三权分置”改革】 开展土地确权“回头看”，修订确权错误信息1285户，补发权证1285本，接待调处解决土地矛盾纠纷50余件，现场答复30余件、实地走访调解10余件，调解土地纠纷仲裁案1起。推进土地适度规模流转，土地流转率达68%，累计流转面积1.05万公顷。开展土地规模流转奖补，做好土地流转合同规范化管理，新增整村流转项目1个，适度规模流转项目63个，面积951.56公顷，发放补助金额约209.995万元。

种植养殖业

【粮油生产】 全区粮食生产总面积15340公顷，总产10.08万吨。

【救灾种子储备】 全区救灾种子储备61吨，其中小麦种子8吨、早稻10吨、晚稻30吨、杂交稻5吨、杂交玉米3吨、大豆5万吨；发放救灾种子7.93吨。

【茶叶生产】 全区茶园总面积4640公顷，采摘面积4133公顷，茶叶总产量2523吨，总产值61837万元；名优茶产量1928吨，同比增长7.9%，名优茶产值60521万元，同比增长6.8%。

【蚕桑生产】 全区桑园面积90公顷，饲养蚕种675张，生产蚕茧

34.34 吨，蚕桑产值 152.46 万元。

【水果生产】 全区水果种植面积 4515 公顷，其中园林木本水果 3404 公顷，草莓、西甜瓜 1111 公顷；水果总产量 72400 吨，总产值 44732 万元，分别比上年增长 0.9% 和 2.6%。

【中药材生产】 全区中药材面积 188 公顷，总产量 154.44 吨，总产值 2293.4 万元。

【蔬菜生产】 全区蔬菜面积 11127 公顷，产量 42.0801 万吨，产值 10.67 亿元，其中食用菌产量 1141.5 吨，产值 2355 万元。

【畜牧生产】 全区生猪存栏 6.14 万头，同比下降 31.93%，出栏 13.95 万头，同比增长 1.6%。家禽存栏 73.82 万羽，同比下降 16%，出栏 149.31 万羽，同比下降 44.26%；禽肉产量 2800 吨，同比下降 33.68%，禽蛋产量 2807 吨，同比下降 18.94%。羊存栏 1.42 万只，出栏 1.91 万只；兔存栏 4.2 万只，出栏 17.06 万只。

【渔业生产】 全区淡水养殖面积 2497 公顷，与上年基本保持不变，水产品总产量 19430 吨（养殖产量 18408 吨、捕捞产量 1022 吨），增幅 4.87%；渔业总产值 46260 万元，增幅 9.19%。主要养殖品种有异育银鲫、三角鲂、白鲈、青虾、罗氏沼虾、小龙虾、黑斑蛙及“四大家鱼”等品种，主要养殖模式有池塘多品种混养、池塘循环水养殖 + 休闲渔业、稻渔综合种养、养殖尾水治理等模式与技术。

【竹产业】 竹材产量达 1098 万株，年产值 0.88 亿元，与上年相比基本持平；鲜笋产量 15.1 万吨，与上年相比增长 5.59%；竹产业一产产值 8.3 亿元；竹产业综合产值 18.08 亿元，与上年相比基本持平。

【木本油料】 香榧总面积 2860 公顷，投产面积达 1150 公顷，干籽产量 430 吨，产值 8700 万元，同比增长 11.5%；山核桃总面积 1500 公顷，投产面积 1000 公顷，干籽产量 280 吨，产值 2800 万元，与上年相比基本持平；油茶总面积 350 公顷，干籽产量 100 吨，同比增长 0.25%；新增“太秋”新品种甜柿 33 公顷，全区甜柿栽培面积 133 公顷，其中太秋甜柿亩产效益 2 万元以上。

【花卉苗木】 全区因非粮化整治等，花卉苗木面积、产值均有下降。花卉苗木实有面积 1894 公顷，同比下降 24.8%，产值 2.512 亿元，较上年下降 42.5%。

林　业

【森林质量提升】 构建高效稳定的森林和湿地生态系统，通过战略储备林、美丽生态廊道建设，采用卫生伐、割灌除草、抚育加补植、人工造林等措施，提升林分蓄积、碳汇能力，美化自然景观、增强生态安全，完成森林抚育 340.6 公顷，为计划任务的 102%，完成对前两年的珍贵树种 332 公顷基地的抚育。

【林区基础设施提升】 开展全区林道通行安全隐患排查整治，全面排查全区在册林道 980 条隐患，闭环整治监管重点隐患林道 107 条；完成林区道路硬化提升 12 条 8 万平方米，登山道路挖掘提升工程 3 条，有效改善林区基础设施和生产条件。

【一村万树创建】 以“一村万树”五年行动为抓手全域提升乡村绿化美化水平，为推进美丽乡村和“大花园”建设提供有力的生态支撑，全年创建“一村万树”示范村 3 个。

【一亩山万元钱新模式】 全年承担中央、省及区本级林业科技推广项目 7 个，推广实施“一亩山万元钱”高效林业新模式，重点发展林下种养殖循环发展立体林业、新品种引种和高效栽培新技术应用等，努力建设一批亩产超万元的林下经济示范基地，不断提高林地综合利用率和产出率。全区完成省下达“一亩山万元钱”任务 1863.3 公顷，其中新建培育 410 公顷，辐射推广 646.7 公顷，巩固提升 806.6 公顷。实现产值 2.02 亿元，其中增加值 0.64 亿元。

【百万亩国土绿化】 全区完成各类新造林 428.5 公顷，占年度任务计划的 107%，完成造林更新数据“落地上图”、杭州市珍贵彩色示范林 2 公顷。

【森林生态文化】 弘扬森林生态文化，通过珍贵树种进社区、进乡镇，省调控苗发放，省市区联动亚运林义务植树、区四套班子领导义务植树活动、各乡镇义务植树认建认养建设活动等一系列平台和载体，丰富义务植树尽责形式。全区参加植树人数达 43 万人次，种植珍贵树种 98 万株。湖源乡、常安镇获得省级森林城镇称号，万市镇杨家村获得省级森林人家称号。

【“战略合作”工程】 2021 年是第一轮战略合作工作收尾年和第二轮战略合作启动年，完成 3 个林木特色村建设的验收收尾，建成新增“一亩山万元钱”创新示范基地 8 个，合作建成甜柿、香椿新优林木种苗基地 2 个，合作承办全国甜柿大会；完成新一轮战略合作工作协议签订，共同推动富阳林业在“增长”“增值”“增效”三方面发力，形成全国层面国家林业科研机构与地方实效先进的合作模式。

【义乌森博会】 11 月 1—4 日，第十四届义乌国际森林产品博览会在义乌国际博览中心举行，富阳区农业农村局组织 11 家本地企业参加，参展展位 30 个，展示产品包含竹木家具、香榧、甜柿、种苗、盆景、炒货和根雕等近百个种类，其中获得森博会金奖企业 7 家。

农业产业化

【概况】 全区全年完成杭州市“菜篮子”工程建设项目 6 个。完成省

2021年9月26日，富阳区场口镇早稻收割

（农业农村局　供稿）

级美丽生态牧场2个。完成农业产业项目162个，其中省级项目2个、市级农业项目31个、区级项目129个。通过“富阳区支农项目库”录入项目142个，其中产业发展项目92个、基础设施建设项目10个、生态项目14个、杭州市指导性任务26个。开展杭州市级和区本级粮食生产功能区项目建设8个，完成133.33公顷粮食生产功能区提标改造任务指标。对全区10894.18公顷耕地按每亩118.94元进行补助，惠及农户8.73万户，补助资金1943.7万元。

【规模种粮（油）大户】 全区规模种粮（油）大户200个，大小麦种植面积1202.85公顷，早稻种植面积185.6公顷，单季稻种植面积2862.88公顷，连作晚稻种植面积179.61公顷，油菜种植面积244.8公顷，旱粮种植面积126.77公顷，拨付补助资金2552.07万元。

【粮食高产示范】 全区建设省级超级稻千公斤攻关百亩方1个、省级水稻绿色高产高效创建千亩示范片6个、市级水稻绿色高产高效创建百亩示范片2个、区级早稻绿色高产高效创建百亩示范片2个、区级晚稻绿色高产高效创建百亩示范片2个，共计拨付补助资金88万元。

【蔬菜之王】 1月8日，富阳区场口镇场口村的滕雁鸣所种植的冬瓜，长161厘米、腰围194厘米，重量为221.4千克，获“最重的冬瓜”吉尼斯世界纪录称号。

【高标准农田建设】 全区全年安排资金3500万元，完成新建高标准农田6000公顷，新建机耕路17千米，沟渠35千米，机埠、小堰坝、下田道等设施820多处。

【农田质量提升】 全区全年投入资金560余万元，完成常安镇200公顷中低产田改造，新建排渠2.8千米，灌渠1.5千米，机耕路4.3千米，改建机埠2座、下田道28处、涵洞3处。

【垦造耕地后续管护】 完成新垦耕地商品有机肥配送项目116个，实施面积461公顷，共增施商品有机肥8387吨，补助853.9万元；实施东洲街道红旗村新垦耕地等杭州市新垦耕地后续管护示范项目9个，面积66.67公顷，共计投资200万元，补助资金138.4万元。

【精品渔业基地建设】 创建省级渔业健康养殖示范县，实施省级高质量专项资金项目35个，市级“菜篮子”水产基地建设项目6个。通过渔业高质量项目推进，夯实渔业基础设施，完善养殖塘渔业生态环境，加快渔业转型升级，形成一批基础设施较好、设施设备完善、养殖经济效益显著、一产三产融合发展的渔业精品基地。

农业机械

【农业机械监督管理】 申请和受理补助高耗能农业机械86台，报废更新补助65.24万元。结合安全生产检查，提供免费实地检验服务，检查290家次，免费实地检验农业机械601台。开展已注销未解体上道路拖拉机及外籍拖拉机清理、劝退，清理已注销未解体上道路拖拉机471台，劝退或解体外籍拖拉机43台，淘汰报废农田作业拖拉机与收割机67台，淘汰老旧炒茶机等其他农机具3000台。发放农田新牌证51副，注销牌证227台，拖拉机驾驶员换证16本，注销驾驶证447本。开展拖拉机和联合收割机驾驶人考试2期，通过考核59名，举办农机安全生产教育培训1次，共计80余人次参加。

【农机具推广】 完成农机购置补贴资金656.872万元（其中中央资金609.767万元、省级资金18.46万元、区级配套资金28.645万元）。通过购机补贴政策购买各类农机具2779台套，受益农户（经营组织）1721户。完成创建市级“平安农机”示范合作社1家，完成创建农机综合服务中心1家。

农业生态环境与安全

【无规定马属动物疫病区建设】 对照农业农村部96项评审标准制定指导和检查方案、组建工作专班，全面掌握马属动物疫病状况。制定2021年度监测、免疫方案，开展区域内马属动物疫病流行病学调查，完成2300余份马属动物及易感动物样品送样检测和马属动物日本脑炎和马流行性感冒强制免疫工作。建立动物防疫联场带户监管责任，落实区、镇两级应急队伍263人，实现马属动物疫情网格化管理和监督巡查制度，共巡查500余场次。与区亚保办对接做好亚运会现代五项项目比赛马匹管理。组织全区畜牧专管员和养殖场户集中培训、会议等45次，培训人员744人次，发放应知应会、自编宣传海报等资料2000余份，进行媒体宣传15次。11月12日，农业农村部专家组完成书面和现场评审。

【动物尸体无害化处理】 全区全年病死动物收集、暂存设施的病死畜禽无害化处理收集体系平稳运行，共有公共收集点3个、生猪保留场和屠宰企业病死畜禽无害化暂存库24个、畜禽无害化收集冷柜暂存点17个。养殖环节共处理病死猪12987头、犬219只、繁殖废弃物产品6727.5公斤，罚没动物产品369公斤；屠宰环节无害化处理病死动物及病害、不合格产品病死猪554头，肉牛8头，家禽14894羽，病害动物产品23.1吨。

【粮油病虫害防治】 全区农作物病虫害总体中等发生态势，其中草地贪夜蛾偏重发生，水稻褐飞虱中等偏轻发生，稻纵卷叶螟中等发生，局部大发生；纹枯病偏重发生，虫害重于病害，草害继续成为粮油作物稳产高产的主要障碍。全区粮油作物病虫草鼠害发生面积91533.3公顷次，其中虫害43333.3公顷次、病害16866.6公顷次、草害18666.6公顷次、鼠害10533.3公顷次，农田螺害2133.3公顷次。综合防治面积110800公顷次，其中虫害43333.33公顷次、病害31333.3公顷次、草害24000公顷次、鼠害10000公顷次，挽回粮食1.72万吨、油料0.232万吨，损失粮食0.24万吨、油料0.033万吨。

【省农作物病虫监测网富阳区域站建设】 省农作物病虫监测网富阳区域站正常运行，全年发布《病虫情报》12期，情报准确率95%以上，防治信息通过农民信箱、富阳区病虫防治信息交流群实时传送，辐射普及面均达到100%，全年未出现技术性责任事故。

【化肥零增长】 继续开展测土配方施肥技术全域推广，测土配方施肥覆盖率达90.15%；全年推广使用缓控肥807.4吨，施用面积1813公顷，推广补贴商品有机肥4960吨，施用面积400公顷，推广新型水溶肥32吨，施用面积41公顷，建设省级水稻化肥减量增效示范区3个133公顷。

无人驾驶拖拉机
（区农业农村局 供稿）

【农药零增长】 建立省级绿色防示范区2个，全年完成农作物病虫害绿色防控应用面积7333公顷。培育统防统治示范性服务组织6家，其中通过杭州市级认定4家，通过区级认定2家，全年统防统治推广面积7000公顷。设立农药废弃包装物回收点90个，回收57.9吨，处置52.04吨，回收处置率在90%以上。

【氮磷生态拦截沟渠建设】 完成灵桥镇江丰村、外沙村2条生态拦截沟建设，总投资60万元，建设长度超过2000米。

【沼气安全生产】 开展沼气工程日常巡查，全年落实检查沼气设施52处，排除安全隐患9处。

【农作物秸秆禁烧和综合利用】 通过农民信箱发送禁烧短信提醒30余万条，电视台宣传30次，分发秸秆利用和禁烧告知书0.9万份。开展秸秆禁烧巡查，移交问题线索7条。推广秸秆还田、稻草大田栽培食用菌、桑（果）枝条栽培食用菌等生产技术，开展秸秆产生物质颗粒燃料、有机肥等资源化利用，扶持建设年均消纳农林废弃物2000吨以上的生物质颗粒燃料企业2家，有机肥生产加工企业2家，食用菌生产基地1家，年消纳农作物秸秆1.38万吨。

【农村灭鼠】 组织开展春季全区农村统一灭鼠工作，购置毒饵母液200千克，配置饵料2万千克，在4月20日至4月25日期间累计投放面积1.73万公顷。

【土壤肥料检测】 完成土壤及植物样化验5324项次，其中土壤容重400项次、土壤速效钾353项次、土壤阳离子298项次、土壤水溶性盐295项次、土壤有机质543项次、土壤有效磷330项次、土壤全氮330项次、土壤pH504项次，植物全氮654项次、植物全磷809项次、植物全钾809项次、整理土壤样本5500个。

【耕地质量监测】 开展耕地质量监测，完成19个农田土壤污染常规（综合）监测点、4个长期地力监测点、8个富阳区农业面源污染监测点、32个环太湖流域监测点及31个省级高标准农田建设区、粮食功能提标改造项目区监测点的样品采集与分析，编制完成《富阳区耕地质量报告》。

【中轻度污染农田安全利用示范】喷施水稻叶面肥 1986.67 公顷次，开展 30 个受污染耕地安全利用不同模式示范区建设，面积 1000 公顷，继续做好新桐、环山、常安 3 个土壤污染综合防控试验站相关试验，提升新桐试验站基础设施，建设试验小区 90 个，面积 0.47 公顷；继续与中国科学院植物研究所合作，实施“浙江省杭州市富阳区水稻镉污染分子标记快速预警模型构建与验证”项目，发表国家核心期刊论文 2 篇，同时通过积累品种替代、土壤酸化治理、土壤改良、淹水灌溉等技术，实现全区受污染耕地安全利用率 93.68%。

【渔业生态保护】落实《加快推进水产养殖绿色发展的实施意见（2019—2022 年）》文件要求，开展省级水产健康养殖示范场创建、池塘生态化改造、养殖尾水治理示范点建设、水产养殖用药减量行动等工作。成功创建省级渔业健康养殖示范县，完成省级水产健康养殖示范场创建 7 家，实施养殖尾水“三池两坝”治理示范点 14 个，治理水域面积 90 公顷，实施生态尾水治理示范点 37 个，治理水域面积 170 公顷，池塘循环水尾水治理示范点 20 个，实施稻渔综合种养面积 127 公顷，建立示范基地 6 个，落实水产养殖用药减量示范点 20 个等。通过示范县创建，持续探索渔业绿色高质量发展路径，重点把机械化、数字化应用于渔业生产中，不断提高水产养殖主体的核心竞争力，加快渔业转型升级和绿色发展，努力打造水产养殖绿色发展“富阳样板”。

【农产品质量安全检测】全年共完成定量检测 1894 批次（农产品 900 批次、林产品 188 批次、畜禽产品 657 批次、水产品 149 批次）合格率 99.1%，完成定性检测 27294 批次，合格率 99.9%。

【“三品”基地建设】全年新增绿色食品认证 6 个，无公害农产品 8 个；完成 27 家无公害农产品、5 家绿色食品续展；全区拥有有效期内的无公害农产品 125 个、绿色食品 36 个、有机农产品 6 个。

【古树名木保护】为全区古树名木保护单位提供技术指导，在病虫害防治、保护方案等方面全年开展技术指导 40 余次。完成 28 棵古树保护工程，完成 8 棵古树修枝项目。

【湿地公园建设】做好湿地保护管理各项工作，确保湿地面积不下降、湿地功能不减退、湿地生物多样性不减少。协同市生态环境局富阳分局等单位开展湿地保护宣传活动，倡导加强生物多样性保护。2 月 2 日“世界湿地日开展以湿地与水——同生命，互相依”为主题的世界湿地日宣传活动，通过微信公众号、电视、广播等途径向广大群众宣传湿地的功能、湿地资源的现状、保护湿地的意义等。加强对湿地公园特别是咕噜咕噜岛湿地公园的监管力度，进行现场监督检查。对阳陂湖湿地公园、富春湾新城湿地公园等重要湿地的建设进度及时跟进。阳陂湖湿地公园已完成一期建设且正在申报省级重要湿地，二期建设正在实施中。

【野生动植物保护管理】依托爱鸟周、野生动植物保护宣传月等主题活动，通过电视台、报纸、微信公众号、现场活动等方式开展形式多样、内容丰富的宣教活动，从而提高群众对野生动植物保护的思想意识。开展各类宣传教育活动 26 次，宣传教育超过 20 万人次，发放各类宣传手册 8000 余份。全年收容救护野生动物 95 只，其中国家重点保护动物 41 只。

【渔业管理】加强水生生物资源养护工作，全年“一江十溪”增殖放流三角鲂、翘嘴鲌、马口鱼等，共 910 万尾。开展水生野生动物保护宣传活动 2 次，发放相关资料 200 余份。做好浙江省级种质资源保护区日常管理维护；退捕 6 名高龄渔民并发放相应补贴，落实政策性保险工作，维护渔民权益。

【禁渔期管理】3 月 1 日零时起至 6 月 30 日零时在富春江富阳段（东起东洲街道五丰村，西至渌渚镇新港村港东自然村）、渌渚江、葛溪、壶源溪、大源溪 4 条支流实施为期 4 个月的禁渔期制度。

【重大动物疫病防控】免疫注射生猪猪瘟、猪口蹄疫、禽流感等动物疫苗 132.99 万头（羽）次，采集各类监测样本 6549 份（套），检测样品 2274 份。

【森林病虫害防治】完成松材线虫病除治面积 6066.67 公顷，清理疫木及枝桠 7000 吨，疫情发生面积与枯死松木数量双下降。做好山林食叶害虫疫情防控，及时监测、除治、因地施治，运用绿色防控技术，保护山林资源 3266.67 公顷。

【产地检疫与调运检疫】发放产地检疫合格证 5 份，其中油菜种子 1 份，6.8 公顷，10100 千克；水稻苗 4 份，95.8 公顷，113130 千克。发放调运检疫证 38 份，其中水稻种子 30 份，90806 千克；草莓 2 份，80000 株；大豆 3 份，1450 千克；油菜 1 份，2400 千克；玉米 2 份，490 千克。签发森林植物检疫证书 2940 份，其中省内 741 份，省外 2199 份。

【重大植物疫情防控】设立重大农业植物疫情监测点 24 个，重点监测梨树疫病、葡萄根瘤蚜、稻水象甲、红火蚁等列入国家和省检疫对象目录的病虫害；设立林业监测点 8 个，重点监测松褐天牛、美国白蛾等林业有害生物，确保全年无重大植物疫情发生。

【森林消防】建设森林消防蓄水池 26 座、蓄水桶 50 只、清理改造防火林带 68.22 公顷。国有林场森林消防队伍在全市国有林场及自然保护地森林消防扑火技能比武竞赛中获得第 1 名。

科技宣传

【农业科技下乡】开展 2021 年全区“迎亚运 展风采”农业科技下乡

服务月活动。以“科技服务助力乡村振兴”为主题，重点开展普法政策惠农业，放心农资进乡村，“机器换人”助春耕，水库、山塘安全大提升，植树绿化促造林，生猪疫病防控与增产保供，禁渔护渔保安全和农业科技大培训等“八大行动”。专家团队、政协联络委员工作站结合草莓节开展送种子、送咨询、送服务下乡，与中国水稻研究所联合举办开放日参观和高产水稻栽培技术培训等活动4次，发放资料100余种，展示图板60余块，服务农民500人以上，指导基地30余家。

【农业科技】 聚焦本区域农业优势特色产业和年度主导品种、主推技术，完成4家高品质绿色科技示范基地建设，完成区级科技项目24项。成功推选蒋玉根获评全国农技推广标兵；首席专家制度成功经验获杭州市农业农村局局长柴世民在系统内肯定和表扬，政府专报获杭州市副市长王宏肯定批示。

【农技推广体系建设】 健全基层农技人员队伍建设，提升农技推广服务水平。制定完善定向基层农技人员招录流程，完成8名定向基层农技人员招录。举办基层农技人员能力提升班5期，共组织113名基层农技人员参加连续5天的脱产业务培训和异地实践考察，遴选29名农技推广骨干人才参加浙江大学组织的为期5天的脱产业务培训。以首席专家团队为抓手，建立科技示范基地185家。

【新品种、新技术推广】 加强农业生产新品种、新技术推广应用，坚持以绿色优质、节本降耗、提质增效、生态环保和农产品质量安全为导向，遴选、发布农业主导品种162个，主推技术84项。

农业人才培训

【农民素质提升】 全区全年完成农村实用人才培训1354人，向杭州市申报农培项目3个，其中土专家培训项目1个、高素质农民培训项目1个、农创客培训项目1个。

【农民学历教育】 全年在读中专生有6个班219名。其中2019级2个班75人［种植专业（果树）1个班45人、种植专业（花卉）1个班30人］，2020级2个班73人［种植专业（果树）1个班38人、种植专业（花卉）1个班35人］，2021级2个班71人［种植专业（果树）1个班37人、种植专业（花卉）1个班34人］，上半年2019级学员修完教学计划规定全部课程，经考核鉴定成绩合格，毕业65人。在读大专生4个班114人，其中2018级26人、2019级29人、2020级29人、2021级30人，上半年2018级学员修完教学计划规定全部课程，经考核鉴定成绩合格，毕业26人。

【高素质农民培育】 富阳区承担高素质农民培育任务170人，开设培训班10期，实际培育技能型和服务型高素质农民575人，浙江省农民教育培训信息管理系统农民评价参与率98%以上；输送到省市参加高素质农民调训4人。

【农技人员继续教育培训】 组织6人参加农业农村部网上“十百千冬训”培训；组织基层农技人员108人分4期参加知识更新培训；推荐5名中高级职称专业技术人员参加市农广校举办的为期5天的中高级人才知识更新研修班。

【农业实用技术培训】 全年共举办农业实用技术培训班28期，培训各类学员2509人；完成农民智能手机应用培训314894人次。认定杭州富阳林庭生态农业开发有限公司等区级农民教育培训实训基地11家。

防汛防台抗旱

【主要灾害】 受梅雨期、第6号台风“烟花”和第14号台风“灿都”侵袭等灾害影响，富春江堤防、沿江闸站、溪道堤防护岸、山塘等水利工程受到一定程度水毁，水毁共73处，全年未出现明显旱情。

【防汛检查】 开展水旱灾害防御汛前检查。3月上旬，区、乡镇（街道）、村三级联动开展汛前检查，重点检查防汛责任制落实情况、相关预案方案编制情况、水利和农林设施安全度汛情况和监测预警及信息系统等。共出动人员2436人次，检查各类水利工程和涉水工程2086处（点），共发现风险隐患102项，发现的安全隐患已基本整改到位或落实风险管控措施。5月17日开展“无死角、无漏洞”防汛安全大检查，制定《2021年度防汛手册》，明晰《水利设施安全度汛责任清单》《安全隐患整改责任清单》《在建水利工程安全度汛责任清单》《涉水工程安全度汛责任清单》4张清单。对1188处水利设施落实各类防汛责任人955人，落实预警责任人和转移责任人263人；对151个水库度汛全部落实控运计划、监测预报预警方案、应急工作方案；对各乡镇（街道）和责任主体安全隐患整改严肃督查，整改达98%以上；对防洪防汛短板和富春江流域防洪西大道防洪标准未达到、滨富合作区块涉水工程占用水域等影响行洪重大问题，下发“整改督查单”3张，严格隐患闭环管理，并要求各乡镇（街道）针对应急处置方案开展演练。

【预警监测】 开展山洪灾害调查及预警平台建设、水库水雨情遥测设施建设及其他水文设施建设，编制富春江洪水风险图。抓好病险水库山塘、水闸和堤防工程险工险段安全管理，组织做好人员业务培训，指导水管单位加强工程日常维修养护和度汛管理，强化工程应急管理，确保工程度汛安全。

【防御体系建设】 修编《富阳区山洪灾害防御预案》《富阳区防御富春江洪水方案》《皇天畈区域闸站防洪排涝调度运行预案》《富阳区岩石岭水库2021年度控制运用计划》，督促乡镇（街道）及有关单位完成山洪灾害防御预案、水库（山塘）运行、监测、抢险三方案及在建水利工程和涉水工程安全度汛方案。成立应急工作领导小组，统一指挥协调水旱灾害防御的各项应急工作，调整充实区级防汛抢险和洪水调度专家15名。岩石岭水库管理中心和河湖水库管理中心成立防汛抢险队伍，储备袋类2万条、土工布500平方米、砂石料5000立方米、水泵23台、救生衣300件、快艇及冲锋舟4条等防汛抢险物资。

水利建设和管理

【概况】根据“五水共治”省、杭州市水利投资考核任务，完成年度任务13.59亿元。全年实施常规水利项目500处，围绕提升城镇重点区域排涝能力、山塘水库综合防洪能力、城乡水环境面貌、农村饮水达标提标、农业综合生产能力等五大方面，总投资3.62亿元，财政补助3.33亿元。实施完成2座水库和20座塘坝的除险加固等。

【富春江治理工程】富春江治理工程是省“百项千亿”重点水利项目，完成年度投资0.52亿元，完成港东堤、黄金畈堤、包家淇堤、龙珠畈堤、程坟堤、赵家堤、场口堤、浦西堤、中柏堤、灵桥堤、春江堤、三山堤、东洲堤环桥闸连接段等13段总长约44千米的堤防建设，在建的华墅堤4座排涝闸站工程进度70%、俞家堤加固工程进度75%。

【北支江综合整治工程】为解决北支江水生态功能，提升富春江防洪能力，助推杭州亚运会水上运动赛事，打造世界级水上运动中心，2018年启动北支江综合整治---集拆坝建闸、清淤防洪、生态修复、滨水景观带为一体的综合性工程。至年底，完成北支江配水泵站、上游水闸船闸、上堵坝拆除及清淤一期、南岸堤防综合整治一期工程建设，正在开展下游水闸船闸、清淤二期、南岸堤防综合整治二期工程建设，2021年完成年度投资8.8亿元。

【水利规划】完成《富阳区水安全保障“十四五”规划（2021—2025）》报批稿编制。

【水利工程建设管理】抓水利建设行业管理，加强进度推进，梳理完善规范性制度文件。开展在建水利工程标后管理、文明工地及“遏重大”“安全生产风险普查”专项整治行动，通报检查情况、下发整改通知，及时处理处罚。加大在建水利工地施工安全和质量检查力度，推进水利标准化和文明工地建设，组织皇天畈区域鹿山闸除险加固工程申报并获评“2021年度浙江省建筑施工安全生产标准化管理优良工地”。督促业主单位履行建设管理职责，严格查处施工、监理单位的不良行为。以“三服务”“支部建在项目，党旗飘在工地”和水利工程志愿服务队为载体，深化开展好水利项目建设的组团指导和服务工作。完成浙江省水利行业强监管改革试点县创建工作。

【水资源管理】落实最严格水资源管理制度，推进节水型社会建设。做好重要水源地保护、水资源费计量征收工作，全年征收水资源费1568.44万元；新批取水户57家，延续37家，注销7家。

【水土保持】全区全年安排水土保持综合治理专项资金400万元，实施万市镇和家桥等7条小流域水土保持综合治理工程，结合小流域整治，对茶园、山核林等各类经果林封禁封育治理，对基本农田改造、种植林草、坡面径流调控等水保措施进行治理，共治理8平方公里。开展水土保持法律法规宣传，开展专项检查1次、日常监督检查320余次。完成水利部生产建设项目遥感图斑复核526处，发出整改通知书38份，约谈业主5个，完成未批先建等项目整改36处。

【生态调水】鹿山翻水站全年共配水6159小时，配水总量1.33亿立方米。全力保障五号渠临时泵站运行，全年调水约1000万立方米，改善秦望区块水质。为阳陂湖景观公园补充水源，保障蓄水需求。

【河道保洁】实施富春江富阳城区段河道保洁，共出动2188航次保洁人员9461人次，共打捞漂浮物830吨。通过国家卫生城市复核考核。完成阳陂湖、苋浦水系美丽河湖省级创建。

【水利工程标准化管理】富阳区水利工程全面落实安全管理责任制人，925处山塘水库、堤防、水闸泵站落实各类防汛责任人955人，通过富阳门户网站公布，接受社会监督；水文监测站点管理责任人也同步更新落实。改造提升病险水库和管理配套设施，其中山塘综合整治和水库除险加固工作在杭州地区进度考核排名第一。开展水利设施安全鉴定共116项，实现病险水库存量“清零”。完成151座水库复核评估工作和“一库一策”治理方案，提出分类处置意见。

【农村小水电管理】落实农村小水电站主体责任，逐级签订责任状，层层落实安全生产责任。开展农村水电站安全生产和安全度汛大检查6次，检查在运行小水电站68座（次），发现并整改安全隐患12处，完成岩石岭水一级等3座电站的标准化复评。

【岩石岭水库运行管理】全年累计发电量799.16万千瓦时，产值415.89万元。一级电站三台机累计运行时间7411小时，二级电站三台机累计运行时间4976小时。葛溪流域累计配水天数301天，累计配水量16007万立方米。完成岩石岭水库大坝除险加固工程竣工验收；一、二级电站通过农村水电站安全生产标准化复评；总干渠节制闸、泄洪闸机电设备改造完成。

【皇天畈排涝站运行管理】皇天畈排涝站进行排涝3次，共计20台次、126小时，排涝约908万立方，运行正常无事故。“烟花”台风期间，及时降低阳陂湖水位至6.8米，腾空湖区水量以减轻城区排涝压力，平安度汛。

【“3·22”世界水日】3月22日是第二十九届“世界水日”，3月22—28日是第三十四届“中国水周”。在儿童公园开展以“珍惜水、爱护水”为主题的广场宣传活动，并组织水法下乡入企进社区活动，开展水法律法规政策咨询、主题宣传图板展示、分发水法规资料、赠送主题宣传纪念品等，现场发放各类水法律法规小册子、宣传彩页、主题海报等各类宣传资料800余份、纪念品300余份、展出宣传图板30块，在《富阳日报》专版宣传富阳治水、护水行动工作，与富阳人民广播电台联合举办“下班路上”水知识有奖竞答活动、直播车“快闪节水”知识互动活动，深入涉水企业进行上门普法服务。

依法行政

【法治监督】 开展行政规范性文件清理，全面清理以局名义发布的现行有效的行政规范性文件20个，废止区农业农村局关于行政处罚裁量基准的文件6个；重点清理“烦企扰民”和失信约束措施文件36个；全年区农业农村局行政规范性文件共发文2个，重大行政决策1个，规范化审核并出台农业、林业、水安全保障“十四五”规划。《关于推进农业“机器换人”和农业机械化高质量发展的事实意见》通过第三方浙江六和律师事务所的评估，获得好评。监督落实依申请公开政府信息答复，确保答复率100%。开展2021年案卷评查，共评查行政处罚案卷37件（渔政9件、林业22件、农业6件），行政许可案卷495件（农业114件、林业226件、水利155件），无独立行政强制案卷。2021年累计出动执法检查1772人次，办理行政处罚案件86起，罚没收入436.64万元。其中，农业案件39起，林业案件44起。《杭州某鸽子养殖企业超范围使用兽药案》被浙江省法规与执法指导处评为农产品质量安全执法典型案例。2021年，接收区检察院移交案件8起，接收杭州市公安局富阳分局移交案件4起，向区综合行政执法局移送违法线索5起。2021年，换发符合要求的浙江省综合执法证157本。2021年，开展各类送法下乡活动18次，举办《中华人民共和国动物防疫法》和《浙江省动物防疫条例》等各类法治培训班4期计500余人，发放宣传资料4600余份。

【行政执法能力建设】 组织召开全区农资监管工作会议暨农资从业人员业务培训班，参加人员140余人，发放宣传资料600余份，签订农资质量安全承诺书140份。开展放心农资下乡进村的法律知识宣传活动，发放宣传资料600余份，接受现场的农民咨询60余人次。规范执法程序，倡导文明执法，全年受理查处涉农案事件43起，罚没款33900元，协调解决纠纷投诉130起。

【农资市场监管】 出动执法人员965人次，检查各类农资生产、经营单位539家次。对68家次主要农资生产、经营单位进行抽样检查，抽取农业投入品样品93个，检测不合格2个，抽样合格率达到98%。对农资经营市场开展了“双随机”执法检查和行政许可事中事后监管，上门对随机抽到的8家农资生产经营户的农药、兽药生产经营许可证、肥料登记证、营业执照、农资经营台账、包装标签等进行执法检查，创建省级“示范农资店”7家。

【水政执法】 开展乡镇河溪道水政巡查60次180人次，移交线索10个。

【行政审批】 深化数字赋能和审批事项标准化建设，审批事项政务2.0收件占比100%，网上全流程申报办理，“最多跑一次”迭代升级至“一次都不跑”，助力“三个立起来”，切实做到规范办事、高效审批、优质服务。共受理农药经营许可、林木采伐许可、占用林地许可、水土保持方案审批、涉河涉堤建设项目审批、畜牧相关许可和农机相关许可等各类许可事项44481件，办结44481件。共征收水土保持补偿费468.28万元，森林植被恢复费1014万元。

数字赋能

【富春江远程视频监控系统】 富春江场口防洪堤上29套江堤预警系统，30套热成像，3套船载移动热成像正常运转。监控室人员不间断值班，对河道采砂、水域保洁、违章建筑、堤防安全实施实事监控扫描巡查。

【北斗定位系统实时监管渔船】 提升数字安全监管水平，停泊点水域监控与全区登记在册145艘渔船安装北斗定位系统相结合。保障停泊休渔和生产作业安全。汛期和险恶天气，通过农民信箱及时通知61次，信息全覆盖284名渔民，约17000人次。实时掌控船舶动态，如发生机械、碰撞等安全事故，船员可通过渔船端设备紧急呼叫，第一时间引导相关部门前往处理，为救援打好基础。

【水利建设项目“云”电子招投标和信息化监管】 深化招标投标领域“放管服”改革和“互联网+”监管模式，推进我区水利建设工程招投标顺利进行。在“云”电子招投标的基础上开展完成“远程异地评标”，实现评标“资源共享、效率提高、监管便利”更加规范、公正。全年完成22个规模以上水利项目施工、监理等相关的招标公告发布、招标文件审核和开评标监督。在建设管理过程中，充分用好浙水管理平台、浙江省水利督查数字化应用及质监App等系统开展督查检查，更新填报问题反馈，实现智慧化和数字化监管。

【高标准农田数据库建设】 完成高标准农田数据库建设，形成永久基本农田、高标准农田、粮食功能区的底图底座，完成农田项目建设全流程线上管理模型搭建。

（于 璇）

【编辑 何开城】

15 经济管理

Economic Management

综合经济管理

【概况】 全区全年完成地区生产总值873.3亿元，实现“十四五”良好开局。完成《2021年杭州市富阳区大计划》，明确年度投资项目计划、投资节点计划、社会发展指标分解计划和专项计划。完成2021年国民经济和社会发展计划草案的报告，明确年度经济社会发展目标。牵头健全全区高质量发展和“15+7”指标体系，制定全区乡镇（街道）高质量考核细则。高水平完成全区“十四五”规划纲要编制工作，统筹推进2个区域规划和24个专项规划的编制实施工作。

【扩大有效投资】 安排政府投资项目314个，总投资1399.1亿元，年度计划投资269.4亿元。年中大计划调整时新增项目37个，计划总投资增加72.4亿元，年度计划投资增加10.3亿元。全年计划开工政府投资项目159个，实际开工项目148个，开工率93.1%。全年完成固定资产投资561.7亿元，增长36.2%，增速位列全市第1。9个省重点项目全年完成投资97.9亿元，完成年度任务的244.7%，完成率位列全市第3；33个市重点项目全年完成投资165.2亿元，完成年度任务的183.1%，完成率位列全市第2。杭州正泰新能源智能制造项目、佰赛时（杭州）生物技术体外诊断设备及试剂盒研发生产项目、中节能（富阳）环保产业园项目、富春湾智能安防产业基地项目、杭州鹏成新能源科技年产6GWh非道路车辆锂电池PACK生产基地建设项目等5个152项目开工，落地率实现100%。

【产业发展】 科学编制规划，推进现代服务业发展“十四五”规划、开发区产业平台整合提升、渌渚产业发展、节能环保产业群落等规划编制，科学编制2021年度区重点工业和服务业投资项目计划，全年安排重点工业项目113个，重点服务业项目76个，计划总投资492亿元。推动企业上规，按照“筛选一批、培育一批、纳统一批”小升规培育推进模式，及时摸排企业经营状况，建立“小升规”企业培育库，全年新增规（限）上服务业“小升规”企业189家。推动生产性服务业高端化发展和生活性服务业品质化发展，推进总部经济、楼宇经济和现代服务业发展扶持政策制定，支持信息服务、商务服务、科技服务、现代金融和数字新零售等现代服务业发展。全年实现服务业增加值432.3亿元，同比增长6.8%，知识密集型服务业增加值占比达到29.2%，比上年度提高2.2个百分点，上海光机所杭州分所承建的先进光电功能材料研究中心被认定为省级工程研究中心。

【“亲清在线”平台完善】 借助“数字赋能”提升“三服务”水平，重点推进“亲清在线”平台建

2021年11月12日，富阳举办“诚信建设万里行”（富阳站）启动仪式暨“众享贷”产品发布会

（区发改局 供稿）

2021年11月12日，富阳举办2021年第四季度重大项目集中签约、开竣工活动

（区发改局 供稿）

设和拓展开发，实现惠企政策“端到端”直达企业，提升企业体验感和获得感。全年实现上线政策27条，综合排名杭州市13个区县（市）前5。

【资金争取】 成功发行地方政府专项债券50.7亿元，债券发行额度位居全市前列。积极争取中央预算内投资，成功争取保障性安居工程2021年第一批中央预算内资金725万元。三季度全省投资“赛马”激励获土地指标奖励100亩及资金奖励500万元。

【信用建设】 完成全区首份《信用乡镇（街道）监测报告》。创新开发信用评价金融服务应用，累计覆盖企业（含个体工商户）14万余家，发放企业贷款17.8亿元，获评杭州市十大信用典型案例。东洲街道作为“信用＋社会治理”基层试点，成功入选省级试点建设单位。

【“双碳”及节能工作】 统筹全区“双碳”工作总方案以及能源、工业、建筑、交通运输、农业、居民生活和科技创新等“6+1”重点领域碳达峰行动方案的编制工作。实现生产总值能耗同比下降7%以上、原煤用量同比下降30%以上。淘汰造纸企业11家，关停最后1家燃煤热电企业，腾出用能空间60万吨标准煤。推进新能源产业，分布式光伏并网3万千瓦。

【监测和经济形势分析】 做好全区经济运行分析和企业监测工作，按季度对全区工业企业和服务业企业进行监测，并形成监测报告及热点话题专题报告。加强宏观环境和经济形势判断，重点围绕疫情对全区经济运行的影响，每月召开全区经济形势分析会议，分析全区经济结构、产业结构、投资结构的问题，提出针对性的政策建议。

【投资项目“全过程”管理】 升级投资项目“全过程”信息化管理系统，重点拓展打造“智慧招商”“智慧资金”“智慧电力”三大应用场景。持续深化项目审批改革工作，优化减少涉审事项13项，审批时间平均压缩25个工作日。积极探索“拿地即开工”改革，制定出台新出让工业用地项目3个月内“拿地即开工”工作机制，2021年新出让工业用地半年内开工实现率97%，平均耗时101天，较6个月开工要求平均提前近3个月。富芯项目拿地到开工仅用时17天，富春湾智能安防项目拿地后3个工作日即开工，实现“拿地即开工”的富阳速度。依托“全过程”管理系统“线上＋线下”模式破解项目“推进慢”难题，全区全年大计划项目开工率94.3%，竣工率90.9%。通过联合竣工项目办理，压缩竣工申请8项，节省竣工办理时间17天。2020年和2021年连续获得杭州市扩大有效投资和重大项目推进年度综合考评第1名。

【小城市培育试点】 牵头新登镇和场口镇，分别制定小城市培育试点镇三年（2020—2022年）行动计划，立足各自优势，打造全省一流小城市。两个小城市2020年考核均获评小城市培育试点镇优秀单位。2021年新登镇被列入省第一批千年古城复兴试点单位。

【特色小镇建设】 编制《杭州市富阳区特色小镇高质量发展三年行动计划（2021—2023年）》。牵头两大特色小镇开展年度考核，在2020年度考核中，硅谷小镇获省级命名类考核合格、药谷小镇获省级创建类考核良好等次。

【营商环境建设】 制定《2021年富阳区优化营商环境改革要点》和《2021年杭州市富阳区打造国际一流营商环境工作考核办法》，建立营商环境数字化改革工作专班，做好各级营商环境评价工作，促进全区经济高质量发展，加快营造市场化、法治化、国际化的一流营商环境，综合考评位列全市第1。

【数字社会建设】 编制出台《富阳区数字社会建设实施方案》。加强部门之间的协调对接，抓好数字社会的多跨应用场景建设和门户建设，针对数字社会“12+2”领域比较成熟的场景出台相应制度规范，梳理上报优秀理论成果。配合“浙里智惠基本公共服务”杭州试点工作。

（朱晨萍）

国有资产监督管理

【概况】 杭州市富阳区国有资产监督管理委员会直接监管区属国有企业6个，分别为城建集团、交通集团、山居集团、开发区集团、富春湾集团和杭州富阳投资发展有限公司。全区全年区属企业实现营业收入141.76亿元，同比增长11.49%；利润总额29.46元，同比增长0.61%；国有净利润28.68亿元，同比增长5.79%；上缴税费6.29亿元。区属企业资产总额3165.31亿元，同比增长10.51%；所有者权益1255.70亿元，同比增长9.91%。富阳区政府资产1589.91亿元，其中：行政事业单位334.21亿元，国有及国有控股企业1255.70亿元。

【国有资本运营】 完善融资机制，采用LPR分年限分档控制融资成本，新增贷款利率平均下降100BP。规范开展短期闲置资金的投资理财业务，全年实现理财收益9.29亿元。

【国企管理监管】 建立分级监管、制度管控、督查严管、信息强管、联合协管的“五管联动”监管机制，促进国企规范化管理。加强国有资产管理，上线国有资产网络竞价交易云平台，完善国有资产网上拍租平台，国有资产实现数字管理，全年网上房产竞拍25套，总成交金额4325.2万元，溢价率19%；处置闲置车库车位984个，处置率92%。推进国企人事薪酬改革，修订《富阳区属国有企业经营业绩考核办法》，落实人事薪酬分配激励机制，分类核定企业用工编制，实行末位淘汰制。建立企业人才库，完善专业人才考核晋升机制。

【国有企业党建】 富阳区属国有企业共有党支部55个，党员820人。组织党员会议700次，举办支部书记、入党积极分子集中培训2次，开展党课学习600余次。制定《富阳区深化“清廉国企”建设工作要点》，梳理部署落实、压实责任、构建治理监督体系、队伍锻造、八大行动推进6个方面30项重点内。编制《业主代表标准化管理指导手册》，提升业主代表廉洁从业履职能力。全年召开清廉工作会议153次，开展培训482次；建立廉洁队伍7个，打造文化阵地30个，其中廉洁工地23个；开展各层级监督检查1515次，发现问题4139个，落实整改4072个，动态跟踪67个。

（邬婉燕）

财　政

【概况】 全区全年实现地区生产总值873.30亿元，按可比价格计算，增长7.7%。其中：第一产业增加值49.50亿元，增长2.2%；第二产业增加值391.40亿元，增长9.6%；第三产业增加值432.30亿元，增长6.8%。三次产业结构比5.7∶44.8∶49.5。按户籍人口计算，人均生产总值126014元。全区实现财政总收入174.60亿元，增长25.9%；一般公共预算收入105.02亿元，增长16.5%。一般公共预算支出118.00亿元，增长15.1%。全年财政收支平衡。

【财政收入】 全年一般公共预算收入占财政总收入的60.1%，占生产总值的12.0%。其中，税收收入98.56亿元，占一般公共预算收入的93.8%。研判财政经济形势，加强收入结构分析、规模预测。与税务部门建立工作互动机制，制定组织收入预案，实施动态调整，把握组织收入主动权。全年征收非税收入211.61亿元，下降49.7%，其中，土地出让收入200.06亿元，下降51.1%；纳入一般公共预算收入管理的非税收入6.46亿元，增长38.9%。

【支持经济发展】 实施助企行动，完善直达资金监管机制，全年支出直达补助资金7.66亿元，惠及企业766家、群众2万人次。开展政府采购支持企业融资畅通工程，推动金融机构发放“政采贷”1581万元。加快产业政策兑现，对符合条件的企业，简化流程，及时兑现，全年兑现产业政策资金21.77亿元。推进杭州市富阳区科技投资引导基金、富阳区制造业转型升级产业基金等政府产业引导基金实质性运作，基金池总规模10亿元，完成项目投资15个、投资金额3.69亿元。加强招才引智，投入1.79亿元，支持高层次人才引育、技能劳动者培养，引进高层次人才1723名、培养技能劳动者6万人。安排科技专项资金3.73亿元，培育省级企业研究院2家、省级高新技术企业研究开发中心6家、市级以上科技孵化器8家、市级以上众创空间5家。

【民生保障】 全年民生支出92.43亿元，占一般公共预算支出的78.3%，增长14.1%。安排疫情防控资金4242万元，保障医疗物资、医疗救治、卫生防疫、一线医护人员补贴等支出。全年教育支出25亿元，增长4.3%。投入3.87亿元用于学校整治，新建和改扩建中小学、幼儿园29所。安排教育现代化专项资金9188万元，加强校园信息化建设，支持创建全省教育基本现代化区。安排课后服务经费2000万元，落实“双减”政策，保障义务教育阶段学校课后服务。全年卫生健康支出14.80亿元，增长5.2%，支持健康富阳建设，重点人群家庭医生签约率达92.0%，助力通过第六轮国卫复评，获评全国健康促进区。全年社会保障和就业支出16.20亿元，增长6.4%，提高城乡居民养老保险标准至310元/月，社保、医保参保率达99.0%以上，城镇新增就业2万人。全年农林水支出8.93亿元，增长0.7%。投入5.40亿元，支持美丽乡村建设，创建新时代美丽乡村118个。安排4.94亿元资金，支持“四好农村路”建设，打通6条农村“断头路”，完成美丽经济交通走廊278千米，获评省级万里美丽经济交通走廊达标县（区）。

【财政改革】 出台《关于严格财政支出预算管理的通知》《关于进一步规范专项资金管理的通知》等管理办法，编印《深化预算绩效管理改革工作政策汇编》，规范财政资金管理。开展全生命周期绩效管理改革，实施重大新增政策项目事前绩效评估，实行预算执行和绩效目标双重监控。建立涉农资金统筹整合机制，统筹使用性质相同、用途相近的涉农资金，集中投入功能互补、用途衔接的涉农资金，提高财政资金绩效。重构乡镇财政管理体系，提请区政府印发《杭州市富阳

富阳区2021年财政收入执行情况表

表7

项　　目	年度预算（万元）	累计收入情况			
		累计收入(万元)	上年同期(万元)	为上年（%）	为预算（%）
财政总收入	1710000	1746007	1387234	125.9	102.1
一、一般公共预算收入	1050000	1050187	901379	116.5	100.0
（一）税收收入	967000	985571	854920	115.3	101.9
1.增值税(50%)	332000	350063	265140	132.0	105.4
2.企业所得税（40%）	175000	186703	106178	175.8	106.7
3.个人所得税（40%）	43000	43222	39873	108.4	100.5
4.城市维护建设税	52000	51791	39834	130.0	99.6
5.契税和耕地占用税	165000	173730	244668	71.0	105.3
6.其他地方各税	200000	180062	159227	113.1	90.0
（二）非税收入	142000	143816	86906	165.5	101.3
1.教育费附加、地方教育附加	34000	36640	24665	148.6	107.8
2.残保金	4000	3964	3614	109.7	99.1
3.其他专项收入	2000	2037	2238	91.0	101.9
4.行政性收费收入	16000	15707	24323	64.6	98.2
5.罚没收入	23000	22839	11696	195.3	99.3
6.其他收入	63000	62629	20370	307.5	99.4
7.国有企业计划亏损补贴	-59000	-79200	-40447	195.8	134.2
二、上划中央收入	660000	695820	485855	143.2	105.4
1.增值税（50%）	332000	350063	265140	132.0	105.4
2.消费税(100%)	1000	869	1638	53.1	86.9
3.企业所得税（60%）	262500	280055	159267	175.8	106.7
4.个人所得税（60%）	64500	64833	59810	108.4	100.5

富阳区2021年财政支出执行情况表

表8

项　　目	年度预算（万元）	累计支出情况			
		累计支出(万元)	上年同期(万元)	为上年（%）	为预算（%）
一般公共预算支出	1180000	1179980	1025150	115.1	100.0
一、一般公共服务	108000	115795	106226	109.0	107.2
二、公共安全	62000	65068	56390	115.4	104.9
三、教育	240000	239644	237423	100.9	99.9
四、科学技术	64800	65020	56365	115.4	100.3
五、文化旅游体育与传媒	20000	23366	19352	120.7	116.8
六、社会保障和就业	151000	152213	78199	194.6	100.8
七、卫生健康	135000	140661	124567	112.9	104.2
八、节能环保	21000	22595	26055	86.7	107.6
九、城乡社区	72000	53561	38208	140.2	74.4
十、农林水	65000	89348	88699	100.7	137.5
十一、交通运输	78000	65434	78689	83.2	83.9
十二、资源勘探信息等	51000	32478	6429	505.2	63.7
十三、商业服务业等	6200	7614	13239	57.5	122.8
十四、援助其他地区	3000	2847	7597	37.5	94.9
十五、自然资源海洋气象等	11000	12177	10759	113.2	110.7
十六、住房保障	50000	50660	37209	136.1	101.3
十七、粮油物资储备	2000	2004	1401	143.0	100.2
十八、灾害防治及应急管理	8000	7984	4879	163.6	99.8
十九、预备费	—	—	—	—	—
二十、其他支出	1000	547	1495	36.6	54.7
二十一、债务付息支出	31000	30964	31969	96.9	99.9

区关于进一步强化和规范乡镇（街道）财政管理的若干意见》，明确财政与乡镇的管理职能，实现用制度管事、管人、管权。建立预算管理支出标准化体系，推进部门支出标准化、规范化建设，编制并发放部门预算财政财务管理操作手册356份。落实过“紧日子”要求，“三公”经费压减5%、部门项目经费预算压减整合10%，压减资金集中用于保障民生、促进发展等。上线“预算绩效管理系统”，项目绩效目标设置、绩效监控和绩效评价纳入系统管理，完成项目绩效目标申报408个、项目绩效监控154个。深化“乡镇公共服务平台+一卡通”运用，发放涉农补助和民生补贴资金4.54亿元，受益60万人次。推广“政府采购监管平台”，指标下达、项目实施、履约验收、资金支付等政府采购环节实现网上办理。

【财政监管】 开展乡镇（街道）存量资金、旅游发展专项资金、扶贫专项资金、涉农产业发展项目等检查，收回违规财政补助资金44万元。加强政府采购监管，建立从采购意向、专家评分明细、合同公告到履约验收结果的全流程信息公开体系，全年公开采购意向690项、专家评分明细466个、合同公告600个、履约验收结果公告253个。完善政府采购评审专家考核评价机制、供应商诚信体系和失信惩戒制度，开展政府采购代理机构综合信用评价，抓实违法违规案件查处，全年责令整改网上超市供应商108家，下发财政监督整改意见书23份。开展防范化解地方政府隐性债务风险专项行动，全年隐性债务累计化解率78.2%，在杭州13个区县（市）中位列第1。

【队伍建设】 推进清廉财政建设与财政业务工作融合，深化“控权四级联动”防控机制，加强财政内外监督，开展内部廉政风险点排查，梳理风险点47个，修订制度37项。开展红色研学、调查研究等学习活动，组建8支服务队走访农户157户、企业8家，解决疑难问题73个，形成调研报告5篇，“党建+河长联动机制”“村社采购进入云时代”入选区级“民呼必应”最佳案例。开展干部师徒结对、财政夜学等活动，提升干部能力素质，增强干部队伍凝聚力。根据深化财政改革的需要，调整科室职能和人员配置，轮岗交流干部20人次。

（邬婉燕）

税　务

【概述】 全区全年落实各项税收优惠68.07亿元，同比增加14.97亿元，同比增长28.2%，其中办理出口退税（含免抵调）13.35亿元，同比增加6155万元，增长4.8%；办理征前减免和政策性退税合计54.72亿元，同比增加14.35亿元，增长35.6%。从减免退税分项目看，其中办理改善民生的减免退税14.64亿元，办理促进小微企业发展的减免退税11.85亿元，办理鼓励高新技术发展的减免退税9.05亿元。落实疫情阶段性减免社保费1.19亿元，落实社保费率下调政策3.4亿元。健全政策兑现“闭环”管理机制，通过“云上”精准识别、精准推送，确保政策红利直达快享，激活市场主体活力。区税务局获“2018—2020年浙江省市场环境建设成绩突出集体”称号，获得“杭州市消除集体经济薄弱村三年行动工作集体嘉奖”，区税务局和局内税源管理二科均通过“浙江省文明单位”复评。

【组织税费收入】 全区全年组织各类收入246.15亿元，同比增长40.1%。其中税收收入166.12亿元，增长29.3%；社保基金收入59.44亿元，增长42.1%；非税收入18.32亿元，增长470.9%；其他收入（职业年金）2.27亿元，增长3%。按财政口径统计，组织财政收入171.53亿元，同比增长29.3%，占区财政总收入的98.2%。入库一般公共预算收入102.56亿元，同比增长18.8%，占全区一般公共预算总收入的97.7%（财政收入和一般预算收入未剔除增值税留抵退税省级调库金额）。

【税收征管改革】 成立《关于进一步深化税收征管改革的意见》落实领导小组，制定任务分工和实施方案，对标对表推进36项三类任务落地。强化部门间沟通协调，做好征收平移充分准备，全年实现水土保持补偿费、土地使用权出让收入等10项非税收入“无感划转”至税务部门征收。推进发票电子化改革，向纳税人100%全覆盖推广增值税电子普通发票，向128户企业推行通用电子普通发票，将3347户纳税人纳入增值税专票电子化试点。探索“数治税收”新路径，构建“一个就业周期”个人所得税汇算管理新模式和“主行业动态变更”机制，推行企业所得税申报数据“智”检，推出消费税纳税人全生命周期“云上智慧服务”。

【税费管理】 开展税费征管基础数据清理与核实工作，全年累计修改定期定额个体户数据15038条，修改税费种认定有效期重叠数据946条，协助区市场监管局核实拟吊销税务状态企业信息2310户，清理与区市场监管局系统状态不一致的数据4735条。开展现金税费征缴专项整治“百日攻坚”行动，对31个核查点开展作废税收票证、作废代开发票等项目的风险排查。开展“六项重点工作”攻坚行动，出台浙江省首个《发票协查全过程操作规范》，制定区属国有企业涉税风险初步解决方案等。强化税费风险管理，设计“房地产企业风险扫描模型”指标，全年累计处理风险应对任务209户次，处理发票协查任务792户次。深化税务、银行、乡镇合作机制，有序完成28万人城乡医保集中征缴工作。做好房产税征缴、土地增值税清算、耕地占用税清缴、成品油消费税管理、欠税管理、大企业服务等工作。

【依法治税】 对照《长江三角洲区域申报发票类税务违法行为行政处罚裁量基准》《长江三角洲区域税务轻微违法行为“首违不罚”清单》，及时更新裁量标准，保障执法公平公正。全面推行“三项制度”，实践“法律顾问+公职律

2021年富阳税收情况表

表9

项　　目	2021年	2020年	同比增减（万元）	增长（%）
一、税收收入合计	1661175	1284450	376725	29.33
1. 增值税	660886	460155	200731	43.62
2. 消费税	869	1638	-769	-46.94
3. 企业所得税	449022	251113	197909	78.81
4. 个人所得税	109456	100488	8968	8.92
5. 资源税	9690	6719	2971	44.21
6. 城市维护建设税	51792	39834	11957	30.02
7. 房产税	19223	33825	-14602	-43.17
8. 印花税	17565	14404	3161	21.94
9. 城镇土地使用税	11588	26661	-15074	-56.54
10. 土地增值税	115532	71353	44179	61.92
11. 车船税	6045	5777	268	4.64
12. 车辆购置税	35065	26971	8095	30.01
13. 耕地占用税	8294	17571	-9277	-52.80
14. 契税	165436	227098	-61661	-27.15
15. 环境保护税	631	660	-28	-4.29
16. 其他税收	81	184	-103	-56.03
二、出口退税合计	-133515	-127360	-6155	4.83
三、社会保险基金收入合计	594401	418405	175996	42.06
1. 企业职工基本养老保险基金收入	288833	184660	104173	56.41
2. 失业保险基金收入	12941	7500	5441	72.55
3. 职工基本医疗保险基金收入	223323	161195	62128	38.54
4. 工伤保险基金收入	6058	3709	2349	63.33
5. 城乡居民基本养老保险基金收入	2994	2916	78	2.68
6. 机关事业单位基本养老保险基金收入	45919	45986	-67	-0.15
7. 城乡居民基本医疗保险基金收入	14333	11695	2638	22.55
8. 其他社会保险基金收入	1	746	-745	-99.91
四、非税收入合计	183221	32096	151125	470.85
1. 教育费附加收入	24425	16430	7995	48.66
2. 地方教育附加	16286	10975	5311	48.39
3. 文化事业建设费收入	0	48	-47	-99.85
4. 税务部门罚没收入	229	31	198	643.60
5. 残疾人就业保障金收入	4664	4252	412	9.70
6. 废弃电器电子产品处理基金收入	149	137	12	8.62
7. 国家重大水利工程建设基金收入	99	35	64	181.10
8. 可再生能源发展基金	459	163	296	181.18
9. 地方水利建设基金（防洪工程维护费）	13	25	-11	-46.62
10. 其他	136896	0	136896	
五、其他收入合计	26859	25583	1276	4.99
1. 工会经费收入	4154	3543	611	17.25
2. 职业年金	22705	22040	665	3.02

2021年4月，富阳区税务局开展“我为纳税人缴费人办实事暨便民办税春风行动”
（区税务局　供稿）

师”联动机制，全年累计公示非正常户认定信息1658条、准予行政许可结果4361条、税务行政一般处罚程序结果82条，审核重大执法决定事项8件、合同39件。依托“数智综合监督管家”做实内控监督管理，累计归集疑点指标102项，处理疑点数据7972条。健全与区人民法院的税费征缴协作机制，全年向法院方申请协助财产司法拍卖交易税费38户，申报破产企业和民事执行欠税费24户。

【纳税服务】宣传“非接触式”办税缴费方式，推广运用电子税务局，实施出口退税备案单证无纸化管理，探索“网办”二级集中处理模式，全区全年网上综合办税率达98.55%。成立“税收服务亚运”工作专班，增辟“助农绿色通道”“银发办税通道”“外语服务专窗”等专窗通道，全年为老年人、外籍友人等特殊群体提供专窗服务5000余次，办税服务厅“助农专窗”入选杭州市综合政务窗口“十佳优秀案例”。联合区不动产登记中心，推行新建商品房“交房即交证”模式，优化安置房办证模式。在7个乡镇、87个行政村试点设立“村级税收宣传员”，将纳税服务的触角延伸至“最后一公里”。依托征纳沟通平台打造“富春说税”云课堂，全年制作上传高频事项操作指南、科普动画视频等46期，开展“云上直播培训”12期、专题电台12期，累计培训30780户次纳税人。深化信用建设，全年通过“银税互动”机制发放贷款3.24亿元，为371户次守信企业“增值”。持续跟踪服务招商引资、城市土地有机更新、拆迁安置等重点工作，配套落实各类税费服务措施。

【纪检监察管理】围绕疫情防控、深化税收征管改革、减税降费政策落实、发票电子化试点和非税收入划转等方面情况进行监督，全年开展重大决策部署落实情况督查会议1次、各类监督27次。把“四种形态”贯穿监督责任全过程，全年运用“第一种形态”谈话5人次。深入推进纪律作风问题专项整治和“酒驾、醉驾”问题专项整治工作，常态化开展警示教育，全年编发《纪检监察提醒》14期，发送节日廉政提醒短信2150条，对303名在职干部建立廉政档案。

（杜阳清）

土地资源管理

【概况】全区规划和自然资源工作以打造“现代版富春山居图”为使命，开展“强实效　立标杆　展风采”深化作风建设年行动，重点做好规划引领、要素保障、土地盘活、土地出让、矿山整治、执法监察、审批登记、拥江发展等工作。区不动产登记服务中心数字化转型工作经验被自然资源部不动产登记中心在全国范围推广；“天巡地查”应用场景入选浙江省空间治理数字化最佳实践场景评选名单；高标准完成中央环保督查问题整改，并获副省长徐文光批示肯定；推进绿色矿山建设，并获副市长缪承潮批示肯定；机关特色党建、干部队伍建设工作的专报得到区委书记吴玉凤等领导批示肯定；“富春执画人”被评为富阳区“十佳”机关党建品牌；场口自然资源所获先进基层党组织称号。

【数字化改革】实现抵押权登记“一站式办”、二手房过户“全程网办”、商品房转移“交房即办”、证书发放“一证一码”“无图化”、安置房办证“网上受理”；“天眼指挥中心”100个监控点位安装完成，服务器及平台部署完毕；“三维智能”完成年度三维倾斜摄影数据采集任务，引进省测绘科学技术研究院共同开展三维不动产、三维读地等课题研究，相关课题已纳入2021年浙江省自然资源厅科技项目目录。

【规划资源法律宣传】围绕“4·22”世界地球日、“6·25”全国土地日、“8·29”全国测绘日等主题节日，通过“歌唱祖国”快闪视频、校园知识问答、进村解读政策等活动形式，宣传地灾防治、耕地保护、国家版图等相关专业知识；做好内部刊物编发和信息员队伍建设，获评2021年度自然资源报刊读报刊物工作先进单位，向上级部门、主流媒体报送各类信息，各级媒体录用信息294篇，“学习强国”学习平台录用稿件40余篇，其中全国平台首页推荐2篇。

【发展用地保障】全年新增用地指标共计172.73公顷，盘活批而未供土地585.47公顷，供而未用土地663.93公顷，低效用地再开发164.4公顷，存量建设用地264.87公顷。消化村级留用地指标35.2公顷。

【经营性用地供应出让】全年完成经营性用地收储47宗223.33公

富春江绿道夜景

（市资源规划局富阳分局　供稿）

顷、工业用地收储 53 宗 132.4 公顷，出让经营性用地 32 宗 100.97 公顷，出让金总额 201.9847 亿元。实行新增工业项目标准地出让，面积 103.8 公顷，“标准地”出让率 100%，工业用地占比 51.2%。

【土地综合整治和生态修复】 全年开展垦造水田项目 94 个，完工 83 个，新增水田面积 108.8 公顷。推进实施省级全域土地综合整治与生态修复工程项目 7 个，新申报项目 2 个。推进绿色矿业示范区建设，关停矿山 2 家，重点提升 4 家绿色矿山矿容矿貌，启动 2 家智慧矿山建设。完成“迎亚运”山体生态修复景观提升专项行动图斑整治 259 个，完成率 98.8%。

【执法监察】 开展部级卫片执法、例行督察、“大棚房”问题“回头看”等工作。“大棚房”问题全部核查排查到位，农村乱占耕地建房专项整治共摸排调查图斑 31422 个，摸排率 100%，立案查处各类违法案件 40 起，申请法院强制执行案件 11 件。

【天眼指挥综合监管平台】 对土地和矿产资源违法行为建立立体化的发现渠道和处置模式，范围涵盖地质灾害、批后监管、执法监察、立案查处、耕地保护等内容，实现监管从“静态”向“动态”转变，从“人工”向“智能”转变，从“分散性”向“综合性”转变，有效破解违法行为发现难、制止难、查处难的局面，提升自然资源监管综合水平。“天眼”指挥中心 100 个监控点位均安装完成，服务器及平台部署完毕，荣获 2021 年度全省自然资源系统改革创新优秀案例，场景纳入省浙政智控——天巡地查子场景，并入围浙江省数字化改革“最佳应用”评选名单。

【拥江发展】 围绕规划编制、三江汇重点项目、打造钱塘江文化和旅游品牌、钱塘江沿线生态治理和环境景观提升、美丽城镇建设、跨江沿江交通建设、无障碍环境建设和亚运保障等八大块共计 41 项内容，挂图作战、对标对表推进拥江工作，完成绿道建设任务计划共 27 个项目 181 千米。阳陂湖绿道、葛溪绿道获评第二届杭州市最美绿道。拥江发展工作排名 14 个区县第 1。

（夏一航）

矿产资源管理

【矿山专项整治】 全区全年根据矿山专项整治方案要求，优化矿山布局结构，按照“控点、做大、做强”的思路，整合区内资源，推动矿业规模化、集约化、园区化发展，基本完成提前关停的 2 家矿山的综合治理工作。全区共有有效期内持证矿山 14 家，其中普通建筑石料矿山 5 家、石灰石矿山 5 家、铅锌、银等金属矿山 3 家、萤石（普通）矿 1 家。露天矿山（普通建筑石料、石灰石）大型矿山比例达到 100%，形成以石灰岩、普通建筑石料为主兼顾银铅锌、萤石的矿产开发格局。

【山体生态修复】 11 月 26 日，富阳召开全市“迎亚运”山体生态修复景观提升专项行动推进现场会，副市长缪承潮肯定富阳区专项行动工作。根据“迎亚运”山体生态修复景观提升专项行动，明确整治项目 262 个，其中：市级项目 172 个，区级项目 90 个。至年底，完成治理 259 个，完成率 98.9%。聚焦重点区域可视项目，完成市级下发的 22 个“三高两江一湖”可视项目整治 20 个，完成率达 91%，其中亚运场馆周边、富春江沿线、杭新景高速、绕城西复线、春永线沿线等区域所有新增项目均完成整治。

【绿色矿业发展示范区建设】 继续推进绿色矿业发展示范区建设，由自然资源部纳入全国绿色矿山名录库的矿山数量新增至 4 家，入库总数位于杭州地区前列。探索性地为绿色矿山临时租赁的生产设施用地办理临时用地，有效保障矿山生产设施用地。结合“迎亚运”山体生态修复景观提升专项行动，推进废弃矿山及裸露图斑生态修复清零行动，获得副市长缪承潮批示肯定。

【矿政管理】 开展矿山专项整治检查活动，并采取由基层规划资源所定期巡查、矿产资源所不定期检查、聘请矿政管理技术支撑单位协助参与矿产资源开发利用的监督管理、矿山储量动态监测、综合行政执法队及时查处等手段，形成全面打击非法开采的氛围，盗采盗挖势头得到有效控制。完成《杭州市富阳区矿产资源“十四五”规划》编制上报。

【地质灾害防治】 组织开展“4·22”地球日活动，发布 2021 年全区地质灾害防治方案，对全区各级巡查人员进行地质灾害防治

2021年9月，市规划资源局富阳分局检查山体生态修复情况

（市资源规划局富阳分局 供稿）

工作培训10余次，组织开展多轮地质灾害隐患大排查。会同区地质灾害应急技术服务中心出动处置地质灾害险情380起，对其中102起地灾险情点进行立项整治。加大地质灾害工程治理力度，全年完成地质灾害治理90余处。在今年强对流天气频繁出现情况下，全力做好梅汛期、台汛期地质灾害防范，奋勇抗击超强台风“烟花”，无人员伤亡。加强地质灾害群测群防，强化日常防灾工作，更新完成195个地质灾害风险防范区。推广使用“地灾智防”App。更新完成乡镇级“一镇一预案”“一村一手册”“一户一卡片”编制。完成全区地质灾害风险普查和6个重点乡镇地质灾害风险精细化调查，完成编制并发布《地质灾害防治“十四五”规划》。新增建设全天候多参数的地质灾害自动化监测点3处。进一步完善地质灾害即查即治制度建设，为推进治理工程提供政策保障。

（蒋终利）

市场监督管理

【概况】全区全年实有各类市场主体107818户，同比增长11.66%，其中内资各类市场主体107452户、同比增长11.65%，外资企业366家、同比增长13.66%。新设各类市场主体17012户，同比增长4.14%，其中内资各类市场主体户16962户，同比增长3.84%，其中内资企业5408家、农民专业合作社8家、个体工商户11596户；外资企业50家。全区累计内资企业41697家，注册资本（金）77630292.02万元，较上年同期分别增长8.72%和1.28%。全区新设外商投资企业50户，投资总额19782.59万美元，注册资本19637.66美元，外方认缴18398.96万美元，外方认缴比例达93.69%。外商投资企业新设数量、投资总额、注册资本均有不同程度的上升，新设数量同比上升208.33%，投资总额同比上升4.54%，注册资本同比上升40%。

全区共有食品生产企业152家、流通企业8607家、小作坊387家、食品相关产品生产企业22家，餐饮单位共7405家。其中：大型及以上餐饮79家，中型餐饮629家，小型餐饮2513家，小微餐饮420家，集体用餐单位5家，“三小”3191家；学校食堂93家，幼儿园食堂115家，养老机构食堂29家，其他单位食堂331家。

全区共有涉药涉械单位共1601家，其中药品生产企业13家（其中注射剂类高风险企业4家、中成药企业1家、医用氧2家、中药饮片生产企业3家、原料药企业1家，生产地在外地1家）、药品批发企业17家（申请暂停经营3家）、药品零售连锁企业3家、零售药店287家（单体药店177家，连锁门店94家，乙类非处方药店16家）、医疗机构569家（6家区级医疗机构）、医疗器械生产企业37家（其中16家停产）、医疗器械经营企业677家（与部分药品零售企业重合）、化妆品生产企业1家。

全区共有在用特种设备17906台，涉及各类使用单位2502家。其中，锅炉234台，压力容器3525台，起重设备4138台，场（厂）内专用机动车辆2079辆，大型游乐设施16台，电梯7914台。另外登记在用各类车用气瓶1400只、工业气瓶11万只、民用液化气瓶20万只，各类压力管道近500千米。

【市场主体突破十万】2月19日，杭州富阳浠宸建筑工程有限公司成立，富阳成为杭州第4个市场主体突破10万户的区县（市）。富阳打好“政策+服务”组合拳，放宽准入门槛、严抓事中事后监管、服务企业新陈代谢，激发全民创业热情，为市场主体发展“松绑、鼓劲、助力、铺路”，让各类市场主体“进得了、长得好、能发展、会壮大”，持续推动富阳经济高质量发展。

【“证照分离”改革】在持续提升企业准入速度的基础上，着力破解准入后准营问题。不断提升“实行告知承诺”事项比例，降低企业市场准入成本和制度性交易成本，市场监管领域涉企经营事项43项，其中告知承诺事项18项，“进前三扇门”事项占比已达51.16%。药品经营许可新办连锁门店、单体药店（仅限连锁门店、乙类非处方药）等共6类事项实行告知承诺审批改革；仅销售预包装食品许可改备案，并纳入“多证合一”登记改革，实现准入即准营，证照分离办件量共计4870件，其中审批改备案184件，告知承诺1966件，优化审批服务2720件。

【涉企“一件事”改革】将改革延伸至企业生命周期的全阶段，将营业执照和食品经营许可证注销“二合一”，推出“一窗受理、同步注销”，提高注销办事效率，完成许

2021年7月20日，富阳区市场监管局开展外卖小餐饮检查

（区市场监管局　供稿）

可事项的全流程闭环。推行药械经营审批一件事改革，深化部门间协同，与文广旅体局、卫健局、教育局等部门推进“健身场馆开办一件事”“托育一件事”“转登一件事”。

【住所登记改革】 全域深化“一照多址”“一址多照”工位号注册等改革措施，发挥各类小微企业园、众创空间、特色小镇等创业平台优势，盘活存量资源，吸引初创企业入驻。整理富阳区住所登记负面清单，准备出台市场主体住所（经营场所）登记申报承诺制，破除准入最后一道门槛。

【数字转型】 深化“一网通”系统应用，发挥“数智杭州”建设优势，持续推进企业登记“网上办”“移动办”，通过跨部门、跨管辖机关、跨行政区划办理，方便企业“就近办”“简化办”。推进“零见面”审批。全流程零见面办件量达16302件，其中企业全流程新设4830件，占新设比例89.31%，变更5613件，占企业变更总量的62.06%。全面推进电子证照、电子印章的应用。电子营业执照下载量76.105万家。食品经营许可证、食品生产许可证、特种设备登记证、工业产品生产许可证实现电子证书化，申请人全程无纸化申请、远程办理、网上操作。

【星级食安办创建】 6个乡镇按时间节点完成3星级食安办创建并验收完毕，富春街道、东洲街道、银湖街道和场口镇完成4星级的创建，并接受省局验收。

【国家食品安全示范城市创建】 8月11日，区食药安办下发《杭州创建国家食品安全示范城市细则（责任分工）（2021版）》《关于2021年创建国家食品安全示范城市宣传工作实施方案》，要求各乡镇街道和各食药安委成员单位做好点位现场检查准备和宣传氛围营造。10月20日，通过国家检查组现场点位检查。

【民生实事项目建设】 建成农村家宴阳光厨房38家，中小学和等级幼儿园食堂智能“阳光厨房”132家，全程可追溯经营主体即“浙食链”2032家，“阳光工厂”51家，全年共抽检3850批次。

【冷链物防常态化管控】 开展冷链食品物防常态化工作，对452家已激活单位（人、物、环境）开展常态化检查指导，督促做好日常防控。

【保健食品行业乱象治理】 开展以建立健全保健食品行业监管及全面推进保健食品科普宣传为主要内容的专项清理整治行动，严肃查处保健食品虚假宣传和违规销售问题。共检查涉及保健食品及相关单位95家，查处涉及欺诈广告内容的保健食品案5起，罚没款3.981万元。

【“浙食链”追溯生产企业建设】 152家企业全部激活，实际经营的133家企业全部成功上传1～2个食品品类的全程可追溯（浙食链）数据链，并成功赋码，基本实现全覆盖。上链产品品种数达745个品类，上链批次5773批次，出库批次数198075批次，其中按省局标准考核达90分以上通过的有133家，完成率225.71%。食品流通激活2620家单位，上链完成达标企业770家。

【阳光工厂建设试点】 开展食品生产企业“阳光工厂”建设，实现食品生产加工全过程数字化、关键控制点生产过程可视化，统一规范食品生产企业出厂检验报告式样并关联“浙食链”溯源码、产品外包装上均赋“浙食链”溯源码查询食品相关信息。

【监督抽检】 采用100%“双随机”监督抽检方式，重点针对速冻食品、包装饮用水、糕点、茶叶、水产制品等重点地产食品，大型商超、农贸市场批发户为重点行业实施抽检。做到食品生产线生产企业和小作坊全覆盖，超额完成年度抽检任务。加强酱油、食醋监管，要求企业在销售酱油、食醋等食品过程中不得虚假宣传“三年陈酿”、“五年陈酿”等，严禁销售人员进行虚假宣传销售行为。强化酒类监管。目前富阳白酒生产企业5家，在产企业3家，产业限制后白酒新办企业2家，规模以上企业1家，取得食品安全管理体系认证1家。小作坊企业98家，在产白酒小作坊95家，实施5S现场管理的白酒小作坊18家。对全区5家白酒生产企业实行监督检查全覆盖，未发现明显问题。做好保健食品、特殊医学用途配方食品、婴幼儿配方食品等监督管理。抓好湖源乡的灰汤粽、索面等小作坊整治提升。加强小食杂店、食品摊贩、校园配送（超市）及周边食品、自动售货机等各业态监管。按要求抓好平安创建、国卫复评、文明城市创建的各项迎检工作。

【“阳光厨房”建设】 全年全区完成38家农村家宴“阳光厨房”建设，完成202家学校食堂“阳光厨房”建设，完成中小学和等级幼儿园食堂智能“阳光厨房”120家，实现全区公办中小学、幼儿园食堂建智能“阳光厨房”100%覆盖，并向民办学校、幼儿园食堂推进。

【餐饮具清洗消毒专项检查】 根据省局餐饮具清洗消毒专项整治要求持续开展专项整治行动，重点检查消毒设备配置、运行、消毒餐具保洁、一次性餐饮具等方面，按照覆盖率学校、养老机构食堂、集体用餐配送单位100%，大型餐饮单位30%，小型、中型餐饮单位5%，其他单位食堂20%，共抽取检查对象418家，通过“互联网+监管”，实施现场检查并将结果录入“浙政钉”执法平台。制订餐饮单位“双随机”检查方案，组织开展学校食堂、养老机构、网络订餐、社会餐饮等各类别单位共计119家。

【食品安全监督抽检】 以年夜饭、“两会”、学校大宗食品统一配送为重点，组织开展食品安全监督抽检，重点抽检鲜肉类（含禽类）、冷冻食品类、水产类、干货类、豆制品类、禽蛋类、调味品、粮、食用油、蔬菜等品种；结合餐饮具清洗消毒专项检查要求，加大餐饮具消毒抽检力度；针对央视“3·15”晚会曝光的羊肉非法添加瘦肉精问题，对火锅店、农贸市场牛羊肉制品批发店开展专项应急抽检。

【网络餐饮“阳光行动”】 按照开展漠视侵害群众利益问题专项治理的工作要求，制定专项治理工作方案，线上线下同时发力，全力推进网络餐饮阳光行动。实行月查月公示，对网络餐饮开展全方位检查。通过“富阳市场监管”微信公众号发布“消费提示”检查信息公示8期，以“浙江外卖在线”上线为契机，推进网络餐饮“阳光行动”，完成安装外卖餐饮“阳光厨房”840家，督促商家通过“浙江外卖在线商户端”每日填报索票索证、餐用具消毒和封签使用信息，激活使用外卖商户1057家。

【重大活动食品安全保障】 通过“提前介入，排查隐患”“监督抽检，强化责任”“驻点监督、全程指导”等方式，完成“全省通用语言学习成果会演”、年夜饭、富阳“两会”、“公务员招聘考试”、全省第五届“妈妈的味道”、高考期间等重大活动餐饮安全监督保障，推进“迎亚运，保安全”活动，制定亚运场馆测试赛餐饮食品供应、安全保障、应急处置等各项方案预案，落实专人全程监督保障。

【市场疫情防控】 根据上级部门和区指挥部防控政策及时调整监管措施，实行日常巡查式监管，抓好农贸市场常态化疫情防控，利用市场广播、电子显示屏、宣传栏、触摸屏等设施设备，运用语音、版画、广告单、宣传页、横幅等形式进行新冠肺炎疫情防控知识宣传，提升群众的知晓率，不定期地对所有农贸市场（菜场）进行巡查，对思想松懈，疫情管控不到位的市场举办方开展约谈，督促市场举办方落实疫情防控主体责任，，巩固落实好“四个一律”和“三个到位”防控措施，对发现的问题立纠立改，帮助市场建立疫情防控长效管理机制，全面做好疫情防控工作。出动检查执法干部1万余人次，共检查农贸市场（菜场）7000余家次，下达“农贸市场疫情防控工作责令整改通知书”150余份，督促各市场举办方整改疫情防控问题2000余个。

【“五化”市场创建】 完成2021年全区“五化”市场创建，对列入“五化”市场创建的5家农贸市场，投入改造资金200余万元，改造提升项目58个，新提升项目58个。下发《富阳区政府办公室599号办文意见反馈单》，同意对通过“五化”市场考核验收奖励20万元。富阳区成为杭州地区首个明确出台“五化”市场奖励政策地方性文件的地区。

【农贸市场规范提升】 围绕“农贸市场规范提升工作”区级民生实事项目，以“放心市场”和“星级市场”建设为抓手，积极开展农贸市场（菜场）专项整治提升工作。申报新创建各类“星级市场”6家，续创4家；申报新创建“放心市场”1家，续创3家；其中杭州富阳永昌农贸市场、杭州富阳春建农贸市场创建、杭州富阳胥口农贸市场为新申报创建的乡村“星级市场”，全区乡村星级农贸市场覆盖率达到100%。各市场均通过上级部门实地考核验收。

【格式条款备案】 开展校外培训机构、汽车4S店等格式合同备案指导，完成备案合同341份，其中：商品房买卖合同171份，房产中介合同136份，物业管理合同30份，供气合同2份，供热合同1份，汽车销售合同1份。通过现场检查和备案清查的方式，对企业的“霸王条款”、不合理条款进行清理，监督企业修改内容重新备案，切实保障消费者权益。

【信用公示】 做好“守合同重信用公示企业”的指导、申报、审核和推荐工作。全年共新评定为“浙江省AAA级守合同重信用公示企业”单位7家，续评14家；新评定为“浙江省AA级守合同重信用公示企业”单位21家，续评12家；新评定为“浙江省A级守合同重信用公示企业”单位24家；续评4家；帮助企业建立健全合同信用管理体系，规范合同签订、合同履约，加强合同风险防范。

【广告执法】 加强广告监管整治，通过开展违法违规商业营销宣传整治、校外教育培训广告全面排查和清理整治、“护苗助老”等专项整治行动，查处违法广告案件51件，罚没款52.45万元，其中万元案件12件，涉及虚假广告案13件，涉及教育培训案6件。强化广告监测和统计工作，借助国家局、省局、市局三大广告监测中心系统为平台，严格落实属地监测监管职责，加大电视、广播、报纸三大传统媒体和网络平台的广告监测力度。

【质量监管】 对儿童和学生用品、塑料购物袋、电动自行车及头盔产品、电池、建筑用钢筋、消防产品、成品油等重点产品的监督抽查活动，结合2021年儿童和学生用品安全守护行动，开展水晶泥等产品的专项监督检查，进校园开展学生用品安全知识讲座。开展工业产品生产许可证后监督检查。结合省、市局统筹下达的检查任务计划，超额完成年度双随机检查。开展塑料购物袋监督抽查。加强辖区食品相关产品日常监管。妥善处理产品质量安全隐患问题，处理涉及水泥产品的消费者投诉件2件，燃气灶具投诉件1件。走访排查儿童口罩和老年人相关产品（成人护理用品、助行器），现场检查生产和产品质量状况，对流通领域监督抽查不合格产品做好闭环管理。开展提升水泥产品质量、规范水泥市场秩序专项行动，对全区5家水泥工业产品生产许可证获证企业开展证后100%全覆盖技术审查和监督检查。做好市场监管领域燃气相关设备设施质量安全监管工作，联合市局监督处和方圆检测集团，开展燃气灶具质量安全专项检查。开展电动自行车及配件市场专项监督抽查。

【上官球拍产业质量发展】 联合上官乡人民政府开展“昼访夜谈”活动，对上官球拍产业开展风险排查走访工作，制订《2021年富阳区文体用品（球拍）产品质量风险排查暨分级分类监管方案》和《富阳区文体用品产品质量风险排查暨分级分类监管工作推进会方案》。推动上官乡政府、科技局在上官球拍园区建设产品质量检测中心，每年投入10万元，对球拍的涂装、拉力等性能开展检验检测，确保产品合格出厂。

【区域品牌建设】 聚焦产业、企业、产品“三大领域”，通过实地走访调研，在富阳区龙头骨干企业和成长性强的中小型企业中，培育品牌创建单位。通过龙头带动和政策引领，引导、激励全区各行各业加强质量管理，示范带动高质量发展，引导企业在“浙江制造”和政府质量奖上不断进行突破。全年新增“浙江制造”认证企业28家，新增产品认证单元41个，新增培育企业10家。新增区政府质量奖企业3家。

【电动自行车综合整治】 贯彻落实省委省政府关于电动自行车综合治理集成改革决策部署，以数字化改革为牵引，构建电动自行车全生命周期闭环管理机制，切实保障人民群众生命财产安全，推动电动自行车产业高质量发展。至年底，全区“浙江e行在线”注册经营户284家，在售电动自行车赋码6721辆，蓄电池赋码8593只。

【检验检测机构资质认定自我声明的合法性监督抽查】 富阳区共有各类检测机构24家，与上年相比新增建工类机构3家、车检类机构1家。根据市局工作要求，以“双随机、一公开”为载体，邀请技术专家组成检查组，重点检查检验检测机构是否按要求完成2020年度统计、年度报告和2020自查工作，是否在资质认定证书规定的能力范围内出具检测报告，是否依据相关标准或技术规范规定的程序和要求出具检测报告等。根据年初计划，结合“车检机构优化一件事”，联合公安、环保等部门重点对辖区内4家车检机构开展“双随机”监督检查，并督促机构限时整改检查中发现的问题，努力提升机构服务能力，优化服务环境。

【强制性认证产品专项检查】 全区共有3C（强制性认证产品）认证企业57家，证书829张，制订全年监督工作计划，重点对低压成套设备、小功率电机等自我声明3C产品及工业产品生产许可转3C生产企业开展检查。检查辖区31家3C企业生产、主要原材料管理、产品检测、标签标志使用和管理等。

【有机认证企业检查】 重点对获证企业的基本情况、管理体系、作物的种植现场、认证证书信息进行查验。对是否按照有机产品认证实施规则要求实施认证行为，认证活动是否客观，规范和有效等进行检查。

【“浙江制造”标准制定实施】 采取集中培训、集中申报、集中立项的方式，推进标准制定，以标准引领转型升级。推动企业以自我声明方式实施“浙江制造”标准。发布“浙江制造”标准14个，研制阶段2项，处于评审阶段4项，通过答辩待立项标准 2项。鼓励企业积极参与国家标准、行业标准、团体标准的制（修）订。指导和帮助企业完成行业标准发布6项，国家标准4项。

【计量工作】 做好新能源汽车充电桩强制检定改革创新国家试点工作。富阳区共有充电站48个，充电枪298把，数据已全部接入杭州市民生计量公共服务平台开展“开放计量实验室”活动。开展专项计量执法检查，对25家医疗卫生机构开展专项检查，督促医疗单位切实建立完善的计量相关制度，并现场指导在杭州市民生计量公共服务平台注册备案和预约检定。实现在用强检医疗设备计量受检率达到100%。开展“民用三表”检查。对供电、水务及华润燃气公司的电表、水表、煤气表使用情况进行检查，对部分小区燃气表未及时更换情况进行行政约谈。成立科技工作专班，根据《富阳区常态化推进服务企业助力众创工作实施方案》开展工作。在区产业创新服务综合体科技大市场内开设“一站式”的服务窗口，开展5G信息产业质量一站式服务平台建设工作。

【专利工作】 推行“梯度”培育模式，实施知识产权精准培育，发挥乡镇街道、品牌指导站、基层市场多方作用，主动挖掘开发和利用特色、优质资源，强化知识产权优势企业、示范企业建设，建立健全知识产权培育库，实施分级、分层、分类梯度培育模式。新增授权发明专利746件，有效发明专利拥有量3075件，每万人发明专利拥有量35件，PCT国际专利新增申请量26件，国家知识产权优势企业4家，省级专利示范企业3家，杭州市专利示范企业44家，杭州市专利试点企业61家；通过《企业知识产权管理规范》国家标准认证企业75家；设立富阳区知识产权维权援助工作站；开展专利质押融资10.3亿元。

【商标品牌】 加强对地理标志、集体商标、商标注册、运用和管理的指导。完善地理标志证明商标和使用规则，明确商标所有人的权利和责任，督促其加强地理标志证明商标的使用许可、保护和宣传工作。指导帮扶企业、行业协会申报商标品牌，新增“洞桥大米”地理标志。累计申请商标4358件，注册数3539件，有效注册量22564件，拥有中国驰名商标15件、集体商标16件，地理标志4个（分别为“富阳葡萄”“富阳芦笋”“安顶山云雾茶”“洞桥大米”）；浙江省商标品牌示范乡镇（街道）4个，浙江省商标品牌示范企业5个；组建运行3家富阳品牌指导服务站，分别为上官球拍品牌指导服务站、富阳农产品品牌指导服务站、硅谷小镇品牌指导服务站，商标质押融资达1.9亿元。

【补助严惩】 出台《富阳区实施“新制造业计划”推进制造业高质量发展实施意见》，对商标专利获得单位（个人）给予分档奖励，最高单项获得中国名牌或中国驰名商标的奖励100万元；对企业开展专利、商标权质押获得的银行贷款，按照银行基准利率的实际利息额的50%给予补助。推进“双随机、一公开”检查，对知识产权代理行业违法违规行为进行集中整治，组织152家企业188项专利开展知识产权侵权损失责任保险，降低知识产权维权成本，促进知识产权服务业健康发展。

【小微企业三年成长计划】 按照省市工作部署，全力实施新一轮小微企业三年计划，切实推动小微企业质效提升，开展2021年度小微企业成长活力指数采集工作，对全区366家样本企业近三年经营情况、财务制度等项目逐一进行确认，剔除问题企业，由项目对接人逐一对样本企业开展数据采集，掌握小微企业生存、经营、发展状态，持续跟踪观测各行业小微企业样本企业，为政府管理部门制定相关科学决策依据；完成省局小微企业联系点、个体工商户数据采集工作，共完成小微企业160家，个体户122家。新增小微企业4223家，完成率107.2%；新增八大万亿企业1197家，完成率104.1%。

【加深政策扶持】 落实国家和省有关扶持小微企业发展的政策，加快推进小微企业在财税优惠、融资支持、用地保障、人才引进、资源对接等方面扶持举措落地落细。全力做好2021年全省小微企业“成长之星”推选上报工作，推荐上报“成长之星”2家。

【经营异常名录整治】 开展列入异常经营名录工作，对2963家企业、103家农民专业合作社、7468户个体工商户未按规定报送年度报告的经营户列入经营异常名录；392家企业、29家农民专业合作社因查无下落列入经营异常名录。开展混凝土行业无照专项整治。重点对有无营业执照、有无虚假广告、有无食堂及许可证、有无培训协议及其合法合规情况进行培训。配合做好“无欠薪”工作，配合开展类金融整治，维护劳动市场、金融市场秩序稳定。

【信用信息公示】 完成2020年度年报申报的企业35311家，年报率94.48%；已完成2020年度年报申报的个体工商户53796家，年报率94.57%；已完成2020年度年报申报的农民专业合作社420家，年报率81.08%。通过公示系统公示即时信息121条，包括行政许可信息29条，股东及出资信息75条，股权变更信息17条；经申请移出经营异常名录的企业1023家（含农民专业合作社）、移出记录1156条，有效加强信用监管。组织开展清理整顿人力资源市场秩序专项行动，区市场监督管理局获“2021年全国清理整顿人力资源市场秩序专项行动取得突出成绩单位”称号。

【浙政钉·掌上执法】 浙江省行政执法监管平台（浙政钉）富阳区应用，全区共有29家单位依托全省行政执法监管平台开展掌上执法。依托省行政执法监管平台，开展双随机抽查6699户次，双随机事项覆盖率100%，应用信用规则率95.93%，跨部门联合监管率12.84%。

【农村假冒伪劣食品专项执法】 根据《联合开展农村假冒伪劣食品专项执法行动的通知》，按照食品安全“四个最严”要求，结合“两节”市场检查和冷链市场专项检查，以农村集市、城乡接合部农贸市场、食品批发市场为重点检查对象，全年共办理相关案件221起，处罚没款116.88万元。

【扎啤非法添加工业二氧化碳执法】 根据全省统一执法行动安排，通过暗访和排查，确定富春街道文教路、文居街的33家有销售扎啤的经营户为检查对象，本次行动共办理17件无标签的食品添加剂案，共处罚没款9.5万元。

【侵害消费者权益行为整治】 全年办理案件19件，处罚没款59.2万元，主要涉及中介、房产、装修、物业多个行业领域。杭州某文化创意有限公司侵犯商业秘密案被列入杭州市十大案例汇编。根据杭州市局下发《关于勇于担当率先作为迅速开展预付式消费乱象整治工作的意见》，对美容美发行业开展整治。其间，检查美容美发行业35家，并将4起违法线索函告富阳区商务局。全年共查处美容美发案件22件，共处罚没款40.02万元。

【教育机构专项检查】 针对校外机构存在虚假宣传、价格违法、预付式消费、保护消费者信息、不公平格式条款等问题，开展整治行动

4次，出动执法人员150人次，检查校外培训机构70家，办理35起案件，处罚没款34.40万元。其中侵害消费者权益类案件28起，广告类案件6起，未明码标价案件1起，罚没款0.3万元。

【房地产销售综合执法行动】 重点检查房地产广告违法行为，侵害消费者个人信息、商品房未按规定方式明码标价等违法违规行为，全年共办理违法广告案件3件、侵害消费者个人信息10件、价格类案件5件，共处罚没款60.91万元。其中杭州某置业有限公司房地产广告违法案被评为杭州市市场监管局公布第二批虚假违法广告典型案例。

【无合法来源商品专项整治行动】 组织成品油专项整治、冻品联合整治行动，开展成品油联合整治5次，查处无证加油点，无合法来源案件和油品质量案共15起，共处罚没款27.01万元。开展非法进口食品专项检查3次，共办理无合法来源证明进口货物案件4起，共处罚没款5.01万元。进口冻品、水产违法案件11起，共处罚没款7万元。

【传销打击】 强化打传规直队伍建设，落实投诉举报奖励机制，积极开展网格员培训，加强对重点区域的监管和防控，立案查处传销案件15件，共处罚没款158.09万元。4月查获以“纯资本运作”为幌子的传销组织，经过前期对该组织3个月的监控，共捣毁15个传销窝点，共抓获涉传人员45人。《富阳日报》、富阳电视台对此次行动进行全程跟踪报道。

【知识产权案件办理】 结合2021年知识产权执法“铁拳”专项行动开展双打工作，全年共办理知识产权类案件59起，处罚没款69.41万元，涉案产品包括建材、烟草、食品等重点商品领域。查办多起工地建筑材料侵权系列案件，其中移送公安5起。

【杭州首批违规使用标识案查处】 7月12日，富阳就违规使用“中国共产党成立100周年庆祝活动”标识行为开出首批罚单，共立案查处案件2起，罚款2万元。

【特种设备专项整治三年行动计划】 对照2020年制定的《特种设备专项整治三年行动计划》任务，重点落实2021年的任务清单，涉及移动式压力容器登记、带泵罐车定点卸液、危险品压力管道登记、大型起重机械监控等项目已经完成，涉及锅炉、大型起重机械、大型游乐设施、场内、厂内机动车辆的物联网接入工作。

【智慧电梯系统安装应用】 富阳按照“自愿申请原则和公正公开原则”，制订工作方案，重点在使用年限10年以上的住宅小区电梯进行推广实施。全区共计36个住宅小区、500台电梯完成新增智慧电梯系统安装，进入调试阶段， 11月1日全部上线运行。加上2018年一期开始使用的500台电梯智慧系统，全区累计投用1000台电梯智慧系统。住宅小区和公共场所电梯的智慧监管覆盖率已经超过25%。

【液化石油气气瓶追溯系统建设应用】 富阳在华润燃气有限公司等三家液化石油气充装单位实施气瓶追溯系统的建设和应用，并同步开始气瓶的置换工作，三家单位的应用平台均已建设完成，并投入使用，全区已累计置换投用新钢瓶近14万只。

【药店疫情防控】 开展药店疫情防控政策宣贯，通过现场授课、宣贯政策法规、发放《药店疫情防控要求标准》和开展暗访通报内容警示教育等形式，对零售药店场所消毒、工作人员个人防护，顾客测温扫码和规范佩戴口罩等防疫要求等再次进行了强调并规范细化操作流程；压实零售药店防控主体责任，通过制定《药店疫情防控检查表》，加大对零售药店的监管检查力度和频次，做到“全覆盖无遗漏”，对发现问题企业一律要求停业整顿；强化零售药店疫情监测预警，根据疫情情况调整“四类药品”销售政策，响应区指挥部号召全年两次下达禁售“四类药品”政策，应急响应期间对购买监测品种药品的人员实施实名登记制度，并每日上传至监测系统。

【药品安全】 落实日常监管，结合日常检查、飞行检查、等级评定等监管方式，加强对药品经营企业、医疗机构等药品经营使用环节的质量监管，及时排查安全隐患，实现辖区17家药品批发企业、272家药品零售企业及600余家医疗机构检查全覆盖，完成药品零售企业的等级评定工作；完成药品抽检，提前3个月完成省抽8批次的目标任务，超额5%完成市抽任务，并且完成全区药品生产企业的全品种覆盖抽检；扎实推进专项治理，重点针对违规销售处方药、执业药师“挂证”等问题，切实规范药品零售经营秩序，净化药品经营环境。对含兴奋剂药品的经营管理情况进行全面检查，督促企业全面落实主体责任，及时消除风险隐患；开展药品网络销售专项整治，加大对药品网络销售和交易信息的监测力度，严查重处通过网络销售假药劣药、无证经营药品、不凭处方销售处方药等违法违规行为，建立备案制和承诺制度，引导行业严格自律，净化网络售药市场秩序。

【民生药事服务站建设工程】 严格药品、医疗器械经营质量管理的基础上，结合药店自身特色，按照统一标识标记、统一设置标准、统一药事服务项目等要求，加强指导规范，积极服务企业，完成2家四星级及2家三星级药事服务站建设，提前超额完成杭州市局下达目标任务。

【“网订店送”提质工程】 打造“网订店送2.0”升级版，在现有的7家“网订店送”药房的基础上，根据全区人口、药品供应、医疗资源、配送能力等条件，围绕“安全、规范、便捷、长效”原则，在保证“网订店送”药房质量的基础上，增补8家管理规范、社会责任感强的企业，实现“网订店送”药房的不断扩面，通过提升

“网订店送”的整体服务水平，不断改善群众购药体验，着力培育一批经营规范、特色突出的优质互联网药品企业，带动互联网药品销售“新零售”的良性发展。

【上山进岛“送药”便民工程】 建设上山进岛便民服务点10个，完善日常检查、精准帮扶机制，对照建设标准开展经常性检查巡查，督促创建主体做好便民服务、药品配送、台账记录等工作，确保便民服务点规范运行，持续给予扶持政策，帮助解决便民服务点运行中面临的实际困难。

【药械数字化监管】 响应省市局号召，实施省局药品生产智慧监管“黑匣子”工程建设，主动谋划、上门动员、对接协调、帮助辖区企业积极投入“黑匣子”工程建设。完成“黑匣子”工程建设药品生产企业2家，完成与省局数字化监管系统对接，数据实时上传省局数字化监管驾驶舱。

【化妆品安全监管】 通过重示范促提升促进化妆品行业快速健康发展，调研文章《富阳关于积极探索新法背景下化妆品行业监管思路的报告》获上级批示肯定。开展2021年化妆品“百千万”美丽消费建设提升工程。全区共创建2家示范商场，13家示范经营单位。完成辖区1家化妆品生产企业2020年度杭州市化妆品生产企业风险分级评定工作。对辖区1家化妆品生产企业省级飞行检查，发现问题并立案查处。开展化妆品抽检工作。完成省抽6批次，市抽21批次。开展儿童化妆品专项检查、化妆品“线上净网线下清源”、美容美发专项行动、婴幼儿化妆品专项检查等各种专项整治。开展“5·25爱肤日”化妆品科普宣传活动、组织收看化妆品监管法规和相关专业知识网络公益培训、发放新法宣传折页等，利用微信公众号多次向企业和公众推送化妆品新法规及相关知识。开展化妆品不良反应报告评价工作。

【区级药械化检查中心组建】 同意增挂药械化检查中心，配备编外工作人员1名。共计有29名监管干部成为市局药、械、化检查员。22名覆盖各科所队年轻监管干部作为梯队培养对象。制定检查员队伍建设考核办法。8月26日，印发《杭州市富阳区市场监督管理局药品（医疗器械、化妆品）检查员队伍建设管理办法（试行）》，从而保证了药械化队伍建设，开展药械化严格监管，打好人才队伍基础，提升监管能力，加强监管力量。

【投诉举报】 全年共接到投诉举报6521起，其中信访交办件2462件，同比增长9.16%。其中投诉4115件，按时办结率99.61%，调解成功率58.43%，举报2385件，按时核查率98.18%。全年共办理区领导批示件9件，国家级信访积案1件，省级信访积案1件。坚持问题导向，聚焦投诉举报工作数量大、专业化程度不高、调解司法效率不认可等问题，积极探索以数字串联（“数治315”系统）的四级五联商事大调解体系建设，同步建立健全消保委、市场监管局、市场监管所和消费维权工作站四级专职调解队伍，并联动消保委各成员单位、法院、司法局、律师组织、行业调解组织等单位。

【放心消费创建】 全区共建成放心消费单位2915家，其中无理由承诺退货单位1360家，放心工厂461家。

【扫黑除恶工作开展】 将扫黑除恶宣传摸排有机融入监督检查、放心消费创建等工作，组织执法人员开展工作，纵深推进扫黑除恶线索排摸。4月10日至5月14日结合“百亿惠商·助力放心消费”联合大走访活动，对富阳区辖区内小餐饮、小食杂店、农贸市场、药店、企业单位、沿街商铺等单位进行集中走访摸排，共计走访12915家单位。开展“扫黑除恶”行业乱象整治行动，食品安全领域整治行动出动执法人员13868人次，检查企业6879家，立案40件，罚没款29.5万元；培训、中介等领域信息安全整治行动出动执法人员1154人次，检查企业519家，立案20件，罚没款22万元；涉企违规收费领域等整治行动出动400人次，检查企业231家；重点行业领域反垄断整治行动出动执法人员404人次，检查企业132家；检查其他行业出动执法人员4871人次，检查企业2205家，立案182件，罚没款354万元。

【消费调解】 全年共计受理消费投诉与咨询426件，调解285件，调解成功278件，为消费者挽回经济损失154余万元。其中，成功处置首起汽车退车纠纷案例。全年共处理消费纠纷45起，成功退车4台。

【“3·15”消费维权系列活动】 借助富阳电视台微信直播平台，以视频直播方式进行，发布2020年度食品安全和产品质量状况、消费维权报告，公布典型违法案例等，开展奶茶行业食品相关产品、商超环保塑料袋抽样活动和2021年富阳区市场监管局假冒伪劣商品集中销毁直播，三场直播活动共有20余万网友关注观看。组织消费维权热点行业约谈会。针对2020年消费投诉排名前30的经营者，联合相关行业主管部门开展约谈会与专项整治。

【消费维权站点建设】 强化基层维权组织建设，形成维权合力，推动社会共治。根据投诉热点区域、行业以及新建商业体情况，指导相关责任主体承担起社会责任，配备消费维权力量，建立消费维权站点。新建商业体维权站点2个，汽车销售维权站点11个，餐饮连锁站点1个。

【“数治315”平台搭建】 “数治315”平台搭建起消保委、维权站点间建立数据通道，实现投诉信息流转，也为维权站自行受理处置提供应用支撑，实现站点投诉处置信息化；也可借助平台视频调解功能，实现在线视频调解，提升便捷性与处置效率。

【诉调对接机制建立】 日常处置消

费过程中，遇到疑难问题或者有可能升级诉讼的纠纷时，利用微法庭诉调对接机制与直接联系法官沟通或邀请法官参与调解，提高纠纷诉讼前解决率，节省成本。全年处置网络平台案件8起，法官参与指导成功调处1起奔驰GLB退车纠纷。

（刘芝琪）

统　计

【统计服务】 发布《“十三五”时期富阳经济社会发展报告》，围绕经济运行中的痛点难点问题，着力加强对重点行业、主导产业、龙头企业的动态监测和预警分析，通过月度、季度经济运行分析会等形式及时向区委、区政府反映全区经济运行中苗头性、趋势性问题，有针对性的提出对策建议，获区委、区政府主要领导批示肯定的分析材料14篇。开展“统计联心、数为民用”主题服务行动，为企业送上“定制”个性化发展报告，完成乡镇（街道）走访服务全覆盖，为基层发展出谋划策。发布微信156期。

【大型国情国力调查】 高质量推进第七次全国人口普查工作。及时联合“富阳发布”等主流媒体发布《杭州市富阳区2020年第七次人口普查主要数据公报》，用动画、图片等灵活方式宣传普查结果，受到广泛关注。此次人口普查摸清了富阳区人口家底，为富阳区高水平描绘现代版富春山居图，争当高质量发展建设共同富裕示范区星城范例提供了大量基础数据。

【统计基础建设】 完善数据质量风险防控机制。建立统计制度执行及数据质量管控情况、乡镇（街道）统计工作“三色码”两张清单，从业务科室和乡镇（街道）两个维度构筑统计“数据质量防控网”。强化对新上任基层统计员、重点行业重点企业统计员的业务培训，重点抓好新入库投资项目、拟上市企业统计员业务培训，进一步提高基层统计员的业务水平。全年共培训1000余人次。

【统计法治建设】 做好迎接国家统计督察准备工作。班子成员带队对全区24个乡镇（街道）、各相关平台、部门等防范和惩治统计造假弄虚作假工作落实情况进行实地走访指导全覆盖。围绕统计中心工作，开展局内各专业自查工作，对重点行业、重点企业及重点指标开展核查，完成对全区所有规上单位的数据质量核查工作。采取专项检查和“双随机”抽查方式开展执法检查，全年共对66家单位进行统计执法检查核查，并对其中48家单位进行“双随机”检查。持续强化统计普法宣传。以统计年报会、业务培训、走访调研等为契机，将统计法治宣传融入日常，实现“统计法进党校”。

【提升队伍能力素质】 开展“统计讲坛”、“年轻干部夜学”、“手把手案例分析讲堂”、年轻干部“揭榜挂帅”、高质量做好年轻干部党员发展工作等活动，擦亮“年轻干部传帮带”党建品牌，推动党建工作和业务工作双融合双提升。坚持以人为本，高度重视干部队伍建设。从年轻干部中选派1名干部到杭州市统计局挂职，通过公开竞职演讲完成2名年轻干部的中层选拔任用，公务员交流轮岗2人，1名新录用干部派至区迎展办挂职，最大限度地发挥人才潜能。

（孙依娃）

审　计

【概况】 2021年，区审计局在杭州市审计局年度业务考核中排名前列，连续9年获评省审计厅考核优秀单位，首次受到杭州市人民政府集体嘉奖，并在全市审计质量提升会上作经验介绍。全年完成审计项目22个，通过审计，查出主要问题金额13.02亿元，促进整改落实有关问题金额5.72亿元，制定完善制度45项；向区纪委监委等相关部门移送案件线索11起，经审计移送有10名相关责任人员受到处理处分。审计信息（专报）、审计报告等被区委区政府领导批示114篇（次），被上级审计机关采用45篇（次），在《中国审计报》《中国审计》等报纸杂志发表审计调研文章或信息27篇。上报杭州市优秀审计项目5个，获选4个。

【预算执行审计】 开展富阳区财政局具体组织的2020年度区本级财政预算执行和决算草案审计，围绕浙江省财政审计工作总体方案要求，对专项债券、公益基础设施资产、政府财务报告、公务支出公款消费等重点专项进行审计；同步开展农村生活污水项目运维管理和临时机构运作两个专题审计，围绕高水平社会治理和高效率政府机构运转两个核心，揭露问题、提出建议。

2021年11月，区统计局走访光大环境能源(杭州富阳)有限公司，指导统计工作

（区统计局　供稿）

【投资项目审计】 为2371个政府投资项目竣工结（决）算提供咨询服务，核减工程造价6.95亿元。开展“公共投资项目审计远程抽签摇号（实现一次都不用跑）”数字化改革，实现项目“即送即分”，将项目分配由原平均用时20.6天缩短到5.3天，送审效率提高74%。开展“拔钉审价难项目，减轻企业负担”专项清理行动，帮助企业解决资金负担8000多万元。4个审计事项成果作为警示案例在2021年区委一届六次全体扩大会议上播放的“全面从严治党永远在路上”专题片中播出。

【经济责任审计】 对10个单位共计21名区管领导干部开展任期经济责任审计，查出违规金额200.86万元、管理不规范金额3865.06万元，发现审计问题124个，提出审计意见建议36条，相关单位均认真进行了整改。对安排经责审计的4个镇街全部开展自然资源资产责任审计。制定出台《富阳区党政主要领导干部和国有企业主要领导人员经济责任审计操作细则》，做到一个标准用到底、一把尺子量到底。实施“三张清单”制度，向区委组织部提供容错免责案例6个，规范和统一领导干部经济责任和自然资源资产责任审计。

【专项审计调查】 对企业拆迁评估、“数字赋能”建设、农业产业发展、公共卫生服务体系建设、老有所养政策执行、亚运场馆建设等进行了专项审计调查或跟踪审计。其中：通过企业拆迁评估专项审计调查，摸清全区企业拆迁补偿资金的使用管理情况，打击企业造假骗取拆迁补偿资金的行为，规范拆迁评估过程，营造公平、公正的拆迁环境。通过“数字赋能”建设专项审计调查，促使区政府出台《公共区域视频监控统筹建设管理办法》，实现视频监控的资源整合和集约建设；针对智慧安防小区逾期建设，按合同约定扣减供应商服务款51.02万元。通过农业产业发展情况专项审计调查，收回因虚增土地承包面积骗取的财政补助55万元；促进出台《关于进一步明确涉农资金管理有关事项的通知》（富财农〔2021〕138号）等文件。通过老有所养政策执行专项审计调查，对全区共计5家“医养结合”医疗机构进行了全面检查，追回医保基金193.84万元，并对其中1家医疗机构作出行政处罚4.54万元及暂停医保服务协议6个月的处理。通过公共卫生服务体系建设专项审计调查，收回当事人侵占的资金86.69万元，并对区中医院违纪违规的相关人员进行问责处理，促进出台《医院政府专项补助经费使用实施细则》（富二医共体〔2021〕20号）等文件。通过亚运场馆建设管理情况跟踪审计，促成相关部门及项目参建单位多次召开专题会议，及时进行了整改，向项目公司收回政府方项目资本金3500万元。

2021年1月14日，富阳区审计局开展税收审计盘点资产工作

（区审计局　供稿）

【内部审计指导】 完善内审分片联系指导制度，扎实开展国家审计与内部审计协同，推动行业主管部门出台内审制度30个，尤其是五大国企平台内部审计与纪检监督充分融合，作用发挥越来越明显。获评市级以上优秀内审项目、内审论文、内审案例、典型经验16个。

（洪丹丹）

物价管理

【价格调控和监测分析预警】 密切跟踪分析价格总水平、重要商品和服务市场价格变化，强化对苗头性、倾向性、潜在性问题的研究，加强与价格监测点、调查户的联系沟通，切实抓好重要品种、重要时段、关键节点的市场价格和供求情况监测，完成月度及节假日市场价格监测动态与分析工作。每月2次对部分民生价格进行公示，每月3次向区委、区政府报送居民生活必需品价格监测旬报，及时研判。

【重要民生商品保供稳价】 为有效应对突发事件应急保供，根据省市文件精神，结合全区实际情况，制定富阳区冻猪肉储备工作方案，明确职责分工和工作方案，落实冻猪肉储备任务。春节、“五一”等假期前，对定点监测的农贸市场和超市进行情况摸排，监测3个农贸市场和3个超市民生商品价格。会同相关部门梳理落实全区应急物资储备清单。

【降费减负工作】 规范城镇供水供电供气供暖行业收费，根据《关于做好〈国务院办公厅转发国家发展改革委等部门关于清理规范城镇供水供电供气供暖行业收费促进行业高质量发展意见的通知〉贯彻落实工作有关事项的通知》（浙发改价格〔2021〕43号），对全区范围内从事供水供电供气安装工程公司基本情况和收费项目等进行调查，明确需清理取消的不合理收费项目和需规范的收费项目。落实大工业销售电价降低，全省大工业销售电价平均每千瓦时降低5.2分，不折不扣落实执行到位。协同市场监管部门加强对转供电环节不合理加价行为的清理，确保将电价红利全额传导给终端用户。根据省市公布的目录清单，对全区行政事业性收费目录清单和政府定价经营服务性收费目录清单进行清理，进一步明确收费项目、收费标准及依据。

【价格成本监审】 开展长江经济带污水处理成本监审工作，系统掌握和上报全区污水处理企业成本运行情况，推动完善长江经济带污水处理收费机制。根据工作安排，完成全区部分民办学校教育成本调查，完成双易教育培训学校有限公司校外培训机构培训服务定价成本调查。

【重点价格政策落实】 完成永兴学校、江南中学等民办学校学费及住宿费收费标准核定，指导民办学校做好新学期学费标准备案工作。会同教育局完成公办幼儿园等级并轨及收费调整工作。根据“双减”工作要求，会同教育局做好义务教育阶段学校课后服务相关工作。公布全区经济适用住房和人才公寓（人才限价房）市场评估价格。引入第三方审计机构对华润燃气有限公司居民用气进气成本进行调查，并会同区财政局做好居民用气进气成本补贴资金拨付工作。对全区用气量较大的企业进行摸底，完成长三角主要城市非居民天然气价格调研工作。

（徐　炎）

16 工　业
Industry

综　述

【概况】 全区全年完成规上工业增加值 250.7 亿元，总量排名全市第 6，同比增长 9.1%，增幅排名全市第 8；完成制造业投资 72.2 亿元，同比增长 67.9%，增幅位列全市第 2；完成数字经济核心产业增加值 97.2 亿元，排名全市第 6，同比增长 11.1%，增幅位列全市第 10；完成亩均工业增加值 140.05 万元/亩，位列全市第 9；完成规上工业总产值 1383.94 亿元，同比增长 15.2%；完成规上工业销售产值 1401.3 亿元，同比增长 17.86%；新增“小升规”工业企业 122 家，净增 73 家。获全省淘汰落后产能工作先进区。

【产业结构转型升级】 制定出台产业质效提升三年行动计划方案，打造光电通信、智能装备、生物医药产业链，全年总产值分别增长 15.9%、16.3%、25.0%；实施八大产业群落专项工作方案，落实重点产业“链长制”，一链一调研一方案，推进标志性产业链重大项目建设 28 个，加快形成一批产值规模超百亿的标志性产业群落；建立产业（创新）园决策推进机制，推动国有平台公司、龙头骨干企业和产业园运营商建设产业园。富春湾智能安防产业基地、银湖佰赛时生物信息产业园、常安快消品基地产业园、畯澜高端装备制造基地、东弘智能装备零部件产业园等开工建设。新认定省级小微产业园 1 个，银湖创新中心获评 2021 年度省四星级小微园区。

【工业企业转型升级】 完善企业梯队培育体系，实施富阳区冠军企业行动计划，引导企业“专精特新”发展，全年新增省“隐形冠军”企业 2 家、省绿色低碳工厂 2 家、省“专精特新”中小企业 35 家，认定区级冠军企业 32 家，累计认定高新潜力企业 142 家，新增规上企业 122 家，净增规上企业 73 家。杭州大立过滤设备有限公司、杭州广安汽车电器有限公司、杭州富阳中荷电子有限公司获评 2021 年国家专精特新“小巨人”企业，浙江金固股份有限公司获评国家级绿色工厂。出台鼓励工业企业利用存量工业用地实施厂房改扩建办法，解决企业用地空间不足问题，提高土地利用效率和效益，全年办理厂房改扩建项目审批 40 件，审批新增厂房面积 40.22 万平方米，其中单个新增面积超过 1 万平方米以上企业 10 家。启动新一轮制造业“腾笼换鸟、凤凰涅槃”攻坚行动，完成高耗低效整治并销号企业 21 家（全部为关停退出类企业），亩均 3 万元以下的低效企业整治提升 50 家，腾出用能 36.9 万吨标煤、用地 71.07 公顷，完成铸造企业产能置换项目 2 个。

【工业企业服务管理】 加快企业服务数字化改革，开发企业精准服务应用场景，推出“企业码”，实现

2021年4月，富阳区经信局走访浙江轻机离心机公司
（区经信局　供稿）

富阳专区、产业大脑、省“三服务”小管家平台之间数据互联互通。开展“走亲连心三服务”主题月活动，累计走访服务企业3.3万家次，收集企业问题数11425个，协调解决10968个。推进竣工达产专项行动，建立领导联系重点工业投资项目服务工作机制，跟踪落实市局5张清单、区6张清单。全年101个大计划工业项目完成投资59.2亿元，完成年度计划投资的105%，项目开工率达96%，计划竣工率达100%。指导工业企业开展安全生产、疫情防控、垃圾分类等行业管理工作，制定《富阳区工业企业领域遏制生产安全事故攻坚整治实施方案》，检查企业200余家，实现生产制造类小微企业园检查全覆盖。常态化开展工业企业疫情防控指导督查工作，按照大物防工作要求做好进口物品防疫工作，累计检查企业2015家，发现并整改问题564个。

【数字经济发展】 出台杭州市富阳区5G网络建设服务“一件事”改革试点实施方案，累计建设5G基站1413个（其中2021年456个），覆盖富春街道、富春湾新城、银湖街道、东洲街道范围及其他乡镇政府所在地、地铁、高铁站、区政府、文化中心、行政中心等重点部位。推进数字经济系统建设，与湖州市、平湖区、长兴县联合开发省经信厅项目全周期服务场景建设，获省多跨应用场景大赛三等奖，入选全省首批数字经济系统多跨协同场景推广目录；与滨江、萧山、桐庐联合开发省经信厅数字安防产业大脑建设试点，为首批行业产业大脑；上线新智造·云资源超市（一键上云）场景，完成“云资源超市”入驻服务商15家，为杭州市产业大脑门户“一键上云”应用唯一试点区县。出台“未来工厂”实施意见，加快五类“未来工厂”建设，打造智能制造新标杆，新增省级数字化车间智能工厂4家，市级智能工厂、数字化车间2家，入库市级“未来工厂”培育27家、实施市级数字化改造攻关项目32项，建立区级“未来工厂”培育库129家企业、数字化改造项目82个。免费开展企业实施数字化诊断，召开现场会、系列专题活动4场。

2021年5月，富阳区经信局走访富生电器
（区经信局　供稿）

【富阳企业入围浙江民营企业社会责任领先企业】 12月28日，省工商业联合会发布2021年度浙江民营企业社会责任100家领先企业，浙江华达集团有限公司、浙江江丰股份有限公司、浙江富冶集团有限公司、浙江富春江通信集团有限公司、富通集团有限公司入围。浙江民营企业社会责任领先企业评选主要数据来源于全国工商业联合会牵头的2020年度民营企业社会责任专项调研。调研期间，省市县三级工商联实地走访民营企业和商会，组织各地申报民营企业社会责任优秀案例，参与社会责任线上调研企业3199家。

【富阳企业入围浙江民营企业200强评选】 12月22日，省工商业联合会发布“2021浙江民营企业200强、研发投入100强、就业100强榜单”，浙江富冶集团有限公司、富通集团有限公司、浙江富春江通信集团有限公司、浙江华达集团有限公司入围，其中：浙江富冶集团有限公司、富通集团有限公司、浙江富春江通信集团有限公司分别列“浙江民营企业200强”第26位、第32位、第77位和第195位；富通集团有限公司、浙江富春江通信集团有限公司、浙江华达集团有限公司列“研发投入100强”第18位、第66位和第99位；富通集团有限公司列“就业100强”第86位。

【富阳企业入围长三角百强企业】 11月23日，长三角三省一市企业联合会发布2021长三角百强企业排行榜，浙江富冶集团有限公司位列第97，营业收入590.63亿元，为富阳唯一入围企业。浙江富冶集团有限公司、富通集团有限公司入围同期公布的2021长三角制造业百强企业名单，分列第48位和第56位。

【富阳企业入围市制造业（数字经济）百强榜】 11月16日，市工业经济联合会、市企业联合会、市企业家协会发布2021年杭州市制造业（数字经济）百强名单，富阳入围企业6家，分别为浙江富冶集团有限公司第12位、富通集团有限公司第13位、浙江富春江通信集团有限公司第23位、海正药业（杭州）有限公司第46位、杭州富生电器有限公司79位、杭州中策清泉实业有限公司第84位。

【富阳企业入围中国民营企业500强】 9月26日，由全国工商业联合会与湖南省政府主办的2021中国民营企业500强峰会系列活动在长沙举行，会上发布2021中国民营企业500强系列名单及2021中国民营企业500强调研分析报告。浙江富冶集团有限公司、富通集团有限公司、浙江富春江通信集团有限公司入围中国民营企业500强和中国制造业民营企业500强，其中：浙江富冶集团有限公司营业收入590.63亿元，排名第158，比上年上升1位；富通集团有限公司营业收入512.36亿元，排名第186，与上年持平；浙江富春江通信集团有限公司营业收入270.18亿元，排名第410，比上年下降29位。浙江富冶集团有限公司、富通集团有限公司和浙江富春江通信集团有限公司同时入围中国制造业民营企业500强，分列第83位、第100位和第229位。

2021年6月10日，富阳举行首届中国·富阳创新创业大赛全国总决赛

（区经信局　供稿）

【富阳企业入围中国企业500强】 9月25日，中国企业联合会、中国企业家协会连续第20次发布“中国企业500强”名单，浙江富冶集团有限公司、富通集团有限公司入围，其中：浙江富冶集团有限公司营业收入590.63亿元，排名第342，比上年上升23位；富通集团有限公司营业收入512.36亿元，排名第381，比上年上升27位。

【富阳企业入围省民营企业百强】 9月23日，省市场监督管理局、省工商业联合会公布2021年浙江省民营企业100强”名单，浙江富冶集团有限公司、富通集团有限公司、浙江富春江通信集团有限公司、杭州京东惠景贸易有限公司入围，其中：浙江富冶集团有限公司、富通集团有限公司、浙江富春江通信集团有限公司和杭州京东惠景贸易有限公司分列第20位、第25位、第62位和第88位。

【富阳企业入围浙商全国500强】 8月9日，《浙商》杂志发布“2021浙商全国500强”名单，浙江富冶集团有限公司、富通集团有限公司、浙江富春江通信集团有限公司、浙江华达新型材料股份有限公司、浙江金固股份有限公司、杭州中泰深冷技术股份有限公司入围，其中：浙江富冶集团有限公司营业收入590.63亿元，排名第37，比上年上升2位；富通集团有限公司营业收入512.36亿元，排名第44，比上年上升2位；浙江富春江通信集团有限公司营业收入270.18亿元，排名第82，排名与上年持平；浙江华达新型材料股份有限公司营业收入61.01亿元，排名第210，为首次入围；浙江金固股份有限公司营业收入26.21亿元，排名第327，比上年上升20位；杭州中泰深冷技术股份有限公司营业收入19.78亿元，排名第386，比上年上升92位。

【富阳企业获评国家级绿色工厂】 12月26日，工信部公布2021年度绿色制造名单，浙江金固股份有限公司入围，为继富通集团有限公司之后富阳第二家国家级绿色工厂。浙江金固股份有限公司是一家专业从事研发、生产和销售汽车钢制车轮的国家高新技术企业和行业龙头企业，2020年获评省级绿色工厂。

【富阳2项科技成果获省科学技术进步奖三等奖】 6月15日，浙江省科学技术奖励大会在省人民大会堂召开，富阳2项科技成果入围省科技进步奖评选，分别为浙江富通光纤技术有限公司“大尺寸光纤预制棒包层高速沉积技术”项目和杭州富阳绿园园艺公司参与完成的“主要经济林剩余物基质化利用关键技术研究及产业化”项目，均获省科学技术进步奖三等奖。

【富阳产品入围“浙江制造精品”名单】 3月，省经济和信息化厅公布2021年度“浙江制造精品”名单，全省共入围产品295款，其中富阳入围产品6款。分别为杭州特种纸业有限公司的燃油滤清器用高效复合滤纸、瀚晖制药有限公司的氨氯地平阿托伐他汀钙片、海正生物制药有限公司的重组抗肿瘤坏死因子—α全人源单克隆抗体注射液、张小泉股份有限公司的张小泉剪具、浙江珍琦护理用品有限公司的SUNKISS珍琦成人纸尿裤、杭州日月电器股份有限公司的耳机插口（CK35型）。

【富阳产品入围省首台（套）产品目录】 3月，省经济和信息化厅、省财政厅和浙江银保监局联合编制《浙江省首台（套）产品推广应用指导目录（2021年版）》，富阳入围企业8家产品8个。入围的企业分别为浙江轻机离心机制造有限公司、杭州华鹰游艇有限公司、浙江永盛科技股份有限公司、杭州优纳摩擦材料有限公司、杭州中泰深冷技术股份有限公司、浙江富春江环保科技研究有限公司、杭州富阳惠众环保科技有限公司、浙江春江茶叶机械有限公司。首台（套）是“首台（套）重大技术装备”的简称，指经过创新，其品种、规格或技术参数等有重大突破，具有知识产权的首台（套）或首批次装备、系统和核心部件等。

【富阳企业入围市级“平安企业”】5月，杭州市委创建“平安杭州”领导小组公布2020年度杭州市平安示范单位名单，富阳入围企业4家，分别为富通住电光纤（杭州）有限公司、杭州永特电缆有限公司、杭州新恒力电机制造有限公司和浙江大华智联有限公司。

有色金属冶炼和压延加工业

【概况】2021年，富阳有色金属冶炼和压延加工业实现规上工业总产值325.6亿元，占规上工业比重的23.5%，行业增加值率约35.1%，位列全区工业行业第1。规上工业企业10家，主要企业有浙江富冶集团有限公司、富通昭和线缆（杭州）有限公司、浙江江铜富冶和鼎铜业有限公司（为浙江富冶集团有限公司控股子公司）。其中浙江富冶集团有限公司合并工业产值274.3亿元，占该行业的84.2%。

【浙江富冶集团有限公司获有色金属行业企业最高信用等级评价】12月，中国有色金属工业协会公布2021年度有色金属行业企业信用等级评价结果，浙江富冶集团有限公司获评“有色金属行业企业信用等级AAA级单位”，为有色金属行业企业最高信用等级评价。

【浙江富冶集团有限公司与中国银行浙江省分行签署战略合作协议】4月1日，浙江富冶集团有限公司与中国银行浙江省分行在富阳区政府会议室签署《战略合作协议》，双方开展全面战略合作。中国银行浙江省分行党委书记、行长吴敏，副行长兼杭州市分行行长赵永顺，区委书记吴玉凤、区长王垒，浙江富冶集团有限公司党委书记、董事长、总经理罗忠平参加签约仪式。

【浙江富冶集团有限公司党委获区“先进基层党组织”称号】6月30日，富阳举行全区庆祝中国共产党成立100周年大型晚会，表彰富阳区优秀共产党员、优秀党务工作者和先进基层党组织。浙江富冶集团有限公司党委获富阳区“先进基层党组织”称号，并接受表彰。

电气机械和器材制造业

【概况】2021年，富阳电气机械和器材制造业（主要为电缆光纤光缆）实现规上工业总产值198亿元，占规上工业比重的14.3%，缴纳税金3.6亿元，行业增加值率约21.1%，位列全区工业行业第2。有规上工业企业52家，主要企业有富通集团有限公司、浙江富春江通信集团有限公司、杭州鸿世电器有限公司、杭州新恒力电机制造有限公司、杭州富生电器有限公司。

【富通集团有限公司光纤智能制造生产组获全国青年文明号称号】9月，第20届全国青年文明号集体评选结果发布，认定全国青年文明号创建集体1881个，富通集团有限公司光纤智能制造生产组入围，为富阳唯一入围单位。富通集团有限公司光纤智能制造生产组承担着光通信产业内5G光纤通信领域新技术和新产品的研发、创新。在创建“青年文明号”期间，结合企业生产经营实际，团结青年，以打造“学习型、实干型、奉献型”班组为目标，研发、制造和提供5G领域光纤光缆新技术、新产品以及整体解决方案，成功研发应用于5G领域的“超高速、低衰减、低时延”等新型光纤光缆产品数十个。曾获“全国信息产业系统先进集体”等荣誉称号。

【杭州富通通信技术股份有限公司入围省创造力百强企业】5月，省创造力百强企业发布，杭州富通通信技术股份有限公司为富阳唯一入围企业。省创造力百强企业以2020年底数据为基准，以企业有效发明专利存量、高价值发明专利量和近三年发明专利授权量为主要指标构建企业创造力综合指数模型，并根据计算结果形成百强企业综合指数。

【富阳企业入围“未来工厂”体系培育企业】4月28日，市制造业高质量发展大会暨“未来工厂”建设推进大会召开，公布首批“未来工厂”体系培育企业名单。经企业申报、各地推荐、专家评审，翰辉制药有限公司和杭州富生电器有限公司被认定为“智能工厂”，杭州龙盛工贸有限公司、海正生物制药有限公司、浙江惠迪森药业有限公司、浙江珍琦护理用品有限公司、杭州富通通信技术股份有限公司、杭州鹏成新能源科技有限公司、浙江金火科技实业有限公司、杭州富阳中恒电气有限公司、杭州巨骐信息科技有限公司、杭州永特电缆有限公司、浙江轻机离心机制造有限公司、张小泉股份有限公司、杭州远鸿科技有限公司、杭州贝斯特气体有限公司、杭州中策清泉实业有限公司等15家企业被认定为“数字化车间”。

【富通集团有限公司中标中国移动“2021年—2022年通信光缆集采”】12月，中国移动公布“2021—2022年通信光缆集中采购中标候选人名单”，富通集团有限公司下属杭州富通通信技术股份有限公司大份额中标中国移动“2021—2022年通信光缆集采”，预计获得份额15.96%，位列行业第2。本次中国移动集采规模折合通信光缆约1.432亿芯千米，前五名中标份额分别为19.96%、15.96%、13.97%、11.97%、8.14%。

【富通集团有限公司入围电子信息竞争力百强】10月12日，中国电子信息行业联合会主办的2021中国数字赋能经济大会在山东烟台召开，发布2021年度电子信息企业竞争力报告及百强企业名单，富通集团有限公司入围2021年中国电子信息竞争力百强企业，位列榜单第29。电子信息百强企业榜单评选自1986年开始，至今已经历35届，在电子信息产业领域具有较高权威。

【富通集团有限公司入围中国线缆行业最具竞争力企业10强】 12月20日，由线缆信息研究院和中国电线电缆网联合主办的2021年（第八届）中国线缆行业最具竞争力企业评选活动结果在线上发布，富通集团有限公司入围，位列榜单第6。

【富通集团有限公司牵头组建省“光通信企业共同体”】 2月，省经济和信息化厅发布《关于公布浙江省产业链上下游企业共同体名单的通知》，由富通集团有限公司牵头组建的“光通信企业共同体”入围省重点打造的产业链上下游企业共同体名单。富通集团有限公司建成全球单体规模最大光通信先进制造产业集群，构建光通信全产业链上下游企业共同体。实施“产业链纵向整合”的“产业组织模式”创新，实施“供应链横向联合”并“导入人工智能”的“生产制造组织模式”创新，实施面向“一带一路”“走出去”的“市场（商务）模式”创新，并致力于5G全系列光纤、光缆产品以及5G网络新技术、新产品的研发和制造，主动服务国家战略。

【富通集团有限公司承建国家一级干线光缆项目】 12月，由富通集团有限公司承建的中国电信集团“北京—天津—济南—徐州—南京”和“北京—天津—连云港—上海”两条服务于国家信息高速公路的“高速率、低时延、低损耗、大数据传输”的国家一级干线光缆项目，经过专家组评价和论证后通过验收。

【浙江富春江通信集团有限公司与杭州科技职业技术学院签订合作协议】 11月，浙江富春江通信集团有限公司与杭州科技职业技术学院举行校企合作签约仪式。协议双方就当前企业面临的招人难、留人难等问题进行座谈交流，开展校企合作，采取订单培养、冠名班、职业技能考证、学生顶岗实习、师资互学互帮等形式，发挥学校和企业的优势，实现人才培养目标。

【浙江富春江通信集团有限公司开展光伏发电业务】 10月10日，浙江富春江通信集团有限公司首个光伏发电项目启动仪式在光电科技高尔夫路基地举办，该项目总投资5000万元，将建设12.21兆瓦的分布式光伏电站，其中一期项目7.22兆瓦，于2021年年底并网发电；二期项目4.99兆瓦，计划2022年5月底并网发电。与同容量燃煤发电厂相比，每年可节约标煤约3827吨，每年减少二氧化碳排放10597吨，二氧化硫318吨，为富阳地区单体装机规模最大的分布式光伏发电项目。

【移动式与多通道二噁英在线检测系统】 8月，由浙江富春江环保科技研究有限公司与浙江大学联合研发的移动式二噁英在线检测系统及多通道二噁英在线检测系统研发成功，该产品以满足市场需求为研发与应用方向，将推进二噁英在线检测系统商业化进程。该套系统具有环境适应能力强、机动性能高、检测费用低等特点，以技术服务方式满足市场化应用需求，在一定周期内帮助企业获取大量二噁英在线检测数据，通过数据积累与分析不断反馈优化焚烧运行及清洁生产，提升垃圾焚烧企业管理水平及运行水平，实现企业长期稳定达标的同时提升企业经济效益。

【浙江富春江通信集团有限公司与联通杭州分公司开展5G合作】 5月，浙江富春江通信集团有限公司与联通杭州分公司举行5G战略合作签署仪式。通过座谈交流，双方将围绕数字化转型、5G网格、数据中心等新型设施建设开展合作。

【浙江富春江光电科技有限公司为北京冬奥会提供光缆产品】 8月，浙江富春江通信集团有限公司旗下浙江富春江光电科技有限公司接到2022年北京冬奥会、冬残奥会临时通信保障配套光缆订单。浙江富春江光电科技有限公司本次供货的光缆产品具备良好的机械性能和温度特性，优异的抗侧压性能和柔软性。

【浙江富春江通信集团有限公司光通信产业园二期项目】 4月，光通信产业园二期项目开始建设，于2021年12月9日竣工。为省重点工业项目，一期项目已建成工业厂房5.6万平方，形成了年产200吨光纤预制棒以及700万芯公里光纤的生产规模。于2017年开工建设、2018年点火调试、2019年正式生产。该项目已完成建筑竣工验收和三同时验收，已完成总体投资102968.31万元，其中固定资产投资85247.85万元，2021年实现销售收入10200万元，税收300万元。

金属制品业

【概况】 2021年，富阳金属制品业（主要金属表面热处理加工）实现规上工业总产值151亿元，占规上工业比重的10.9%。该行业增加值率约26%，位列全区工业行业第3。现有规上工业企业63家，主要企业浙江华达新型材料有限公司、张小泉股份有限公司、浙锚科技股份有限公司等。

【张小泉股份有限公司挂牌上市】 9月6日，张小泉股份有限公司在深圳证券交易所创业板挂牌上市，为富阳第6家证券市场上市企业，同时也是创业板注册制改革后首只富阳股票。张小泉股份有限公司股票代码301055，发行价6.9元每股，开盘价29.80元每股，涨331.88%，本次公开发行新股3900万股，按发行价格每股6.90元计算，预计募集资金26910.00万元，扣除发行费用6430.84万元（不含增值税）后，预计募集资金净额为20479.16万元。此次募集资金将主要用于张小泉阳江刀剪智能制造中心项目、企业管理信息化改造项目、补充流动资金等。

【张小泉股份有限公司新品发布会】 9月27日，张小泉召开新品发布会，发布消毒刀架、破壁机、多功能料理锅等数十款健康小家电与杯壶系列新产品。产品上融入智能化技术，如等离子消毒刀筷架巡航杀菌、多功能料理锅热补偿温控技术、蒸汽米汤饭煲下沉式滤糖留香设计等。

【富阳体验点入围“2021杭州亚运人文体验点”】 11月，市文化广电旅游局公布“2021杭州亚运人文体验点”名单，富阳大竹元文房四宝体验、龙门古镇、张小泉刀剪科教基地、东梓关景区村庄、富阳博物馆（富春山馆）入围。

【张小泉宋大马士革套装入围浙江特色伴手礼名单】 11月，省消费者权益保护委员会、省品牌建设联合会联合在杭州举办2021浙江特色伴手礼评测结果发布活动。全省共60件产品入围，其中包括张小泉股份有限公司生产的宋大马士革套装。宋大马士革套装产品主体为大马士革刀三把，分别为：切片刀、小厨刀、水果刀，市场售价2980元／套。

【张小泉股份有限公司新工厂投产】 10月18日，张小泉股份有限公司位于广东阳江江城银岭科技产业园的阳江市张小泉智能制造有限公司正式竣工投产。阳江市张小泉智能制造有限公司刀剪智能制造中心项目坐落于广东阳江江城银铃科技产业园，系阳江市2019年重点建设项目之一。项目用地面积8.6万平方米，总投资超过3.5亿元，投产后将实现年产各类产品超3000万件。

通用设备制造业

【概况】 2021年，富阳通用设备制造业实现规上工业总产值114.5亿元，占规上工业比重的8.3%，行业增加值率约33.1％，位列全区工业行业第4。有规上工业企业78家，主要企业有浙江江丰股份有限公司、浙江永盛科技股份有限公司、浙江中控流体技术有限公司、富阳通力机械制造有限公司、海斯特美科斯叉车（浙江）有限公司、杭州中泰深冷技术股份有限公司、浙江金火科技实业有限公司等。该行业最大企业为浙江江丰股份有限公司的电梯导轨生产企业（浙江保利电梯导轨和杭州保利电梯导轨）。

【浙江江丰股份有限公司员工留富过年政策】 1月，为减少新冠肺炎疫情期间人员流动，浙江江丰股份有限公司出台鼓励员工春节期间留在富阳政策，省外员工每人补贴1000元，过年物资补助300元；省内市外员工每人补贴200元。同时组织留富人员免费在富阳范围内旅游，开放职工俱乐部、职工书屋、健身房、乒乓球室等。

【永盛科技新品通过国家级专家组鉴定】 11月，由浙江永盛科技股份有限公司和国核电力规划设计研究院有限公司共同研制的“常规岛大压差疏水调节阀”样机通过中国机械工业联合会和中国通用机械工业协会联合组织鉴定。此产品为国家科技重大专项“大型先进压水堆常规岛热力系统关键阀门国产化研究”课题中的子课题“常规岛热力系统主要调节阀制造技术及样阀试验研究”项目。近年来，在国核电力规划设计研究院的大力支持下，永盛科技在核电站常规岛大压差疏水阀调节阀样机的研发上取得技术突破。针对常规岛大压差疏水阀易闪蒸气蚀，三相流的应用工况，根据多级降压原理，采用低噪音笼式套筒结构，小开度下节流平稳、缓冲，保证20%以内平稳运行。该产品突破国外长期垄断，扩大永盛科技产品设计范围，提高永盛科技的产品研发制造水平，未来也具备良好的推广应用前景。

【浙江金火科技实业有限公司入围中国机床行业年度“先进会员（十佳）”】 4月12日，第十七届中国国际机床展览会开幕，会上发布2020年度中国机床行业年度“先进会员”评选结果，浙江金火科技实业有限公司研发生产的“CKX40精密数控车床”获“2020年度中国机床工具工业协会产品质量十佳”称号。由中国机床工具工业协会主持的机床工具行业十佳评选活动已开展20年。浙江金火科技实业有限公司曾以第一起草单位的身份，制定行业标准6项和“浙江制造”标准1项。

【富阳通力机械制造有限公司逆势发展】 2021年，在新型冠状病毒肺炎疫情的挑战下，富阳通力机械制造有限公司整体销售收入突破3.78亿元，同比增长51.81%，其中通力机械实现销售收入2.8亿元，同比增长61.27%。富阳通力机械制造有限公司是一家集产品研发、制造、销售、贸易及股权投资为一体的综合性集团企业，下属富阳通力机械制造有限公司、浙江易普润滑设备制造有限公司、浙江易普液压设备有限公司、杭州铁普科技有限公司等多家公司，是省创新型示范企业、国家重点支持的高新技术企业。9月，通过品字标“浙江制造”认证。

【富阳通力机械制造有限公司参展中国国际服务贸易交易会】 9月2日，中国国际服务贸易交易会（以下简称“服贸会”）在北京开幕，本次服贸会首次设置数字服务专题展区，搭建全球数字贸易交流、展示和交易平台，助推数字经济和数字贸易高质量发展。富阳通力机械制造有限公司作为富阳唯一受邀企业参展，展示企业服务贸易成果。

【富阳企业获“中国气体行业创新大奖”】 11月4日，第二十三届中国国际气体技术、设备与应用展览会（IG，China2021）在杭州国际博览中心举办，会上首次发布“中国气体行业创新大奖”，共计28家企业获奖，其中包含杭州中泰深冷技术股份有限公司、浙江正大空分设备有限公司、浙江永盛科技股份有限公司、杭州辰睿空分设备制造有限公司、浙江拓航工业设备有限公司等富阳企业5家。

【杭州中泰深冷技术股份有限公司新项目进展】 10月，中泰深冷技术新能源、高端装备智能制造产业项目开工，位于富阳区东洲街道高尔夫路228号，总投资12亿元，用地 9.25 公顷，为富阳区“152”项目。2021 年底，该项目研发楼和 B 厂房主体已完成，进入装修阶段，C 厂房桩基完成。2021 年已完成投资 10334 万元，2022 年计划完成投资 15000 万元。建成后预计可年产 3 万～20 万立方米／天 LNG 撬装成套装置 2 套、20 万～100 万立方米／天 LNG 成套装置 2 套、3 万～10 万立方米／天撬装 LNG 加注装置 5 套、冷箱 20 套、板翅式换热器 3000 吨。

非金属矿物制品业

【概况】 2021 年，富阳非金属矿物制品业（主要水泥及水泥制品）实现规上工业总产值 109.7 亿元，占规上工业比重的 7.9%，行业增加值率约为 16.8%，位列全区工业行业第 5。有规上工业企业 59 家，占全区规上用能量的 22%，为全区第一大高能耗行业。主要企业有杭州山亚南方水泥有限公司、富阳鼎立管桩有限公司、浙江金鑫管桩有限公司、杭州海通管桩构件有限公司、杭州力通管业有限公司等，最大企业是杭州山亚南方水泥有限公司旗下 3 家水泥生产企业，占该行业的 33%。

【富阳熟料生产线公告置出或关停】 12 月，省工业和信息化厅发布关于 2021 年度浙江省水泥熟料生产线清单的公告，公告置出或关停熟料生产线 5 条，其中富阳 2 条，分别为杭州胥口南方水泥有限公司，产能指标已出让，置换项目建成投产前关停；杭州富阳南方水泥有限公司，产能指标已出让，置换项目建成投产前关停。

计算机通信和其他电子设备制造业

【概况】 2021 年，富阳计算机通信和其他电子设备制造业实现规上工业总产值 104.1 亿元，占规上工业比重的 7.5%，行业增加值率约 1.8%，位列全区工业行业第 6。现有规上工业企业 45 家，该行业主要为 5G 产业相关企业，主要企业有浙江大华智联有限公司、杭州雄迈集成电路技术股份有限公司、杭州奥克光电设备有限公司、浙江德宝通讯科技股份有限公司、杭州华宏通信设备有限公司、杭州星帅尔电器有限公司、杭州日月电器股份有限公司、杭州吉众机电股份有限公司等。

【富阳加快“未来工厂”建设】 11 月，富阳区出台《杭州市富阳区关于深入推进制造业数字化改造加快建设“未来工厂”的实施意见》，浙江大华智联有限公司升级软件系统，推动“互联网＋制造业”融合发展，将人流、物流、车流、信息流、工程流、产品流互联互通，形成一个可视化、可追溯的数字化园区，打造可推广、可复制的新制造、新模式、新方案，助力制造业数字化、网络化、智能化转型升级；富通集团有限公司以自主开发的 MES 系统和 SAP-ERP 系统为主体，结合 5G、BI、RFID 及现代化智能搬运、仓储等技术，实现光缆生产工艺、能源能耗等生产相关数据的实时采集、分析，光缆生产原辅料的自动搬运，产品的自动打包入库，生产过程的自动预警、报警，生产设备远程控制等，实现工厂级的信息深度自感知、智慧化自决策、精准控制自执行。

【富阳企业参加“互联网之光”博览会】 9 月 26 日，富阳组织企业参加“互联网之光”博览会，浙江大华智联有限公司和杭州字节信息技术有限公司设立展位，展示公司前端技术和产品。本次博览会聚焦前沿技术动态，着力展示云计算、大数据、人工智能、区块链、网络安全等领域的新技术、新产品，以及经济、社会、政府等各领域各行业数字化改革的最新应用成果，包括展览展示、新产品新技术发布、数字经济人才对接等板块。

【大华智联智慧物联网产业园二期项目】 浙江大华智联有限公司智慧物联网产业园项目二期位于东洲街道，规划占地 16.67 公顷，其中东侧地块将建设现代化物流配销中心，未来将与现有项目通过物流传送带进行连接，不再需要人工运输制造中心的产品，实现自动运输入库到物流配销中心。南侧地块则是在已有宿舍基础上继续加建员工餐厅、宿舍、活动中心、足球场等，为企业员工日常生活娱乐提供保障。至年底，建成并试运行员工餐厅，物流配销中心预计 2022 年实现整体投产。

【杭州万兴科技股份有限公司“5G+”云网基站智能制造项目】 3 月，杭州万兴科技股份有限公司入围由中国通信企业协会无线接入系统专业委员会颁发的“2020 年度 5G 行业应用优秀案例”名单，着手储备“5G+”云网基站智能制造项目。该项目采用工业 4.0“灯塔工厂”理念设计，采用数控机床、自动机器人电焊机、自动物流机器人、玻璃钢脱模缠绕自动生产线等智能生产设备，实现产品从投料到成品各个工序各项参数的自动采集与储存，同时实时传输到数据平台，再配合云网基站智能机柜的信息反馈，从而建立“5G+”的物联网信息通道，实现从订单生成到采购、制造、入库、物流产生的全部信息自动生成、自动跟踪、自动监督，实现对售后信息的自动反馈维护，实时了解相关产品的过程信息、追溯信息与运行信息等。

【杭州星帅尔电器有限公司半年度业绩报告发布】 8 月 26 日，杭州星帅尔电器有限公司（股票代码 002860）发布半年度业绩报告，2021 年上半年营业收入约 7.34 亿元，同比增长 76.2%；归属于上市公司股东的净利润盈利约 8523 万元，同比增长 60.68%；基本每股收益盈利 0.43 元，同比增长 59.26%。星帅尔的主营业务为研发、生产和销售各种类型的制冷压缩机用热保护器、起动器、密封接线柱，小家电用温度控制器，中小型、微型电机产品，以及太阳能光伏组件，未来公司将重点向光伏领域进军，控股子公司黄山富乐新能源科技有限公司已可支持生产异质结电池片的组件。

医药制造业

【概况】 2021年，富阳医药制造业工业实现规上工业总产值62.7亿元，占规上工业比重的4.5%，行业增加值率约为25.1%，位列全区工业行业第7。现有规上工业企业13家，主要企业包括瀚晖制药有限公司、海正生物制药有限公司、海正药业（杭州）有限公司、浙江惠迪森药业有限公司、浙江中医药大学中药饮片有限公司、杭州华威医疗用品有限公司，其中瀚晖制药有限公司、海正生物制药有限公司、海正药业（杭州）有限公司、浙江惠迪森药业有限公司占该行业的80%以上。

【药谷小镇配套项目集中开工】 6月12日，药谷小镇配套项目集中开工，共有项目10个，其中包括药谷小镇入口及沿溪绿道提升工程、305省道及胥高线提升工程、药谷大道综合整治工程、葛洪景观桥及配套道路建设、2.0版小镇规划展示馆、葛溪综合整治工程、葛洪采药古道及停车场建设工程、中草药种植示范基地建设、集镇配套建设项目、2.0版小镇游客集散中心。

【“葛洪丹谷”药谷客厅】 4月，“葛洪丹谷”展示馆项目基本完工，位于药谷客厅2号楼，项目总投资1.1亿元，设展区3个。第一展区为“葛洪丹谷”篇章，面积约800平方米，展示葛洪生平、道理、著述、医疗、防疫、养生、诗词、遗泽等，以及葛洪在全国范围内的炼丹遗迹，重点展示葛洪结缘胥口，于胥口炼丹的事迹以及发生的动人故事，并设置“海正制药”专题篇，展示海正药业基本概况、健康产品、科研成果、科技人才、企业荣誉等内容，拓展展示葛洪丹谷其他入驻企业；第二展区为“富阳中药”篇章，展示中药材，包括浙八味和新浙八味，重点展示富阳四十多味中药材，以及富阳中药店，十大古代名方，富阳名医和民间药方等。“富阳中医”篇章讲述富阳中医管理机构，医院，学会，名中医，中医流派，疫疠流行等内容；第三展区为“中医药文化互动体验区”，包含药材识别，制香囊，包药膳粽子，互动养生操等互动体验项目，融入经络、穴位的科普教学，同时植入名医馆和中草药产品、文创产品售卖等功能。

【浙江海正动物保健品有限公司产品入围省优秀工业产品】 9月15日，浙江省优秀工业产品评选委员会公布“2021年浙江省优秀工业产品”名单，浙江海正动物保健品有限公司产品“海达宁”入围。海达宁的主要成分是莫西克丁（Moxidectin，MXD），莫西克丁是一种链霉菌（S.Cyanneogrisens noncyanogenus）发酵产生的半合成单一成分的大环内酯类抗生素，是奈马菌素的衍生物。MXD对猪体内消化道线虫、肺线虫和体外寄生虫都有良好的驱杀效果，对猪蛔虫，猪毛首线虫，萨氏后圆线虫，猪蚧螨等虫体有较高的驱杀效果。MXD与伊维菌素（IVM）和阿维菌素的不同之处在于它是单一成分，有着更广的驱虫活性和长效、安全等特性。

【浙江海正动物保健品有限公司收购云南生物制药有限公司】 1月24日，浙江海正药业股份有限公司发布《浙江海正药业股份有限公司关于控股子公司云南生物制药有限公司重整计划获得法院裁定批准的公告》，云南省昆明市中级人民法院裁定批准云南生物制药有限公司重整计划。1月25日，云南生物制药有限公司完成股权划转以及增资的工商变更手续，成为浙江海正动物保健品有限公司全资子公司，标志着浙江海正动物保健品有限公司正式进入兽用生物制品领域。

【浙江海正动物保健品有限公司入围全球动物保健企业五十强】 12月，国际畜牧网公布“2021年全球动物保健企业五十强榜单”，列出年收入高、规模大、业务覆盖多个经济体、在国际市场具有一定影响力的动物保健、兽药产品制造企业50家，其中中国入围企业有10家，浙江海正药业股份有限公司子公司浙江海正动物保健品有限公司入围。浙江海正动物保健品有限公司建成包括注射液、片剂、浇泼剂、滴剂、消毒剂等多条生产线基地通过中国农业部、澳大利亚农业部认证。

【浙江海正药业股份有限公司获行业多项荣誉】 11月，2021中国化学制药行业品牌峰会暨九届七次理事（扩大）会议在武汉召开，发布“2021中国化学制药行业优秀企业”和“优秀产品品牌培育计划”系列榜单。浙江海正药业股份有限公司获2021化学制药行业创新型优秀企业品牌、2021化学制药行业制剂出口型优秀企业品牌、2021化学制药行业原料药出口型优秀企业品牌等荣誉。

【浙江海正药业股份有限公司门冬胰岛素注射液获批上市】 11月，浙江海正药业股份有限公司收到国家药品监督管理局核准签发的门冬胰岛素注射液药品注册证书，正式获批生产。门冬胰岛素注射液适应症为用于治疗糖尿病。门冬胰岛素是一种速效的人胰岛素类似物，为控制需要胰岛素治疗的糖尿病患者进餐引起的高血糖而设计，其降血糖作用是通过门冬胰岛素分子与肌肉和脂肪细胞上的胰岛素受体结合后，促进葡萄糖吸收，同时抑制肝糖原释放来实现，与可溶性人胰岛素相比，皮下吸收速度更快。

【浙江海正药业股份有限公司中标全国药品集中采购】 6月28日，国家组织药品联合采购办公室公布本次全国药品集中采购中选结果，海正药业产品注射用盐酸吉西他滨、比卡鲁胺片中标。

【瀚晖制药有限公司注射用美罗培南通过仿制药一致性评价】 5月19日，浙江海正药业股份有限公司全资子公司瀚晖制药有限公司收到国家药品监督管理局核准签发的注射用美罗培南的《药品补充申请批准通知书》，瀚晖制药的注射用美罗培南已通过仿制药质量和疗效一致性评价。美罗培南是一种碳青霉烯类抗生素，主要适用于成人和儿童由单一或多种对美罗培南敏感的细菌引起的感染：肺炎（包括院内获得性肺炎）、尿路感染、腹腔内感染、妇科感染（如子宫内膜炎和盆腔炎）、皮肤软组织感染、脑膜炎、败血症。

其他制造业

【概况】 2021年，富阳橡胶和塑料制品业实现规上工业总产值61.5亿元，占规上工业比重的4.4%，增加值率约9.1%。位列全区工业行业第8，现有规上工业企业52家，包括塑料板管型材制造24家、塑料包装及容器制造5家，再生橡胶制造、塑料薄膜制造泡沫塑料制造、塑料零件及其他塑料制品制造等13家，塑料板管型材制造在全国占有领先地位；富阳电力、热力生产和供应实现规上工业总产值32.8亿元，同比增长-11.6%，占规上工业比重的2.4%，位列全区工业行业第9，主要企业为国网浙江杭州市富阳区供电有限公司、浙江富春江环保热电有限公司；富阳废弃资源综合利用业规上工业总产值31.8亿元，位列全区工业行业第10，主要企业为杭州富阳申能固废环保再生有限公司。富阳化学原料和化学制品制造业规上工业总产值25.8亿元，位列全区工业行业第11，主要企业杭州中策清泉实业有限公司；富阳造纸和纸制品业规上工业总产值25.7亿元，位列全区工业行业第12；富阳汽车制造业规上工业总产值23.9亿元，增加值率约15.3%，位列全区工业行业第12，规上企业17家，为汽车零部件及配件制造，主要企业有浙江金固股份有限公司、杭州润德车轮制造有限公司、杭州广安汽车电器有限公司、浙江欧星环美汽车部件有限公司等。

【杭州富春湾新城完成造纸企业腾退签约】 1月，杭州富春湾新城最后一批12家造纸企业完成腾退签约，实现从"一纸江南"向"智创江南"的转型发展。杭州富春湾新城按照"造纸产业整体腾退"的工作要求，通过上下联动、府院联动、政银企联动，以"拆执破结合"等方式，精准化解"两链"风险，完成江南区块高污染、高能耗的造纸传统产业整体腾退。累计腾退造纸及关联企业等工业企业1000家，其中造纸企业111家、热电企业2家、污水企业2家，削减产能805万吨，累计腾出空间1333.33公顷。同时加快招引培育、"腾笼换鸟"，落户新亚低温、金山阀门等本土项目9个，累计引进富芯半导体、飞旋科技、宏华数码等产业项目73个，用地面积约218公顷（含二期规划用地86.67公顷）。

（陈品男）

供 电

【概况】 2021年，国网浙江杭州市富阳区供电有限公司完成固定资产投资2.59亿元，其中电网投资2.52亿元；实现售电量53.70亿千瓦时，同比增长4.36%。国网浙江杭州市富阳区供电有限公司获"全国文明单位"现场授牌，国网浙江杭州市供电有限公司"精神文明建设先进集体"，国网浙江杭州市富阳区供电有限公司党委获国网浙江省供电有限公司"红旗党委"，获国家、国际级多项创新成果荣誉，入选国网工作动态4次，获央视《新闻联播》等主流媒体报道11次，获区委、区政府领导批示肯定

2021年全社会用电量及用电性质构成一览表

表10

用电分类	2021年用电量（万千瓦时）	构成比例（%）	2020年用电量（万千瓦时）	增长率（%）
全社会用电	714609.20	100.00	692508.40	3.19
全行业用电量	603016.19	84.38	591391.47	1.97
其中：农、林、牧渔业	4121.24	0.58	3718.57	10.83
工业	445115.35	62.29	470176.82	-5.33
建筑业	26688.23	3.73	23760.25	12.32
交通运输、仓储、邮政业	13461.10	1.88	7205.96	86.81
信息传输、计算机服务和软件业	25466.5782	3.56	17141.7112	48.56
批发和零售业	22259.5585	3.11	18053.5216	23.30
住宿和餐饮业	6666.4646	0.93	5418.1144	23.04
金融业	1187.0602	0.17	1086.6821	9.24
房地产业	16245.192	2.27	10765.289	50.90
租凭和商务服务业	3964.762	0.55	3468.0232	14.32
公共服务及管理组织	37840.6727	5.30	30596.5388	23.68
城乡居民生活用电量	111593.00	15.62	101116.93	10.36
其中：城镇	42574.55	5.96	40562.68	4.96
乡村	69018.45	9.66	60554.25	13.98

2021年7月，国网杭州富阳区供电公司场口供电所抢修电力设施
（国网杭州富阳区供电公司　供稿）

14次。

【电网规划】 完成区电力设施布局规划修编，纳入区国土空间总体规划电网建设项目41项，深化“网上电网”应用，在杭州地区率先推广“双碳地图”“光伏导航”示范应用实用化。制订新型电力系统省级示范区主阵地转型高地子方案，形成生态开放型配电网、分布式电源智能投切等第一阶段可展示成果，220千伏亭山变迁建通过省公司与区政府双向决策并开工建设。

【电网建设】 迎亚运电网提升四年行动全面收官，220千伏场口变、110千伏梓树变、民丰变和鸿丰3号扩工程竣工投产，新增变电容量73万千伏安，线路43.49千米，连续两年投运容量创历史新高。湖杭铁路桐庐东牵引站220千伏外部供电工程、万泉变保利间隔扩建工程开工建设，110千伏巨利变、秋丰变稳定站址。提升电网健康水平，完成变电站集中检修12座、老旧主变更换2台和老旧保护设备改造206套等隐患整治。

【营商环境】 出台延伸投资界面电气投资出资方案，推进新时代乡村电气化三年行动，完成农村电网巩固提升工程63项，建成电气化村13个和新桐“乡村振兴·电力先行”示范区。打造青云、新登首批数智型“六好”供电所试点，落地“一平台一终端”应用，加快业务“工单化”、员工“多能化”建设。

【供电服务】 提升供电服务保障能力，完成中国共产党成立100周年、亚运测试赛等重大活动保电任务50项。抗击台风“烟花”“灿都”等恶劣天气影响，推动迎亚运老旧设备隐患治理专项行动，完成3个亚运场馆复验通电，开展“一馆一册”保电方案编制。服务重大项目落地，推进4座变电站迁建和92项电力线路迁改，获区“迎展行动”大比武一等奖。推广阳光智慧办电，实行数据共享“刷脸办电”和社会救助对象优惠用电“无感”办理，试点实现高压供电方案线上推送、验装一体化和低压业扩“预领+抢修”，形成30万千瓦需求响应资源池。

（王　蒙）

【编辑 刘　亮】

17 商贸流通
Commerce and Circulation

● 打造现代版富春山居图

综　述

【概况】 2021年，富阳招引产业项目187个，总投资580亿元。其中，高新产业项目138个，固定投资亿元以上项目67个（制造业项目37个）；固定投资10亿元以上产业项目11个；“152工程”项目落地5个。实现社会消费品零售总额417.43亿元，同比增长9.2%。累计完成货物贸易进出口总额401.59亿元，同比增长33.5%，增速位列全市区县第3。全年完成服务贸易出口总额5.15亿美元，完成杭州下达目标任务100.1%，同比增长2.8%。累计实现网络零售额174.3亿元，同比增长6.2%，增速列杭州11个考核县市区第4位。

【商贸服务业扶持】 修订富阳区商贸服务业扶持政策，新增商业特色街、老字号、批发零售、餐饮住宿等方面扶持政策，鼓励传统商贸行业消费提质升级。举办“新消费醉杭州 乐游富阳”消费券发放、老字号地铁广告宣传推广、“越夜越精彩 乐享IN富阳”2021富阳数智夜生活节、“精彩钜惠 乐购富阳”2021富阳富裕生活节等促消费活动。

【办事事项精简】 4月，粮食收购资格许可事项改为备案事项，区商务局办事目录不再包含行政许可事项，办事事项进一步精简为主项5个，子项10个，孙项全部取消，所有事项支持全程网办，不见面审批。

【服务效能提升】 11月，推出由二手车市场明确专人为市场内经营户代办二手车经营主体备案手续模式。免去经营户使用陌生电脑系统进行申报，市场举办方将其作为一项服务举措推出，拓宽市场服务内容，举办方专人操作后熟悉政务2.0系统和办理要求，免去补齐补正环节，商务部门加快审核速度，实现备案证书当天寄出。

【再生资源回收体系建设】 完善全区再生资源回收体系，规范提升已建成的网点及分拣中心，培育杭州富阳惠众环保科技有限公司、杭州富伦生态科技有限公司、杭州申奇废品回收连锁有限公司富阳分公司等龙头企业，打造“创新模式、智能运营”的回收模式基调。全区共建成再生资源回收站点145个，其中农村固定站点117个，小区智能回收设备站点28个，完成回收量20万吨，为年度任务的133%。

【商贸行业管理】 商贸管理稳定有序，依托安全生产、疫情防控责任制落实、防疫科室包干、日常检查结合特殊节点检查、本级检查结合联合检查等机制，较好落实商贸领域安全生产、疫情防控、文明创建、平安创建、国卫复评、垃圾分类等商贸行业管理工作。完成中石化真佳溪加油站等成品油经营项目的综合验收，指导加油站点83家开展成品油年检工作。继续实行商贸行业安全生产隐患排查整改闭环工作机制，加强对重点商贸企业的安全生产检查，检查商贸企业2841家次，排查及整改安全隐患2218条，全年无发生安全事故。

【富阳万达广场开业】 6月12日，富阳万达广场开业，项目位于金桥北路与新桥新路交会处东北侧，总建筑面积60万平方米，商业面积超12万平方米，共有停车位1147个。项目设有玻璃长廊、空中花园、天台球场等休闲娱乐设施，拥有潮流服饰、时尚精品、儿童零售、娱乐体验、餐饮美食等优势业态，引进优衣库、万达影城、喜茶、外婆家、炉鱼等知名品牌180余家，其中70%首次入驻富阳。

招商引资

【招商体制】 发挥富阳区招商引资与产业发展委员会统筹全区招商工作，落实区主要领导常态化项目洽谈机制与每月例会制度，每月定期召开由区主要领导参加的重大产业项目专题研究会议，建立重大项目推进专班、督查考核制度，保障项目招引、推进。依托“市长连线”，提升项目评估决策、统筹资

"东洲—乍浦—宁波"海河联运外贸精品线路

（区商务局　供稿）

源配置效率。配强驻外招商力量，围绕主导产业链、重点区域、靶向企业，抽调13名干部派驻北京、上海、深圳、杭州驻外招商组。

【招商项目】 树立"大招商、招大商、招好商"理念，围绕光电通信、生物医药、智能装备等主导产业链，主攻产业链布局重点区域，梳理确定重点靶向企业。坚持"走出去、引进来"，充分发挥驻外招商作用，设立杭州、北京、上海、深圳等驻外招商组，着力引进带动能力强、产业链高端项目和科技前沿、引领未来科技发展方向的高端人才和尖端技术。至年底，全区对接重大产业项目85个，其中全年盯引项目17个，签约项目29个，在建项目39个。

【外资利用】 全年全区新设外资企业36家，增资企业7家，新增合同外资3.15亿美元，实到外资33897万美元，完成杭州市下达指标任务3.3亿美元的102.71%，实现增速9.06%。其中高技术产业实际使用外资10093万美元，完成杭州市下达指标任务6600万美元的152.92%，占比29.54%。

对外贸易

【数字化改革】 "数智通关"场景应用入围省数字化改革数字经济组新一批应用项目示范试点单位名单，并获评为第一批优秀应用。该应用以安防产业自建保税仓为样板，联动供应商、企业和政府端，精准靶向服务高端制造业供应链，赋能"未来工厂"建设。

【市场开拓】 鼓励企业数字化参展，推动企业拓展国内国际两个市场实现订单多元化。鼓励企业充分利用RCEP自贸协定等多双边合作机制进行市场多元化布局，加大"一带一路"沿线国家市场开拓步伐。全年共参与各类线上线下展会30多场，覆盖企业135家。

【品牌建设】 鼓励企业开展品牌建设，提升国际市场竞争力。至年底，共有省市出口名牌企业34家，其中省级11家、市级23家。省重点进口平台1家，外贸综合服务体1家。

【服务贸易】 至年底，全区新发展入库企业4家，进入商务部业务统计系统并正常申报数据的服务贸易企业62家，杭州认定服务贸易示范企业13家，成长型企业6家，示范园区1家。

【对外贸易企业服务】 全年自办或参与专题RCEP培训5场，覆盖企业400多家，解决富阳外贸企业海运物流难，帮助降本增效。加大政策支持，出台稳外贸政策及加大"杭信贷"金融政策支持，激发企业内生力。

电子商务

【数字新零售产业建设】 以招引和培育数字新零售产业服务商为切入点，吸引产业项目、总部企业集聚，构建具有富阳特色的产业链协同体系，形成《富阳区数字新零售产业分析及目标企业梳理》《富阳区数字新零售产业调研报告》《富阳区数字新零售产业三年行动计划》等调研报告。以开发区银湖科技城为主平台，引进数字技术服务商、品牌运营服务商、视频内容生产商和新零售创业者赋能平台等，形成一批代表项目集群入驻。数字新零售产业群落项目获富阳"迎亚运、展风采，全面打造现代版富春山居图"行动首季大比武一等奖。

10月15—18日，第八届中国（杭州）国际电子商务博览会杭州武林之星博览中心举行，其中设立富阳馆，全面展现富阳电子商务发展成果。富阳馆以"生活富裕、生命阳光"为主题，设计成S形代表富春江，融入剪影式富春山居图，寓意在大美富阳高质量打造现代版富春山居图，谱写共同富裕新篇章。馆内邀请多家电商代表企业参展，进行产品展示展览、行业资源对接和园区招商等活动。

【数字生活新服务】 结合省委、省政府数字化改革总体部署要求，积极参与省市商务部门关于开展数字生活新服务的标杆创建工作，东洲街道、上官乡、湖源乡入围市数字生活新服务特色镇街创建项目名录和培育名录，其中东洲街道被列入省级名录。开展直播园区培育，指导推荐西谷银湖直播电商产业基地、厘米（银湖）空间参加省市直播基地创建申报园区。

【电子商务企业服务】 针对企业招人难问题，与浙江外国语学院、浙江长征职业技术学院、杭州科技职业技术学院、富阳区职教中心开展校企接洽，帮助对接院校人才资源企业20家，举办跨境电商人才招聘会富阳专场活动2场。举办线上线

2021年9月，富阳区首家离境退税商店落户杭州首创奥特莱斯

（区商务局 供稿）

下相结合的电商培训、平台对接活动10场：如抖音官方直播沙龙、快手&西谷富阳招商会、杭州跨境电商“百人会”红色研学研讨会等，累计服务企业与社会创业人员500余人。

粮食安全

【储备管理】 推动保粮手段科学化，应用富氮气调、空调控温等绿色储粮措施，中心粮库绿色储粮比例达95%以上。优化储备结构，提升储备与本地消费匹配度，储备粮中早稻占比23.18%，小麦占比17.06%，晚稻占比59.76%。建立储备粮轮换绩效管理激励机制，轮出储备粮全部通过省内粮网拍卖销售。市粮油仓储工作年度考核地区第3名等荣誉。

【流通安全】 加强粮食市场信息的监测预警工作，建立健全粮食流通监管联动机制，建立“双随机”抽查事项清单和名录库，开展粮食市场联合执法检查，检查企业38家次。推进放心粮油工程，新增省级示范企业2家，市级示范店6家。推进“五优联动”工作，引导种植优质粮食3.2万亩。修订《富阳区粮食安全应急预案》，落实粮食应急供应点36个，大米应急加工企业2家（日加工能力250吨），应急运输企业1家（日运输能力300吨），组织开展应急管理培训，提高应对粮食安全风险能力。开展粮食科技周、粮食安全周等宣传活动。

【粮食仓储设施建设】 1月，区第二粮库正式开工建设，一期用地面积3.34公顷，总建筑面积15298.8平方米，概算总投资2.2亿元；共建散装平房仓8栋及其他配套附属设施，总仓容达4.02万吨（小麦）。累计完成投资8776万元，至年底，完成概算投资额的39.87%、主体工程的72.98%。

【产销合作】 开展“订单粮食”工作，与本地种粮单位签订粮食订单2.16万吨，比上年增长26.3%；实际收购粮食2.17万吨，比上年增长29.2%。做好粮食收购收储，落实省外粮源基地4个，面积2667公顷，落实早稻粮源2929吨。

（胡 冰）

经济合作

【东西部扶贫协作之德格县】 富阳区对口帮扶四川省甘孜州德格县，全年区领导带队考察2次，召开区委常委会专题研究部署会2次，完成参与结对帮扶医院数3家，落实援建资金4835万元，积极引导企业到四川省投资兴业，实际到位投资5.9亿元。加强消费帮扶，制定《杭州市富阳区人民政府办公室关于继续开展消费帮扶巩固拓展脱贫攻坚成果实施方案的通知》（富政办〔2021〕20号）、《关于组织做好2021年度对口地区“帮扶礼包”采购工作的通知》、《关于鼓励民营企业积极参与消费帮扶工作的通知》（富总工〔2021〕57号）等文件，推动全区行政事业单位、社会团体组织、乡镇街道、金融机构、民营企业等购买德格县“帮扶礼包”，销售额826万元。加强劳务协作，开展人才培训及人才选派活动，累计培训乡村振兴人才502人次，选派专业技术人才14人。

【山海协作】 强化与缙云县定期互访、对接交流工作机制，全年组织区常委会专题研究工作1次，互访交流1次。深化产业项目合作，组织富阳企业赴缙云县开展调研和产业项目洽谈，完成产业合作项目10个，到位资金19.27亿元。落实山海协作援建资金660万元，其中缙云县330万元，淳安县330万元。深入开展人力资源合作，全年开展培训3次，培训劳动力245人。加快“消薄飞地”返利，兑现土地出让金、相关税费和融资成本补贴共计699.3万元。推动消费帮扶，全年实现消费帮扶销售额2411.85万元。推进“产业飞地”建设，与缙云签订框架协议，选址为场口新区青江畈，地块面积102.93公顷。促进群众增收和公共服务共享，共建乡村振兴示范村3个，安排项目5个，建设一批特色农产品深加工基地、特色农（林）业精品园以及“农家乐”（民宿）等乡村旅游项目，促进低收入群众增收致富。

【其他对口工作】 富阳区上缴省财政厅核定援疆资金和直接拨付新疆阿克苏市（新疆生产建设兵团第一师八团）援建资金共计2290万元。接待长春九台区委书记闫旭及党政代表团到富阳考察，接待九台区吉林九富城发集团考察组来富阳开展交流活动。

（沈贤灿）

缙云网营物联一期项目

（区发改局 供稿）

供销合作社

【概况】 2021年，富阳区供销合作社系统实现总经营收入61.17亿元，同比增长11.46%；商品销售53.83亿元，同比增长13.35%；实现营业总收入2亿元，同比增长0.64%；利润总额0.26亿元，同比增长2.19%；所有者权益2.81亿元，同比增长11.09%；税费总额0.16亿元，同比增长63.67%。获全省和全市供销社系统综合业绩考核优秀，获评“全省20强县级供销社”，下属新登、大源、青云等3家基层供销社获“2021年度全省百强基层社”称号。

【农资供应】 全年实现农资商品总销售量为27331吨，其中肥料26220吨（尿素5500吨、复合肥4518吨、其他16202吨）、农药828吨，农膜283吨。深入实施“绿色农资”行动，开展化肥减量增效和投入定额制活动，创建“肥药两制”改革示范农资店3家。推广缓控缓释肥料、水溶性肥料等新型高效肥料，回收处置农药废弃包装物59吨。

【农业专业社会化服务】 12月，开展“五送”（送农资、送服务、送科技、送政策、送信息）秋收冬种支农促生产服务活动，免费赠送农药、化肥、饲料、劳保用品等支农物资61.4万元。组建飞防服务队，提供专业化的无人机飞播、飞防作业服务。创建省级现代为农服务中心、省级庄家医院各1家，并通过信息技术手段做好“最后一公里”的技物结合工作。开展助农活动4次、培训2次，服务500余人次。创建国家级示范社、全省“十佳经济组织”各1家。成立香榧、竹等产业农合联2个，实施新桐3000亩油菜托管项目。配合区农业农村局举办全国第四个农民丰收节活动。

【供销集市品牌建设】 围绕“优质农副产品进社区”“农合联会员品牌推广”等主题，建立街道社区、农合联会员单位、区供销总社（区农合联）三方合作体系，打响“供销集市”品牌，累计举办供销集市3次，次均助销本地农产品超6万元。

【爱心助农销售】 开展“爱心认购消费助农”活动，并带动党建联盟单位参与，帮销农产品8万元。向全区发出倡议，实现蔬菜、水果、干果等本地放心农产品销售100余万元。在台风“烟花”来临前，会同邮政、商会等单位组成助农先锋队紧急帮销桃子、葡萄等水果60万元。通过供销e家通、富春田翁、抖音惠农直播、邮乐购等平台提供本地放心农产品线上展示展销服务，全年通过线上平台帮销本地农产品超1.8亿元。在富春田翁平台开设爱心助农销售专区，为贫困家庭销售农产品30余万元。杭富罐头公司调整市场清单，收购本地早笋200万公斤，缓解本地早笋滞销。公望酒业收购东洲葡萄100万公斤，助农增收400万元。

【综合服务社建设经验获系统推广】 通过“延伸服务网点+线下场景布局+线上场景拓展”三位一体体系深化“农民办事不出村”的村级综合服务社建设，获区委书记吴玉凤批示肯定，并在杭州市供销社系统推广。

【涉农担保业务】 开展免保证金、

杭州市富阳区供销文化展示馆

（区供销社 供稿）

免反担保、降低担保费率、降低转贷费用的“两免两降”最多跑一次优质服务，新增融资担保47笔、担保金额4934万元，其中农合联会员担保新增20笔、担保金额2160万元；财政合作涉农业务担保新增17笔，担保金额1304万元。

【老旧资产改造】 完成回春路1号加固改造工程，建设供销·壹号粮仓，打造供销社农产品展示展销窗口。富阳区胥口镇二级物流分拣中心营业，项目位于胥口农资仓库区块，投资110余万元，为全区首个农村二级物流体系，服务胥口、万市、洞桥3个乡镇。

【资产管理】 社有资产管理纳入国资监管平台，资产出租通过交易中心网上竞价系统“线上拍租”，资产转让通过“阿里云平台”实现“线上竞价交易”。通过实施租赁权网上竞价公开招租，全年社有资产出租实现租金收入990.98万元，同比增长12.26%。完成清产核资工作，获评2021年度全省清产核资工作优秀单位。依法解决万市罐头公司、场口生资公司等改制企业等历史遗留问题。

【杭州市富阳区供销文化展示馆】 8月6日，杭州市富阳区供销文化展示馆开馆，项目位于新桐乡小桐洲村，由新桐供销社原址改造完成，为杭州市供销社系统首个供销文化教育基地。供销文化展示馆布展面积380平方米，分上下两层。一层为老供销商店，展示日用品、学习用品、食品、电器、农具、纺织用品等老物件上千件，全面反映解放初期和计划经济体制时代供销社老商店场景；二层为富阳供销文化展示区和清廉供销文化展示区，其中富阳供销文化展示区由“合作溯源·发展印记”“改革前行·砥砺奋进”“擘画蓝图·再创辉煌”三个篇章组成，呈现富阳供销社从1950年成立至今，三尺柜台到“供销e家”，从单一的农产品购销和田间地头的引种培植，再到生产、供销、信用“三位一体”新合作的历史变迁。至年底，接待超2000人参观。

（董银玲）

2021年，“五一”期间，富阳区烟草专卖局查获一起卷烟异常流动案件

（区烟草专卖局　供稿）

烟草专卖

【概况】 富阳区烟草专卖局累计销量4.17万箱，同比增加8.56%；含税销售额累计达22.1亿元，同比增加11.5%；单箱销售额达5.3万元；产生毛利6.3亿元，同比增长11.8%。

【市场监管】 全年共查获各类涉烟案件478起，案件数同比增长25.8%。其中查获私假烟案件162起，同比增长11.3%。查获各类违法卷烟39395.7条，同比增长19.1%。查获私假烟9360.6条，同比增长109.6%。开展日常巡查+专项整治模式，通过“辖区交叉检查+错时突击检查”，累计查获重点户案件65起，重点籍案件55起，查获各类违法卷烟3224.8条，取缔违法大户8户和重点籍5户，停业整顿26户次。

【行政执法】 对照“最多跑一次改革”工作任务，跟进政务服务改革，获年度“示范窗口”称号，2位窗口人员获“服务明星”称号。推进常态化风险管控制度，深化前置审核，开展重大案件全流程“介入”机制，明确环节责任，严控执法风险，在全地区案卷评查中获得进步。

【队伍建设】 王关锋参与的“多场景AI应用标签定制器”课题获全省数据产品竞赛一等奖；寿川钊参与的“实时配置的线路优化方案”课题获全省物流数控竞赛一等奖。开展“三化三型”基层所队部建设试点。

（方洪潇）

【编辑　刘　亮】

18 金融

Finance

综述

【概况】 全区共有银行类金融机构31家，营业网点161家，从业人员2628人。全区金融机构本外币各项存款余额1741.82亿元，比年初增加172.70亿元，同比少增56.74亿元，增长11.01%；各项贷款余额2242.49亿元，比年初增加430.37亿元，同比多增108.25亿元，增长23.75%。表外融资余额367.43亿元，比年初增加112.35亿元，其中银行承兑汇票余额165.31亿元，比年初增加54.92亿元；累计发行债务融资工具61亿元，余额148亿元；小额贷款公司贷款余额10.79亿元。

【惠企资金落地】 全区金融机构持续落实“六稳”“六保”任务，扎实推动央行低成本货币政策工具资金落地惠企。在3000亿元新增支小再贷款上，迅速发放小微企业1928户，落地26.37亿元；在信用贷款延期还本付息支持工具上，累计为4180家普惠小微企业办理延期本息金额59.55亿元，延期率为93.24%；在信用贷款支持计划上，累计投放普惠小微信用贷款69.22亿元，惠及企业29297户，信用贷款占比33.87%。

【重点领域信贷支持】 小微企业贷款余额822.8亿元，比年初增加153.1亿元，同比多增56.78亿元，增长22.88%，比上年同期提高3.3个百分点；小微企业贷款户数较快增长，达70514户，比年初增

2021年富阳区银行类金融机构人员情况表

表11

项目 \ 名称		人行	银保监组	工行	农行	中行	建行	交行	农发行	中信银行	杭州银行	农村商业银行	邮政储蓄	招商银行	兴业银行	民泰银行	泰隆银行	浦发银行	浙商银行	民生银行	南浔银行	恒丰银行	北京银行	平安银行	稠州银行	恒通村镇	光大银行	华夏银行	宁波银行	江苏银行	台州银行	南京银行	合计
金融机构数（家）		1	1	8	10	6	9	3	1	3	3	74	3	1	4	2	4	2	1	3	2	1	1	2	1	6	1	1	2	1	3	1	161
其中	市级机构	1	1	1	1	1	1	1	1	1	1	1	1	1	1	1	1	1	1	1	1	1	1	1	1	1	1	1	1	1	1	1	31
	二级支行	—	—	7	9	5	8	2	—	1	2	21	2	—	—	1	3	—	—	—	—	—	—	—	—	5	—	—	1	—	2	—	69
	分理处	—	—	—	—	—	—	—	—	—	—	52	—	—	—	—	—	—	—	—	1	—	—	—	—	—	—	—	—	—	—	—	53
	储蓄所	—	—	—	—	—	—	—	—	—	—	—	—	—	—	—	—	—	—	—	—	—	—	—	—	—	—	—	—	—	—	—	—
	社区支行	—	—	—	—	—	—	—	—	1	—	—	—	—	3	—	—	1	—	2	—	—	—	1	—	—	—	—	—	—	—	—	8
从业人数（人）		28	4	163	187	126	155	44	16	82	77	909	73	26	46	74	97	37	36	27	37	23	27	15	24	94	21	25	60	18	46	31	2628

2021年富阳区金融机构本外币存贷款余额一览表

表12 单位：亿元

栏目 机构名称	年末余额	比年初增减 2021年	比年初增减 上年	栏目 机构名称	年末余额	比年初增减 2021年	比年初增减 上年
金融机构存款合计	1741.82	172.70	229.44	金融机构贷款合计	2242.49	430.37	322.12
人民银行存款	36.30	11.11	12.74	人民银行贷款	—	—	—
工商银行存款	97.27	-6.34	9.28	工商银行贷款	147.40	52.75	-0.76
农业银行存款	131.04	8.74	35.24	农业银行贷款	176.53	55.41	32.00
中国银行存款	60.25	13.27	-3.71	中国银行贷款	113.45	31.62	23.33
建设银行存款	103.16	10.41	21.59	建设银行贷款	146.81	34.98	44.16
交通银行存款	43.04	8.43	6.72	交通银行贷款	52.94	17.02	2.98
农业发展银行存款	4.90	3.22	0.31	农业发展银行贷款	30.75	9.37	12.73
中信银行存款	145.03	14.66	28.52	中信银行贷款	185.77	54.05	15.28
杭州银行存款	64.67	12.43	3.17	杭州银行贷款	76.59	3.68	18.00
农村商业银行存款	549.83	35.41	87.48	农村商业银行贷款	408.90	70.01	54.08
邮政储蓄银行存款	58.72	13.39	6.19	邮政储蓄银行贷款	62.40	14.26	9.03
招商银行存款	30.98	3.63	1.07	招商银行贷款	115.01	7.80	29.63
兴业银行存款	57.82	6.66	4.61	兴业银行贷款	109.03	20.99	6.13
民泰银行存款	19.36	3.58	1.39	民泰银行贷款	16.59	2.43	1.23
泰隆银行存款	13.91	2.51	3.31	泰隆银行贷款	23.75	3.92	4.18
浦发银行存款	36.01	5.83	3.42	浦发银行贷款	75.94	3.17	11.98
浙商银行存款	34.86	8.68	0.57	浙商银行贷款	70.40	0.72	15.20
民生银行存款	19.09	-10.42	0.87	民生银行贷款	62.56	13.61	-3.66
南浔银行存款	5.06	1.06	-0.78	南浔银行贷款	16.07	3.09	1.95
恒丰银行存款	18.73	7.02	-16.85	恒丰银行贷款	23.92	-1.75	-0.19
北京银行存款	16.96	2.74	2.26	北京银行贷款	42.52	-3.00	1.59
平安银行存款	9.35	-2.41	3.05	平安银行贷款	2.85	1.08	0.18
稠州银行存款	5.83	0.78	-3.78	稠州银行贷款	6.25	0.14	2.16
恒通村镇银行存款	17.92	2.08	3.80	恒通村镇银行贷款	20.56	3.05	2.82
光大银行存款	16.31	-13.70	6.67	光大银行贷款	52.45	2.44	-0.54
华夏银行存款	17.38	0.22	1.81	华夏银行贷款	28.92	2.89	5.11
宁波银行存款	34.26	-2.43	-2.92	宁波银行贷款	65.63	6.61	8.04
台州银行存款	5.20	1.44	0.51	台州银行贷款	7.65	1.90	0.56
江苏银行存款	23.98	5.00	14.37	江苏银行贷款	45.39	23.15	13.63
南京银行存款	63.77	25.47	-0.63	南京银行贷款	55.48	-5.02	11.29

加9331户，同比增长15.25%，其中普惠小微企业贷款保持较快增长，贷款余额413.1亿元，比年初增加79.97亿元，增长24.04%。民营企业贷款余额694.75亿元，比年初增加112.07亿元，同比多增39.32亿元，增长19.23%。制造业贷款余额374.16亿元，比年初增加32.29亿元，增长9.45%，比上年同期提高13.52个百分点，其中，造纸业贷款下降17.55亿元，通信电缆业、医药行业、铜业贷款分别新增12.89亿元、4.33亿元、2.68亿元。批发零售业贷款增长较快，余额126.93亿元，比年初增加33.09亿元，增长35.26%。国有类企业贷款快速增长，余额695.94亿元，比年初增加198.78亿元，同比多增114.89亿元，增长39.99%。住户贷款余额851.84亿元，比年初增加122.42亿元，同比少增46.38亿元，增长16.78%。房地产贷款余额603.39亿元，比年初增加112.12亿元，增长22.82%，其中，个人住房贷款余额441.3亿元，比年初增加70.38亿元，同比少增16.15亿元，增长18.97%；房地产开发贷款余额143.88亿元，比年初新增43.87亿元，同比多增25.06亿元，有力支持房地产开发企业合理融资需求。贷款期限方面，中长期贷款余额1616.47亿元，比年初增加425.07亿元，同比多增153.42亿元，增长35.76%；短期贷款余额566.54亿元，比年初减少31.4亿元，下降5.37%。

【金融风险防范化解】 全区金融机构坚决有效防控金融风险，保持不良贷款“双降”良好态势，金融风险持续低位运行。全区金融机构不良贷款余额6.34亿元，比年初减少0.52亿元；不良贷款率0.28%，比年初下降0.1个百分点。累计新发生不良贷款5.15亿元，同比减少2.91亿元；累计处置不良贷款5.66亿元。潜在不良风险持续下降，关注类贷款余额20.11亿元，比年初减少3.99亿元，占全部贷款的0.9%，比年初下降0.43个百分点。

【涉外经济金融支持】外贸企业贷款余额121.47亿元，比年初增加13.28亿元，余额同比增长12.33%，其中外贸（出口）企业贷款比年初增加11.16亿元。推广“汇率避险”，全区汇率避险产品签约企业114家，金额5.99亿美元。完成跨境收支统计间接申报43272笔，金额77.76亿美元，其中，涉外收入申报37062笔，金额32.35亿美元。国际收支逆差13.06亿美元。落实货物贸易外汇收支便利化试点，办理金额3.99亿美元，同比增长189.13%，新增试点企业6家。拓展区块链平台运用和应用场景建设，办理出口应收账款融资343.83万美元。推进资本项目收入支付便利化。推进跨国公司跨境资金集中运营管理，指导2家备案企业通过资金池放款5498.80万美元。推动跨境人民币业务发展，全区跨境人民币业务结算量94.11亿元，占本外币跨境收支的19.02%，同比增长223.40%。

【金融管理与服务优化】全区金融机构认真执行利率市场化改革措施，推进LPR形成机制改革，在央行低息政策性资金带动下，推动企业融资成本下降，企业贷款加权平均利率4.63%，比上年同期下降0.34个百分点，其中小微企业贷款（包括个人经营性贷款）加权平均利率5.23%，比上年同期下降0.13个百分点。利用银行间市场融资持续发展，富阳农商银行发行大额存单34.14亿元、同业存单58.1亿元。实现移动支付“智慧医疗”场景在乡镇卫生服务中心和村级卫生服务站应用全覆盖，推广移动支付便民场景建设；升级改造银行卡助农服务点，创建5个综合服务型农村金融服务站；推进小微企业简易开户试点；进行电子支付适老化改造。持续打击治理电信网络诈骗及跨境赌博。深化“现金服务示范区”建设，推进现金全额清分常态化管理、大额现金管理、小面额现金服务、残币回收服务等工作，持续整治非法使用人民币图样和拒收现金等违法行为。提升征信服务水平，推进征信知识“网格化”宣传长效机制建设，推广应用应收账款融资服务平台、动产和权利统一登记平台、保证贷款登记系统，应收账款质押贷款业务量达24.1亿元。强化金融消费者权益保护工作，开展金融消费者教育、金融纠纷调解等活动，妥善处理金融消保投诉和咨询，保障金融消费者合法权益。

（章淼松）

银　行

【中国人民银行富阳支行】2021年，中国人民银行富阳支行贯彻落实上级行工作会议精神，履行基层央行职责，服务地方经济高质量发展。金融服务保障工作获区委、区政府主要领导批示11次，获中国人民银行文明单位、富阳区招商引资优秀服务奖、平安创建考核优秀单位等荣誉称号。贯彻落实稳健的货币政策，印发金融工作指导意见12条，增强窗口指导的及时性、精准性，引导金融机构扩大有效信贷投放，满足企业合理融资需求，强化信贷总量保障。加大企业纾困帮扶，积极向上级行争取专项货币政策工具支持，累计争取央行低息资金支持52.26亿元、激励资金5662万元，其中，央行低息再贷款资金金额36.58亿元、延期还本付息激励资金5662万元、信用贷款激励资金15.68亿元。央行资金直接节约企业资金成本近5000万元。

实施“融资畅通工程”升级版，推进“首贷户拓展”专项行动，推进“贷动小生意、服务大民生”个体工商户融资支持活动，创设首贷户金融服务站，在杭州市率先开展首贷户金融服务评价，全区拓展小微首贷户3728户，为上年全年的2.3倍；首贷户获得贷款64.68亿元。推广应用“贷款码”，支持扫码小微企业和个体工商户3041家，发放贷款68.76亿元。开展“百地千名行长进民企送服务”活动。全区金融机构走访民营企业988家次，发放贷款55.67亿元。支持科创企业融资，推动出台科创金融风险补偿、季度融资监测和融资对接清单三大机制，支持名单内企业284家次，贷款余额136亿元，比年初增加13亿元。推动绿色金融发展，牵头制定绿色金融发展指导意见，推出14条具体措施，绿色贷款余额218.06亿元，比年初增加119.09亿元，同比增长120.33%。聚焦“创新引领、普惠扶持、优质共享、绿色低碳”四个维度，出台13条金融支持共同富裕措施。

2021年3月17日，人民银行富阳支行、区金融办、市场监管局、发改局联合授牌的富阳区首贷户金融服务站正式启用

维护区域金融稳定，开展金融风险“排雷专项行动”，对2家法人银行机构开展全面风险排查，落实非金融企业、大型民营企业等监测机制。强化信用风险化解，做好再贷款资金到期和续接安排，妥善化解某药业企业违约风险，推动建立预重整制度。强化宏观审慎管理，对2家法人银行机构开资管业务整改监测、宏观审慎评估和定价行为评估，开展压力测试、央行金融机构评级及资产质量核查。落实存款保险制度，建立存款保险“网格化”宣传机制，实现行政村和社区全覆盖。强化“两管理、两综合”，落实重大事项报告制度。开展活期存款、周期付息型存款等清理，落实利率定价自律管理要求，维护存款市场平稳有序。强化房地产金融宏观审慎管理，确保房地产市场稳定。强化反洗钱监管，协同公检法等部门打击洗钱及上游犯罪，推动1起非法吸收公众存款、洗钱罪涉案人员立案侦查并批捕，协助破获1起跨境赌博转移资金案件，以“帮信罪”对2名涉案人员宣判。

优化金融管理与服务，推进“移动支付之省”建设，丰富移动支付在更多便民场景的扩面应用，推动落实小微企业简易开户试点工作。强化银行账户监管，配合抓好房地产预售资金、“双减”校外培训机构资金等监管，协助推进单用途商用预付卡试点工作。强化反诈拒赌宣传，组建反诈拒赌宣讲团，推进“断卡”行动，开展“一人多卡”、存量账户排查清理，强化涉赌涉诈线索排查，累计排查风险账户14万户，对190户个人涉案账户进行责任倒查。优化国库经理服务，开展预算管理一体化系统建设，支持做好非税收入征管职责划转等工作。创建“现金服务示范区”，组织开展现金全额清分常态化管理、大额现金管理试点政策“回头看”，严厉打击整治非法使用人民币图样和拒收现金等违法行为，开展小面额现金服务、残币回收服务等便民服务。建立健全征信宣传长效机制，做好个人和企业信用报告查询服务工作，推广应用应收账款融资服务平台、动产和权利统一登记平台、保证贷款登记系统。妥善处理金融消保投诉和咨询，开展“金融消费者权益日”“守住钱袋子”“金融知识普及月”等宣教活动，指导富阳农商银行“银色家园”成功创建浙江省第二批金融教育示范基地。

推进外汇“放管服”改革，建立“外汇联络员”制度和网格化外汇服务机制，做好13家次重点企业业务指导和协调工作，开展外汇政策和汇率避险产品宣传培训，全区汇率避险产品签约企业114家，金额5.99亿美元。支持和服务企业通过外债和内保外贷等途径进行跨境融资，其中，外债5165万美元、外债展期2849万美元、内保外贷延期7095.53万美元。推动外汇便利化政策落地，办理货物贸易外汇收支便利化业务金额3.99亿美元，同比增长189.13%，新增试点企业6家；办理服务贸易对外付汇税务备案电子化业务8.12亿美元，办理出口应收账款融资343.83万美元；推进跨国公司跨境资金集中运营管理，指导企业通过资金池放款5498.80万美元。开展金融机构外汇业务合规性检查、法人金融机构银行卡境外交易信息现场核查、境外投资存量权益登记等，开展货物贸易重点监测企业非现场核查1572家次。加强国际收支申报数据质量管理，现场核查银行4家，办理业务3.92万笔，金额67.9亿元，差错率0.01%；严厉打击地下钱庄、跨境赌博、网络炒汇等外汇违法违规活动，开展“以案倒查”行动。推广跨境人民币业务政策，促进银企对接，开展全面摸排，抓好名单制管理和业务辅导，提供“一企一策”个性化服务，全区跨境人民币业务结算量94.11亿元，占本外币跨境收支的19.02%，同比增长223.40%。

【中国农业发展银行富阳支行】 至年底，本外币各项存款余额4.90亿元，比年初增加3.22亿元，增长191.67%；各项贷款余额30.75亿元，比年初增加9.37亿元，增长43.83%；发放县级粮油收储相关贷款10715万元、农村土地流转和土地规模经营贷款3.3亿元、改善农村人居环境贷款6.90亿元、水利建设贷款7.8亿元；不良贷款率为0；全年实现净利润0.01亿元。

【中国工商银行富阳支行】 至年底，本外币各项存款余额97.27亿元；各项贷款余额147.40亿元，比年初增加52.75亿元，增长55.74%；不良贷款率为0；实现中间业务收入1.11亿元；全年实现净利润4.25亿元。

【中国农业银行富阳支行】 至年底，本外币各项存款余额131.04亿元，比年初增加8.74亿元，增长7.15%；各项贷款余额176.53亿元，比年初增加55.41亿元，增长45.75%；不良贷款率0.05%；实现中间业务收入0.90亿元；全年实现净利润2.88亿元。

【中国银行富阳支行】 至年底，本外币各项存款余额60.25亿元，比年初增加13.27亿元，增长28.25%；各项贷款余额113.45亿元，比年初增加31.62亿元，增长38.64%；不良贷款率0.09%，比年初下降0.24个百分点；实现中间业务收入0.80亿元；全年实现净利润1.69亿元。

【中国建设银行富阳支行】 至年底，本外币各项存款余额103.16亿元，比年初增加10.41亿元，增长11.22%；各项贷款余额146.81亿元，比年初增加34.98亿元，增长31.28%；不良贷款率0.07%；全年实现净利润1.98亿元。

【中国交通银行富阳支行】 至年底，本外币各项存款余额43.04亿元，比年初增加8.43亿元，增长24.36%；各项贷款余额52.94亿元，比年初增加17.02亿元，增长47.38%；不良贷款率0.05%；实现中间业务收入0.13亿元；全年实现净利润1.58亿元。

【中信银行杭州富阳支行】 至年底，本外币各项存款余额145.03亿元，比年初增加14.66亿元，增长11.24%；各项贷款余额185.77亿元，比年初增加54.05亿元，增长41.03%；票据直贴量39.5亿元；不良贷款率为0；国际结算业务量9.39亿美元；全年实现净利润4.59亿元。

【杭州银行富阳支行】 至年底，本外币各项存款余额64.67亿元，比年初增加12.43亿元，增长23.79%；各项贷款余额76.59亿元，比年初增加3.68亿元，增长5.04%；不良贷款率0.08%，比年初下降0.05个百分点；全年实现净利润1.41亿元。

【富阳农村商业银行】 至年底，本外币各项存款余额549.83亿元，比年初增加35.41亿元，增长6.88%，存款市场份额31.57%；各项贷款余额408.90亿元，比年初增加70.01亿元，增长20.66%，贷款市场份额18.23%；不良贷款率0.89%，比年初下降0.28个百分点；全年实现净利润5.32亿元，同比增长14.16%；上缴税收4.09亿元。

【邮政储蓄银行富阳支行】 至年底，本外币各项存款余额58.72亿元，比年初增加13.39亿元，增长29.54%；各项贷款余额62.40亿元，比年初增加14.26亿元，增长29.62%；不良贷款率0.11%；全年实现净利润1.32亿元。

【招商银行杭州富阳支行】 至年底，本外币各项存款余额30.98亿元，比年初增加3.63亿元，增长13.27%；各项贷款余额115.01亿元，比年初增加7.80亿元，增长7.28%；不良贷款率0.15%；全年实现净利润-0.02亿元。

【兴业银行杭州富阳支行】 至年底，本外币各项存款余额57.82亿元，比年初增加6.66亿元，增长13.02%；各项贷款余额109.03亿元，比年初增加20.99亿元，增长23.84%；不良贷款率为0；全年实现净利润3.59亿元。

【浙江民泰商业银行杭州富阳支行】 至年底，本外币各项存款余额19.36亿元，比年初增加3.58亿元，增长22.69%；各项贷款余额16.59亿元，比年初增加2.43亿元，增长17.16%；不良贷款率1.4%，比年初下降2.11个百分点；全年实现净利润0. 31亿元。

【浙江泰隆商业银行杭州富阳支行】 至年底，本外币各项存款余额13.91亿元，比年初增加2.51亿元，增长22.02%；各项贷款余额23.75亿元，比年初增加3.92亿元，增长19.77%；不良贷款率1.54%；全年实现净利润1.24亿元。

【上海浦东发展银行杭州富阳支行】 至年底，本外币各项存款余额36.01亿元，比年初增加5.83亿元，增长19.32%；各项贷款余额75.94亿元，比年初增加3.17亿元，增长4.36%，其中民营企业贷款占全部贷款52.45%；不良贷款率0.17%；全年实现净利润2.54亿元。

2021年4月1日，富阳区金融机构负责人会议暨外汇管理工作会议举行

【浙商银行杭州富阳支行】 至年底，本外币各项存款余额34.86亿元，比年初增加8.68亿元，增长33.14%；各项贷款余额70.40亿元，比年初增加0.72亿元；不良贷款率0.06%；全年实现净利润2.90亿元。

【中国民生银行杭州富阳支行】 至年底，本外币各项存款余额19.09亿元；各项贷款余额62.56亿元，比年初增加13.61亿元，增长27.80%；不良贷款率0.04%；全年实现净利润1.66亿元。

【南浔银行富阳支行】 至年底，本外币各项存款余额5.06亿元，比年初增加1.06亿元，增长26.5%；各项贷款余额16.07亿元，比年初增加3.09亿元，增长23.82%；不良贷款率0.92%，比年初下降0.74个百分点；全年实现净利润0.63亿元。

【恒丰银行杭州富阳支行】 至年底，本外币各项存款余额18.73亿元，比年初增加7.02亿元，增长59.95%；各项贷款余额23.92亿元；不良贷款率为0；全年实现净利润0.94亿元。

【北京银行杭州富阳支行】 至年底，本外币各项存款余额16.96亿元，比年初增加2.74亿元，增长19.27%；各项贷款余额42.52亿元；不良贷款率为0.04%；全年实现净利润0.49亿元。

【平安银行杭州富阳支行】 至年底，本外币各项存款余额9.35亿元；各项贷款余额2.85亿元，比年初增加1.08亿元，增长61.02%；不良贷款率为0；全年实现净利润1121万元。

【稠州银行杭州富阳支行】 至年底，本外币各项存款余额5.85亿元，比年初增加 0.78 亿元，增长 15.45%；各项贷款余额 6.25 亿元，比年初增加 0.14 亿元，增长 2.3%；不良贷款率 0.96%；全年实现净利润 0.22 亿元。

【富阳恒通村镇银行】 至年底，本外币各项存款余额 17.92 亿元，比年初增加 2.08 亿元，增长 13.13%；各项贷款余额 20.56 亿元，比年初增加 3.05 亿元，增长 17.42%；不良贷款率 1.17%，比年初下降 0.25 个百分点；全年实现净利润 0.23 亿元。

【光大银行杭州富阳支行】 至年底，本外币各项存款余额 16.31 亿元；各项贷款余额 52.45 亿元，比年初增加 2.44 亿元，增长 4.88%；不良贷款率为 0；全年实现净利润 1.22 亿元。

【华夏银行杭州富阳支行】 至年底，本外币各项存款余额 17.38 亿元，比年初增加 0.22 亿元，增长 1.28%；各项贷款余额 28.92 亿元，比年初增加 2.89 亿元，增长 11.10%；不良贷款率 0.32%；全年实现净利润 0.5 亿元。

【宁波银行杭州富阳支行】 至年底，本外币各项存款余额 34.26 亿元；各项贷款余额 65.63 亿元，比年初增加 6.61 亿元，增长 11.20%；不良贷款率 0.06%；全年实现净利润 2.69 亿元。

【台州银行杭州富阳支行】 至年底，本外币各项存款余额 5.20 亿元，比年初增加 1.44 亿元，增长 38.30%；各项贷款余额 7.65 亿元，比年初增加 1.90 亿元，增长 32.30%；不良贷款率 0.39%，比年初下降 0.19 个百分点；全年实现净利润 4040.73 万元。

【江苏银行杭州富阳支行】 至年底，本外币各项存款余额 23.98 亿元，比年初增加 5 亿元，增长 5.27%；各项贷款余额 45.39 亿元，比年初增加 23.15 亿元，增长 104.14%；不良贷款率 0.07%；全年实现净利润 0.35 亿元。

2021年5月14日，人民银行富阳支行、杭州市公安局富阳分局、区金融办、区市场监管局、区老龄办组织全区金融机构联合开展防范电信诈骗和跨境赌博宣传活动

【南京银行杭州富阳支行】 至年底，本外币各项存款余额 63.77 亿元，比年初增加 25.47 亿元，增长 66.50%；各项贷款余额 55.48 亿元；不良贷款率 0.46%；全年实现净利润 1.24 亿元。

（章淼松）

银行 · 监管

【概况】 2021 年，全区有银行机构 30 家（其中政策性银行 1 家、大型银行 6 家、股份制银行 10 家、城市银行 10 家、农村中小金融机构 2 家、新型农金机构 1 家），网点 177 个（其中小微专营支行 8 家、社区支行 9 家）。全年各项存款 1670 亿元，比年初增加 113 亿元，同比增长 10.89%；各项贷款 2242 亿元（其中普惠型小微企业贷款 408 亿元，涉农贷款 398 亿元），比年初增加 320 亿元，同比增长 23.86%；不良贷款 6.47 亿元，比年初下降 0.22 亿元，不良贷款率 0.29%，比年初下降 0.06 个百分点。

【监督公司治理】 强化法人银行监管引领，督促两家法人机构把党的领导更好融入公司治理，推动富阳农商银行建立全流程内控体系，从严落实履职回避规范人事管理，针对房地产贷款投放过快、普惠型涉农贷款增速不达标等问题下发监管提示单，督促坚守市场定位、不折不扣落实国家宏观政策。指导富阳恒通村镇银行完善公司治理框架，设立董事会战略发展委员会和“三农”与小微企业金融服务委员会，充分发挥支持乡村振兴生力军力量。

【金融服务提升】 2021 年，指导银行业深化小微企业“4+1”金融服务，对标“两增两控”目标，大力拓展首贷、信用贷供给，小微企业贷款增幅达 24%。持续推广浙江省金综平台运用，实现全辖银行机构“总对总”模块应用全覆盖及不动产抵押登记电子他项权证发放。利用平台向符合准入条件的 1848 户小微企业授信 48 亿元，线上办结不动产抵押类业务 14192 件。

【金融稳定维护】 针对泰禾房产“大城小院”项目出现的风险苗头，配合地方政府共同推进项目复工复产，最大限度维护购房者合法权益。严格落实防疫工作，对 12 家银行保险网点进行防疫督查并下发通报，确保落实落细防疫举措。常态化开展金融知识宣教。在“3·15”国际消费者权益日、“4·12”国家安全日、防范非法集资宣传月等节点开展线上线下金融知识宣传，着力提升金融消费者风险意识。联合富阳区公安分局开展银行机构第七轮安全评估，完成全辖176个网点评估工作，查摆问题巩固平安金融防线。摸底校外培训机构在辖内银行业融资情况，指导银行配合地方政府推动“双减”工作。

【“我为群众办实事”实践活动】 2021年，以金融调解为抓手，推动银行保险机构深度参与推进基层社会治理现代化建设。通过常态化开展调解队伍培训、签订保密协议、执行交叉调解等方式，不断推进调解工作法治化、标准化建设。全年，累计调解金融借贷纠纷290件，其中调解成功284件（包含线上云调解4件）、涉及金额1.89亿元，成功率达98%，为当事人减少诉讼成本约469万元，平均调解用时仅16天，大大减轻债务人负担的同时加快不良资产处置；调解保险纠纷341件，调解成功率100%，调解成功金额4707万元。对在诉调对接中暴露出的问题，通过下发监管提示单、监管约谈等方式预警提示行业风险，督促机构强化使命当担、前置合规风控端口。在交通事故预防、便民服务等方面开展更深层次的“警保联动”，在富阳辖内探索实践轻微交通事故快处快赔新模式，有力缓解交通拥堵，降低二次事故发生率，深入推广“保险+服务”模式，提升社会应急管理能力。

（俞一洁）

证券·期货

【概况】 2021年，富阳区有证券营业机构7家，与上年持平，全年交易额2835.97亿元，比上年增长32.29%。有期货营业机构2家，与上年持平，全年交易额2250亿元，与上年持平。

（赵雪红）

【财通证券股份有限公司杭州江滨西大道营业部】 财通证券股份有限公司杭州江滨西大道营业部位于富阳区富春街道江滨西大道50号，营业面积834平方米。至年底，营业部交易总量1181.7亿元，累计开户数45654户。

（倪建军）

【浙商证券富阳江滨西大道营业部】 浙商证券富阳江滨西大道营业部位于富阳区江滨西大道15-11号。至年底，营业部员工人数25名，营业部累计开户数1.6万多户，全年A股交易量499亿元。

（沈建农）

【中信证券杭州桂花西路证券营业部】 中信证券杭州桂花西路证券营业部位于富阳区富春街道桂花西路82号6楼。至年底，营业部共有员工20人，全年交易量273.85亿元，新增开户数2079户。

（应　静）

【中国银河证券杭州江滨西大道证券营业部】 中国银河证券杭州江滨西大道证券营业部位于富阳区江滨西大道16号。至年底，营业部有员工11人，经纪人4人，全年交易量538.07亿元，比上年增长101.87%。新增开户807户，累计开户11781户。

（刘明昆）

【安信证券股份有限公司杭州富阳依江路证券营业部】 安信证券股份有限公司杭州富阳依江路证券营业部位于富阳区鹿山街道鹿山时代城E幢509室、510室。至年底，营业部共有员工5人，全年交易量为226.29亿元，累计开户2480户。

（徐金炜）

【国元证券股份有限公司杭州体育馆路证券营业部】 2021年，国元证券股份有限公司杭州体育馆路证券营业部迁址，从江滨西大道营业部迁址至富阳区体育馆路457号文创大厦一楼。至年底，营业部员工人数15名，A股交易量13.16亿元，累计开户1992户。

（李增平）

【华福证券有限责任公司富阳江滨西大道证券营业部】 华福证券有限责任公司富阳江滨西大道证券营业部位于富阳区江滨西大道证券25号。至年底，营业部有员工9人，经纪人5人，累计开户6889户，全年交易量103.9亿元。

（李可斌）

【信达期货有限公司富阳营业部】 信达期货有限公司富阳营业部位于江滨西大道57号国贸写字楼10楼1002室。至年底，营业部累计开户101户，全年成交金额达1050亿元。客户日均权益规模5.32亿元。

（田新成）

【美尔雅期货有限公司富阳营业部】 美尔雅期货有限公司富阳营业部位于江滨西大道10号开发大厦9楼。营业部根据富阳地区产业特点，在产业服务为主的基础上，建立线上个性化服务体系，全年成交金额1200余亿元。

（蒋　梦）

保　险

【概况】 2021年，富阳区共有保险公司34家（其中财产险公司20家、人身险公司14家），另有保险中介11家。保险公司累计实现原保险保费收入25.6亿元，其中财产险公司原保险保费收入8.45亿元，人身险公司原保险保费收入17.10亿元。累计赔付支出7.72亿元，其中财产险公司赔付支出5.51亿元，人身险公司赔付支出2.43亿元。（各公司保费情况见表13、表14）

【中国人民财产保险股份有限公司富阳支公司】 中国人民财产保险股份有限公司富阳支公司是富阳区最大的国有财产保险企业，主营车辆险、企财险、家财险、工程险、责任险、意外险、信用险和短期健康保险等财产保险业务。公司机构网点布局广，在富阳城区、大源、新登、场口、万市、银湖等设分支机构。员工及代理人员200余人。2021年，公司向富阳区政府无偿捐赠“逆行无忧”保险，为全区2938户农户提供风险保障6.39亿元，累计为3386户农户支付份额内赔款1524.26万元。

【中国人寿财产保险股份有限公司杭州市富阳区支公司】 中国人寿财产保险股份有限公司杭州市富阳区支公司位于富阳区富春街道康月路53号27、29，内设互动、车行、银保、营销、重客和个代六大业务渠道和经理室、综合、理赔客服三个部门，下设新登营销服务部。正式在编员工20人，劳务派遣员工29人，个人代理人33人。2021年，推出创新型政保合作业务——“富阳区域医学检查检验互认互信职业责任险”。政府通过投保该险种，对医务人员因开展检查检验结果互认工作造成检查检验不足，产生医疗纠纷的，可通过商业保险机构予以赔付，最高额度达100万元。创新的政保合作形式，从机制上保障医患结果“互认”的合法权益，解决医学检查检验互认“不愿认、不好认、不敢认”三大难题中“不敢认”的问题。

【中国平安财产保险股份有限公司富阳支公司】 中国平安财产保险股份有限公司富阳支公司2021年客户通过好车主App开展线上化理赔服务，线上理赔率达87.5%。全面开展零手续理赔、小额惠修等理赔创新服务，至年底，创新服务触达87%小额出险客户。支公司通过承保杭州银湖实验中学、杭州银湖实验小学、富阳区永兴学校等学平险项目，为4000余名学生提供保障，帮助学校有效预防和及时处理各类安全责任事故，促进富阳区教育事业和谐健康发展。

【中国太平洋财产保险股份有限公司富阳支公司】 中国太平洋财产保险股份有限公司富阳支公司位于浙江省杭州市富阳区富春街道江滨西大道41、42号，员工34人。下设新登营销服务部。公司主要经营财产损失保险、责任保险、信用保险和保证保险、短期健康保险和意外伤害保险业务和在银行保险监督管理机构批准业务范围内授权的其他业务。2021年实现保费规模突破亿元。

【中国大地财产保险股份有限公司富阳支公司】 中国大地财产保险股份有限公司富阳支公司成立于2005年，员工32人，营销员50人。2021年，在“三新三聚焦”科技转型的驱动下，上线“筋斗云”核心系统，提高业务服务能力；推进客户服务线上化，完善客户服务体系；推行微信理赔、“四个时代”理赔、“智慧·关爱”新模式让理赔简单有温度。全年以“保险为民、服务社会”为服务宗旨，为亚运会配套道路、富春湾新城等政府工程项目、区政府公务用车、区安全生产责任险等提供专项保险方案，提供个人保险服务超1万人次，为富阳地区共提供235亿元保险保障。

【阳光财产保险股份有限公司富阳支公司】 阳光财产保险股份有限公司富阳支公司，职员16人，个人代理10余人，辖区开设新登营销服务部、5家门店。2021年，在胥口镇新设门店，实现“保险进乡镇，服务老百姓”。

【太平财产保险有限公司杭州富阳营销服务部】 太平财产保险有限公司杭州富阳营销服务部，公司员工16人，其中内勤员工4名，外勤正编销售人员11人。全年在车险重大人伤、工矿企业安全生事故重大伤亡、学生意外和疾病重大赔案上，共计赔付27件，赔付金额500余万元。在疫情保障方面，共为区内17家企业客户，1200个个人客户提供新冠保障和个人意外及疾病保障，累计风险保额达6400万元。共计赔付新冠隔离津贴赔款10400元。

【安诚财产保险股份有限公司富阳支公司】 安诚财产保险股份有限公司富阳支公司位于杭州市富阳区富春街道金桥北路196、198号，在编人员13人，各类销售人员近50人。

【浙商财产保险股份有限公司富阳支公司】 浙商财产保险股份有限公司富阳支公司在编员工18人。全年推出网销、移动销售等网络移动终端服务，丰富运营平台，提升客户服务；率先推出浙江高速公路免费救援增值服务卡，时刻为司乘人员出行保驾护航。2021年，支公司与多个政府单位建立合作关系，推进了交通工具乘客意外伤害保险、环境污染责任保险、公众责任险等险种扩展，发挥交通领域风险管理专家的优势，参与多个交通招投标项目，更好地服务社会治理与地方经济建设。

【华安财产保险股份有限公司浙江分公司富阳支公司】 华安财产保险股份有限公司浙江分公司富阳支公司位于杭州市富阳区银湖街道高桥西路49-5、49-6号商铺，公司设有财产险、责任险、意外伤害险、短期健康险等业务，在编人员4人。

【天安财产保险股份有限公司富阳支公司】 天安财产保险股份有限公司富阳支公司位于富阳区秦望路222号城市花园5号楼（文教路88号）4楼，员工9名。2021年，围绕公司“做强”战略，进行险种结构调整及员工队伍的整合，推出符合市场需求的创新险种，形成具有天安特色的、有较强市场竞争力的产品体系并承保一大批重大项目。

【英大泰和财产保险股份有限公司富阳支公司】 英大泰和财产保险股份有限公司富阳支公司位于富阳区富春街道金桥北路161-17号，主要经营机动车辆保险、意外险、建筑工程一切险、财产保险一切险等保险业务。支公司多次获得英大财险总公司、分公司的“先进集体”称号。

【国任财产保险股份有限公司杭州市富阳支公司】 国任财产保险股份有限公司杭州市富阳支公司于2015年7月17日开业。支公司始终以服务社会经济大局为己任，践行“以客户为中心”的理念。

【中华联合财产保险股份有限公司富阳支公司】 2021年，中华联合财产保险股份有限公司富阳支公司在巩固制度体系建设各项成果的基础上，继续加强和落实业务管控措施，公司保险业务质量好转。全年车险实现保费收入749.1万元，完成年计划70.01%，案件处理率85.58%，保单案均赔款539.51元，同比增长-0.21%。年初公司在车险玻璃单独损坏等情况直赔的基础上，率先推出单方车辆损失1万元以下案件，在客户提供资料齐全后，1小时通知赔付。实行小额车损的速赔，2000元以下单方事故无人伤、物损案件从查勘到付款时限24小时，2000元以下双方事故无人伤、物损案件从查勘到付款时限24小时，小额车损速赔缩短理赔流程，简化单证，公司现有计算机快速定损软件系统，GPS技术的查勘调度系统，实现远程核赔定损，提升车险管理的技术含量。

【长安责任保险股份有限公司富阳支公司】 长安责任保险股份有限公司富阳支公司位于浙江省杭州市富阳区富春街道桂花西路6号燃料大楼6楼，在编员工10名，营销员10名。支公司始终以服务社会经济大局为己任，打造以责任保险为经营特色的、全面发展的财产保险公司，在多个领域形成拳头产品和市场优势。

【都邦财产保险股份有限公司富阳支公司】 都邦财产保险股份有限公司富阳支公司位于富阳区富春街道桂花路33号百合大厦6楼，主营车险、财产险和意外险，在编人员3人。

【永安财产保险股份有限公司富阳支公司】 永安财产保险股份有限公司富阳支公司位于富春街道水稻所路5-4号，公司设有车险、个险、团险等业务渠道，客服职场部门在编人员10人。

【泰山财产保险股份有限公司杭州市富阳支公司】 泰山财产保险股份有限公司杭州市富阳支公司主营车辆险、企财险、家财险、意外险、责任险、短期健康险等财产保险业务。

【大家财产保险股份有限公司浙江分公司富阳区营销服务部】 大家财产保险股份有限公司浙江分公司富阳区营销服务部位于富阳区富春街道大桥路72-15号为个人、家庭和企业客户提供多层次、全方位的财产保障服务。

【中银保险有限公司浙江分公司富阳营销服务部】 中银保险有限公司浙江分公司富阳营销服务部位于富阳区富春街道金桥南路158-7号，主要经营机动车车辆保险、财产保险、意外伤害保险、工程险、健康险、货运险及关税险等产品。

【中国人民人寿保险股份有限公司杭州市富阳支公司】 中国人民人寿保险股份有限公司杭州市富阳支公司位于富阳区富春街道公望街1119-1号南区3楼。公司设有大个险、团险、银保、互动四大业务渠道和其他后援部门。正式员工6人，销售人员80余人。

【中国人寿保险股份有限公司杭州市富阳支公司】 中国人寿保险股份有限公司杭州市富阳支公司位于富阳区龙浦街200号二楼，公司设有大个险、团险、银保三大业务渠道和综合、客服、培训三个职能部门，下设新登、场口、万市、大源等营业网点。正式在编员工44人，劳务派遣员工2人，各类销售人员750余人。2021年，富阳支公司获总部“先进基层党支部”、“县域双百强支公司”和市级“A类公司”等荣誉称号。

【中国平安人寿保险股份有限公司浙江分公司富阳营销服务部】 中国平安人寿保险股份有限公司浙江分公司富阳营销服务部位于富阳区金桥南路29号，保险从业人员以及员工422人。中国平安持续深化“金融+科技”、探索“金融+科技”，将创新科技聚焦于大金融资产、大医疗健康两大产业，应用于传统金融与“金融科技，医疗科技，房产科技，汽车科技，智慧城市”五大科技生态圈。

【中国太平洋人寿保险股份有限公司杭州市富阳支公司】 中国太平洋人寿保险股份有限公司杭州市富阳支公司位于富阳区体育馆路457号文创大厦4楼，下辖新登和万市营销服务部，下设个人条线、银保条线、团险条线、政保项目、理赔及柜面服务等部门，员工15人，业务员近400人，其中专业化政保项目人员29人，通过“医院监管服务、案件调查服务、民营监管服务”三项服务内容，强化责任，规范运行。

【阳光人寿保险股份有限公司富阳支公司】 阳光人寿保险股份有限公司富阳支公司设营业点2个，分别位于富阳区恩波大道519号财富中心A座1601-2室和富阳区新登镇新兴路18号2楼，在册人员46人，劳务合同3人。支公司用“全生命周期的产品”和“全流程的家庭服务体系”为客户以及客户的家庭、企业送去优质的服务。

【太平人寿保险有限公司杭州中心支公司富阳支公司】 太平人寿保险有限公司杭州中心支公司富阳支公司秉承太平文化传统，勇于承担央企责任，聚焦企业价值成长，践行“一个客户，一个太平”的服务宗旨。

【富德生命人寿保险股份有限公司杭州中心支公司富阳区营销服务部】 富德生命人寿保险股份有限公司杭州中心支公司富阳区营销服务部秉承“以客户为导向”的经营理念，为客户提供全面、优质的风险管理和保险保障。

【民生人寿保险股份有限公司浙江分公司富阳营销服务部】 民生人寿保险股份有限公司浙江分公司富阳区营销服务部位于富阳区江滨西大道10号开发大厦9楼，设立营销收展部门2个。

2021年度富阳区财产保险公司情况汇总一览表

表13　　　　单位：万元

机构名称	原保险保费收入	应收保费	赔付支出
中国人民财产保险富阳支公司	35654	1645	21984
中国平安财产保险富阳支公司	10907	25	6514
中国人寿财产保险富阳区支公司	11010	429	5860
中国太平洋财产保险富阳支公司	11597	432	6242
中国大地财产保险富阳支公司	4758	68	3041
太平财产保险富阳营销服务部	2635	-1	1772
阳光财产保险富阳支公司	2111	42	2187
浙商财产保险富阳支公司	1663	24	931
安诚财产保险富阳支公司	1450	1	971
英大泰和财产保险富阳支公司	1376	0	617
国任财产保险富阳支公司	1682	2	991
天安财产保险富阳支公司	793	0	510
永安财产保险富阳支公司	881	0	623
中华联合财产保险富阳支公司	749	24	390
都邦财产保险富阳支公司	318	-7	391
华安财产保险富阳支公司	1045	0	319
长安责任保险富阳支公司	112	0	156
中银保险富阳营销服务部	188	1	1181
大家财产保险富阳区营销服务部	180	0	153
泰山财产保险富阳支公司	196	0	287

2021年度富阳区人身保险公司情况汇总一览表

表14　　　　单位：万元

机构名称	原保险保费收入	应收保费	赔付支出
中国人寿保险富阳支公司	58136	1787	9407
中国平安人寿保险富阳营销服务部	39137	914	5440
中国太平洋人寿保险富阳支公司	31226	355	3915
新华人寿保险富阳营销服务部	13221	258	1639
太平人寿保险富阳支公司	12197	0	1700
中国人民人寿保险富阳支公司	5646	-64	691
泰康人寿保险富阳第一营销服务部	3401	0	679
民生人寿保险富阳营销服务部	2131	62	240
阳光人寿保险富阳支公司	1999	0	201
华泰人寿保险富阳营销服务部	924	11	67
长生人寿保险富阳营销服务部	268	23	37
中意人寿保险富阳营销服务部	0	0	0
信泰人寿保险富阳营销服务部	0	0	0
富德生命人寿保险富阳区营销服务部	2720	0	361

【华泰人寿保险股份有限公司浙江分公司富阳营销服务部】 华泰人寿保险股份有限公司浙江分公司富阳营销服务部位于富阳区富春街道519号财富中心A座20楼，在册职工30人，其中内勤2人。华泰人寿持续聚焦客户、品质、规模和利润四大要素，坚持价值成长之路，依托华泰保险集团其他子公司的市场资源以及业内领先的资产管理能力，利用美国安达集团的全面技术支持，实现了健康、平稳和较快的发展。

【泰康人寿保险有限责任公司浙江杭州富阳第一营销服务部】 泰康人寿保险有限责任公司浙江杭州富阳第一营销服务部位于恩波大道519号财富中心A座1504室，保险营销人员141人，内勤员工4人。

【长生人寿保险有限公司浙江分公司富阳营销服务部】 长生人寿保险有限公司浙江分公司富阳营销服务部以专业、用心、担当、效率为宗旨，一切以客户为中心实际出发为客户配置个人以及家庭的人身保障，开展保险下乡活动宣传保险理念。

【中意人寿保险有限公司浙江分公司富阳营销服务部】 中意人寿保险有限公司浙江分公司富阳营销服务部位于富阳区体育馆路文创大厦7楼，在编营销员30人，内勤2人。主要经营人寿保险、健康保险和意外伤害保险等保险业务。

【信泰人寿保险股份有限公司浙江分公司富阳营销服务部】 信泰人寿保险股份有限公司浙江分公司富阳营销服务部位于富阳区富春街道横凉亭路3号1110室，经营各类人身保险业务。

【新华人寿保险股份有限公司杭州中心支公司富阳营销服务部】 新华人寿保险股份有限公司杭州中心支公司富阳营销服务部位于富阳区鹿山街道江波街169号锦豪控股7楼，在编员工5人，各类销售人员170余人。支公司坚持“以客户为中心”，始终秉持“为客户寻找赔付理由”的理念。 （俞一洁）

小额贷款

【概况】 2021年，富阳区共有4家小额贷款公司，分别是杭州富阳浙丰小额贷款有限公司、杭州富阳永通小额贷款有限公司、杭州荣泰小额贷款有限公司、杭州富阳富仑小额贷款有限公司，注册资本合计5.75亿元，比上年减少2家。

【经营活动】小额贷款公司严格执行《金融企业财务规则》，按规定制定公司治理、内部管理、业务管理、风险防控等各项制度，公司业务和财务活动合规合法。全年小额贷款公司累计发放贷款271笔，贷款金额98432万元，年末贷款余额107915万元，在贷笔数476笔，实现营业收入共7771万元。

（王振民）

担　保

【概况】 2021年，富阳区共有融资担保机构5家，比上年减少2家。其中提供区内中小微企业和“三农”融资担保机构2家，提供汽车消费贷款担保或者非融资性担保机构3家。

【融资担保】 2021年，全区融资担保机构提供融资担保45176万元，提供非融资担保金额864921万元，年末融资担保业务在保余额63625万元，非融资担保业务在保余额88962万元。其中提供中小微企业和“三农”融资担保金额9394万元，年末在保企业担保余额9294万元，比年初下降5973万元；提供消费融资担保（含中小微企业、工程车、运输车、个人小汽车）金额35782万元，比2020年减少39420万元，年末在保余额53606万元，比年初减少36956万元；提供工程履约和诉讼保全非融资担保金额864921万元，年末在保余额88962万元。全区融资担保机构融资性担保费收入共计448.69万元，同比减少110万元，计提担保赔偿准备金602万元，计提未到期责任准备金280万元，合计计提两项准备金882万元，同比增加785万元。

【融资担保机构代偿】 全区融资担保机构发生代偿4756笔，累计代偿2357万元；回收当年及以前年度应收到代偿款1684万元，年末应收代偿款余额6700万元，比年初减少

小额贷款公司2021年基本情况表

表15　　单位：万元

公司名称	注册资本	所有者权益	贷款金额	贷款余额
浙丰小额贷款公司	10000	13732	15687	15337
永通小额贷款公司	12500	21361	22180	25852
荣泰小额贷款公司	25000	38208	53800	52671
富仑小额贷款公司	10000	14135	6765	14055
合计	57500	87435	98432	107915

11692万元。

【融资担保机构资产】 至年底，全区融资担保机构总资产60232万元，其中流动资产59563万元，占总资产的98.8%（其中货币资金27711万元，应收款24995万元，存出保证金6772万元），固定资产658万元，占总资产的1%；融资担保机构总负债5709万元（其中应付款1446万元，存入保证金2946万元，担保赔偿准备金985万元，未到期责任准备金289万元），负债率为9.47%，融资担保机构所有者权益54522万元（其中注册资金53118万元，占97.42%）。

（王振民）

【编辑 赵雪红】

19 交通运输
Transportation

综　述

【概况】 全年全区完成交通投资25.57亿元。湖杭高铁累计完成投资39.4亿元，完成率67.9%。彩虹快速路累计完成投资38.1亿元，占总投资86.5%。春永线综合整治全面完工。大盘山隧道累计完成投资18.3亿元，占总投资75%。杭新景高速灵桥互通改造项目建设累计完成投资3.7亿元，占总投资60%。北支江（亚运）旅游集散中心项目渡埠工程完工。杭淳开高速上跨湖杭铁路节点完成投资约0.7亿元，占总投资55%。五四—宝山（柏枝岭）隧道工程完成施工便道、临建工程。完成《富阳区综合交通发展“十四五”规划》编制工作。

【杭州“中环”项目】 北段完成项目建议书批复并召开工可补充审查会议，坑西互通节点开工建设；南段完成工可审查；合温（温义宣）高速初步明确线位走廊；14省道改建、23省道外移纳入省“十四五”综合交通规划，并申报国土空间规划调整；东洲通道完成初步方案，其中北段（东望路接西湖区科海路）处于工可阶段，南段（东洲接富春湾新城）处于方案设计阶段；东洲国际港码头迁建项目完成方案设计初稿。

【春运工作】 全年全区春运工作平稳有序，春运从1月28日开始，3月8日结束，共计40天。春运旅客运输共发车2255班次，比上年上升30.6%，发送旅客2.0680万人，比上年下降7.2%，周转量255.3841万人千米，比上年下降2.7%。渡口渡运量：34772人次，比上年上升64.5%，20240辆次，比上年上升40.1%。公交客运量累计432.3365万人，比上年上升25.9%。高铁情况：发送45222人，比上年下降0.7%，到达43819人，比上年上升15.2%，未发生责任事故。

【清廉交通建设】 以清廉交通单元“十大专项整治”为抓手，纵深推进清廉交通建设，营造风清气正政治生态。研究出台《清廉交通“十大专项整治”》方案，局党委书记担任第一责任人，成立领域专项小组8个，齐抓共管清廉交通建设。建立完善编内编外干部职工“一对一”结对管理制度，实施编外人员违规违纪，追究编内人员连带责任。落实“八小时饮酒报备制”、公车管理使用、编外人员日常管理制度。整治发现各类问题57个，整改率100%，修订完善制度30项，开展各类宣传教育100余次。完成13个交通建设项目的转分包检查，自查信用评价项目5个，自查专家评审项目15个。做好巡察整改，累计整改问题33个（其中巡察移交31个、自查自纠2个），整改率100%。巡察整改工作中，责令检查、批评教育等效能问责4人，书面检查14人，谈话提醒教育549人次，退回（收缴）资金0.18万元，建立完善制度51项。

公路运输

【概况】 全年全区公路里程2029.98千米。按行政等级分，高速2条85.62千米，国道2条62.99千米，省道4条88.25千米，县道46条460.49千米，乡道公路97条331.11千米，村道845条988.94千米，专用公路3条12.591千米。按技术等级分，一级公路206.21千米（包含高速公路85.62千米）、二级公路195.54千米、三级公路224.6千米、四级公路1403.63千米。全区桥梁共计646座，长度共计25182.21米。国道桥梁31座，长度4136.16米。省道桥梁44座，长度1572.64米。县道桥梁214座，长度11492.48米。乡道桥梁116座，长度2324.84米。村道桥梁237座，长度5523.19米。专用公路桥梁4座，长度132.9米。

【文明公路】 按照“一路一品、一路一特色”理念，集合公路沿线生态环境、人文历史、自然风光、特色经济等元素，串点成线，做好“美丽公路＋”文章，通过修缮路面，改造平交道口，建设公路运输服务设施，提升公路运输服务水平，优化沿线绿化景观，完成美丽经济交通走廊204.8千米，涉及公路16条，总投资约35750万元。

【"四好农村路"】 全年全区完成通自然村公路、断头路建设25.43千米，通乡镇、景区等公路改扩建3.27千米，提升改造低等级公路19.53千米；完成路面维修106.53千米；完成病危桥改造8座，建成普通公路服务站2个，完成渡口提升改造2个；建成港湾式停靠站157个，创建完成示范线6条。打通高桦线、巧下线、高泰线、徐樟线、坑筱线、徐西线等农村公路"断头路"6条，共12.67千米。新改建农村公路45.9千米；完成农村公路大中修60千米；建成公路驿站3座；创建美丽公路5条；完成美丽经济交通走廊204.8千米。提升改造S307中樟线、X414环金线两路两侧景观及部分交叉节点，融合沿线红色资源13处，打造"红色之路"。

【杭州"平安示范单位"创建】 3月，富阳客运站被中共杭州市委创建"平安杭州"领导小组授予"平安示范单位"荣誉奖牌。富阳客运站围绕"平安示范单位"创建要求，加强生产安全、消防安全排查，消除安全隐患；补齐反恐防暴管理工作短板；增设安检台，内设金属探测仪，提高安检效率；开展突发事件紧急演练，提高工作人员对突发事件的应急处置能力；严格落实24小时值班制；实行垃圾分类"桶长制"，引导旅客正确投放垃圾。

【道路运输企业】 全年全区有客运企业4家，客运站3家，车辆1360辆，其中有10条客运班线，核定载客50座及以上车辆27辆，公交线路138条内线，12条连杭线，公共汽车1149辆，从业人员数2523人；巡游出租车公司10家，车辆294辆，从业人员594人，租赁企业备案32家，车辆1325辆；普货企业966家（其中有车企业528家），共有车辆4842辆（其中挂车663辆、冷链运输车20辆），总质量12吨及以上货车2633辆，牵引车1123辆；危货企业11家、车辆392辆（其中罐式挂车57辆，罐式货车32辆，其他挂车110辆，有危险废物经营范围的车辆151辆）；有汽车维修一类企业18家，二类企业78家，三类企业371家；有驾校6家教练车559辆，教练员610人。摩托车专项培训企业1家，教练车21辆，教练员25人。

【公交线路优化监管】 全年全区开展公交线网优化和行业监管专项整治。严格规范公交线路审批程序。加强新开辟公交线路的事前审查、评估，联合公交公司、公安交警部门实地踏勘未经审批的站点，规范审批普通公交线路46条。针对公交线路开设与权力、利益挂钩，开设"人情"专线、"特权"专线等问题开展专项整治行动。加快推进"公交优先"战略，将公交线路向地铁、园区、广场、景区和公路末端等延伸，完成新辟、优化地铁接驳公交线路15条，开通定制公交18条，公交分担率达20.14%。基本完成桂花西路站、公望街站三网融合示范建设。

2021年11月，富阳打通农村公路坑筱线断头路
（区交通运输局 供稿）

【货运管理】 全年全区完成常压罐体车辆信息录入及审核，涉及危运企业6家、车辆66辆。开展业务培训，指导普货规上企业12家日常台账登记，落实日常监管工作，要求企业及时上报各类报表。完成7年车龄内需报废危货车辆统计，更新车辆数据。完善30余辆重型半挂车明细表。完成国三车辆报废，注销营运证数据上报。完成泰安物流和鹿山物流扩大经营范围或新增运力的初步审核。

【出租车行业管理】 全年全区开展出租车每月巡检，涉及出租车294辆，确保"四合一"监控在线率达到100%。及时检修巡游出租车车载设备设施，保障出租车正常运营。召开出租车行业座谈会，参加出租车公司10家。约谈悦起出租车公司，检查公司管理制度、台账、回场等规范经营活动。开展免费高考接送公益活动。

【驾培行业管理】 全年全区有机动车驾培企业6家，教练车560辆，教练员613人；摩托车驾培企业1家，教练车20辆，教练员22人。开展机动车驾驶员培训行业专项整治，完成7家驾培企业场地、教练员、教练车数量核实，驾培资格核查。引导驾培企业减量增效，全年底，退市教练车43辆，核减训练场地4块。8月15日，开通网上"浙里学车"App。

【道路隐患点治理】 落实省、市、区道路交通安全隐患整治工程，完成G320沪瑞线K271+500～K276+500段省级安全隐患整治（包含G320与叶华线交叉口、G320与汤马线交叉口及 G320 与场口镇政府交叉口等 3 个点位）；完成 307 省道诸佳坞村道路口、320 国道长山村道岔路口、320 国道青云桥村道岔路口等 3 个市级安全隐患点位整治；完成富春街道 G320 沪瑞线与 23 省道交叉口，新登镇 302 省道与贝山路交叉口，常绿镇化山公交站人行通道等 3 个区级点位安全隐患治理。增设胥高线岩石岭路段（隐患点）纵向减速标线共计 783 平方米，防撞桶 4 个，爆闪灯 1 个，反光道钉 4750 颗，柱式轮廓标 428 根，梯式轮廓标 380 根，诱导标志牌 35 套。在 G320 道冠山隧道至上里山路口施划纵向减速标线 675 米，横向减速标线 84 组，在 G320 5 个省级隐患点增补标线。完成 16 处 S206 急弯道隐患点整治，完成道交办排查出的海松湾 11 个隐患点整治。在胥高线二期（胥口镇政府—通天飞瀑路段）增设纵向减速标线，增设道钉，退后停止线，增加黄网格，增设 LED 人行横道标志牌等。完成 S305 人行横道、弯道，S307 人行横道、弯道，蒋大线弯道共计 304 处隐患点治理。

【农村公路灾毁保险】 富阳积极探索投保农村公路灾毁保险，将县道 396.93 千米、乡道 335.22 千米纳入投保范围，保费平均分 3 年支付，第一年保费 1983333 元，自 2022 年 1 月 1 日起生效，有效期至 2025 年 12 月 31 日。

【首次公路承灾体普查】 开展首次自然灾害综合风险公路承灾体普查，普查范围包含富阳区境内普通国省道、县道、乡村道，总里程约 1926.79 千米。至年底，完成普查里程 1046.23 千米，其中国道 62.99 千米、省道 88.25 千米、县道 460.49 千米、乡村道路 434.5 千米。

【公路（道路）养护专项整治】 全年全区对 52 条公路两侧及用地可视范围内环境问题开展整治，共开展两路两侧环境整治行动 50 轮，巡查发现问题 4947 个，涉及道路问题 1920 个，全部完成整改。完成 320 国道、富衢线、中樟线共计 33 座桥梁护栏与路基钢质护栏过渡段搭接工作。完成场口公路服务站等 5 个公路服务区无障碍环境建设问题的整改。开展 320 国道（彩虹快速道路段）城市道路雨天积水，坑洼破损专项整治行动；开展交通指示牌背面广告清理专项整治行动；开展全市公路桥下空间专项整治行动；开展全省国省道公路“桥头跳车”问题排查工作等。下派水毁修复任务单 27 批次，涉及全区 213 个点位，完成修复 202 个点位。下派交安设施修复任务单 17 批次，涉及全区 125 个点位，完成修复 125 个点位。修复交安设施以外的其他点位 886 个。完成农村公路路况检测、桥梁定期检查，涉及 154 条路线、176 座县道桥梁，共计 467.99 公里，通过路况检测、桥梁定期检查报告评审。组织开展乡镇通三级及以上公路和自然村通硬化路基础数据核实工作，对全区 24 个乡镇街道、1430 余个自然村 4000 余千米实地调查核实，打点，完善资料。

【绿色交通】 秉持“低碳环保、绿色出行”的理念，至年底，富阳公交引进新能源纯电动公交车 95 辆。新能源纯电动公交车节能率更高，车辆噪声更小，舒适性更优。新能源纯电动公交车配备半封闭式驾驶室，侧窗自爆系统。

【执法监督】 全年全区以“品质工程”建设为标杆，全力推进工程质量提升。开展交通建设工程质量安全、文明施工、违法转分包等突出问题专项整治行动。检查项目 387 个（次），开展监督检查 769 人次，发出《责令限期整改指令书》155 份，落实整改的各类问题与隐患 943 条，整改完成率 100%，检查范围实现全覆盖。组织召开全区交通项目监理工作会议，开展监理行业专项整治行动，打击监理单位人员不到岗，监理单位擅自调整主要管理人员等违法行为。全年办理行政处罚案件 20 起，处罚金额 66.78 万元，案件办理数量杭州地区最多，其中华东院设计违法分包案件为浙江省首例设计单位违法分包案件。

常态化开展全区在建项目监督抽检，强化过程的监督抽检管理工作，规范监督抽检的方式和要求。聘请第三方安全咨询专家对各个在建项目进行多轮安全专项检查，针对检查过程中发现的安全隐患，以下发责令限期整改通知书的形式，督促施工单位进行整改，形成闭环，逐一销号。开展各类应急演练，比如隧道塌方事故应急演练、高空坠落事故应急演练、安全知识竞赛、安全方案专项评审等活动。

【综合行政执法】 至年底，富阳交通运输综合行政执法队制定各类专项执法行动方案 18 项（两客一危、超限追溯、“双随机”、维修驾培行业、路域环境集中攻坚、桥下空间、燃气运输、黄牌车、车容车貌、成品油等整治行动），护航建党百年，共办理处罚案件 1112 件，罚款 1110.8 万元（其中超限运输 888 件，客运 13 件，危险货物运输 48 件，工程类 19 件），各类案件办理相比上年提升 40% 以上（危险货物运输、工程类案件 90% 以上）。

【富阳区综合交通运输“十四五”发展规划通过评审】 12 月 24 日，富阳区交通运输局组织召开《富阳区综合交通运输“十四五”发展规划》（以下简称《规划》）评审会，区发改局、区财政局、区农业农村局、区文广旅体局、区住建局、市规划资源局富阳分局、市生态环境局富阳分局、杭州市交通运输管理服务中心富春江分中心、富阳经济技术开发区、富春湾新城管委会、城建集团和交通集团相关负责人及特邀专家组参加。会议听取编制单位市交通设计院对《规划》（送审稿）编制情况和文本内容介绍，专家组对文本进行审查、讨论。专家组认为，《规划》文本总体上结构合理、思路清晰、内容系统全面，指导思想明确，结论基本合理，符合省、市综合交通“十四五”规划编制大纲要求，具有一定前瞻性和可操作性，同意《规划》通过评审。《规划》系统回顾“十三五”期间交通发展成就，分析“十四五”期间交通发展形势和需求，提出“十四五”期间综合交通运输规划指导思想和总体目标，描述“十四五”期间富阳区综合交通发展战略重点和基础设施、运输服务、行业管理等规划，以及保证《规划》顺利实施保障措施。

水路运输

【概况】 全年全区境内有航道7条、干线航道1条和支流航道6条76.86千米。其中，4级航道1条，48.6千米；5级航道1条，4.51千米；6级航道2条，8.15千米（新江线5.23千米、赵东线2.92千米）；7级航道2条，6.20千米（壶源江3.8千米、大源江2.4千米）；准7级航道1条，9.4千米（周东线）。有港口企业19家，共使用岸线长3215米，泊位54个，其中港口危货企业1家。有客运码头3座，使用岸线长229米，泊位4个，2021年已停用。至年底集装箱吞吐量突破11万标箱。有货运船舶251艘，载重202599吨，其中集装箱多用途船28艘，984标箱。有水运企业10家，企业船舶64艘，载重61486吨。有渡口6个，渡船12艘，车位71个，客位1508个，约占杭州航区的1/3，年渡运量约45万人次、20万车次。有船舶常用锚地2个（渔山、双浦），应急锚地2个（东洲、新桐），管理艇锚地1个（春江锚地）。

【水上运输平安建设】 全年全区水上安全形势总体平稳，共发生大小水上交通事故109起，其中录入系统34起、死亡（失踪）0人、受伤2人、沉船2艘、直接经济损失164.71万元。开展安全工作整体部署，调整中队布局，一中队入驻场口镇，解决辖区上游安全监管力量、应急力量薄弱等实际问题；区水上搜救中心启用，合理布点，增强水上应急搜救力量。强化疫情防控，重点做好南京（70艘159人）、绍兴上虞（9艘21人）等中高风险地区船舶船员隔离，单独划定锚泊水域，实行单船锚泊。开展渡口监管，严管“三防”期间渡船绿色通道开启要求，严厉查处渡船违反“三防”要求擅自开航等行为，确保春运及节假日期间乘客34949人次和车辆20305车次渡运安全。保障涉水工程，重点保障杭千大桥拼宽工程施工安全和通航安全，督促修改完善水上交通维护方案，强化潮汛及能见度不良期间桥区船舶航行管控，减少相关触碰事故发生。推进港口企业、水运企业安全生产风险管控标准化体系建设，19家港口企业和9家水运企业已全部完成，全年出动执法人员591人次，现场检查码头243次，完成问题整改393个，约谈5家港口企业负责人；针对待闸船舶居高不下，最高峰达到1825艘的形势，重点开展锚地船舶防污染、助导航设备配备及使用、船舶配员及锚系设备配备、锚灯等检查，开展针对老旧船舶的专项安全检查，确保锚区船舶安全。防洪期间，排查船舶946艘；防台风（“烟花”“灿都”）期间，疏散锚地船舶684艘，撤离船上老人及儿童150人，转运五丰岛村民28人；“三防”期间，大队安排值班208人次，出艇57次，现场巡查57次，出动人员168人次，发送各类信息28次，接收船舶24405艘次，应急处置9起；牵头起草《东洲街道无桥陆岛开辟渡运安全绿色通道工作方案》并经联合讨论修改通过，完善《富阳区江心岛人员应急转移方案》中的水上交通工具组织、水上应急转移的现场安全维护。

【行业治理】 开展无证船舶清扫工作及非法码头宕口清零行动，共处置非法作业点1个、无证船舶7艘；处置无证快艇、泡沫筏、无证小铁板船等22艘；联合属地公安、农业农村局处置偷采砂船舶、无证运输船舶各1艘。抓好采接砂现场安全防污染工作，4月查处严重超载运输黄砂船舶1艘，并通过市级新闻媒体进行正面报道。合法化合规推动皮划艇发展，明确皮划艇基地选址，完成通航安全评估，基本划定水域；多次约谈企业自备游艇所有人及游艇驾驶员，发放《安全管理建议书》，明确游艇航行安全注意事项；加强无证快艇和摩托艇安全教育，鼓励参加正规培训考试取得高速艇驾驶证书，严禁无证驾驶。

【防染防治】 完善防污基础设施，生活垃圾：码头19家，站所2家。生活污水：码头接收设施13处，其中公共点1处，容量50吨；社会码头11家12套；接收趸船1艘，容量28吨。油污水：接收点2处，容量10吨。第三方接收单位：综合回收船4艘，生活污水接收容量

新沙岛渡口

（区交通运输局　供稿）

120 吨，油污水接收容量 66 吨。防污攻坚行动认真推进。落实长江经济带船舶港口防污染工作要求，扎实推进百日攻坚行动，对冒黑烟船舶做到发现必检查、超标必处罚；燃油质量检测船舶 350 艘；督促船员安装使用“船 E 行” App，确保安装使用率保持在 100%；开展防污染监督检查，督促船舶定期进行污染物回收。污染物接收扎实有效。生活垃圾回收 50185 艘次，垃圾重量 101.53 吨，油污水回收 6483 艘次，油污水重量 847.56 吨，生活污水回收 9143 艘次，生活污水 2525.78 吨。

【行政执法】至年底，指挥分中心开展非现场检查船舶 16461 艘次，港口码头企业 16095 家次，航道检查 1059 次，接处警各类事故 92 起，接听各类投诉举报 37 起，发布 GPS 气象等各类指令 215 次 241949 艘次，设置视频轮巡、重点监管区域 12 起，开展“钱印号”电子护航 14 次，会同开展事故快速应急演练 4 起。根据安全管理季节性特点与要求，强化现场与非现场执法，确保全年水上安全形势平稳有序。实施各类行政处罚案件 1229 起，共计罚没款 910050 元，较 2020 年同期（案件数 894 起、罚没款 639200 元）分别增长 37.5% 和 42.4%。非现场执法类案件 826 起，占全部案件数的 67.2%。开展形式多样法治宣传教育，举行永兴小学水上安全专题课，双浦锚地“安全知识上船头”主题党日活动，玉长城广场安全宣传咨询日等活动，其中“安全知识上船头”主题党日活动宣传稿被“学习强国”学习平台录用。

2021年8月，湖杭高铁—富阳西站建设现场
（区交通运输局　供稿）

重点工程建设

【湖州至杭州西至杭黄铁路连接线工程（富阳段）】项目自湖州站引出，经吴兴区、德清县、余杭区、西湖区、富阳区，最后并行杭黄铁路引入桐庐站。富阳段总投资 58.95 亿元，线路全长 137.6 千米，其中富阳段约 38 千米，穿越银湖街道、富春街道、鹿山街道、渌渚镇。在富阳区富春街道西邮区块设富阳西站，建设规模 2 万平方米，2 台 6 线，项目建设工期 3 年。至年底，完成全线铺轨、富阳西站结顶和土建工程。

【杭富城际铁路附属配套工程（彩虹快速路西延）】项目总投资 44.1 亿元，2017 年 11 月开工建设，计划建设工期 4 年。全长 16.96 千米，自麦岭沙互通以西开始沿 320 国道至新老 320 国道互通交叉口以南 200 ～ 300 米处。富阳段长 8.01 千米（其中地面形式 1.76 千米，隧道结合地面辅路 6.25 千米），与 320 国道、地铁 6 号线 320 国道段共线。采用一级公路标准兼顾城市道路功能，主路设计速度 80 千米 / 小时，辅路 60 千米 / 小时，均为双向六车道，至年底，完成全线双幅通车。

【富阳 320 国道至富阳大桥连接线鹿山（大盘山）隧道工程】项目总投资 24.4 亿元，起点位于西环北路与公望街交叉口，路线沿西环北路往南布设至大盘山后分左右线设隧道穿越大盘山，出洞后沿鹿山 5 号路布线，终点与已建成的富阳大桥北侧桥头相接。路线全长 6.35 千米，其中隧道长 2.32 千米，一级公路兼顾城市道路标准设计，双向六车道，设计速度 80 千米 / 小时。至年底，完成总工程量的 70%。

（鲍双玉）

【编辑　赵雪红】

20 邮政通信

Postal Communication

邮　政

【概况】 2021 年，富阳邮政业务总收入 10593 万元，同比增长 6.39%。其中，金融业务收入 4844 万元，同比增长 20.83%；寄递类收入完成 3433 万元，较上年增长 -35%；协同做好富春山居农产品品牌馆的有关运营工作。区邮政分公司有员工 376 人（人力系统内人员），下设职能部室 2 个，专业化经营单位 5 个，邮政网点 26 个。

【邮务类业务】 全年落实片区经理管理制度，推行快包准加盟制，增设专业特快揽投部 3 个，累计 6 个；开发极速鲜春茶项目，在拔山市场和富阳城区设立“春茶寄递点”3 个，多频次、点对点交换转驳，基本实现次日上午投递时效，拔山市场占有率超过顺丰、京东、中通等快递公司，获省、市分公司领导肯定；推进美院寄递项目，设置驻点画室 6 个，对外公布受理网点 2 个，落实收寄规范要求，确保实效内完成学生试卷收寄；加强电商特快项目开发，东洲快包团队开发电商特快业务，实现收入增长。

【金融类业务】 至年底，余额规模达到 35.86 亿元，年增 5.86 亿。举办金融从业人员储汇业务制度竞赛、“学＋练”项目专项等活动，提高员工营销技能和柜面操作技能，以厅堂营销结合外拓开卡，发展电子银行、第三方支付和云闪付业务。

【电商业务】 发展农村电商，提升分销收入。通过“富春山居”农产品品牌馆平台，与本地合作社开展合作，推出永昌早笋、新登鲜桃、新沙岛玉米等富阳特色农品，其中新登鲜桃被列为省精品项目。

【邮政服务】 完善农村物流服务点功能布局，对全区 302 个站点的运行质量进行管控，按照《富阳区政府农村物流服务点建设实施方案》要求，完善掌上电脑、货架、车位等硬件投入，规范物流服务点对自提邮件的出入库扫码等工作，根据各支局实际需要，调整部分点位布局，与供销总社、农商行、电信等单位合作，叠加建设综合服务站建设，完善服务功能，借助物流点建设，做好邮政各板块业务宣传。

【邮政安全】 富阳区分公司综合办（安保室）以新《中华人民共和国安全生产法》为指导，坚持“安全第一，预防为主，综合治理”方针，全面落实企业安全生产责任，建立健全安全管理体系和事故防控机制。重点开展“安全生产月”和

富阳区2021年度邮政实绩情况表

表16

项　目	单　位	2021年实绩	项　目	单　位	2021年实绩
业务总量	万元	19219.00	邮运车辆	辆	10.00
业务收入	万元	10593.00	计算机总数	台	128.00
收支差额	万元	0.00	函件	万	38.07
固定资产原值	万元	2635.00	包件	万件	650.00
本年新增固定资产	万元	98.86	报刊收入	万元	492.39
期末员工总人数	人	376.00	集邮业务	万元	87.34
邮政（电）所总数	处	26.00	邮政储蓄余额	亿元	33.12
自有房屋建筑面积	平方米	38066.15	农村投递线路单程长度	千米	4146.00
邮路单程长度	千米	1148.00	—	—	—

2021年12月31日，富阳区胥口二级物流分拣中心暨区域快递共配中心挂牌运营
（区邮政分公司　供稿）

“安康杯”安全知识竞赛活动；组织单位负责人和管理人员参加安全知识学习和考试260余人次；通过悬挂横幅、图板、标语宣传、专项检查、应急预案演练和网点LED显示屏宣传等方式，做好安全护航工作和节假日、重大活动期间邮政服务质量等各项工作，全年实现“十无、十确保”。

（王安娜）

中国电信股份有限公司富阳分公司

【概况】 中国电信富阳分公司（以下简称公司）下设部门4个，为市场部、政企部、网络部、综合部；下辖经营单元15个，包含智云护航中心和DICT中心，政务支局、大企业支局和综合支局11个，实现富阳区行政区域服务全覆盖；下辖中心厅1家，支局厅11家，社区厅15家，厂专店3家，专营店7家，加盟快递店20家。全年完成主营收入2.3亿元。

【客户服务】 深化以客户为中心的服务体系，强化服务运营能力，制定并印发中国电信富阳分公司全员服务积分管理办法（2021版），全员签订学习承诺书，每月召开服务工作专题分析会，宣传优秀事迹弘扬先进、通报负面案例强化警示，落实服务精确化管理。收到各类服务表扬信3件，向杭州输送优秀服务典型案例14件，富阳区“12345”区长公开电话受理中心客服团队获2021年第三届“工匠杯”“12345”政务热线客服技能大赛团队三等奖，万市支局装维经理郎亦波获“杭州分公司2021年度全员优秀服务事迹评选大赛”个人优胜奖。

【云网融合】 加快视频监控发展，中标公安局杭州市富阳区分局600个视频监控点位项目，完成公安治安监控2019年项目250个点位终验工作，做好美丽乡村宵井村等基础设施建设项目和物联网卡普及应用。完成涉及22条主干道智能交通设备的安装及运维，助力区智慧园区、智慧小镇转型及美丽乡村建设，为金融小镇、硅谷小镇、药谷小镇等特色小镇提供万兆光缆接入、Wi-Fi、监控等通信基础设施。

【5G网络建设】 开通5G站点164个，累计开通624个，覆盖富春街道、银湖街道、东洲街道、鹿山街道、富春湾新城及所有乡镇集聚地和主要行政村。开通新登、胥口、洞桥、永昌、渌渚深度竞合4G室外站点187个，形成连片竞合覆盖，开通室分站点30个，累计170个，实现1357台遥控射频单元共建共享；围绕“五高一地”等重要场所，累计调整话务密集区域基站天馈42个，安装皮基站51台，4G扩容站点72个；完成骨伤科5G定制网开通。专项优化富阳城区、地铁6号线富阳段、杭黄高铁、杭千、西复线高速富阳段，富阳高教园区及重要乡镇街道的信号覆盖。

【光网建设】 全年管线建设投资228万元，完成公安监控、智慧小区及阿里—富春云IDC二期等项目光缆布放建设，完成涉及亚运会公安监控、人脸识别、新公安大楼光缆接入及亚运无线网络优化建设项目。部署完成26台XGPON-OLT设备（全网XPGON总计71台，OLT总计216台），实现富阳重点区域XGPON覆盖。富阳城域网出口带宽达到400G，其中IDC出口带宽达220G。完成中国共产党成立100周年重大活动通信安全保障工作、台

疫情期间，中国电信抗疫先锋队为隔离点安装监控点位
（中国电信富阳分公司　供稿）

风“烟花”防汛抗台通信保障、2021年“韵味杭州”篮球赛富阳体育中心体育馆网络通信保障和“双十一”网络通信保障。

（马红霞）

中国移动富阳分公司

【概况】 2021年，中国移动通信集团有限公司富阳分公司（以下简称“中国移动富阳分公司”）有正式员工138人，下设职能部门4个、属地网格7个；拥有营业厅21家，代办移动业务营业网点225家；服务企事业单位1.6万余家，涵盖党政军、金融、教育、医疗、工业能源、农商、互联网等行业；拥有4G基站1488个、5G基站580个，客户规模通话用户70余万户，市场占有份额在70%以上。获浙江公司“明星县”、省直机关“最强党支部”称号。

【5G基站建设】 新建2.6G频段5G基站222个，700M频段的5G站点185个，为实现乡村5G普遍性覆盖打下坚实基础。同步建设5G汇聚机房8处，将5G基站通过C-RAN方式集中管理，提高技术管理效率，降低能耗。

【数字经济发展】 全年，分公司推进数字治理、数字经济、数字社会建设，聚焦战略大客户，建立集产品应用创新、行业方案整合、ICT建设实施、售后服务保障为一体的运营体系和专业团队，业务领域覆盖5G+、专线、IDC、云计算、企业融合通信等。参与医学“影像云”、富阳主城区区块智能交通、公安人脸抓拍和智慧安防等数字社会建设工程，以5G赋能北支江水上运动中心、富阳区体育馆智能场馆建设。

（陈佳佳）

中国联通富阳区分公司

【概况】 中国联通富阳区分公司现有在职员工70人，党员10人，平均年龄35岁，大专及以上学历占全员的90.5%，前端占比为59.5%。全年完成主营收入9898万元，预算完成率113%，同比提升30%，获杭州分公司小组排名第1。

【经营业务】 加速用户5G化占比提升，以5G流量包、金融分期为抓手，提升用户流量应用，全年公众收入新增净增116万元，同比增幅43.5%，全市排名第2；延续老用户5G提速营销，以宽带融合业务推荐为抓手，全年存量收入净增115万元，同比增幅3.6%，全市排名第1，存量用户平均收入值53.3元/户，同比提升4.4元/户；加快宽带布局，从资源梳理、小区建设、双优小区、千兆攻坚等方面重点梳量宽带场景，全年富阳公众宽带发展量5500线；聚焦高速宽带发展，以手机用户为切入点，加强高速宽带融合，全年发展千兆宽带用户450线，杭分排名第1，500M以上用户890线，杭分排名第2；强化互联网化运营，引入互联网渠道，实线线上线下双轨快速发展，全年新增电子渠道合作签约3家，自5月引流出单，累计激活用户2000余户。

【数字业务】 响应全省数字化改革号召，聚焦重点行业、乡镇街道，推进政企全业务发展，成功中标开发区园区二期、公安2021治安监控，高桥公租房智能化建设，智慧机关，上官、洞桥美丽乡村建设等共13个项目，全年合计中标金额4331万元，推进企业市场全面发展，截至12月，政企线宽带发展量2249条，同比增长287%，移网发展量7450户，同比提升38.3%。以重点产品为突破，推进创新业务发展，全年新增数睿广告业务12家，云业务新增4家，物联网新增4家，完成标准化创新产品收入共计140万元。以“通信+教学+消费”校内一卡通行产品为业务突破口，推进本地教育培训机构业务，拓展润匠技工学校、万松岭、麓山画室、老鹰画室等多所培训机构校园宽带及校园卡发展，全年整转签约校园5家，完成号卡3733户，宽带870条。

【网络建设】 全年累计开通4G/5G站点187个，其中5G站点185个，5G站点累计开通624个，基本实现主城区、主要交通枢纽等核心区域全覆盖，5G精品网络初具规模。新建新国标和自建小区30个，新增端口3916个，覆盖用户15796户。完成及11个基站的搬迁机房、工作，并收回富阳中心机房搬迁赔补费用1900余万。系统性开展降本增效工作，通过基站天面整合，拆除天线、BBU（室内基带处理单元，室内基带处理单元(Building Base band Unite)）池改造整合、接入网机房整合清退、电力转改直、合同电费压降等手段完成降本132.87万元/年。

（孙 莹）

2022年7月29日，杭州联通富阳党支部与中共中国建设银行杭州富阳支行委员会党建共建签订仪式举行

（中国联通富阳分公司 供稿）

杭州富阳华数数字电视有限公司

【概况】 2021年，杭州富阳华数数字电视有限公司下设本部部门8个、中心服务部4个，下辖乡镇街道广电服务站24个，是富阳广播电视网络建设、运营管理、安全播出的责任单位，也是集广播电视、互联网、数据信息化服务于一体的综合运营商。至年底，全区数字电视用户24.5万户，有线电视数字化率已达100%；华数宽带用户7.9万户，平均每3～4户家庭就有1户使用华数宽带。

2021年7月，华数工作人员在酷暑中作业，确保通信网络安全
（杭州富阳华数数字电视有限公司　供稿）

【家庭医生服务平台】 深化家庭医生一期建设，二期增加设备120套，覆盖全区社卫中心25个，1家庭医生团队82个，提供多场景、多服务的家庭医生新模式。医生端：在医疗服务中实现健康管理；在健康管理中提供医疗服务，实时提供“签约服务、公共卫生、基本医疗、档案管理”等服务。群众端（手机端、电视端）：为广大群众线上提供“我的家庭医生（问询）、签约档案、服务评价、健康宣教”等服务。治理端：为基层医疗机构、医共体、政府部门实现签约服务、公共卫生、基本医疗、档案管理、绩效考核等“五位一体”数字化管理。

【富春风尚汇】 富阳华数与富阳区委宣传部联合打造的数字文化领域重点应用场景，以“最美群像”选育为切口，集成公民、单位和区域三个维度全周期正能量数据，打造“最美群像”发现、培育、选树、表彰、关爱、运用等全流程闭环。依托富阳区开展的共同富裕公共服务优质共享试点为契机，汇聚公共文化、医疗、旅游等全领域礼遇资源十大类200余项，定向推送“最美群像”礼遇机制，推动共同富裕优质公共服务普及普惠。项目入选浙江省首批数字化改革数字文化重点应用场景，省委宣传部首批全省11个重点培育项目之一（S1“浙里最美文明培育”跑道），杭州市宣传系统“揭榜挂帅”项目。

【美丽城镇数字乡村项目】 全年，围绕五美（环境美、生活美、产业美、人文美、治理美）内容开展系列活动，同时结合各乡镇实际情况，如新桐乡以乡村数字小脑为中心，通过智能安防、智慧垃圾分类、智慧旅游三大板块重点建设，重在促进城镇治理、环境提升和产业发展。环山乡则是以交通整治为切入口，带动提升乡村美丽城镇建设。主要做法是通过整合全乡村各类监控、信息大屏及停车场资源信息到数据驾驶舱，实现可视化、集中监管和调度，同时乡村面貌也是焕然一新，为环山乡美丽城镇建设夯实基础。

（杨　媛）

【编辑　胡春国】

21 旅游业
Tourism

综　述

【概况】 2021年，全区接待国内外游客442.1万人次，按可比口径增长0.4%；实现旅游总收入84.36亿元，按可比口径增长1.6%，其中接待境外游客0.1万人次，同比下降50%，旅游外汇收入仅84.6万美元，同比下降26.9%；接待国内游客442.0万人次，按可比口径增长0.4%，实现国内旅游收入84.3亿元，按可比口径增长1.6%。全区景区、景点接待游客172.74万人次，同比下降19.24%，收费景点门票收入9110.14万元，同比下降11.97%。

【旅游配套】 全区有国家A级景区8家，其中：AAAA级景区4家，分别是黄公望隐居地、杭州野生动物世界、富春桃源、龙门古镇。AAA级景区4家，分别是鹳山景区、贤德状元里景区、药谷小镇景区、硅谷小镇景区。星级宾馆（酒店）6家，其中：五星级2家，三星级3家，二星级1家。三星级以上品质旅行社14家，其中：四星级1家，三星级13家。

旅游开发

【规划编制】 全年完成杭州市富阳区文化旅游体育发展总体规划、区文化旅游体育发展“十四五”规划的编制，继续推进区文化旅游体育公共设施建设布点专项规划编制。

【重点项目】 全年指导推进富春小叠空梦想田园综合体、天钟山景区提升改造项目、坑西村西岩温泉文化旅游度假区3个在建项目；推进富春江湾文化旅游区国家AAAA级旅游景区创建，并完成省级景观质量评估；推进37个“微改造、精提升”项目建设；协调推进春建开放式服务区田园综合体项目；开展项目招商引资工作，邀请浙江商业集团、浙江旅游投资集团、浙江文化投资集团等国资平台到富阳考察洽谈。

【品牌创建】 全年创建拔山村、五丰村等省A级景区村庄88个，其中AAA级10个，AA级33个，A级45个；创建新登镇、胥口镇为省AAAA级景区镇，渔山乡为省AAA级景区乡；创建富阳城区为省AAAA级景区城。

【景区提升】 指导杭州野生动物世界、富春桃源、黄公望隐居地、龙门古镇等景区完善无障碍设施建设；指导药谷小镇、贤德状元里景区完成A级景区年度复核并顺利通过。

产业促进

【促旅扶持政策】 《富阳区促进旅游业高质量融合发展的扶持政策（试行）》经区政府第86次常务会议审议通过，于2021年8月1日起开始实施。

【文旅数字化改革】 完成社保卡在文旅领域的“一卡通”应用任务，涉及2个国有景区和2个文化场馆。持续做好城市大脑文旅系统30秒入住场景建设，累计新增30秒入住酒店24家，平均使用率80%以上。开展浙江省大数据旅游统计应用试点工作。富春山居诗路e站获评杭州市文化广电旅游系统数字化改革应用场景比学赶超活动第二次路演第3名。

【产业融合】 开展浙江省第二批文旅IP培育申报，“富春山居”成功创建浙江省示范级文旅IP。举办“富春山居·富阳游礼”文旅伴手礼大赛，富春山居纪念套装、中国共产党成立100周年纪念纸在“韵味杭州·游礼相伴”2021杭州市伴手礼创意设计大赛获奖。杭州市富阳中医骨伤医院、中国兵器装备集团杭州疗养院两家单位获2021年浙江省中医药文化养生旅游示范基地认定。《百县千碗·富春味道》美食书籍编印完成，创作拍摄《又见山居炊烟》美食歌曲。新增“诗画浙江·百县千碗”旗舰店2家，示范店2家，体验店4家。

【富阳文旅产业发展培训班】 11月

24—26日，举办全区文旅产业发展培训班，全区文旅产业相关单位负责人60余人参加。培训通过现场课程教学、分组讨论、现场实操等多种形式相结合进行，邀请来自艾肯中国、马蜂窝旅游、浙江省旅游职业学院、杭州电视台的老师，分别就品牌策划及推广、文旅市场分析、富阳文化和旅游营销三年行动计划、短视频拍摄制作推广等课程进行授课，提升全区文旅系统从业人员在文化和旅游宣传推广方面的业务能力。

2021年6月19日，富阳举办“红动富阳——现代版富春山居图中的红色线路推介活动”

（区文广旅体局　供稿）

宣传促销

【旅游宣传推介】 3月2—5日，在苏州、无锡两地进行“富春山居·味道山乡”2021富阳文旅推介活动，举办推介分享会2场、市民推广活动2场，提升富阳文旅在苏州、无锡市场的影响力。3月24—25日，邀请苏州市区、吴江区、昆山市、常熟市、张家港市旅游行业代表及相关媒体人员来富阳踩线，加强两地旅游合作。4月16日，杭州学军中学海创园学校师生1500余人前往富阳革命烈士纪念碑、浙江省研学旅游基地杭州野生动物世界、鹳山、郁达夫公园、龙门古镇等红色旅游景点开展红色研学，实地聆听红色故事，学习感悟红色精神。4月17日，组织杭州富阳金竺斋工艺伞厂、杭州富春江宣纸有限公司、乐游富阳平台、龙门古镇、富春桃源等文旅企业参加2021杭州都市圈春季旅游惠民大联展，推广富阳旅游产品和特色活动。5月19日，联合区内多家旅行社、景区、酒店举办寻访“富春山居·红色记忆”暨2021“中国旅游日”普法宣传活动，通过设置咨询服务台、宣传展板、发放宣传册等形式宣传旅游消费等方面的政策法规。10月22—24日，携富阳特色美食和“非遗”纸伞参加2021“未来旅游嘉年华”活动。

【庆祝中国共产党成立100周年活动】 全年以庆祝建党百年活动为契机，开展一系列红色推介活动。4—7月，以富阳红色资源属性和区域联动为载体，推出“富春山居映红心、重走山乡忆初心”精品线路，制作富阳红色旅游展板在各大旅游景区巡回展出，邀请省、市媒体来富阳采风红色景点；6月19日，在杭州举办“红动富阳——现代版富春山居图中的红色线路推介活动”，现场设置具有富阳浓郁特色的各种美食、土特产销售、旅游产品展示及“非遗”展示等展区4个，开展特色巡回演出，发布红色精品线路，让杭州市民感受富阳特色的红色魅力。

【旅游形象宣传】 11月，在杭州地铁1号线、2号线、6号线上投放富阳文旅宣传广告，为期3个月。以“富春山居实景游”为主题，以富春江蓝为主色调，以富春山居图和富阳的美食、美景为设计元素和理念，通过车厢内包车、车内视频的形式，融入龙门古镇、富春桃源、黄公望隐居地、龙鳞坝等富阳特色景点，将现代版富春山居图全景式呈现，让市民坐着地铁画中游，同时带来强烈的视觉享受，持续增加富阳旅游品牌热度和曝光度。

旅游管理

【教育培训】 全年，组织开展各类行业单位负责人安全生产培训、文化旅游体育行业传染病疫情防控业务知识培训、健身场馆预付式消费培训、游泳场所救生员培训、导游（讲解员）业务知识等培训班14场。培训各类社会、机关单位等在职人员600余人次。

【安全生产】 1月，召开2021年度行业单位安全生产工作会议，与全区180余家文化旅游体育行业经营单位签订《富阳区文化旅游体育行业安全生产（消防安全）目标管理责任书》。6月，在全国第二十个“安全生产月”活动期间，组织开展消防安全执法专项行动，指导杭州野生动物世界、金都网球俱乐部有限公司、富阳博物馆、阳陂湖景区等开展密集公共场所人员安全预案演练和游泳场所防溺水及急救演练。全年组织开展元旦、春节、五一、国庆等节假日安全生产联合大检查活动。牵头实施旅游领域“遏事故攻坚年”、安全生产风险普查、“平安护航建党百年”安全隐患大排查大整治等专项工作，梳理完善安全生产风险管控清单和隐患问题排查清单（简称“两张清单”）。联合属地乡镇（街道）、相关部门对辖区内21家涉空、涉水、涉山、涉农等旅游新业态项目开展安全风险普查和整治。出台区文化和广电旅游体育局《关于进一步落实文化旅游体育行业经营单位安全生产监督管理责任的通知》文件，明确科室、下属单位对行业经营单位安全生产监管责任。全年检查旅游景区、星级饭店（酒店）、旅行社、高危险性体育项目经营单位3675家次，发现存在问题160处，及时落实整改措施160处，安全生产相关行政处罚4起，对12处消防安全隐患线索进行抄告，整改率100%。

【行业管理】 指导督促文广旅体行业常态化做好新冠肺炎疫情的防控工作。组织开展A级旅游景区、星级饭店（酒店）、旅行社品质提升活动，全面推进推广使用“公勺公筷”、无障碍设施建设、污水零直排、垃圾分类、塑料污染治理以及无废细胞、节水标杆单位、平安示范单位等创建工作。杭州富阳树叶旅行社有限公司、杭州富阳公望旅行社有限公司被评为三星级品质旅行社，临江花园度假酒店通过省级绿色旅游饭店创建复核。

【技能大赛】 9—11月，区文化和广电旅游体育局、区总工会、区人力资源和社会保障局、共青团杭州市富阳区委员会、杭州富春山居集团有限公司联合举办2021年度“迎亚运 展风采”“926工匠日”杯杭州市富阳区导游（讲解员）技能大赛，产生杭州市富阳区优秀导游员8名、优秀讲解员8名和优秀组织奖单位8家。获得一等奖且符合相关条件的参赛选手，由共青团杭州市富阳区委授予“青年岗位能手”荣誉称号。获得前三名且符合相关条件的参赛选手，由杭州市富阳区职工经济技术创新工程领导小组授予“杭州市富阳区技术能手”称号，综合成绩排名前八名且符合相关条件的参赛选手，由杭州市富阳区职工经济技术创新工程领导小组授予“杭州市富阳区经济技术创新能手”称号。

（夏　晨）

【编辑 胡春国】

22 富阳经济技术开发区

Fuyang Economic and Technological Development Zone

综　述

【概况】 富阳经济技术开发区（以下简称开发区）直接管辖银湖、东洲、场口、新登、金桥鹿山五个新区，规划面积106平方千米，整体形成“一主两翼两新区”发展格局。“一主”即银湖新区，规划面积30.61平方千米，其中银湖科技城19.73平方千米，北接未来科技城，东临之江新城，是富阳联动城西科创大走廊发展的两大发展统筹区之一，该区围绕建成“科产城人”高度融合的示范区，成为富阳的创新策源地总目标，力争三年内成为城西科创大走廊重要组成部分。“两翼”即东洲新区和金桥鹿山新区，东洲新区规划面积36.9平方千米，和云栖小镇接壤，为富阳打造现代版富春山居图的卷首段，杭州拥江发展的重要板块，重点布局数字新基建、智能新装备等高端制造业，力争打造全省数字安防产业新高地。金桥鹿山新区规划面积7.29平方千米，紧邻富阳城区，连接即将建设中的富阳高铁西站，通过园区转型升级，打造制造业“腾笼换鸟”的展示基地。“两新区”即场口新区和新登新区，重点布局装备制造、新材料、生物医药等产业，场口新区规划面积为13.17平方千米，通过引进“链主型”项目，打造以智能新装备为特色的高端制造业平台，新登园区规划面积为15.88平方千米，打造基础新材料为特色的千亿级平台，药谷小镇打造“葛洪丹谷”品牌。

“四上企业”（规模以上工业企业、资质等级建筑业企业、限额以上批零住餐企业、国家重点服务业企业）实现营业收入2074.7亿元，比上年增长19.4%。实现规模以上工业总产值1003.1亿元，占全区的72.5%；规模以上工业增加值191亿元，增长18.5%，占全区的70.8%；高新产业增加值144.7亿元，增长20.8%，占全区的81.4%。制造业投资额30.6亿元，占全区的37.1%；高新产业投资额25.6亿元，占全区的38.1%。入库税收收入44.2亿元（不含房地产、建筑业、金融业企业税收），占全区的55.8%。其中，制造业企业入库税收31.5亿元，占全区的63.4%。综合实力列全国217家国家级经开区第64位、全省20家国家级经开区第7位。

开发区实际经营企业7739家，其中：工业企业1573家。规上工业企业340家，占全区的52.8%，其中年产值100亿元以上企业2家、10亿元以上企业12家、1亿元以上企业127家；国家高新技术企业326家，占全区的62.9%；上市企业4家，占全区的66.7%。科技孵化器8家，其中：国家级1家、省级1家、市级6家；有众创空间12家，其中国家级2家、省级3家。开发区共有省“千人计划”人才21人，硕士及以上研究生1000余人。

银湖科技城创意路夜景

（富阳经济技术开发区　供稿）

【银湖创新中心孵化器入围国家级科技企业孵化器】 1月25日，根据《科技企业孵化器管理办法》，经地方省级科技主管部门评审推荐，科技部审核并公示，确定全国133家单位为国家级科技企业孵化器，其中银湖创新中心孵化器入围。银湖创新中心孵化器于2015年6月成立，2016年被杭州市认定为市级孵化器，2018年被浙江省认定为省科技企业孵化器。银湖创新中心孵化器通过开展创业培训、辅导、咨询、经营的场地和共享设施，以及政策、法律、财务、投融资、企业管理、人力资源、市场推广和加速成长等方面的服务，同时还共建及合作了诸多5G及物联网相关领域专业服务平台，并以此为依托，开放科研设备、检测设施、小试中试平台等硬件，为创业者提供低成本的硬件设施支持，并逐步搭建5G+物联网应用专业创新链和产业链资源，提供符合5G行业特征专业领域的供应链对接、研发设计、产品推介等专业化服务能力。孵化器整体旨在促进科技成果转化、培育5G战略性新兴产业，降低创业成本，提高创业成功率，吸引海内外科技创业者服务于富阳经济建设，聚集科研机构、高水平创新团队、高层次创业人才，贡献于区域5G产业成型及规模化增长。

【全新一站式企业服务中心】 3月25日，开发区启动位于银湖创新中心6号楼1楼的开发区全新一站式企业服务中心。企业综合服务中心以线上云平台＋线下管家式服务的两种模式，以窗口服务和企业走访的两种渠道，将政务审批与第三方服务有效融合，为开发区企业提供全面、便捷、高效的各项服务。企业综合服务中心通过专业化团队运营，以线上云平台＋线下管家式服务的两种模式，以窗口服务和企业走访的两种渠道，将政务审批与第三方服务有效融合，为企业提供最新政策，收集、梳理并解决企业的需求和问题。至年底，企业服务中心已累计走访企业1000多家次，协助企业解决问题需求1000余个。

【2021中国（杭州）安全应急高峰论坛暨浙江求是应急科技产业基地启动仪式】 9月25日，2021中国（杭州）安全应急高峰论坛暨浙江求是应急科技产业基地启动仪式在银湖科技城召开，国家安全科学与工程研究院院长孙华山、国家减灾委专家委员会副主任闪淳昌、省应急管理厅厅长凌志峰、富阳区委书记吴玉凤、区长王垒、国家安全科学与工程研究院特聘专家刘强、国家安全科学与工程研究院副院长康荣学以及各市区有关部门、企业领导，中国工程院院士谭建荣等来自省内外安全应急领域专家、学者及企业和组织机构的代表等约200人参加。新兴际华（杭州）智能装备有限公司等12家企业代表参与应急安全行业重大项目签约仪式。

【国家级研究院银江研究院揭牌】 11月12日，2021杭州国际人才交流与项目合作大会富阳分会场暨第三届创新主张大会在银湖科技城中国智谷富春园区举行，会上富阳区内首家国家级银江院——银江研究院举行揭牌仪式，银江研究院是银江技术在智慧城市、城市大脑领域创新的主要载体，承担重大课题研发任务40多项。银江研究院落地富阳开发区银湖科技城后，将整合自身人才储备、科研优势、产业资源，以技术创新引擎、战略研究中心、资源整合平台、创新孵化基地为定位，通过研发创新、管理创新、人才高地创新，为城市大脑、智慧城市建设和运营提供技术后盾和智力支撑。

招商引资

【概况】 全年，开发区实际利用外资1.56亿美元，其中高技术外资2564万美元。累计招引产业项目61个，其中高新产业项目54个，固定投资亿元以上项目35个，固定投资亿元以上制造业项目24个，10亿元以上产业项目4个，落地佰赛时（杭州）生物技术有限公司体外诊断设备及试剂盒研发生产项目和杭州鹏成新能源科技有限公司年产6GWh非道路车辆锂电池PACK生产基地建设项目等“152”项目2个。

【杭州鹏成新能源科技有限公司年产6GWh非道路车辆锂电池PACK生产基地建设项目】 3月15日，开发区与杭州鹏成新能源科技有限公司就“年产6GWh非道路车辆锂电池PACK生产基地建设项目”签约，该项目位于东洲新区，总投资10亿元，用地面积约2.87公顷。杭州鹏成新能源科技有限公司是由杭州鹏成新能源有限公司、杭叉集团股份有限公司、安徽合力股份有限公司及宁德时代新能源科技股份有限公司组成的合资主体。公司立足新能源行业非道路车辆及储能领域技术集成发展，涉及储能系

2021年11月12日，国家级研究院——银江研究院揭牌
（富阳经济技术开发区　供稿）

统集成、工业车辆动力电池系统、锂电池梯次利用、电池管理系统（BMS）、工业车辆充电设备等的研发、生产和销售。研发团队将由至少100人组成，2021年已有博士后1人、硕士研究生3人、本科生20人，拥有领先于市场的非道路车辆专用动力电池系统。该项目产品为非道路用车成套锂电动力电池包，直接供应叉车等工程机械主机厂，其中电芯由宁德时代提供，壳体等金属机加工件外协，BMS系统由鹏成公司自主研发设计，电路板由鹏成设计、制造（租厂房阶段制造外协），所有零配件汇总至鹏成车间后完成电池模组及PACK包的组装、调试与检测。除销售动力电池PACK外，该项目计划开展老旧电池回收梯次利用业务，回收的电池（电池能量效率下降到85%）用于大型光伏电站或5G通信基站的储能设备。预计达产后可实现年产值30亿元、税收6000万元。

【意大利你好集团总部大楼项目】

8月24日，开发区与意大利你好集团签约举办，省侨联主席连小敏，区委常委、统战部长陈平等参加。该项目总投资约2亿元，拟建设集办公、研发、销售于一体的现代总部大楼，成为意大利你好集团的全球总部，同时结合商业裙房建设一处全球奢侈品“新零售”旗舰店。项目拟选址地铁野生动物园东站地块，面积约0.87公顷，建设展厅、办公楼等约2.2万平方米，预期建成后实现年营业收入5亿元。意大利你好集团于2004年在意大利北部曼托瓦市正式成立，业务横跨意大利及中国。在意大利，集团主营百货零售及时尚卖场，至2020年底，该集团拥有卖场15家及加盟店17家。2020年集团中国区全平台交易额约18亿元，全口径汇总营业收入超过3.47亿元，拥有仓库4.35万平方米。

【张小泉股份有限公司挂牌上市】

9月6日，张小泉股份有限公司在深圳证券交易所创业板挂牌上市，这是证券市场富阳板块第6家上市企业，同时也是创业板注册制改革下首支富阳股票。该公司位于开发区东洲新区，是一家集设计、研发、生产、销售和服务于一体的现代生活五金用品制造企业。该公司本次公开发行新股3900万股，按发行价格每股6.90元股计算，公司预计募集资金26910万元，扣除发行费用6430.84万元（不含增值税）后，预计募集资金净额为20479.16万元。根据招股书，张小泉此次募集资金将主要用于张小泉阳江刀剪智能制造中心项目、企业管理信息化改造项目、补充流动资金等。张小泉股票代码为301055，发行价6.9元/股，开盘价29.80元/股，涨幅331.88%。

项目建设

【概况】 开发区全年实际开工项目36个，其中：工业项目29个、服务业项目7个，其中：银湖新区17个、场口新区（含环山）8个、东洲新区6个、新登新区5个；其中：提前开工项目16个，平均提前3个月。全年续建项目73个，其中：工业项目62个、服务业项目11个。73个项目中，竣工项目有27个，其中：工业项目26个、服务业项目1个。27个项目中提前竣工有10个，平均提前2个月。全年实现投产项目26个，其中竣工项目25个，未竣工已先投产项目1个。全年申报、认定“152”项目2个：佰赛时（杭州）生物技术有限公司体外诊断设备及试剂盒研发生产项目和杭州鹏成新能源科技有限公司年产6GWh非道路车辆锂电池PACK生产基地建设项目。

【杭州巨骐数字科技产业园】 7月18日，杭州巨骐数字科技产业园正式开工建设。杭州巨骐数字科技产业园位于开发区银湖科技城板块，土地面积约2.47公顷，规划总建筑面积7.4万平方米，建设工期36个月，总投资约6亿元。杭州巨骐信息科技股份有限公司成立于2012年，专业从事电力领域的高新项目研发，已形成产品研发、生产制造、施工安装、调试维护等一系列较为完善的产业链。公司产品采用电子信息、光电传感、光纤通信、信息安全等技术，智能辅助监控电网运行情况，为客户提供高效、便捷的电力智能辅助方案和在线监测解决方案，公司产品及监测系统已广泛应用于电力等领域。

【富阳区重大项目集中开工仪式】

8月4日，富阳区重大项目集中开工仪式在杭黄未来社区地块举行，参加本次集中开工的开发区项目共有8个，总投资62.34亿元。其中：工业项目5个，投资10.52亿元，房地产项目2个，投资49.6亿元，政府投资项目1个，投资2.22亿元。工业项目为浙江中南建设集团建设年产装配式绿色建筑（钢结构）300万平方米项目（总投资5.3亿元），杭州巨骐信息科技电力机械和器材制造生产线项目（总投资2.2亿元），杭州亿登科技生产项目（总投资1亿元），杭州帕辉信息技术生产项目（总投资1亿元），杭州乾哲网络科技生产项目（总投资1亿元）。

【开发区重大项目集中签约仪式】

11月12日，富阳区2021年第四季度全区重大项目集中签约、开竣工仪式举行。开发区参加集中签约仪式的产业项目11个，分别为杭州比格飞序生物科技有限公司总部项目（总投资1.2亿元）、杭州佳和电气股份有限公司总部项目（总投资1.2亿元）、杭州数尔安防科技股份有限公司安防视频监控产品研发、生产项目（总投资1.5亿元）、中能科技（杭州）有限公司新能源储能设备研发制造项目（总投资1.5亿元）、浙江固顺科技有限公司汽车智能物联设备研发、生产项目（总投资1.2亿元）等；参与开工仪式产业项目5个，分别为杭州鹏成新能源科技有限公司年产6GWh非道路车辆锂电池PACK生产基地建设项目（总投资10亿元）、佰赛时（杭州）生物技术体外诊断设备及试剂盒研发生产项目（总投资14.7亿元）、杭州深奇生物科技研发中心项目（总投资1.4亿元）、杭州兴兴电子电路制造项目（总投资1亿元）、杭州凯龙医疗器械年产30万只X光管及X光源项目（总投资9960万元）等，参与竣工仪式的产业项目2个，分别为杭州图南电子智能广播系统设备生产线项目（总投资1.2亿元）和杭州显迈科技监控设备结构件制造项目（总投资1亿元）。

（沈丽洁）

【编辑 胡春国】

23 杭州富春湾新城

Fuchunwan New Town, Hangzhou

综　述

【概况】 杭州富春湾新城位于富春江南岸，杭州市西南，辖“一街两镇”（春江街道、大源镇和灵桥镇），规划总面积约53.3平方千米，其中核心区约45.6平方千米，户籍人口3.11万人，外来人口2.36万人，规划总人口约38万人。

【土地利用】 杭州富春湾新城土地总面积4559.7公顷，其中建设用地面积2471.8公顷、农用地和未利用土地面积2088公顷。其中规划工业用地527.8公顷，已落地136.8公顷；规划商业用地205.9公顷，已落地3.6公顷；规划住宅用地597.4公顷，已落地52.3公顷；规划公建配套用地242.6公顷，已落地40.1公顷；规划安置房用地215.6公顷，已落地98.5公顷。

【人才培育】 新增申报省级海外引才计划2人，新增认定市B类人才1人、D类人才2人，拟申报市B类人才3人、C类人才6人，招引“5110”人才项目17个，硕士及以上学历研究生83人，本科学历150人

招商引资

【概况】 杭州富春湾新城获批省级高新技术产业园区、市首批低碳试点园区。累计引育杭州光机所、富芯半导体、飞旋科技、宏华数码等高新产业项目107个，一期用地面积约172.07公顷（含二期为261.27公顷），计划一期总投资近437亿元（含二期为751亿元），预计达产后一年产值约401亿元（总产值564亿元）、一期年税收约20亿元（总税收33亿元）。飞旋科技、宏华数码、金山仪表等5个项目竣工投产。富春湾智能安防产业基地项目获评“152”省市县长工程。

【企业培育】 富春湾新城围绕光电激光（集成电路）、机电装备、智能专用设备等产业群落，结合新城省级高新区创建工作，实现光电激光产业集群在省内具有一定知名度。培育高新技术企业17家、科技型中小企业20家。通过旧厂房改造实施专业化小微企业园建设，入驻科强电子等企业30余家，过渡空间利用面积达11万平方米，整体营收达11亿元，税收达3500万元。

【经济发展】 富春湾新城成立杭州富春湾新城经济运行攻坚专班，出台《杭州富春湾新城“走亲连心三服务”服务企业工作方案》，“拿地即开工”用时缩短至平均约80天。富春湾新城累计实现规上工业总产值152亿元、规上工业增加值17.3亿元，光电、机电、智能专用设备等三大主导产业完成规上工业产值21.2亿元，同比增长50%。

2021年8月4日，富阳区举办重大项目集中开工仪式
（杭州富春湾新城　供稿）

项目建设

【综述】 富春湾新城开工建设德联科技、旭民生物、东鑫医药等项目12个；完成富芯半导体、安旭生物、荣生机电、拓凡自动化等供地或挂牌公告项目15个，供地面积40.91公顷；竣工投产飞旋科技、新亚低温等项目5个；新开工或供地小微产业园4个（智能安防、医械健康、科创中心、瞰澜），总投资32亿元、总用地面积18.8公顷。

2021年4月22日，杭州富春湾新城举办招商学习讲堂（第一期）
（杭州富春湾新城 供稿）

【富春湾智能安防产业基地项目】 项目位于杭州富春湾新城大源镇，由富春湾集团开发建设，项目总投资12.5亿元，固定投资10.5亿元，用地面积7.2公顷。其中一期总投资8亿元，固定投资6.5亿元，用地面积4.87公顷，投资8亿元。项目将重点发展防火系列、智能门窗、智能监控等智能安防设备产品，建设集总部研发、设计制造、销售展示为一体的产业基地。项目投产后可实现年产值7亿元，税收4500万元，其中一期投产后预计可实现年产值4.7亿元，税收3000万元。项目于12月开工，预计2024年12月竣工。

【富春湾医械健康产业基地项目】 项目位于杭州富春湾新城春江街道，由富春湾集团开发建设，项目总投资13亿元，固定投资10.2亿元，用地面积7.13公顷。其中一期投资7亿元，固定投资5.5亿元，用地面积3.87公顷。项目将以医疗器械为主、生物医药为辅，打造医疗器械产业集群，重点发展医疗器械研发总部、新型医疗器械生产制造、医疗器械企业孵化成长、医疗器械支撑服务等产业功能。项目投产后可实现年产值11亿元，税收7000万元，其中一期投产后预计可实现年产值6亿元，税收3500万元。项目计划于2022年6月开工，预计2025年6月竣工。

【杭州富春湾光电产业平台项目】 项目位于杭州富春湾新城大源镇，由中科院上海光机所与富阳区政府合作建设，项目总投资15.5亿元，其中固定投资8.15亿元，用地面积9公顷。其中一期项目用地2.17公顷，计划总建筑面积9.35万平方米，容积率2.66。项目将重点引进光电功能材料、激光智能制造与智能传感、光电材料加工与检测技术，建设科研孵化大楼和光电激光特色产业园。形成一个从材料、光纤到激光器及激光应用的产业集群，年产值10亿元以上。项目于6月开工，计划于2022年6月竣工。

【浙江特富清洁能源装备制造有限公司智能制造项目】 项目位于杭州富春湾新城灵桥镇，项目总投资11.35亿元，其中固定投资10.35亿元，用地面积80.13公顷。项目拟新建智能制造中心，主要产品包括燃气、燃油锅炉、电锅炉、余热、固废循环利用锅炉核心部件、储能设备、民用锅炉、传感执行系统等。项目全面达产预计可实现年销售收入30亿元，年税收2亿元。项目计划于2022年11月开工，预计2025年11月竣工。

【浙江东翼时代新材料有限公司智能制造及研发中心项目】 项目位于杭州富春湾新城春江街道，由浙江东翼时代新材料有限公司开发建设。项目总投资10亿元，固定投资4.5亿元，用地面积3.8公顷。其中一期投资6亿元，固定投资2.5亿元，用地面积2.27公顷。项目拟在杭州富春湾新城建设纳米级特殊导体和锂电池导体产业链核心部件研发和智能制造中心，主要产品为特殊导体、锂电池导体（极耳）后端加工产品，运用于智能终端设备。项目全面达产预计可实现年销售收入20亿元，年税收1.2亿元。项目计划于2022年3月开工，预计2026年3月竣工。

【杭州安旭生物科技股份有限公司体外检测用品生产项目】 项目选址杭州富春湾新城，总投资5亿元，固定投资4亿元，用地面积5.33公顷。其中一期总投资2.5亿元，固定投资2亿元，用地面积2.91公顷。项目拟投资建设体外诊断试剂以及诊断仪器研发、生产项目，为体外诊断试剂、POTC仪器及生物原材料为一体的生物医药综合项目。项目投产后预计实现年营业收入5.6亿元，年缴纳税收4000万元，其中一期2.8亿元，年缴纳税收1600万元 。

政府投资项目建设

【概况】 杭州富春湾新城全年共承担政府投资项目57个，总投资496.83亿元，其中市政基础设施项目30个，总投资194.23亿元；房建项目23个，总投资294.51亿元；电力迁改项目4个，总投资8.09亿元。

【市政基础设施项目】 全年实施市政基础设施项目30个，总投资194.43亿元。

亭山路（一期）项目：西起科甲路东段，东至董家桥路，全长21.21千米，宽40米。建设内容为道路工程、排水工程、桥梁工程、景观工程、管线综合工程及道路附属工程等，总投资11.23亿元。

富春湾大道（一期）项目：起点位于富春湾大道与学院路交叉口，终点位于江南大道与经纬路交叉口，一期工程实施总长2.98千米；项目建设形式为地下快速路（双向六车道）+地面主干路（双向六车道）形式，道路总宽55米；建设内容包括隧道工程、管廊工程、桥涵工程、河道工程、雨污水工程、交通工程及景观绿化工程等，总投资53.24亿元。

经纬路一期项目：位于春江街道和大源镇，工程范围为北至江南大道，南至亭山路，总长1.84千米，道路红线宽度40米+10米绿化带；建设内容为道路工程、雨污水管线工程、桥梁工程、绿化工程、相关道路附属设施（含照明、标志标线）等，总投资1.43亿元。

经纬渠新建及景观配套工程项目：位于春江街道和大源镇，经纬渠为新开河道，南北走向，南起亭山路，终至江南大道南侧，全长1.84千米，宽15米，根据区块单元控制规划，经纬渠西侧绿化带宽度为15米，东侧绿化带宽度为20米。为了经纬渠水体交换的需要，拟将四季坞支渠改道流入经纬渠，改道长度约428米，采用箱涵形式。经纬渠渠道防洪标准为20年一遇，总投资0.76亿元。

杭新景灵桥互通迁改项目：位于灵桥镇，杭新景灵桥互通向北改移1.9千米至现状春永线（富春湾大道）处，新建匝道G25长深（杭新景）高速公路相接（双向六车道），并在富春湾大道两侧设置收费站，形成三岔T形互通式立体交叉（梨形），主线全长1.87千米，互通匝道全长4.35千米。项目总投资7.5亿元。

富春湾大道（二期）项目：起点位于富阳大桥连接线，终点至灵桥镇杭新景高速桥以东约700米，与在建春永线衔接，二期全线总长约6.98千米，以一期工程为分界线分东西两段：西段工程总长约0.97千米，东段工程总长约6.01千米；项目建设形式为地下快速路（双向六车道）+地面主干路（双向六车道）形式，道路总宽55米；建设内容包括隧道工程、管廊工程、道路工程、桥涵工程、河道工程、管线工程、隧道附属工程（机电及管理用房等）、管廊附属工程（机电及管理用房等）、交通工程及景观绿化工程等，总投资86.77亿元。

王家宕路（滨富路）项目：位于灵桥镇，总体呈南北向，北起南大道以南320米，向南经富春湾大道、规划道路、同登路后至亭山路以北240米，道路全长约1.68千米，道路标准段红线宽为55米和45米。建设内容为道路工程，排水工程，综合管线工程。总投资约1.63亿元。

同登路（小源溪至灵礼路）项目：位于富阳区富春湾新城范围内，西起小源溪东侧，东至灵礼路，道路全长687.08米，道路宽度45米，两侧绿化带宽度各15米，整体工程总宽度75米，按照城市主干路标准进行设计。主要建设内容包括道路、管线、交安、绿化、照明等相关内容。总投资约0.5亿元。

小源溪东侧景观带项目：位于灵桥高速与富春湾大道之间，小源溪东侧，全长1.74千米，线路总宽度20米，累积占地总面积3.47万平方米。包含绿化种植工程、道路工程、电气化景观工程、给排水工程、观景台、亲水眺台、生态建筑及人文图案等综合性景观工程。设计内容包含沥青道路、人行道及骑行道、广场铺装、生态公厕与景观绿化等。其中6米沥青道路1.61千米，2.5米自行车道路1.64千米，1.6米慢步道1.59千米，广场铺装（钢结构眺台242平方米）占地0.49万平方米，建筑占地137平方米，绿化面积1.34万平方米。总投资约0.21亿元。

蔡伦路东段改造工程项目：东西向穿越富春湾新城，西起规划秦望南路，东至广源大道交叉口，道路红线宽度38.5米，全长1.07千米，建设内容为道路工程、雨污水管线工程等。总投资约0.56亿元。

科甲路项目：西起赤亭纸路，东至科甲路，道路全长1.73千米。道路等级为城市主干路，设计速度60千米/小时，标准段红线宽45米，双向6车道。总投资1.12亿元。

亭山路二期（赤亭纸路至科甲路）项目：西起赤亭路，东至科甲路，道路全长1.73千米。道路等级为城市主干路，设计速度为60千米/小时，标准段红线宽45米，双向6车道。总投资2.9亿元。

赤亭纸路（亭江路）（富春湾大道以南段）项目：新建道路2条，一号路北起富春湾大道，南至与亭山路连接，全长约0.66千米，建设形式为地上城市次路（双向六车道），道路标准段红线宽为40米；二号路东起一号路，西至与加油站大门连接，全长约64.81米，建设形式为地上城市支路（双向四车道），道路标准段红线宽为16米；建设内容包括道路工程、排水工程、绿化工程等，总投资0.18亿元。

建设区块配套道路项目：位于春江街道，道路长度约2.26千米，南北向道路宽度为20米，北侧道路宽度14米，中部和南侧道路宽度30米，春江幼儿园西侧和南侧道路宽度为8米。建设内容为道路工程，排水工程，综合管线工程。总投资约0.65亿元。

亭山渠项目：南起亭山快速路（规划），与杭黄高铁站接壤，北至富春湾大道，与中心渠接壤，总长度约1.46千米，新建规划河道宽约15米，河道东侧绿化带宽25米，西侧绿化带宽度15～20米，红线面积约10.78万平方米。建设内容包含河道开挖、新建驳岸、休息节点、健身步道等。总投资约0.8亿元。

同登路（竹简路以西段）项目：西起赤亭纸路，东至竹简路道路全长约2.49千米，道路等级为城市主干路，设计速度60千米/小时，标准段红线宽45米，双向六车道，总投资2.5亿元。

董家桥路（杭千连接线至朝阳路）项目：南起朝阳路，北至杭千连接线，全长约 1.09 千米，道路等级为城市次干路，规划红线宽 40 米，设计车速 50 千米 / 小时，采用三块板的断面形式，总投资 0.68 亿元。

经纬路（富春湾大道至江滨南大道）项目：南起富春湾大道，北至江滨南大道，道路全长约 2 千米，宽 40 米，双向六车道，设计速度 50 千米 / 小时，城市次干路，工程总投资 1.45 亿元。

江滨南大道（大源溪至富春湾大道）项目：东起富春湾大道，道路全长约 1.87 千米，道路等级为城市次干道，道路红线宽 30 米，双向四车道，设计车速 40 千米 / 小时。包括道路工程、给排水工程、综合管线工程、绿化工程、交通工程等。工程总投资 1.34 亿元。

富源路整治提升工程项目：位于春江街道和灵桥镇内，道路总长约 4.21 千米，规划红线宽 42 米，双向六车道，按城市次干路标准进行设计。主要提升道路内景观和路面效果，设计内容包括：市政道路、铺装、道路景观、路侧绿化、围墙建筑立面改造，工程总投资 0.5 亿元。

光明产业园配套道路项目：位于灵桥镇光明产业园区，其中园区道路暂定为一至七号路及观坞路，其中一号路全长 183.29 米，二号路全长 260 米，三号路全长 502.71 米，四号路全长 206.92 米，五号路修复路段全长 220.94 米，六号路全长 200 米，七号路全长 121.51 米，观坞路修复段全长 1.04 千米。该道路工程等级为园区道路，设计速度 20 千米 / 小时，标准段红线宽分布为 9 米、 8 米、 7 米，双向两车道。项目总投资约 0.26 亿元。

大源产业区块配套道路项目：道路长度约 1.16 千米，北侧东西向道路宽度 20 米，南侧东西向道路宽度 40 米，南北向道路宽度 30 米，总投资 1.5 亿元。

春南产业区块配套道路项目：工程设计道路学院路，北起富春湾大道，南至亭山路，全长 1.12 千米，设计速度 50 千米 / 小时，道路红线宽 30 米，道路等级为城市次干路。支路一：本次工程道路设计支路一，北起富春湾大道，南至亭山路，道路标准段宽度 30 米，长度约 1.19 千米，设计为城市支路，设计速度 40 千米 / 小时。支路二：本次工程道路设计支路二，北起同登路，南至亭山路，道路标准段宽度 20 米，长度约 0.36 千米，设计为城市支路，设计速度 40 千米 / 小时。支路三：本次工程道路设计支路三，西起学院路，东至科甲路，道路标准段宽度 20 米，长度约 1.03 千米，设计为城市支路，设计速度 40 千米 / 小时。项目总投资 3.49 亿元。

灵桥区块配套道路项目：工程含道路 3 条，分别为：胜利路（富春湾大道至江滨南大道），南起富春湾大道，北至江滨南大道，道路全长约 350.02 米，宽 30 米；工业路（王家宕路至规划二十二路），道路西起王家宕路，东至规划二十二路，道路全长约 998.7 米；灵礼路（江滨南大道至富春湾大道），北起江滨南大道，南至富春湾大道，道路全长 538.22 米，宽 26 米。项目总投资 1.04 亿元。

大源幼儿园配套道路项目：道路全长 198 米，等级为城市支路，设计速度 30 千米 / 小时，限速 30 千米 / 小时，标准路段横断面宽 12 米，布置为 2 米（人行横道）+4 米（机非混行车道）+4 米（机非混行车道）+2 米（人行横道）。项目总投资 630 万元。

洋浦江综合提升工程（富春江至学院路段）项目：总面积 71.79 公顷，洋浦江河道长度 4 千米，工程内容包括河道护岸治理、引水泵站新建、景观绿化、景观节点打造、服务建筑新建、绿道贯通、田相提升、面源污染治理、植被缓冲带打造、滨水植被恢复、生境构建工程总投资 1.24 亿元。

灵桥大小浦迁改工程：位于灵桥镇，设计红线面积约 7.39 万平方米，包括大浦、小浦、合流段、衔接段河道整治，河道总长约 2.1 千米，河道常水位 6 米。其中大浦河道规划长度为 914 米，宽度为 14.5 米；小浦河道规划长度为 636 米，宽度为 14.5 米；合流段河道规划长度为 234 米，宽度为 24.5 米，衔接段河道规划长度为 334 米，宽度为 4 米。10 月开工，工期 12 个月。总投资 0.88 亿元（含绿化工程及衔接段）。

灵礼路（富春湾大道至同登路）项目：北起富春湾大道，南至同登路，道路全长 674.5 米，宽 26 米，双向四车道，设计速度 30 千米 / 小时，城市支路。项目总投资 0.25 亿元。

双语学校配套道路项目：道路 4 条，春建路道路东起大桥南路，西至竹筒路，长度 303.43 米，宽 40 米；竹筒路北起洋浦河，南至永济路，长度 731.03 米，宽 30 米；规划一路北起春建路，南至永济路，长度 402.28 米，宽 20 米；规划二路东起大桥南路，西至竹筒路，长度 293.5 米，宽 14 米，项目总投资 0.78 亿元。

富春湾新城 20 号地块配套道路：东起经纬路交叉口，道路为东西走向，道路全长约 619.25 米，终点为建设区块配套道路东侧，规划用地红线宽 30 米，双向 4 车道，设计速度 30 千米 / 小时，道路标准为城市支路。

【房建项目】 房建项目 23 个，其中实施安置房项目 13 个，总投资 294.51 亿元。

春南安置小区建设工程项目：用地面积为 16.67 公顷，总建筑面积 64.92 万平方米，其中地上建筑面积 41.36 万平方米，住宅总套数 2884 套，配建 18 班幼儿园 1 所，总投资 25.09 亿元。总承包单位为中电建建筑集团有限公司。项目于 2019 年 4 月开工建设，至 2021 年年底，完成工程量的 95%。

大源镇东升 1 号安置小区建设工程二期项目：用地面积为 2.58 公顷，总建筑面积 8.56 万平方米，其中地上建筑面积 5.98 万平方米，住宅总套数 395 套，总投资 3.60 亿元。总承包单位为龙元建设集团股份有限公司。项目于 2019 年 3 月开工建设，至 2021 年年底，完成工程量的 95%。

大源镇亭山安置小区建设工程项目：用地面积为 6.87 公顷，总建筑面积 22.84 万平方米，其中地上建筑面积 16.22 万平方米，住宅总套数 1180 套，总投资 9.18 亿元。总承包单位为龙元建设集团股份有限公司。项目于 2019 年 3 月开工建设，至 2021 年底，完成工程量的 95%。

灵桥镇永丰安置小区建设工程项目：用地面积为7.87公顷，总建筑面积27.50万平方米，其中地上建筑面积20.22万平方米，住宅总套数1370套，配建12班幼儿园1所，总投资10.82亿元。总承包单位为龙元建设集团股份有限公司。项目于2019年3月开工建设，至2021年年底，完成工程量的95%。

春北安置小区A区块项目：用地面积为6.87公顷，总建筑面积21.41万平方米，其中地上建筑面积12.96万平方米，住宅总套数890套，项目总投资9.07亿元。总承包单位为中铁建设集团有限公司。项目于2019年12月开工建设，至2021年年底，完成工程量的60%。

春北安置小区B区块项目：用地面积为11.4公顷，总建筑面积42.2万平方米，其中地上建筑面积27.9万平方米，住宅总套数1938套，总投资16.11亿元。总承包单位为中铁建设集团有限公司。项目于2019年12月开工建设，至2021年年底，完成工程量的60%。

春北安置小区C区块项目：用地面积为4.09公顷，总建筑面积11万平方米，其中地上建筑面积6.59万平方米，住宅总套数476套，总投资44.08亿元。总承包单位为中铁建设集团有限公司。项目于2020年10月开工建设，至2021年年底，完成工程量的30%。

大源安置小区二期A区块项目：用地面积为6.6公顷，总建筑面积22.26万平方米，其中地上建筑面积14.1万平方米，住宅总套数920套，总投资7.17亿元。总承包单位为中铁十八局集团有限公司。项目于2020年1月开工建设。至2021年年底，完成工程量的60%。

大源安置小区二期B区块项目：用地面积为3.74公顷，总建筑面积13.22万平方米，其中地上建筑面积7.77万平方米，住宅总套数606套，总投资4.41亿元。总承包单位为中铁十八局集团有限公司。项目于2020年1月开工建设。至2021年年底，完成工程量的60%。

灵桥安置小区A区块项目：用地面积为11.27公顷，总建筑面积42.90万平方米，其中地上建筑面积28.12万平方米，住宅总套数2142套，总投资17.15亿元。总承包单位为中交一公局集团有限公司。项目于2020年1月开工建设，至2021年年底，完成工程量的60%。

灵桥安置小区B区块项目：用地面积为8.4公顷，总建筑面积32.72万平方米，其中地上建筑面积21.08万平方米，住宅总套数2142套，总投资10.95亿元。总承包单位为浙江奔腾市政园林建设工程有限公司。项目于2020年1月开工建设，至2021年年底，完成工程量的60%。

灵桥安置小区C区块项目：用地面积为5.33公顷，总建筑面积19.4万平方米，其中地上建筑面积11.37万平方米，住宅总套数916套，总投资7.91亿元。总承包单位为浙江奔腾市政园林建设工程有限公司。项目于2020年1月开工建设，至2021年年底，完成工程量的60%。

大源安置小区三期项目：用地面积为6.83公顷，总建筑面积29.89万平方米，其中地上建筑面积19.30万平方米，住宅总套数1860套，总投资12.22亿元。总承包单位为中交一公局集团有限公司。项目于2020年12月开工建设，至2021年年底，完成工程量的23%。

省人民医院富阳院区项目：位于蔡伦路以南，竹简路以东，大桥南路以西。总用地面积12.27公顷，容积率1.80，绿地率35%，建筑密度不大于35%，建筑高度80米，总投资32亿元。本项目分期实施，一期总建筑面积21.199平方米，其中地上13.99万平方米，地下7.21万平方米，总投资26.19亿元（含征迁费10.7亿元）。

杭黄高铁片区一平方公里综合开发项目：位于杭黄高铁站前，占地面积104.36公顷。区域四至为：东至经纬路东侧规划支路，南至亭山路，西至竹简路，北至同登路。项目一级开发投资估算约44.13亿元。合作内容包括项目区域内土地整理投资、基础设施及公共服务设施投资建设、安置房建设、产业项目建设投资等，项目分8个子项。

灵桥产业区块人才公寓（一期）项目：位于灵桥镇同登路南，王家宕路东，灵礼路西，灵羊线北，项目规划用地面积4.19万平方米，总建筑面积18.16万平方米，其中地上计容建筑面积10.47万平方米，地下建筑面积7.69万平方米。包含高层住宅楼13栋，多层以及其他配套设施2栋。其中地上20层高层住宅楼11栋；地上18层高层住宅楼2栋；多层建筑为地上1～2层，最大建筑高度为58.8米。设置地下车库2层，地下二层为人防地下室工程，设计人防总建筑面积为2.34万平方米。一期住宅1458户，其中90平方米大户型152套，70平方米中户型638套，55平方米小户型668套；机动车泊位1571个，其中地上车位28个，地下1543个；容积率2.5，绿地率35%。总投资约4.45亿元。

富春湾新城生活垃圾减量综合体：建设内容主要包括生活垃圾转运车间、管理及生活用房、门卫、室外停车位、室外景观绿化等。生活垃圾转运车间主要功能区包括卸料大厅、转运大厅、机修间、可回收物暂存间、除臭设备间、中控室、变配电间、转运车辆停车区域等。用地面积为1.33万平方米，总建筑面积1.18万平方米，其中地上建筑面积0.51万平方米，地下建筑面积0.66万平方米，道路面积0.53万平方米，绿化面积0.27万平方米，绿地率20%，容积率0.39；生活垃圾压缩转运规模为近期250吨/天，远期500吨/天。

杭州富春湾第三中学（灵桥中学）：位于灵桥镇，江滨南大道南侧，灵礼路西侧，王家宕路东侧，工业路北侧。总用地面积5.2公顷，总建筑面积：8.65万平方米，其中地上建筑面积5.17万平方米，地下建筑面积3.48万平方米。地块容积率为0.93，建筑密度为27.01%，绿地率为35%。总造价4.62亿元，其中建安费3.81亿元（包括学校部分3.32亿元、社会停车场0.5亿元）。

门窗产业园（富春湾智能安防制造项目）：位于大源镇亭山村五圣堂区块，东临汽赶线。项目总规划用地面积7.2公顷，总投资12亿元，其中一期用地面积4.84公顷，总投资5.4亿元。总建筑面积为13.11万平方米，其中地上建筑面积 11.11 万平方米，地下建筑面积 2 万平方米，地块容积率 2.29，建筑密度 31.2%，绿地率 15%。

中科院上海光机所杭州分所科研孵化及光电产业基地（二期）：A 区项目，总用地面积 1.71 公顷，总建筑面积 5.2 万平方米，A 区总投资 3.51 亿元，具体建设内容为 1# 科创综合楼 15F（厂房及配套办公）、2# 楼四层厂房及整体一层地下室。二期 B 区项目，总用地面积 1.39 公顷，总建筑面积 2.3 万平方米。B 区总投资 1.63 亿元。具体建设内容为一栋丙类厂房，地上 5 层，地下 1 层。

亭山安置房改造工程：提升改造内容包括社区配套服务用房、居家养老服务中心、社区用房、村民文化活动场所、奇妙堡托育点、幸福学堂、富春书屋。

大源污水厂提升改造工程：重点改造进水泵房、初沉池、生化池、二沉池等，新建水解均质池、二次提升泵房、高效沉淀池、污泥脱水间等建筑物。本工程分为两个阶段实施。第一阶段为新建一座高效沉淀池并完成设备调试及通水。第二阶段为新建细格栅及旋流沉砂池，加氯消毒池、除臭系统、活性炭投加系统、地磅等。改造原有进水泵房、生物池、曝气池、鼓风机房等，改造完成原 10 万立方米 / 天污水处理厂。

春江二小（杭州富春湾春南小学）：本项目为规划建设 36 班的小学，占地面积 3.63 公顷。项目总建筑面积约 5.84 万平方米，新建地上计容建筑面积 2.91 万平方米，地下建筑面积 2.75 万平方米，其中人防面积 0.24 万平方米，配建停车位 294 个。项目主要规划建设内容为 4 层教学楼 4 幢，2 层报告厅 1 幢，2 层食堂及体育馆 1 幢，另配建 300 米的田径场、七人制的足球场及篮排球场地。

【电力迁改项目】 全年实施电力迁改项目 4 个，总投资 8.09 亿元。

亭山变以东高压线迁改：项目位于新城规划同登路（元书路—经纬路）、规划蔡伦路（科甲路—经纬路），迁改范围涉及 35 千伏线路 6 条，采用电缆入地改造方案迁改；涉及 110 千伏线路 6 条，采用架空方案迁改。承建单位为浙江容大电力工程有限公司，总投资 2.18 亿元。

亭山变以西高压线迁改：项目位于春江街道春南片区，涉及 220 千伏线路 1 条、110 千伏线路 5 条，项目总投资 1.78 亿元，由浙江容大电力工程有限公司实施。

灵桥区块高压线迁改：项目位于灵桥镇，主要涉及灵桥变、永春变及高压线路的迁改，项目总投资 1.12 亿元。

亭山变、华共变迁改工程：项目位于规划同登路与井纸路交叉口东北角，总征地面积 3.37 公顷，总建筑面积 1.92 万平方米，总投资 7.5 亿元。总承包单位为浙江大有实业有限公司，项目计划于 2022 年 1 月进场施工，2023 年 12 月 31 日完工。

（祝　晓）

【编辑 刘　亮】

24 投融资平台

Investment and Financing Platform

● 打造现代版富春山居图

浙江富春山居集团有限公司

【概况】 2021年，浙江富春山居集团有限公司（以下简称富春山居集团）实现营业利润2.59亿元，营业收入5.27亿元，上缴税收2219.23万元。至年底，富春山居集团总资产173.93亿元，净资产77.09亿元。

【资产经营投资管理】 至年底，富春山居集团拥有房产面积约26.2万平方米，土地约44.66万平方米。富春山居集团本级全年房租收入约1928万元。对外投资企业24家，其中全资企业11家，出资额7.07亿元，控股企业1家，出资额5500万元，参股企业12家，出资额2.54亿元。

【融资管理】 全年富春山居集团融资57.342亿元（其中发行公司债20亿元），还贷17.91亿元，融资余额37.342亿元，对外担保余额13.57亿元。

【机关事业单位公共资产管理中心】 10月1日，机关事业单位公共资产管理中心改制为集团全资子公司杭州公望国有资产经营有限公司，经改制核准房屋建筑物建筑面积约15.9万平方米，其中经营性房产建筑面积约6.5万平方米，办公用房建筑面积约8.7万平方米，居住房建筑面积约0.7万平方米，全年租金收入约1011万元。

【直属子公司】 2021年，杭州富阳清风实业发展有限公司营业总收入1189.85万元，其中资产租赁收入984.44万元；杭州富阳食品有限责任公司屠宰生猪134477头、肉牛42928头；杭州富阳国有农林资产经营有限公司实现营业收入798万元，盈利207万元；杭州黄公望隐居地旅游发展有限公司实现旅游人数86903人次，营业收入284.7万元；杭州富阳文化旅游发展有限公司整合鹳山“红”“廉”资源，策划推出鹳山的“红色记忆·清正廉洁”文旅产品，培养一支红色讲解员队伍，为区内外机关单位和红色研学游提供讲解服务，累计接待红色研学团队50余批，接待游客近5000人；杭州龙门古镇旅游发展有限公司累计接待游客（含杭州市民免票）16.8万人，实现收入617.2万元；杭州阳陂湖旅游开发有限公司累计接待游客140.3万人；杭州富阳三国圆旅游发展有限公司开通“富春山居实景游”，共计接待游客6000余人，实现营收28万元，运营“乐游富阳”文旅产

阳陂湖景色

（富春山居集团　供稿）

品一体化销售平台，实现营收405万元，不断优化新劳动教育实践体验活动，累计接待43所中小学10881名学生参与活动，实现营收217.62万元。杭州公望国有资产经营有限公司自组建以来，统筹优化资产运营新模式，累计盘活闲置资产560平方米。

【项目建设管理】 全年富春山居集团负责建设政府投资项目14个，投资8.1亿元，其中内续建项目9个，新建项目5个。阳陂湖生态修复治理项目一期于6月完成全部建设内容，后续局部整改提升持续进行中，完成五方主体验收，实现湖区全面对外开放，水质整体达到II类水标准。阳陂湖生态修复治理项目二期完成投资方联合体招标，组建APBO项目公司；完成新劳动教育基地选址论证和可行性研究报告的批复及初步设计评审；深化调整星级酒店项目方案；完成园区保留建筑的外立面改造、安置房、文创街区和景观提升等四项设计招标，并持续深化方案；深化220千伏高压线迁改施工图设计；有序推进观前长山自然村农户拆迁。“1+7”红色综合体（一期）项目纪念馆建成并投入使用；篮球馆基本完成，室外配套工程完成90%。黄公望隐居地提升改造项目中，景区入口提升改造、富春山居·数字诗路文化体验馆及黄公望纪念馆完成布展并投入使用；新游客中心完成装修。大鹳山景区提升改造项目完成古建监测方案深化，发布设计施工一体化招标及相应全过程管理招标文件。龙门古镇景区提升改造项目总投资金额20627万元，包括市政景观和建筑修复工程、市政管线提升工程。汉字文化体验园项目占地面积1.67公顷，总投资1.6亿元，分两期实施，首期投资6100万元，建设内容包括25个体验空间、可容纳200人的多功能厅、文创衍生品店和咖啡厅。完成富春80-1、富春90-2地块出让；完成万市一号地块收储；持续推进富春69号、富春65号等地块的做地工作。

【文旅产业发展】 投资打造富春江180客位仿古游船，并进入建造实施阶段；5月，完成富春山居·城市书房建设并对外开放；9月，正式运营黄公望隐居地与“目回茶室”合作推出的“目回·富春茶空间”项目。加快推进阳陂湖生态湿地、黄公望隐居地、鹳山景区和龙门古镇景区提升改造；富春江湾国家AAAA级景区和省AAAAA级景区城联创工作明确规划设计、创建内容和创建工作计划，完成质量评估申报工作，同步推进设计招标工作。建造东梓关新游客中心，成立东梓关爱心驿家；盘活壶源溪流域闲置资产，完成6座水电站资产过户和陈家埠水电站招租工作，助力壶源溪流域区域联动发展。联合区文广旅体局举办全区导游、讲解员大赛；加强与区融媒体中心、华数集团等单位的合作，重点在长三角地区特别是浙江宣传推广；在杭黄高铁站、地铁六号线、高速服务站等公共区域投放平面广告和宣传视频；举办“富春山居·城市游礼”文创产品设计大赛，计划落地8款城市礼品，助力杭州亚运会、旅游及农特产品形象推广。参与乡镇文旅项目运营，取得新登古镇特色街区特需经营权，加速新登古镇复兴；开展胥口药谷小镇市场化运营工作，同步推进设施设备采购与人员招录；做好常绿“两馆一基地”的运营工作，高品质打造常绿“红绿篮”文旅产品。

（楼奕琦）

金桥南北路主路全线通车

（区城投集团 供稿）

杭州富阳城市建设投资集团有限公司

【概况】 2021年，杭州富阳城市建设投资集团有限公司总资产1139亿元，总负债666亿元，净资产473亿元，资产负债率为58.49%；全年实现收入40.13亿元，利润8.72亿元。

【投融资】 全年融资213亿元。借助主体信用等级AA+，在资本市场拓展业务，不断扩大直接融资比例，全年共发行债券7单，涵盖银行间交易商协会、证监会、发展改革委等多类产品：其中在交易商协会发行PPN（非公开定向债务融资工具）20亿元、SCP（超短期融资券）10亿元，在交易所发行企业债25亿元、公司债20亿元、ABS（资产支持债券）17.9亿元、短期公司债13亿元，美元债3.28亿美元（创浙江省同评级地方国企发行人同期限境外债历史最低利率）。创造全区首单5年期债融、15年期融资租赁等多个“首”纪录。

（翁马琦）

杭州富阳交通发展投资集团有限公司

【概况】 杭州富阳交通发展投资集团有限公司（以下简称交通集

团）本级内设二室五部，即办公室、人力资源部（党群工作部）、纪检审计部、财务部、资产经营管理部、总师室、项目建设管理部。下设全资子公司7家：杭州富阳交通建设有限公司（挂牌“杭州富阳通达公路工程有限公司”和“杭州富阳交通设计咨询有限公司”）、杭州富阳交拓生态环境工程有限公司、杭州富阳保安服务有限责任公司、杭州富阳交达公路养护有限公司、杭州富阳交通服务有限公司、杭州富阳渌渚循环经济产业园建设投资有限公司、杭州富阳交通贸易物流有限公司。控股子公司3家：浙江东南汽运股份有限公司、杭州富阳蓝盾汽车销售服务有限公司、杭州富阳05省道建设有限公司。参股公司13家：杭州市富阳公共交通有限公司、浙江交投富春新材料科技有限公司、杭州富阳华傲科技有限公司等。

【筹融资】 交通集团积极开拓融资渠道，创新融资手段，提高融资水平，全年完成融资71.03亿元，收到做地成本结算6.51亿元，合计77.54亿元。

【富阳320国道至富阳大桥连接线鹿山（大盘山）隧道工程项目】 该项目北起公望街，与富阳区内环快速路西线工程北段顺接，沿西环北路往南至大盘山后分左右线设隧道穿越大盘山，出洞后沿望波街布线，最终与已建成的富阳大桥北侧桥头相接。全长6.34千米，其中高架桥3.03千米，隧道2.32千米。该项目于2020年1月开工，至2021年年底，累计完成总工程量的70%，符合年度计划要求。项目建成后将极大便捷富春、鹿山、江南片区的交通联系，有效完善城市道路路网布局，缓解鹿山大道交通压力，补全区域交通基础设施发展短板，加快构建“一主两副七片区”的城市空间格局，对杭州市富阳区贯彻、落实“拥江发展”战略，加快融合杭州主城区、建设杭州西部区域中心及现代化大都市新型城区意义重大。

【新中线（太平至中埠大桥）工程项目】 该项目起于太平南峰村，路线沿原有老路逆江而上，设置长290米隧道穿越石塘岗山，终于中埠大桥桥头汤马线形成T字平交口。全长2.19千米，道路设计等级为一级公路，兼顾城市道路标准设计，双向六车道，设计速度60千米/小时。同步实施绿道工程，起点与现状太平堤相连，终点与中柏堤相连，沿现状新中线布置，全长3.14千米。总投资3.84亿元。该项目于2020年4月正式开工，至2021年年底，累计完成总工程量的52%。该工程不仅有效缓解城区交通压力，还修复富春江沿线岸边的环境，提升富春江南岸的风景美观程度。

富阳320国道至富阳大桥连接线鹿山（大盘山）隧道工程
（区交通集团　供稿）

【奉化至江山公路富阳场口至金沙段工程项目（环金线整治工程二期）】 该项目路线全长3.9千米，共有隧道3个，长度分别为943米、725米、760米。桥梁2座，长分别为20米、40米。设计速度40千米/小时，路基宽度为12米，按二级公路标准进行建设，总投资3.02亿元。项目于2020年11月开工，至2021年年底，累计完工总工程量的60.7%。该工程推动实施城镇总体规划和城乡一体化建设，改善沿线居民出行条件，促进当地旅游事业发展。

【汽赃线新关至赃口段改建工程项目】 该项目起点位于大源镇新关造纸厂东侧，顺接G25富阳至G60诸暨高速联络线富阳大源互通至杭新景高速灵桥互通接线工程，路线向西南方向前进，全长2.67千米。项目按二级公路标准建设，设计速度60千米/小时，路基宽17米。全线共设置桥梁2座，隧道1座。其中中桥1座长73米，小桥1座长38米，隧道1座长365米。该项目于2020年12月开工建设，总投资2.8亿元，至2021年年底，累计完成总工程量的51.6%。该项目建设有利于完善区域公路网，发挥网络化整体效益，改善沿线村民出行条件，满足西复线和大源连接线间建成后的交通流量。

【北支江（亚运）旅游综合集散中心项目】 该项目含富中渡埠迁建、新沙渡、小沙渡改造、小沙旅游码头、游客中心以及岛头配套道路、景观绿化等内容。其中：富中渡埠迁建，拟选址于原址下游，主要功能为客渡；小沙渡埠，对东洲岛岛头的小沙渡埠进行改造，主要功能为车渡，采用斜坡码头型式；新沙渡埠，现状新沙渡按美丽渡口标准提升改造；在新沙渡下游新建渡埠与小沙渡设置车渡航线，新建渡埠采用斜坡码头型式；旅游码头设置泊位4个，游客中心拟占地1340平方米（暂定），配置售票大厅、候船厅、办公房、厕所等功能；配套道路由环岛路与疏解路1、疏解路2组成；郁达夫旅游码头、新沙岛旅游专用码头、岛头码头提升改造；新建东梓关、新桐旅游集散中心。至年底，项目整体累计完成总工程量的63%，其中渡埠工程已完工，配套道路完成59.3%，东洲旅游码头完成50.9%，桐洲岛旅游码头水工部分完工，东梓关旅游码头40%。

【东洲岛头景观工程项目】 9月，东洲岛头景观工程项目开工。该项目位于东洲岛最西端，总面积约66400平方米，总投资约7897.41万元，计划于2022年4月完工，主要建设内容为沿江驳岸整治、码头配套停车场、景观绿化、标识标牌、建筑工程等，采用EPC模式。游客中心采用“白鹭奋飞”建筑设计方案，建筑整体形态灵动飘逸，呼应富阳山水特质，建筑共3层，建筑立面采用超白中空玻璃幕墙，屋顶采用钛锌复合板屋面，建筑高度15.35米。至年底，项目累计完成总共工程量的51.9%。

【富阳区境内高速互通入城口景观改造工程项目】 该项目为杭州绕城西复线及杭千高速在富阳境内7个高速互通和1个枢纽的周边绿地景观工程。包括富阳北银湖互通，富阳西富春互通、鹿山互通、中埠枢纽、富阳南大源互通、富阳互通、龙门古镇互通、场口互通，主要改造内容为互通绿地提升、路侧绿地提升、路基边坡美化、照明及其他配套设施。绿化总面积为190699平方米，工程总投资4574万元，工期150天。至年底，完成富春、鹿山、大源、龙门、银湖、富阳互通及中埠枢纽绿化工程。

【湖杭高铁西邮村拆迁安置房项目】 4月，湖杭高铁西邮村拆迁安置房项目开工。项目位于富春街道西邮村，总投资5.6亿元，计划于2023年7月完工，总建筑面积124790.62平方米，其中地上建筑面积86153.9平方米，地下建筑面积38636.72平方米。包括新建安置房18幢和一层礼堂1幢，其中12层楼5幢、11层楼13幢及室外附属景观工程等。至年底，完成总工程量的30%。

【富春江长川绿道项目（中埠大桥—东吴大桥段）】 该项目起点于中埠大桥以东，终至新桐乡新店村，路线全长约9.2千米，路基宽3米。项目总投资约3500万元，建设内容包括绿道贯通、栈桥新建、驿站建设、栈道安装、景观改造等。至年底，项目主线贯通。

【渣土消纳】 全年完成渣土消纳1187.08万立方米，推进渣土场建设标准化、信息化，保障全区重点工程项目。

【运输服务】 全年客运、公交安全行驶7216万千米，公共自行车服务128.8万人次。疫情防控时期，积极承担国企责任，在防疫运输、防控观察点管控、复工复产等工作中作出突出贡献，共计运送重点人员2370趟6118人。办好民生实事，新增592路等线路6条，优化调整602等线路11条；建成候车亭200座；公共自行车运营完成叮嗒出行（手机扫码租车）的免押金工作，拓宽惠及人群覆盖面；投入专用校车共62辆，服务区内15个乡镇街道23所学校。

（洪梦月）

杭州富阳开发区建设投资集团有限公司

【概况】 2021年，杭州富阳开发区建设投资集团有限公司（以下简称开发区集团）总资产679亿元，负债420亿元，所有者权益259亿元，资产负债率61.9%，实现收入17.55亿元，净利润2.9亿元。

【筹融资】 全年开发区集团累计融资158亿元，其中直接融资60亿元，间接融资98亿元。至年底，开发区集团贷款余额为331.12亿元，其中：直接融资103.5亿元，间接融资227.62亿元。

【资产】 开发区集团持有各类资产79.31万平方米（其中：公寓住宅9.57万平方米、安置房住宅4.03万平方米、办公用房14.23万平方米、营业用房6.48万平方米、教育类房产13.63万平方米、标准厂房8.26万平方米、其他房产23.1万平方米），全年在租物业49.84万平方米，经营性物业租金收入9334万元。

【土地经营】 全年出让50宗土地，其中：经营性土地11宗、工业土地27宗、公建配套12宗。出让经营性用地和工业用地59.53公顷，实现土地出让金46.17亿元。

【重点项目】 全年开发区集团大计划政府投资项目134个，其中：续建项目64个，新建实施类项目54个，新建预备类项目15个，应急工程1个。固定资产投资33.61亿元。

【亚运射击射箭现代五项馆项目】 6月30日，亚运射击射箭现代五项馆项目完成竣工验收。项目位于银湖街道，项目主体为杭州富阳银湖新区建设有限公司，工程概算总投资14.23亿元，资金来源方式为自筹，于2019年3月桩基施工。该项目用地面积27.52公顷，总建筑面积8.2495.7平方米，其中地上建筑面积60580.82平方米（射击综合馆43584.58平方米、新闻及安保中心3921.6平方米、飞碟辅助用房5252平方米、射箭及现代五项辅助用房5762.64平方米、马厩1960平方米、隔离马厩100平方米）；地下建筑面积21914.88平方米。

【杭州银湖科技城硅谷小学项目】 8月30日，杭州银湖科技城硅谷小学项目完工。该项目为原银湖小学工程，位于银湖街道，项目主体为杭州富阳银湖新区建设有限公司，工程概算总投资2.09亿元，资金来源方式为自筹，于2018年12月开工建设。工程用地面积3.11公顷，总建筑面积46697.22平方米，其中地上建筑面积30047.63平方米，地上不计容面积3010.29平方米，地下建筑面积13639.3平方米。

【药谷小镇综合配套工程项目（一期）】 该项目位于胥口镇，项目主体为杭州富阳新登城镇建设投资集团有限公司，工程概算总投资34873.83万元，资金来源方式为自筹。该工程建设内容为药谷客厅工程：用地面积2.73公顷，总建筑面积15657.3平方米，其中地上建筑面积11672平方米，包括药谷客厅11432平方米、公共厕所61.5平方米、连廊126.4平方米、消控室52.1平方米；地下建筑面积3985.3平方米。配套道路工程：全长804.34米，宽8米，设计车速20千米/小时。葛溪沿线综合整治工程：亲水平台、大坝下移和葛溪两岸综合整治。下练大桥工程：长约130米，宽12米。工程于2018年4月开工，至年底，完成药谷小镇、海正大道、葛溪沿线综合整治工程葛溪一期，完成葛溪二期工程量的87%，大桥及配套道路工程量的75%，完成项目总工程量的90%。

【场口综合便民服务大楼及执法中心项目】 8月30日，场口综合便民服务大楼及执法中心项目完工。该项目位于场口镇，项目主体为杭州富阳场口新区建设有限公司，工程概算总投资1.62亿元，资金来源方式为自筹，于2018年12月开工。用地面积1.16公顷，总建筑面积36505.1平方米，其中地上建筑面积27576.5平方米，地下建筑面积8928.6平方米。

【浙江省中医院新院区项目（一期）】 4月，浙江省中医院新院区项目（一期）开工。该项目位于银湖街道高桥村，项目主体为杭州富阳开发区基础设施建设有限公司，工程概算总投资32.19亿元，用地面积12.75公顷，总建筑面积34.96万平方米，其中地上建筑面积25.7万平方米，地下建筑面积9.26万平方米。至年底，项目土方开挖施工和地下室结构施工，完成总工程量的10%。

【东洲新区安置房一期】 该项目位于东洲新区，项目主体为杭州富阳富春江房地产开发有限公司，用地面积5.34公顷，工程概算总投资6.76亿元，资金来源方式为自筹，

场口微镇项目

（开发区集团　供稿）

于2019年12月开工。总建筑面积157786.93平方米，地上计容建筑面积104904.23平方米，其中住宅建筑面积94234.95平方米，配套公建面积10269.28平方米；地下建筑面积55882.70平方米。容积率1.96，建筑密度24.91%，绿地率30%。至年底，项目装饰装修施工，局部市政配套及景观施工，完成总工程量的70%。

【新登镇公寓安置房项目】 该项目由新登镇共和花园公寓安置房（一期）项目、新登镇惠来花园公寓安置房（一期）项目、新登镇塔山花园公寓安置房项目组成，均位于新登镇，项目主体为杭州富阳新登小城市建设有限公司工程，概算总投资14.76亿元，资金采用PPP模式筹措。建设用地面积为10.22公顷，总建筑面积为34.88万平方米，建设套数2042套。新登镇共和花园公寓安置房（一期）项目于2019年6月开工，至年底，项目主体五方主体验收完成；新登镇惠来花园公寓安置房（一期）项目于2019年12月开工，至年底项目装饰装修施工，完成总工程量的69%；新登镇塔山花园公寓安置房项目于2020年5月开工，至年底，项目装饰装修施工，完成总工程量的57%。

【新登双溪花园拆迁安置小区工程】 该项目位于新登镇双溪村，项目主体为杭州富阳新登小城市建设有限公司，工程用地总面积为3.72公顷，总建筑面积为10.41万平方米，其中地上7.03万平方米（其中住宅6.26万平方米），地下建筑面积3.1万平方米，建成套数568套，计划总投资约4.19亿元，于2020年6月开工。至年底，项目主体结构结顶，完成总工程量的60%。

【场口镇叶盛村安置房项目】 该项目位于场口镇叶盛村，为场口“微镇”项目，分A、B两个区块，项目主体杭州富阳场口小城镇投资建设有限公司，于2020年7月开工。总投资约9.6亿元，用地总面积为8.29公顷，总建筑面积为24.7万平方米，地上建筑面积16.15万平方米，地下建筑面积8.47万平方米。可建设套数1216套。至年底，项目主体结构完成装饰装修施工，完成总工程量的80%。

【场口公寓房八期项目】 该项目位于场口镇，主体杭州富阳场口小城镇投资建设有限公司，总投资约8.01亿元，于2020年11月开工。用地总面积为6.01公顷，总建筑面积为18.39万平方米，地上建筑面积12.01万平方米，地下建筑面积6.38万平方米。可建设套数1044套。至年底，项目主体结构施工，完成总工程量的34%。

【场口公寓房九期项目】 12月，场口公寓房九期项目完工。该项目位于场口镇，原项目主体为浙江富春山居集团有限公司，现为杭州富阳开发区建设投资集团有限公司。工程概算总

投资 1.74 亿元，于 2017 年 9 月开工，总建筑面积 45146.09 平方米，其中地上建筑面积 34612.9 平方米，地下建筑面积 10533.19 平方米，建设套数为 271 套。

【银湖区块安置房建设项目】 项目位于银湖街道，共有安置地块 12 个。其中 1、3、4、5、6、7 地块项目主体为杭州富阳富春江房地产开发有限公司，2、8、9、10、11、12 地块项目主体为杭州富阳开发区基础设施建设有限公司。项目总投资约 108.61 亿元，用地面积 68.28 公顷，总建筑面积 215.49 万平方米，可建设套数 11785 套。1 号安置地块于 2020 年 8 月开工，至年底项目主体结构结顶，完成总工程量的 50%；2 号安置地块于 2020 年 9 月开工，至年底项目主体结构施工，完成总工程量的 30%；3 号安置地块于 2020 年 8 月开工，至年底部分主体结构结顶，完成总工程量的 50%；4 号安置地块于 2019 年 9 月开工，至年底项目装饰装修施工，完成总工程量的 87%；5 号安置地块于 2019 年 12 月开工，至年底项目主体结构施工，完成总工程量的 58%；6 号安置地块于 2019 年 12 月开工，至年底项目装饰装修施工，景观配套施工，完成总工程量的 85%；7 号安置地块于 2020 年 6 月开工，至年底项目主体结构施工，完成总工程量的 53%；8 号安置地块于 2020 年 9 月开工，至年底项目主体结构施工，完成总工程量的 23%；9 号安置地块于 2020 年 10 月开工，至年底项目主体结构施工，完成总工程量的 27%；10 号安置地块于 2020 年 10 月开工，至年底项目主体结构施工，完成总工程量的 7%；11 号安置地块于 2021 年 12 月开工，至年底桩基进场施工；12 号安置地块于 2021 年 12 月开工，至年底桩基进场施工。

（董林晓）

杭州富春湾新城建设投资集团有限公司

【概况】 杭州富春湾新城建设投资集团有限公司（简称富春湾集团）设职能部室 7 个，分别为办公室、人力资源部（党群工作部）、财务部、纪检审计部、资产经营管理部、总师室、项目建设部；下属全资及控股子公司为杭州富春湾新城基础设施建设有限公司、杭州富春湾新城资产运营管理有限公司、杭州富春湾新城产业投资有限公司、杭州富春湾新城房地产开发有限公司等 14 家；集团在编人员共有 103 人，其中集团本级 37 人，子公司 66 人；另有编外人员 12 个。至年底，集团总资产 826.31 亿元，总负债 514.9 亿元，净资产 311.41 亿元。

【获得荣誉】 G25 长深（杭新景）高速公路灵桥互通改建工程获 2020 年度督查优秀项目、2020 年度督查施工优秀合同段；杭黄铁路站前广场工程设计采购施工（EPC）总承包项目民工学校获区住房和城乡建设局授予的 2019 年度及 2020 年度富阳区建设工地“十佳民工学校”；杭黄铁路站前广场工程设计采购施工（EPC）总承包项目获区住房和城乡建设局授予的 2020 年度富阳区建设工程“富春杯”优质工程奖；省人民医院富阳院区（一期）获区住房和城乡建设局授予的“十佳”建设工地施工围挡表扬项目；春北安置小区 B 区块项目、灵桥安置小区 A 区块项目、经纬路一期工程 EPC 项目获杭州市富阳区人民政府授予的杭州市富阳区 2020 年度“双抢双增”优秀建设项目代表；杭黄铁路站前广场工程设计采购施工（EPC）总承包项目获杭州市城乡建设委员会颁发的 2020 年度杭州市建设工程西湖杯奖（优质工程）；富春湾大道（一期）工程 EPC 项目荣获省市政协会颁发的 QC 优秀质量管理小组一等奖；富春湾新城未来城市体验馆项目入选联合国亚太城市政策发展论坛的 UNESCAP 可持续发展目标优秀项目库；大源东升 1 号安置小区（二期）建设工程获浙江省工程建设质量管理协会颁发的工程建设优秀质量管理小组（QC）；大源安置二期 A 区块项目获得区住房和城乡建设局授予的关于服务复工复产暨 2021 年第一季度安全生产文明施工大检查情况的通报表彰；大源东升 1 号安置小区（二期）建设工程荣获杭州市建筑业协会 2020 年度杭州市建设工程 QC 小组优秀成果二等奖的荣誉；春北安置小区 B 区块被杭州市城乡建设委员会通报环境整治成效显著项目通报表扬《建筑工地环境秩序治理工作情况通报（第十一期）》；大源东升 1 号安置小区（二期）建设工程荣获杭州市建筑业协会颁发的 2021 年度浙江省优秀质量管理小组成果三等奖；大源东升 1 号安置小区（二期）建设工程荣获富阳区住建局颁发的示范民工学校；大源东升 1 号安置小区（二期）建设工程荣获杭州市建设工程质量安全监督总站颁发的 2021 年上半年度杭州市建设工程结构优质奖；富春湾大道二期项目荣获浙江省发展和改革委员会授予的 2021 年二季度“红旗”项目；灵桥安置小区 B 区块被区住建局评为富阳区 2021 年第三季度“迎亚运、展风采，建筑工程质量大比武”检查质量良好工程；富春湾大道二期 EPC 工程总承包工程荣获区政府颁发的 2021 年迎展行动第二批奔跑奖（都市类）；灵桥安置小区 B 区块荣获杭州市富阳区住房和城乡建设局授予的迎亚运、展风采，建筑工地大比武——质量安全文明施工通报表扬；富春湾大道（一期）工程 EPC 项目荣获杭州市建委首届杭州市地下空间优秀典范项目；杭黄铁路站前广场工程设计采购施工（EPC）总承包项目入选 2021 年度浙江省住房和城乡建设厅颁发的 2021 年度浙江省建筑施工安全生产标准化管理优良工地名单；杭黄高铁片区一平方公里综合开发项目未来城市体验馆荣获中国木材保护工业协会颁发的国内首栋现代木结构智慧城市展示馆。

【党建引领】 成立“红筑”党建联盟，强化党建经营深融合，凝聚新城建设合力，形成“比学赶超”良好氛围；强化“清廉国企”建设，建立联动风险防控机制，把廉政建设渗透到集团发展各领域，累计整改完成区委巡察“回头看”和专项审计问题 57 个，追回资金 183 万元；构建区级亲清政商关系示范点，在各级子公司、项目一线选聘“廉政监督员”队伍，打造阳光富春湾。

【筹融资】 全年富春湾集团完成融资179.58亿元，其中企业债18亿元、公司债15亿元、碳中和债6.9亿元、共同富裕债5亿元、产业基金融资31.08亿元、银行项目贷款及流贷99.15亿元、银行委托贷款4.45亿元。发行华东地区首单绿色债权融资计划（碳中和债），发行规模6.9亿元；发行杭州市首单、全国第三单共同富裕类债权融资计划，发行规模5亿元。

2021年7月1日，富春湾集团全体干部职工庆祝中国共产党成立100周年
（富春湾集团 供稿）

【人才招引】 全年富春湾集团及下属子公司入职员工41人，其中公开招聘37人、紧缺人才2人；其学历为硕士研究生3人、本科36人、专科2人。开展职工年度培训4次，参加人员210余人次。

【城市运维】 全年富春湾集团城市运维工作涉及道路保洁125万平方米、绿化保洁69万平方米、河道保洁53千米、绿化养护24万平方米、道路养护40千米。坚持城市运维联席会议制度，与春江街道、大源镇、灵桥镇定期研判富春湾新城城市运维工作，形成管理合力，新城“洁化、亮化、序化、绿化、美化”水平得到显著提升。城市运维工作从原先自主开展、人工作业为主，逐步转向“市场化运作、机械化作业、精细化管理”一体化模式，“分片包干、片区管养”的城市运维管市场化养护体系初步建立。杭黄站前广场、创客中心体育公园相继投入运营并对外开放，传递富春湾新城人文魅力。

【资产管理】 全年富春湾集团完成产业用地收储77.58公顷；完成经营性地块出让6宗40.05公顷（含公告中的富春湾20-A及7号共7.33公顷），出让金62.5亿元（含20-A及7号起始价共11.8亿元）；完成工业土地出让20宗66.99公顷，出让金4.88亿元；完成70处厂房资产处置及19处厂房改造，为38家企业及项目施工单位提供了临时过渡场所，实现年租金收入2338.56万元；出租营业房168间，实现年租金412.96万元。

【民生实事】 推进“昼访夜谈”“民呼我为”等活动，走访农户150余户，调研企业8个，领办解决问题66个；组织全体党员干部前往共建东塘社区开展志愿服务150余人次、认领微心愿55个；持续开展结对帮扶走访慰问，慰问困难户22户次，送去慰问资金11000元；开展“春风行动”捐款，募集资金26400元。推进疫情防控、防洪抗台工作，改造区级隔离点1个，接返、排摸施工人员3000余人次；抗台期间成立应急抢险分队13支，整改风险隐患21个，安排转移在建项目一线工作者9680名。

【市场化运营】 深化国企市场化转型，成立杭州富春湾新型建材有限公司，于7月起试运营，至年底商品混凝土产值9129.6万元，实现利润492.47万元；以施工项目钢材贸易为切入点，开展钢材贸易，累计签订销售合同16份，总计约7.37万吨，营业额约4.26亿元；创新“产业基金+资本招商”新模式，富春湾新城发展基金通过直投模式和子基金模式已投富春湾新城企业5家。

【安全生产】 坚决贯彻“党政同责、一岗双责、紧抓红线意识”的方针，不断强化组织领导，压实工作责任，完善规章制度，规范现场管理，强化教育培训，加大安全投入，加强监督检查，安全生产局面总体平稳有序。全年累计开展安全巡查429次，签发整改通知单429张，其中工程现场发现安全问题2552个，整改问题2552个，整改率达100%，罚款49.8万元；开展各类应急救援演练、活动80余次。

（何峻节）

【编辑 吕 克】

25 城乡建设与管理

Urban-Rural Develepmend and Management

城乡规划

【概况】 2021年，富阳开展规划编制项目15个，基本完成11个，开展选址论证或审查47项。完成富阳融入城西科创大走廊空间战略研究，围绕空间全域衔接、功能全面融合、交通全方位互联互通三大承接路径，提供融入城西科创大走廊发展战略思路。聚焦城市十字金轴、重要道路、核心区域，开展大城北概念规划及环阳陂湖区域城市设计、恩波大道沿线城市设计、姚家畈区块城市设计，完成新车站十字区块、巨利区块、金桥园区等城市设计。强化基础数据精准化管理，完成现状一张图数据调查与处理，对标都市标准，启动三江汇富阳区4个单元控规编制、受降南北2个单元控规编制，以法定控规落实上位规划要求，指导地块科学开发，引领城市品质建设。完成富阳区中小学布局专项规划编制，配合电力部门推进电力设施布局专项规划，联动杭州市级部门编制绿地系统、公共交通等专项规划。开展历史文化资源普查，完成第一、二阶段任务，全力应对第三阶段任务，并配合开展新增历史资源申报工作，有序推进龙门镇、新登镇、大章村等历史文化名镇名村保护规划。严格把控规划指标，细化城市天际线、建筑立面、公共配套等要求，高效服务土地出让。富阳区规划展示馆全年接待省市领导、各级党政代表、企事业单位、外地考察团、社会群体等各类团队68余个，参观人数3200余人。

【现状一张图数据调查与处理】 为贯彻国家及省市关于国土空间规划“一张图”建设和现状评估工作要求，更好地摸清富阳区家底、分析空间特征以及持续动态了解富阳区的现状用地情况，创新高效编制富阳区控制性详细规划，加快推进全区控规全覆盖工作，为城市治理精细化和现代化提供精准的基础数据，市规划资源局富阳分局开展富阳区“用地现状一张图数据调查及处理”工作。作为富阳国土空间一张图的重要组成部分，“用地现状一张图”以地形图、地理空间框架和高分辨率影像为基础，整合第三次全国国土调查数据、供地数据、审批数据、验收数据等现状数据，以国家城乡用地分类标准为依据，形成动态反映城市建设活动空间分布、形态变化的属性叠加、城乡统筹、全区覆盖的“一张图”，构建城市（镇）和乡村建设用地分布、用途、边界、规模、强度和权属的空间数据库。同时利用建设项目规划审批红线及竣工核实数据、地形图更新、部门共享成果等信息实现“现状一张图”年度更新，保障“用地现状一张图”实时有效。

【富阳大城北概念规划及环阳陂湖区域城市设计】 为充分衔接并细化富阳融入城西科创大走廊空间战略

阳陂湖规划效果图

（市规划和自然资源局富阳分局　供稿）

研究，进一步系统谋划大城北发展目标和发展策略，统筹协调各板块功能定位和路网框架，明确核心区用地布局、交通组织、公共配套和开发强度，重点细化环湖区域的业态功能、建筑风貌和景观环境设计，明确管控要求等，市规划资源局富阳分局组织编制《富阳大城北概念规划及环阳陂湖区域城市设计》，规划通过对自然资源、历史文化、城市气质的深入挖掘，目标将大城北地区打造为“智慧引领的科技创新高地、独特韵味的山水画意景区、产学研服务一体的人文活力城区”，提出“智造在湖畔、教研在山边、科创在智谷、服务在金桥”的整体布局理念，形成“一心一环五轴两廊”的空间结构，串联金桥、高桥、受降几大产业板块，并向北联动城西科创大走廊，打造科创中轴。针对环阳陂湖8.88平方千米环湖区域，以“圈层拓展”为规划思路，由内向外分别布局阳陂湖共享生态核心、环湖公共活力圈层、外围生产生活圈层。同时围绕地铁站点周边形成不同功能主题的TOD城市节点，形成城市新地标。

【富阳区三江汇单元控制性详细规划】 为进一步落实拥江发展战略和三江汇未来城市先行实践区战略规划有关内容，衔接三江汇未来城市先行实践区控制性规划，在杭州市规划和自然资源局与市拥江办的高度重视和指导下，市规划资源局富阳分局组织编制了三江汇·富阳区4个单元控规编制工作，规划范围涉及东洲街道、灵桥镇、里山镇、渔山乡，总规划面积约130平方千米。各单元控规在全面调研梳理现状情况的基础上，紧密衔接新一轮国土空间规划，明确规划目标和功能定位，确定发展规模，构建空间发展格局，优化综合交通路网，落实公共配套设施，明确六线管控要求，提出地块规划控制指标等，指导区域项目开发建设。

【富阳区电力设施布局专项规划】 为科学研究电力设施布局，切实保障电力设施建设，助力富阳经济社会高质量发展，市规划资源局富阳分局联合区国网供电公司组织编制《富阳区电力设施布局专项规划修编》。该规划在全面梳理现状情况的基础上，紧密对接新一轮国土空间规划，结合城市人口、用地及产业布局等对电网负荷进行科学预测，优化电力网络结构和电力设施空间布局，既为远期变电站规划预留空间，同时结合“十四五”建设需要，明确近期建设项目规划选址。

【富阳区新登镇历史文化名镇保护规划】 新登镇于2012年被公布为第四批省级历史文化名镇。根据国家《历史文化名城名镇名村保护规划编制要求》要求，为进一步加强对新登镇省级历史文化名镇的保护，继承优秀历史文化遗产，正确处理保护与发展的关系，新登镇政府组织编制新登镇历史文化名镇保护规划。规划以整个行政镇域28.6平方千米为规划范围，其中名镇保护范围10.4平方千米。在全面系统保护名镇历史文化遗存的基础上，重点从名镇、镇域整体风貌格局、文物古迹、历史地段、历史环境要素、非物质文化遗产保护等方面提出相应的保护内容与要求。

【富阳区常绿镇大章村历史文化名村保护规划】 常绿镇大章村于2012年被公布为第四批省级历史文化名村。根据国家《历史文化名城名镇名村保护规划编制要求》要求，为进一步加强对大章村省级历史文化名村的保护，继承优秀历史文化遗产，正确处理保护与发展的关系，市规划资源局富阳分局组织编制大章村历史文化名村保护规划。规划以整个行政村域6.4平方千米为规划范围，其中名村保护范围2.1平方千米。在全面系统保护名村历史文化遗存的基础上，重点从名村、村域整体风貌格局、文物古迹、历史地段、历史环境要素、非物质文化遗产保护等方面提出相应的保护内容与要求。

【富阳区历史文化资源普查】 根据杭州市历史文化资源普查工作任务要求，全力推进富阳区文化资源普查工作，以进一步挖掘富阳区历史文化内涵，保护修复文化资源，大力弘扬富阳历史文化。由各部门组成历史文化资源普查专班，并借助媒体宣传、群众提供线索等力量，分三个阶段形成最终上报成果。普查涉及新增资源、复核资源两方面，其中新增资源包括古宅、宗祠、古井、古桥、古寺庙、革命遗产、老字号、名人、古驿道等，复核资源包括文保单位（89处）、文保点（73处）、第三次文物普查登录点(821处)、历史建筑（111处）、名镇（龙门镇、新登镇）、名村（大章村）、传统村落（龙门村、东梓关村、青何村）等。历史文化资源普查成果纳入紫线平台，为后期历史文化资源保护、控规修编等提供重要参考。

【国土空间规划编制】 6月24日，富阳区过渡期城镇开发边界划定方案经省政府批准。开展国土空间规划“三区三线”第二轮试划、第三轮划定工作，编制进程按照“四统一”要求实现与杭州市级总规同步。在全域全要素开展全区国土空间规划编制基础上，分解出16个重要专题，形成“1+16”规划成果，基本完成生态保护红线、三调和基数转换、综合交通规划等3个专题。同步开展19个乡镇国土空间规划，实现市级、区级、乡镇级国土空间规划“三级”联动。坚持生态优先，顺应山形水势，对《富春山居图》“山—水—田园—人居”进行现代演绎，构建富阳区“两山夹江、两湖十溪”的全域生态格局，着力描绘独特韵味“窗口”的现代版富春山居图。

【“多规合一”实用性村庄规划编制】 根据自然资源部和杭州市人民政府工作要求，持续推进“多规合一”实用性村庄规划试点工作，7个村庄规划完成批复，15个村庄规划取得阶段性成果。富阳在“八山半水分半田”的地理特征上，突出生态优先、绿色发展的规划理念，强化指标管控+国土空间用途管制的思维，实现“一竿子插到底”的管控体系，将原村庄规划和土地利用总体规划的有机融合，有效破解过去各个规划间存在冲突导致项目无法落地的情况。探索具有本土特色的全域“多规合一”实用性村庄规划。试点推进常安镇全域“杭派民居”建设，将横槎村、东梓关、宵井村等为代表的一批新杭派民居串点成线，提升富阳美丽乡村知名度美誉度。

【春永线沿线城市设计及“大安顶茶乡”“富春卷首”小镇规划】 为贯彻“拥江发展”和“三江汇未来城市实践区”战略，实现“富春卷首、生态绿翼”“美丽城镇、美丽经济”的要求，市规划资源局富阳分局在大安顶概念规划等相关规划的基础上，委托开展春永线沿线城市设计及里山、渔山特色小镇规划编制。规划主要通过现状用地分析，探索发展定位与产业结构，并使用用地重构，提升土地新价值；内优外联，慢行友好新交通；严控开发，融筑于景新风貌；修山理水，城景共融新绿廊；高端集聚，智慧艺文新功能的规划策略完整地展现了滨水创新走廊 + 休闲风情山谷的魅力门户及山水腹地格局。

【富阳城市综合交通规划修编（2017—2035年）暨综合立体交通网络规划】 在充分调研基础上，以“交通一体，门户枢纽”为交通发展战略，将“杭州西南门户枢纽，交通一体化示范区”作为交通发展目标，重点研究以杭州视野，依托“三快网”（轨道、高速公路、快速路），打造区域一体化立体综合交通体系；以公共交通发展为主导，强化枢纽带动作用；承接杭州市级重要交通服务设施功能；完善富阳区内部交通设施控制和配套交通政策构建多元和谐的城市交通发展模式等内容，为实现“全面建成社会主义现代化国际大都市一流新城，展示富阳独特韵味窗口的现代版富春山居图”的美好愿景提供交通保障。

【新桐场口（桐洲湾）富春山居图示范段整体发展规划】 现代版富春山居图新桐示范段是富阳迎亚运、展风采的重要区块，是杭州拥江流域不可多得的未开发的乡村地区。根据富春山居图新桐示范段指挥部要求，市规划资源局富阳分局组织编制新桐场口（桐洲湾）富春山居图示范段整体发展规划。规划范围北至新桐乡乡界，南至320国道（新旧），西至窄溪大桥，东至中埠大桥，总面积约83.5平方千米。涉及5个乡镇街道的34个村。规划按照战略引领、空间布局、项目支撑要求，全域全要素谋划新桐场口整体联动发展，谋划新产业，注入新活力，预留新空间，提前规划谋划，做好战略准备，为高品质打造原生态富春山居图新桐示范段提供坚实的规划支撑。

【富阳区新登千年古城复兴保护利用实施规划】 按照“新城建新、古城复古”要求，加快推进新登古城建设与保护工程，在新登古镇保护规划基础上，市规划资源局富阳分局联合新登镇政府开展富阳区新登千年古城复兴保护利用实施规划编制工作，围绕古城微更新规划、古城周边重点待建区块规划、总体概念性规划层面展开，目标是使新登古城能处理好局部与整体、当下与长远等关系，为千年古城复兴提供坚实的规划支撑。

【杭州富阳开放式服务区田园综合体概念总体规划】 根据《中共中央国务院关于全面推进乡村振兴加快农业农村现代化的意见》及《中共中央国务院关于支持浙江高质量发展建设共同富裕示范区的意见》精神，市规划资源局富阳分局联合区文广旅体局指导编制杭州富阳开放式服务区田园综合体概念总体规划。规划面积200公顷，其中建设用地面积30公顷。项目依托乡村振兴和共同富裕的时代背景，通过开放式服务区建设，打通高速公路客流与地方道路人流的交通屏障，拓展“服务区 + 旅游目的地”概念，共同打造“开放式服务区 + 田园综合体”示范项目。项目依据养心、养育、养生的策划理念，利用项目区内独特的山水田园等自然资源，规划了浪漫茶园、生态农庄、旅居度假三大板块，并辅以内部交通路网和停车配套，建成集休闲度假、田园农旅、研学拓展、亲子娱乐、婚纱摄影等功能于一体的“自然美育旅居目的地”。

（吴慧芳）

城市有机更新

【安置房项目开竣工】 全年安置房项目开工5个，分别为：银湖安置房11号、12号地块、姚家畈拆迁安置房、城市有机更新安置房项目、大源安置房三期项目。竣工项目6个，分别为场口安置房九期，秦望安置房（一）南区、北区和秦望安置房（二），观前村安置小区，场口安置房六期。

【回迁安置情况】 全年共回迁安置5654户，回迁人数17646人，全面完成省市区各类回迁安置目标任务。实物安置5412户16790人，其中2021年交付的秦望安置房安置5241户、观前村安置房安置25户、场口六期安置房安置172户，2020年交付的银湖街道、大源镇、新登镇存量安置房分别回迁安置46户、20户、10户；货币化安置242户894人。其中：银湖街道安置1户、场口镇安置238户、新登镇安置3户。至年底，富阳区在外过渡5年以上（含）户回迁安置实现清零。

【秦望安置房选房】 11月27日，秦望安置房完成选房。选房工作自10月31日开始，每天分上、下午两场进行，选房搬迁户共有5241户，安置房源为5306套。其中，望钰和府2668套，秦忆荣府2638套，涉及户型6种，最小户型75平方米，最大户型160平方米。秦望区块有机更新项目是富阳有史以来规模最大、影响最深的重大民生项目。该项目从2017年下半年启动，涉及征迁户约6000户，征迁建筑面积约70万方，土地面积约28公顷。秦望安置房回迁工作在全市城中村改造“回迁提速”攻坚行动推进会议上作为样板交流推广。12月31日，《浙江政务信息通报》第1350期，副省长高兴夫批示《富阳区以“秦望速度”高质量推进回迁

2021年11月27日，泰望安置房完成选房工作
（区住建局　供稿）

安置 圆群众幸福安居梦》：回迁安置工作事关群众的切身利益，是最大的民生实事之一。要进一步抓紧、抓细、提速。请建设厅总结富阳等各地好经验、好做法。

【农村房屋安全隐患排查整治】 全年完成“一户一档” 162778 户，发现 C 、 D 级农村危房 157 户，其中：C 级 94 户，均完成治理；D 级 63 户，均拆除。发现困难家庭危房 29 户，改造完工 21 户，改造中 8 户。完成历史建筑的挂牌、测绘、建档 111 处。

【城市道路建设】 全年城市道路完工 3 条，续建 5 条，支路建设完工 4 条，迎亚运道路整治（地铁恢复）完工 1 条。完成新增配套停车泊位 9019 个，新开工及续建公共停车泊位建设共计 1615 个；完成备案新能源汽车公用充电站项目 13 个、充电桩 237 个，完成换电站建设 1 个；新开工建设轨道交通、高铁乘型停车场 2 处。

【管网建设】 全年完成新建雨水管网 8 千米，新建供水管网 25 千米，改造供水管网 8 千米，新建改造污水管网 31.5 千米，雨污分流改造 10 千米。完成海绵建设区域 2.2 平方千米，杭黄一平方公里片区与富春街道阳陂湖区块等 2 个区块被纳入杭州市系统化全域推进海绵城市建设示范区域创建区域，富春湾大道（一期）工程 EPC 项目等 10 个项目被纳入杭州市系统化全域推进海绵城市建设示范项目创建项目。

【无障碍建设】 全年完成无障碍环境建设任务 5448 个，建成无障碍公交专线 4 条，医院、银行等公共场所配备无障碍信息服务点位 337 个；建成全省首个无障碍环境公共服务系统，提供无障碍环境查询、导航、出行、护航等一站式服务。

建筑业

【建设工程智慧化管理云平台】 利用建设工程智慧化管理云平台，对全区建筑工程领域进行监管。至年底，全区共有在建工程 857 个，受监项目 437 个，其中房建项目 372 个、面积 2245 万平方米，市政项目 65 个，塔吊 764 台，人货升降机 631 台，深基坑 26 个，高大支模架 13 个；监督竣工验收房屋建筑工程 141 项、面积 467 万平方米；监督竣工验收市政工程 8 项。

【优秀企业奖励】 4 月，富阳召开全区经济工作会议，表彰优秀建筑企业 10 家、优秀项目 20 个，奖补企业 21 家（次）共计 248 万元。10 月，出台《杭州市富阳区产业质效提升三年行动计划方案（2021—2023 年）》，将 2020 年至 2023 年新引进建筑企业和 2020 年建筑业增加在 3000 万元以上建筑企业列入提升范围，予以奖励。

【安全生产文明施工】 出台《2021 年安全生产监管执法工作计划》《2021 年建设工程安全生产文明施工（扬尘治理）管理工作要点》，与富阳区内施工企业 136 家、在富有在建工地外地施工企业 328 家签订安全生产责任状，全面落实监管责任，实现安全生产管理工作标准化、规范化、制度化。开展 2021 年度建筑行业“雷霆行动”、节后复工复产专项检查、半年度质量安全文明施工大检查、安全风险普查、“平安护航”专项检查、防汛防台专项检查、“迎亚运、展风采、建筑工程质量大比武”等监督检查活动。共发出责令限期整改通知书 1009 份，扣除信用分 313 分，扣分力度在杭州地区排名前三。立案调查行政处罚案件 37 起，其中涉及安全生产案件 13 起，违法施工案件 16 起，涉及违法分包、转包案件 4 起，涉及工程质量案件 3 起，涉及招标过程处罚案件 1 起。下发行政处罚决定书 26 份，处罚金额 1578.33 万元。

【建设工程消防审批领域监督管理】 全年完成消防设计审查 144 个、消防验收 76 个、消防验收备案 170 个，为企业、平台开展技术服务指导工作 100 余次，解决业主消防疑难问题 120 多个。

【招投标市场规范】 强化“监管 + 服务”模式，完成各类招投标项目 257 个，总交易金额 128.35 亿元；对 8 家单位做废标处理，对 7 家投标企业进行约谈，对 1 家招标代理公司及相关人员予以顶格处罚。

【审批实效加快】 按照一般企业投资项目“最多 80 天”、简易低风险小型项目“最多 15 个工作日”要求，做到消防、人防、质量监督与施工许可证同步办理，共办理施工许可证 258 个；深入推行“ 102 ”标准，完成用水报装 137 个，用气报装 10 个。

【图审受理创新】 新实施容缺受理、施工图后审、底板以下先行发证等改革，在确保安全的前提下，保障项目及时开工建设。共容缺办理施工许可9个，办理完成线下图审12个，底板以下施工许可8个，“985”工程的施工审批均提前完成。

房地产业

【商品房交易】 全年全区完成房地产固定资产投资238.1亿元，同比增长29.1%，占全区固定资产投资总量的42.4%，超额完成本年度任务。成交商品住房（含经济适用房）约11万套、1270万平方米。新批准预售商品房面积164.79万平方米，同比下降9.13%；新建商品房销售套数15782套，同比降低1.93%，销售面积178.23万平方米，同比增长7.35%；存量房成交面积47.21万平方米，同比下降29.36%；成交金额84.02亿元，同比下降26.92%；成交均价17821.03元/平方米，同比增长3.62%。

【保障性住房开工建设】 全年全区开工建设保障性住房项目10个，实际新开工保障性住房39.26万方，占全市实际新开工面积的35%，完成全年任务的127.88%，任务完成率列全市第一。完成人才专项租赁住房7宗地6个项目5489套开工建设。

【人才住房补贴】 全年受理人才购租房补贴262份，拨付人才购租房补贴1905.79万元。新增“新富阳人”公租房货币补贴保障家庭3503户，完成全年民生实事目标任务（2000户）的175.15%。

【房地产调控】 严格按照杭州市房地产调控“一城一策”要求，执行调控管理；指导督促开发商做好销售现场公示、样板房开放及装修标准的落实；出台《关于进一步加强富阳区商品房预售许可形象进度管理的通知》，严格把关形象进度踏勘工作；规范网签系统降价标准，从总价85%调整为95%，防止开发商随意降价引起市场波动。

【物业小区管理】 修订完善物业企业考核办法，与区委组织部联合下发《党建+服务物业企业考核办法》，进一步强化对物业企业考核管理，提升服务水平。以党建活动为载体，开展党建联合活动，实行业务指导进社区、进小区。积极推动物业企业和业委会党支部成立，至年底，共有物业企业党支部9个，业主委员会党支部2个，党小组1个。开展小区环境秩序整治，加强物业管理小区季度检查，共组织检查371余人次，整改问题13903个。美丽杭州住宅小区环境秩序工作在全市持续名列前茅，检查考核结果与物业服务企业的行业评优等挂钩。开展物业服务和业主委员会先进典型表彰活动，开展第一届富阳区“最美物业人”“最美业委会”选树活动，确定2020年“最美物业人”先进集体9个、先进个人14人，2020年“最美业委会”11个。

【物业经营性收支信息公示】 完成物业经营性收支信息登账及公示的物业小区104个，超额完成任务（任务为64个）。以富春街道为试点，落实78个物业小区的物业经营性收支委托专业会计事务所实施统一集中记账，逐步规范物业小区物业经营性收入使用，使物业小区物业经营性收支的信息公开、透明，通过业主自助查询监督，进一步保障业主的合法权益，促进物业小区的物业经营性收支合法、合规运行。

【装饰装修行业规范】 出台《关于做好全区国有土地住宅房屋装饰装修备案管理工作的通知》（富建设〔2021〕35号），规范国有土地住宅房屋装修监督管理，遏止违规装修行为，保障房屋使用安全，要求业主或者房屋实际使用人对房屋进行装修前申报备案，备案后方可进行施工。采取线上线下“双线”备案机制，引导业主通过“浙里办”App实现手机“掌上办”，至年底，受理备案1161份，正常办结919份，退办242份。

城市公用设施

【市政基础设施建设】 北支江综合整治工程及亚运场馆水上运动中心项目和激流回旋项目土建及内部装修完成，并通过亚组委验收。秦望区块搬迁安置房工程（一）、秦望区块搬迁安置房工程（二）竣工交付。彩虹快速路交付使用。金桥南北路实现主路全线通车。观前村安置小区及教师限价房建设工程竣工交付。钢圈厂路安置房、北支江拆迁安置房全部结顶。东兴路、九小周边配套道路、东洲中心路向西延伸、东洲环岛路、民康街等5条断头路打通。实验中学、东洲中学、江南中学、富春中学、场口中学、鹿山中学应急工程等6个项目提前完成施工，交付学校使用。完成老旧小区改造项目6个（兴达路公安局宿舍区块、经济适用房（丰泽园）区块、大寺弄区块、春秋北路70～78号区块、迎宾苑南侧区块、北堤北路区块）合计58幢住宅，1807户居民。

【燃气】 全年全区实现销气总量2.36亿立方米，同比增长33.93%，其中管道燃气2.02亿立方米，车用气1923万立方米，液化气1.07万吨。完成签约工商用户208家，新增居民用户2.77万户。新建燃气管线407千米，其中低压管线316千米、中压管线91千米，完成渌渚工业园区燃气建设、富春湾新城地下管网改造等重大工程，实现秋丰村、江丰村等26个行政村的地下燃气管线通气。全区开展自由产权瓶置换工作，完成70%；推进瓶装燃气用户端软管更换活动，提高用户端用气安全性。坚持合约制、培训制，优化送气工队伍。坚持“早发现、早治理”，全年组织联合检查8次，发现整改问题40处。排查自建燃气设施单位73家，督促整改安全隐患15家。加强执法威慑，全年查处违法或破坏燃气设施等案件34件。

【供排水】 全年全区售水总量8734万吨，同比增长4.45%，自来水水质合格率为100%；污水处理量6689万吨，同比增长19.02%，污水处理排放合格率100%。敷设管网约1020千米，改造旧管网约18千米，新建银湖小学配套道路、公望街（大桥北路—恩波大道）综合提升、民康街向西延伸（5号渠—西环北路）等27个配套管网工程。改造亚林嘉苑、铭鹤花园、现代肖邦一期、彩云苑、碧水苑等标准化泵房14个。建设如意春江一期、云栖桃花源B地块、澳海澜庭三期等12个二次供水标准化泵房，改造主城区零星积水点66处。

（翁马琦）

2021年12月，富阳东兴路断头路打通

（区城投集团 供稿）

城市管理

【“美丽杭州”创建】 推进“美丽富阳”创建暨“迎亚运”环境面貌长效管理，抓实九项行业治理，突出属地管理，实行单元网格融合治理，建立“实报实销”闭环机制，全年整改各类环境问题89064处，完成市级整改3235件，整改率100%，获得市级以上领导批示10次。抓实“一巡多功能”综巡机制，开展道路环境秩序、在建工地文明施工等“一月一主题”行动，“亮剑”九大类环境难题，曝光环境顽疾和责任单位，实行“回头看、再整改”机制，确保查找问题见底、落实责任到人、整治行动到位，发现各类问题496个，整改率100%。聚焦富阳形象，并轨推进“美丽杭州”“国卫复评”联动工作机制，定期集中督查问题整改情况，常态化开展联合巡查执法，提升环境面貌。

【垃圾分类】 统筹引领，优化区镇村三级工作体系和四级工作队伍；编制“三表两单”，清单化推进各项工作任务；推动合力共治，落实“分组分片分户、一对一、面对面”宣传发动；在全市范围内首创“单桶单拒运”模式，精准压实主体责任，全年拒运单位212家（次）。深化“两点法”和“点长制”模式，全域“定时定点”投放覆盖率达100%，建成再生资源回收站点557个，成功创建省级示范12个、市级11个，达到区级示范标准居住小区92.55%以上、行政村73.19%以上。完成城乡一体化分类收运体系转换和平稳过渡。正式投运循环经济产业园焚烧和易腐项目，全区生活垃圾实现100%资源化利用、无害化处置，园区列入省级资源利用示范基地试点。加强舆论引导，借助传统和新媒体平台，宣发3000余篇，推出示范典型报道67期，反面警示19期。持续推出示范家庭评选、有奖知识竞赛、暑期实践活动、省条例广场普法等沉浸式互动活动，动员社会家庭齐参与。引入市场化采集，上线数字化督查，全年开展交叉检查8次和专项检查5次，立案查处违法案件175起，垃圾分类位列全市第1。

【城市管理数字化改革】 推进城市管理重要场景的数字化改革。设计完善“智慧城管”2.0平台，推动智慧环卫、数字养犬、违建管控等子模块功能升级，积极打通源头重点管控视频监管路径，推动精品街区视频监管、对讲机数字集群建设，促进数字城管迭代升级，全区采集交办数字城管案卷114702件，及时解决率96.9%。优化场景应用，基本实现“一幅画面管广告”“一把闸刀管亮灯”，“先离后付”应用场景体验持续推广，平均使用率达到52.44%。上线城市治理有奖举报，推动社会群众参与城市治理，受理量达8457件。重点场景有序推进，揭榜杭州市局数字法治移动端一体化执法办案应用，推进区级垃圾分类监管等平台开发建设。

【精细化管理品牌创建】 开展迎亚运市容市貌专项整治，对全区城市家具（亭、棚、杆、箱）开展普查和自查，发现各类城市家具问题3442处，拆除231处，其余均按标准进行清洁和修复。牵头富阳区亚运场馆“最后一公里”体验区建设，完成建设方案评审。牵头组织富阳区亚运观赛空间（鹿山时代）打造，10月底成功举办观赛空间启动仪式。牵头富阳区迎亚运城市照明亮灯任务，完成亚运亮灯项目11个。成功创建依江路（望江路口至江波街口段）为2021年度省级街容示范街。开展网格互看互学大比武、体育馆路样板道路整治现场教学，细密排查各类市容、环卫、市政园林方面的问题，推广落实到辖区其他道路整治工作上。开展城市道路环境秩序整治月行动，对体育馆路、大桥路、北渠路、公望街等道路重点整治，使大桥路红绿灯口停车秩序问题得到解决，公望街非机动车停车秩序和体育馆路工地周边管控问题得到改善，解决阳光里小区商铺路段人行道破损问题，以及老旧果壳箱、餐饮店前污渍问题。

【照明管理】 制定城市环境保障总体方案及环境质量、建筑工地管理、亚运路线综合整治等子方案。持续推进亚运场馆“最后一公里”体验区、城市照明亮灯和城市侧景观建设工作，完成鹿山时代亚运观赛空间和射击射箭馆、水上运动中心亮化工程。

【犬类管理】 根据市局部署，落实“犬证办理”关键小事智能速办工作，推进使用市级统一办证平台，简化办证流程，落实重点限养区犬证“就近办”窗口9处。固定每月文明养犬检查岗、每周文明养犬进社区的工作模式，集中开展春季文明养犬专项治理。全年开展文明养犬进社区活动50余次，文明养犬检查岗140余次。开展养犬办证和犬只收容工作，办理养犬许可证1208件、年审1284件，收容流浪犬、无主犬等521条，立案查处不文明养犬行为案件44件，罚款共8800元。

【环卫保洁】 坚持“一路一策”，落实保洁长效化，对标“最清洁城区”和“融杭一体化”，纵深推进保洁作业向精细化、机械化转变，城区主次道路机械化实现100%全覆盖，坚持“周检查、周排名、周通报”，压实市场化保洁责任，提高市场化保洁水平。实施烟蒂回收奖励、“3+1”联合作业、“洒水+雾炮降尘”等管理和作业方式，不断提升保洁服务质量。富春街区江滨公园成功创建“席地可坐”保洁示范道路和高标准洁美示范区域。

【公厕服务】 有序推进“公厕革命”，落实城区公厕“一厕、一景、一特色”改造计划，5年完成城区32座公厕提升改造任务，获省市城市市容环境卫生先进集体、先进作业集体和先进管理集体等称号。落实城区“八把扫帚并一把”行动，强化环卫保洁一体化管理，推进城区保洁和城乡分级垃圾分类清运市场化，基本实现“管干分离”，率先实践“席地而坐”道路保洁创建标准，环卫保洁作业水平和管理水平得到显著提升。

2021年12月27日，杭州市富阳区综合行政执法指导办公室揭牌成立
（区城管局　供稿）

【地下空间检测】 落实勘测检测全覆盖，全区累计检测道路407.02千米。发现整改土体疏松488处，空洞、脱空18处，深基坑项目安全隐患169处。摸排处置废弃管线31.74千米，CCTV检测污水管386.2千米，雨水管474.04千米，发现整改管道结构性缺陷24个。

【市政养护】 全年全区铺设沥青约43万平方米，人行道维修2.6万平方米，普查随路桥梁104条。对城区大型车辆较多的道路抬升、调换各类窨井盖1522套。对东桥路、东大道、高尔夫路、西环北路、东望路、文居街、北环路、高泰线等70余条道路大修及局部铣刨、修复路面细粒式沥青砼145263平方米、中粒式沥青砼263526平方米、改性沥青砼17167平方米。完成鹿山大道、孙权路、依江路、永兴路、天河路、龙江路等70条道路零星坑洞修补2550余处，面积约7020平方米。实行无障碍改造，改造完成华庭路、西堤路、恩波广场等路段人行道，面积达26000平方米。维修和整改龙江路、鹿山大道等路段人行盲道。

【园林绿化】 借助迎亚运创建美丽杭州工作，全面做好富阳园林绿化行业管理和指导，推进绿化养护管理约300万平方米，对行道树遮挡红绿灯、交通指示牌等问题进行安全隐患排查和修理整治，全年累计发现整治问题15600余处。加强“双最”绿地巡查和园林绿化考核工作，及时发现解决问题，确保长效养护规范化和精细化。完成市级民生实事项目小公园绿化提升改造3个，获全市第二名，儿童公园获评浙江省“优质综合公园”。

【志愿活动】 牵头组建文明实践服务队，参与志愿者288人，服务内容涵盖垃圾分类、文明养犬等市容秩序维护等六大项；重点开展垃圾分类、桶边督导等志愿服务，参与垃圾分类志愿服务活动志愿者283人，服务时长786.1小时。全年受理承办各类信访投诉件7347件，其中浙江省民呼我为统一平台3856件，“110”联动平台590件，浙江省基层治理综合信息平台28件，通过区电转接或者举报人直打投诉受理热线的2857件（直接办结），杭州城管信访业务投诉系统交办16件，采集交办数字城管案卷146320件，及时解决率达100%。

行政执法

【市容秩序】 完成富阳城区便民服务点提升改造。开展序化管理占道问题集中整治，整治占道经营、出店经营、占道堆物、乱吊乱挂、人行道违停等行为，重点做好沿街商户车辆装卸货物临时占用人行道及时驶离劝导，保证环境卫生整洁。整治期间，无证摊贩劝导5151起、查处179起，占道问题劝导7235起、查处72起，乱吊乱挂劝导440起，人行道机动车违停劝导劝导3229起、查处2224起，非机动车乱停劝导8302起。

【环境管理】 持续深化“一巡多功能”综合巡查机制，在日常巡查、抄告、整改、督办的基础上，结合“美丽杭州”创建活动，落实“清洁家园 文明富阳”长效治理。全年巡查发现各类问题线索10678件，现场整改、自行处置到位1604件，现场整改率15%。抄告交办9074件，其中：三沿管理5092件、建设管理1462件、环境管理2376件、运输管理103件、防违控违41件、督办44件，及时反馈8839件，及时反馈率97.4%，有效处置8734件，有效处置率98.8%。

【户外广告】 根据迎亚运市容市貌专项整治要求，组织开展全区“迎亚运·展风采”户外广告（招牌）专项整治，全年拆除各类户外广告（招牌）、电子屏、宣传设施等8089处、24232.71平方米。完成金桥北路等17条道路户外广告设置详细规划方案编制。完成富阳区大型电子屏接入市级“三联平台”任务，户外大屏播出内容由市级平台统一管控。

【“两违”防控】 全年全区违建类违法案件立案查处65起，处理违建类信访投诉596件，全局实施“即查即拆”102起，拆除面积7638.02平方米。中队组织拆违70次，出动234人次，拆除面积2121.17平方米；配合乡镇拆违24次，出动137人，拆除面积5701平方米。中央环保督办件（银湖街道颐景山庄绛霞苑6号）完成销号上报工作，7张问题清单完成销号（紫云山庄污水零直排涉及拆除的违建问题）。根据区领导要求，由区城管局牵头，召集规资、住建、银湖街道、“三改一拆”办成立金都富春山居违建处置专班，落实小区违建治理工作。配合美丽杭州专班开展全区违建专项整治行动，牵头工作布置并汇总数据及每月上报市专班。规划积压案件核销工作，有效处置历年中止案件61件。按照区纪委《关于开展富阳区拆迁拆违领域腐败问题专项治理工作的通知》要求落实相关工作，梳理风险点5个，落实整改措施。完成规资局共23件工作联系函件的回函工作。开展违建线业务培训：6月，区城管局、区规资局联合发文关于银湖区块若干小区不动产登记相关问题实施方案出台；6月18日，开展《小区违建登记报告制度》及违建线相关工作业务培训，法规科、督查科及各中队违建线负责人参加；4月，组织开展违建信息登记报告制度自查自纠，全区159个住宅小区基本实现规范化运作；10月，对住宅小区物业服务人员开展小区违建登记报告制度业务培训；8月，出台实施违建线考核办法；12月，出台违建类信访投诉件答复方案。

【渣土管控】 实现渣土“一盘棋”治理。消纳有去处：点面结合推进平畈等6大场地建设，共1365万立方米，指导实施东洲街道全域土地整理项目渣土消纳；坚持“突出重点、属地挖潜、区域协同”，实现全域渣土科学调度消纳，保障高铁地铁、亚运场馆、秦望“城市眼”、安置房和市域统筹项目渣土消纳1200万立方米。治理有体系：谋划编制“十四五”期间工程渣土处置实施方案；坚持“城乡统筹、片区管理、就近处置”的基本规则，制定富阳区《建筑装修垃圾处置场所规划布点方案》；与时俱进调整价格体系，实施消纳场地至秦望“城市眼”广场中心（原点）的运输距离远近分阶梯收费模式，优化完善价费体系，实现渣土消纳市场化调节，激发市场活力。执法有广度：聚焦工程渣土消纳场安全隐患排查治理工作，发现整改问题27个；严格落实“一案多查”，强化源头监管，从严打击工程渣土违规运输、偷倒乱象，全年查处过程性违法案件1305件，源头和末端责任主体案件68件，罚款1086万元，移交区外案件111件。

【法制工作】 根据综合执法改革要求，城管执法领域由“7+X”的相对集中执法扩大至15个条线21个方面的综合执法，制定区级综合执法案件移送协作办法，加强部门间的执法协同。开展道路运输环境、工程渣土、垃圾分类违法行为专项整治行动，实行“一案双查”、“一车四查”、典型案例媒体曝光。全年查处一般案件4397件，罚款1772.25万元，其中渣土类1426件，罚款964.82万元，垃圾

2021年11月，富阳打造“四色”城管
（区城管局 供稿）

分类案件 1256 件，罚款 37.12 万元。利用城管夜学、法制合作社等载体提升执法能力，开展非接触执法、掌上执法、721 工作法，轻微违法教育劝导，全年人行道违法现场教育 1033 起。组织行政执法资格等级化考试，执法证持有率 96.73%，完成 10 个省级基层中队规范化建设复评。通过行政争议调解机制，有效降低“两高一低”，实现零败诉。

（潘阮鹏）

【编辑 吕 克】

26 环境保护 Environmental Protection

环境质量

【概况】 2021年，富阳以习近平生态文明思想为指导，深入贯彻中共十九大和十九届历次全会精神，以建设绿色发展先行示范区为目标，保持加强生态文明建设的战略定力，统筹推进水、大气、土壤、固废污染防治。全年富春江干流水质稳定保持Ⅱ类，出境断面水质持续保持优秀，全区12个地表水监测断面、4个集中式饮用水水源地水质达标率100%；环境空气优良天数337天，优良率92.3%；细颗粒物（PM2.5）年均浓度30.3微克/立方米，可吸入颗粒物（PM10）年均浓度59.5微克/立方米，24个乡镇（街道）大气环境质量稳定达到《环境空气质量标准》（GB 3095—2012）浓度限值。全区生态环境质量保持稳定，人民群众生态环境满意度、获得感不断提高，成功获评“美丽浙江”“美丽杭州”考核优秀单位、省级清新空气示范区等。

【水环境】 全年全区12个监测断面中北渠口、大浦闸为Ⅲ类，其余10个断面为Ⅱ类，均满足水环境功能水质目标要求，达标比例为100%。从各主要河流看，富春江（富阳、渔山）、渌渚江（新登、窄溪上港、青何、岩石岭水库断面）、苋浦河、壶源溪、剡溪、大源溪、南渠水质优，属Ⅱ类水体。全区饮用水水源地水质稳定达标，总体优良。集中式饮用水水源地（3个）水质监测项目都达到Ⅱ类地表水环境质量标准，备用水源亭山水库监测项目达到地表水环境质量Ⅱ类标准，达标率为100%。富阳出境断面（渔山）水质达到Ⅱ类功能要求，自2015年以来水质持续保持“优秀”。

【大气环境】 根据《环境空气质量标准》（GB3095—2012），全年全区环境空气优良天数337天，轻度污染天数26天，中度污染天数2天，无重度及严重污染天数，优良率为92.3%，与2020年相比同比下降3.9个百分点，环境空气各监测因子年均值均达到二级标准。大气降水pH平均值为5.62，为非酸雨区；全年很清新空气天数11天，清新空气天数280天，整体空气清新率95.1%，与2020年基本持平。全年乡镇空气优良率均值为90.2%，主要污染因子为细颗粒物（PM2.5）和臭氧（O_3）。各乡镇街道细颗粒物均值27.9微克/立方米，年均浓度范围22.8～33.1微克/立方米，其中11个乡镇街道高于全区平均水平；臭氧浓度均值150微克/立方米，其中12个乡镇街道高于全区平均水平。

【声环境】 全年全区区域环境噪声昼间平均等效声级为54.8 dB（A），各区域环境噪声监测点位监测值均达到相应标准，区域环境噪声较好。全区8个功能区昼间噪

2021年，富春江干流水质连续7年保持优秀。图为富春江
（市生态环境局富阳分局　供稿）

声均达到相应的声功能区标准要求。全区道路交通噪声路长加权平均等效声级为67.1 dB（A），质量等级为好。

【固废环境】 全年全区246家重点统计工业企业冶炼废渣、粉煤灰、炉渣、尾矿、脱硫石膏、污泥以及其他废物等一般工业固废产生量为244.9万吨，与2020年相比，下降0.31万吨，同比下降0.13%。

【生态环境公众满意度】 根据2021年浙江生态环境质量公众满意度调查，富阳得分为87.31分，连续6年实现攀升，在全市13个区（县、市）中排名第三，其中认知度、获得感均列全市第一。

环境综合整治

【水污染防治】 加大饮用水水源地保护力度，完成富阳饮用水取水口上移及保护区优化调整，开展饮用水水源地保护区生态环境问题大排查大整改，累计查改各类问题50个。加快“污水零直排区”建设，狠抓“污水零直排”建设“头号工程”，6个镇街、6个工业园区、48个生活小区年度任务顺利完成，“污水零直排区”覆盖率排名全市前列。压实河湖长制履职责任，加快推进“河湖长制”提档升级，三级河（湖）长累计开展巡河23485次，处置问题24416个，巡河率、问题处理率均达100%。高标准抓好“绿水币”试点和扩面推广工作。全年完成“绿水币”注册35072人，并实现全区河道民间河长全覆盖；共爆料问题7562个，绿水币总分85.56万分，开展护水活动795次，注册率、问题爆料数、活动开展数等各项指标均排名全市前3。提高“五水共治”基础设施建设效度，加强治水基础设施建设，新建改造污水管网31.5千米，雨污分流改造10千米，完成农污终端标准化运维557个。

【大气污染防治】 聚焦PM2.5和O3污染“双减双控”，制订《大气环境质量提升行动方案》，明确年度大气污染防治目标、重点措施和工程，全面推进大气污染防治工作。推进“工业废气”治理，完成产业结构调整11家、VOCs无组织排放治理和提升改造7家，整治工业炉窑10台、燃气锅炉9台，全面完成全年大气污染防治重点任务。强化“车船尾气”管控，实行国III柴油货车全区禁行要求和城区12.5平方千米范围内高排放非道路移动机械禁用；推进高排放车辆清洁化行动，完成非道路移动机械申报挂牌登记5523台。落实“扬尘污染”整治，落实工地控尘“8个100%”要求，开展全域裸土问题大排查大整治，治理裸土144万平方米。强化道路洒水、雾炮抑尘作业，结合道路扬尘在线监测系统，精准开展降尘除尘。加强餐饮油烟管控，建立健全餐饮油烟治理联审联防联控机制，全年检查店面5072家次。开展露天焚烧垃圾秸秆三级网格化巡查，加大火点扑灭力度。

【固废污染防治】 印发《富阳区“无废城市”建设实施方案》，高质量推进“无废城市”建设，全面完成指标37项、建设任务36项，成功创建“无废细胞”86个。加大固废基础设施建设力度，建成小微固废收运、分拣中心，全区工业固废分拣处置，正式投运循环经济产业园焚烧和易腐项目，全区生活垃圾实现100%资源化利用、无害化处置。

【土壤污染防治】 加强土壤污染源头预防，25家土壤污染重点监管单位完成隐患排查、有毒有害物质报告和土壤及地下水自行监测。完成153个地块土壤污染状况调查，开展全域7200公顷受污染耕地源解析，推进实施省级全域土地综合整治与生态修复工程项目7个，确保污染地块安全利用。深化绿色矿业示范区建设，关停矿山2家，重点提升4家绿色矿山矿容矿貌，启动2家智慧矿山建设。

【生态环保督察整改】 高质量推进中央、省级生态环境保护督察整改。印发《生态环保督察反馈问题整改落实方案》，拉条挂账、清单管理，高质量推进问题整改闭环，至年底，整改完成145个中央督察问题信访件中的143个，完成5个省级督察信访件中的4个，均按照年度计划顺利销号。推进“七张问题清单—重大生态环保督察”问题整改，将省市委“七张问题清单”整改作为提升生态环境工作的重要抓手，深挖问题根源、细化整改举措，全面销号生态环境问题5个。编制《富阳区突出生态环境问题发现、整改闭环机制》，建立问题发现、销号机制，组织乡镇（街

2021年6月，市生态环境局富阳分局成为全省首支换装新式生态环境执法制服队伍

（市生态环境局富阳分局 供稿）

道）、各区级部门强化联动执法、开展问题排查，累计发现、曝光问题37个；强化建章立制、举一反三，堵住问题发生源头漏洞，形成“整改一个问题，完善一项机制，规范一片领域”良性闭环。

环境管理执法

【生态环境管控】 开展环保审批工作，全年审批项目报告书、报告表审批116个、零土地技改22个、区域环评改革备案53个、登记表备案185个。首次发放排污许可证40家，变更87家，延续11家，重新申请37家，遗失补办2家，整改后申请25家；注销排污许可证171家，注销整改通知书20家，排污登记191家；排污许可证质量自查175家，执行报告质量审核90家。开展环境监测业务工作，围绕生态环境保护中心任务，以生态环境质量监测为重点，以地表水常规监测、环境空气质量日常为基础，深入开展主要河湖地表水、饮用水水源地、乡镇小流域、河流交接断面、农村生活污水处理设施等水环境监测，城区及乡镇环境空气质量、降水、降尘、硫酸盐化速率、噪声等其他监测项目，全年共获得监测数据230万余个，完成各类监测报告1073份。严格落实噪声管理，加强重点落实区域环境噪声、功能区噪声、道路交通噪声治理，开展中高考期间“绿色护考”等专项行动；加强全区夜间施工管理，做好建筑施工夜间作业证明的核准，办理夜间施工许可408个。开展辐射管理工作，办理辐射项目环评审批3项、初审1项；辐射安全许可证审批47项、初审10项。会同省辐射站、省科器公司收贮10家企业共21枚放射源。完成104家辐射工作单位辐射安全年度评估工作。完成25家辐射工作单位辐射安全隐患排查工作。完成富阳区19家金属拆解、回收、熔炼企业信息调查，并督促完成辐射检测仪器配备，开展辐射检测。督促放射源在线监控企业做好每日巡检工作，对4家新增放射源单位共6枚放射源纳入放射源在线监控系统管理。启用浙江省辐射安全数据库系统开展辐射许可和信息录入工作。

富阳区危废“智”治平台

（市生态环境局富阳分局 供稿）

【生态环境执法】 深入开展生态环境“执法创优年”活动，推动执法服务“双提升”。强化日常监管，优化专项执法，严厉查处大案要案，实行“正面清单”机制，落实轻微违法免罚制度，争创机制完善、查处高效、管理人性的“最优执法区”。全年累计受理、调处环境信访818件，出动执法人员13461人次，检查企业4597家，作出行政处罚170件，生态环境执法综合排名全市第二，被生态环境部授予2021年度全国生态环境执法大练兵表现突出集体称号。深化生态环境保护“三服务”，建立区县级“环保管家”服务机制，协调解决企业环境保护及治理类问题285个。

【生态文明建设】 高质量推进生态环境保护规划纲要编制落实。编制《富阳区生态环境保护“十四五”规划》《新时代“美丽富阳”建设纲要及3年行动计划》等文件，打造生态优先、协同治理、共治共享的生态文明建设新格局。严格落实“三线一单”管控要求，从严把好项目审查、环境准入关。深入实施山水林田湖草系统保护修复。完善配套制度，推进9类工程15个生态修复项目，累计完成总投资16.08亿元，工程进展84%，预计2022年按计划完成，其中完成美丽林相建设57.33公顷，拥江岸线整治修复8.59千米。加大海绵城市、城市绿道建设力度，全年完成海绵建设2.2平方千米、建成绿道81千米，阳陂湖绿道、葛溪绿道获评第二届杭州市最美绿道。加大生物多样性保护力度。强化富春江等重点区域生物多样性监管保护，开展富春江（富阳段）生物多样性调查评估，调查鱼类58种、鸟类45种。强化森林资源管护，持续做好全区54322公顷生态公益林和23670公顷国有天然林、天然商品林停伐管护保护工作。维护水生生物多样性，放流富春江水生生物635万尾。加强生态环保宣传教育。开展“6·5”环境日、“浙江生态日”等生态主题活动，开展“无废富阳”大型主题宣传活动，持续深化环保之声校园广播、乡镇（街道）生态环保宣传等活动，推进生态环保公共设施向公众开放。全年举办生态文明宣传活动39次，发放生态环境保护宣传资料2.2万余册，生态环境保护宣传受众达30万人次。

【机制体制改革】 深化乡镇（街道）环境质量报告制度，在乡镇（街道）环境质量报告制度基础上，紧盯制度施行过程中发现的问题聚焦不具体、职责分工不明确等问题，开展制度深化行动，通过完善报告内容、细化任务清单、加强数字化管理等方式，进一步压实乡镇（街道）环保责任，强化乡镇（街道）环境质量报告制度效能。持续推动数字化改革，提升生态环境治理能力现代化。将重点污染源在线监控系统、“电力大数据”、扬尘监控、尾气黑烟监测等数字化监管系统纳入富阳“智慧环保”大数据平台，实现环境要素全囊括、一套系统全监管。按照“小切口、大牵引”为思路，以危险废物管理为切入点，开发危废智治平台，实现危险废物产、存、运、处全流程监管，全区接入系统产废企业765余家，纳入智慧化监管危废8.3万吨，该工作得到省、市领导的批示肯定，获评数字政府省级优秀场景。

（熊　蔚）

【编辑　吕　克】

27 科学技术

Science and Technology

科技进步

【概况】 2021年，全区新增国家高新技术企业157家（累计518家）、省级科技型中小企业215家（累计1093家）、市级企业研发中心12家（累计134家）、省级企业研发中心（研究院）8家（累计99家）；引进高校院所研究院9家，培育杭州市级以上科技孵化器8家（其中国家级1家）、众创空间5家（其中国家级1家），创建省级以上星创天地3家（其中国家级2家）；2020年度R&D经费支出增长到23.4亿元，R&D经费支出占地区生产总值比重增长2.88%。全区规上高新技术产业企业实现高新技术产业增加值177.86亿元，同比增长14.9%，占规上工业增加值的比重为65.9%；完成高新技术产业投资67.3亿元，同比增长120.1%。

【国家高新技术企业引育】 全面实施“高新工业强区”战略，围绕高新产业发展总目标，把培育和引进以高新制造业为主体的新兴产业作为主攻方向。启动新一轮科技企业“双倍增”计划，抓好“国高企”、省级科技型企业培育工作。

【高能级创新平台建设】 通过推进硬科技创新示范区建设，健全组织领导体系、编制行动方案，制定并分解每年工作重点任务。8月，富阳区入围“杭州市人工智能创新发展区”培育名单，杭州市范围内共获批区（县、市）7个。完成光机电省级高新技术产业园区创建申报，创建方案通过省级主管部门审核，待省政府批复。

【双创平台引育】 依托银湖科技城和杭州富春湾新城，做好众双创平台引育，全年新增市级专业型孵化器2家、省级众创空间3家，国家级众创空间申报1家（已公示），成功认定市级高新技术成果转化园1家（杭州市首批）。认定市级以上孵化器、众创空间13家，孵化面积超10万平方米，累计入孵企业超400余家，累计毕业企业90余家。

【产业园区建设】 围绕开发区和富春湾新城两大产业平台，按照国资平台主导和社会资本投资建设两种方式有序推进。在开发区区块已建或正推进建设应急产业示范产业园、银湖一亿中流加速产业园等产业园7个，在富春湾新城已建或正推进建设永泰小微企业创新园、生命科技产业园等产业园4个。至年底，列入全区认定/创建产业园16家，其中：通过省级产业园认定园区10家。集聚入园企业728家，2020年产值达到66.26亿元，税收2.74亿元。

【创新政策】 完成“十四五”科技创新规划的科学编制，引领“十四五”期间科技创新工作。开展“科技创新政策”制定工作，通过前期调研和多轮讨论，完成初稿。持续加大财政直接投入科技创新力度，仅研发经费补助一项全年补助企业231家、补助资金7973万元。

【科技金融】 与杭高投合作，做活科技投资引导基金，引进杭州禧筠朝旭创业投资、杭州富阳众咖股权投资、杭州富阳启赋瑞云股权投资等3家子基金落户富阳，子基金规模合计3.9亿元，其中：引导基金出资4900万元。引进企业3家，合计投资3260万元。

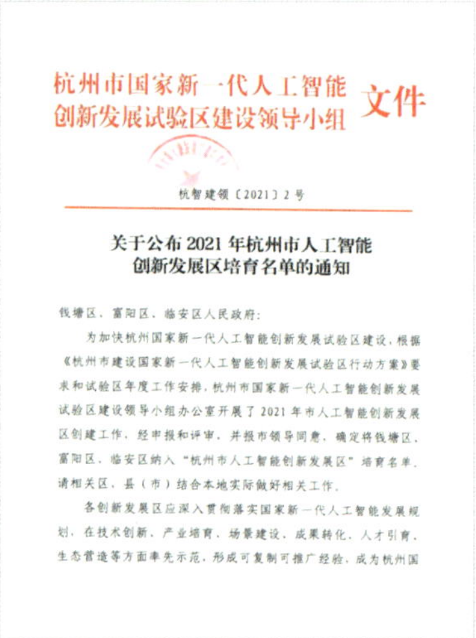
杭州市国家新一代人工智能创新发展试验区建设领导小组文件

杭智建领〔2021〕2号

关于公布2021年杭州市人工智能创新发展区培育名单的通知

钱塘区、富阳区、临安区人民政府：

为加快杭州国家新一代人工智能创新发展试验区建设，根据《杭州市建设国家新一代人工智能创新发展试验区行动方案》要求和试验区年度工作安排，杭州市国家新一代人工智能创新发展试验区建设领导小组办公室开展了2021年市人工智能创新发展区创建工作，经申报和评审，并报市领导同意，确定将钱塘区、富阳区、临安区纳入“杭州市人工智能创新发展区”培育名单，请相关区、县（市）结合本地实际做好相关工作。

各创新发展区应深入贯彻落实国家新一代人工智能发展规划，在技术创新、产业培育、场景建设、成果转化、人才引育、生态营造等方面率先示范，形成可复制可推广经验，成为杭州国

富阳入选2021年杭州市人工智能创新发展区培育名单
（区科技局　供稿）

【举办中国·富阳创新创业大赛】 6月10日，首届中国·富阳创新创

业大赛在富阳举行。大赛于 2020 年 12 月 25 日启动全国项目征集，首次采用“城市赛 + 总决赛”的模式，即武汉、苏州、上海三场城市赛和一场全国总决赛。大赛共收到报名参赛项目 109 个，参加城市赛路演项目 60 个，参加总决赛项目 20 个。“20 强项目总决赛路演”按照全国性赛事的评分准则，每个项目通过“7 分钟路演”以及“3 分钟问答”环节，评出金奖、银奖、铜奖、优胜奖各 5 个，炎黄国芯项目获得总冠军。在富阳注册获奖项目 18 个，部分项目产业化初具规模，大赛全网联播累计观看超 81.4 万人次，图片直播累计 3 万余次。

【科技特派员队伍建设】 优化科技特派员的服务模式，强化科技特派员项目管理。完成第八批 20 名科技特派员工作任务，服务示范基地 158 个。发挥科技特派员技术优势，加强山海协作，连续 3 年为缙云县提供科技服务。

【人才创新创业团队引进】 推进“揭榜挂帅”引才用才模式，重点围绕光电通信、生物医药、智能装备等重点产业引导企业参与“揭榜挂帅”。全年张榜关键核心技术需求 85 个，榜单总额 1.85 亿元，其中与省内外高校院所专家团队达成合作项目 23 个，揭榜金额 3300 万元。

（张姗妮）

中国林科院亚热带林业研究所

【概况】 2021 年，中国林科院亚热带林业研究在职人员 174 人，离退休人员 129 人。在职人员中，正高级职称 26 人、副高级职称 62 人、博士学位 95 人、硕士学位 33 人，博士生导师 12 人、硕士生导师 29 人、专业硕导 6 人。获国家优秀青年基金 1 人，省部级以上中青年专家 3 人，省 151 人才 23 人，享受国务院特殊津贴 20 人。全所在读全日制研究生 120 余人。

【服务国家战略】 科技助推长三角生态高质量发展。建设运转长三角生态保护修复科技协同创新中心；制定发布林业行业首个长三角区域标准，完成空气负氧离子自动监测研究任务，编制《长三角森林植被空气负离子监测报告》；支撑长三角绿色产业发展，协办第十八届长三角科技论坛“经济林产业发展”专题分论坛，提出浙江北部、江苏、安徽等江淮平原地区薄壳山核桃主导栽培品种及品种配置模式，建立品种应用试验示范基地 10 余个，面积 3000 余亩。打造林长制改革科技支撑样板。以“林长智”促“林长制”的支撑体系进一步完善；合作层次上升，安庆市人民政府与中国林科院签订合作协议；技术帮扶下沉，先后与安庆岳西、宜秀等地签订合作协议 8 份，结合县域特点，助力林长制实施；对接安庆市林业主体，谋划并实施经济林栽培技术、森林康养、困难立地生态景观改造等领域的产学研合作项目 7 项，安庆市资助资金 130 万元；总结提升为全国全面推行提供可借鉴样板；承担国家农业科技发展战略智库联盟重点战略研究“科技驱动‘林长制’到‘林长治’研究”项目，编写《践行习近平生态文明思想，为全面推行“林长制”提供有力科技支撑》建议报告，打造全面推行林长制改革科技支撑示范样板。科技服务“双碳”背景下国家公园建设。围绕共建长三角森林植被碳汇能力监测和评估体系，联合成立浙江省绿水青山就是金山银山理念（生态文明）智库联盟等多个平台，为全国首个森林碳汇管理局——丽水森林碳汇局管理运行提出《丽水市森林碳汇计量、评估和碳交易》建议 1 项；以钱江源—百山祖国家公园为重点，向钱江源园区提出《关于开展人工林精准生态修复的建议》，为园区森林碳汇精准提升提供科学依据；开展研究项目合作，在珍稀濒危物种保育、碳汇能力提升、森林虫害绿色防控等领域实施项目 4 项；构建国家公园地役权改革土壤质量本底数据库，开辟产业生态化和生态产业化的新路径。巩固扶贫成果，助力乡村振兴。牵头组织国家林草局独山科技服务团和青海大通森林蔬菜科技服务团，累计派出专家 110 人次全面参与国家林草科技帮扶活动，培养林业科技推广员 11 人，技术型林农 200 人次，显著提升区域林业造血功能；全面巩固前期扶贫成果，向支撑乡村振兴战略过渡，以技术、模式为侧重点，重点抓好已落地规划、产业项目实施成效监测评估，通过共建国家林草局生物产业基地等方式，在定点扶贫县与贵州鸿发、龙胜五龙福、勇爱等扶贫主体，结成长期稳定帮扶关系，持续深化油桐、油茶、甜柿等高效示范基地 5 个，支撑模式从成熟技术推广向合作研发创新推进；完成广西昭平林业产业规划项目论证，得到中航集团和昭平县领导高度肯定，竹林食用菌示范基地效益持续显现，解决就业岗位 30 余个，每亩实现产值 2 万余元，帮扶模式成为当地的扶贫典型，获中国林科院和广西壮族自治区科技扶贫先进集体以及中国林科院科技扶贫先进党组织荣誉称号，获评院科技扶贫先进个人专家 4 人；服务地方林业发展，为基层林农办实事。以科技特派员、送科技下乡等形式组织专家积极下沉基层服务林农，开展经济林栽培与管理、林下食用菌、中药材、经济林病虫害防治技术的集中培训与现场指导 60 多次，覆盖安徽、贵州、广西、江西等服务区域 10 余个省区，培训林技人员 1800 余名，推广应用实用技术 80 余项，特别是应对疫情影响，依托产业联盟组织木本油料大讲堂、国家林草科技大讲堂、技术咨询微信群等线上平台，开发“云端”技术培训课堂，累计举办线上培训 15 期，参与超 3 万人次。深化与富阳区战略合作，围绕打通“两山”转化通道，系统总结林业特色产业发展模式构建、生态景观提升、林木特色乡村及人才队伍建设方面成效，形成具有县域整体支撑特色的乡村振兴科技合作模式，并与富阳区签订新一轮战略合作协议；助力河南光山启动油茶产业提升，在高纯度长林穗条贮备，优良观赏用和果用资源开发方面深化合作。以政府购买服务形式，相关团队与浙江常山、江山，贵州黎平、玉屏，河南信阳等地达成木本油料产业合作协议。

【科研创新】 全年完成行业专项、国家级省级重点研发等40余项纵向项目验收工作。全所在研纵向科研项目共155项，整体执行情况良好。全年获批国家重点研发计划课题3项、任务4项，合同经费3342万元；获国家基金资助6项，其中面上2项，青年4项，合同经费236万元；全面立项纵向科研项目合同经费约7538.5万元，同比分别较2020年和“十三五”年均合同经费增长86.3%和20.9%。获得各类科技奖励10项，其中：参与的“竹资源高效培育关键技术”成果荣获2020度国家科学技术进步二等奖（单位排名第2）；主持的“金花茶种质资源高效培育及利用技术”“油桐抗枯萎病家系选育技术及应用”获梁希科技进步二等奖；“主要经济林废弃物基质化利用关键技术研究及产业化”获浙江省科技进步三等奖。出版论著11部（表1），发表论文134篇，其中SCI收录80篇（一区论文18篇，IF2020>10的3篇），CSCD核心期刊52篇（一级学报23篇）；授权发明专利28件，实用新型3件（表2）；软件著作权56件（表3）；颁布标准11项（表4）；审认定良种5个；授权新品种1个（表5）；评价成果13项，认定成果1项（表6）；获各类省部级科技奖励12项；29项技术成果进入国家林草局林草科技成果推广库，2项成果入选《2021年重点推广林草科技成果100项》，完成浙江省级科技成果登记10项。

2021年9月28日，亚林所举行全国第二届“太秋”甜柿优质产品鉴评会
（亚热带林业研究所　供稿）

【学术交流与国际合作】 组织召开首届卷羽鹈鹕东亚种群保护国际研讨会等线上国际会议2次，线上参加在日本举办的第七届国际柿学术研讨会，获“最佳口头报告奖”青年科研人员1名；组织基础科研素养提升培训5次，学术交流37次，与来自法国、意大利、加拿大等国的6位专家开展线上学术交流26次；与中国科学院分子植物卓越创新中心、西湖大学工学院等国内顶尖科研院校开展合作交流。

【人才培养与团队建设】 加强谋划布局，完成人才队伍建设三个清单（项目申报清单、人才称号与荣誉申报清单、职称申报清单），两个挂图编制（人才需求和进人布局图，领军和青年人才培养布局图），厘清全所人才现状，结合科技项目争取、荣誉申报等初步构建人才工作的一体化实施体系。做好人才培养引进。推荐专家申报各类人才计划荣誉，获国家留学基金资助2人，获浙江省农业先进工作者称号5人，通过省“万人计划”科技创新领军人才答辩1人。招聘出站博士后1名、应届毕业生10名（博士7名、硕士3名），晋升研究员2人、晋升副高资格5人；聘任到专业技术各等级31人。制定出台离所人员管理办法，按规定办结7名职工退休手续。强化研究生教育，招收博士10人，学硕17人，专硕9人，招生指标和招生人数双双创新高，生源质量提升；与长江大学和东北林业大学签订协议，首批落实11名林业专硕联合培养。首次组织招生夏令营活动，招收2022年推免生5人；新增硕导2人，博导1人；研究生培养取得较好成绩，博士研究生竞争实力显著增强，首次获得2021年中国林科院优秀博士论文奖；综合就业落实率为94.44%，在全院18个单位中排名第7。

【条件平台建设】 科研平台运行效能稳定增强，获批国家林业草原柿工程技术研究中心；完成局重点实验室等5个平台发展规划和长期基地建设规划，油茶工程中心评估较好，4个生态站顺利通过中国林科院自评估考核；柿工程中心成功举办全国第二届‘太秋’甜柿优质产品鉴评会与富阳农民丰收节，山茶花工程中心协办中国茶花育种科技创新论坛，现行平台运行稳步有序；新品种测试站进入正常运行，向新品办提交2项山茶属植物新品种DUS测试报告，补充收集山茶已知品种112种，数据库新增录入43个已知品种；在科技部重大科研基础设施和大型科研仪器开放共享评价考核中获“良好”评价结果，列全国346家部属单位的第65位，排名林业行业第一，连续两年获得“良好”的评价结果。全国经济林产品标委会推进新型标准体系建设、标准制定修订及宣贯评估，在三年评估期评定为“二级”，处于林业行业领先，并在院交流会作典型发言。质检中心牵头制定国家林草局2021年食用林产品及其产地土壤质量监测方案，监测食用产品及其产地土壤共2030批次。积极拓展争取地方检测任务，承担内蒙古、西藏、山西、重庆等地方林业部门委托的4150批次食用林产品质量安全检测工作；油茶中试基地积极调研提出运行方案。条件建设工作开展，完成院区安全项目收尾，实施内容包括危化品仓库的收尾及周边配套的完善、弱电智能化项目的收

2021年亚林所年度编写著作一览表

表17

序号	著作名称	出版单位
1	浙江植物志新编	浙江科学技术出版社
2	《富阳竹类植物图鉴》	浙江大学出版社
3	南方红豆杉多元化培育与利用	中国林业出版社
4	海南海口羊山荔枝种植系统	中国农业出版社
5	四川郫都林盘农耕文化系统	中国农业出版社
6	林分结构调控对杉木人工林生态系统功能的影响	中国林业出版社
7	江西南丰蜜橘栽培系统	中国农业出版社
8	杭州湾滨海湿地生态系统研究	科学出版社
9	Methods, Characteristics,Variance, and Genetics of Pine Oleoresin Components, and their Potential for Renewable and Sustainable Energy	Elsevier（爱思唯尔）
10	林木主要钻蛀性害虫的鉴别与防控	中国林业出版社
11	中国灌木林资源	中国林业出版社

2021年亚林所获得专利授权情况一览表

表18

序号	类别	名称	状态
1	国内发明专利	一种超高酸价毛油的高效精炼工艺	授权
2	国内发明专利	一种磁性半纤维素基水凝胶	授权
3	国内发明专利	一种清香油茶籽油脱胶工艺	授权
4	国内发明专利	一种油茶籽精选加工工艺	授权
5	国内发明专利	一种毛竹幼胚离体再生及遗传转化的方法	授权
6	国内发明专利	一种提高镉抗性及镉含量的基因及其用途	授权
7	国内发明专利	马尾松长叶烯合成酶基因和产品及应用	授权
8	国内发明专利	马尾松α-蒎烯合成酶在制备萜烯类化合物及萜烯类化合物的产品中的应用	授权
9	国内发明专利	南方红豆杉的嫁接方法及其杂交种子园的营建方法	授权
10	国内发明专利	一种采脂方法	授权
11	国内发明专利	湿地松人工林改建方法	授权
12	国内发明专利	一种低产低效毛竹林珍贵化、彩化整体改造方法	授权
13	国内发明专利	能够促进苗木不定根和次生根发育的根际真菌及用途	授权
14	国内发明专利	具抑菌能力和木质纤维素降解活性的新孢无柄盘菌及用途	授权
15	国内发明专利	一种油橄榄体细胞胚胎发生及植株再生方法	授权
16	国内发明专利	一种利用山核桃壳为原料制备栽培基质的方法	授权
17	国内发明专利	一种单宁和皂素降解微生物菌剂	授权
18	国内发明专利	一种林业废弃物制备的石斛栽培基质	授权
19	国内发明专利	一种红花油茶幼胚的组培育苗方法	授权
20	国内发明专利	一种浙江红山茶花药离体培养获得再生植株的方法	授权
21	国内发明专利	一种油茶茎段离体培养再生植株的方法	授权
22	国内发明专利	一种油茶再生体系的再生方法	授权
23	国内发明专利	一种星天牛成虫的引诱剂	授权
24	国内发明专利	作为生防菌的伯克氏菌的筛选方法及所用的分离培养基	授权
25	国内发明专利	一种伯克氏农业生防菌株Ba1及其用途	授权
26	国内发明专利	一种丛生竹全光照喷雾扦插快速繁殖方法	授权
27	国内发明专利	一种省力化竹林下种植竹荪的方法	授权
28	国内发明专利	一种散生型笋用竹的促成栽培方法	授权

2021年亚林所获得专利授权情况一览表

续表18

序号	类 别	名 称	状态
29	授权实用新型	涉禽类及游禽类水鸟捕捉工具	授权
30	授权实用新型	一种涉禽类及游禽类水鸟捕捉工具	授权
31	授权实用新型	一种用于林木监测的压力式自动延伸围尺	授权

2021年亚林所获得软件著作权一览表

表19

序号	软件名称	登记号
1	山茶遗传图谱构建模拟预测系统V1.0	2021SR0615933
2	崇左金花茶类黄酮信息管理系统V1.0	2021SR0664556
3	崇左金花茶SSR分子标记系统V1.0	2021SR0898667
4	金花茶遗传多样性SSR分析系统V1.0	2021SR0678407
5	滇山茶性状分析系统V1.0	2021SR0896385
6	不同基质栽培与山茶容器苗生长关联性的分析评价系统	2021SR0798217
7	一种山茶花期调控方法应用管理系统	2021SR0798078
8	基于转录组测序的SSR标记在山茶中的应用研究系统	2021SR0607868
9	金花茶组植物及其衍生品种信息管理系统	2021SR0607917
10	山茶品种“春江红霞”的多态性标记引物及山茶品种鉴定软件	2021SR0615946
11	山茶品种基因组DNA提取筛选软件V1.0	2021SR0615979
12	山茶EST序列的分析软件V1.0	2021SR0615983
13	一种压榨油茶籽油的适度加工方法标准化操作系统	2021SR0168090
14	一种油茶籽中不同形态多酚的萃取方法数字化演示系统	2021SR0168011
15	镉污染土壤植物修复综合利用管理系统	2021SR1120642
16	无患子优树子代生长预测平台	2021SR1276689
17	无患子种质资源适生区预测系统	2021SR1276691
18	一种根据叶片表型初步鉴别栗优良子代的分析系统	2021SR2026154
19	甜柿避雨栽培智能管理系统	2021SR2034261
20	甜柿容器育苗培育管理系统	2021SR2034255
21	柿园主要病害识别及防治对策信息系统	2021SR2042038
22	甜柿营养诊断与测土配方施肥系统	2021SR2034260
23	柿园主要虫害识别及防治对策信息系统	2021SR2034256
24	薄壳山核桃果用林大量元素缺素预警软件V1.0	2021SR0519350
25	与油茶种子油脂中棕榈油酸含量相关的SNP分子标记及其应用信息管理系统	2020SR1859999
26	与油茶种仁油中亚麻酸含量相关的关键SNP分子标记及其应用信息管理系统	2020SR1859955
27	低盐培养基对弗吉尼亚栎不定芽增殖的影响因子的分析测评系统	2021SR0636620
28	一种弗吉尼亚栎扦插防治方法管理系统	2021SR0636624
29	弗吉尼亚栎扦插繁殖栽培技术系统	2021SR0336618
30	弗吉尼亚栎不定芽增殖及试管苗再生影响因子分析系统	2021SR0336619
31	一种弗吉尼亚栎组织培养繁殖系数监测系统	2021SR0636626
32	基于生物量参数的栎属植物组织重金属积累成本预测系统	2021SR0664739
33	基于叶绿素荧光参数的杞柳叶片镉积累能力预测系统	2021SR0664749
34	石漠化红裸土植被快速恢复方法实施效果评价系统v1.0	2021SR0739480
35	湿地生态系统生态服务价值评估系统	2021SR0840967
36	湿地生态系统自然生态要素数据采集分析系统	2021SR0739484
37	钱江源国家公园土壤环境质量电子数据库查询系统	2021SR1313608

2021年亚林所获得软件著作权一览表

续表19

序号	软件名称	登记号
38	松阴溪湿地公园系统V1.0	2021SR0987685
39	松阴溪湿地生态监测展示平台V1.0	2021SR0907653
40	纳塔栎母本变异过程数据记录分析系统	2021SR0636621
41	一种纳塔栎组织培养方法应用管理平台	2021SR0647704
42	一种纳塔栎母本变异风险监测分析系统	2021SR0647703
43	铅锌尾矿库区域不同树木重金属吸收率综合测评系统	2021SR0636622
44	铅锌尾矿区对不同植物作用力影响评价系统	2021SR0636623
45	白栎果实特征参数与地理气候因子间相关性分析统计软件 V1.0	2021SR0636479
46	白栎幼苗抗旱性指标分析测评系统 V1.0	2021SR0636478
47	山苍子果实经济指标与环境因子的关联分析系统	2021SR1820029
48	植物挥发性有机物（BVOCs）信息查询系统V1.0	2021SR1535652
49	森林康养环境分级指数网络发布系统V1.0	2021SR1535649
50	森林色彩空间转换软件	2021SR0846345
51	灾害干扰受损森林生物量碳积累过程实时监测系统v1.0	2021SR1910942
52	基于枝径的受损木荷萌枝生物量碳测算分析管理软件v1.0	2021SR2001012
53	通视性分析软件	2021SR1560642
54	灾害干扰受损木荷萌生更新过程监测系统	2021SR2049094
55	山茶油挥发性特征产物数据采集分析软件	2021SR0132484

2021年亚林所技术标准一览表

表20

序号	类　别	名　称
1	标准综合体（行业）	薄壳山核桃标准综合体
2	行业标准	LY/T 3262-2021 食用林产品质量追溯要求通则
3	省级地方标准	木荷种子园营建技术规程
4	省级地方标准	耐寒木麻黄无性系繁殖技术规程
5	省级地方标准	人工湿地处理分散点源污水工程技术规程
6	省级地方标准	彩色森林营建技术规程
7	省级地方标准	竹荪仿野生栽培技术规程
8	省级地方标准（团体标准）	木姜叶柯栽培技术规程
9	省级地方标准（团体标准）	薄壳山核桃品种适应性评价技术规范
10	省级地方标准（团体标准）	油茶品种适应性评价技术规范
11	省级地方标准(长三角地方标准)	沿海防护林生态效益监测与评估技术规程

2021年亚林所审认定品种权一览表

表21

序号	类　别	名　称	审认定单位
1	省级品种审定	香玲珑1号	浙江省林木品种审定委员会
2	省级品种审定	香玲珑2号	浙江省林木品种审定委员会
3	省级品种审定	亚林柿砧6号	浙江省林木品种审定委员会
4	省级品种审定	亚林46号	浙江省林木品种审定委员会
5	新产品	金富椿	国家林业和草原局
6	登录	虾脊兰新品种Flying snow	英国皇家园艺协会
7	登录	虾脊兰杂交新品种Hope star	英国皇家园艺协会
8	登录	文心兰属“水晶”	英国皇家园艺协会
9	登录	兰属“素粉”	英国皇家园艺协会
10	省级品种审定	建德寿昌林场刨花楠、紫楠母树林种子	浙江省林木品种审定委员会

表22

2021年亚林所鉴（认）定成果一览表

序号	成果名称	类 别	鉴（认）定单位
1	金花茶种质资源高效培育及利用技术	鉴定/评价	中国林学会
2	三种特色野生兰花资源保育及利用	鉴定/评价	中国林学会
3	金花茶规模化繁殖与高效集成栽培技术	认定	国家林草局科技司
4	珍稀植物金花茶高效培育与产业化关键技术	鉴定/评价——单位排名第2	中国林学会
5	杉木优异种质创制与新品种选育及应用	鉴定/评价	浙江省林学会
6	柏木良种选育和繁育关键技术及应用	鉴定/评价	浙江省林学会
7	马尾松高生产力高抗良种选育和种子园矮化丰产技术	鉴定/评价	浙江省林学会
8	杉木人工林结构优化调控及多功能经营关键技术	鉴定/评价	浙江省林学会
9	竹林金针虫绿色防控技术创新与示范	鉴定/评价	中国林学会
10	滨海湿地水鸟生境恢复技术	鉴定/评价	中国林学会
11	滨海湿地鸻鹬类水鸟捕捉和卫星跟踪技术	鉴定/评价	中国林学会
12	滨海湿地水鸟主要食源植物海三棱藨草群落恢复技术	鉴定/评价——单位排名第2	中国林学会
13	山苍子优良家系选育及高效培育技术	鉴定/评价	中国林学会
14	绿竹笋用林高效培育模式创新	鉴定/评价	浙江省林学会
15	特色笋用竹种发掘及高质培育技术	鉴定/评价	浙江省林学会
16	雷竹林高质高效精准管理关键技术	鉴定/评价	浙江省林学会

表23

2021年亚林所获奖一览表

序号	成果名称	获奖类别等级	鉴（认）定单位
1	金花茶种质资源高效培育及利用技术	梁希科技进步奖二等奖	中国林学会
2	柏木良种选育和繁育关键技术及应用	科技兴林奖一等奖	浙江省林业局
3	南方红豆杉多元化培育与利用关键技术研究	梁希科技进步奖二等奖（单位排名第3）	中国林学会
4	广西柿种质评价利用及创新发展关键技术研究与应用	广西农科院科技进步二等奖（单位排名第3）	广西省农科院
5	主要经济林废弃物基质化利用关键技术研究及产业化	浙江省科技进步三等奖	浙江省政府
6	经济林果壳废弃物基质化利用关键技术研究及产业化	梁希科技进步奖三等奖	中国林学会
7	竹资源高效培育关键技术	国家科技进步二等奖（单位排名第2）	中国人民共和国国务院
8	油桐抗枯萎病家系选育技术及应用	梁希科技进步奖二等奖	中国林学会
9	浙江省主要森林类型经营增汇技术研究与示范	梁希科技进步奖三等奖（单位排名第2）	中国林学会
10	特色笋用竹种发掘及高质培育技术	梁希科技进步奖三等奖	中国林学会
11	浙江典型脆弱人工林生态修复技术与应用	梁希科技进步奖二等奖（单位排名第3）	中国林学会
12	香榧适生立地评价与提质增效经营技术研究	梁希科技进步奖二等奖（单位排名第3）	中国林学会

尾和整改、弱电智能化工程的结算审核；基本建设项目《局经济林产品质量检测中心检测设备购置项目》到位经费900万元，顺利完成11台（套）仪器设备采购；完成改善科研条件专项项目《林木培育与经营研究设备》，经费807万元；积极争取条件建设项目资源，编制完成了《2022—2024年改善科研条件专项规划》；申报2022年基建项目《杭州湾湿地生态系统定位观测研究站建设项目》。《油茶全资源高值利用中试线建设项目可行性研究报告》初步设计获批，经费1914万元。

【党建和精神文明】 强化党的建设，全面提升党员干部能力。全年组织党委理论学习中心组集中学习20次，修订党委会议事规则、所长办公会议事规则，坚持重大事项集体决策，研究从严治党、改革发展、队伍建设、薪酬改革、服务大局等重大事项近30项；完成党委纪委换届、党支部设置调整和换届，优化党委班子和支部设置，班子进一步年轻化；全年教育培训党员超1500人次，切实提高党员干部综合素养。“示范林”党支部建设法获评院十佳标准化规范化标杆党支部建设典型，“一棵树”支部工作法获评浙江省省直机关十佳案例；坚持全面从严治党，持之以恒正风肃纪，逐项认真落实院2019年预算执行审计、国家自然基金委审计问题整改，做好审计整改后半篇。制作专题橱窗、召开廉政会议，切实用身边事教育身边人。开展领导干部违规“吃喝”、违规收送礼品礼金、违规领取交通补贴问题的专项治理工作，确保领导干部廉洁自律，开展干部职工疗休养、职工体检以及困难职工、退伍军人慰问，推进精神文明建设，促进干事创业氛围向上，持续保持省级文明单位称号。学党史办实事，坚持领导干部带头“示范学”，领导班子成员采取每天线上学、专题集中学、定期理论学的方式，推进党史学习教育走深走实；坚持结合业务“融合学”，所党委明确12项重点工作任务，把党史学习和业务工作紧密融合。坚持成效检验“扎实学”，开展征文、竞赛、文艺会演等系列活动，引导广大党员干部学深悟透党史内涵；学史力行为群众办实事。建立我为群众办实事清单，构建办公自动化“最多跑一次”平台，开展上门讲解服务，得到职工好评。成立职工食堂监督委员会，通过例行巡查、日常监督、市场调研等方式，监督食堂安全卫生，保障质量安全。增加职工活动场所及各类健身设施，丰富职工业余生活，完成职工住宅小区生活饮用水改造。

（杨清平）

2021年6月，早籼超级稻品种中早39的选育及应用获2020年度浙江省科技进步一等奖

（中国水稻研究所　供稿）

中国水稻研究所

【概况】 2021年，中国水稻研究所获浙江省科学技术进步奖一等奖1项，获国家自然科学基金基础科学中心项目资助1项；以第一选育单位获省级及以上品种审定28个；授权国家发明专利50项；制定农业行业标准8项。获第六届“全国杰出专业技术人才”1人，第七届“中华农业英才奖”1人，入围2021年植物与动物科学领域全球“高被引科学家”名单1人，获第四届“最美浙江人 最美科技人”荣誉称号1人。*Rice Science* 2020年影响因子达到次3.333，期刊总被引频次达到1314，11月获浙江省卓越科技期刊奖。

【中早39选育及应用获省科技进步一等奖】 6月，2020年度浙江省科学技术奖名单发布，由中国水稻研究所杨长登研究员为主完成的抗病、高产、优质专用早籼超级稻品种中早39的选育及应用获2020年度浙江省科技进步一等奖。“中早39”是国内外首个超高产且含12个稻瘟病抗性基因的早籼稻新品种、国内首个单产和百亩方平均亩产均突破700公斤的早籼稻品种，实现早稻高产稳产与持久抗性兼顾的技术突破，为浙江省第一大早稻品种。

【水稻绿色技术集成提档升级】 水稻高低温灾害预警及防控技术创新与应用获2020—2021年神农中华农业科技奖三等奖，该技术针对气候变化及水稻种植季节与方式转变引起水稻关键生长期高温热害与低温冷害频发，制约水稻增产和稻农增收的问题，对水稻高低温致灾机理、耐高低温品种评价、高低温灾害预警方法、灾害监测预警平台建设、高低温防控关键栽培技术及产品进行系统研究，取得重大突破。“水稻叠盘出苗育秧技术”“水稻病害‘一浸两喷’精准防控技术”等技术入选农业农村部、浙江省农业主推技术。

【科研立项】 全年获国家自然科学基金资助项目12项，其中由钱前院士、胡培松院士、王克剑研究员共同申报的国家自然科学基金基础科学中心项目“农作物种质创新与创制”获准资助6000万元，该项目是中国农业科学院及研究所获得的第一个基础科学中心项目。

【服务乡村振兴】 牵头福建武夷山市乡村振兴示范县建设工作，并与当地企业成为党建结对共建单位；派出专家组深入贵州台江考察调研，做好台江县乡村振兴规划和产业发展规划；联合召开“杨丰山村生态农业建设”推进会议，协助举办第三届杨丰山农民梯田丰收节、仙居“好稻米”评选活动，帮助浙江台州椒江建设水稻叠盘出苗现代化育秧中心，合力推进建设共同富裕示范区。与安徽含山县、浙江金华金东区、江西萍乡湘东区政府签订战略合作协议，助推合作方水稻产业转型升级，探索在南方稻区主产省份整县制推进落实有偿“农科帮扶”。

【公共科技服务】 至年底，国家水稻数据中心网站品种数据库累计收录各类种质资源数据2.59万份；参考文献数据库累计收录论文6.86万篇；基因数据库累计更新2978个功能基因，稳居国内同类科学网站第一。承担稻米品质等样品检测3.3万余份，制定并发布《稻米食味感官评价方法》《食用稻品种品质》《绿色食品大米》《粮食中植酸含量的测定》《食用稻品种品质分级》4项行业标准和1项团体标准。开展水稻资源鉴定评价、分发利用等工作。

（章蓉蓉）

杭州光学精密机械研究所

【概况】 杭州光学精密机械研究所（简称“杭州光机所”）基于中科院上海光机所的现有技术、在光电领域的影响力和地位以及前端技术创新能力，做专业的硬科技“技术孵化器”，聚焦“1→10”，架起“高科技”到“产业化”的桥梁，打通“科技到产业”的通道，助力打造富阳“光谷”。2021年，杭州光机所入围工信部“国家玻璃新材料创新中心”参与单位，同时积极参与“国家玻璃材料实验室”的组建工作。获先进光电功能材料浙江省工程研究中心、杭州市级专业化科技企业孵化器、杭州市富阳区光电激光产业协同创新创业中心、杭州市富阳区青少年校外教育实践基地等多项荣誉。

【人才培养与团队建设】 杭州光机所组建一支200余人的科研团队；引进光子晶体光纤之父、英国皇家科学院院士、德国马普光科学研究所创始所长、美国光学学会主席菲利普教授及其团队；与国科大、华南师范大学、厦门大学等高校建立研究生联合培养机制，联合委培研究生20余名；与国科大联合成立富阳科教产业基地、工程专业学位研究生实践基地。

第一届光学前沿高峰论坛暨2020年度中国光学十大进展颁奖典礼

2021年4月24—26日，首届光学前沿高峰论坛暨2020年度中国光学十大进展颁奖典礼在富阳举行

（杭州光学精密机械研究所　供稿）

【科技创新与项目引育】 杭州光机所累计引育研发技术团队17个，注册公司15家，初步建立特种光纤及应用、激光与光电功能材料、激光光电装备、先进激光制造、光纤传感及应用等研发中心5个和公共服务平台1个。

【公共平台搭建】 杭州光机所激光及光学特性表征公共服务平台主要分为先进材料测试平台、飞秒激光加工平台、光学材料制备平台、碳化硅器件工艺平台，采购设备20台（套），完成安装调试19台（套）。为进一步提高公共测试表征平台的测试能力以及服务水平，公共测试平台补充采购振荡杯高温黏度计、三坐标测量机、原子力显微镜库等7台（套）测试表征设备及模拟仿真软件。

【科技宣传】 承办第一届光学前沿高峰论坛暨2020年度中国光学十大进展颁奖典礼等多次重大活动。

（包拯业）

【编辑　吕　克】

28 教　育

Education

综　述

【概况】 2021年，全区共有各级各类学校、幼儿园159所。其中：幼儿园76所（民办40所），小学46所（民办2所），初级中学17所（民办2所），普通高级中学7所（民办2所），中等职业学校2所，技工学校1所，特殊教育学校2所，独立建制区域性成校5所，教育指导服务中心3个。其中，省三级以上幼儿园创建率100%；通过省特色示范高中验收的公办普通高中5所，省一级特色示范普通高中1所，省二级特色示范普通高中4所。国家级重点职高2所，国家中职改革发展示范学校1所，省中职改革发展示范学校1所。教研中心1个，新劳动教育研究院1个。

全区共有在校学生约11.63万人，其中，幼儿约2.67万人，小学约4.61万人，初中约2.24万人，普高约1.31万人，职高约0.76万人，随迁子女1.81万人，盲、聋哑等特殊教育类学生236人。学前三年净入园率为99.80%，九年义务教育入学率、巩固率均为100%，初升高比例99.94%，优质高中招生比例91%。普通高中与职业高中（含中专、技校）的招生保持基本平衡。高考报名4163名，其中普通高考招生录取4019人，录取率为96.54%，双一流大学录取考生376人，录取率9.03%，其中清华大学、北京大学录取5人；传统体育和盲人考生录取5人，录取率100%。高职单独考试报考1229人，录取人数1174人，录取率为95.52%，其中，本科录取161人，录取率13.10%。成人高考报名3375人。高中招生文化考试和信息技术、实验操作考试参加人数为7339人。

全区各级各类学校有教职工10333人，其中幼儿园教职工3050人，园长和专任教师2117人；小学教职工2983人，专任教师2846人；初中教职工2221人，专任教师1771人，普通高中教职工1308人（含民办高中），专任教师1196人（含民办高中）；中等职业学校教职工666人，专任教师623人；特殊教育学校教职工105人，专任教师104人。在编公办教职工编制0.68万人。

【教育建设项目推进】 全年共有政府投资教育项目53个，其中续建项目32个，新建实施类项目11个，新建预备类项目10个，新增用地20公顷，总投资38.2亿元，年度计划投资10.1亿元。绘制教育重点项目推进“8+10”作战图，开展重点教育项目“大比武”活动。高质量完成教育民生实事项目，建成投用富阳区东洲中学改扩建工程、杭州市求是教育集团富春第九小学、杭州银湖科技城硅谷小学等学校11所，新增学位6700个，整体搬迁富阳区富春第三小学和建成投用富阳区实验小学学生食堂。引进上

2021年3月23日，富阳区“富春窗·党史少年说”宣讲团成立暨“五老讲党课进校园”活动启动

（区教育局　供稿）

海外国语大学杭州附属学校，与杭州市求是教育集团合作办学杭州市求是教育集团富春第九小学。

【教育课程改革推进】立足幼儿教育园本课程建设，全区公办幼儿园与部分民办园编制特色课程方案，新登镇第二幼儿园大山园区宣传片获全国学前教育宣传月展示，做好“滨富共同体”结对；深化义务教育课程改革，推进全区公办初中15所提质强校行动，组建紧密型教共体学校16对31所，区域推进紧密型教共体获评省级优秀；做好普通高中“新教材和新课程”专题研修，健全教育质量监控及评价机制，推动普通高中优质特色发展；优化特殊教育环境，浙江省盲人学校首次与浙江特殊教育职业学院合作推出中高职一体化五年制培养模式；成人教育全面推进，成立富春街道老年大学，开展老年智能技术应用培训，浙江老年开放大学富阳学院获评浙江省老年教育优质（示范）老年大学。实现跨校际交流教师21人，开展同步课堂330余节，教师网络研修130余次，线下教研70余次。富阳区职教中心、富阳区富春中学、永昌镇中心小学、春江街道中心幼儿园、银湖成人文化技术学校成功创建浙江省现代化学校。

【数字教育改革试点推进】开展教育工作数字化改革，实施“数智强教”工程，推进富阳教育魔方建设，打造“安心入学、安心培训、安心托管、安心健体、安心劳动、安心资助”等应用场景，其中“安心培训”入围省数字化改革“跑道”、“安心资助”被纳入省学生资助“一窗受理”平台试点项目，富阳教育魔方被列入省教育领域改革第一批创新试点项目，并在第80届全国教育装备展上进行公开展演。“安心健体”项目获浙江卫视、光明网等媒体报道。项目化推进中小学数字化创新课程建设，投入1000万元，确定第一批数字化创新课程项目31个，入选教育部第二批人工智能助推教师队伍建设试点地区。完成校园万兆升级改造学校27所和智慧安防系统建设学校21所，为20所学校配备213套交互式多媒体，建立智慧图书管理系统，富阳中学、东洲街道中心小学获评市智慧校园标杆学校，创建省节水型标杆学校1所、省节水型示范学校2所、区节水型示范单位11所。

【教育系统党建特色推进】全年开展党史宣讲780余场，覆盖师生、家长超过10万人次，形成优秀案例100余个，在各级专报宣传20余次，获评市级优秀案例4个；提升党员教师队伍能力，实施“6+2+X”教育培训机制，推行“1+5+N”固定主题党日模式，开展培训活动500余场，组织党员外出交流活动100余次；开展中国共产党成立100周年主题活动，共开展庆祝活动500余场，参与人次突破20万，举办教育系统庆祝建党百年表彰专场音乐会，线上线下共6.5万人参加；强化基层党组织建设，发展党员78名，完成支部换届、委员调整党组织72个，获评“先进基层党组织”党组织20个、党建工作各类荣誉1998人、市优秀基层党组织党组织1个；开展党建品牌建设，培育党建品牌10个、优秀党建案例66个；开展“民呼我为”主题活动150余次，组织进村社报到党员教师6867名，纳入“民呼必应”应用场景管理，认领并完成微心愿4600余个，办理实事500余件，汇编《民呼我为，红心育人》优秀案例集，收录案例40余个；开展教育领域腐败问题专项整治，发现并整改问题15个，完善制度16项，谈心谈话600余次，申报省“清廉学校”示范点1个、市“清廉学校示范标杆”2个，建成市“清廉学校示范点、优秀案例”6个，区教育局作为区县市教育行政部门唯一代表在省教育系统全面从严治党暨“清廉学校”建设推进会上作典型经验交流。完成“富阳教育”推送信息1000余条，总浏览量超50万人次，关注用户101400余人，在《人民日报》等媒体宣传富阳教育工作300余条。

【共青团富阳区教育局第一次代表大会】2月5日，共青团杭州市富阳区教育局第一次代表大会在富阳学院举行，会议回顾过去5年教育局团工委在思想引领、学思践悟和服务青年等方面所做的工作和取得的成效，并对今后5年团工委的工作进行展望。

【教育系统党史学习教育动员暨2021年党员春训集中培训会】3月20日，富阳区教育系统党史学习教育动员暨2021年党员春训集中培训大会在场口中学召开，部署开展教育系统内党史学习教育工作重点，解读《富阳区教育系统开展党史学习教育的实施方案》。

【富阳区校外培训机构规范办学工作会】4月28日，富阳区2021年校外培训机构规范办学工作会召开，提出全区培训机构工作要求，培训机构应按照省市安心培训平台

2021年11月，富阳区教育局成为全省第一个教育魔方试点区并在全省“教育魔方”应用推进会上作交流发言

（区教育局　供稿）

要求，认真细致做好信息公示、资金监管、合同广告等工作，加强安全管理，做好保险制度、监控联网等工作；要重视培训机构等级评估，通过评估办法引领培训机构从规范向优质发展。

【富阳教育系统纪念“五四”青年节座谈会】 4月28日，富阳“凝聚青春力量，喜迎建党百年”——青年教师代表座谈会召开，局团工委书记方斌作《富阳区青年教师发展现状调研报告》，8位青年教师围绕本职工作谈感想、谈感悟、谈困惑，提出绕建设富阳美好教育建议。

【教育系统庆祝建党百年表彰会暨“百年党史”经典歌曲合唱专场音乐会】 6月28日，富阳区教育系统庆祝建党百年表彰会暨“百年党史”经典歌曲合唱专场音乐会举行，晚会以百年党史为轴线，分星火燎原、奋发图强、伟大复兴三个环节。富阳教育人用诗与歌的韵律歌颂中国共产党砥砺前行的百年征程，展现中国共产党一个世纪的时代画卷，为党的百岁生日献上合唱赞歌。

【富阳教育成绩斐然】 3月10日，2021年全省教育系统全面从严治党工作暨“清廉学校”建设推进会召开。富阳区教育局党委书记、局长方亮作为全省区（县）教育局代表作典型经验交流；11月25日，省教育厅召开“教育魔方”应用推进视频会，区教育局党委书记、局长方亮在主会场参会并代表全省首个教育魔方试点区作《教育魔方赋能美好教育》的典型经验交流；12月28日，省教育厅公布省城乡义务教育共同体区域和学校典型案例名单，区教育局报送的《从“共享教育”到“共生发展”——富阳区城乡义务教育共同体的使命与担当》按评审结果位列全省第二，入围区域典型案例，富阳区“城乡义务教育共同体”省民生实事项目获评省级优秀，富阳区创建成为全国劳动教育示范区。

幼儿教育

【概况】 全区有各类幼儿园76所。其中，教育部门办36所，民办40所；省一级幼儿园12所，省二级幼儿园30所，省三级幼儿园34所。在园幼儿26657人，学前三年入园率99.80%。幼儿园教职工3470人，园长和专任教师2117人，其中硕士研究生学历2人、本科学历1453人、专科学历633人、高中学历29人；具有专业技术职称的园长和专任教师1455人，其中中级及以上教师450人、幼教助理级教师865人、其他级别140人。学前三年幼儿入园率99.80%，浙江省等级幼儿园在园人数比例100%，优质学前教育覆盖率81.40%，幼儿园公办率66.7%，普惠率90%，学前教育生均公用经费为500元/生•年。

【第十七届“教坛新秀”教学风采展示活动暨幼儿园教师短期培训】 9月24日，富阳区幼儿园第十七届“教坛新秀”教学风采展示活动暨幼儿园教师短期培训举办，全区幼儿园分管园长和教师代表参加。培训发挥“教坛新秀”的示范引领作用，展示了7个活动，促进幼儿园有效开展健康领域教学研究，提高教师支持幼儿健康核心经验学习与发展的能力。

【融合教育个案评估研讨现场会】 9月24日，富阳区融合教育个案评估现场研讨会举办，省医疗康复中心启智科副主任华育文及区雨点儿康复中心洪女提出融合教育个案干预措施建议。通过活动，引导幼儿园优化融合教育措施，以个案为导向，探索融合教育新路径，发挥融合教育力量，随班融合为教育助力。

【举行富阳·滨江幼儿园城乡互助共同体结对仪式暨走邻式项目研修活动】 9月24日，富阳区和滨江区幼儿园城乡互助共同体结对仪式暨走邻式项目研修活动举行。本轮结对活动中，滨江区共有65个园区和富阳区结为互助园。活动围绕两区幼儿园园长在园本化制度建设中的困惑点开展分享、研讨，旨在面推进区域学前教育优质、均衡发展，进一步发挥优质学前教育资源作用，充分开发、利用、共享两区学前教育优质资源。

中小学教育

【概况】 全区有小学46所（含民办小学2所），班级1234个，学生46172人（含民办小学），教职工2983人（含民办小学），其中专任教师2846人、行政人员18人、教辅和工勤人员119人。专任教师队伍中，研究生学历104人、大学本科学历2321人、大学专科学历413人、高中学历8人，大学专科及以上学历占比99.71%。具有专业技术职称的专任教师2225人，其中副高级232人、中级1935人、助理级570人、员级29人。

全区初级中学17所（含民办初中2所），班级533个，学生21889人，教职工2221人（含民办初中），其中专任教师1771人（含民办初中），行政人员26人，教辅和工勤人员424人。专任教师队伍中，研究生学历114人、本科学历1635人、大学专科学历22人，大学专科及以上学历占比100%。专任教师中具有专业技术职称的1727人，其中正高级4人、副高级663人、中级682人、助理级376人、员级2人。

全区普通高中7所（含民办高中2所），班级298个（含盲人学校高中班级3个），学生13124人。教职工1308人（含民办高中），其中专任教师1196人（含民办高中），行政人员16人，教辅和工勤人员96人。专任教师队伍中，博士研究生学历1人，硕士研究生学历190人、大学本科学历1005人，大学本科及以上学历占比100%。专任教师中具有专业技术职称的1992人，其中正高级2人、副高级468人、中级421人、助理级212人。

【普通高中特色化发展】 全区共有

初中毕业生7059名，各类高中计划招生7059人，初升高比率99.9%，优质高中招生比例达91%以上。组织普通高中新课程新教材网络研修活动，参加研修教师1143人，必修课程总体完成进度95.2%，超过全市平均进度11.7个百分点，位列所有区县市前列。公办普通高中构建具有本校特色的课程体系，均通过省特色示范高中验收，其中省一级特色示范高中1所，省二级特色示范高中4所。

【高考成绩】全区共有4163名学生报名参加高考，其中普通高考招生录取4019人，录取率为96.54%；双一流大学录取考生376人，录取率9.03%，获清华大学、北京大学录取5人；传统体育和盲人考生录取5人，录取率100%。高职单独考试报考1229人，录取人数1174人，录取率为95.52%，其中本科录取161人，录取率13.10%。成人高考报名3375人，报名人数再创新高。

【上海外国语大学附属杭州学校新闻发布会】5月21日，上海外国语大学附属杭州学校新闻发布会在富阳举行，委派高级翻译学院党总支书记、赵美娟教授为上海外国语大学附属杭州学校学术总校长。上海外国语大学附属杭州学校是由杭州富阳区政府引入上海外国语大学及上海外国语大学附属外国语学校的名校资源而建，学校位于富阳区富春湾新城，总占地14.13公顷。上海外国语大学附属杭州学校为十五年一贯制外国语学校，实行小班化教学，包含幼儿园、小学、初中、高中全学段。学校可容纳学生3000名，预计2022年9月正式开学。学校实行寄宿制，小学起就可提供住宿服务。

【杭州市公办初中提质强校首批试点校“高坚联盟”】6月3日，杭州市公办初中提质强校首批试点校“高坚联盟”成立仪式暨“新学校发展性评价”探索会在富阳区郁达夫中学举行，发布《杭州市公办初中提质强校首批试点校“高坚联盟”联盟章程》。杭州市公办初中提质强校首批试点学校“高坚联盟”取意“仰之弥高，钻之弥坚”，是在杭州市教育科学研究院指导下，由富阳区郁达夫中学、杭州市十三中教育集团、萧山区河上镇初级中学、余杭区瓶窑镇第一中学、建德市梅城初级中学等11所杭州市公办初中提质强校行动首批试点学校自愿组成的学校合作组织。“高坚联盟”下设语文、数学、英语、科学、道德与法治、历史与社会、德体卫艺、教育科研、教育评价、教师发展等专业委员会，每年组织开展联盟教育教学研讨、比赛、展示、交流等活动，共享学校提质强校行动进展情况，分享学校成功经验的义务。

【富阳区中小学数字化创新课程项目评审】6月23日，2021年度富阳区教育系统数字化创新课程项目评审举行，对全区中小学校的40个通过初审的数字化创新课程项目，进行“揭榜挂帅”的展演竞赛，共同赛方案、赛课程、赛创新。

【富春窗“童心向党·党史少年说”宣讲大赛】6月25日，富阳区富春窗“童心向党·党史少年说”宣讲大赛在富阳区青少年宫举行。富阳区富春第六小学陆周欣桐等5组选手获一等奖；东洲街道中心小学马振朝等8组选手获二等奖；永昌镇中心小学刘文迪等12组选手获三等奖，倪桂芬等5名指导老师获优秀指导老师奖。

【杭州市时代小学与杭州银湖科技城硅谷小学合作办学签约】8月27日，杭州市时代小学与杭州银湖科技城硅谷小学合作办学签约仪式举行，两所学校将共享教育资源，定期组织骨干教师交流学习教育教学工作，在学校管理、课程建设、学生综合素养评价、家庭教育等方面开展深度合作。

【富阳区家庭教育讲师团和教研大组成员工作会议】9月16日，富阳区家庭教育讲师团和教研大组成员工作会议举行，发布《富阳区家庭教育指导师建设方案》。

【富阳·滨江幼儿园城乡互助共同体结对仪式暨走邻式项目研修】9月24日，富阳区和滨江区幼儿园城乡互助共同体结对仪式暨走邻式项目研修活动举办，本轮结对活动中，滨江区共有65个园区和富阳区结为互助园。

【富阳区首届中小学通用技术电子创新比赛】9月25日，由富阳区教育局主办，富阳区富春第六小学、富阳区青少年科技辅导员协会承办的2021杭州市富阳区首届中小学通用技术电子创新比赛举行，来自全区17支中小学参赛队的近300名中小学选手以及教练员参加。

【2021年杭州公望少儿美术作品展】9月26日，“向阳而生”2021年杭州公望少儿美术作品展在公望美术馆举行，展出美术作品190多件，展示主题为“传承经典”“快乐当下”“畅想未来”。

【共同富裕背景下乡村学校高质量发展论坛】9月28—29日，由《中国教师》浙江理事会、杭州市教育学会、浙江师范大学高质量育人综合改进研究中心和杭州市富阳区教育局主办，永昌镇中心小学承办的“共同富裕背景下乡村学校高质量发展”论坛在富阳召开。本次论坛采用线上线下融合的形式进行，会议讨论通过《中国教师》浙江理事会章程、推选《中国教师》浙江理事会专家组、产生《中国教师》浙江理事会理事长、副理事长、秘书处成员。

【富阳中学学生获中国化学奥林匹克（初赛）一等奖】10月19日，第35届中国化学奥林匹克（初赛）举办，富阳中学学生孙子宸、洪晨辉、赵圣雄、王一河，盛王鑫、刘禹、丁田、李浩然、费腾等9人获一等奖，一等奖获奖人数居浙江省第4位。

【富阳学校入围杭州市第一批数字教育标杆创建学校】10月27日，由杭州市组织开展的杭州市第一批数字教育标杆学校创建名单发布，富阳中学、东洲街道中心小学入围。

【富阳区第十四届中小学生合唱比赛】 11月4日至5日，杭州市富阳区第十四届中小学生合唱比赛“唱支红歌给党听”在青少年宫举行，共有参赛队伍54支。富阳区富春第五小学合唱队、富阳区郁达夫中学合唱队、场口中学合唱队分别获评小学组和中学组特等奖，产生小学组金奖13个、银奖17个，中学组金奖9个、银奖12个。

【杭州市求是教育集团富春第九小学揭牌】 11月5日，杭州市求是教育集团富春第九小学揭牌暨“求是教育集团—富春九小紧密型教育共同体”成立仪式在求是富春九小举行。杭州市求是教育集团富春第九小学占地3.05公顷，建筑面积3.3万平方米，具备36个班的办学规模，9月正式开学，现有班级13个，是杭州市公办基础教育阶段首个实施跨区域集团化办学的学校。

【富阳区第五届“富春情·教育梦”学术节】 11月9日，富阳区第五届“富春情·教育梦”学术节在杭州市求是教育集团富春第九小学举行。本届学术节为期一个月，围绕“‘双减’背景下的高质量教学”主题展开，内容包括各类成果展示、教学研讨、幼教论坛、校（园）长论坛等。

【青少年红十字应急救护知识和技能竞赛】 11月12日，2021年青少年红十字应急救护知识和技能竞赛举行，24支小学代表队、28支中学代表队参赛。富阳区富春第六小学等12支代表队分别获小学组一、二、三等奖，富阳区鹿山中学等10支代表队分别获初中组一、二、三等奖，富阳学院等5支代表队分别获高中组一、二、三等奖。

【富阳区“四史”学习教育进课堂主题活动】 11月16日，富阳区“四史”学习教育进课堂主题活动在富阳区富春中学举行，活动主题为“以史为鉴，赓续红色血脉；立德铸魂，培育时代新人”，旨在创新载体推进“四史”学习教育，推动“四史”学习教育融入课堂教育教学实践创新发展。

【富阳区第50届中小学生田径运动会】 11月18—21日，富阳区第50届中小学生田径运动会举行，运动会分高中组、初中组、小学A组和小学B组，大项19个，来自全区中小学校代表队72个运动员1043名参加。其间，达到三级运动员标准230人次，达到二级运动员标准56人次，打破赛会纪录6项7人次。

2021年11月5日,富阳举行杭州市求是教育集团富春第九小学暨求是教育集团—富春九小紧密型教育共同体成立仪式

（区教育局 供稿）

【富阳学生获杭州市美德少年称号】 12月1日，“美哉少年——杭州市第十七届美德少年（新时代好少年）发布仪式”举行，新登镇中心小学宋晨涵获尊师孝亲美德少年称号，富阳区永兴中学沈家锐获勤学创新美德少年称号。

【大源镇中心小学育才校区作典型交流】 12月10日，浙江省希望工程实施30周年纪念会召开，杭州市富阳区大源镇巍巍希望学校（大源镇小育才校区）作为省希望工程30周年模范希望小学代表在省人民大会堂进行汇报交流，获团省委书记何黎斌肯定。

【富阳获省中小学生艺术节大奖】 12月15日，经浙江省中小学生艺术节组委会经视频录像评选和专家现场评审，2021年浙江省中小学生艺术节获奖名单公布，富阳区获一等奖6个、二等奖7个、三等奖1个；富阳区教育局荣获优秀组织奖，杭州地区仅两个区县获得。

【富阳非学科鉴定审核小组】 富阳区“双减”专班组织了由小学英语学科专家、法律顾问、行业协会代表组成的审核鉴定小组，对富阳区洪恩教育培训学校提交的《唱唱乐学堂》《波噜噜魔法绘本演绎》两个培训项目从培训教材、上课教案、教学过程、评价方式进行细致鉴别，从培训目的、内容、方式几个方面综合研判，慎重讨论后确认这两个项目属于非学科类。这是《杭州市富阳区义务教育阶段校外培训机构培训服务项目审核鉴定操作方案》出台以后，富阳区开出的第一张鉴定单。

中等职业教育

【概况】 全区中等职业学校（机构）2所，学生7563人，教职工666人，其中专任教师623人，行政人员16人，教辅和工勤人员27人。在专任教师中，硕士研究生学历84人，大学本科学历539人，大学本科及以上学历为100%。具有专业技术职称的615人，其中副高级254人、中级288人、初级73人。技工学校1所，学生466人，教职工46人。专任教师35人，其中副高级8人，中级11人，初级5人。

国家级重点职高2所，分别为富阳学院和富阳区职教中心，两所学校均为国家中职改革发展示范学校，职教中心为省中职改革发展示范学校。杭州市立项建设项目30个，包括名师、技能名师、名校长、品牌专业、现代学徒制试点单位、普职融通试点学校、示范性职教集团、示范性校企合作共同体、示范性教学实训车间、综合性品牌实训基地等。浙江省立项建设项目20个，包括名校、名师（大师）、品牌专业、优势特色专业、示范性校企合作共同体、德育品牌、创新创业教育实验室和优秀毕业生等。获全国职业院校技能大赛金牌2枚，创历史最佳成绩，在全市各区县市中名列前茅。富阳学院周玲怡、陈霖泽、李锦超、刘杨杨、张嘉诚获浙江省职业技能大赛一等奖，并作为省代表队唯一选手（团队）获全国职业院校技能大赛中职组“蔬菜嫁接”“手工制茶”赛项一等奖。在市职业能力大赛中，富阳学院获市职业能力大赛20金33银27铜，金牌总数位列第1，奖牌总数位列第2；富阳职教中心获18金21银32铜，金牌总数位第2，奖牌数位列第3。

【富阳学院获浙江工业大学研究生实践基地称号】 1月13日，富阳学院获浙江工业大学颁布的“浙江工业大学示范性研究生实践基地”荣誉称号，双方将加强合作，创造教育硕士研究生成长、科研环境。

【润匠科技技工学校揭牌】 3月23日，杭州市润匠科技技工学校揭牌仪式在富阳区永昌镇举行。杭州市润匠科技技工学校投资方杭州永科教育集团和杭州润龙集团，是省人力资源与社会保障厅批准设立的全日制技工学校。学校一期工程占地4.33公顷，教学行政用房2万平方米，为杭州唯一具有自建标准校园的民办技工学校。

【富阳区职业教育活动周主题活动】 5月25日，2021年富阳区职业教育活动周主题活动在富阳区职教中心举行，活动以“新机遇 新作为 技能成就美好人生”为主题，全区各职业学校围绕专业特色，以实物展位的形式，全方位展示职教成果。

【富阳区入围省职业教育发展考核优秀单位】 6月2日，省教育厅印发《关于公布2020年度职业教育发展考核优秀单位名单的通知》，33个市、县（市、区）入围2020年度职业教育发展考核优秀单位，富阳区连续两年入围。

【“初中学生进校园职业体验”活动】 5月26—27日，“初中学生进校园职业体验”活动在富阳区职教中心举行。学校安排“网页动画初体验”“走进物流”“小小香囊，传承非遗”“推拿养生”“中草药传统技能”“旅游通天下，管理秀才华”等体验项目8个，来自新登镇中、大源育才学校、鹿山中学、贤明中学等10所初中学校的初中生到校参加活动。

【浙江省“双高”学校建设推进会】 6月16日，富阳区职业高级中学召开省“双高”学校建设推进会。全国百名杰出校长、省十大职教风云人物、原湖州职业技术学院党委副书记金毅伟作《双高领航、提质培优》报告，明确“双高”学校建设总体要求、建设路径策略。中国职教学会副会长兼高职分会会长、享受国务院政府特殊津贴专家、第四届黄炎培职教杰出校长奖获得者丁金昌作《“省级双高计划”实施背景下推进高水平职业学校及专业（群）建设的思考》报告，着重就职业学校如何适应政府、社会、企业、学生等多元需求，如何优化专业建设、推进“三教”改革、提升人才培养质量等，作出阐述并提出建议。

【富阳区职业教育中心团委获评杭州市五四红旗团委】 6月，共青团杭州市委发布《关于命名2020年度杭州市五四红旗团委、团支部的决定》，命名“2020年度杭州市五四红旗团委”集体32家，富阳区职业教育中心团委入围。

【第十三届浙江中国“非遗”博览会“非遗”进校园成果展】 9月16日，第十三届浙江·中国“非遗”博览会（杭州工艺周）“非遗”进校园展览在富阳学院（富阳区“非遗”传承学校）举行，活动主题为“共享‘非遗’、共同富裕”。现场展示来自富阳区10所学校的“非遗”项目现场10余个，包括麦草扇编织、瓦刻、陶艺、剪纸、木质农具制作、香袋制作、布艺、手工制茶、越剧、舞龙、孙式太极拳等。

成人教育

【概况】 2021年，富阳学院成人高等学历教育在读学员5272人，其中开放教育学员4055人（本科2089人、专科1966人）、网络教育518人（中国人民大学119人、大连理工大学和福建师范大学399人）、杭州师范大学函授教育200人、衢州职业技术学院函授教育 66 人、浙江大学远程教育1人、杭州科技职业技术学院函授教育49人、成人中专383人。富阳区职业教育中心与西南科技大学、重庆大学等开展联合办学，在册学生236人，其中西南科技大学64人、重庆大学99人、国家开放大学22人，另有成人高中51人。富阳学院获得全省开大系统教材发行先进单位、招生工作先进单位、科研先进单位、思想政治工作先进单位等称号，连续第五年获评全省开大系统年度业务工作考核A等单位。

富阳区获评杭州市社区学习共同体建设先进区，浙江老年开放大学富阳学院获评浙江省优质（示范）老年大学，渌渚孝善文化基地获评“在浙学”市民终身学习体验基地，富阳社区学院获评杭州市社区教育数字治理示范社区学院，新登成人文化技术学校的“婆婆乐”

学习直通车培育项目获评省社区教育进农村文化礼堂学习品牌，鹿山成人文化技术学校的“鹿山东吴太极”和富春街道成人文化技术学校的“构建社区老年微课堂，打造智慧接力新样态”获评杭州市终身学习品牌项目。评选富阳区百姓学习之星49人，其中新登镇吴传忠获评浙江省百姓学习之星、新登镇范仙珍获评杭州市百姓学习之星。创建富阳区示范性社区学习共同体37个，其中新登太极拳队、大源镇星空朗诵社团、华韵舞蹈艺术团、鹿山街道三合村俏阿姨舞蹈队获评杭州市示范社区学习共同体、鹿山街道江滨村太极俱乐部获评杭州市最佳社区学习共同体、新登梦幻田园乐队方志洪获评杭州市社区学习共同体最佳核心成员。

国家老年开放大学展示平台展示老年教育教学成果6项，其中：灵桥镇成人文化技术学校的“孙式刀枪组合”和鹿山街道成人文化技术学校的“孙氏太极拳（械）组合”获三等奖；浙江老年开放大学富阳学院的“红船 从南湖起航”、常安镇成人文化技术学校“江南雨旗袍秀”、春建乡成人文化技术学校“幸福中国一起走”以及渌渚镇成人文化技术学校“大刀进行曲”获优胜奖。2021年杭州市老年人智能技术应用视频类评比活动获奖项目3项，其中：富春街道成人文化技术学校“智慧医疗保障健康人生”和新登镇成人文化技术学校“‘国家反诈中心’App下载与应用”获一等奖；富阳社区学院“智能技术应用手机导航”获三等奖。2021年杭州市老年人智能技术应用纸媒教材类评比获奖项目1项，为富阳社区学院方胜军、王兴伟“智能手机使用”项目，获三等奖。《文化传播视角下农村老年教育途径拓展研究》《推进农村社区共学养老事业发展的实践与探索》论文在省、市平台发表获奖。

成人教育学校社区教育进农村文化礼堂覆盖率100%，举办学习活动1235场次73494人次，组织智慧助老教育培训服务活动371场次，帮助体验新科技老人22166人次，自建《智慧医疗保障健康人生》《老年人国家反诈中心App下载与应用》等数字化资源9个，共建《孩子的安全问题》等数字化资源50个。

【社区教育工作会暨社区教育公共服务平台培训会】 3月24日，富阳区2021年上半年社区（成人）教育工作会暨社区教育公共服务平台培训会举办，讲解平台开发价值和意义、平台具体操作流程，数字赋能提升富阳社区教育智慧管理，表彰2020年度富阳区社区教育工作先进个人和社区教育通讯报道先进个人。

【富春街道老年大学揭牌】 10月12日，富春街道老年大学成立揭牌暨开班仪式举行，富春街道老年大学位于富春街道春秋北路589号（巨利社区五楼），拥有多功能厅、电教室、阅览室、健身室、多媒体教室共开设班级8个，包括智能手机应用、书法、太极、舞蹈、声乐、手机摄影等。

【富阳学院获评全省老年教育优质（示范）老年大学】 12月9日，浙江省教育厅办公室发文公布2021年全省老年教育优质（示范）学校名单，全省共认定老年大学11所，富阳学院（浙江老年开放大学富阳学院）入围。

特殊教育

【概况】 全区有特殊教育学校2所，即浙江省盲人学校（省教育厅委托富阳区教育局代管）和富阳区特殊教育学校。两校共设班级24个，其中视力残疾班级15个、智力残疾班级9个；在校学生236人，其中视力残疾171人、智力残疾65人；教职工105人，其中专任教师104人；在专任教师中，本科及以上学历89人；具有专业技术职称99人，其中副高级34人、中级51人、助理级14人。全区持证残障儿童少年入学率居全省前列，其中：学前教育入园率97.78%、义务教育入学率99.62%、高中教育段入学率90.18%。在全区普通中小学（幼儿园）中新增杭州市合格资源教室4个，其中杭州市示范性资源教室2个。

【浙江省“国家通用盲文”推广应用研讨活动】 4月26—28日，浙江省“国家通用盲文”推广应用研讨活动在浙江省盲人学校举行，研讨《基于国家通用盲文方案的盲校义务教育学生盲文读写速度标准的研究》。北京联合大学教授钟经华介绍通用盲文特点，详细解读通用盲文标调规则和省写方案；山西省太原市盲童学校王湘作《国家通用盲文在盲校教学中的推广与实践》报告；浙江特殊教育职业学院傅悦作《通用盲文记忆图表》报告。浙江省盲人学校李炎明开设《通用盲文省写和简写规则》公开课。

学校管理

【概况】 规划教育布局，在编制完成学前教育、中小学布点专项规划（2020—2035）的基础上，编制出台《杭州市富阳区“十四五”教育改革发展规划》；制定实施《富阳区学校建设三年行动计划》，加强公建配套教育设施核查和方案审查，保障配套幼儿园与住宅小区首期同步规划、同步立项、同步建设和同步移交；出台《杭州市富阳区教育局等九部门关于进一步做好义务教育阶段学校课后服务工作的通知》《杭州市富阳区教育局关于进一步落实“双减”政策减轻义务教育学校学生过重课业负担的实施意见》，做好义务教育课后服务托管。

【校园环境不断优化】 推进学校视觉环境改善，灯光改造学校33所教室762间，投入资金435万元；增加视力检测设备79套，建立学生视力数字档案；为22所小学更换可调节课桌椅11045套，投入资金370余万元。完成23所学校184间通道式厕所改造，投入资金725万元；完成35所学校377处无障碍设施整改，投入资金206万余元；推进校园亮化、美化、文化建设，投入资金 400 多万元。开展教育现代化项目绩效评价，全面梳理全区教育系统不动产确权、闲置校产处置以及小区配套幼儿园产权管理有关信息，妥善处理历史遗留问题，处置盘亏资产共计 33718 件、原值 28719175.7 元，其他资产 88522 件、原值 18627115.37 元。

【立德树人】 全年开展立德树人主题活动 128 场，选树富阳区“美德少年” 20 人，获“杭州市美德少年”学生 2 人，入围学生 10 人，位列区县市第一；构建“三位一体”教育网络，加强学校与社会、家庭联系，联合富阳区妇女联合会成立富阳区家庭教育指导中心，开展“百场家庭教育进家庭”活动；推进学校健康促进行动，创建健康促进金牌学校 1 所、银牌学校 6 所、铜牌学校 13 所；举办“百场爱眼护眼和近视防控”科普宣讲进校园活动，创建近视防控特色学校，完成全区中小学、幼儿园近视调查，学生近视率 59.20%，比 2020 年下降 1.15%；举行第十三届青少年模型锦标赛暨 2021 年中小学生科技节、“唱支红歌给党听”中小学生合唱比赛、全区青少年应急救护知识和技能竞赛等各类赛事，15 个项目在省中小学生艺术节上获奖，获省中小学生艺术节优秀组织奖，举办第 50 届全区中小学生田径运动会等多项体育赛事，健全并完善学生阳光体育锻炼制度，确保学生每天 1 小时体育锻炼时间。

【富阳区中小学新劳动教育全国领跑】 发布《杭州市富阳区中小学“新时代劳动教育”指导建议》，形成 234 条劳动建议。成功创建全国中小学劳动教育实验区，举办 2021 年《中国教育报》劳动教育大会和浙江省首届中小学劳动教育大会，推进新桐、阳陂湖大型“新劳动教育”实践基地建设。富阳作为浙江省唯一发言代表在教育部召开的全国中小学劳动教育现场推进会上作经验交流，劳动教育案例《正心立德 劳动树人——区域推进新时代劳动教育的“富阳实践”》入选全国中小学劳动教育典型案例。11 月 3 日，教育部官网刊发《以劳动教育为“双减”赋能》，宣传富阳新劳动教育。

【全面落实教育“双减”政策】 落实教育“双减”（有效减轻义务教育阶段学生过重作业负担和校外培训负担）和“五项管理”（手机管理、睡眠管理、读物管理、作业管理和体质管理）举措，全区义务教育学生参加基础性托管 95% 以上，小学学生参加拓展性托管 40% 。压减校外培训机构，规范办学行为，完成营利性学科类校外培训机构 100% 压减任务，全区营利性学科类校外培训机构 60 家，其中转型为非学科类 35 家、注销退出 24 家，转登为非营利性学科类校外培训机构 1 家相关工作获省、市“双减”专班肯定，“双减”特色工作获浙江卫视等媒体宣传报道。

【护校安园工程】 推进校园“健康防护”工程、“智安校园”工程、饮食安全放心工程、“防火墙”工程、学生交通安全保障工程、校园安全“排雷”工程；开展“校安 4 号”及校园安全专项整顿，检查全区中小学幼儿园 245 所（含校区、分园及民办幼儿园） 1003 人次，发现并整改安全隐患 842 处；组织开展防震救灾演练 158 次，113621 人次参加，悬挂防灾减灾宣传标语 580 条，张贴防灾减灾宣传挂图 1025 张，电子显示屏播放防灾减灾宣传标语 290 条，开设“开学第一课”“主题教育课”“假日爱心课”三类课程，累计开展普法主题实践 120 余次；探索学校学生接送方案，做到“一校一策”，有效缓解校园周边拥堵，被学习强国杭州平台等宣传推广，校园周边交通治堵案例被中共浙江省委教育工作领导小组秘书组浙江省教育厅编写的《教育参阅》教育改革与政策专辑刊发。

【校园食品安全】 规范食堂大宗食品统一采购，增加食品源头安全，降低学校食堂运营成本，统一配送车辆标识且全程冷藏运输，将食堂大宗食品配送企业场地监控及车辆 GPS 定位系统纳入教育局安全管理平台。公办学校食堂大宗食品定点采购统一配送率达 100%，300 人以上 A 、B 级学校等级食堂率 100%，阳光厨房建成率 100%，学校品牌超市比例达 100% 。中小学校加热保温水、直饮水系统建成率 100%，参加食品安全责任保险学校覆盖率 100%，实现全区公办学校“智能阳光厨房”全覆盖。

【中国教育报劳动教育大会】 5 月 9 日，2021 中国教育报劳动教育大会在富阳举行，各级教育行政部门相关领导，全国高校、教育研究机构研究人员，各地中小学校长等 140 余人参加，会议主题为“夯实劳动教育 锻造时代新人”。北京师范大学教育学部教授、博士生导师，北京师范大学公民与道德教育研究中心主任檀传宝作《何谓“新”劳动教育》主题报告；教育部职业教育职业技术教育中心研究所副所长曾天山通过视频连线方式，作《劳动教育的时代价值和实践路径》主题报告；教育部劳动教育指导专委会副主任委员，富阳区教育局党委委员，新时代劳动教育研究院院长，富春七小书记、校长章振乐作《劳动创造美好生活——浙江富阳“新劳动教育”实践》专题交流。

【浙江省首届中小学劳动教育大会】 5 月 20 — 21 日，浙江省首届中小学劳动教育大会在富阳区举行，会议由浙江省教育厅教研室主办、杭州市富阳区教育局承办、富阳区教育发展研究中心协办，来自全省各地的领导、专家、中小学校长、教师、出版社和媒体等 200 余名代表参加，会议主题为“劳动教育的新时代内涵与多路径实施”。会议探讨劳动教育重难点问题，拓展新时代推动中小学生劳动教育新思路，成立浙江省教育学会劳动教育分会。

【《杭州市富阳区“十四五”教育改革发展规划》发布】 12 月 8 日，《杭州市富阳区“十四五”教育改革发展规划》发布，提出通过推进学前教育普及普惠、促进义务教育优质均衡、推进普通高中特色发展、完善现代职业教育体系、实现特殊教育高质发展、完善终身教育服务体系等举措的有效落实，力争到2025年年底全区建成“学位充裕、优质均衡、五育并举、特色鲜明、质量一流”的教育新体系，跻身全省教育现代化发展水平第一方阵，成为建设现代版富春山居图、打造展示新时代中国特色社会主义重要窗口的排头兵。

师资队伍

【概况】 2021年，出台《高层次教育人才引进激励办法》，引进培育教育高端人才8人，其中省特级教师3人，省教坛新秀4人，金牌教练1人；引进及招聘高学历教育人才56人；招聘新教师171人。加大教育人才认定力度，认定市C类人才29人、D类人才41人、E类人才1049名、F类人才（富阳区）581人。健全“新教师、校级骨干教师、区级学科带头人、富春名师、省特级教师”与“后备干部、新任校长、成长期校长、骨干校长、富春名校长”五级名师名校长培养体系，开展区第二轮（2021—2024）名师名校长认定，重新认定富春名校长17人、富春名师60人、学科带头人232人、班主任带头人23人，培育省教坛新秀培养人选9人，评聘正高级教师3人、高级教师67人。52个名师乡村工作室对1800余名教师进行订单式培养。全年获省教坛新秀、市首批杰出教育工作者等教师59人，城区教师校长到农村学校任教34人，农村学校新教师到城区优质学校挂职锻炼52人，四川甘孜等地支教教师21人。

开展“赓续百年初心 奋进美好教育”第37个教师节座谈会暨优秀教师表彰活动，发言优秀校长和教师代表5人，表彰优秀教师50人；获省教坛新秀教师3人、市首批杰出教育工作者12人、市优秀教师20人、市优秀教育工作者7人、市优秀班主任10人、市优秀校长4人、市突出贡献奖3人、区优秀教师70人，区优秀教育工作者35人、区优秀班主任25人、区优秀校长11人、区农村教师突出贡献者11人；列出教师从教行为负面清单40条；完成成高中、中职教师资格认定初审150余件，办理认定初中、小学、幼儿园教师资格证近800件，做好教师资格认定实行跑零次。

【章振乐获聘教育部劳动教学指导专委会副主任委员】 1月15日，教育部办公厅公布教育部基础教育教学指导专业委员会委员名单，富阳区教育局党委委员兼富春七小校长章振乐获聘教育部劳动教学指导专委会副主任委员。

【富阳教师获评中小学正高级教师职称】 4月2日，省教育厅、省人力资源和社会保障厅公布中小学正高级教师职称的人员名单，全省共139名入围。富阳区富阳二中项爱明、永兴中学邵文鸿入围。

【富阳区教育系统第二十二轮暑期师德培训动员会】 8月20日，以“学党史 铸师魂”为主题的区教育系统领导干部暑期读书会暨区教育系统第二十二轮暑期师德培训动员会启动，培训为期5天，分两个阶段，第一个阶段为管理干部集中培训，第二个阶段为校本研修培训。同时开展学科教师素养测试。

【富阳区新教师培训2020届结业典礼暨2021届开班典礼】 8月25日，富阳区新教师培训2020届结业典礼暨2021届开班典礼举行，公布2020届新教师培训结业学员名单及优秀学员、优秀指导老师和关心新教师成长的优秀校（园）长名单，分享培训感悟，表达教育初心和教育决心。

【富阳区第十八届教坛新秀评选】 10月26日，富阳区第十八届中小学、幼儿园、中等职业学校教坛新秀名单公布，按照专业理论考核、课堂实践考核和工作实绩等项考核，杜伊宁等163人入围；同时骆晴等71人入围杭州市第十八届中小学、幼儿园、中等职业学校教坛新秀。

【富阳区第六届青年教师基本技能竞赛】 10月28日，富阳区第六届青年教师基本技能竞赛举行，经前期学校推荐和各教育指导服务中心初选，优秀青年教师代表39人参加。比赛设置项目5个，分别为写作、硬笔书法测试、计算机应用、教育教学案例分析、学科专业技能展示，评出一等奖6名、二等奖12名、三等奖21名，其中总分前4名选手将代表富阳区参加杭州市第二十五届青年教师基本技能竞赛。

【富阳教师获省级大奖】 江南中学教师陈彬获第十届浙江省中小学班主任基本功大赛高中组一等奖；富阳区春江中心小学蔡露、场口镇中学郎玲波、大源镇中心小学顾晓雯、大源镇中心幼儿园陈航分别获浙江省第二届随班就读资源教师基本功大赛一、二、三等奖。

【富阳区第二轮（2021—2024）名师（带头人）认定结果公布】 12月4日，根据《杭州市富阳区名师名校长认定和管理办法》（富教〔2021〕55号）精神，经过教师本人申报、学校推荐、资格审查、材料审核、课堂教学能力考核、下校实地考察及公示等程序，富阳区第二轮（2021—2024）名师（带头人）认定结果公布，认定潘丽艳等60名教师为富春名师、丁好琴等232名教师为学科带头人、胡小华等23名教师为班主任人带头人。

教学与教育科研

【概况】 2021年，教研中心教研员进学校听课3210节，讲座约410次，示范课31节；完成教师培训项目140个，其中90学分项目28个，培训教师1293人次；短期项目112个，培训教师9141人次，举办中小学骨干教师培训班3个，培养骨干教师114人。获省、市课题立项143项；省市获奖92项，其中省级成果3项、杭州市基础教育教学成果奖 4项、市级成果85项。

【省教育厅教研室及教育出版集团教材编写组到新登镇中学调研】 5月18日，浙江省数学、科学教材编写组调研新登镇中学开展学科教材使用及教学活动。调研组成员召集数学、科学教研组教师分别开展研讨，对一线教师现阶段的教材使用、教学校本研讨、相关主题教学方法等进行交流。浙江省教育出版集团第三、第五党支部党员捐赠献最新编制的《科学探索者》等爱心书籍。

【蒋军晶名师工作室小学语文课堂教研成果展示活动】 5月28日，蒋军晶名师工作室小学语文教学研究成果展示活动在东洲街道中心小学举行，活动主题为“基于大概念视域下的读写融通”，通过开展观摩课、专题讲座，围绕《语文教育研究的若干问题》《作文敲敲门》等展开。

【富阳区八年级科学教师暨初中科学90学时高级班培训活动】 5月12日，富阳区八年级科学教师暨初中科学90学时高级班培训活动在东洲中学举行。活动主题为探讨八年级科学教学有效性、提升富阳区八年级科学教师课程标准理解，以化学方程式第一课时《质量守恒定律》为研讨载体，开展上课、评课、品课总结等活动。

经费设施

【概况】 2021年，一般公共预算教育经费投入23.96亿元，安排全区学校（幼儿园）装备、维修总资金1.16亿元，拨付资金1.03亿元；设立民办教育专项资金4555.46万元，专项扶持富阳区民办中小学、幼儿园发展；加强人民教育基金会运行管理，向基金会各个项目捐款企业或个人3650余家（人），捐资总额7100余万元，累计用于教育经费1621.8739万元。

【富阳学校入围浙江省现代化学校】 1月28日，省人民政府教育督导委员会办公室发布浙江省首批现代化学校名单，富阳入围学校5所，分别是新登镇中心小学福光校区、富阳区郁达夫中学文豪校区、富阳区职业高级中学、新登镇成人文化技术学校和场口镇成人文化技术学校。

【富阳区富春第三小学搬迁新校址】 3月30日，富阳区富春第三小学搬迁至达夫路286号，新校址由原郁达夫中学达夫校区改造而成，占地面积约2.47公顷，学校坚持“以课堂教学为中心，以教育科研为先导，以艺术教育为特色，促进师生全面发展”的办学思路，全方位构建了艺体教育体系，形成射击、陶艺等教育特色，先后被命名为杭州市文明单位、杭州市文明学校、杭州市示范性小学、杭州市城乡基础教育均衡发展实验学校、浙江省体育特色学校、浙江省艺术特色学校、浙江省书法实验基地、浙江省现代教育技术应用研究实验学校、浙江省优秀家长学校、浙江省绿色学校等。

【富阳中小学校护眼灯光改造工程】 8月，富阳中小学校护眼灯光改造工程完成，投入资金458万元，全面改造自查不达标中小学教室，共改造学校33所教室762间，为推进中小学生“护眼工程”提供条件保障，该项目为2021年度教育民生实事项目。

【富阳区政府投资教育项目“双抢双保”大比武成果展示】 12月，富阳区2021年度区政府投资教育项目“双抢双保”大比武成果展示活动举办，展示参赛教育项目25个。全年全区共有政府投资教育项目53个，其中续建项目32个、新建实施类项目11个、新建预备类项目10个，新增用地20公顷，总投资38.2亿元，年度计划投资10.1亿元。

（程　琳）

【编辑　董江军】

29 文化·传媒
Culture and Media

● 打造现代版富春山居图

公共文化服务

【概况】 杭州市富阳区文化和广电旅游体育局（简称杭州市富阳区文广旅体局）直属事业单位 7 个，局机关科室 10 个，在职人员 154 人，其中有艺术、群文、图博等高级专业技术职称 31 人，中级专业技术职称 21 人。全区组织举办各类文化活动 4586 场。

区文化馆全年举办、联办各类文艺演出 110 余场次，参加人次 4.1 万余人；举办文艺公益培训班 390 余课时，参加人次 1.31 万余人；举办展览 40 余场次，参观人次 2.4 万余人；开展公益性讲座 30 余场次，参加人次 1.7 万余人。获国家级荣誉 1 个、省级荣誉 10 个、市级荣誉 5 个；组织全区业余文艺工作者参加省、市各项比赛，共获得省级荣誉 11 个、市级荣誉 9 个。

区图书馆全年接待读者 39.7 万人次，书刊外借 130.1 万册次。专项购书经费 164 万元，新购图书 4.1 万余册，订购报刊 667 种，收集地方文献 212 种、472 册，共有藏书 64 万余册。举办各类读者活动 490 次，参加人员 13 万余人次。

【富阳区文化馆再获“国家一级馆”称号】 12 月，文化和旅游部公布第五次全国文化馆评估定级上等级文化馆名单，富阳区文化馆再次获“国家一级馆”称号，自 2008 年起，富阳区文化馆连续 4 次被评定为“国家一级馆”。

【富阳区群众文化工作调研】 3 月 2—5 日，区文化馆组织业务干部分两组赴全区 24 个乡镇街道开展群众文化工作调研。调研组通过实地调查、召开座谈会等形式，对各乡镇街道综合文化站的场地设施、人员配备、文艺团队、活动开展、数字化建设等方面进行摸底调查，听取基层对文化馆工作的意见建议。

【文化馆数字化改革】 按照省市文旅公共服务领域应用场景和任务清单，完成入驻浙江省群文云，有序上传文化馆自建数字库资源，配合做好全生命周期培训综合管理服务“一件事”数字化场景建设。

【文化艺术类校外培训机构管理】 10 月，区文化馆成立文化艺术类校外培训机构工作领导小组，落实专班人员和联络员，下设工作小组 7 个，负责全区 238 家文化艺术类校外培训机构日常管理工作。联合市场监管、民政、教育、科技、人社等部门开展摸底排查，组织学习相关政策法规制度，做好涉及文化艺术类校外培训机构信访投诉处理，确保文化艺术体育类校外培训机构健康发展。

【文化队伍建设】 组织开展村级宣传文化员、部分三团三社带头人、文旅公共服务机构功能融合试点单位负责人、文化下派员等基层文化队伍人员培训工作。陆人淼、杨平儿入选省级文化示范户，徐惠君等 4 人入选省级文化能人，吴光录等 7 人入选市级文化示范户，裘一琳等 28 人入选市级文化能人，评选出区级文化示范户 21 人，文化能人 65 人。

【文化阵地建设】 东洲街道黄公望村文化礼堂文旅公共服务机构功能融合试点通过省文旅厅评审验收。公望书屋、富春山居城市书房获评“杭州书房”。新登镇综合文化站、场口镇场口村文化礼堂入选公共文化场馆服务功能拓展先行先试省级试点单位，银湖街道唐家坞村、富春街道宵井村、洞桥镇文村村等 15 个农村文化礼堂入选公共文化场馆服务功能拓展先行先试市级试点单位。

【中国故事名家走进富阳活动】 11 月 15—17 日，中国故事名家走进杭州富阳活动在富阳举行，活动由中国民间文艺家协会主办，杭州市民间文艺家协会、杭州市富阳区文化和广电旅游体育局承办，活动邀请全国故事名家和部分本土故事创作者 40 余人，围绕讲好富阳故事、挖掘传承富阳优秀民间文化进行交流研讨和故事创作。

【文艺作品创作】 围绕抗击疫情、

庆祝中国共产党成立100周年、中共十九届六中全会等主题，创作文艺作品20余件。开展“重温红色记忆 追寻红色足迹”摄影采风活动，创作摄影作品200余幅。创作防诈骗作品4件。创作戏剧小品《算账》获2021年“杭州有戏”戏剧大赛表演金奖、创作金奖，获浙江省第三十二届群众戏剧小品大赛银奖。

【第四届“少年非遗说”浙江传说故事讲述大赛】 7月14日，第四届“少年非遗说”浙江传说故事讲述大赛钱塘江诗路半决赛在富阳区举行，比赛由浙江省文化和旅游厅主办、富阳区文广旅体局承办、富阳区文化馆执行承办，30名小选手参加并争夺10个晋级总决赛的名额。其中富阳区文化馆选送的参赛选手俞承瑄晋级，李薇、王锦鸿、黄润芝获最佳表现奖。比赛通过“浙广直播”和“喜欢听”App平台在线直播，线上观看总人数超过140万人。

【此生此长——万市镇新民村公共艺术展】 11月4日，“此生此长——万市镇新民村公共艺术展”在新民村游客接待中心举行，该展由浙江省文化馆、富阳区文广旅体局主办，万市镇人民政府、富阳区文化馆承办，万市镇新民村执行承办。浙江省文化馆党总支书记、馆长顾炯出席开幕式并宣布展览开幕。此次公共艺术展览分户外公共艺术和架上雕塑2个单元，共展出作品30件。

【2021年杭州市红色文化之旅启动】 9月27日，“铭记光辉历史，传承红色基因”2021杭州市红色文化之旅启动仪式在富阳区常绿镇举行。活动由杭州市文化广电旅游局、杭州市党群服务中心、富阳区人民政府、杭州市党群服务中心主办，杭州市文化馆（杭州市非物质文化遗产保护中心）、富阳区文广旅体局、富阳区常绿镇人民政府承办，富阳区文化馆协办。

【纪念徐玉兰100周年诞辰暨“杭州有戏”戏剧大赛】 9月29日，

2021年9月29日，富阳举办纪念徐玉兰诞辰100周年暨2021“杭州有戏”戏剧大赛
（区文广旅体局 供稿）

纪念徐玉兰100周年诞辰暨2021“杭州有戏”戏剧大赛在富阳影剧院举行，大赛由杭州市文化广电旅游局主办，杭州市文化馆（杭州非物质文化遗产保护中心）、富阳区文广旅体局承办，富阳区文化馆执行承办，杭州市各区、县（市）文化馆协办。活动自3月启动，杭州市各区、县（市）文化馆以各自为单位进行了初选和评比，最后评选出总决赛作品11件。

【富阳区庆祝中国共产党成立100周年大型晚会】 6月30日晚，“壮阔百年 繁花富春”富阳区庆祝中国共产党成立100周年大型晚会在区体育馆举行。本次活动由中共杭州市富阳区委员会、杭州市富阳区人民政府主办，中共杭州市富阳区委宣传部、杭州市富阳区文广旅体局承办，杭州市富阳区文化馆执行承办。由全区各界文艺团队选送的独唱、合唱、诗朗诵、大型歌舞、情景舞蹈、情景讲述等节目，生动展现中国共产党百年来带领中国人民进行革命、建设、改革的壮美画卷。

【“家在富春江上”富阳区第九届乡镇（街道）文艺会演】 12月2日，“百年荣光 颂歌富春”——“家在富春江上”2021年富阳区第九届乡镇（街道）文艺会演颁奖晚会在富阳影剧院举行。此次文艺会演由富阳区委宣传部、富阳区文化和广电旅游体育局主办，富阳区文化馆承办。活动自10月启动以来，各乡镇（街道）高度重视，精心组织，各自完成初赛后，以6个组团6个片区赛的方式进行复赛，共有36个节目进入决赛。

【“我们的中国梦 文化进万家”送福送春联活动】 1月22—28日，由富阳区文广旅体局主办，富阳区文化馆承办的2021年“我们的中国梦”富阳区送福送春联文化惠民活动举行。活动组织书画和工艺老师10余人，分别赴龙门镇、上官乡、常安镇等10个乡镇（街道）的农村文化礼堂，共送出春联1000余副，“福”字1500余个，手工、剪纸作品200余件，绘画作品100余幅。

【“庆祝建党百年 畅享美好生活”红色广场舞进文化礼堂活动】 4月27日至5月18日，由富阳区文广旅体局主办、富阳区文化馆承办的富阳区“庆祝建党百年 畅享美好生活”红色广场舞进文化礼堂文化惠民活动在全区24个乡镇文化礼堂举行。区文化馆推广《锦绣小康》《绿水青山》《红船向未来》等红色广场舞，惠及群众千余人。

【富阳区首届少年“非遗”故事大赛】 6月5日，由富阳区文广旅体局主办、富阳区文化馆承办、富阳区“非遗”保护中心协办的“星光靓少年·永远跟党走”富阳区首届少年“非遗”（红色）故事大赛决赛在富阳区文化馆举行。自4月活动启动以来，共有300余位选手报名参加。经线上视频选拔，选出进入决赛选手30人，其中最小选手4岁。

【文化交流活动】 10月15日，“韵动滨江·诗画富阳”2021年滨江富阳文化走亲文艺演出在春江街道新建村文化礼堂举行。10月19—22日，富阳区文化馆组织区内知名书画家10余人，赴台州地区温岭市、椒江区、三门县、天台县开展文化走亲书画交流活动，累计创作书画作品400余幅。10月27日，“人文婺城·诗画富阳”2021年婺城·富阳文化走亲文艺演出在鹿山街道南山村文化礼堂举行，现场展出婺城区文旅图版。

【富阳区第十一届富春江读书节】 1月，区图书馆举办富阳区第十一届富春江读书节，活动贯穿全年，内容包括庆祝中国共产党成立100周年特展进文化礼堂活动、2021富阳区乡镇（街道）图书分馆阅读推广活动、富阳区图书馆健康养生舞公益培训走进文化礼堂、“走读富阳”研学活动、城市书房亲子教育讲座等。线上线下共开展各类主题活动490场，参与人次13余万人，其中展览80期、主题讲座140期、公益培训102期、阅读推广活动55期、好书推荐及红色故事会阅读113期。

【公共图书馆服务体系建设】 建设完成公望书屋、富春山馆、达夫书屋等城市书房3个，增设东吴文化研究院、渌渚环境能源有限公司、银湖云水社区、公安局系统等馆外流通点28个。至年底，全区共有城市书房7个、主题分馆6个、乡镇分馆24个、农家书屋276个、企事业单位流通点100余个。对乡镇分馆配送图书1.2万册，对农家书屋配送图书1.66万册，对城市书房和流通点配送图书2.18万册。

【读者活动】 全年举办“文化惠民送春联”活动、“灯谜竞猜”活动、地方文献首发仪式、“年度热梗K.O”之冲浪活动、“百年荣光薪火相传”2021有奖答题活动、“千年文脉 诗韵富阳”——富阳区图书馆全民网络诗词大赛、端午七夕有奖答题网络诗词有奖答题大赛、“花好月圆·情满中秋”朗读比赛等阅读推广活动。

【杭州富阳越剧艺术传习院】 2021年，杭州富阳越剧艺术传习院赴富阳区各乡镇街道、社区、文化礼堂和余姚、临安、温州、台州等县（市、区）剧院及农村、海岛开展各类演出活动71场。赴富阳区银湖街道、常安镇、大源镇、渌渚镇、洞桥镇、万市镇，淳安县埠乡、枫树岭镇、左口乡，桐庐县分水镇、临平区运河街道，完成市文化和广电旅游局主办的2021年杭州市文化惠民文艺演出13场。完成区文广旅体局主办的2021“家在富春江上”周末剧场惠民演出7场。赴嘉兴市嘉善县惠民街道、陶庄镇、姚庄镇、罗星街道、西塘镇、大云镇，完成嘉善县文化和广电旅游体育局主办的“庆国庆·赏经典”越剧折子戏演出周惠民演出6场。重点围绕“一批人”着力打造越剧（徐派）艺术文化品牌，复排经典剧目《孟丽君》《情探》。原创越剧现代戏《生命之光》通过浙江省文化和旅游厅评审，入选浙江文艺创研中心孵化项目，12月参加由南宁市人民政府、广西壮族自治区文化和旅游厅共同主办的第九届中国——东盟（南宁）戏剧周优秀剧目展演活动，获评朱槿花奖·优秀剧目。王利琴、冯轶辉、应张芳被评为朱槿花奖·优秀演员，臧树伟被评为朱槿花奖·优秀舞美设计（灯光设计）。经杭州市国有文艺院团（区、县）考核委员会综合评议，杭州富阳越剧艺术传习院被评定为2020年优秀国有文艺院团。

文化遗产保护

【概况】 全区共有各级文物保护单位（点）162处，包括全国重点文物保护单位1处，省级文物保护单位7处，市文物保护单位81处、文物保护点73处。全年共投入修缮资金约900万元，修缮各类农村乡土建筑20处。争取市级农村乡土建筑保护项目11个，补助资金246万元。富阳博物馆、抗日战争胜利浙江受降纪念馆、泗洲造纸作坊遗址接待参观18万余人次。浙江抗日战争胜利受降纪念馆、双烈园、孙晓梅故居、蒋忠烈士之墓、塔山五十三烈士墓、新畈过路凉亭（中共龙门区委成立旧址）入选浙江省第一批不可移动革命文物。富春山馆获评“杭州十大文化新地标”，富阳博物馆（富春山馆）获评“杭州亚运人文体验点”。

全区共有国家级非物质文化代表性项目3项，省级15项，市级35项，区级133项，镇级175项；国家级非物质文化遗产代表性项目代表性传承人3名，省级20名，市级34名，区级118名。举办第十三届浙江·中国非物质文化遗产博览会（杭州工艺周）。推进富阳区、桐庐县、建德市三地联合创建“钱塘江诗路（富春山水）文化传承生态保护区”工作并通过省级创建中期评估。

【第十三届浙江·中国非物质文化遗产博览会（杭州工艺周）】 9月16—20日，第十三届浙江·中国非物质文化遗产博览会（杭州工艺周）在富阳举行。此次博览会主题为“共享非遗·共同富裕”，围绕“薪火传承之光、乡村振兴之路、少年研学之行、文旅融合之美”展开，以富春山馆为主场馆，场口东梓关大匠至心沙龙论坛、富阳学院“非遗”进校园成果展等活动组合，通过线上线下全方位展示，传承和弘扬优秀传统文化，扩大“非遗”影响力。

【“非遗”名录项目挖掘保护】 全年列入第八批杭州市富阳区非物质文化遗产代表性项目15项，分别为：望清明、富阳铜雕、竹木小件雕刻、富春印染、观音豆腐制作技艺、白切羊肉制作技艺、畲乡乌米饭制作技艺、酥饼制作技艺、同裕昌豆制品制作技艺、手工姜糖制作技艺、馒头制作技艺、笠帽制作技艺、晒帚制作技艺、传统木家具制作技艺、传统榫卯技艺。完成省级

2021年9月16—20日，富阳举行第十三届浙江·中国非物质文化遗产博览会（杭州工艺周）

（区文广旅体局 供稿）

非物质文化遗产代表性项目评估10项，分别为：朱三与刘二姐长篇叙事民歌、罗隐传说、孙权传说、鼓亭锣鼓、竹马（东吴战马）、跳仙鹤、梓树布龙、民间信俗（孝子祭）、龙门九月初一庙会、“活金死刘”习俗。启动市区级非物质文化遗产代表性项目评估118项。调整确定20项杭州市级“非遗”项目的保护责任单位。

【“非遗”传承人服务保护】 启动国家级“非遗”传承人李法儿的抢救性记录工作。组织30名传承人赴浙江工商大学杭州商学院参加钱塘江诗路（富春山水）文化传承生态保护区传承人研修培训。朱中华（竹纸制作技艺）、闻士善（富阳纸伞制作技艺）、金国权（“活金死刘”习俗）被评为第六批浙江省非物质文化遗产代表性传承人。完成孙文达、徐友成、李仁贤、孙文喜省级传承人的评估工作，启动114位市区级代表性传承人评估工作。加强传承人服务，下发《关于建立杭州市富阳区非物质文化遗产代表性传承人访问和报告制度的通知》（富文广旅体〔2021〕42号），分片区举办传承人座谈会4场。拨付“非遗”代表性传承人传承津贴、民间艺术家补助资金共计38.5万元。

【“非遗”保护载体建设】 富春竹纸研学基地、东坞山豆腐皮制作体验点、富阳纸伞“非遗”体验点入选首批杭州市非物质文化遗产体验点。竹纸产品富春山居礼盒被评为第三批省级优秀“非遗”旅游商品。“富春山居·千年纸乡游”入选首批杭州市“非遗”主题旅游线路。启动富阳区“非遗”馆策划设计工作。6月，富阳元书纸文化展示馆在湖源乡新二村元书纸制作园区开馆。竹藤编织体验点、新二村元书纸体验基地入选第二批杭州市非物质文化遗产体验点培育名单。富阳富祥民宿有限公司、杭州溪湘记宿入选首批“非遗”特色酒店（民宿）培育名单。

【“非遗”展示展演与交流活动】 4月，组织富阳手工木船制造技艺赴建德参加浙江省“非遗”展演暨农历三月三杭金衢三地“非遗”展演活动；组织东吴战马、富阳竹纸（庄富泉），东坞山豆腐皮（刘益平）赴桐庐参加浙江省“非遗”展演暨长三角百家旅游企业走进横村活动展示展演。组织富阳纸伞制作技艺（周琳）、民间布艺（高波）、剪纸（郎苏华）赴场口东梓关参加浙江省第五届“妈妈的味道”手工艺展示。5月，富阳纸伞传承人闻士善参加在贵州省举行的第二届中国丹寨“非遗”周，被评为“非遗传播大使”；组织7家文房企业参加在北京举办的第四十七届全国文房四宝艺术博览会暨第12届全国中小学生书画用品博览会。6月，组织孙式太极（新登镇孙式太极队）参加杭州市文化和自然遗产日暨杭州市传统体育展演活动；举办2021年钱塘江诗路（富春山水）文化传承生态保护区传统竹木工艺大赛；推荐湖源新三元书纸品厂生产的竹纸产品（南宫金版、玉竹、白元书）参加由文化和旅游部、上海市人民政府共同主办的“百年百艺·薪火相传”中国传统工艺邀请展。10月，在渌渚镇举办孝文化节“非遗”专场展演，组织东吴战马、跳仙鹤、孙式太极拳参加展演，邀请杭州市9个“非遗”表演类项目展示展演。

文　物

【文物保护有关机构编制调整】 9月，根据富编〔2021〕22号《关于同意调整文物保护有关机构编制事项的批复》，增设文物保护科，文化遗产科更名为非物质文化遗产科，核增局机关中层正职1名；杭州市富阳区博物馆（挂杭州市富阳区泗洲造纸作坊遗址管理所牌子）更名为杭州市富阳区文物保护中心（挂杭州市富阳区博物馆，杭州市富阳区泗洲造纸作坊遗址管理所牌子），核增事业编制2名。

【浙江抗日战争胜利受降纪念馆】 1月，浙江抗日战争胜利受降纪念馆成为首批长三角红色博物馆合作联盟成员单位。2月至5月，完成抗日战争胜利浙江受降纪念馆维修和提升改造工程，于5月4日恢复对外开放。3月，入选浙江省第一批不可移动革命文物名录。6月，入选浙江省党员教育培训基地。7月，入选杭州市党员干部教育培训基地、2021杭州“十佳红色旅游景点”。9月，抗日战争胜利浙江受降纪念馆形象宣传标识正式对外公布。11月，入选第五批浙江省红色旅游教育基地。

【博物馆队伍建设】 4月，富阳博物馆团队获得第五届“杭州最美文物守望者”荣誉。5月，参加“读百年党史，讲红色印记，走红色路线——2021年杭州市讲解员技能竞赛”，获评四星级等次讲解员1名，三星级等次讲解员2名。讲解员李俊杰在富阳区导游（讲解员）

技能大赛中获讲解员组第4名，富阳区博物馆获大赛优秀组织奖。

【临时展览】 全年共计举办临时展览7个，分别为：1月，“发现杭州2020”杭州考古工作年度盘点暨出土文物展；2月，新春年俗展；3月，“问源富春·山居寻茶”富阳茶文化特展；6月，“百年百刊”红色报刊展、“红色印记”杭州市革命文物摄影作品展巡展；7月，“百年征程”庆祝中国共产党成立100周年特展；11月，“科学与艺术”集古学社院士学者书法展。配合开展“共享非遗·共同富裕”第十三届浙江·中国非物质文化遗产博览会（杭州工艺周）和“向阳而生”2021杭州公望少儿美术作品展。

【宣教活动】 开展社科和第二课堂等各类宣教活动93场次，参加5万余人次。5月，举办“问源富春 山居寻茶”大型社科主题活动，内容包括品茶香·茶文化沙龙和探茶趣·茶艺国风市集。6月，组织举办“富春少年说”小小讲解员训练营。

【“红色印记”系列活动】 全年以“红色印记”为主题开展系列宣传活动。推出“红色印迹”“富春英烈”“物印初心”“红色课堂”“听讲解员讲述红色故事”5个栏目，开展“追寻红色印记·献礼建党百年”系列线上宣传。4月，策划推出“富阳军民抗战史”“新四军在富阳”“富春红潮”红色研学线路3条，并入围“杭州市红色精品研学线路”。5月，组织由浙江老革命后代组成的“革命故事宣讲团”，走进全区机关单位、乡镇（街道）、学校、相关企业、文化礼堂、社科基地开展党史学习教育主题宣讲活动61场次，参加2万余人次。7月，开展全区青少年“百年征程”展览观后感征文活动，收到征文100余篇。9月，联合抗日战争胜利浙江受降纪念馆等7家共建单位开展红色主题宣讲活动和“我心中的抗战红色印记”主题宣讲比赛，参与3万余人次。

【文物保护】 4月，配合杭州市文物考古研究所，完成新登镇官塘村拓路工程发现古墓的抢救性发掘工作，发现宋代墓葬4座，出土部分瓷器碎片、铜钱；配合杭州市考古研究所，完成场口镇公寓房八期工地发现古墓的抢救性发掘工作，发现宋代墓葬1座，出土青白瓷残件3件，采集瓷罐1个，该墓葬三面墓壁砌有壁龛17个，特殊形制在富阳地区为首次发现。经过省、市专家论证和前期准备，6月将该宋墓整体搬迁至富阳博物馆。7月，将存放于东山的40余块碑刻安全迁回富阳博物馆，此批碑刻年代以清代为主，涵盖内容丰富，是富阳地方历史的缩影和见证。

【博物馆藏品管理】 全年新增馆藏文物32件，收到社会各界捐赠器物85件，包括石碑、纸质票据和木构件等种类。做好临时主题展览藏品借展，两件藏品赴金华博物馆参与“无穷镜——古代铜镜中的微观世界”展览合作，三件藏品赴南京博物院参与浙江省博物馆“宋韵——士大夫的精神世界”展览合作。

【文物保护大排查大整治大提升】 出台文物保护大排查大整治大提升行动方案，召开全区文物保护工作会议，观看全省文物安全工作会议警示片，开展属地内文物安全排查，签订文物安全责任书。下发《关于开展全区文物安全大排查大整治大提升攻坚行动的通知》，部署落实相关工作任务。全面开展文保单位（点）的安全责任人公告公示工作，在全区205处文保单位（点）张贴安全责任公示牌，明确文保单位（点）直接责任人、联系方式和责任单位及监管部门。

【新登古城墙考古发掘】 配合杭州市文物考古研究所开展新登古城墙考古发掘，完成南城门、西城门、东门、小东门考古工作，完整显露明清时期南城门面貌，基本厘清唐代、宋代和明清三个不同时期的城墙遗迹。在城门发掘、城墙、城河解剖和揭示古城建造历史的唐、宋、明清时期遗迹发掘等方面取得重要阶段性成果，实证古城的千年历史。12月，杭州富阳新登古城遗址被评为“2021年浙江十大考古重要发现”之一。

【前置考古工作】 积极对接并争取上级专业考古部门指导和支持，确保重点地块在要求出让的时间节点内完成考古前置工作，至年底，全区共有119宗地块需开展考古前置工作，完成72宗，完成率60.5%。

文化市场

【概况】 富阳文化执法监管行业单位共有1127家，其中歌舞娱乐场所38家、互联网上网服务营业场所39家、文艺表演团体20家、演艺场所11家、演出经纪机构4家、网络文化经营单位6家、艺术品经营单位24家、广播电视制作单位24家、印刷企业325家、文物保护单位162处、出版物经营单位149家、旅行社34家、旅行社分社期服务网点29家、高危险性体育项目（游泳）29家、高危险性体育项目（攀岩）2家、健身场馆98家、星级宾馆7家、A级景区8家、电影院20家、民办非企业单位及社会团体98家。

【行政审批】 区文广旅体局驻行政服务中心窗口全年受理、办结各类事项205件，其中许可事项149件，其他事项56件。引导163家文化类经营单位通过“掌上办”进行年报统计工作，完成25家广播电视节目制作经营许可证换证，协助98家社团和民办非企业单位进行年检。实现区文广旅体局所有事项“一网通办”。

【文化市场安全与行政执法】 开展现场法律咨询活动和展板宣传17次，发放《文化市场市民读本》《旅游普法宣传册》《文物普法宣传读本》等宣传资料1.2万余册。组织行业单位从业人员开展法律法规知识培训和消防培训、演练17场次，培训人员5000余人次。全年执法队日常巡查出动10433人次，检查各类文旅体经营场所4760家次，立案30

件，办结案件32件，作出行政处罚决定33件，在办案件3件。作出的行政处罚决定中，警告7家；警告并罚款7家，共计罚款19100元；罚款10家，共计罚款66500元（其中两起处罚款并没收财物）；取缔场所3家；没收非法财物4起（没收地卫设施）；其他处罚决定（不予处罚）1件；移交公安机关1件。约谈行业单位63家次，停业整改25家次，发现各类安全隐患问题247起，督促整改247起，抄告其他职能部门10起，与其他职能部门开展联合检查35次。

【文旅体行业经营单位疫情防控】组织全区文旅体行业经营单位开展疫情防控培训6次，提升行业单位常态化防控和应急处置能力。加强对人员密集场所日常巡查、联合督查，共检查各类重点场所1680余家，发现问题247处，落实整改247处，对疫情防控不力的文化娱乐场所负责人进行约谈，共约谈53家，停业整改25家。

【互联网监管】开展文化旅游体育行业“双随机、一公开”抽查监管工作，优化营商环境。执法权力事项认领率、编制率、覆盖率均达100%。全年共开展“双随机”抽查工作任务63次，检查单位590家，其中合格单位435家，责令整改22家，停业71家，存在问题57家，立案3家，注销2家，检查结果及时公示，检查问题全部闭环处置。掌上执法事项任务完成率、及时率、覆盖率达100%，完成各项晾晒指标。

【投诉举报处理】全年受理各类投诉举报301件，案件办结率100%，其中：处理健身房投诉举报案件119件，旅游投诉件145件，文化市场投诉件37件。未发生较大旅游服务质量投诉、群体信访投诉事件。

【“扫黄打非”工作】根据区“扫黄打非”工作领导小组办公室、区文化旅游市场管理工作领导小组办公室要求，每季度开展文化娱乐场所联合检查及清理KTV等娱乐场所、网络音乐平台有害歌曲专项检查。全年查办各类“扫黄打非”案件10件。董一娇、巴向荣、孙华轩被评为先进个人。

【专项整治工作】开展“平安护航建党百年”专项行动，做好文化、旅游、体育市场执法和安全检查工作，确保“五一”、国庆等节假日期间文旅市场平稳有序，为庆祝中国共产党成立100周年营造良好的市场环境。开展旅游目的地整治专项行动，组织旅游目的地成员单位开展旅游目的地环境秩序联合检查行动6次，确保富阳区旅游目的地环境秩序安全有序。开展安全隐患大排查大整治专项行动，重点检查网吧、歌舞娱乐场所、演艺酒吧、旅行社、A级景区、高危游泳场所等行业单位安全生产、消防安全等情况，共出动执法人员2370人次，检查1185家次，排查各类安全隐患120处，完成整改120处，立案查处4家。开展宾馆（酒店）一次性用品专项检查，对辖区内宾馆（酒店）、旅馆、民宿限制使用一次性用品和垃圾分类情况进行执法检查，共出动执法人员86人次，检查宾馆（酒店）43家次，责令改正主动提供一次性用品的单位8家并开展“回头看”。开展非法卫星电视接收设施专项整治工作，联合各乡镇街道排查、拆除、销毁非法卫星电接收设施140余套，立案查处5件。开展“护校安园”专项行动，开展校园周边文化市场专项检查，重点检查学校周边的书店、报刊亭、文具用品店及小超市等场所。

【安全播出】认真做好元旦、春节、全国“两会”和省、市“两会”、中国共产党成立100周年、国庆等安全播出重要保障期的安全播出提前报备、督查以及问题跟踪整改闭环工作，严格落实24小时值班备勤和每日安全播出零报告制度。全年实现安全播出无事故。

【惠民服务】区文化和广电旅游体育局联合杭州富阳华数数字电视有限公司为全区9481户低保户、特困人员（包含民政部门认定的福利院、养老院、敬老院）减免了有线电视基本收视维护费，为142户低保户减免有线电视入网费，广播电视低保减免金额为2423166元，送去党和政府的温暖和关怀。

（夏　晨）

文化创意产业

【概况】2021年，富阳着力推进钱塘江诗路文化带及之江文化产业带重点项目，建成富春山居数字诗路文化体验馆，为钱塘江诗路文化带上首个数字诗路文化体验馆，协调推进之江文化产业带富春发展极重点项目12个；起草《富阳区推动文化产业高质量发展若干政策意见（试行）》，开展三批项目申报征集；召开2021富阳数字文化产业发展论坛，发布2021富阳数字文化产业新势力八大典型现象；成立富阳区“文创新力量”产业联盟，策划文创企业培训活动6期；规范提升艺术培训产业，加快场口“艺美智镇”产业集聚发展，协调推进黄公望高级中学新址项目建设；强化艺术培训机构监管审批，引导艺术培训产业健康发展。2月23日，老鹰教育科技有限公司通过创业板上市委审核，杭州君岭科技有限公司作为省成长型文化企业30强被列入富阳区上市培育计划。

【富阳数字文化产业发展论坛】11月24日，2021富阳数字文化产业发展论坛在富春山馆举行，通过主旨演讲、现象发布、现场路演、框架签约、揭牌授牌等形式汇集优质文化资源，打造包容开放的文化产业平台，探索数字技术与文化产业融合的新路径。活动以“数智生活•创享未来”为主题，发布数字文化产业“八大典型现象”，推出数字文化产业“四大重点项目”，成立富阳区“文创新力量”产业联盟。

【富春山居数字诗路文化体验馆】7月9日，富春山居数字诗路文化体验馆开馆，省委常委、宣传部部长朱国贤到馆考察并予以肯定。该体验馆位于黄公望隐居地入口处，面积800多平方米，是钱塘江诗路文化带

富春山居数字诗路文化体验馆

（区委宣传部 供稿）

上首个数字诗路文化体验馆。该项目由新华智云牵头打造开发，利用人工智能、大数据、短视频融媒体、人机交互等前沿科技，整合开发富阳全域内的诗词、景点、历史遗存和非遗传说等 IP 资源，打造线上线下互通共享平台，建设数字化游客引导网络，共建成春江漫游、云上展馆、富阳“人地时物诗”数据图卷、数字三国剧场等数字化展项 30 余个。通过数字技术创新呈现“富春山居”绿水青山的自然山水，诗心画意的文化山水，万物互联的数字山水三重意境，获新华网、《浙江日报》、天目新闻、《杭州日报》等多家媒体专题报道，获《宣传半月刊》专版刊登，并多次被列入省市级领导干部培训班、文化产业业务现场教学点。

（皮莉琴）

富阳日报

【报纸发行】 2021 年度《富阳日报》发行继续实现区域党员家庭全覆盖，征订量 4.5 万份，全年共出版 251 期。

【中国共产党成立 100 周年和党史学习教育宣传】 将中国共产党成立 100 周年宣传作为贯穿全年的主题主线，做好党史学习教育宣传报道，推出“奋斗百年路启航新征程·富春红色故事”“永远跟党走”“先锋力量·对话百年”“我的入党故事”“图说富阳党史”“党旗下的诵读”等专栏专题与融媒体策划，实现线上线下相结合，纸媒新媒共发力，刊发稿件 500 余篇，为全区庆祝中国共产党成立 100 周年和学党史、悟思想、办实事、开新局营造浓厚的舆论氛围。

【主题报道】 全年组织中共十九届六中全会宣传报道、全国省市区“两会”区委全会、疫情防控、数字化改革在富阳的实践报道、“迎展行动”、《富春山居图》合璧十周年、“现代版富春山居图”理论研讨会、高质量发展建设共同富裕示范区、“十四五”规划开局、昼访夜谈、重大项目建设、防台防汛、美丽乡村、产业转型等重大主题报道，有效服务党委政府各项中心工作。

【民呼我为】 以《民生议事厅》栏目为抓手，关注健身卡“七天冷静期退费”富阳能否参照实行、富阳地铁口被电瓶车“围堵”、陈家弄区块乱堆乱放整治、夜间施工扰民、回春路停车难等民生热点，聚焦老百姓关心的问题，收集民意，实践民呼我为，推进问题解决。《聚焦一线》栏目持续发力，用新闻的力量推动城市进步。如在报道推动下，油烟扰民的烧烤店腾店换址。

【舆论引导】 在“疫情防控”等宣传报道中，及时发布权威信息，倡导“科学抗疫”，挖掘感人瞬间，传递温暖力量，总结抗疫经验，体现富阳速度、富阳精度、富阳温度。在“防汛抗洪”等宣传报道中，及时发布安全防范信息，宣传各地各部门开展抢险救灾工作。以“富阳好人榜”等专题专栏为载体，挖掘“正能量、暖新闻”典型案例。如《高二学子小陈换肾求助》报道得到社会广泛响应，募集善款 100 余万元；《儿子考上富阳中学，身患癌症的父亲有个心愿》报道推出后，参与捐款市民 600 多人。

奋斗百年路 启航新征程

2004年4月9日，主政浙江的习近平来富考察粮食时强调
任何时候都必须高度重视粮食问题
十多年来，富阳在粮食生产方面的惠农政策逐步自成体系

在“希望的田野”上尽展壮美丰收图

足迹

实践

手记

2021年6月29日，《富阳日报》08、09版面

（富阳日报社 供稿）

【媒体融合】 推进“富阳新闻”App系列新产品开发运营，其中日更产品《Hi，富阳你早！》（后更名为《速读富阳》），产品定位为轻量速读，以音频、图片、文字实现信息的集锦式呈现，每天上午发布，目标是以“日更”形式培养用户阅读习惯。在“可视化”方面，重点打造《视频》《图说富阳》等产品阵地。

【报业经营】 全年策划执行、组织承办会展论坛、农事节庆、演艺晚会、形象主题、赛事评选、品牌推广六类活动50余个，如新登“三月三”畲族文化节、全区庆祝“五一”国际劳动节表彰大会、中国幸福城市治理论坛、第二届卫健乡贤联谊大会、“现代版富春山居图”理论研讨会、第13届万市银杏节等。

（王　磊）

2021年11月24日，“用我的声音做你的眼”无障碍电影富阳站举行

（区融媒体中心　供稿）

广播电视

【概况】 全年区融媒体中心采制播发广播电视新闻7000余条、栏目200余期，拍摄各类专题片48个、承办各类活动25场、活动直录播23场。广播电视采制播出公益广告130余条。

【舆论引导】 加强新闻策划和舆论引导，讲好富阳故事，每月推出自主策划重大主题报道5组以上，全年共推出《辉煌十三五　奋进新征程》《“迈好第一步　见到新气象”一把手访谈》《九八五　新愿景》《文明你我　亚运有礼》《奋斗百年路　启航新征程》等大型策划报道和系列报道250余个。

【社会服务】 承担区委、区政府及行业主管部门宣传片摄制任务，完成“迎亚运　展风采　全面打造现代版富春山居图”行动大比武、第六届道德模范（平民英雄）颁奖典礼、百花大会、云直播人才招聘等活动拍摄。以中国共产党成立100周年党史学习教育为契机，挖掘富阳党建特色亮点和党员典型，推出系列短视频《富商情　话初心》《山水富阳·富春山居红色旅游》《读书日阅百年历程》等，组织广电朗诵团成员到里山镇安顶村开展“红色经典、党史诵读”。围绕群众企业需求，办好《聚焦一线》《健康121》《马路小灵通》等舆论监督节目和广播电视栏目。推出网络直播带货、无障碍观影等服务乡镇部门、企业的活动。打造“爱尚富阳”App成“资源通融、内容兼融、利益共融、宣传互融”的新型媒体平台，至年底，“爱尚富阳”App装机数达到8万人左右，占总人口比近10%。

【对外宣传】 全年电视新闻外宣在央视用稿13条，在浙江卫视用稿259条；广播新闻外宣在中央人民广播电台用稿8条，在浙江人民广播电台用稿137条。

【节目创优】 全年在省、市广播电视节目奖、新闻奖等评比中获奖作品39件次：电视栏目《乡村振兴》获省广播电视节目奖对农节目服务工程建设考核优秀奖，《尴尬的农创客小镇》获省广播电视节目奖电视对农节目二等奖，《迎战新安江“九孔泄洪”一个都不能少——杭州富阳新沙、五丰两岛历史首次全岛大撤离》等3件作品获省新闻奖三等奖。杭州市广播电视节目奖或杭州市新闻奖获奖方面：《富春江畔的非遗民歌》等7件作品获一等奖，14件作品获二等奖，13件作品获三等奖。

（章其明）

新闻网站

【概况】 7月6日，富阳召开区委网络安全和信息化委员第三次全体会议，深入学习贯彻习近平总书记关于网络强国的重要思想，专题研究依法治网体系建设，审议并通过相关文件。全年全区网络媒体宣传开展“初心使命　百人百年”“理想点亮　青春有光”等网络短视频传播活动，献礼建党百年。开设“春风又绿江南岸　一步一履总关情”“习近平在浙江”等专栏，展现好习近平新时代中国特色社会主义思想在浙江的生动实践。策划推出“学习宣传贯彻党的十九届六中全会精神”“学习贯彻市委十二届十四次全会精神”“直通党代会”等专题。打造“春江时评”网评阵地，召开线下研讨会，提升品牌力。围绕《习近平关于网络强国论述摘编》、“十四五”蓝图开启、“迎亚运展风采”、数字化改革、作风建设、党史学习教育等主题推送文章218篇。推进网络生态治理专项行动，建设“智融深眸”全媒体一体化项目，打造清朗网络空间。11月，建成富阳首个网络文化家园。

【新媒体发展】 新媒体不断创新内容形式和栏目设置，在广泛宣传党史学习教育、彰显富春山居魅力、助推“迎亚运展风采”、宣传推广“味道山乡”，以及应对野生动物世界金钱豹外逃事件和抗击台风“烟花”工作中不断提升影响力和传播力。全年推送微信公众号“富阳发布”推文1200条，微信公众号“富阳融媒”推文1200多条、“爱尚富阳”App推文13000余条、各类短视频600多个。客户端爱尚富阳被天目新闻客户端评为“2021年度浙江省县级融媒体中心十佳天目号”“第二届天目美好节十佳融媒体中心”。

（叶晶 章其明）

【编辑 董江军】

30 医疗卫生
Health care

综 述

【概况】 至2021年底，全区有区属公立医院6家，其中三级甲等医院1家，三级乙等医院2家，二级甲等医院2家，二级乙等医院1家；社区卫生服务中心25家。卫生健康系统在编职工4670人。全区财政卫生事业费投入88137.52万元，占财政总支出7.47%，人均卫生事业费1184.64元。全区共出生4672人，计划生育率97.58%，出生人口性别108.84，统计误差率控制在1%以内，无计划生育侵权行为发生。2021年5月31日起，稳妥有序实施“三孩”生育政策。

居民死因顺位的前五位依次是恶性肿瘤、脑血管疾病、损伤和中毒、心脏病、呼吸系统疾病，五种疾病占总死亡人数的85.7%。

【新冠疫情防控】 落实常态化新冠疫情防控，全年累计流调198例，完成重点场所督导检查426家，消杀面积6540平方米，新冠核酸检测42591份。安全有序接种新冠病毒疫苗，至12月31日，累计接种183.28万剂，完成第三剂次强化接种17.12万剂次，完成任务进度63.84%。通过电视专栏、科普视频、微信宣传等形式，发布健康提示和疫情防控知识宣传，累计接听咨询电话8000余个，区人民政府网疫情防控阻击战专栏发布325篇，“健康富阳”“富阳疾控”发布1000余篇；城区3个LED大屏和400多台楼宇电视开展滚动宣传，发放折页20余万张，海报1万余张，短信2万余条。

【政务服务数字化改革】 集成卫健、公安、市场监管等多部门许可及服务职能，推行“托育机构备案”、“民宿经营补贴”和“健身场馆”等多个“一件事”改革，实现机构开办、经营、补贴服务事项“一站受理”“一步到位”“一竿到底”。推进政务服务事项“一网通办”“全省通办”，深化数字化改革。配合区行政服务中心着力打造省级“全省通办”“示范大厅”样板建设，公共场所卫生许可（延续、注销）、生育登记、医疗广告审查等8类服务事项实现“全省通办”。2021年度，卫健局窗口被区审管办评为政务服务数字化改革年度示范窗口。

【法治卫健】 全年编制《区属医疗卫生单位法治建设考核细则》，制定区卫健局“八五”普法规划、2021年法治建设工作要点等法治工作机制6项，推动重大行政决策、重大行政合同、规范性文件、重大行政执法决定等事项均经过合法性审查。编制重大行政决策目录1个，完成重大行政决策2个，制定规范性文件4件，开展规范性文件清理5次，通过重大行政合同7个。开展案卷自查329件，共实施行政处罚625起，其中简易程序案件188件，一般及以上程序案件437件（含大要案21件），罚没款总额179.09万元。

结合国家宪法日、世界献血者日、世界精神卫生日、老年节等11个重要时间节点，开展《中华人民共和国民法典》《中华人民共和国行政处罚法》《中华人民共和国精神卫生法》《浙江省人口与计划生育条例》等12部次法规宣传。全年发放宣传折页和法规读本5000余份，宣传2万余人次，通过“健康富阳”“富阳卫健执法”等平台开展职业卫生、非法行医、疫情防控相关以案释法49次，组织行政执法人员培训8期，专题培训728人次。

【卫生项目建设】 推进2个省重点项目（省人民医院富阳院区、省中医院新院区）和5个区属医院项目（东梓关中医骨伤康养医院、区妇保院门急诊医技及儿科病房综合大楼、区三院整体迁建项目、中医骨伤医院康复楼项目、区二院门诊楼改造工程）建设，配合乡镇街道落实4家社区卫生服务中心项目（场口社区卫生服务中心病房扩建工程；灵桥镇社区卫生服务中心、富春街道社区卫生服务中心、上官乡社区卫生服务中心）的方案设计和前期工作。至2021年12月，2个省级医院均完成桩基工程，进入地下室施工阶段；东梓关中医骨伤康养医院已结顶进入装修阶段；区妇保院门（急）诊医技及儿科病房综

截至2021年12月，省人民医院富阳院区、省中医院新院区均完成桩基工程，图为两家医院效果图

（区卫健局　供稿）

合大楼完成地上9层结构，区三院整体迁建项目完成结项，中医骨伤医院康复楼项目完成地下室工程进入地上结构施工；区二院门诊楼改造项目完工投入使用；富春街道社区卫生服务中心迁建工程进场施工；场口社区卫生服务中心病房扩建工程、灵桥镇社区卫生服务中心、上官乡社区卫生服务中心完成方案设计；完成4个省、市民生实事社区卫生服务站点的建设任务并投入使用；完成32家医疗卫生单位的无障碍环境建设工作。

【区属医院业务】 全年区属医院门（急）诊381.64万人次，同比增长16.37%，其中：区第一人民医院门急诊145.07万人次，同比增长15.1%；出院10.67万人次，同比增长3.03%。全年完成业务总收入20.83亿元，其中：医疗收入19.81亿元，同比增长12.87%。

【社区卫生业务】 全年25家社区卫生服务中心收入总计76218.75万元，支出总计70216.38万元，收支盈余6002.37万元，门（急）诊人次313.18万人次，同比减少4.6%，门（急）诊均费137.78元，同比增长5.33%。

【基本公共卫生】 全年全区基本公共卫生服务项目补助资金8719.68万元，常住人口人均补助经费117.2元。至2021年年底，建立居民电子健康档案682693份，建档率91.75%；管理高血压患者85137人，目标任务完成率100%；管理糖尿病患者20093人，目标任务完成率100%。开展老年人健康管理，为8.12万名65岁以上老年人提供健康体检等服务。

【家庭医生签约】 全年全区组建家庭医生签约服务团队178个，团队成员850余人，其中签约医生252人。市民卡插卡签约26.02万人，续签率90.17%；共完成65岁

2021年区属各医院业务情况表

表24

单　位	平均开放床位（张）	卫技人员（人）	门急诊人次（万人次）	出院病人（万人次）	实际占用总床日数（万床日）	出院者平均住院床日	病床使用率（%）	业务总收入（亿元）
区第一人民医院	810	1230	145.07	4.16	24.91	5.99	84.38	8.03
区第二人民医院	373	406	48.78	1.36	11.42	8.47	83.81	2.26
区中医院	508	709	87.71	1.74	10.96	6.35	59.09	3.53
中医骨伤医院	508	529	33.55	1.52	15.17	10.00	81.75	4.29
区妇幼保健院	309	590	60.70	1.67	6.72	4.03	59.60	2.25
区第三人民医院	260	145	5.82	0.22	11.72	54.29	123.51	0.47
合计	2768	3609	381.64	10.67	80.90	7.63	80.09	20.83

以上老年人、高血压、糖尿病患者等10类重点人群签约28.47万人，重点人群覆盖率92.06%，同比增长5.66%；签约居民基层就诊率65.86%，受疫情影响同比下降4.05%；建立家庭病床875张，同比增长10.2%；开具慢性病长处方47.1万张，同比增长33.4%。

【对口支援】 富阳区卫生健康局与德格县卫生健康局签订深化医疗卫生事业对口支援协议书，共选派7名卫生专业技术人员赴甘孜州医疗卫生单位开展对口支援工作，其中赴德格县挂职6人、得荣县挂职1人，捐赠价值54.46万元的医疗设备。对口支援期间，援派医疗队开展坐诊、帮教、培训、巡回医疗、技术指导等。至2021年12月底，累计开展门（急）诊1970人次、各类手术85例、业务技术培训25次。2021年，德格县组织2名卫生健康专业技术人才到区第一人民医院、区妇幼保健院进修学习、挂职锻炼，时间为6个月。区第一人民医院荣获杭州市东西部扶贫协作行政奖励先进集体、东西部扶贫协作爱心单位称号；区妇幼保健院医生徐春华、区中医院医生赵剑炯荣获杭州市东西部扶贫协作行政奖励先进个人称号。

【干部人事档案】 建立卫健系统干部人事档案工作组，6家区属医院配备专职档案管理人员，将干部人事档案管理纳入医疗卫生单位“大党建”考核，分类推进干部人事档案专项审核工作。截至2021年年底，在编职工4670人档案已整理归档，已完成432人专项审核，其中局管干部144人、副高职称以上专技人员137人、其他干部职工151人。

【清廉医院】 2021年，实施清廉医院“固本培元155工程”，暨打造“1个智廉平台”，创新“5大清廉机制”，实施“5大清廉行动”。开展作风纪律督查27次，“销号”问题117个，自办案件8件，党政纪问责处理27人。全国首创富阳区“智廉医院”大数据监管平台，通过“数智赋能”推动清廉医院向“智廉医院”迭代升级。工作经验及成效多次被新华社、中纪委官方网站、《中国纪检监察报》、《中国纪检监察》杂志等报道肯定，受省市纪委、卫健委专题调研。项目列入省、市卫健委“揭榜挂帅”项目，富阳区第一批“数智富春山居图”15大重点应用场景，获富阳区“迎亚运、展风采”第三季度大比武一等奖、创新奖，市卫生健康数字化改革典型案例等荣誉，获杭州市、富阳区多位领导批示肯定，并在全省清廉医院建设大会作经验交流。

2021年11月2日，杭州市委常委、市纪委书记、监委主任陈擎苍专题调研富阳区“智廉医院”大数据监管平台

（区卫健局　供稿）

健康富阳

【体制机制】 完善大健康考评机制，将健康浙江、健康杭州考核和行动指标纳入健康富阳考核，并作为区委区政府年度督查项目之一。联合区委宣传部、区教育局、生态环境分局等部门，推进健康知识普及、中小学健康促进、健康环境打造等各项跨部门健康行动。联合区法治办印发《富阳区行政规范文件健康审查制度》，在全市率先将健康影响评价纳入行政规范性文件合法性审查，举办“健康融入所有政策”暨公共政策健康影响评价培训班，全年审查行政规范性文件18个。

【宣传阵地】 至2021年，与富阳区媒体合办《健康富阳》《健康121》《健康加油站》等栏目，其中《健康121》栏目已连续播出10年。通过楼宇电视、车身广告、户外大屏及墙绘等多种载体开展健康科普宣传。推进健康素养、家庭医生进农村文化礼堂活动，组织健康教育专家库成员和医疗专家到农村开展健康教育、健康义诊等活动。全区居民健康素养水平35.66%。《健康素养进农村文化礼堂的“富阳模式”》在全省现场会作经验交流。全年申报市级健康乡镇11个、健康村268个；培育省健康促进金牌学校2家、银牌学校6家、铜牌学校13家，市级健康示范单位1家，市级健康单位30家，健康家庭3000余个。开展三轮次健康细胞创建工作培训，通过市级健康单位创建验收、复评。健康浙江考核成绩连续3年获优秀，并获省委省政府表彰，2021年通过全国健康促进区验收。

【跨部门健康行动】 全年举办第二届“十佳健康家庭”评选活动。对儿童公园进行智慧化改造提升，打造成为全省首个智慧健康主题公园。组织并参加富阳区第三届“绿道健走大赛”。优化全民健身地图2.0版，2个公共体育场馆、24家百姓健身房和289条健康步道（绿道）入驻“浙里办”App并实现在线预约。

预防保健

【孕产妇系统管理】 区妇幼保健院每周一至周五，区第二人民医院每周一开设高危筛查门诊，每月定期到受降、东洲下基层高危筛查。全年富阳户籍孕24周以上区级高危筛查4425人，筛查率达99.84%；外来流动人口孕24周以上区级高危筛查1200人，筛查率达98.68%。共筛查出黄色高危孕产妇2626例，橙色高危孕产妇1420例，红色高危孕产妇101例，紫色高危孕产妇196例。全年分娩产妇数4432人（富阳户籍），活产数4499，住院分娩活产4499人，新法接生率100%，高危孕产妇住院分娩率100%。建母子健康手册4428份，建卡率99.91%。其中孕13周前建册4342例，早孕建册率达97.97%；系统管理数4414例，系管率98.11%；产后访视人数4428例，产后访视率98.42%。血清产前筛查孕妇4357例，筛查率98.31%。

【妇女保健】 全年完成国家级和省级农村妇女宫颈癌检查5594例，乳腺癌检查8479例；区级宫颈癌检查9060例，乳腺癌检查11039例，确诊乳腺癌14例，宫颈癌4例，宫颈高级别病变54例。婚检4295人，婚检率84.45%。检出疾病1295例，疾病检出率30.15%。全年各助产单位分娩产妇数4957人，活产数5005人，2021年未发生孕产妇死亡。

【儿童保健】 全年全区7岁以下儿童应检44397人，建档管理44191人，管理率99.54%；0～3岁儿童系统管理23847人，系统管理率99.05%。全年活产婴儿4499人。围产儿死亡10例，围产儿死亡率1.99‰；全年5岁以下儿童死亡10例，5岁以下儿童死亡率2.22‰；婴儿死亡6例，婴儿死亡率1.33‰，新生儿死亡5人，死亡率1.11‰。全区0～3岁疑似残疾儿童监测23765人，监测率99.66%，发现疑似残疾儿童29人，0～3岁儿童疑似残疾发生率12.2/万。新生儿疾病筛查4986例，筛查率99.62%；新生儿听力筛查4986例，筛查率99.62%。新生儿先天性心脏病筛查4966人，筛查率99.22%。

【干部保健】 2021年，为全区24个乡镇（街道）71名党政正职及家属提供就诊陪诊服务202人次，复查复诊提醒235人次，杭州省级医院预约挂号及就诊陪诊服务27人次，胃肠镜陪诊10人次，帮助协调区属医院手术、住院等诊疗服务12人次，微信短信推送个性化宣教内容共计610条。2021年，机关、事业单位在职及退休人员体检完成24949人，区属医院保健门诊共提供服务847人次，为离退休干部提供上门服务1855人次。富阳骨伤医院共接诊上级保健对象46人次。保健站为保健对象及区政府工作人员提供测血压4033人次，巡诊2767人次，配药2601人次，咨询1774人次。

【免疫规划工作】 全年对全区社区卫生服务中心规范化门诊及冷链、疫苗管理和预防接种服务全程规范性开展多次督导检查，组织多轮次培训。常规五苗接种率保持99.87%以上。四价HPV疫苗新预约方式上线，通过抢号方式共运行4次，放号821个。九价HPV预约参考四价HPV模式开展2次，发布号源4600个。开展70岁以上老年人免费流感接种的民生实事项目，共接种25442针次。开展新冠紧急接种培训、新上岗人员培训，发放新证1175人次，有序开展新冠疫苗接种工作，2021年累计接种183.28万剂针次。

【传染病疫情】 全区未发生甲类传染病报告。报告乙类传染病12种，报告病例1330例，发病率159.85/10万。乙类传染病发病数居前5位的依次是：梅毒、肺结核、淋病、肝炎和痢疾，占总报告发病数的94.59%。处理各类突发公共卫生事件425起，比上年上升183.33%。

【H7N9禽流感防治】 全年从全区家禽规模养殖场（户）和家禽散养户集中的地区外环境中共采集各类人感染H7N9禽流感外环境标本62份，未发现检测阳性标本。

【艾滋病防治】 深化艾滋病高危行为干预的“富阳模式”，2021年完成外来务工人员3301人次、外来婚嫁女521人次、羁押人员913人次、吸毒人员129人次。完善疾控中心—定点医院—社区卫生服务中心—社会组织“四位一体”的管理模式，实现病人从阳性告知、转介治疗、个案随访“一站式”管理。全年新报告发现HIV抗体阳性48例，新诊断病例抗病毒治疗率为94.23%，治疗及时率88.46%。艾

2021年9月19日，第二届富阳区卫生健康乡贤联谊会

（区卫健局 供稿）

滋病感染者和病人治疗率为93.28%，病毒载量检测率98.36%，病毒抑制率为99.00%。

【结核病防治】 全年处理结核病疫情23例，肺结核学校疫情及时处置率100%，对密切接触者筛查率100%。筛查19例肺结核疫情密接人员1004人，PPD试验结果强阳性92人。全年共登记结核病394例；活动性肺结核病人348例（结核性胸膜炎27例），肺外结核46例；其中病原学阳性病人183例。全年肺结核病人转诊率100%，管理率99.4%，规则服药率99.33%。

【慢性病防治】 全年全区共计死亡3826例，报告总死亡率5.52‰；共报告糖尿病个案3451例，报告发病率497.97/10万，报告冠心病急性事件304例，报告发病率43.87/10万，报告脑卒中2152例，报告发病率310.53/10万，报告恶性肿瘤3851例，报告发病率555.69/10万，报告伤害卡16869例。医疗机构内科门诊35岁及以上首诊测压工作覆盖率为100%，35岁及以上首诊测压率为99.87%。推进慢性病示范区建设，制定下发全区慢性病综合防控示范区建设实施方案和成员单位目标管理责任书，通过国家慢性病综合防控示范区复评。开展脑卒中高危人群筛查、重点人群直结肠癌筛查等民生实事项目，完成筛查体检人数共计17278人。

【地方病防治】 血吸虫病防治 开展春季查螺工作和领导干部"查螺日"活动，完成查螺面积14.3万平方米，未查到钉螺。对来自湖南、湖北、江西、安徽、江苏、四川、云南等省份尚未控制血吸虫病流行县和疫情回升县当地或外地居民开展血吸虫病监测工作，未发现阳性病例。

疟疾防治 开展第十三个"4·26"全国疟疾日主题宣传活动，1—12月共完成"四热"病人血检879人，全年无暴发疫情。4月4日、10月15日西湖区分别报告1例现住址为富阳区恶性疟病例，由西湖区进行网上报卡；10月6日、7日区第一人民医院分别报告1例恶性疟病例。10月6日报告病例因恶性疟疾伴有大脑并发症死亡，另外3例患者均已规范治疗后痊愈。

碘缺乏病防治 全年共对食用盐批发场所检测盐样36份，合格36份，合格率100%。对常绿、春建、环山、里山、新桐5个乡镇/街道小学生碘缺乏病病情监测共采集8～10岁学生盐碘和尿碘各210份，学生合格碘盐覆盖率为84.28%，学生尿碘中位数199.5微克/升。采集孕早、中、晚期妇女碘盐和尿碘各35份开展孕妇碘缺乏病病情监测，共计105份，孕妇合格碘盐覆盖率为93.3%，孕妇尿碘中位数141微克/升。开展"5·15"碘缺乏病日宣传活动，发放防治碘缺乏病宣传资料200余份，接受群众咨询200余人，发放碘盐200袋。

地氟病防治 对湖源厅基、塔坞两村开展水源氟化物监测，共采集水样4份进行氟含量检测，氟含量均在正常范围内。对湖源乡厅基村、塔坞村8～12岁7名儿童进行尿氟监测及氟斑牙检查，尿氟含量均在正常范围内。

布鲁氏菌病防治 5月14日，区中医骨伤医院报告1例职业人群布鲁氏菌病病例，中心实验室报告试管凝集试验（SAT）滴度为1：200，立即对该布病病例进行流行病学调查，并于5月18日指导富春社区卫生服务中心对疫点进行消杀，并对患者进行随访，患者已痊愈。7月6日，区第一人民医院报告1例布鲁氏菌病病例，中心实验室报告试管凝集试验（SAT）滴度为1：100，中心立即对该布病病例进行了流行病学调查，并对患者进行随访，患者已痊愈。6月3日，对杭州富阳九鲜牛肉定点屠宰场的84名工作人员进行重点职业人群布鲁氏菌病筛查，未发现病例及感染者。

【生活饮用水监测】 全年对12份市政供水和122份农村饮用水进行网络直报工作。其中市政供水全部合格，农村饮用水合格率95.90%，主要不合格项目为总大肠菌群、菌落总数等2个指标。

【精神卫生】 开展精神障碍患者网格化排查，精神科主治以上医生入户风险评估248例，复核疑似患者19例，部门联动处置76例；二级以上医疗机构严重精神障碍患者共发病报告126例；线上线下开展心理健康讲座42场，基层督导92次；全年救助资金370.96万元，实行严重精神障碍患者监护补助和看护补贴，发放监护补助资金83.37万元、看护补贴23.38万元，落实严重精神障碍患者监护人责任保险附加精神障碍患者责任险；370余名精神障碍患者由乡镇残疾人之家托管照料。富阳区精神

2021年5月13日，富阳区计生协会在全国沟通之道培训班上作交流发言
（区卫健局　供稿）

（心理）卫生工作领导小组办公室荣获2021年度浙江省严重精神障碍管理治疗工作先进集体。

计划生育

【帮扶服务模式】 全年“暖心家园”新增银湖街道服务点2个，帮扶失独家庭416人，周末陪伴200余次，困难帮扶24户，开展爱心速递活动4次，组织节日慰问、暖心春游、端午节包粽子、健康茶会等各类活动30余次，完成微心愿60余个，参与志愿者达700人次。联合区供销社、盘古农业升级“暖心家园·幸福超市”线上平台，销售农产品20万元，成功帮扶20余户计生特殊家庭。开展节日慰问1000余人次，落实慰问资金74.8万元。国家卫健委、中国计生协会课题组摄制组专程到富阳调研、拍摄计生特殊家庭帮扶工作。

【青春健康教育】 2021年，举办青春健康教育师资提高班，新增市级师资3名。组织16场青春健康进村（社）、进企业、进服务中心“三进”活动。拍摄制作青春健康教育基地线上解说宣传片，“青春·沟通教育智慧故事”共71期通过学习强国、微信、电视等平台推送。开展各类线上线下青少年培训60期，培训青少年6500人次；家长培训50余期，受益家长7500人。接待各类考察学习15场，参观人数1000人。东洲中学青春健康教育基地创建为市级示范基地，“青春健康教育富阳模式”获评“第十四届杭州市健康行业点评与改革传播活动一老一小健康惠民品牌现象”，富阳区青春健康教育基地被评为全省计生协系统“十佳基地”，分别在全国青春健康沟通之道项目培训会议和全省青春健康推进会作交流发言。

【“优生优育优教”促进】 全年通过省级“优生优育”进万家项目开展各类主题活动5场，各类新婚夫妇课堂和准妈妈课堂10场，各类3岁以下婴幼儿照护服务咨询、讲座、互动类游戏、亲子类活动及培训10场。各种家庭培训、亲子活动、早教课堂，促进儿童早期发展服务进农村、进社区、进家庭活动12场，建立向日葵亲子小屋3个。利用“5·20”母乳喂养宣传日、“9·12”预防出生缺陷日等主题日开展宣传活动，发放各类宣传资料（品）3.2万份，服务群众达3.6万人。推广各类惠民的优生优育保险赠送活动，办理589人，开展暖心助孕活动，申报4人，再生育成功1人。

【基层队伍建设】 5月，在区委党校分2期举办村级综合业务能力提升培训班，培训内容涉及计划生育各个方面，全区515名村（社）计生服务人员、计生协会秘书长参加培训。

2021年12月1日，富阳区计生协会荣获2020—2021年度计生保险工作先进单位称号

（区卫健局　供稿）

【全员人口库信息质量提升年行动】 2021年，开展全员数据库质量提升年行动，上半年完成逻辑差错修正工作，下半年做好空缺项目补录工作。每月2次定期提醒、督促乡镇（街道）做好互联互通出生信息核查工作。全年身份证号码空缺补录4000余条，空缺量减少50%。

【推进母婴设施建设】 全年开展3个亚运场馆母婴设施建设2轮现场对接、指导。贯彻《母婴室建设与管理规范》省级地方标准，推进公共场所母婴设施建设，全年建成9处标准化母婴设施并通过部门联合验收。至2021年年底，全区有标准化母婴设施100处。

【3岁以下婴幼儿照护】 全年创树“托起小太阳”品牌，新增3岁以下婴幼儿成长驿站建设10家，其中4家示范型、6家基础型；全区3岁以下婴幼儿20071人，托育机构20家，托幼一体化32家，共计托位2218个，每千人口拥有3岁以下婴幼儿托位数2.66个。

【落实计生利导政策】 全年承接奖扶、特扶、农保补贴3项惠民政策审核和发放职能，准确率和及时率均为100%，通过杭州市奖扶特扶信息核查。2021年，全区符合奖扶4041人，特扶763人，农保补贴7371人，发放资金1743.17万元。计生手术并发症人员生活补助标准由500元/月提高至800元/月。全年共发放区级计划生育公益金102.5万元，较上年增长13.3万元；代发杭州市级公益金11.75万元，共惠及196户计生特殊家庭。

【建立保险理赔直付系统】 依托智慧医疗云平台，建立计生保险“理赔直付系统”和镇村二级代办制，实现计生保险领域的“最多跑一次”。2021年共理赔85例，理赔金额53.55万元，赔付率达 72.66%。

【计划生育依法行政】 2021 年征收社会抚养费 15 例，共计 52.95 万元，其中通过法院执行 4 例，乡镇街道执行 11 例。

卫生监督

【公共场所卫生监督】 至 2021 年底，全区有各类持卫生许可（登记备案）的管理单位 5507 家。其中，公共场所 1452 家，医疗机构 549 家（其中民营医疗机构 208 家），学校 96 家（不含托幼机构），职业病危害用人单位 3245 家，职业病健康检查机构 3 家，放射诊疗单位 92 家，集中式供水单位 5 家，二次供水单位 8 家，涉水产品企业 18 家，消毒产品生产企业 30 家，餐饮具集中消毒单位 3 家，病媒生物预防控制服务备案单位 6 家。全年实施行政处罚 625 起，罚没金额 179.09 万元，申请法院强制执行 5 起。开展公共场所卫生监督监测工作，检查住宿、美容美发、商场超市等公共场所 1320 家次，实施行政处罚 333 起，罚没金额 31.85 万元。

【饮用水和涉水产品卫生监督】 全年开展饮用水和涉水产品监督检查，检查单位 53 家次、采样 61 份，实施行政处罚 2 起，罚没金额 3.2 万元。开展 5 家市政供水单位卫生监督检测，采水源水 5 份、出厂水 5 份，水样均为合格。开展龙头水检测和公示，对市政供水范围的 30 个龙头水开展检测，采样 30 份，水样均为合格并进行社会公示。开展 2 次供水监督和检测，检查单位 10 家次，采样 10 份，水样均为合格。开展涉水产品卫生监督，检查生产、经营单位 5 家，检查产品 11 件，对产品检查不合格的 2 家单位实施行政处罚，罚没金额 3.2 万元。

【学校卫生监督】 全年检查学校 468 家次，实施行政处罚 44 起，罚没金额 3.6 万元。联合第三方检测机构对全区国家“双随机”抽取单位和重点单位（饮用水安全）开展传染病防控、常见病管理以及饮用水、教学环境监测等工作，对存在问题的学校联合区教育局进行通报。

2021年7月28日，杭州市检查检验互认共享全市推广现场会召开
（区卫健局 供稿）

【医疗机构监督】 全年检查医疗机构 2199 家次，督导医学观察点（隔离点）199 家次，实施行政处罚 200 家次（其中公立医疗机构 4 家次、民营医疗机构 151 家次、村卫生室 45 家次），处罚医务人员违法违规行为 2 人。完成医疗机构自查自评 411 家，开展医疗机构现场校验 211 家，医疗机构控烟检查 407 家次。结合医疗美容专项治理、漠视侵害群众利益问题专项治理等专项行动开展打击非法行医工作，全年查处非法行医 23 起，罚没金额 49.38 万元。开展消毒产品生产企业抽检检查 41 家次，实施行政处罚 1 起，罚没金额 0.1 万元。餐饮具集中消毒服务单位监督、监测 20 家次，抽检样品 165 件，实施行政处罚 2 起，罚没金额 1 万元。

【职业健康监管】 结合建筑行业、尘毒重点单位、上市（拟上市）企业等专项整治（服务提升）等专项行动，开展职业健康监管工作，全年检查职业病危害用人单位 113 家次，实施行政处罚 37 起，罚没金额 48.2 万元。

中医中药

【概况】 2021 年，富阳区新增杭州市名中医 3 人，基层名中医 4 人，青年名中医 2 人，共立项省、市中医药科研项目 28 个。至 2021 年底，全区有省、市、区级中医药类重点学科（专科）22 个，25 家社区卫生服务中心中医药适宜技术覆盖率 100%；65 周岁以上老年人中医药健康管理率 77.13%、0～36 个月儿童中医药健康管理率达 82.41%。

【区中医院】 2021 年以“医联体为载体，提供连续医疗服务”创新举措获评国家中医药管理局“2018～2020 年改善医疗服务先进典型医院”，为该举措浙江省唯一入选医院，获评杭州市文明单位、富阳区老年友善医疗机构，成为江西中医药大学科技学院优秀实践教学基地、浙江省中医药大学实习基地和教学医院。全年举办继续教育班省级 4 项、市级 9 项，开展新技术、新项目 73 项。申报成功杭州市医学重点学科 3 个，区级重点学科 9 个。新增杭州市级名中医 2 人、青年名中医 1 人、基层名中医 1 人，省中医护理优才培养 1 人，市级青年中医骨干跟师培养对象 2 人，市中医护理优才培养 2 人。引进高层次人才 2 名。开设 18 个名医工作室（博士工作站）。2021 年在研项目 40 项，按期结题率 100%，发表论文 34 篇。全面推动医院数字化改革，推进检查检验互认共享改革，完成 985 智安医院

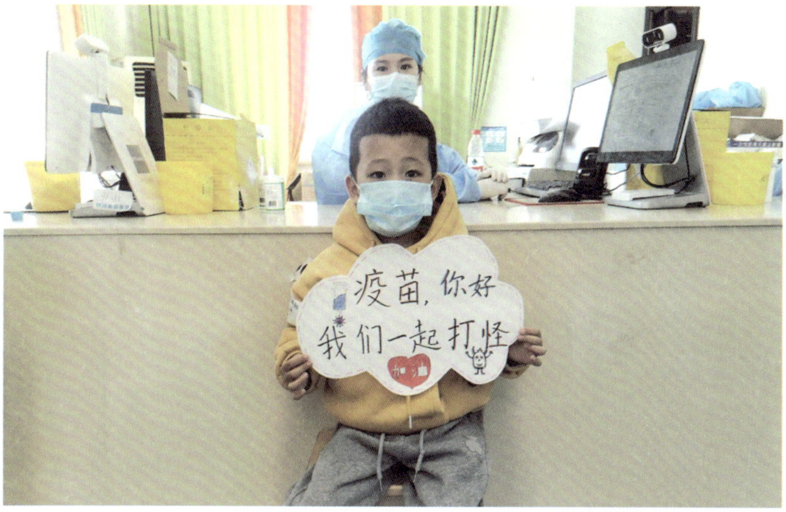

2021年富阳区安全有序推进新冠病毒疫苗接种，至12月31日，累计接种183.28万剂
（区卫健局 供稿）

项目，上线运行中医“方证”辨证智能辅助诊疗系统，推进数字医共体揭榜挂帅项目，正式接入智廉医院2.0版。新建独立的一站式核酸采样点，PCR实验室检测能力加强。全年派出采样大队144人次，完成20219人次扩大核酸采样任务。优化新冠肺炎的中医防控工作方案，组织专家研发防疫香囊、药方、代茶饮，提供各类中医药防疫服务。加强基层常见病多发病中医药适宜技术推广基地建设，推广刮痧、拔罐、穴位贴敷等多类技术，分院累计可开展9类45项中医药适宜技术，总院累计可开展10类50余项中医药适宜技术。

【中医骨伤医院】 2021年总收入4.89亿元，诊疗人次345416人次，出院人次15244人次。三级公立医院绩效“国考”得分745分，列全国中医骨伤专科类第5名，国家监测指标等级A。在疫情常态化防控中，完成天地农庄及金碧湾驻外人员核酸采样、杭黄高铁测温、新冠肺炎疫苗接种等工作，共计派出3000余人次。新建6个名中医工作室，2个博士工作站，成立杭州区县医院首个护理博士工作站“宁丽博士工作站”；引进博士后、博士专家各1名，新增杭州市基层名中医2人，新增省市医坛新秀培养对象1人；新增杭州市重点学科2个，富阳区重点学科5个；举办继续教育班5项，其中国家级1项、省级3项、市级1项；完成课题验收8项，新立项课题18项，其中厅局级6项，获得国家实用新型专利3项。在与阿克苏市人民医院对口支援工作中，2021年共派出援疆医生5人次。通过省三甲中医骨伤医院评审。入选“富春风尚汇”应用场景试点单位和国家文明单位重点培育单位；实施“旅游＋中医药”，创建成为“浙江省中医药文化养生旅游示范基地”。

医院管理

【医共体建设】 2021年，富阳区《全面推进检查检验结果互认共享》案例入选2021年度浙江省医改十佳案例。医共体总门诊人次604.5万人次，同比增长6.0%，出院人次7.4万人次，同比增长5.4%。牵头医院向下转诊3.1万人次，同比增长2.7%，成员单位上转11.9万人次，同比增长7.5%。基层就诊率66.21%。建立全专科门诊66个，牵头医院下派专家243人，开展模块化培训49场，培训3950人次。医共体专项资金投入570.8万元，基础建设、信息化建设、人员统筹使用等投入共计41073.6万元。

【院前医疗急救】 至2021年年底，全区救护车总数27辆，其中负压救护车8辆（包括1辆新生儿负压转运车），实现常住人口每3万人1辆救护车的配置水平，在杭州地区领先。全区人员密集公共场所投放AED（心脏除颤仪）146台。杭州地区第一个完成洗消中心建设。参加杭州市急救中心组织的技能比武获得医生个人一等奖、团体三等奖，调度技能竞赛获得团体二等奖、个人三等奖。

【医疗保障和体检任务】 完成2021年征兵体检，高校招生体检5396人次。参与新冠病例转运、防洪抗汛、流感和新冠疫苗接种等医疗保障任务675次。

【智慧医疗和数字化改革】 全面推进医疗卫生领域“数字化改革”，持续深化并高标准完成杭州城市大脑“舒心就医”特色场景建设。富阳区家庭医生移动服务平台（贴心家医）、智廉医院大数据监管平台（智廉医院）2个项目入选首批省级卫生健康数字化改革基层创新储备库入库存项目，相继在省市媒体宣传报道，并获得有关市领导批示肯定。率先推进医学检查检验结果互认共享改革，通过建立互认标准、数字应用、制度保障三大体系，构建区域检验检查“互通、互认、互信”数智医改全省样板。相关做法获省市领导批示肯定，并入选省发改委第二批数字社会典型案例、省数字社会首批最佳应用，作为数字社会关键小事典型示范案例在全省数字化改革推进例会展示，相继在省市复制推广应用。

【无偿献血】 全年全区团队与街头合计11508人次献血3416升，献血总量比上年增长4.52%。疫情常态化下，通过扩大无偿献血志愿服务队伍，开展团队无偿献血活动55次（不含在富高校），共计7419人次献血1997.7升，献血量比上年增长8.76%。大润发、商业城、新登、万达4个固定献血点4089人献血1418.8升，比上年同期增长2.90%。5家公立医院、3家民营医院临床用血红细胞7076U，同比下降10%；血浆370.28升，同比持平；

血小板 7349U，下降 13.23%。临床用血保持 100% 来自无偿献血。经各医疗机构信息系统改造，在所有非营利性医疗机构落实“浙江省无偿献血荣誉证”（三免证）直免门诊查费功能。2021 年，推荐区教育系统为杭州市“热血致青春”优秀组织单位，推荐区妇保院、银湖街道为“我为七一献热血”优秀组织单位，区卫健局获“我为七一献热血”二十年特别组织奖单位称号。

爱国卫生

【城乡爱国卫生】 全年以“国卫复评齐参与，立起城市新环境”为主题，建立权责结合、职责明确、行动高效的国卫复评工作组织指挥体系，健全督查整改、舆论宣传、综合协调工作机制，提升城市管理各项薄弱环节。建立街道“红黑榜”考核和部门“预扣分”制度，与区美丽办建立督查融合机制，通过省级明查和国家暗访，以巡回督查重“点”、专项督查重“线”、综合督查重“面”、领导督查重“难”为原则，解决市容环境卫生、食品安全、病媒生物防制等问题 1000 余条。

【病媒生物预防控制】 全年全区 1.4 万余只毒鼠屋、2000 余只捕蝇笼、900 余只灭蚊灯纳入信息化管理，信息化数量和质量居杭州领先。开展以灭蝇灭蚊为重点的除“四害”村建设，19 个乡镇（街道）19 个村参与，部门联动开展 3 轮督导，14 个村经杭州市推荐为省级除“四害”样板村，建设力度在全市名列前茅。

【农村改水改厕】 全年完成 4 个杭州市改水项目，完成农村无害化改厕 2180 座，全区无害化户厕普及率达到 100%。

【公共场所控烟】 全年发动全区 106 家党政机关事业单位开展无烟党政机关建设，无烟党政机关建设实现全覆盖。控烟监督执法常年化，加大监管和执法力度，全年共对 4 家单位（场所）和 1 名个人实施了处罚，共处罚金 22050 元。

医教科研

【概况】 推进富阳区“136”卫生人才培育百人工程三年行动计划，实施富春“医学高峰”计划，推进名医名院工程建设。组织开展评选 2020 年度富阳区卫健系统“三十佳”，评选出“十佳医生”“十佳护士”“十佳家庭医生（团队）”。采取“线上 + 线下”相结合等形式灵活开展院校招聘、社会招聘和人才引进工作，共招引医卫人才 220 人，其中研究生 63 人，副高职称及以上 6 人。实施“136”卫生人才培育百人工程和卫生基础人才能力提升工程，新认定杭州市 D 类人才 30 名，新增 96 名副高职称及以上医疗专家。实施富春乡贤名医“师带徒”工作机制，举办第二届富春乡贤名医师带徒“拜师学技”仪式，累计与 32 位乡贤名医签订拜师学技术三年计划，新增省医坛新秀培育对象 1 人，杭州市名中医 3 人，基层名中医 4 人，青年名中医 2 人。

【学科建设】 2021 年，新增市级重点学科 9 个，区级重点学科 35 个，名医工作室（博士工作站）20 余个。申报立项省自然基金项目 3 项，省卫生科技和中医药科技项目 18 项，市卫生科技计划项目 28 项，申报并确认举办国家级继续教育班 2 项、省级 20 项、市级 30 项，科研项目、继续教育办班数量、质量创历史新高。

（邵飘飘）

【编辑 陈炜祥】

31 体 育
Sports

综 述

【概况】 2021年，富阳有省级体育强乡镇24个、省级体育先进社区26个、杭州市星级社区26个。有独立法人体育社团24个、体育俱乐部7个、健身气功站点9个。举办第二届浙江马拉松纪录挑战赛。完善银湖体育中心、水上运动中心和体育中心体育馆3个亚运场馆赛事功能验收，组建完成区级、场馆两个层面运行协调机制。全年完成国民体质监测2600人次和社会体育指导员培训355人。

【荣誉】 区体育中心被国家体育总局评为“2017—2020年度全国群众体育先进单位”。永安山滑翔基地滑翔伞项目获评2021年度浙江省运动休闲旅游优秀项目，永安山慕野星空露营基地获评浙江省十佳露营地。

群众体育

【群众体育赛事活动】 全年举办百企万名跳绳挑战赛、毅行活动、武术展示活动、足球联谊赛、职工瑜伽展演活动、排舞培训活动、机关干部桥牌比赛、乒乓球等级赛、浙马纪录挑战赛等各类赛事、培训260余场，参与人数员3万余人。组织银湖拔河队代表杭州参加浙江省文化礼堂运动会和浙江省第四届体育大会拔河比赛，在浙江省第四届体育大会拔河比赛中，获得混合600公斤级、男子640公斤级和女子540公斤级亚军。开展“亚运知识进村社”活动。

2021年10月10日，富阳举办2021第二届浙马纪录挑战赛
（区文广旅体局 供稿）

【第二届浙马纪录挑战赛】 10月10日，迎亚运倒计时一周年暨2021第二届浙马纪录挑战赛在富阳开赛。本届浙马纪录挑战赛分为挑战组、公开组和富阳本地组，选手共计60人。羊小军获挑战组男子冠军，吕军丹获挑战组女子冠军；岑万江获公开组男子冠军，吴宜霞获公开组女子冠军。朱正伟获富阳本地组冠军，陆苏丹获本届挑战赛特别奖。

【体育社团】 至年底，全区有体育社团24家，体育俱乐部7家，其中AAA级体育社团11家，AAAA级体育社团1家，AAAAA级体育社团1家（其余11家体育社团无等级）。当年新成立射击射箭协会及国文马术俱乐部、东吴国际扑克俱乐部。区老年体协开展“全国老年太极拳之乡”创建，太极拳剑活动列为“迎亚运”“一区一品”活动；11月9日，在富阳水上运动中心举行200人大型太极拳、剑、伞集体展示活动；11月，东洲街道太极公望团队、银湖街道太极团队荣获全国老年人健身线上展示活动优秀展示奖。4月，在杭州市第九届老年人健身运动会上，柔力球项目获得男子、女子个人技巧第一名及团体第一名，富阳队获得体育道德风尚奖，富阳区被授予最佳组织奖等奖项，倪如柳等人获得市老年体育优秀工作者称号。6月，富阳区老年体协派8人组成代表队代表杭州市出战2021年省老年人地掷球赛，男女队在塑质球比赛中均获得优胜奖，在小金属球比赛中女队获第一名，男队获第二名，楼华芳、洪土忠分获运动员、裁判员体育道德风尚奖。12月，富阳区老年人体育协会、富春街道办事处被浙江省老年人体育协会评定为“2017—2020年度浙江省老年体育工作先进单位”，倪如柳、王丽津、周冬儿被评为“2017—2020年度浙江省老年体育工作先进个人”。

【国民体质监测】2021年，根据健康浙江考核要求，完成年度国民体质监测任务（样本）2600余名，监测合格率100%。

【社会体育指导员培训】11月24—26日，在区老年健身大楼四楼开展社会体育指导员培训，各乡镇街道355名相关人员参加，均通过考试并取得三级社会体育指导员等级证书。

竞技体育

【队伍建设】2021年，全区在库运动员800余名，主体分布在田径、篮球、足球、乒乓球、羽毛球、武术（套路）、射击、摔跤、柔道、跆拳道、散打、拳击、举重、击剑、游泳、艺术体操、蹦床、水上项目、轮滑、自行车、街舞等20余个项目。其中在省体育专业队试训的富阳籍运动员16人，在杭州市级体育训练单位参加试训68人。

【竞技运动员成绩】9月，富阳多名运动员出征第十四届全国运动会，其中，沙滩排球运动员方易、皮划艇运动员徐佳炜、帆船运动员徐臧军、游泳运动员尹嘉禾收获金牌。富阳籍运动员徐臧军、赵中豪等参加第32届东京奥运会赛事。

【参加省市级体育赛事】全年参加浙江省、杭州市篮球、足球、乒乓球、举重、射击、武术、跆拳道、摔跤等项目的青少年阳光体育比赛，共收获金牌55.59枚（包括省市级折算）、银牌58枚、铜牌56枚。

【区级学校体育】全年与区教育局一起落实“阳光体育进校园”及学校体育工作，组织开展富阳区青少年乒乓球、篮球、田径、校园足球等项目体育赛事，加强体育苗子的选拔、训练培养和输送工作，配合上级专业队参加选材集训20余人次。

【体育传统项目学校建设】全年全区布点在全区中小学校的各级各类体育传统项目学校23所，其中省级阳光体育后备人才传统项目学校3所，分别为实验小学（篮球）、郁达夫中学（田径）、春江中心小学（足球），杭州市级9所，区队联办单位3家，常年开展篮球、足球、乒乓球、举重、摔跤、击剑、射击、武术、田径、跆拳道、网球、羽毛球等项目的业余训练，承担着向杭州及以上各级体育学校输送苗子的任务。

体育设施

【民生实事工程建设】2021年，全区完成民生实事项目25个，其中省级村级全民健身广场3个、省级社区多功能运动场2个、省级体育公园1个、省级百姓健身房7个、市级乙类全民健身中心1个、市民全民健身广场1个、区级全民健身公园8个、区级全民健身广场2个，全区人均体育场地面积2.52平方米，经常性参加体育锻炼人数超过30%。优化全民健身地图2.0版，13个省级民生实事项目全部录入浙江省民生地图管理系统。完成“浙里办”非奥项目裁判员信息审核并提交省市体育局

【体育中心体育馆提升改造工程】9月，富阳区体育中心体育馆提升改造工程通过杭州亚组委组织的体育馆赛事功能验收并投入使用，成为杭州市首批、富阳区首个通过竣工验收的亚运场馆之一，荣获区迎展行动首批奔跑奖。

【体育中心服务提升工程】2021年，区体育中心投入财政资金172.32万元，用于场馆室内外设施设备日常维修、足球场草坪及周边绿化养护、田径场人流量智能监控安装和物业管理等事项，提升服务水平。

体育产业

【体育产业发展资金项目库项目申报】2021年，杭州华鹰游艇有限公司AMC28双体游艇研发与制造项

亚运场馆体育中心体育馆

（区文广旅体局 供稿）

目、杭州康华船艇有限公司奥运竞技龙舟设计研发和赛艇智造2个创新项目申报2021年度浙江省体育产业发展资金项目库项目，通过评审并获得资金补助。

【产业创新与融合】 祥瑞龙舟成为中华人民共和国第十四届运动会龙舟项目比赛唯一指定使用器材，杭州富阳祥瑞水上运动器材有限公司获得优秀组织、指导单位及突出贡献奖，参与2022年杭州亚运会温州龙舟赛场地布置搭建项目并通过亚组委竣工验收。

【体育彩票】 2021年，全区有体育彩票销售网店146家，销售收入2.63亿元。富阳区获得浙江省体育局颁发的浙江省体育彩票销售量突破亿元县（市、区）称号。

（夏 晨）

【编辑 陈炜祥】

32 社会生活
Social Life

人民生活

【城镇居民生活】 2021年，据城乡住户一体化调查资料显示，城镇常住居民人均可支配收入为69316元，同比增加6014元，增长9.5%。城镇居民人均工资性收入38812元，增长10.5%。人均经营净收入17031元，增长7.4%。人均财产净收入7574元，增长8.2%。人均转移净收入5898元，增长10.6%。

城镇常住居民人均生活消费支出42560元，同比增加6182元，增长17%。在八大类消费支出中，人均食品烟酒类消费支出11145元，增长10.2%。人均衣着类消费支出3323元，增长18%。人均居住类消费支出为9637元，增长5.2%。人均生活用品及服务类消费支出2416元，增长37.5%。人均交通通信类消费支出7936元，增长55.5%。人均教育文化娱乐类消费支出4441元，下降8.2%。人均医疗保健类消费支出2209元，增长31%。人均其他用品和服务类消费支出1025元，增长57.3%。

【农村居民生活】 2021年，据城乡住户一体化调查资料显示，农村常住居民人均可支配收入42051元，同比增加3962元，增长10.4%。农村居民人均工资性收入23545元，增长9.9%。人均经营净收入10335元，增长2.2%。人均财产净收入726元，增长34.8%。人均转移净收入7445元，增长24%。

农村常住居民人均生活消费支出29900元，同比增加4790元，增长19.1%。在八大类消费支出中，人均食品烟酒类消费支出8698元，增长18.6。人均衣着类消费支出1516元，下降18.7%。人均居住类消费支出7024元，增长0.2%。人均生活用品及服务类消费支出2348元，增长86.9%。人均交通通信类消费支出3584元，下降9.9%。人均教育文化娱乐类消费支出2284元，减少13.9%。人均医疗保健类消费支出4162元，增长448.1%。人均其他用品和服务类消费支出284元，增长13.8%。

【居民住房】 2021年年末，城镇居民人均住房建筑面积60.2平方米，农村居民人均住房建筑面积91.7平方米。

（孙依娃）

人力资源

【新增就业】 全年全区城镇新增就业人数26805人，引导和帮助5390名登记失业人员再就业，帮助就业困难人员就业1885人，城镇登记失业率2.34%，城镇调查失业率稳控在5%左右，就业形势总体稳定。

【就业公共服务】 全年举办和参与31场招聘会，组织923家次单位参会，提供4028个岗位，现场初步达成意向1920人次。运行完善富阳就业网（富阳就业超市）平台，登记发布用工信息4033家次单位、招聘需求人数73671人次。全年发放创业担保贷款5284万元。

【构建“就业超市”平台】 2021年，构建数字化“就业超市”平台，完成企业注册2950余家，汇集潜在求职数据3.6万余条，系统开发实现企业招聘岗位和个人求职意向两端信息精准匹配，缓解“招工难求职难”就业结构性矛盾。完成重点群体帮扶在线推广应用，24个乡镇街道，330个村社区，完成全覆盖。核实维护村社区人员信息35万余条，累计为重点群体服务36005次。

【就业困难群体帮扶】 全年公益性岗位安置就业116人，发放岗位综合补贴376.8万元，惠及116人次。发放失业保险金9936.92万元，惠及59733人次；发放临时价格补贴10.40万元，惠及686人次。工伤鉴定1810人次。制定《富阳区2021年就业援助精准服务计划》，新增认定就业困难人员2392人，帮助就业困难人员就业1885人。

【对口帮扶劳务协作】 2021年，与贵州省锦屏县，河南省许昌市、

2021年10月11日，浙江省杭州市富阳区—四川省甘孜藏族自治州德格县对口帮扶劳务协作招聘会在德格县举行

（区人力社保局 供稿）

南阳市，吉林省长春市九台区，新疆阿克苏市，河北省宁晋县，四川省德格县，省内丽水市缙云县等地签订劳务协作协议。富阳区2家企业（浙江华达和富生科技）荣获杭州市级十佳东西部扶贫劳务输出爱心企业。通过与德格县人社局合作，组织7家企业赴德格县开展“组团赴德格县对口帮扶现场招聘会”，招聘需求890余人，达成意向30余人。

【职业技能培训】 全年完成技能培训14081人次，新增高技能人才2631人，共拨付各类培训资金739万元。其中受理国资、市场监管、民政、交通运输行业部门项目制培训974人，拨付资金63.44万元；受理20家企业540人企业新型学徒制培训备案，涉及钳工、铸造工、冲压工、涂装工、中式烹调师等职业工种。新认定大师工作室市级2家、区级10家，入选浙江杰出工匠2人、浙江工匠2人、浙江青年工匠17人。出台《关于进一步加强技能人才培育的实施意见》，构建职业技能政策体系、职业技能培训体系、技能人才评价体系三大体系。

【根治欠薪工作】 开展在建工程领域“大排查、大检查、大整治”专项行动，梳理项目743个，排查检查项目589个，整改根治欠薪“六项制度”项目93个，处理重点欠薪案件37个，约谈企业80余家。开展漠视群众利益问题专项行动、清理整顿人力资源市场秩序春雷专项行动和文化娱乐场所联合专项检查。受理各类劳动纠纷和欠薪案件6912件，为10246名劳动者追回工资和经济补偿金1.17亿元，抓捕欠薪责任人7名、入刑5人。

【劳动人事争议仲裁】 2021年，通过浙江省人力社保厅“建标准院、开标准庭、办标准案”三标准试点创建验收，提升仲裁工作规范化、标准化、专业化、信息化水平。推行“互联网+仲裁”办案，实现线上维权“不跑腿”，585起案件通过线上申请、在线庭审方式结案，网办率46%。发挥“1+X”劳动纠纷多元化解平台作用，加强乡镇街道劳动人事争议调解中心和兼职仲裁员队伍建设，全年共受理案件1272起，结案率98.9%、调解成功率93.9%，为1419名劳动者挽回损失6165.38万元。

（杨 广）

社会保险

【企业职工基本养老保险】 2021年，全区289381人参加企业职工基本养老保险，181312人享受职工基本养老保险待遇，全年净增职工养老保险参保1.22万人。

【机关事业单位养老保险】 2021年，全区28959人参加机关事业单位养老保险，其中10107人享受待遇。全年基金收入9亿元，支付8.7亿元，累计积余基金6137万元。

【城乡居民社会养老保险】 2021年，全区14866人参加城乡居民社会养老保险，25415人领取城乡居民社会养老待遇。城乡居民基础养老金上调至310元/人·月，城乡居民各类养老保险综合参保率99.22%。

【工伤、失业保险】 2021年，全区251183人参加工伤保险，247963人参加失业保险。全年累计发放工伤保险基金1.41亿元、失业保险基金1.37亿元。

【工伤“一码通”】 2021年，富阳区对“工伤一件事”进行迭代升级，在“浙里办”上线推出工伤“一码通”应用系统，形成工伤事前智防、事中智治、事后智服闭环管控的数字化应用场景，实现工伤事项集成“智服”、工伤隐患精准“智防”、工伤纠纷综合“智治”，全区工伤事故发生率同比下降29%，纠纷化解成功率提升至99.5%。该项工作在省委改革办《竞跑者》刊发，并在《浙江省政务信息（专报）》和《杭州市政务信息》刊登，得到杭州市副市长陈国妹批示肯定。

【企业社会保险降费减负】 2021年，按照企业分类，完成对失业、工伤等险种减免额度兑现，全年为2.7万户企业和个体工商户累计减免失业保险费11944.27万元，减免工伤保险费2860.32万元。

【社会保险业务经办】 推进政务服务“好办易办”改革，推行政务服务2.0平台，平台收件率保持在85%以上。做好“一件事”的迭代升级应用，上线联办事项12个，做好“退休一件事”、“企业招用员工一件事”和“社保医保参保一件事”联办平台试点。组织开展人社业务技能练兵比武活动，荣获杭州市人社系统技能比武第五名。

【退休人员社会化管理】 2021年，为9.6万名65周岁以上企业退休人员提供健康体检，举办“庆百年、迎亚运、展风采”富阳区第三届企业退休人员文艺会演，富阳区第一届企业退休人员“庆国庆、迎亚运、展风采”书画摄影比赛活动，成立杭州退休干部职工大学富阳春江教学点；全年下拨企业退休人员社会化管理专项资金4020余万元，围绕经费使用开展年度第三方审计并落实整改任务；累计发放企业退休人员春节、端午节、中秋节节日慰问费5.02亿元。

（杨 广）

医疗保险

【基本医疗保险概况】 2021年，全区710667人参加基本医疗保险，综合参保率99.9%。其中：419763人参加职工基本医疗保险，290904人参加城乡居民基本医疗保险。职工医保统筹基金收入13.97亿元，支出10.64亿元，累计结余17.22亿元，按2021年支出水平测算，支付能力为19个月。医疗救助资金支出2887万元，享受人数15029人。定点医药机构608家，其中定点医疗机构370家，定点零售药店238家。杭州市医疗保障局富阳分局“暖心医保”党建品牌获全区机关党建“十佳”品牌，连续两年获全省“先进县（市、区）医疗保障局”称号和杭州市系统内考核第一位。

【西湖益联保】 2021年度全区“西湖益联保”参保43.84万人，参保率63.03%，全市排名第二，超杭州市平均水平，累计赔付4928人次，赔付金额3896.44万元，人均赔付金额8070.5元，最高赔付119.92万元。完成2022年度全区“西湖益联保”参保37.97万人，参保率53.41%，全市排名第二。

【医疗保障改革】 推进总额预算管理下的住院按DRGs点数法付费、长期慢性病按床日付费多元复合付费方式改革。全区28家定点医疗机构落实住院费用DRGs点数法付费改革，主动控费、合理收费，清算奖励1.1亿元。落实国家集中带量采购中选结果，各批次集采药品累计节约金额2.2亿元。中医门诊辨证论治项目纳入医保基金支付范围，中药饮片加成不超过25%。

【医疗保障监管】 全年开展定点医药机构自查自纠、“双随机一公开”专项检查、日常巡查检查、飞行检查、交叉检查等专项行动，约谈“两定”机构151家，通报批评3家，限期整改17家，暂停服务协议9家，解除服务协议16家；行政处罚4件，罚款16.43万元；追回医保基金568.62余万元；移送公安机关1起。规范执行医疗保障领域与刑事司法衔接，依法依规查处杭州百芝医药有限公司富阳红景天大药房特大欺诈骗保案。

2021年5月7日，富阳召开全区定点医药机构医保监管工作会议

（区医保局 供稿）

【医疗保障创新】 推行住院实名制就医监管，医保信用管理成为全市试点。整合完善“安心医保”综合监管应用平台，实现事前有医保信用监管、事中有进销存和实名制监管、事后有监测预警处理，成为全省“医保基金精密智控在线”试点项目，初步构建形成“不想、不能、不敢”骗保的基金监管现代治理体系。研发“线上订药”小程序，定点零售药店全覆盖接入，保障慢病群众找药、购药。

【医疗保障服务】 深化医保业务政务2.0服务，网上办、掌上办率达到99.4%。深化“医银合作”，全区75个农商银行网点全部实现医保业务通办。推进医保电子凭证应用，全区参保人员激活率84%，结算使用率25%以上。贯彻执行国家15项医疗保障信息业务编码标准，坚实全省统一“智慧医保”平台基础，全区所有定点医药机构完成贯标工作，完成率100%。

（张月虹）

民政事务

【社会救助】 2021年6月，出台《杭州市富阳区困难群众探访关爱制度》，将已脱贫但依然脆弱的家庭纳入探访范围，完善主动发现快速响应机制，及时采取帮扶措施，探访关爱率100%。调动、统筹和链接政府、市场、社会等各方资源，打造线上线下相结合的社会救助服务联合体（简称“助联体”）。功能定位为“五联一体”，依托省、区平台，联动党政群团、救助部门、镇村组团、社会力量和智力支持5支队伍，在功能上实现区域性融合，提供以防止贫困代际传递、帮扶脆弱性群体和增强困难家庭自我发展能力为核心的社会救助服务。空间布局为“一核两翼四区”，建成1个区级“助联体”、2个镇街级“助联体”和4个特色帮扶“助联体”为阵地的救助服务圈。服务圈以富春街道、东洲街道、新登镇为“一核两翼”辐射全区，以胥口、场口、渌渚、常绿镇为小中心打造医药救助、就业救

富阳区2021年居住区、建筑物命名更名一览表

表25

序号	标准地名	所属乡镇（街道）	地名类别	项目四至	地名含义
1	湖著观邸	富春街道	城镇居民点	东起金浦路，南至北环路，西至金苑路，北至二号渠	湖：地块毗邻阳陂湖；著：是显著，象征项目匠筑标杆的决心；观：以此为观，揽景入宅，同时指代阳陂湖始建于唐朝贞观年间，有千年文脉；邸：与项目目标客群的气质契合。故拟命名为湖著观邸
2	峰汇华城	富春街道	城镇居民点	东起东兴路，南至丰收路，西至恩波大道，北至规划公园绿地及兼容社会停车场用地	“峰“意为项目位于富春街道北面，周围有虎山、东山等群峰环伺。”汇“意指北渠临近项目，水流汇聚，汇领未来。“华”意指大华集团入富阳首作，承载着大华品牌深耕杭州的使命，同时延续公司开发楼盘名称的延续性，项目为住宅、商业、酒店等业态汇聚的场所，故拟命名为“峰汇华城”
3	瀚悦宸邸	富春街道	城镇居民点	东至富春十小，南近华虹路，西至规划道路，北至金凤路	“瀚”取意浩瀚，广大深远的样子，寓意发展前景宛如潮水般浩荡不息；“悦”意指宋都以城市共建者身份为富阳发展献力，“宸邸”体现项目的区域价值属性，故拟命名为“瀚悦宸邸”
4	望钰和府	富春街道	城镇居民点	东至金云路，南至公望街，西至西环北路，北至北环路	拟变更“望钰和府”的“望钰”是达到美好境地的意思，体现老百姓对于新的家园的憧憬之情，“望”字寓意为希望、盼望，不但表达了人们对于美好生活的向往，也与另一个小区“秦忆”相呼应，更有历史文化传承感。故更名望钰和府
5	启润学府	富春街道	城镇居民点	东至北渠绿化带边界，南至文居街，西至东兴路，北至规划道路	因项目由杭房集团开发建设，项目周边有第三幼儿园、富春六小、郁达夫学校、富阳二中等学校，同时考虑公司品牌使用“启”，沿袭“润如园”等项目使用“润”，拟命名为“启润学府”：温润而泽，好学而敏，表达对生活、对孩子的双重期望
6	江畔锦园	富春街道	城镇居民点	东至恩波大道，西至规划支路，北近巨利路，南至公望街	地块西侧环畔的新桥江，自山而来，穿梭富阳街巷间，最终汇入富春江，它流淌着千年富阳源远流长的人文气象，传承着历史也见证着未来的勃兴，其地块分布呈狭长状，如同一条锦绣绸带，取象征着流转光华、繁华向荣的“锦”字，表达千载富阳一脉相传的锦盛，同时映衬该地块一线河景锦绣如带的独特价值。故名江畔锦园
7	辰春澜城	富春街道	城镇居民点	南起305省道，北至规划道路，东至规划道路，西至规划道路	“辰”代表北辰地产企业形象，有日月星辰之意；“春澜城”取意富春江“春来江水绿如蓝”的意境，与富阳作为杭州清翠秀丽的山水人居佳境共鸣。故名辰春澜城
8	江上臻园	富春街道	城镇居民点	东至规划道路，西至春秋北路，北至公望公寓，南至文豪路	通过取义象征至善至美、精益求精的“臻”字，以表达绿城深耕富阳的匠心，代表绿城对于品质的专注与思考。同时前缀“江上”与富春60、61地块的呼应，标志该产品代言富阳人居新高度的时代愿景
9	秦忆荣府	富春街道	城镇居民点	东至香槟路，南至凤浦路，西至金秋大道，北至文居街	“秦忆”是对原来居住区块的一种思念，也寄托了老百姓无限的怀念之情。“荣府”象征着老百姓对于新的家园的期盼与骄傲之情，表达了人们可以在新的家园安居乐业，幸福生活的喜悦
10	云萃天和城	春江街道	城镇居民点	东至竹简路，南至蔡伦路，西至秦望南路，北至富春湾大道	云萃：指聚集的意思，富春湾新城多业态聚集，享有高铁站、医疗、科创区等配套；天和城：具有富春湾新城地标高度的综合体大盘，建造超百米写字楼、酒店及高端住宅，故拟命名为“云萃天和城”
11	聚德雅居	东洲街道	城镇居民点	东至空地，南至规划大华三号路，西至东洲公交站，北至浙江大华智联有限公司	加大人才引进，聚贤会才，导德齐礼，安居乐业，故命名为聚德雅居
12	宋殿雅苑	银湖街道	城镇居民点	东起自然山体，南起千人坑遗址，西至320国道，北至规划道路	公司结合开发定位及地名命名规范，项目拟命名标准地名“宋殿雅苑”。由于项目位于银湖街道，且在宋殿村（已拆迁）的旧址新建，保留及沿用老地名命名

续表25

序号	标准地名	所属乡镇（街道）	地名类别	项目四至	地名含义
13	中秋嘉苑	银湖街道	城镇居民点	东起320国道，南起规划道路，西至规划道路，北至亚运射击馆	公司结合开发定位及地名命名规范，项目拟命名标准地名“中秋嘉苑”。由于项目位于银湖街道原中秋村，现该村已拆迁，保留及沿用老地名
14	瑞源邸	银湖街道	城镇居民点	东至铭鹤花园，南至320国道，西至规划道路，北至顺源府	瑞，吉祥之意，项目位居银湖科技城芯，盛享亚运时代红利；源，起源，与众安深耕富阳又一升级之作一脉相承顺源府，产业蓬勃，地铁红利呼啸而来，源起美好人居，拟命名“瑞源邸”
15	江上桂语新月里	银湖街道	城镇居民点	东至恩波大道，南至水稻所路，西至规划道路，北至规划道路	“桂语”命名由绿城产品体系桂语系而来，代表绿城新一代标杆公寓产品，“新月里”其形由绿城月亮标志诗意而来，其意一脉相承自绿城滨江区高端代表作品
16	悦才苑	银湖街道	城镇居民点	东至规划道路，西至西环北路，南起高科路，北至新桥新路	悦是高兴愉快的意思，要做一个对社会有贡献的人，必须要有健康良好的心理素质。保持快乐，生活才能更幸福。故命名为悦才苑
17	云川茗玥城	大源镇	城镇居民点	东起经纬路（暂名），南起瓦窑里街（暂名），西至山居大道（暂名），北至塘子畈街（暂名）（不含秣马桥路）	云川，延续“云川未来城”之名，具有系列感，能让已经了解项目的客户产生认同感；同时云具备智慧、未来的意义，契合未来社区的未来感。茗玥与明月同音，海上升明月，寓意富春湾作为新城开发，未来社区是富春湾新城一轮冉冉升起的明月，而明月也有着美好与圆满的寓意；玥则另有神珠、美玉的意义，展现着茗玥府的美好质感生活。故拟命名为云川茗玥城
18	沁悦宸轩	大源镇	城镇居民点	东至秣马桥路（暂名），南至纬山路（暂名），西至大桥南路，北至同登路（暂名）	“沁”，字从水从心，心亦声。“心”意为“内部”，暗指项目位于富春湾新城未来核心的位置，同时“沁”也有清新爽朗的感受，与悦结合，体现项目臻享品质生活的经营理念。“悦”，怡悦、愉悦，本案作为宋都未来高阶作品，包容全维度的生活业态、全家庭的生活需求、全类型的生活形态，兑现一天、一家、一站的生活图景，让悦享生活成为真正可能。“宸”，意指本案宛如耀眼的新星，“居其所而众星拱之”，承载着擎领板块发展的品牌祈愿；“轩”，原意为古代高级官员的车子或服饰，此处体现项目轩昂出众的造型及立面，同时彰显高贵，拟命名为“沁悦宸轩”
19	晨飞大厦	富春街道	房屋	东起现状厂房，西至秋丰路，南起南渠及规划道路，北至横凉亭路	建筑设计时尚大气，将成为富阳城市西入口的地标建筑，“晨”早晨，寓意朝气蓬勃、美好向上，故命名晨飞大厦
20	富冶大厦	鹿山街道	房屋	东至富阳电力大楼，南至江波街，西至依江路，北至富恒街	地名采用“富冶大厦”，既有现代气派，又有企业文化底蕴，富冶大厦堪称富阳区鹿山新城总部经济核心区的一座标志性建筑
21	长新博澜大厦	银湖街道	房屋	东起银湖12号-c地块红线，南起银湖12号-F地块项目，西至银湖12号-G地块项目红线，北至银湖路	大厦所在地1950年由长新乡改名为受降乡，是侵浙日军受降所在地，是爱国主义教育基地。大厦取名“长新博澜大厦”寓意着继承中华民族博大精深的文化底蕴和传承革命先烈的伟大自强不息的精神
22	金固中心	银湖街道	房屋	东至银湖路，南至创意路，西至望湖路，北至银湖水系	因项目位于银湖街道科创园区块，为商业办公楼，在银湖路边，由金固股份建设的一个集公司行政、科创、金融服务及商务为中心的金固总部中心。故命名金固中心
23	集世迈大厦	银湖街道	房屋	东起规划道路，西至现状空地（银湖12-E地块），南起规划道路，北至银湖路	项目将作集世迈集团总部，“集世迈”的含义是“集聚世界浙商的力量迈向新的高地”，故拟命名为“集世迈大厦”

助、家庭邻里互助、红色救助四大特色片区，实现救助服务全域一体化优质共享。2021年9月8日，召开杭州市富阳区未成年人保护工作委员会第一次全体会议。建立起由37名儿童督导员和335名儿童主任组成的三级服务队伍，对辖区内困境儿童生活养育、监护、就学等情况进行动态管理。乡镇（街道）示范型“儿童之家”和“未保工作站”实现全覆盖。完成市级下达的“添翼计划”8名儿童康复治疗任务，启动实施“添翼计划延续项目”，为15名贫困家庭残疾儿童进行免费康复治疗。

【养老服务】 2021年5月，富阳区在落实养老服务业支持政策、完

2021年12月2日，富阳召开省级社会救助数字化改革试点现场会，启用救助服务联合体

（区民政局　供稿）

善养老服务体系方面表现优异，获得省政府督查激励，在2021年安排养老服务体系建设专项资金预算时，在原有资金安排基础上再予以适当倾斜的奖励。这是富阳区养老服务工作首次获此荣誉。全年完成500户困难家庭适老化改造；新增机构养老床位366张；新建示范型居家养老服务中心5家；创建康养联合体试点2家，分别为振和颐养院、朗和（银湖）医养中心；为150户特困老人等家庭安装“空巢”老人居家安全守护系统，全区共有250户“空巢”独居老人家庭使用该系统。9月，出台《杭州市富阳区养老服务电子津贴制度的实施意见》，对象包括低保家庭的失能失智老年人和80周岁以上老年人以及困难家庭的失能老人。养老服务电子津贴制度实施后，原养老服务补贴对象经评估后符合条件的仍可继续享受。政策调整后，享受人数由原来的5000人左右提升至2.5万人，年资金约2300万元。完成大源镇、胥口镇、洞桥镇、新登镇等敬老院改造提升工作。至2021年年底，全区有30家养老机构，总床位3321张，其中护理型1734张，护理型床位占比为52.21%。

【殡葬改革】 推进乡镇街道级公墓建设，东洲街道红旗村纳骨堂、新登镇塔山村纳骨堂项目竣工，渌渚镇生态公墓完成施工，银湖街道、新登镇、场口镇生态公墓建设有序推进。东洲街道红旗村纳骨堂、渌渚镇生态公墓申报省级节地生态安葬示范点。开展殡葬领域问题专项整治，出动联合检查5次，查处问题13个，均落实整改。

【行政审批】 开展政务服务高频事项一网通办优化省级试点，全年一网通办率99.99%，通过政务服务网或“浙里办”App提出办事申请并受理的办件数量占比达到98.88%。落实“双减”工作，完成营利性学科类校外培训机构转非营利性登记。组织开展非营利性校外培训机构章程修订工作，全区111家非营利性校外培训机构中，修订章程继续从事非营利性学科类培训42家，转非学科21家，注销48家。全年共办理行政许可191件，行政给付411089次，行政确认33298件。

【慈善福利事业】 富阳区在2021年省慈善联合总会发布的《2020年浙江城市慈善发展指数报告》中居省县区市第四位，杭州市第二位。区慈善总会、总会副会长单位富阳农商银行获得杭州市政府集体嘉奖、总会副会长单位富冶集团董事长罗忠平获得杭州市政府个人嘉奖。推进区级综合慈善基地建设，基地面积534平方米，全年孵化慈善组织7个，孵化慈善项目4个，建立慈善领军人才培育机制，推出儿童类慈善领军人才7名，爱心机构4家。投入210万元建设全民慈善服务数字化项目，构建基层精准慈善服务、智慧慈善超市场景。区慈善总会全年累计收入3520.88万元，支出3035.97万元，惠及群众36907人次，重点开展春风行动“冬送温暖、夏送清凉”、慈善助学、春风助医、困境儿童关怀等活动。全年新增志愿军老兵关爱基金、平安善治基金、新时代文明实践基金，开展永通关爱、富冶慈善基金助医活动，向302名大病困难家庭发放助医资金102.35万元。投入100万元率先设立“共富暖阳”儿童友好慈善信托成长型基金。启动首个慈善直播义卖，推出智能慈善超市建设计划，发起项目3个参与“99公益日”活动。对口支援德格县帮扶活动，援助资金共计295万元。

【社会事务】 全年完成33名乡镇（街道）民政经办服务人员招录工作。全年流浪乞讨人员进站救助85人次，医疗救助21人次，帮助返乡85人次，帮助7名身份信息不明的精神病患受助人员找到亲人。完成与新设余杭区的界线勘定工作；更新富阳区政区图和城区图，完成社区门牌分布图册增补工作。完成“小地名”采集归档东梓关村试点工作，采集“小地名”187处及其方言读音、地名小故事13个、对735处现有房屋的门牌进行梳理及图上标注。全年审核办理住宅区命名19件、建筑物命名5件；设置维护道路标识186处、门牌546处，批量更新地名标识16655块。全年共办理结婚登记4005对，离婚申请2336对，离婚登记1131对。推进补领婚姻登记证工作，在万市镇举行富阳区集中补领婚姻登记证巡回办证启动仪式，补发婚姻登记证4473件。推动水库移民融合发展，安排移民各类项目49个，投入项目资金3669.6万元，直补资金累计发放22071人。

【民政法治建设】 2021年，编制完成《杭州市富阳区民政事业发展“十四五”规划》和《杭州市富阳区水库移民后期扶持“十四五”规划》。全年新增执法人员2名，共

25人，持证率90%以上。实行法律顾问聘任制，法律顾问参与重要行政规范性文件合法性审查4件，参与案件研究讨论4件，参与其他法律服务事项4件。出台行政规范性文件2个，落实重大行政决策事项1个；落实“双随机、一公开”工作，2021年共抽取155个检查对象，完结率达100%；共办理行政处罚1件，给予行政警告。

【智慧民政】 完成“民政驾驶舱”建设，汇聚社会救助、社会治理、养老服务、婚姻登记、殡葬设施、慈善事业等领域数据。优化“身后一件事”场景建设，新增死亡信息属地告知功能，并在数字社会门户上线，部门联办率为91.31%。社会救助多部门联办一件事、社会组织联办系统上线运行。升级“空巢老人安全守护系统”，9月，入选国家发改委运用智能技术服务老年人典型案例，央视新闻频道《新闻直播间》、央视综合频道《新闻联播》分别于9月26、28日对此进行报道；10月，中榜杭州市发改委首轮揭榜挂帅“安居守护一件事”。建成“养老服务时间银行”项目并投入使用。

（李　娜）

老龄事业

【概况】 至2021年年底，按户籍人口统计，全区总人口69.49万人，60周岁及以上老年人口166044人，占总人口的23.89%，比上年增加4319人，增长2.67%。65周岁及以上老年人口120699人，占总人口的17.37%，比上年增加6219人，增长5.43%。70周岁及以上老年人口73243人，占总人口的10.54%，比上年净增4003人，增长5.78%。80周岁及以上老年人口23466人，比上年减少13人，占总人口的3.38%，占老年人口总数的14.13%。90周岁及以上老年人口3805人，比上年净增153人，占老年人口总数的2.29%。100周岁及以上老年人49人，比上年增加3人，其中女性为35人，男性为14人。全区有24个乡镇（街道）老龄化均在20%以上，其中洞桥镇老年人口占总人口比例最高，为29.74%。

2021年11月25日，富阳举行东梓关“小地名”走进课堂活动
（区卫健局　供稿）

全区纯老年人家庭的老年人口数为11233人，占老年人口总数的6.77%。失能、半失能老年人口6734人，占老年人口总数的4.06%，其中失能老人2762人，半失能老人3972人。“空巢”老人103436人，独居老人3347人。全区有323个行政村、社区建立老年协会。

【老龄政策】 2021年，老龄工作荣获杭州市优秀单位，并在省市老龄工作会议作典型经验介绍。召开富阳区老龄工作委员会全体扩大会议，出台为老服务十件实事。编制出台《杭州市富阳区老龄事业发展“十四五”规划》，申报2021年国家智慧健康养老应用示范试点，推进老年健康促进行动省级示范试点建设。启动基层老年人协会规范化建设三年行动计划。

【老年文教体育事业】 至2021年底，全区有老年电视大学分校1所，教学点326个，春秋两季参加老年电视大学学习的学员共48563人次。老年文艺团队373个，老年体育协会及各类老年体育团队275个，老年志愿者组织394个。全年组织开展老年健康周、阿尔兹海默症宣传日等宣传活动。

【老年人意外伤害保险】 2021年度保险期限从2021年7月1日0时起至2022年6月30日24时止。至年底，全区161725名老年人投保老年人意外伤害保险，占老年人口100%。政府统筹保险支出485.175万元。

【“敬老月”活动】 2021年10月，召开富阳区敬老爱老助老“最美”系列表彰暨首届老年书画摄影大赛活动，区四套班子主要领导分别带队走访慰问百岁老人和困难老人，为全区102名百岁老人、917名高龄和困难老人送去慰问金和慰问品。选送132幅作品参加杭州市老年书画摄影大赛，19幅作品获奖。区卫健局（区老龄办）、区文广旅体局、区文联共同举办“庆百年华诞，展银龄风采”杭州市富阳区首届老年书画摄影大赛。何月仙荣获全省“敬老爱老助老模范人物”，富春街道、杨非（家庭）、徐芙妍、甘莉、包连芳、蒋留青等荣获杭州市级“最美”称号，春江街道等42个单位或个人荣获富阳区级“最美”称号。江滨社区创建为“全国示范性老年友好型社区”，新建村、八一村和江滨社区荣获“杭州市友好年好型社区”称号。杭州市富阳区老年大学等8家集体创建富阳区“敬老文明号”，富阳区第一人民医院等

2021年10月14日，富阳举行“庆百年华诞 展银龄风采”首届老年书画摄影大赛作品展

（区卫健局　供稿）

17 家医疗卫生机构成功创建“老年友善医疗机构”。

【医养结合】 至 2021 年底，全区医养结合机构 8 家，其中核定医疗床位 610 张，养老床位 2077 张。推进区第一人民医院与 5 家医养结合机构开展紧密医养联合体试点工作。规范基层医疗卫生机构与养老机构和居家养老服务机构签约合作，实现 25 家社区卫生服务中心与 13 家养老机构和 276 个居家养老服务照料中心的长效协作机制，有效签约率 100%。

（邵飘飘）

残疾人事业

【概况】 2021 年底，全区持有第三代中华人民共和国残疾人证的残疾人 22806 人，其中肢体残疾 12272 人、视力残疾 2232 人、听力残疾 2773 人、言语残疾 147 人、精神残疾 2383 人、智力残疾 2398 人、多重残疾 601 人。

【“数字残联”建设】 2021 年，领办省残联残疾人证“跨省通办”“省内通办”应用揭榜挂帅任务，推出残疾人智能预约、医生云评定、不出门评残、即时发证等场景，解决了残疾人证跨地区申请难、信息审核部门协同难、残疾人线上申报业务难、办证流程繁等问题。该应用于 8 月正式上线，被列为省数字社会民生关键小事智能速办事项之一，并入选富阳区第二批“民呼必应·幸福同行”最佳案例。

【残疾人基本民生保障】 落实各项民生保障政策，困难残疾人低保目标人群覆盖率 100%，残疾人“两项补贴”、残疾人社会保险补贴等补助政策实现应补尽补，全年累计发放各类助残补贴 7400 万元。残疾人意外伤害和大病医疗保险全覆盖，完成理赔 677 人次，理赔金额 308.9 万元，赔付率 178.9%。结合“春风行动”，完成 600 余户困难残疾人家庭慰问工作，发放慰问金 48 万元。对 7 名特殊困难残疾人开展临时救助，发放救助金 1.45 万元。

【残疾人康复服务】 全年完成 58 例白内障患者复明手术补助，配发轮椅、拐杖、助听器等辅具 780 件。对 108 名贫困残疾人的人工关节置换手术进行补助。完成 250 名残疾儿童抢救性康复训练及评估。开展无障碍进家庭服务，制定“一户一案”改造方案，为 120 户残疾人家庭免费安装扶手、坡道等无障碍设施。成立康复服务志愿队，在春江街道、鹿山街道、灵桥镇试点提供免费上门康复服务，解决困难重度残疾人居家康复难问题，打造零距离康复服务圈，服务 170 余人次。创建脊髓损伤患者“希望之家”，开班 2 期，免费为 50 余名患者提供康复、生活技能培训和心理疏导。继续落实精神病患者服药和住院补助政策，实现补助全覆盖。2021 年，全区残疾人辅助器具适配率 100%，精准康复服务率 85%，残疾人家庭医生签约服务率 93%。

【残疾人就业创业】 全年举办残疾人职业技能和实用技术培训班 16 期，培训残疾人 595 人。举办残疾人就业专场招聘会 2 场，促成 99 名残疾人与企业达成就业意向，同时指导企业开发残疾人就业岗位，多渠道安置 205 名残疾人就业。与海宁市联合举办“富春江海潮杯”残疾人直播大赛，富阳区参赛队获第一名、第三名。

【省级无障碍社区创建】 完成富春街道秋月社区、鹳山社区、蒋家桥社区 159 个点位无障碍设施整改。6 月，3 个社区通过“省级无障碍社区”考核验收。

【残疾人文体活动】 组队参加杭州市第九届残疾人文艺会演，选送节目盲童合唱《爱是我的眼睛》、琵琶独奏《天山之春》分别获得一等奖和三等奖。依托富阳区融媒体中心组建富阳区无障碍观影志愿服务队，开展无障碍观影志愿服务 12 场次，参与活动达 1045 人次。开展“六进六讲”（进新时代文明实践中心、机关、学校、企业文化俱乐部、农村文化礼堂、社区文化家园六大阵地，宣讲党史、奋斗、亚运、融合、无障碍、数智六大主题）宣讲活动 8 场次，参与群众达 670 余人次。富阳 15 人参加第十一届全国残疾人运动会，获得 5 金 6 银 1 铜。

【残疾人合法权益维护】 全年接待处理来信、来访、来电 38 件次，办结率、按时反馈率、满意率均为 100%。开展进社区、进乡村、进协会、送法律、送援助、送服务的

2021年7月，富阳成立脊髓损伤患者“希望之家”
（区残联　供稿）

“三进三送”活动 2 次，惠及群众 170 余人次。发挥残疾人法律救助站作用，帮助 6 名残疾人用法律武器维护自身合法权益。出台《区无障碍环境试用体验实施办法》，组建无障碍体验、督导队伍，联合区残疾人无障碍环境促进会开展督导体验 97 人次。

（瞿忠烈）

红十字会

【困难救助】 2021 年，筹集救助资金 431.73 万元，困难救助支出 349.42 万元，救助人数 13694 人。开展“博爱送万家”“困境儿童帮扶”“同在蓝天下”“红十字牵手红丝带”“博爱超市”等 65 个救助项目。开展线上筹资，其中困境儿童帮扶（“云帆计划”在富阳）项目在“ 99 公益日”线上募集资金 27 万元。

【生命关爱】 全年动员造血干细胞志愿捐献登记入库 464 人，全区累计登记入库 5021 人，全年成功捐献造血干细胞 4 例，累计 30 人 31 例，居全省首位。年度实现器官捐献 3 例，遗体、角膜捐献各 2 例，志愿捐献器官（遗体、组织）新增登记 797 人。

【救护培训】 2021 年，在全省首先开展教考分离工作，培训救护员 2571 人，普及培训 57124 人次。举办全区健康家庭评选救护技能大赛和全区红十字救护员技能大赛、青少年应急救护大赛。富阳区被杭州市命名为“红十字救在身边”新时代文明实践示范区。

【志愿服务】 全区有 9 支区级红十字志愿服务队。红十字狼群救援队全年参加大源虹赤泥石流救援、野生动物园金钱豹搜寻、疫情防控等志愿服务 398 次，获杭州市先进基层党组织、2021 年度浙江省最佳志愿服务组织、浙江省红十字救援工作成绩突出集体等称号。红十字心理救援队全年完成面对面心理咨询 4609 人次，受众人数 11000 余人，该项工作得到省委常委、政法委书记王昌荣批示肯定。其他区级志愿服务组织开展服务 5560 次。

【精神传播】 利用“ 5 • 8 ”世界红十字日、世界急救日、学雷锋日等节点，围绕“助力疫情防控，红十字救在身边”主题，开展广场志愿服务、应急救援演练等活动。2021 年度，区红十字会工作被中国、省红十字报、多媒体发布动态信息 25 篇；《浙江日报》《杭州日报》发布 6 篇；微信公众号发布动态信息 32 条；富阳区“一报两台”发布 48 篇；联合富阳发布，策划发布红十字信息 6 条。

【数字红会建设】 2021 年，建成区红十字会数字驾驶舱，并和市红十字会、区数据资源局实现闭环管理，应急救护培训、心灵港湾等纳入群团集市，上线活动 12 次。会员、志愿者管理、应急救护培训、救助申请、资金筹集实现一网通办，“红十字救在身边”四位一体的数字化管理系统上线，并实现区域性运作。

【区红十字文化中心项目投入使用】 2021 年 10 月，富阳区红十字文化中心投入使用，投资 1500 万元，占地面积 2326 平方米，建筑面

2021年10月，富阳区红十字文化中心投入使用
（区红十字会　供稿）

积3500平方米。中心共4层，一楼主要是应急救援装备的展示；二楼是生命教育体验馆，设有接待室、序厅、战地救护区、消防安全体验区、交通安全体验区、生命周期体验区、公共卫生安全体验区、沉浸式5D影院及尾厅；三楼是应急救护实训基地及红十字会员之家；四楼是狼群应急救援队服务中心和新社会组织党建示范基地。中心综合运用声光电科技手段，通过情景模拟，沉浸式体验等方式帮助体验者了解不同主题场景的安全知识，并在互动体验过程中学习掌握有关防灾避险的技能。中心向全体市民免费开放，可同时容纳500人参与学习体验。

（屠丽敏）

社区（村）建设

【社会工作站建设】 全年将乡镇（街道）社会工作站建设纳入省、市、区三级民生实事项目，投入扶持资金110万元，采取加强业务培训、引进第三方专业机构等方式，完成民生实事社会工作站建设9个，其中省市民生实事站点7个。东洲街道社会工作站被评为杭州市首批十佳乡镇（街道）社会工作站。

【社工人才建设】 组织开展2021年专职社区工作者招聘，经公开报名、笔试、面试、体检考核等程序，从1831名人员中录用90人；评选社会工作优秀案例9篇，召开“区级督导人才成果展示及第四届社工案例表彰大会”，对优秀案例予以表彰；邀请社会工作专家教授，组织开展4期600余人社会工作职业水平考前集中培训，400余人参加线上网课学习；组织首批区级社会工作督导人才培育活动，采取理论学习和实务训练相结合，实施小班化教学，开展为期6个月的培训选拔，培养12名区级督导人才；新增持证社会工作者185人。

【社区创建】 2021年获第三批省级引领型农村社区6个，分别为东洲街道红旗村、木桥头村；新登镇上山村、湘主村；渌渚镇岘口村；环山乡诸佳坞村。2021年11月，春江街道春江村被民政部列为全国村级议事协商创新实验试点单位。

社会组织

【社会组织管理】 全年开展打击整治非法社会组织、行业协会和商会收费整治、“僵尸型”社会组织清理整治等专项工作。通过召开专题工作会议，建立联合工作机制，推进三大专项行动整治工作。

【公益创投】 2021年，采取任务书方式开展2021年公益创投活动，通过辅导培训、优化指导、专家评审，确定34个资助项目，资助金额303万元。

（李　娜）

民族　宗教

【概况】 2021年年底，全区有少数民族41个，户籍人口8116人，主要分布在富春街道、春江街道、东洲街道、鹿山街道、银湖街道、灵桥镇、场口镇、新登镇、万市镇。外来少数民族人口35992人，呈现大散居、小聚居的分布格局。少数民族村1个新登镇双江村；少数民族聚居村3个，富春街道拔山村、万市镇槎源坞村和白石村。

2021年年底，全区有宗教团体3个，分别是佛教协会、天主教爱国会、基督教“两会”，经政府登记的寺观教堂及固定处所93处，其中佛教32处、天主教2处、基督教59处。共有登记教职人员147人，其中佛教73人、基督教74人。

【重要活动】 2021年1月7日，全省国家通用语言培训成果展示汇报会在富阳举办，全省11个地市158名代表参加，富阳1人被评为优秀教师，1人被评为优秀学员，选送节目被评为优秀节目。2月9日，区民宗局在全省民族宗教工作会议上进行交流发言，题目为《构建全联帮扶网、石榴花开新富阳，富阳区高质量推进城市民族工作》。3月22日，杭州市基督教培训中心第三期义工传道人培训班在富阳举办。4月10日，在新登镇双江村举办“三月三”民族风情节。5月31日，迎接省市人大深入学习贯彻落实《浙江省宗教事务条例》联合执法检查，相关做法得到检查组各级领导肯定。6月15日，在全市民宗领域“同心共筑跟党走”活动中，富阳选送的好故事被评为优秀作品。10月14日，在渌渚镇举办“民间民俗·多彩浙江”周雄孝文化节。

【主要成绩】 2021年，富春街道蒋家桥社区、大源镇育才学校被确定为省级民族团结进步重点培育单位；新登镇双江村入围省级民族共

2021年8月11日，富春民族之家揭牌

（区民宗局　供稿）

同富裕示范村；富阳区周家弄堂被评为2021年度省级宗教法治宣传基地；富阳区天钟禅院被评为全省宗教活动场所消防安全标准化管理“百优争创”活动优秀单位。1月，富阳区挖掘民间信仰时代价值，打造孝善治理基层样板的相关经验做法得到省委统战部部长熊建平批示肯定。

【重要工作】 全年开展涉宗教领域安全风险普查及“平安护航建党百年”安全隐患大排查大整治专项行动；启动《全区宗教活动场所“十四五”专项规划》编制工作，宗教活动场所专项规划一张图（富阳）数字化改革项目被列入首批全省统战系统重点培育应用场景；富春民族之家、大源育才学校民族馆建成开放；制订宗教界“美丽场所”提标升级方案，16家宗教（民间信仰）活动场所完成创建；查处1起非法宗教活动案件，没收相关物品并处罚金。全年开展行政执法检查12次，其中联合执法检查2次。

【基督教“两会”换届】 区基督教第五届代表会议于”2021年12月27日上午在春江街道周家弄堂召开，参加会议代表178名。会议审议通过区基督教“两会”四届常委会工作报告、财务报告和新修订的两会章程、第五届代表会议决议。选举产生新一届区基督教三自爱国委员会主席、基督教教务委员会会长，副主席、秘书长等。

【新冠肺炎疫情防控】 2021年1月28日起，因疫情防控工作需要对全区宗教（民间信仰）活动场所、基督教聚会点等实施“双暂停”（暂停开放场所、暂停一切集体宗教活动）。2月14日，有序恢复开放并落实常态化疫情防控措施。

（许　军）

【编辑 陈炜祥】

33 乡镇·街道

Township and Streets

● 打造现代版富春山居图

富春街道

【概况】 富春街道总面积105.45平方千米，其中城镇建成区面积18.4平方千米、绿地面积6.9平方千米，辖行政村12个，社区37个，居委会37个，股份经济合作社9个，党员7526人，其中党委33个、党总支22个、党支部402个，村民小组209个。年末总户数50278户，总人口137636人。全年实现工农业总产值187.26亿元，按可比价格计算，比上年增长29%，其中工业总产值183.53亿元，农业总产值3.73亿元。全年实现财政总收入12亿元，其中一般公共预算收入6.36亿元。农村经济总收入572.05亿元，农村经济净收入100.53亿元。农民人均收入5.35万元。

年末耕地面积1898.3公顷，其中水田面积816公顷，高标准农田面积970.7公顷，农作物播种面积2271.2公顷，其中粮食作物播种面积433.3公顷。粮食总产量0.64万千克。农机总动力5.91万千瓦。水利投工1.4万工，水利投资1200万元。完成环境污染治理项目3个，投资额1600万元。存栏生猪340头，出栏肉猪8448头，存栏家禽45214万羽，出栏家禽91783万羽。水产品养殖面积60.1公顷，水产品产量121.3万千克。绿化造林97.3公顷，封山育林4086.7公顷。水果种植面积595.8公顷，水果产量1580.5万千克。茶园面积963公顷，茶叶产量166.5万千克。农业技术服务机构个数3个，从业人员22人。农民专业合作社数量32个，成员371户。种植大户9户，家庭农场98个。工业企业总数391家，从业人员8512人，其中规模以上工业企业48家，实现产值183.53亿元、销售348.09亿元、利润总额6.86亿元。建筑业企业90个，总产值1034296万元。住宿餐饮业企业48个，营业总收入42813万元。商品交易市场20个，交易额199837万元。

中学4所，在校中学生8930人，教职工827人；小学12所，在校小学生20629人，教职工1295人；幼儿园39所，在园幼儿13132人，教职工1641人。社区卫生服务中心1家，卫生室16个，执业（助理）医师85人，兽医（防疫）技术人员7人。全年出生901人，计划生育率97.78%。固定电话用户36572户，移动电话用户315732户，因特网用户83479户。社会福利收养性单位1个，床位60张。参加城乡居民养老保险3503人。参加城乡居民基本医疗保险39153人。最低生活保障救助人数654人。农户新建房屋157户，建筑面积56520平方米。金融机构网点134个，公园及休闲健身广场7个。

【富春街道“我们的云村晚”活动】 2月8日，“富春新年新味道留在富春过大年”2021富春街道农村文化礼堂共同体“我们的云村晚”举行，上线歌舞、诗朗诵、小品等节目12个，以“云上”形式展现基层群众昂扬向上的精神风貌，呈现“年味”“乡土味”“时代味”。富春街道邀请留富人员代表共品“富春十二道年味”，云村晚、党建联盟为留富人员送去暖心

富春街道夜景

（富春街道　供稿）

服务，获央视《新闻联播》报道。

【富春街道重大项目攻坚战】 2月26日，富春街道召开2020年度先进表彰暨2021年重大项目攻坚战斗动员大会，下发街道2021年重大项目攻坚战斗任务书，成立项目攻坚临时党委，全面实施“一三五五”迎亚运、展风采计划，即围绕建党百年这一主题，紧抓“十四五开局”“三个立起来”和“喜迎亚运”三大机遇，组建红旗战斗队6支、战斗小队21支，启动街道项目建设年活动，开展有机更新、产业发展、项目保障、民生实事、党建治理等建设，开工重点工作和重大项目25项。

【城市有机更新】 2月26日，富春街道启动2021年度城市有机更新，高标准打造城市“十字金轴”。至年底，完成油树坞渣土消纳场、法院区块、巨利城中村、达夫南路、高铁西站配套道路等征迁，累计搬迁农户（经营户）1600余户，腾退空间60余公顷。

【“大美富春”系列评选活动】 3月5日，富春街道开展“践行雷锋精神，喜迎绿色亚运”暨“大美富春”系列首届“富春好人”颁奖活动。副区长高飞，区委宣传部部务会议成员、区文明指导中心主任何建康、团区委书记袁媛出席颁奖活动。街道开展“大美富春”系列活动，评选“富春好人”“最美劳动者”“先锋党员”“最可爱的人”“孝善之星”，大力培育和践行社会主义核心价值观，讲好富春故事，提升城市文明，擦亮“最美现象”品牌。

【拔山开茶节】 3月16日，“迎亚运 展风采”2021年富春山居·斗茶大会暨拔山开茶节在拔山村万亩茶海举行。活动现场举行杭州龙井·拔山高峰首单出发仪式。举行“绿茶英雄会”，决出“绿茶琅琊榜”，来自全国的黄金芽、蒙顶甘露、竹叶青（贡竹）、洞庭碧螺春、西湖龙井、黄金芽等16款绿茶参加。杭州市茶叶产业协会注册“杭州龙井”地理标志证明商标。

拔山茶园

（富春街道 供稿）

【富春街道防范电信网络诈骗“百日攻坚”专项行动】 5月10日，富阳区“全民反诈”暨富春街道防范电信网络诈骗“百日攻坚”专项行动启动，现场为5个战斗小分队授旗，广泛动员社会各方力量，大力开展防范电信网络诈骗宣传，努力遏制电信网络新型违法犯罪高发势头。街道在恩波公园、银泰广场等地举办现场宣传活动35次，发动公安干警、街道干部、村社干部、党员代表、志愿者57100余人次，结合防疫宣传、排查工作，开展巡防宣传3800余次，入户宣传3万余次。

【“民呼必应·幸福同行”党史学习教育专题实践活动推进会】 5月27日，“民呼必应·幸福同行”富阳区党史学习教育专题实践活动推进会在富春街道春华村村委大楼召开。区领导吴玉凤、王华、汤金华、徐林亮等参加。推进会以视频形式部署“民呼必应·幸福同行”主题活动重点任务。区委常委、组织部部长万重丰现场发布“民呼必应”数字平台。2021年度街道218个小区（区块）实现“民呼必应”应用场景全覆盖，网上办结事项4.8万余件，群众满意率达99.59%。

【抗击台风“烟花”】 7月23日，富春街道召开防御台风“烟花”工作会议，成立以党工委书记、办事处主任为组长的抗台防汛工作领导小组，领导班子成员分组包片、街道党员干部组团包干，深入联系村社，全面巡防排查辖内危旧房、在建工程、低洼地带、易滑坡地段等重点隐患区域，提前做好危险区群众避险转移，排查城区内涝点36处，地下空间165个，转移人员6911人，其中转移群众2863人、在建工地人员4048人。同时组织人员对辖区内山塘、水库、排涝站等进行检查，落实专人管理。成立临时党委，组建一支144人的抗台抢险先锋连，58个村社（股份）建立抗台抢险突击队，开展全天候警戒。发动45个社区大党委成员单位、1556名党员干部、882名志愿者自发成立党员应急队、巾帼服务队、青年志愿队。

【富春街道老年大学揭牌】 10月12日，富阳富春街道老年大学揭牌，2021年秋季6个专业8个班同时开学。富春街道老年大学以“公益服务”为办学模式，以“老有所学、老有所为、老有所乐”为办学理念，以“笃志、厚德、乐学、尚为”为校训，为老年人提供更新知识的课堂、文化娱乐的场所、延年益寿的乐园，积极争创“浙江省老年教育优质（示范）学校”。

【区级人大代表换届选举】 11月5日，富春街道召开区级人大代表换届选举工作会议。11月6—25日，完成选民登记工作，全街道总人口137007人（户籍），共登记选民104787人。11月26日至12月8日，严格按照区级人大代表名额、结构、比例要求，指导选区提出候选人初步人选并协商确定正式代表候选人。12月15日，街道完成区级人大代表投票选举，全街道参加选举投票选民103033人，选举产生人大代表51人，其中：女性23名，占45.10%；民主党派3人，占5.88%，群众16名，占31.37%；35岁以下7人，36～55岁43人。研究生及以上学历9人，占17.65%，大学本科学历21人，占41.18%，大专学历18人，占35.29%。12月21—30日，代表资格审查委员会依法进行代表资格审查。

【富春微融媒体中心揭牌】12月5日，富春街道“富春微融媒体中心”揭牌。富春街道微融媒体中心设在蒋家桥社区富春民族之家，围绕“一核三翼多端”的融媒布局，搭建四层架构和三级数字驾驶舱，打造高效的融媒体管理体系和运行机制，实现采、编、播、发、析五大功能一体化。依托党群服务中心、“富春智联”智治平台、农村文化礼堂、新时代文明实践所（站）等阵地，抓住地域特色优势，以贴近本土、高效实用的内容，来增强用户黏度和活跃度，通过云直播、云销售等方式推广本地特色。首场直播带货西藏那曲土特产，一小时内售卖特产上千份。

（陈沛青）

春江街道

2021年5月20日，春江街道举行“我为群众讲党史”系列宣传进工地活动

（春江街道　供稿）

【概况】2021年，春江街道总面积41.47平方千米，辖行政村9个，社区1个，股份经济合作社9个，党员1636人，其中党委10个、党总支1个、党支部68个，村民小组146个。年末总户数7929户，总人口31110人。全年实现工农业总产值13.4亿元；其中（规上）工业总产值10.87亿元，农业总产值2.53亿元。全年实现财政总收入2.89亿元，其中一般公共预算收入1.4亿元。农村集体经济总收入1.12亿元，农民人均收入58010元。

年末耕地面积308.9公顷，其中水田面积150.2公顷，农作物播种面积160.2公顷，其中粮食作物播种面积217公顷。粮食总产量118万千克。农机总动力3109万千瓦，水利投资1300万元。完成环境污染治理项目2个，投资额280万元。存栏生猪585头，出栏肉猪519头，存栏家禽5.3万羽，出栏家禽3.3万羽。水产品养殖面积4.7公顷，水产品产量3.5万千克。绿化造林6.7公顷，封山育林1139公顷。水果种植面积56公顷，水果产量202.9万千克。茶园面积8公顷，茶叶产量1.4万千克。农业技术服务机构个数1个，从业人员6人。农民专业合作社数量2个，成员8户。种植大户7户，家庭农场2个。工业企业总数37家，从业人员722人，其中规模以上工业企业6家，实现产值10.87亿元、销售11.81亿元、利润总额0.38亿元。住宿餐饮业企业164个。

中学1所，在校中学生815人，教职工81人；小学3所，在校小学生2269人，教职工188人；幼儿园6所，在园幼儿1609人，教职340人。社区卫生服务中心1家，卫生室4个，执业（助理）医师25人。全年出生249人，计划生育率97%。固定电话用户1498户，移动电话用户39665户，因特网用户17384户。参加城乡居民养老保险23820人。参加城乡居民基本医疗保险11932人。最低生活保障救助人数156人。农户新建房屋10户，建筑面积3600平方米。金融机构网点7个，公园及休闲健身广场4个。

【春江街道“我为群众讲党史”系列宣讲活动】3月15日，春江街道“我为群众讲党史”系列活动启动仪式在江南国际商城举行，宣讲团由老党员、乡贤、“两新”党组织代表、青年等百余人组成，全年共开展进村社、进公园、进商场、进校园、进工地等宣讲活动100余场，受众达3万人次。

【春江街道公益创投项目获央视《新闻联播》报道】5月31日，中央电视台《新闻联播》栏目报道杭州以数字赋能提升居民幸福感，其中包含春江街道太平村文化礼堂开展的公益创投项目“康乐夕阳·情暖春江”居家养老乐龄行动志愿服务场景。至年底，春江街道发展公益创投项目5个，分别为众行公益“新美春江”、“康乐夕阳，情暖春江”居家养老乐龄行动、束暖阳温暖新富阳人、关爱夕阳红一束暖阳在行动和“小春伢”困境儿童帮扶。

【春江街道庆祝中国共产党成立100周年文艺演出】7月1日，春江街道庆祝中国共产党成立100周年文艺演出在八一村文化礼堂广场举行。演出分“百年初心”“激情

2021年7月1日，春江街道举行庆祝中国共产党成立100周年文艺演出
（春江街道　供稿）

岁月”“春江新篇”“筑梦未来”四个篇章，回顾中国共产党走过的百年征程，讴歌党取得的辉煌成就。活动现场还表彰春江街道2020年度先进基层党组织、2020年度“最美党员”。

【富阳区老年健康宣传周启动仪式】 7月16日，富阳区老年健康促进行动省级示范点建设暨2021年老年健康宣传周启动仪式在春江街道新建村文化礼堂举行，活动由区卫健局主办、春江街道承办，以“关注老年健康、品味老年幸福”为主题，旨在通过宣传老年人健康科学知识，增强老年人健康理念及健康知识认识，帮助老年人树立“每个人是自己健康的第一责任人”的健康理念，做一个懂健康知识、懂健康养生的健康老人。

【春江乡贤教育基金成立】 8月，在春江街道党工委、办事处的倡议下，春江乡贤联谊会、商会共同成立“春江（乡贤）教育基金”，共有29名乡贤企业家和个人捐赠基金1388万元。“春江（乡贤）教育基金”将永久开放，并建立持续长效的捐赠机制。该基金将用于春江街道辖区内教育教学成绩突出的公办学校及其教师和管理人员、本地户籍的中小学及幼儿园就读学生、捐赠人在春江街道及其他地区就读子女或捐赠单位在春江街道就读的子女的奖励和困难补助。

【春江幼儿园建设园区开园】 9月，春江幼儿园建设园区开园。春江幼儿园建设园区位于春江街道建设村，总投资5950万元，按浙江省一级幼儿园标准规划，设计规模18个班，可同时容纳540名幼儿入园，用地面积0.95公顷，总建筑面积1.35万平方米（其中地上建筑面积0.97万平方米、地下面积0.38万平方米），工程主体结构获“西湖杯”优质结构奖。该园区为富阳首个全圆弧建筑体幼儿园、首个超大地下空间幼儿园、首个屋顶足球场幼儿园、首个带江景图书馆的幼儿园、首个安装电梯的幼儿园、首个带发电游乐场的幼儿园、首个有水景滑梯的幼儿园、首个可让家长观摩的“透明厨房”幼儿园。

【春江街道部分配套项目房屋搬迁集中签约】 11月28日，春江街道太平区块（一期）房屋搬迁集中签约、春江街道经纬路房屋搬迁集中签约启动。至11月30日，149户搬迁户签约工作完成。本次搬迁工作是对饮用水水源保护区工程、新中线改扩建及经纬路建设等配套项目涉及太平村、新建村、八一村部分区域进行房屋搬迁。

【“云上春江”直播间开播】 12月1日，春江街道微融媒体中心“云上春江”直播间开播，山建村村民应燕妃在直播间介绍春江“新八景”背后的故事及铁皮石斛、三叶青等春江土特产品，共有1100余人收看。

【春江街道完成富阳区第十七届人大代表换届选举】 12月16日，春江街道完成富阳区第十七届人大代表换届选举工作。选举设有大选区5个，投票点15个，参与投票人数24232人，选举产生新一届区人大代表12人。

（徐　听）

东洲街道

【概况】 2021年，东洲街道总面积69.89平方千米，辖行政村15个，社区4个，居委会3个，股份经济合作社15个，党员2636人，其中党委10个、党总支8个、党支部134个，村民小组214个。年末总户数12162户，总人口48592人。全年实现工农业总产值231.42亿元，其中工业总产值223.16亿元，农业总产值8.26亿元。全年实现财政总收入15.3亿元，其中一般公共预算收入14529万元。农村经济总收入461.43亿元，农村经济净收入41.61亿元。农民人均收入53384元。

年末耕地面积1395公顷，其中：水田面积223.8公顷，高标准农田面积1167.18公顷；农作物播种面积2915公顷，其中粮食作物播种面积916公顷。粮食总产量960万千克。农机总动力15047万千瓦。水利投工2.1万工，投资4800万元。完成环境污染治理项目3个，投资额1570万元。存栏生猪319头，出栏肉猪900头，存栏家禽1.2万羽，出栏家禽3.83万羽。水产品养殖面积201.2公顷，水产品产量1829.5万千克。绿化造林15.1公顷，封山育林1100公顷。水果种植面积306公顷，水果产量576.8万千克。茶园面积61.3公顷，茶叶产量16.9万千克。农业技术服务机构个数1个，从业人员13人。农民专业合作社数量64个，成员320户。种植大户33户，家庭农场22个。工业企业总数699家，从业人员31677人，其中规模以上工业企业126家，实现产值200.25亿元、销售180.25亿元、利润总额7.4亿元。

中学1所，在校中学生1277人，教职工147人；小学2所，在校小学生2889人，教职工188人；幼儿园2所，在园幼儿1635人，教职工205人。社区卫生服务中心1家，卫生室10个，医疗床位76张，执业（助理）医师59人，兽医（防疫）技术人员1人。全年出生369人。固定电话用户7512户，移动电话用户44116户，因特网用户22654户。参加城乡居民养老保险694人。参加城乡居民基本医疗保险19676人。最低生活保障救助人数709人。农户新建房屋310户，建筑面积111600平方米。金融机构网点3个，公园及休闲健身广场76个。

【东洲街道全域环境整治集中攻坚】 1月3日，东洲街道“迎亚运会·创示范段”全域环境整治集中攻坚大比武专题会议召开。会议以“两个阶段、两个目标、八项整治、五类比武”为主题，布置村社、企业、工地、田园、水体等整治内容和标准，以PPT现场播放形式，通报村社、企业、工地等“脏乱差”现状，指出环境提升存在的问题短板，明确重点环境问题整治时间和整改要求。全年完成土地清表18.47公顷，拆除葡萄、蔬菜大棚106个；拆除东桥路、高尔夫路两侧田相旁房屋9间、猪羊圈11间、彩钢房1间、花圃2个，面积达2300平方米；签约4处视觉污染房屋拆除协议，面积达650平方米。

2021年3月5日，中央调查组在富阳史料陈列室揭牌开放

（东洲街道　供稿）

【东洲街道“迎亚运 创示范”誓师动员】 2月20日，东洲街道“迎亚运 创示范”誓师动员大会召开，会议提出党建提优、产业提质、环境提标、项目提速、治理提效等重点任务88项。要求全街干部围绕“迎亚运、创示范”，振奋精神、提升认识，明确任务、落实责任，全力加快打造“现代版富春山居图东洲卷首示范段”。

【东洲街道元宵系列活动】 2月26日，东洲街道“扬帆百年，‘鼓’舞东洲”元宵系列活动举办。在黄公望村文化礼堂举办的“我们的村晚——云上元宵迎亚运”活动；紫铜村妇联在村文化礼堂做汤圆，送给留富过年的亚运场馆建设者和企业员工；公望社区开展“猜灯谜忆党史，迎亚运环保行”主题活动，现场开展猜灯谜忆党史、做汤圆睦邻情、做花灯齐欢乐、迎亚运环保行等活动环节；逸城社区在党群服务中心开展2021年“党建共建齐连心 元宵佳节送温情”活动。

【中央调查组在富阳史料陈列室揭牌】 3月5日，位于东洲街道党群服务中心的“中央调查组在富阳史料陈列室”揭牌开放。市委政研室副主任杨正宇，市委党史研究室副主任蒋文欢、市委“中央调查组在富阳”历史事件调研组全体成员，区委常委、组织部部长万重丰等参加开放仪式。“中央调查组在富阳史料陈列室”位于在东洲街道党群服务中心二楼，占地面积约300平方米，展出当年中央调查组办公时使用过的桌椅、有关书籍等基层党员群众整理收藏的各类史料。

【东洲街道请你来协商专题活动】 5月28日，东洲街道“请你来协商”专题活动在公望议事堂举办，区政协副主席孙晓华、区质效评估团、区级部门、街道主要领导、属地政协委员、协商议事员、相关整治村干部参加，村社代表全程在线观看。活动议题为《亚运新区“美丽田园”提升》，协商过程“云直播”，通过“线上+线下”方式开展，吸引5.61万人次，收集意见建议2000余条。

【东洲街道“公望红”研学列车启动】 6月17日，东洲街道“公望红”研学列车启动，增设研学站点3个，包括中央调查组在富阳史料陈列室、黄公望村、富春江集团等党建示范点。6月20日，东洲街道办事处开展“亚运蓝 公望红”文艺会演。8月16日，东洲街道团工委开展“青春向党 团旗闪光”活动，制作《田家英》舞台剧。

【东洲街道乡情教育基金发放仪式】 10月7日，东洲乡情教育基金奖励资助颁发仪式在东洲街道办事处举行。东洲乡情教育基金理事会理事长，副理事长，名誉理事长；街道有关领导；奖励补助师生、家长代表共同出席。会议由街道乡贤联谊会秘书长、乡情教育基金会副理事长俞玉金主持，乡情教育基金理事会秘书长王利芳宣读2021年度奖励补助名单，奖励补助符合条件学生、集体500余名。

2021年5月28日，东洲街道举办"请你来协商"专题活动

（东洲街道 供稿）

【东洲街道新冠肺炎病毒核酸检测筛查实战演练】 11月28日，东洲街道大规模人群新冠肺炎病毒核酸检测筛查实战演练在鸡笼山村菜场举行。演练时间为9:40至10:10，共模拟采样核酸150余人。本次演练中，受检者通过信息登记、排队测温扫码、咽拭子样本采集等步骤完成核酸采样后，有序离开演练现场。演练为全面强化新冠病毒大规模核酸检测应对准备，确保科学、精准、有序做好新冠肺炎疫情应急处置。

（许 倩）

鹿山街道

【概况】 2021年，鹿山街道总面积63.31平方千米，辖行政村9个，社区2个，居委会2个，党员1904人，其中党委11个、党总支4个、党支部86个，村民小组136个。年末总户数7399户，总人口27414人。全年实现工农业总产值151.41亿元，其中工业总产值149.6亿元，农业总产值1.81亿元。全年实现财政总收入38086万元，其中一般公共预算收入6292.6万元。农民人均收入54140.6元。

年末耕地面积752公顷，其中水田面积624公顷，农作物播种面积1317公顷，其中粮食作物播种面积201公顷。粮食总产量3580吨。存栏生猪731头，出栏肉猪2286头，存栏家禽4.42万羽，出栏家禽17.64万羽。封山育林3066公顷，水果种植面积139.87公顷，水果产量68万千克。茶园面积37.8公顷，茶叶产量37.8万千克。农业技术服务机构个数1个，从业人员8人。农民专业合作社数量15个，成员210户。种植大户15户，家庭农场21个。工业企业总数231家，从业人员1.1万人，其中规模以上工业企业52家，实现产值134亿元、销售132亿元。建筑业企业154个。住宿餐饮业企业13个。商品交易市场4个。

中学2所，在校中学生3042人，教职工317人；小学1所，在校小学生2256人，教职工143人；幼儿园1所，在园幼儿1179人，教职工142人。社区卫生服务中心1家，卫生服务站3个，卫生室2个，医疗床位5张，执业（助理）医师18人。全年出生169人，计划生育率96%。社会福利收养性单位1个，床位42张。参加城乡居民养老保险309人。参加城乡居民基本医疗保险10107人。最低生活保障救助人数201人。农户新建房屋132户，建筑面积47520平方米。

【鹿山街道创建省级生活垃圾分类高标准示范小区】 1月4日，浙江省生活垃圾分类工作领导小组办公室公布2021年度浙江省高标准生活垃圾分类示范小区、示范片区名单，鹿山街道山水悦府、新山水御园小区入围。

【江滨西大道延伸段通车】 2月4日，江滨西大道延伸段通车江滨西大道延伸段即三山堤二标段，项目总投资1.15亿元，路段起点中埠大道，终点为上新毗桥，全长2420米，最宽处37米，最窄处32米。

【鹿山街道"四点半蜻蜓学堂"开班】 3月1日，鹿山街道山水社区"四点半蜻蜓学堂"开班，提供放学托管、主题特色活动、暑期爱心

2021年6月16日，鹿山街道举行"我心向党 红色百年路"主题活动暨2021浙江·富阳鹿山街道首届孝德文化节

（鹿山街道 供稿）

假日班等服务，创新破解辖区双职工家庭学生没人接、没人管、没人教的实际困难。蜻蜓学堂通过鹿山街道党群服务中心资源共建共享，联动辖区杭州师范大学附属东吴小学的党员志愿老师进社区支教服务，每周一至周五，为辖区双职工家庭的孩子提供作业辅导、党史授课、心理健康、手工制作、畅谈梦想等托管服务。蜻蜓学堂成为社区与家长沟通交流的桥梁，服务基层群众实际需求的途径，党工委政府与困难群众沟通的平台。

【鹿山街道党史学习教育】 3月12日，鹿山街道召开党史学习教育动员大会，街道全体机关工作人员、村（社）“两委”班子全体成员、全体社工及四个平台常驻鹿山工作人员参加。至年底，街道党工委围绕党史学习教育的目标任务和各项要求，利用“身边课堂”“党史大讲堂”开展党史宣讲35余场，因地制宜开展“廊桥下讲党史”、在春江轻纺拆迁指挥部进行“指挥部里学党史”等形式多样宣讲活动，走访农户1600余户，收集问题93个，领办微心愿54个，党史学习教育切实取得实效。

【春江轻纺区块搬迁项目集中签约】 4月7日，鹿山街道召开春江轻纺区块搬迁工作动员大会，鹿山街道街村两级干部全力投入搬迁工作。4月28日，鹿山街道春江轻纺区块搬迁项目集中签约。春江轻纺区块位于鹿山街道蒋家村，总面积48.39公顷，涉及搬迁户148户、房改房22户、企业50家。

【鹿山街道“建党百年 走进百企”红色宣讲】 4月15日，鹿山街道“建党百年 走进百企”红色宣讲活动启动，浙江省新四军历史研究会宣传团走进浙江金鑫集团，开展首场“建党百年 走进百企”红色宣讲。全年开展“建党百年 走进百企”红色宣讲活动12场，受惠企业职工1800人。

【蔡琼卉家庭入围浙江省最美残疾人家庭】 5月14日，浙江省第二届“最美浙江人·最美残疾人家庭”发布会在杭州举行，鹿山街道江滨村蔡琼卉家庭入围“最美浙江人·最美残疾人家庭”。蔡琼卉，鹿山街道江滨村人，8岁时意外失明。此后以全国第二名的成绩，考入北京联合大学特殊教育学院。毕业后，回富阳开设盲人调律工作室，成为浙江省首位盲人钢琴调律师。

鹿山街道“ART+”影视基地

（鹿山街道 供稿）

【鹿山街道首届孝德文化节】 6月16日，“我心向党 红色百年路”主题活动暨2021浙江·富阳鹿山街道首届孝德文化节启动仪式举行，活动以“追溯初心使命，弘扬孝德文化”为主题，旨在传承红色印记、弘扬孝德文化，全面落实党史学习教育，全域推进孝德文化建设。正式发布鹿山街道“孝德六章”，发出“孝敬父母，做孝德文化的践行者；明礼诚信，做孝德文化的宣传者；饮水思源，做孝德文化的传承者”的倡议。

【鹿山街道“ART+”影视基地开业】 12月28日，鹿山街道“ART+”影视基地正式开业，“ART+”影视基地项目位于鹿山街道三合村，总占地2.67公顷，总投资约5000万元。至年底，完成一期项目，投入资金1000余万元，占地0.67公顷，主要有艺术展览馆、纸博物馆、罐装咖啡厅等项目，后期将打造“艺术牧场”“高端秀场”等区块，并以“艺术+”的模式引进更多艺术展馆，计划3年内完成施工，整体打造为一个“ART+”创意部落。

（凌晓飞）

银湖街道

【概况】 2021年，银湖街道总面积158.24平方千米，其中城镇建成区面积37.5平方千米、绿地面积112.41平方千米，辖行政村22个，社区8个，居委会8个，股份经济合作社22个，党员3671人，其中党委13个、党总支11个、党支部6个，村民小组397个。年末总户数14027户，总人口51283人。全年实现工农业总产值130.13亿元，按可比价格计算，比上年增长5%；其中工业总产值122.31亿元，农业总产值7.82亿元。全年实现财政总收入12.06亿元，其中一般公共预算收入1.05亿元。农村经济总收入755.31亿元，农村经济净收入113.6亿元。农民人均收入58950元。

年末耕地面积1631公顷，其中水田面积1253公顷，高标准农田面积533公顷，农作物播种面积3900公顷，其中粮食作物播种面积2389公顷。粮食总产量1183.3万千克。农机总动力2.13万千瓦。水利投工11.2万工，投资1815万元。完成环境污染治理项目2个，投资额120万元。存栏生猪3516头，出栏肉猪9951头，存栏家禽

2021年5月28日，银湖街道举行观前村小长山（中策区块）安置分房摇号活动
（银湖街道　供稿）

5.3 万羽，出栏家禽 10.2 万羽。水产品养殖面积 45.5 公顷，水产品产量 64.13 万千克。绿化造林 13.34 公顷，封山育林 8320.89 公顷。水果种植面积 59.1 公顷，水果产量 243.78 万千克。茶园面积 680.1 公顷，茶叶产量 62.71 万千克。农业技术服务机构个数 5 个，从业人员 11 人。农民专业合作社数量 35 个，成员 239 户。种植大户 11 户，家庭农场 40 个。工业企业总数 719 家，从业人员 9692 人，其中规模以上工业企业 79 家，实现产值 122.31 亿元、销售 120 亿元，利润总额 14.06 亿元。建筑业企业 23 个，总产值 13188 万元。住宿餐饮业企业 33 个，营业总收入 3990 万元。商品交易市场 3 个，交易额 5500 万元。

中学 2 所，在校中学生 3180 人，教职工 289 人；小学 6 所，在校小学生 5123 人，教职工 369 人；幼儿园 2 所，在园幼儿 1828 人，教职工 148 人。社区卫生服务中心 2 家，卫生室 12 个，医疗床位 30 张，执业（助理）医师 68 人，兽医（防疫）技术人员 3 人。全年出生 474 人，计划生育率 100%。固定电话用户 4588 户，移动电话用户 48168 户，因特网用户 23467 户。社会福利收养性单位 1 个，床位 55 张。参加城乡居民养老保险 10091 人，参加城乡居民基本医疗保险 22926 人，最低生活保障救助人数 525 人。农户新建房屋 181 户，建筑面积 65160 平方米。金融机构网点 5 个，公园及休闲健身广场 4 个。

【观前村小长山（中策区块）安置分房】 5 月 28 日，银湖街道观前村小长山（中策区块）安置分房摇号，经过多轮抽签和选房，25 户搬迁户共分到安置房 92 套和车位 22 个。此次分房安置小区名为“观月府”，位于高科路 173 号，共 4 幢 116 套住房，其中小高层 96 套、高层房源 20 套。2013 年，因修路需要，观前村小长山（中策区块）完成搬迁工作，后因历史遗留难题，该区块一直未能实现分房。此次分房，标志着银湖街道范围内所有历史遗留的村民回迁安置难题予以解决。

【《烟火乡间》首发式】 6 月 16 日，富阳区作家陆桂云创作的散文集《烟火乡间》首发式在银湖街道唐家坞村文化礼堂举行。区文联党组书记、主席宋富华，区文联副主席郁峻峰，区政协办公室副主任盛永淦，银湖街道党工委副书记、办事处主任徐雪峰，农工党富阳区基层委员会委员汪春良，区作家协会副主席裘星一及部分本土作家、文学爱好者参加。《烟火乡间》是陆桂云继《夏风吹过麦田》后，又一部呈现乡风乡俗、乡土乡情的作品，是“风起江南”散文系列作品集之一。

【银湖街道“光荣在党 50 年”纪念章颁发仪式】 6 月 25 日，银湖街道党工委举行“光荣在党 50 年”纪念章颁发仪式。此次仪式由街道党工委副书记何郁芳主持，70 名老党员代表、12 名历年来曾获区级优秀共产党员称号的党员代表及部分村社、“两新”党组织书记参加。

【银湖街道激情亚运党建联盟】 7 月 12 日，银湖街道激情亚运党建联盟在梓树村成立，该党建联盟是银湖街道党工委下设的党建联盟，包含 3 个企事业单位、7 个村社，即富阳经济技术开发区管委会（硅

2021 年 9 月 1 日，受降幼儿园雍景山城园区开园
（银湖街道　供稿）

谷小镇党委）、富阳开发区集团、银湖实验学校、九龙社区、硅谷社区、虎啸杏社区、梓树村、受降村、大庄村、东坞山村，全年共开展党建活动3场。

【银湖街道受降幼儿园雍景山城园区开园】 9月1日，银湖街道受降幼儿园雍景山城园区开园，街道党工委副书记、办事处主任徐雪峰，区教育局副局长郦建，开发区集团副总经理王志刚等参加。受降幼儿园雍景山城园区为富汇房产配套幼儿园，于2018年移交给教育局，建设地址为银湖街道万通路26号，用地面积6194平方米，建筑面积4423.9平方米，建设规模为12个班，配有5个专用教室、多功能厅、会议室、阅览室、传达室、保健室、食堂等辅助用房。雍景山城园区装修工程概算总投资977.73万元，5月完成室内外装修、设备采购安装等，9月，正式开园。

【银湖街道“大树下讲党史”巡回宣讲进基层活动】 3月22日，银湖街道“大树下学党史”巡回宣讲进基层首场活动，在银湖街道受降村大树下自然村的千年古银杏树下举行，70岁老党员李金荣、抗日战争胜利浙江受降纪念馆义务讲解员王倩、银湖中学学生代表韦依婷进行宣讲。成立并对青雁宣讲团、银雁宣讲团、红雁宣讲团、雏雁宣讲团、头雁宣讲团进行授牌，推出一批独具特色，贴近百姓的精品微党课，推动党史宣讲深入农村、社区、机关、学校、企业和网络。全年共举行“大树下学党史”巡回宣讲进基层活动5场。

【银湖街道区人大代表换届选举】 12月15日，银湖街道区人大代表换届选举工作完成，此次区人大代表换届选举工作，银湖街道范围内共设有选区15个，下设固定投票点88个，流动票箱7个，共计参与投票选民约4.6万人，选举产生新一届区人大代表21名。

（郑国英）

春建乡

【概况】 2021年，春建乡总面积48.19平方千米，其中城镇建成区面积0.43平方千米、绿地面积0.01平方千米，辖行政村6个，党员576人，其中党委3个、党总支5个、党支部22个，村民小组107个。年末总户数2944户，总人口9281人。全年实现工农业总产值12.71亿元，其中工业总产值11亿元，农业增加值1.71亿元。全年实现财政总收入0.84亿元，其中一般公共预算收入0.4亿元。农民人均收入41821元。

年末耕地面积503.3公顷，其中水田面积413.6公顷，高标准农田面积390.6公顷，农作物播种面积729公顷，其中粮食作物播种面积289公顷。粮食总产量282.3万千克。农机总动力1.98万千瓦。水利投工1.28万工，投资1030万元。完成环境污染治理项目4个，投资额200余万元。存栏生猪2681头，出栏肉猪1756头，存栏家禽1.26万羽，出栏家禽1.59万羽。水产品养殖面积10公顷，水产品产量2万千克。绿化造林13.67公顷，封山育林676.2公顷。水果种植面积142.67公顷，水果产量662吨。茶园面积40.6公顷，茶叶产量970吨。农业技术服务机构个数1个，从业人员5人。农民专业合作社数量10个，成员76户。种植大户4户，家庭农场28个。工业企业总数65家，从业人员1656人，其中规模以上工业企业14家，实现产值7.5亿元、销售7.6亿元。住宿餐饮业企业14个，营业总收入900万元。商品交易市场1个，交易额450万元。

小学1所，在校小学生463人，教职工26人；幼儿园1所，在园幼儿174人，教职工22人。社区卫生服务中心1家，卫生室5个，医疗床位5张，执业（助理）医师10人，兽医（防疫）技术人员1人。全年出生60人，计划生育率100%。参加城乡居民养老保险281人。参加城乡居民基本医疗保险4391人。最低生活保障救助人数207人。农户新建房屋32户，建筑面积11520平方米。金融机构网点2个，公园及休闲健身广场23个。

【春建乡“春驿”党建联盟】 4月30日，春建乡党委与绕城西复线富阳服务区联合成立“春驿”党建联盟，在服务区开设“富春山居”农产品品牌专柜，上架14个大类50余款农产品，推进美丽茶山高速带、美丽乡村建设。开放式服务区促进消化本地闲余劳动力，帮助村民实现“家门口的就业”。

【“问源富春 山居寻茶”富阳茶文化主题系列活动】 3月26日，春建乡结合“钱塘江（富春江）诗路文化带”、杭州“全民饮茶日”、“茶艺之乡”建设等活动，启动

2021年7月1日，春建乡举办“红色年华·四季茶香”云诗会

（春建乡　供稿）

“问源富春 山居寻茶”2021富阳茶文化主题系列活动。活动持续至7月中下旬，分为知茶史、续茶缘、溯茶源、品茶香、探茶趣、话茶事六大板块，旨在整合富阳茶资源及行业力量，更好地传承富阳茶文化、助力茶产业发展。举办夏至节气、自行车越野赛、诵读等茶乡特色活动。

【春建乡“致敬一九二一”庆祝中国共产党成立100周年系列活动】 7月，春建乡开展“致敬一九二一”献礼建党百年系列活动。活动内容包括学习“一”年期党史教育，“春建讲堂”组织现场讲学；开展“九”场党建大比武，围绕组织规范化建设、党员发展、党员干部队伍建设三大主题，各开展不同内容的比武3场；举办“二”次红色活动，举办党史知识竞赛、红色诗歌朗诵活动。

【春建乡抗击台风“烟花”】 7月22日，春建乡召开全乡防汛抗台工作专题部署会议，乡、村两级多次召开专题部署会议，由乡主要领导带队检查指导防汛工作。实行24小时全员上岗制度，下沉至各行政村，对地质灾害点、在建工地、老旧房屋等重点区域进行排查。发挥全乡网格力量，开展抗台宣传，在乡域范围内进行不间断巡逻，共检查重点点位141处，参与巡查392人次，开展地毯式摸排4次。

【春建乡乡党委换届】 10月17日，春建乡按照基层党组织30个，党员574人的标准，把第十六次党代会代表选举划分为10个选举单位，选举产生乡党代表51名（其中参选代表9名）。10月22日，召开第十六次党代会代表任前培训会，加强代表的权利义务和代表职责意识。10月25日，召开中国共产党春建乡第十六次代表大会，选举产生中国共产党春建乡第十六届委员会和中国共产党春建乡第十六届纪律检查委员会。会后，全体正式代表视察省级特色小镇龙坞茶镇，借鉴发展思路，学习先进经验。

2021年11月11日，春建乡社会治理综合服务中心完成提升改造
（春建乡 供稿）

【春建乡人民代表大会换届选举】 12月23日，春建乡第十八届人民代表大会第一次会议在乡政府五楼会议室召开，来自全乡各条战线的人大代表51人、列席人员19人参加。会议选举产生春建乡新一届人大、人民政府领导班子，票决春建乡2022年政府十件民生实事项目。

【春建乡社会治理综合服务中心（矛盾调处中心）改造提升】 11月，春建乡社会治理综合服务中心（矛盾调处中心）完成改造提升，全面推进雪亮工程，设综合受理窗口，融入茶文化元素，实现矛盾调解“最多跑一地”目标。根据“线上+线下”结合治理，中心一楼以“线下”办理为主，设矛调中心、警务直通车、“110”联动平台、交治中心、茶廉文化以及审批服务等；二楼以“线上”受理为主，通过“乡村小脑”，实现富春智联、家和码、矛调系统管理平台、社会治理平台、垃圾分类智慧化系统、村级用工管理平台等“一中心七大系统”可视化作战。推进基层治理四个平台和“最多跑一地”改革，建立乡、村、网格三级管理联动模式。“茗茶工作室”纠纷调解机制获评全区法治政府建设十大创新工作亮点。

【春建乡杭州辰睿空分“残疾人之家”】 8月，春建乡杭州辰睿“残疾人之家”被评为杭州市五星级“残疾人之家”。春建乡杭州辰睿空分设备制造有限公司设立“残疾人之家”工作室，总面积500余平方米，内设医务室、康复室、心理咨询室、作业室、文体活动、阅览室等多功能区，企业配备专业精神科医生1名、专职工作人员2名。全年组织残疾人对职业、生活、适应社会能力等技能进行培训与竞赛10余次，定期开展志愿服务、普法宣传、日常学习、环境美化等社会活动，有效整合社会力量和服务资源，联动企业，提供安全系数高、职业危害低、操作简便的工作产品，组织残疾人开展辅助性就业，并为残疾人提供相应的劳动报酬，进一步提升残疾人的生活质量。残疾人之家以满足残疾人多样化需求为着力点，撬动社会力量，成为残疾人的贴心家园。

【春建乡“非粮化”清理】 至年底，春建乡推进粮食功能区非粮化清理，累计清理“非粮化”,110公顷，对各行政村完成“非粮化”作物清退并恢复粮食种植的耕地按每亩3.3万元补助，鼓励各村根据实际情况制定配套政策，广大农户配合清理苗木、竹林、茶叶等非粮作物。同时还实施旱改水等农田建设项目，改善农田基础设施。

【春建乡村级务工平台建设】 2021年4月，春建乡与区纪委监委共同研发春建乡村级用工管理系统，通过“互联网＋技术”，让村级用工规范化管理克服传统“人治模式”，提升工作效率。整个村级用工管理系统分 8 大模块，分别是村信息管理系统、务工人员档案管理系统、整体规划系统、用工需求信息系统、务工人员排期系统、监督系统、日清月结系统、预警系统，推进全过程可追溯、可监督管理。全年各村进行用工项目 294 项，用工人员 3000 余人次，创造就业机会 805 人，用工支出约为 30 万元，同比上年用工开支节约 30%。相关工作经验做法被多家省市区媒体报道，10 月被省纪委列入 2021 年度首批基层监督特色应用场景予以展示。

2021年6月25日，新桐乡举办“百年党旗红，亚运展风采”文艺会演

（新桐乡　供稿）

【春建乡美丽城镇创建】 8 月，春建乡通过美丽城镇市级验收，争创农业特色型美丽城镇省级样板。至年底，春建乡按照“功能便民服务美、共享乐民生活美、兴业富民产业美、魅力亲民人文美、善治为民治理美”的奋斗目标，努力推进“五美”建设，结合全乡产业特色，将茶元素深度融入美丽城镇建设，加快茶产业链建设，打响春建茶品牌，“最清洁”乡村环境成效显著。启动实施春建溪绿道工程，实现绿道全覆盖，工程东起春建村巧溪自然村青龙山脚，北至咸康村尖山自然村，绿道顺沿春建溪，贯穿春建村、铁坎村、下俞村、咸康村，全长 12.5 千米，以春建溪为主线绿道还外延到大唐村、徐家坞村，全乡建成的绿道总长达到 20.52 千米，东接富春街道，西通永昌镇，北连银湖街道，和周围的乡镇街道的绿道实现全连通。

（蒋辰雁）

新桐乡

【概况】 新桐乡总面积 49.82 平方千米，其中城镇建成区面积 2.3 平方千米，辖行政村 7 个，股份经济合作社 7 个，党员 679 人，党委 3 个、党总支 6 个、党支部 29 个，村民小组 79 个。年末总户数 4516 户，总人口 13981 人。全年实现工农业总产值 19.72 亿元，按可比价格计算，比上年增长 0.3%；其中工业总产值 16.82 亿元，农业总产值 2.91 亿元。全年实现财政总收入 3.38 亿元，其中一般公共预算收入 1.76 亿元。农村经济总收入 0.35 亿元，农村经济净收入 0.2 亿元。农民人均收入 37314 元。

年末耕地面积 492.63 公顷，其中水田面积 446.94 公顷，高标准农田面积 598.67 公顷，农作物播种面积 1258 公顷，其中粮食作物播种面积 625 公顷。粮食总产量 407 万千克。农机总动力 6025 万千瓦。完成环境污染治理项目 2 个，投资额 255 万元。存栏生猪 378 头，出栏肉猪 326 头，存栏家禽 0.9 万羽，出栏家禽 1.2 万羽。水产品养殖面积 6 公顷，水产品产量 1.2 万千克。绿化造林 3.33 公顷，封山育林 1499.2 公顷。水果种植面积 307 公顷，水果产量 386.9 万千克。茶园面积 50.67 公顷，茶叶产量 12.84 万千克。农业技术服务机构个数 1 个，从业人员 5 人。农民专业合作社数量 13 个，成员 302 户。种植大户 1 户，家庭农场 14 个。工业企业总数 12 家，从业人员 722 人，其中规模以上工业企业 6 家，实现产值 16.82 亿元、销售 17.06 亿元、利润总额 4.05 亿元。住宿餐饮业企业 3 个，营业总收入 569.20 万元。

小学 1 所，在校小学生 198 人，教职工 26 人；幼儿园 1 所，在园幼儿 125 人，教职工 20 人。社区卫生服务中心 1 家，卫生服务站 3 个，医疗床位 0 张，执业（助理）医师 14 人，兽医（防疫）技术人员 2 人。全年出生 102 人，计划生育率 95.10%。参加城乡居民养老保险 1976 人。参加城乡居民基本医疗保险 7021 人。最低生活保障救助人数 493 人。农户新建房屋 65 户，建筑面积 20800 平方米。金融机构网点 1 个，公园及休闲健身广场 21 个。

【新桐乡村妇联换届选举】 1 月 7 日，新桐乡完成行政村妇联换届选举，共选举产生妇联执委 71 名，其中主席 7 名，副主席 14 名，党员 21 名，大专及以上文化程度 11 人。代表参选率 84.25%，执委平均得票率 98.36%，主席、副主席得票率 100%，村妇联主席 100% 进“两委”班子。

【现代版富春山居图新桐示范段项目推进会】 2 月 23 日，现代版富春山居图新桐示范段项目推进工作会在新桐乡四楼会议室召开，区委常委钟永明、区政协领导邵良，区政府办、区政协城建委、区农业农村局、区妇联、区教育局、规划资源富阳分局、区交通运输局、交通集团、“三美”新农村建设指挥部、鹿山街道、渌渚镇等相关负责人和新桐乡全体班子成员参加。现代版富春山居图新桐示范段项目共有 12 个项目，其中主体项目 9 个，配套项目 3 个，总投资约 2.2 亿元，其中主体项目 1.7 亿元，配套项目约0.5亿元，预计2022年6月完工。主体项目有新桐乡发展规划编制、长川绿道工程、桐洲岛旅游码头工程、现代农业园区——黄金畈生态景观工程、蒋大线山体治理工程、“春渚渔村”工程、“烟雨桐洲”门户景观工程、前江精品民宿集聚区提升工程和小桐洲研学基地工程，配套项目有省级现代农业园区建设、新时代美丽乡村建设和美丽城镇创建。

【新桐人何富仙入围浙江好人榜】 3月，由浙江省委宣传部和浙报集团联合推出的“浙江好人榜”公布，新桐乡程浦村蛇浦自然村村民何富仙入围，为“孝老爱亲”好人榜。此次上榜共29例，其中助人为乐6例、见义勇为4例、诚实守信5例、敬业奉献9例、敬老爱亲5例。

【烟雨桐洲入围华东十大油菜花胜地】 3月17日，由浙江省农业农村厅、衢州市人民政府主办的钱江源国家公园第九届油菜花节在浙江开化县大溪边乡上安梯田举行，现场为“醉美春景”第七届华东油菜花十大胜地和最美油菜花村（镇）颁奖，新桐乡入围华东十大油菜花胜地。

【新桐乡获省粮食和生猪增产保供成绩突出集体】 11月10日，浙江省人民政府办公厅通报表扬粮食和生猪增产保供成绩突出集体及突出个人。新桐乡获浙江省“粮食增产保供成绩突出集体”荣誉。新桐乡拥有基本农田保护面积653公顷，高标准农田面积598.67公顷，基本以稻油轮作为主。出台粮食生产补助政策，补助种植粮食大户100元／亩，对大户购买无人机、插秧机、植保机等各类机械再根据购买金额进行补助，鼓励大户应用高科技、新技术。全年新增流转耕地173公顷，粮食播种面积为728公顷，其中春粮130公顷、单季晚稻455公顷、旱粮80公顷；蔬菜163公顷，油菜250公顷，粮食总产量约3900吨。

【新桐村清廉公园】 9月，新桐村清廉公园建成开放，该项目位于新桐村村委大楼前，设有“淇川望霓”议事长廊、“饮水思源”井、包拯介绍碑、合抱亭、爱莲池等。以打造“清廉新桐”为主线，以“干部清正、村务清爽、社会清朗、群众满意”为目标，厚植质朴浓淳的家廉文化，营造风清气正的政治生态，扎实推进基层党风廉政建设，注入新时代廉政文化新内涵。

【新桐乡区、乡两级人大代表选举】 12月15—16日，新桐乡完成区乡两级人大代表选举，全乡共划分为大选区5个、小选区22个。选举实行区、乡两级人大代表同时进行，两种选票一次发票、分别填写、再一次投票方式，全乡共有选民11493名参加投票，选举产生新一届区人大代表6名，乡人大代表54名。

2021年10月21日，杭州学军中学教育集团新劳动教育基地和户外运动教育基地落户新桐乡

（新桐乡　供稿）

【新桐乡第十八届人民代表大会第一次会议】 12月24日，新桐乡第十八届人民代表大会第一次会议召开，正式代表54人、列席人员17人，区人大常委会副主任陈鸿麟、区人大常委会监察和法制司法工委主任来建良参加，乡人大主席许春霞、乡党委副书记孔育杭主持。何郁芳代表新桐乡人民政府作政府工作报告，人大主席许春霞作《新桐乡人大主席团工作报告》。会议听取和审议《2021年政府民生实事工程完成情况的报告》，书面审查《新桐乡2021年财政预算执行情况和2022年财政预算的报告》《新桐乡第十七届人民代表大会第九次会议代表议案建议办理情况的报告》《新桐乡2021年环境状况与环境保护目标完成情况的报告》《2021年法治政府建设情况的报告》。选举产生乡长1人，乡人大主席1人，副乡长3人。

（陈　琴）

新登镇

【概况】 2021年，新登镇总面积179.37平方千米，其中城镇建成区面积10.1平方千米、绿地面积3.01平方千米，辖行政村28个，社区5个，股份经济合作社3个，党员3739人，党委16个、党总支22个、党支部185个，村民小组594个。年末总户数23389户，总人口71751人。全年实现工农业总产值332亿元，其中工业总产值320亿元，农业总产值12亿元，农业增加值4.93亿元。全年实现财政总收入8.1亿元，其中一般公共预算收入4.46亿元。农村经济总收入282.46亿元，农村经济净收入23.23亿元。农民人均收入42793元。

年末耕地面积3673.33公顷，其中水田面积2204公顷。农作物播种面积2340.8公顷，其中粮食作物

2021年2月20日，新登镇入选千年古城复兴试点建设名单
（新登镇 供稿）

播种面积 2271.67 公顷。粮食总产量 1600 万千克。水利投资 2250 万元。存栏生猪 15885 头，出栏肉猪 37452 头，存栏家禽 17.63 万羽，出栏家禽 53.48 万羽。水果种植面积 1039.2 公顷，农民专业合作社数量 152 个。种植大户 21 户，家庭农场 79 个。工业企业总数 552 家，从业人员 30034 人，其中规模以上工业企业 88 家，实现产值 331 亿元、销售 346 亿元、利润总额 11 亿元。建筑业企业 147 个，住宿餐饮业企业 44 个，商品交易市场 3 个。

中学 2 所，在校中学生 2798 人，教职工 223 人；小学 3 所，在校小学生 4257 人，教职工 244 人；幼儿园 2 所，在园幼儿 1792 人，教职工 62 人。社区卫生服务中心 1 家，卫生室 24 个，医疗床位 540 张，执业（助理）医师 277 人。全年出生 382 人。社会福利收养性单位 1 个，床位 138 张。参加城乡居民养老保险 1526 人。参加城乡居民基本医疗保险 27130 人。最低生活保障救助人数 1258 人。农户新建房屋 140 户，建筑面积 50400 平方米。金融机构网点 13 个。

【新登镇入围千年古城复兴试点建设名单】 2 月 20 日，省发展改革委公布第一批千年古城复兴试点建设名单，新登镇入围。至年底，新登古城复兴顺利推进，修复古城墙 1520 米，完成徐玉兰艺术馆、越剧文化研究中心、东安舞台、城墙城河公园、大东门广场、古城配套停车场、18 座景观桥等建设工程，整治完成秉贤街、新城街，修复贯通城河 2.4 千米，南门、西门和城墙考古取得重要阶段性成果。

【新登古城入围浙江考古重要发现名单】 12 月 26 日，由浙江省文物局指导、浙江省考古学会主办的 2021 年度浙江考古重要发现评选会召开，发布 2021 年度十大浙江考古重要发现名单，新登古城遗址入围。经考古发掘，在新登古城发现的唐、宋和明清时期遗迹结构清晰，叠压关系明显，保存情况较好。此次发掘成果，印证新登古城的历史真实性和传承性，以及古城围山建城、单面城墙的独特性。

【新登镇获省级小城市培育试点优秀单位】 9 月 30 日，浙江省中心镇发展改革和小城市培育试点领导小组办公室发布《关于省级小城市培育试点单位 2020 年度考核结果的通报》（浙镇办〔2021〕3 号），新登镇获评省级小城市培育试点优秀单位，排名全省第 11，刷新自 2010 年入围第一批小城市培育试点单位以来年度考核排名最好成绩。至年底，新登镇引进尤恩智能、天扬钢构等高新项目，申报高新企业 33 家，中小型科技企业 18 家，拥有工厂物联网项目 7 个，其中市级攻关项目 4 个，规上数字化覆盖率 100%；实施古城复古、新城建新，完成 7 期搬迁，搬迁住户 1747 户、商铺 572 户、企事业单位 94 家，腾出空间 73 公顷；组织背街小巷整治 5 期，开展路面改造 14.2 万平方米、提升绿化景观 2 万平方米、立面翻新改造 5.8 万平方米，推进 10 个村社老年食堂提升，62 户适老化改造和 30 户独居老人智慧安全守护系统启动安装。

【新登镇创建省 AAAA 级景区镇】 11 月 24 日，杭州市文化广电旅游局规划与资源开发处副处长韩忠伟、富阳区文广旅体局副局长蒋学峰等一行现场验收新登镇创建省 AAAA 级景区镇项目。至年底，新登镇以千年古城复兴为抓手，开展“美丽城镇 + 景区镇”双镇共建共创，投入资金 4.3 亿元，实施秉贤街综合整治、新城街综合整治、城墙—城河综合保护等项目 9 个；设立串联镇区与景区村公交专线 20 余条，配备停车场 26 个，车位数 4232 个；建成秉贤街、新城街特色街区，加快省文投古城业态运营，举办半山桃花节、“三月三”民族文化节、蚕文化节、山乡节、荷塘音乐节、猕猴桃采摘节等农事节庆活动。

【胡万进考察新登古城墙保护工作】 9 月 23 日，南京市副市长胡万进一行赴新登镇考察新登古城墙保护工作，杭州市园林文物局党组书记、局长高小辉，富阳区领导王垒、南晓清陪同。胡万进一行实地踏看城隍庙、城墙考古现场、葛溪横坝滩等地，详细了解新登古城墙保护工作推进情况。随后召开座谈，观看新登古城墙保护宣传片，听取杭州市考古研究所和新登镇有关情况汇报，并围绕新登古城墙保护与申遗工作进行交流发言。胡万进希望未来两地加强合作，共同做好城墙保护传承文章。

【第十八届新登半山桃花节】 3 月 24 日，2021 杭州富阳“富春山居·味道山乡”大会暨半山桃花节举办，杭州市政府副秘书长王仁，区领导王垒、钟永明参加。“富春山居·味道山乡”六大组团宣传“一区域一品牌”，举行富阳区美丽经济项目签约仪式，六大组团负

2021年3月24日，新登镇举办2021杭州富阳"富春山居·味道山乡"大会暨半山桃花节

（新登镇 供稿）

责人与六大美丽经济项目负责人签约，项目总投资超13亿元。

【杭州·双江第七届"三月三"民族风情节】 4月10日，2021杭州·双江第七届"三月三"民族风情节在新登镇双江村举办，省民宗委副主任倪卫东，杭州市民宗局副局长钟芳源，区领导陈平、高飞参加。民族风情节以"同心筑梦跟党走， 畲乡振兴开新局"为主题，举办畲乡文艺会演、民族大联欢晚会、特色民俗文化展、山乡美食品鉴会、畲族特色消费券等活动。

【富阳区"请你来协商"平台建设推进会】 4月14日，富阳区"请你来协商"平台建设推进会在新登镇召开，市政协副主席张仲灿到会指导并讲话，区领导吴玉凤、陆洪勤等参加。张仲灿强调要进一步强化党建引领、发挥政协优势、健全协商机制、推动提质增效，打造全省领先、国内一流的基层协商民主实践范例，为全市、全省乃至全国政协工作创造"富阳经验"。

【新登战役纪念馆建成开放】 6月30日，新登战役纪念馆建成开放，项目占地350平方米，位于新登镇新兴路85-9号，为原新登粮管所仓库，投资约200万元。馆内陈展新登战役相关史料与物品，共分"黎明前夜""决胜新登""天目雄狮""雷霆出击""将星闪耀""鱼水情深""永载史册"七个部分，内设沙盘、实景式影厅，完整记录新登战役的背景、经过及在新登战役中牺牲的主要烈士事迹，以赓续红色血脉，传承革命精神。

【《新登文丛》系列新书首发】 7月30日，由区政协文史委、新登镇政府主办的《新登文丛》系列新书首发式在新登镇举行，《罗隐传》《徐玉兰传》《新登古诗选注》《新登古文选》正式出版发行。首发式邀请浙江卫视主持人席文与作家、专家访谈，从创作者、编纂者、专家学者等不同角度，讲述《新登文丛》系列书籍"背后的故事"，探讨文化挖掘与古城复兴之间的关系。《罗隐传》《徐玉兰传》由上海文化出版社出版发行，《新登古诗选注》《新登古文选》由中国文史出版社出版发行。

【新登古城戏曲文化座谈会】 8月17日，新登古城戏曲文化座谈会在新登镇举办，中国戏剧家协会副主席、著名越剧表演艺术家茅威涛，杭州市城市规划院副总规划师华芳参加。茅威涛提出新登镇要发挥优势，以"徐派"艺术结合晚唐诗人罗隐开发新戏剧，融合现代艺术与古代名人故事，展现新登文化底蕴。与会人员还实地调研新登镇古城戏曲文化有关工作情况。

（何贤坤 何 怡）

渌渚镇

【概况】 2021年，渌渚镇总面积79.24平方千米，其中城镇建成区面积15.4平方千米、绿地面积5.32平方千米，辖行政村13个，股份经济合作社13个，党员907人，其中党委2个、党总支6个、党支部15个，村民小组181个。年末总户数5894户，总人口16980人。全年实现工农业总产值40.9亿元 ，按可比价格计算，比上年增长24%；其中工业总产值34.23亿元，农业总产值6.67亿元。全年实现财政总收入2.12亿元，其中一般公共预算收入0.52亿元。农村经济总收入63.04亿元，农村经济净收入7.33亿元。农民人均收入44120元。

年末耕地面积838.32公顷，其中水田面积856公顷，高标准农田面积341.38公顷，农作物播种面积898公顷，其中粮食作物播种面积781.08公顷。粮食总产量604.56万千克。农机总动力1.1万千瓦。水利投工0.17万工，投资487.62万元。完成环境污染治理项目3个，投资额848万元。存栏生猪5629头，出栏肉猪11837头，存栏家禽2.16万羽，出栏家禽4.12万羽。水产品养殖面积89.73公顷，水产品产量79.66万千克。绿化造林1.2公顷，封山育林272.53公顷。水果种植面积175.73公顷，水果产量24.2万千克。茶园面积30.47公顷，茶叶产量4.3万千克。农业技术服务机构个数1个，从业人员28人。农民专业合作社数量19个，成员294户。种植大户17户，家庭农场22个。工业企业总数98家，从业人员1568人，其中规模以上工业企业17家，实现产值34.25亿元、销售34.23亿元、利润总额5.82亿元。住宿餐饮业企业3个，营业总收入510万元。商品交易市场9个，交易额13396万元。

小学2所，在校小学生227人，教职工49人；幼儿园1所，在园幼儿190人，教职工31人。社区卫生服务中心1家，卫生室5个，医疗床位5张，执业（助理）医师

15人，兽医（防疫）技术人员4人。全年出生110人，计划生育率96.4%。固定电话用户867户，移动电话用户9186户，因特网用户2856户。社会福利收养性单位1个，床位62张。参加城乡居民养老保险424人。参加城乡居民基本医疗保险7448人。最低生活保障救助人数883人。农户新建房屋67户，建筑面积21834平方米。金融机构网点2个，公园及休闲健身广场38个。

【渌渚镇企业省外职工留富过年】1月31日，渌渚镇开展“走亲连心三服务”活动，鼓励企业出台省外职工留在富阳过节政策，其中湖杭铁路工程（渌渚段）项目各分部发放新年红包、加班工资；杭州富阳渌渚环境能源有限公司实行节后调休；杭州富阳鸿富矿业有限公司开展职工文体活动，共有留在富阳过春节的企业外省职工159人。

【渌渚镇村干部创业比武】2月3日，渌渚镇新一届村干部创业大比武举办，全镇13个行政村“两委”干部参加。比武内容主要为新一届村干部的履职能力，包括团结协作、责任担当、群众工作、实干创业和信访矛盾工作化解等能力，具体为：入户走访达到100%全覆盖，履行承诺和处置历史遗留问题等。莲桥村获一等奖，杨袁村、新港村获二等奖，浦中村、董湾村、桃花岭村获三等奖。杨袁村邵铁飞、莲桥村郑贤平获个人一等奖，董湾村洪波、浦中村杜焬烽、新港村余磊、新岭村杨柳燕获个人二等奖，莲桥村吴俊波、杨袁村袁顺良、桃花岭村吴芬、新岭村孙竹花、杨袁村袁正杰、山亚村谢祥宏等获个人三等奖。

【杭州富阳区易腐垃圾处置中心】3月18日，杭州富阳区易腐垃圾处置中心建成投产，项目位于富阳区循环经济产业园内，由杭州滨和新能源有限公司投资，总投资1.53亿元，用地面积2.26公顷，总建筑面积11653.53平方米。该项目是国内唯一的被动式建筑负压车间，拥有餐厨垃圾处理生产线2条和厨余垃圾无害化处理生产线1条，实现项目“减量化、无害化、资源化”处置。项目设计规模日处理300吨餐厨／厨余垃圾（餐厨150吨／天、厨余150吨／天），主工艺流程为：餐饮、厨余垃圾预处理→中温CSTR湿式厌氧发酵＋固液分离→生物脱硫→沼气发电。项目资源化利用后，年发电量700万千瓦时、年产工业油脂3000吨。

杭州富阳区易腐垃圾处置中心

（渌渚镇　供稿）

【富阳红色故事进基层巡回讲演渌渚镇站】7月21日，富阳红色故事进基层巡回讲演第6场在渌渚镇四楼会议室举行，各行政村有关负责人，中小学生代表共80余人参加。参加本次巡演故事员5人，省十佳青年故事员、省民间故事会金奖得主鲁晓杉讲述故事《爷爷有双高跟鞋》；省十佳青年故事员高国淼讲述故事《狼王》；省十佳青年故事员贺丹明讲述故事《首长口袋里的相片》；全国少儿红色故事会金奖得主、少年“非遗”说浙江传说故事讲述大赛金奖得主郑鹤天讲述故事《定风珠》；浙江省十佳青年故事员楼焰讲述故事《楼曼文的故事》。

【渌渚镇“首届最美退役军人”颁奖】7月29日，渌渚镇2021年庆“八一”文艺会演暨“首届最美退役军人”颁奖礼在岘口村文化礼堂举办，上台领奖最美退役军人15人，渌渚镇退役军人代表、现役军人家属、烈属、村干部以及部分群众800余人观看演出。渌渚镇党委委员陆少君致辞，区退役军人事务局党组成员、调研员李增富·致颁奖词，渌川文艺团表演原创文艺节目。

【渌渚2所学校获区社区教育先进荣誉】9月8日，富阳区社区教育工作会议召开，渌渚镇成人文化技术学校、连桥村市民学校分别获得富阳区“十三五”社区教育先进学校、富阳区“十三五”社区教育先进市民学校。在“十三五”期间新岭村、岘口村、六渚村、莲桥村等市民学校获评富阳区示范性市民学校，杨袁村、董湾村、新港村、浦中村等市民学校获评富阳区标准化市民学校；莲桥太极社团、渌川社团、六渚青狮社团获评富阳区示范性学习共同体。

【第四届渌渚周雄孝文化节】10月15日，2021“民间民俗·多彩浙江”周雄孝文化节开幕式在渌渚镇举行。活动以“弘扬孝善文化、同走共富之路”为主题，分孝·生活、孝·产业以及孝·治理三大篇章，讲述“孝善微心愿”、发布《孝富宣言》、普及“富春风尚汇”。

【循环经济产业园建设政治协商】11月12日，渌渚镇“请你来协商——循环经济产业园建设”专题协商会议在循环经济产业园内杭州

2021年10月26日，渌渚镇举办新劳动教育实践活动之秋收

（渌渚镇　供稿）

富阳渌渚环境能源有限公司会议室举行。主要议题为帮助循环经济产业园建设纾困解难、建言献策。政协党组副书记、副主席方仁臻，区政协工委主任裘云鹏，部分政协委员、协商议事员代表，对口联系的界别小组部分委员，区政协基层协商质效评估团代表，区相关部门代表，渌渚镇党政负责人、分管领导及科室主任，循环经济产业园内企业代表、渌渚镇村书记代表等 30 余人参加，提出有关道路环境、加强村集体经济、美丽乡村等方面建设性建议 7 条，解决环境污染、道路保洁、助力解决村集体经济薄弱等问题 5 个。

【渌渚镇越剧《碧玉簪》获铜奖】 12 月 2 日，“百年荣光·颂歌富春”——“家在富春江上” 2021 年富阳区第九届乡镇（街道）文艺会演举办，来自全区各乡镇（街道）的演出节目 36 个。经过初赛、复赛、总决赛，渌渚镇选送的越剧《碧玉簪》获铜奖。

（叶建平）

胥口镇

【概况】 2021 年，胥口镇总面积 68.82 平方千米，其中城镇建成区面积 6.54 平方千米、绿地面积 58.6 平方千米，辖行政村 13 个，股份经济合作社 13 个，党员 1221 人，党委 3 个、党总支 14 个、党支部 51 个，村民小组 213 个。年末总户数 5884 户，总人口 18914 人。全年实现财政总收入 4.39 亿元，其中一般公共预算收入 2.16 亿元。农村经济总收入 45.65 亿元，农村经济净收入 7.73 亿元。农民人均收入 36086 元。

年末耕地面积 887 公顷，其中水田面积 581.4 公顷，粮食作物播种面积 915 公顷。粮食总产量 955 万千克。农机总动力 7106 万千瓦。水利投工 12.3 万工，投资 1764 万元。存栏生猪 8329 头，出栏肉猪 18642 头，存栏家禽 6.89 万羽，出栏家禽 19.88 万羽。绿化造林 25 公顷，封山育林 1609 公顷。水果种植面积 128.6 公顷，水果产量 4729.29 吨。茶园面积 83.07 公顷，茶叶产量 100.52 吨。农民专业合作社数量 22 个，成员 473 户。种植大户 11 户，家庭农场 64 个。工业企业总数 106 家，从业人员 4427 人，其中规模以上工业企业 18 家，实现产值 60.27 亿元、销售 62.99 亿元、利润总额 10.38 亿元。商品交易市场 1 个，交易额 760 万元。

小学 1 所，在校小学生 456 人，教职工 49 人；幼儿园 1 所，在园幼儿 331 人，教职工 43 人。社区卫生服务中心 1 家，卫生室 3 个，医疗床位 5 张，执业（助理）医师 14 人。全年出生 116 人，计划生育率 100%。固定电话用户 927 户，移动电话用户 9373 户，因特网用户 1956 户。社会福利收养性单位 1 个，床位 200 张。参加城乡居民养老保险 5998 人。参加城乡居民基本医疗保险 5987 人。最低生活保障救助人数 387 人。农户新建房屋 90 户，建筑面积 32400 平方米。金融机构网点 1 个，公园及休闲健身广场 33 个。

【胥口镇获省消除集体经济薄弱村成绩突出集体】 1 月，省委、省政府下发《中共浙江省委浙江省人民政府关于表扬全省扶贫开发和消除集体经济薄弱村工作成绩突出集体和个人的通报》，胥口镇获评省消除集体经济薄弱村成绩突出集体。胥口镇以消除“两不愁三保障”问题，结合村实际发展情况，采取盘活资产、特色产业、农旅融合等措施制定脱贫攻坚方案，全力打赢打好扶贫攻坚战。

胥口镇药谷客厅全貌

（胥口镇　供稿）

【胥口镇“葛洪丹谷”建设推进誓师大会】 2月26日，胥口镇召开“葛洪丹谷”建设推进誓师大会。区领导王龙华，区级相关部门负责人和全体镇村两级干部参加。以“三长”挂帅模式，推动全链条发展，梳理明确21项产业链政府配套项目清单。至年底，完成项目18个，“葛洪丹谷”入驻医药企业24家，总产出58.37亿元，其中特色产出占比95.44%，同比增长31.49%。

【胥口镇元宵节活动】 2月26日，胥口镇“献礼建党100周年，红红火火闹元宵”暨2021年我们的云村晚系列活动在胥口村文化礼堂举办。现场有文艺演出、猜灯谜等节目，宣传交通安全、扫黄打非、法制宣传、禁毒反邪、卫生健康知识、疫情防控、公筷公勺、反诈骗、垃圾分类、平安家庭、残疾人政策解读等活动，现场共发放宣传资料近500份，免费赠送书刊近250本。

【新峬村首届乡贤联谊会】 2月27日，胥口镇新峬村首届乡贤联谊会举行，来自各行各业的乡贤代表32人参加。会议审议并通过《胥口镇新峬村乡贤联谊会章程》《胥口镇新峬村乡贤联谊会工作职责》《胥口镇新峬村乡贤联谊会会议制度》等，选举产生新峬村首届乡贤理事会成员，其中徐杰任会长，陈有成任副会长，王建标任秘书长，陈生洪、邵伟庆任理事。成立乡贤助善基金，用于济困助学、扶残安老和对考入重点中学、重点大学、应征入伍、好人好事等给予奖励。

【胥口镇党史学习教育动员暨党员春训会】 3月19日，胥口镇召开镇党史学习教育动员暨党员春训大会，全体镇机关干部、各企事业单位党组织书记、各行政村“两委”班子成员以及党史学习教育讲师团成员代表参加。至年底，通过固定主题党日、青年交流会、微视频宣讲、线上党课等形式开展中国共产党史、改革开放史、胥口地方特色党史宣讲，覆盖群众1500余人次。

2021年2月27日，胥口镇新峬村召开首届乡贤联谊会

（胥口镇 供稿）

【富阳药谷小镇高质量发展推进会】 6月12日，富阳药谷小镇高质量发展推进大会暨“葛洪丹谷”杯浙江省首届香囊设计制作大赛颁奖礼在胥口镇峬山举办。活动由富阳区人民政府、浙江省中医药学会主办，现场签约富阳药谷小镇重点招商项目9个，涉及资金27亿元，包括生物医药项目3个、研发类项目2个、中药种植基地项目1个、创业基地项目1个、文旅项目2个。

由浙江省中医药学会主办，浙江省中医院申报的作品《西子香囊》获“葛洪丹谷”杯浙江省首届香囊设计制作大赛一等奖。

【胥口镇庆祝中国共产党成立100周年文艺会演】 6月28日，胥口镇庆祝中国共产党成立100周年文艺会演在葛溪村文化礼堂举行，全体镇机关干部、退休干部、各村“两委”干部、各企事业单位党组织负责人、中国摄影家协会理事吴宗其、区委宣传部等部分区级单位负责人、各村党龄50年以上老党员代表、先锋党员代表、先进集体代表、全国摄影大赛获奖选手代表参加。活动分“红色记忆”“薪火传承”“百年起航”篇章，镇党委向13名老党员代表颁发“光荣在党50年”纪念章，对先进基层党支部、优秀共产党员进行表彰，同时对全国摄影大赛获奖选手代表进行颁奖。

【葛溪村多功能文化服务综合体构建暨浙江工业大学信息学院党委与胥口镇党委共建签约】 11月18日，国家重点研发计划“多功能小型文化服务综合体构建技术研发与应用示范”项目示范点——胥口镇葛溪村多功能小型文化服务综合体构建技术研发与应用示范点合作暨浙江工业大学信息学院党委与富阳区胥口镇党委共建签约仪式在胥口镇举行。国家重点研发计划项目负责人、大丰董事、副总经理丰其云，浙江工业大学信息工程学院党委书记戴光麟以及项目组的其他成员，镇党委书记周延军，党委副书记、镇长丁大勇，党委委员、副镇长王育彬，党委委员周碧波以及葛溪村主要负责人参加。

【胥口镇“康复入户 共享阳光”项目】 11月，胥口镇残联、胥口助联体、九如城残疾人之家联合启动“康复入户 共享阳光”项目，为全镇重度卧床残疾人52人提供上门护理，普及护理知识，解决残疾人日常护理中遇到的问题和困难。

【葛洪丹谷发展议题协商】 11月30日，以“凸显药谷文化特色，加快构建葛洪丹谷中医药文化高地”为主题的民主协商会在胥口镇胥口村文化礼堂举行。会议从葛洪与胥口的历史渊源出发，探寻中医药文化在胥口凝练、升格的更多可能性。胥口镇党委副书记、镇长丁大勇，党委委员、课题组代表周碧波，富阳区政协委员何路群、吴晓英，协商议事员代表金满红、罗晓钧、章双龙，文化界代表人士宋辉、周勤、钱恒，区政协基层协商质效评估团代表曾荣晖等参加。

（骆丽飘）

永昌镇

【概况】 2021年，永昌镇总面积49.59平方千米，其中城镇建成区面积1.08平方千米，辖行政村5个，股份经济合作社5个，党员579人，其中党委3个、党总支4个、党支部35个，村民小组115个。年末总户数3541户，总人口11517人。全年实现工农业总产值18.51亿元，其中工业总产值14.6亿元，农业总产值3.91亿元。全年实现财政总收入1.96亿元，其中一般公共预算收入4252.94万元。农村经济总收入14.82亿元，农村经济净收入4.05亿元。农民人均收入45209元。

年末耕地面积641公顷，其中水田面积392公顷，高标准农田面积287公顷，农作物播种面积856公顷，其中粮食作物播种面积611公顷。粮食总产量395万千克。农机总动力0.3万千瓦。存栏生猪3331头，出栏肉猪13722头，存栏家禽1.4万羽，出栏家禽4.3万羽。水产品养殖面积110公顷，水产品产量2.1万千克。绿化造林46.43公顷，封山育林1984公顷。水果种植面积33.4公顷，水果产量81.6万千克。茶园面积52.41公顷，茶叶产量5.7万千克。农业技术服务机构个数1个，从业人员25人。农民专业合作社数量5个，成员410户。种植大户6户，家庭农场32个。工业企业总数109家，从业人员1836人，其中规模以上工业企业21家，实现产值9亿元、销售8.9亿元。住宿餐饮业企业7个，营业总收入2300万元。

中学1所，在校中学生801人，教职工68人；小学1所，在校小学生56人，教职工46人；幼儿园1所，在园幼儿215人，教职工35人。社区卫生服务中心1家，卫生室3个，医疗床位4张，执业（助理）医师13人，兽医（防疫）技术人员2人。全年出生68人，计划生育率98%。固定电话用户597户，移动电话用户9070户，因特网用户2075户。参加城乡居民养老保险113人。参加城乡居民基本医疗保险4557人。最低生活保障救助人数158人。农户新建房屋41户，建筑面积15200平方米。金融机构网点2个，公园及休闲健身广场6个。

2021年5月，永昌镇发布“永昌风尚榜”

（永昌镇 供稿）

【唐昌村认定为第二批全国乡村治理示范村】 10月29日，中央农村工作领导小组办公室、农业农村部、中央宣传部、民政部、司法部、国家乡村振兴局印发《关于公布第二批全国乡村治理示范村镇名单的通知》，认定第二批全国乡村治理示范村，唐昌村入围。

【永昌臭豆腐获农家特色小吃金奖】 4月28日，由省农业农村厅、省妇女联合会等单位联合举办的浙江省首届乡村美食大会技艺比赛在金华市举办。全省116道乡村美食参与角逐，包括主体生产经营规模和品牌影响力评估、网络投票、现场专家评分等环节。永昌臭豆腐获得浙江省首届乡村美食技艺比赛“农家特色小吃金奖”。

【永昌风尚榜发布】 5月，“永昌风尚榜”正式发布。“风尚榜”将垃圾分类、美丽庭院、诚实守信、家庭和睦、良好家风、关爱帮扶等内容量化成为打分指标，将全镇3000多户村民纳入打分体系，倡导村民自觉参与村级事务，营造社会治理人人参与的氛围，助力基层乡村“微治理”。

【杭州润匠科技技工学校开学】 9月，由杭州永科教育集团和杭州润龙集团投资兴办的杭州润匠科技技工学校开学。该校为浙江省人力资源和社会保障厅批准设立的全日制技工学校，招生纳入杭州中考招生计划，为杭州唯一具有自建标准校园的民办技工学校。学校2021年招收8个专业，在校学生700余名，有物联网应用技术、护理、电子商务、幼儿教育、汽车维修等专业。

【永昌镇风尚教育基金】 9月，永昌镇风尚教育基金完成首轮募集，共280.5万元。“永昌风尚教育基金”旨在鼓励培育一批知名教师和教育文化工作者，提高永昌教育教学、教科研质量；鼓励永昌籍学生勤奋学习；关心关爱因病因灾致贫教师及贫困学生。

【《中国教师》浙江论坛举办】 9月28—29日，《中国教师》浙江论坛——共同富裕背景下乡村学校高质量发展论坛暨《中国教师》浙江理事会第一次会议在永昌镇中心小学召开。会上成立《中国教

2021年10月26日，中国共产党永昌镇第十六次代表大会召开

（永昌镇　供稿）

师》浙江理事会，明确《中国教师》浙江理事会今后发展的愿景和路径。

【第二届杭州（富阳）竹乡奇妙夜活动】 10月17日，第二届杭州（富阳）竹乡奇妙夜活动在永昌镇唐昌村举办。“竹乡奇妙夜”以“富春山居·味道山乡”为主战场，集结游园、演出、交友派对等形式，以“振兴乡村产业 擘画共富图景”为主题，展现现代版“富春山居图”实景地乡村美好生活。开幕式上，“富疆”党建联盟正式揭牌、新联会永昌镇分会正式成立，还作为全省第一个美丽浙江乡镇创作基地现场授牌。

【中国共产党永昌镇第十六次代表大会】 10月26日，中国共产党永昌镇第十六次代表大会召开，富阳区委书记吴玉凤参加。会议审议通过党委工作报告、纪委工作报告，提出“打造五宜五园，建设恬漫永昌争当高质量发展建设共同富裕示范区星城范例先行镇”工作目标。选举产生中共永昌镇第十六届委员会和中共永昌镇纪律检查委员会。

【永昌镇区镇两级人大代表换届选举】 12月15日，永昌镇举行区、镇两级人大代表换届选举，共设区代表选区4个、镇代表选区19个，依法选举产生区人大代表6人、镇人大代表52人。

（陈雨苹）

大源镇

【概况】 2021年，大源镇总面积105.23平方千米，其中城镇建成区面积5.47平方千米、绿地面积0.02平方千米，辖行政村15个，社区1个，股份经济合作社15个，党员1970人，其中党委10个、党总支7个、党支部86个，村民小组199个。年末总户数10496户，总人口36242人。全年实现工农业总产值138.31亿元，按可比价格计算，比上年下降10.47%，其中工业总产值132.8亿元，农业总产值4.51亿元。全年实现财政总收入2.77亿元，其中一般公共预算收入0.9亿元。农村经济总收入319.39亿元，农村经济净收入46.82亿元。农民人均收入60006元。

年末耕地面积470公顷，其中水田面积245公顷，高标准农田面积22.6公顷，农作物播种面积1150公顷，其中粮食作物播种面积495公顷。粮食总产量385万千克。水利投工4.87万工，投资1600万元。存栏生猪450头，出栏肉猪900头，存栏家禽2.5万羽，出栏家禽1.1万羽。绿化造林3.5公顷，封山育林2950公顷。水果种植面积4公顷，水果产量12万千克。茶园面积55公顷，茶叶产量8.3万千克。农业技术服务机构个数1个，从业人员8人。农民专业合作社数量11个，成员57户。种植大户8户，家庭农场11个。工业企业总数419家，从业人员4780人，其中规模以上工业企业30家，实现产值106亿元、销售113.6亿元。建筑业企业3个，总产值2.7亿元。住宿餐饮业企业5个，营业总收入235万元。

中学1所，在校中学生1147人，教职工146人；小学2所，在校小学生1762人，教职工190人；幼儿园1所，在园幼儿728人，教职工94人。社区卫生服务中心1家，卫生室11个，医疗床位34张，执业（助理）医师44人。全年出生248人，计划生育率97.18%。固定电话用户2688户社会福利养老性单位3个，床位200张。参加城乡居民养老保险2359人。参加城乡居民基本医疗保险16826人。最低生活保障救助人数778人。农户新建房屋112户，建筑面积38556平方米。金融机构网点23个，公园及休闲健身广场41个。

【大源镇抗击新型冠状肺炎疫情】 大源镇全年累计入户排查约6万人次，核查各类涉疫信息5000余条，集中（居家）隔离416人次，完成新冠疫苗接种超8万剂次。

【大源镇“最清洁”乡村环境整治】 4月，大源镇坚持以“清洁、有序”为底色，根据“三清理三整治三提升”要求，全域提升城乡环境面貌，全年共开展“最清洁”乡村环境大比武8次，完成问题点位整治3922个，清运垃圾2327吨，整治田相33.35公顷。

【大源镇红色报刊史料研学中心启用】 6月17日，大源镇红色报刊史料研学中心启用仪式在大源镇蒋家村举行，省委常委、宣传部长朱国贤参加。展厅共有3个，主题分别为《新青年》与中国共产党、红色报刊从这里走来和名人与报刊，展陈《新青年》《湘江评论》等珍贵老报刊，展品100余册，展陈面积达1800余平方米，藏品种类达300余类，数量达21350册（份），是国内首个“红

2021年4月15日，大源镇举行从“我在大源溪畔学党史”为主线的“心怀感恩系党情、红色根脉寻初心”党史学习教育主题党日活动

（大源镇　供稿）

色报刊史料研学中心”，以红色报刊史料的独特视角讲述了中国共产党百年来的奋斗故事。

【大源镇抗击台风“烟花”】 7月24—25日，因“烟花”台风影响，大源镇遇集中性强降雨，降雨量达406.5毫米，其中25日24小时降雨量246.5毫米。大源镇溪道水位超出警戒水位3次，出现山体滑坡、塌方等地质灾害行政村6个，其中虹赤村倾泻山体5万立方米，创历史最大雨量、最高水位、最多地质灾害。其间，大源镇累计发动党员群众1500余人，停工在建工程55个，排查隐患点255个，处置险情34起，累计转移群众3250人。

【大源镇蒋家村新时代美丽乡村标杆点建设】 8月，大源镇蒋家村开展新时代美丽乡村标杆点建设，投资约3000万元，主题为“江南台门，理想小镇”，挖掘利用现有老台门资源，打造以麦家影视文学、红色报刊史料研学中心、蒋氏耕读文化为特色主题的三大区块，建设内容包括节点建设、立面整治、环境提升、数字化场景、未来乡村等。8月13日，启动新时代美丽乡村标杆点建设拆整，拆除村庄全域范围内一户多宅、一户多附、彩钢棚、影响村容村貌和村庄规划建筑近2万平方米，涉及农户345户。

【大源镇中心幼儿园新园区】 8月26日，大源镇中心幼儿园新园启用揭牌仪式举行。新园区项目总投资约5000万元，用地面积9650平方米，建筑总面积10129.1平方米，为省一级一类标准现代化幼儿园。园内设幼儿活动、午睡一体室18个，种子博物馆、建构室、木工坊、美术室、图书室、宝宝厨房等专用活动室6个，资源活动教室120平方米。

2021年6月17日,大源镇红色报刊史料研学中心启用,省委常委、宣传部部长朱国贤（右三）参加启用仪式

（大源镇　供稿）

【大源镇集镇震龙（二期）房屋搬迁】 10月23日，大源镇召开杭州富春湾新城大源集镇震龙（二期）房屋搬迁工作动员大会。经过入户调查、测绘、评估、价格计算等工作之后，11月30日，大源集镇震龙（二期）房屋搬迁进行集中签约，此次搬迁涉及农户201户，完成签约200户，签约率99.5%。

【大源镇新建珠山桥通车】 11月18日，大源镇蒋家村新建珠山桥举行圆桥仪式，正式通车。新建珠山桥全长49.8米、宽15.8米，双向4车道，总投资315.8万元，工程于3月4日动工。

【大源镇人大代表换届选举】 12月17日，大源镇完成区、镇两级人大代表换届选举，本次选举设大选区11个，小选区43个，投票点50个，参与投票31400人。选举产生新一届区人大代表15名，镇人大代表72名。

（徐　锐）

灵桥镇

【概况】 2021年，灵桥镇总面积54.84平方千米，辖行政村13个，股份经济合作社13个，党员1552人，党委9个、党总支6个、党支部58个，村民小组151个。年末总户数6346户，总人口27101人。其中规上工业总产值27.5亿元。全年实现财政总收入2.42亿元，其中一般公共预算收入1.21亿元。农村经济总收入206.63亿元，农村经济净收入20.45亿元。农民人均收入49036元。

年末耕地面积634.6公顷，其中水田面积196.67公顷，高标准农田面积 119 公顷，农作物播种面积 437.93 公顷，其中粮食作物播种面积 535 公顷。粮食总产量 296.5 万千克。农机总动力 6994 万千瓦。完成环境污染治理项目 2 个，投资额 5000 万元。存栏生猪 538 头，出栏肉猪 780 头，存栏家禽 0.96 万羽，出栏家禽 2.9 万羽。水产品养殖面积 38.4 公顷，水产品产量 49.3 万千克。绿化造林 30 公顷，封山育林 3722.6 公顷。水果种植面积 25.86 公顷，水果产量 124 万千克。茶园面积 196 公顷，茶叶产量 80.3 万千克。农业技术服务机构个数 1 个，从业人员 10 人。农民专业合作社数量 10 个，成员 250 户。种植大户 52 户，家庭农场 12 个。工业企业总数 183 家，从业人员 4473 人，其中规模以上工业企业 31 家，实现产值 27.5 亿元、销售 27.2 亿元、利润总额 2.9 亿元。建筑业企业 1 个，总产值 64015 万元。住宿餐饮业企业 25 个，营业总收入 1500 万元。

中学 2 所，在校中学生 533 人，教师 63 人；小学 4 所，在校小学生 952 人，教师 97 人；幼儿园 1 所，在园幼儿 367 人，教师 43 人。灵桥社区卫生服务中心 1 家，核定床位 5 张，执业（助理）医师 21 人，灵桥辖区内卫生室 10 家。全年出生 230 人，计划生育率 97.5%。固定电话用户 1560 户，移动电话用户 22536 户，因特网用户 2960 户。社会福利收养性单位 1 个，床位 160 张。参加城乡居民养老保险 455 人。参加城乡居民基本医疗保险 11727 人。最低生活保障救助人数 681 人。农户新建房屋 65 户，建筑面积 21060 平方米。金融机构网点 1 个，体育健身公园 1 个，老百姓健身房 1 个。

【首届灵桥镇蔡家坞村船坞山古道登山节】 1 月 1 日，首届灵桥镇蔡家坞村船坞山古道登山节举行。以游明代古道、探船坞秘境为主题，通过登古道画廊、赏山乡美景、观古法造纸、忆红色足迹、品乡村野味，打造蔡家坞村特色旅游品牌。

【灵桥幼儿园小学新建项目】 灵桥小学新建项目位于灵桥镇上灵桥地块，江滨南大道以南，江南大道以北，西侧紧邻小源溪，东侧为规划支路。项目计划投资 22893.03 万元，规划 36 个班，总建筑面积 45869.12 平方米。建设内容包括教学楼、科艺综合楼、风雨操场、食堂、报告厅、地下车库、体育运动场、绿化景观等。灵桥幼儿园新建项目，建设地址为灵桥镇灵桥村，用地面积 1 公顷。工程概算总投资 4992.10 万元。总建筑面积 10560.08 平方米。设置规模为 18 个班，可容纳幼儿 540 人。

【灵桥镇赵中豪获二等功】 3 月 24 日，富阳区为灵桥镇永丰村赵中豪家属送上二等功喜报和慰问金，区人武部政委王继刚，区退役军人事务局局长丁一，副局长李增富，灵桥镇党委副书记、镇长何海强，人武部部长孙熔及相关科室负责人参加。赵中豪，男，汉族，杭州市富阳区灵桥镇人，1995 年 8 月生，2019 年 6 月入伍，现任中央军委训练管理部军事体育训练中心少尉运动员。2019 年 10 月，赵中豪参加第七届世界军人运动会男子 300 米标准步枪 3 种姿势个人赛，获得银牌。2020 年 6 月，被中央军委训练管理部军事体育训练中心记二等功。

【灵桥镇“七一”表彰大会】 6 月 27 日，灵桥镇建党百年“七一”表彰大会在区融媒体中心举办，活动分学党史、悟思想、办实事和开新局 4 个篇章，并开展“我在红色灵桥学党史”知识竞赛，分享红色故事，发布“闪光的足迹”——中共灵桥历话（1926—1931），颁发光荣在党 50 年党员代表荣誉章，表彰 2020 年度灵桥镇先进基层党组织、2020 年度灵桥镇优秀共产党员、党史知识竞赛获奖名单、“我与建党 100 周年”征文比赛获奖人员和文明家庭，举行“最清洁”乡村、新时代美丽乡村和项目攻坚保障村授旗仪式。

2021年6月27日，灵桥镇举行迎建党百年“七一”表彰大会

（灵桥镇　供稿）

【灵桥赵中豪亮相东京奥运会】 8 月 2 日，东京奥运会射击比赛男子 50 米步枪三姿资格赛开赛，资格赛比赛时长 2 小时 45 分钟，参赛选手以跪射、卧射和立射三个姿势各打 40 发，资格赛成绩的前 8 名进军决赛，灵桥镇赵中豪参加。赵中豪跪射 392 环，卧射 397 环，立射 384 环，总成绩 1173 环，止步资格赛。

【灵桥教育基金成立暨第 37 个教师节表彰会】 9 月 8 日，灵桥镇举办灵桥教育基金成立大会暨第 37 个教师节表彰大会，灵桥教育基金投资收益用于灵桥镇所属中学、小学、幼儿园及成校等学校，作为其人才引进、教师培养、荣誉获奖（成绩突出）的相关奖励，并可用于资助家庭经济困难学生上学，奖励在书画等各类比赛中成绩突出的灵桥学

2021年9月8日，灵桥镇举行灵桥教育基金成立大会暨第37个教师节表彰大会

（灵桥镇　供稿）

子（含新灵桥人）等，当天收到捐赠343万元。

【中国共产党灵桥镇第十六次代表大会】 10月22日，中国共产党灵桥镇第十六次代表大会胜利召开。会议回顾总结中国共产党灵桥镇第十五次代表大会以来的工作，讨论确定灵桥镇今后五年的发展定位、奋斗目标和重点任务；选举中国共产党灵桥镇第十六届委员会和纪律检查委员会；动员全镇各级党组织和广大党员干部群众接续奋斗，以特别合作开新局，全域提升谱新篇，为打造区域合作共赢、共建共享共富的灵桥范例而砥砺奋进。

【杭州富春湾第三中学（灵桥中学）新建工程开工】 11月30日，杭州富春湾第三中学新建工程（灵桥中学新建工程），举行开工仪式。项目位于富春湾新城灵桥片区，用地面积约5.23公顷，总建筑面积约8.3万平方米，其中地上建筑面积5.17万平方米，地下建筑面积3.15万平方米，项目总投资约5亿元。主要建设内容为教学楼3幢、实验综合楼1幢、公共教学用房1幢、综合楼1幢、报告厅及体育馆1幢、宿舍楼2幢。按照浙江省Ⅰ类标准建设，可容纳学生1500多人。项目计划于2024年9月投入使用。

【灵桥镇人大代表换届选举】 12月15—16日，灵桥镇完成人大代表换届选举，共设置投票站33个、流动票箱18个，登记选民22357名，选民登记率99.97%，参选率99.45%，选举产生区人大代表12人，镇人大代表64人。

【灵桥镇第十八届人民代表大会第一次会议】 12月24日，灵桥镇第十八届人民代表大会第一次会议举行，正式代表64人、列席人员26人参加。会议听取并审议《灵桥镇第十七届人民代表大会第九次会议代表建议办理情况的报告》《灵桥镇人民政府2021年民生实事项目完成情况及2022年民生实事项目说明的报告》《灵桥镇2021年度环境状况和环境保护目标完成情况的报告》，书面审查《灵桥镇人民政府财政报告》《灵桥镇2021年度法治政府建设情况的报告》，选举何海强为灵桥镇人民政府镇长，江苏云为灵桥镇人民政府人大主席，杨荣、周建、赵晓群为灵桥镇人民政府副镇长。

（袁　源）

里山镇

【概况】 2021年，里山镇总面积25.43平方千米，其中城镇建成区面积0.52平方千米、绿地面积0.06平方千米，辖行政村5个，股份经济合作社5个，党员624人，其中党委4个、党总支2个、党支部6个，村民小组71个。年末总户数2653户，总人口10177人。全年实现财政总收入1.57亿元，其中一般公共预算收入3341万元。农村经济总收入48.14亿元，农村经济净收入3.76亿元。

年末耕地面积119.8公顷，其中水田面积8.2公顷，高标准农田面积21.47公顷，农作物播种面积346公顷，其中：粮食作物播种面积117.8公顷。粮食总产量257万千克。存栏生猪521头，出栏肉猪778头，存栏家禽0.9万羽，出栏家禽1.32万羽。绿化造林0.9公顷，封山育林1080公顷。水果种植面积33.07公顷，水果产量87.52万千克。茶园面积416.53公顷，茶叶产量55.1万千克。农业技术服务机构个数1个，从业人员3人。农民专业合作社数量7个，成员205户。种植大户9户，家庭农场9个。工业企业总数45家，从业人员1395人，其中规模以上工业企业15家，实现产值22.25亿元、销售22.15亿元。

小学1所，在校小学生220人，教职工31人；幼儿园1所，在园幼儿158人，教职工31人。社区卫生服务中心1家，社区卫生服务站2个，卫生室0个，核定床位5张，执业（助理）医师12人，乡村医生2名。全年出生62人，计划生育率100%。固定电话用户760户，移动电话用户2642户，因特网用户1690户。参加城乡居民养老保险135人。参加城乡居民基本医疗保险5229人。最低生活保障救助人数169人。农户新建房屋34户，建筑面积12240平方米。金融机构网点1个，公园及休闲健身广场20个。

【里山镇“迎展行动”和党史学习教育】 3月19日，里山镇党史学习教育动员部署会暨“迎亚运，展风采，高质量建设生态休闲美丽云雾茶镇”攻坚行动誓师大会召开，梳理出全年重点工作38项，按照“双过半”的要求，明确目标任务，倒排时间节点，责任到人，统筹推进“迎展行动”和党史学习教育。至年底，开展“迎展行动”38项，均按期完成，竣工灵峰村新时代美丽乡村、溪道整治、上安顶道路改扩建等工程项目10余个；党史学习教育活动开展20余场，“昼访夜谈”活动收集各类问题30余个，均全部解决，化解各类矛盾纠纷24个。

【里山镇手工炒茶技能大赛】 4月1日，2021里山镇手工炒茶技能大赛在里山镇安顶村文化礼堂举办，来自全区的手工炒茶技术人才22人参加。此次大赛主题为“提高茶农技艺、促进产业发展、实现乡村振兴”，通过对选手炒制的干茶外形、香气、滋味、汤色、叶底进行综合审评，评选一等奖1名、二等奖2名、三等奖3名。

【里山安顶云雾茶文化节】 4月19日，“三江汇聚　云上茶香”2021杭州茶文化博览会闭幕式暨富春山居·安顶云雾茶文化节在里山镇安顶山观景台举办。活动现场公布2021富阳区“金茶王”、“银茶王”、十大手工炒制能手、斗茶优胜奖、茶王入围奖等名单，举行“迎亚运、展风采”大安顶组团联动仪式，发布《里山我可爱的家乡》音乐短片。4月17日，央视农业农村频道《中国三农报道》栏目以《浙江杭州：数字化监管茶产业促进茶农增收》为题，宣传报道里山镇践行茶叶兴镇战略，实现茶农增收。

【里山镇永远跟党走朗诵活动】 4月25日，“安顶问茶·寻味里山·红色经典·党史诵读”——永远跟党走朗诵活动在里山镇举行。朗诵活动以“永远跟党走·奋进新征程”为主题，分《里山之春》《茶山诗韵》《党史诵读》篇章3个，节目14个，节目内容来自里山本地文化以及传统红色经典，以朗诵、情景剧、快板等形式，结合法治宣传及党史学习教育，引导全镇村民学党史、读经典、知党恩、跟党走，激发村民爱党、爱国、爱社会主义情怀。

【“渔里杯”山地毅行活动】 4月29日，富阳“迎亚运·展风采”“渔里杯”“‘毅’起迎亚运‘行’走庆百年”毅行活动举行，本次毅行由富阳区文广旅体局、富阳区里山镇、富阳区渔山乡、富阳区体育总会主办，富阳区登山协会协办，毅行以“毅”起迎亚运“行”走庆百年为主题，起点为渔山乡大葛村，终点为里山镇安顶风情小镇，全程9.2千米，累计爬升570米，以团队参赛的方式进行，三人成团。新登镇和富阳区教育局分别历时58分34秒和58分55秒到达终点，获得一等奖。春江街道、常绿镇等13支队伍分获二、三等奖。

2021年4月19日，里山镇举办“三江汇聚 云上茶香”2021杭州茶文化博览会闭幕式暨富春山居·安顶云雾茶文化节活动

（里山镇　供稿）

【灵峰村新时代美丽乡村建设】 6月，灵峰村新时代美丽乡村项目通过镇级验收和区级验收，该项目投资1300万元，包括子项目11个，通过节点建设、村庄道路修复、弱电整治等项目，提升灵峰村的基础设施、村庄环境。

【富阳安顶山公交线路开通】 9月1日，里山镇安顶自然村实现公交线路开通，由2354路公交线路延伸，增加“大坞底（3）”“安顶山”两对站点，延长线路2.5千米。发车时间为：富阳客运南站始发5:30、12:05、15:50，安顶山始发6:20、13:00、16:45。6月，大坞底到安顶桥公路改造提升工程竣工并通过验收，总投资750万元，为安顶山公交线路开通奠定基础。

【中共里山镇第十五次代表大会】 10月25日，中共里山镇第十五次代表大会召开，全镇各界党代表和列席代表共计92人参加。镇党委书记汪洋代表中共里山镇第十四届委员会作题为《勇担新使命　砥砺再前行　奋力谱写生态休闲美丽“云雾茶镇”新篇章》的工作报告，回顾总结镇第十四次党代会以来的工作，研究部署今后五年的奋斗目标和主要任务；镇纪委书记叶江富作题为《围绕中心　服务大局　为谱写生态休闲美丽云雾茶镇新篇章提供坚强保障》的工作报告；书面审议关于全镇党费收缴、使用和管理情况报告；通报大会期间代表提案受理情况；选举产生中共里山镇第十五届委员会委员9人以及中共里山镇纪律检查委员会委员3人。

【里山镇人大换届】 12月15日，里山镇区镇两级人大代表换届举行，选举分大选区3个、小选区19个，共有选民8907人参加，选举产生区人大代表5人和镇人大代表52人。12月24日，里山镇第十八届人民代表大会第一次会议召开，来自全镇各条战线的人大代表51人和列席人员23人参加，会议听取、审议《里山镇人民政府工作报告》《里山镇第十七届人民代表大会主席团工作报告》《里山镇2021年度法治政府建设及政府主要负责人履行推进法治建设第一责任人职责情况报告》《里山镇2021年

2021年10月25日，中共里山镇第十五次代表大会召开
（里山镇　供稿）

度环境状况与环境保护目标完成情况报告》《里山镇第十七届九次人代会代表建议办理情况的报告》《2021年度政府民生实事项目完成情况和2022年度政府民生实事项目概况介绍的报告》，书面审议《2021年度里山镇财政预算执行情况和2022年度里山镇财政预算草案的报告》，选举产生镇长1人、副镇长3人、人大主席1人。

【里山镇核心区块茶地流转】 12月，启动安顶核心区块茶地流转工作，完成流转签约茶农116户茶地23.33公顷，成立全区第一家村庄经营公司（杭州里安茗茶文化有限公司），统培、统育、统销核心区块茶地，提升核心区块安顶云雾茶品质，实现茶农和村集体"双赢"。

（金路华）

渔山乡

【概况】 2021年，渔山乡总面积36.76平方千米，其中城镇建成区面积11.5平方千米、绿地面积0.02平方千米，辖行政村4个，党员558人，其中党委4个、党总支2个、党支部20个，村民小组80个。年末总户数3733户，总人口13212人。全年实现财政总收入5400万元，其中一般公共预算收入2785.1万元。农民人均收入42829元。

年末耕地面积226.5公顷，其中水田面积204.02公顷，高标准农田面积47.6公顷，农作物播种面积390公顷，其中：粮食作物播种面积350公顷。粮食总产量135万千克。农机总动力0.64万千瓦。水利投工0.35万工，投资300万元。完成环境污染治理项目1个，投资额80万元。存栏生猪2506头，出栏肉猪2823头，存栏家禽0.8万羽，出栏家禽1.8万羽。绿化造林16.7公顷，封山育林1640公顷。茶园面积259.1公顷，茶叶产量39万千克。 农业技术服务机构个数1个，从业人员5人。农民专业合作社数量4个，成员276户。种植大户7户，家庭农场7个。工业企业总数33家，从业人员783人，其中规模以上工业企业4家，实现产值3.8亿元、销售3.75亿元、利润总额0.05亿元。住宿餐饮业企业1个，营业总收入130万元。商品交易市场1个。

小学1所，在校小学生284人，教职工23人；幼儿园1所，在园幼儿141人，教职工29人。社区卫生服务中心1家，卫生室4个，医疗床位6张，执业（助理）医师12人，全年出生81人，计划生育率100%。参加城乡居民基本医疗保险13105人。最低生活保障救助人数261人。农户新建房屋60户，建筑面积21600平方米。金融机构网点1个，公园及休闲健身广场18个。

【渔山乡党史学习教育】 渔山乡组建"半小时党史宣讲"小分队，树立"我把党史带回村"特色品牌。与市委党史研究室（市志办）结对组建"稻花香 党旗红"党史青年宣讲团，组织乡贤宣讲团和老干部宣讲团，累计宣讲15场次，受众听众2200人次。

【银湖街道长山村帮拆】 3月，渔山乡抽调乡机关干部17名进驻银湖街道长山村开展整村拆迁工作，完成245农户、87户经营户拆迁，助力全区城市有机更新。

【"渔里杯"山地毅行活动】 4月29日，"迎亚运 展风采""渔里杯""'毅'起迎亚运'行'走庆百年"活动在渔山乡大葛村举行。本次毅行活动从渔山乡大葛村出发，在里山镇安顶风情小镇结束，全程9.2千米，累计爬升570米，以团队参赛的方式举行。新登镇和富阳区教育局分别历时58分34秒和58分55秒达到终点，获得一等奖；春江街道、常绿镇等13支队伍分别获得二等奖、三等奖。

【芒种节气活动举办】 6月5日，渔山芒种节气活动在渔山乡省级粮食功能区举行。依托渔山乡优质生态环境和稻米文化资源，结合新劳动教育等活动，进一步推广渔山美丽山乡品牌。活动开幕式上，湘湖·三江汇党建联盟在杭州市三江汇管委会牵头下成立，联盟成员单位包括渔山乡等12个乡镇（街道）。

【抗击台风"烟花"】 7月24—25日，受台风"烟花"影响，渔山乡遭遇集中性强降雨，乡村干部、党员志愿者、民兵队伍等200余人，开展重点隐患部位巡查、农户宣传、抢险除险等工作，累计转移人员1536人，其中转移群众1394人、在建工地人员142人。

【浙江省AAA级景区乡镇成功创建】 12月，经浙江省文化和旅游厅核定，渔山乡获评省AAA级景区乡镇。渔山乡结合小城镇综合整治、美丽城镇建设，实施企业腾

2021年10月22日，渔山乡发布“书满稻乡”阅读品牌

（渔山乡　供稿）

退、村庄整治、集市整治、田园整理、景观修复、林相改造、溪道清理、文化挖掘，把渔山打造成环境优、风景美的生态景观廊道，构建一幅山青、水秀、路畅、景美、产优的山乡田园画卷。

【“书满稻乡”阅读品牌发布】10月22日，由区委宣传部主办，区新闻出版局和渔山乡人民政府共同承办的“学党史 悟思想 庆华诞”——2021“书香富阳”系列活动之渔山乡“书满稻乡”阅读品牌发布活动在渔山乡千亩省级粮食功能区举行。活动现场，渔山乡“书满稻乡”阅读品牌被评为杭州市十大“全民阅读”品牌之一。

【第十届稻香节举办】10月29日，“稻乡渔镇幸福里 携手共富新征程”2021杭州富阳·渔山稻香文化节在渔山乡举办。活动时间持续3天，吸引5万余名游客参加。此届渔山稻香文化节秉持继往开来、更进一步的理念，进一步贯通“农耕文化、稻米文创、红色党建、田园颂歌、农旅生活、展望亚运”六大主题，围绕“稻”元素进一步打响渔山“稻香”品牌。

【林峰绿道大中修项目完成】11月，渔山乡墅溪村林峰绿道建成贯通。该项目为省民生实事项目，绿道全长7千米，总投资500万元，绿道修建完成后方便村民出行，吸引登山、骑行爱好者前来游玩，促进当地民宿收入增长。

渔山乡墅溪村林峰绿道

（渔山乡　供稿）

【区乡两级人大代表换届选举】12月15—16日，渔山乡完成区乡两级人大代表换届选举工作。此次换届共设置22个投票站，选举产生区级人大代表6名，乡级人大代表54名。

（李　铭）

上官乡

【概况】上官乡总面积27.06平方千米，其中城镇建成区面积0.1平方千米、绿地面积15.3平方千米，辖行政村5个，股份经济合作社5个，党员521人，党委3个、党总支4个、党支部21个，村民小组72个。年末总户数2695户，总人口8028人。全年实现规上工业总产值1.31亿元，农业总产值1.54亿元。全年实现财政总收入0.26亿元，其中一般公共预算收入0.14亿元。农村经济总收入14.61亿元，农村经济净收入5.72亿元。农民人均收入46314元。

年末耕地面积212公顷，其中水田面积110.83公顷，高标准农田面积13.3公顷，农作物播种面积240公顷，其中粮食作物播种面积134公顷。粮食总产量811万千克。水利投工0.5万工，投资410万元。存栏生猪1323头，出栏肉猪1962头，存栏家禽2.5万羽，出栏家禽5.6万羽。水产品养殖面积0.47公顷，水产品产量1.2万千克。绿化造林3.3公顷，封山育林467公顷。水果种植面积8.67公顷，水果产量6.43万千克。茶园面积47.4公顷，茶叶产量5.2万千克。农业技术服务机构个数1个，从业人员4人。农民专业合作社数量7个，成员50户。种植大户3户，家庭农场2个。工业企业总数138家，从业人员8005人，其中规模以上工业企业5家，实现产值1.31亿元、销售1.26亿元、建筑业企业19个，住宿餐饮业企业32个，商品交易市场1个。

小学1所，在校小学生454人，教职工40人；幼儿园1所，在园幼儿180人，教职工26人。社区

2021年6月25日，上官乡举行地方党史书籍《红色上官》首发仪式
（上官乡　供稿）

卫生服务中心1家，卫生室2个，医疗床位4张，执业（助理）医师13人，兽医（防疫）技术人员1人。全年出生57人，计划生育率100%。固定电话用户451户，移动电话用户5189户，华数网络用户670户。参加城乡居民养老保险2458人。参加城乡居民基本医疗保险7629人。最低生活保障救助人数299人。农户新建房屋23户，建筑面积8280平方米。金融机构网点2个，公园及休闲健身广场11个。

【上官乡第四届山乡“兰花大会”】 3月27日，上官乡山乡“兰花大会”举办，展示精品兰花数十种，表彰上官乡十佳兰花培育者。近年来，上官乡通过“培育、展示、互动、销售、交流、合作”等方式，推进兰花产业繁荣发展，注重挖掘和培育春兰、蕙兰等名贵品种，全乡2600多户育有兰花数万盆，爱兰、种兰、诵兰之风盛行。

【《红色上官》首发】 6月25日，上官乡地方党史书籍《红色上官》首发仪式举行，全书共分为序、前言、红色历史、红色人物、文选、口述等部分。《红色上官》收录内容主要为新四军二渡富春江期间，发生在场（口）（大）源地区的重要历史事件和相关人物；中共路西县场源区委、区抗日民主政府的成立和主要活动；场源籍人士开展革命工作、参加新四军等事迹。《红色上官》是杭州地区首个基层党史学习教育红色读本。

【上官乡第十七届人民代表大会第八次会议】 7月14日，上官乡第十七届人民代表大会第十次会议举行，来自全乡人大代表和列席人员90余人参加。会议听取并审议上官乡2021年上半年度政府工作报告、财政预算执行情况、代表建议办理情况、民生实事项目实施情况、上官乡2020年度法治政府建设情况、环境状况与环境保护目标完成情况等工作报告，并就2020年度环境状况和环境保护目标完成情况开展专题询问和满意度测评。代表表决通过《2020年度法治政府建设情况报告的决议（草案）》《2020年度环境状况和环境保护目标完成情况报告的决议（草案）》。

【杭州市国际商会文体产业专业委员会】 7月12日，杭州市国际商会文体产业专业委员会成立大会在上官乡召开，会议由市贸促会、市国际商会主办，区贸促会、上官乡党委、上官乡人民政府承办，区贸促会、上官乡党委、政府负责人以及宏科体育、三锐体育、伟尔盛文体、杭州你创网络、墨西哥中国中心、中东欧之家、杭州市市场营销协会、杭州市工业设计协会等企业和机构相关负责人共120余人参加。会议审议通过文体专委会工作规章、专委委员拟任人员名单，并举行授牌、颁发证书。文体产业专业委员会旨在打造成员企业服务平台，为产业发展提供建言献策服务，推动文体产业相关企业加强国内与国际双重合作，提升杭州文体产业竞争力，为市国际商会设立的首个专委会。

【上官乡场源区委史料陈列馆】
9月3日，上官乡场源区委史料陈列馆开馆。陈列馆位于上官乡大盛村，占地面积180平方米，总投资200万元，分上下两层，展览区域12个，以路西县工委、萧富联络站、场源区委、区抗日民主政府为发展脉络，通过浮雕绘画、珍贵展品、场景还原等形式，再现新四军两渡富春江。

【中国共产党上官乡第十六次代表大会】 10月26日，中国共产党上官乡第十六次代表大会召开，全乡党代表51人、列席代表22人参加，区委副书记、政法委书记徐林亮，区委组织部副部长、区委编办主任闻关明，区委党建与乡村振兴指导组副组长徐肖芬参加。会议选举产生中共上官乡第十六届委员会委员8人、中共上官乡纪律检查委员会委员3人。金本忠当选中共上官乡第十六届委员会书记，袁媛、李少华当选中共上官乡第十六届委员会副书记，董新苗当选中共上官乡纪律检查委员会书记。

【上官乡区乡两级人大代表换届选举】 12月15日，上官乡区、乡两级人大代表换届选举工作完成。上官乡共划分大选区4个、小选区18个，登记选民6750人，设置固定投票站18个，参与投票选民6746人，参选率99.94%。选举产生区第十七届人大代表5人，平均得票率98.04%；乡第十八届人大代表50人，平均得票率96.73%。

【上官乡第十八届人民代表大会第一次会议】 12月24日，上官乡第十八届人民代表大会第一次会议召开，乡人大代表50人，区人大常委会副主任裘富水、代表工委主任夏

2021年9月3日，上官乡场源区委史料陈列馆对外开放
（上官乡　供稿）

立忠参加。大会听取和审议政府工作报告、人大主席团工作报告、法治政府建设报告、代表建议办理情况报告、民生实事项目完成情况报告、环境状况与环境保护目标完成情况报告等报告。大会选举产生新一届上官乡人大主席洪辉，上官乡人民政府乡长袁媛、副乡长夏斐、王忠慧、周晨菲，均满票当选。会议投票表决2022年民生实事项目。

（许翡晨）

常绿镇

【概况】 常绿镇总面积49.08平方千米，其中城镇建成区面积1.3平方千米、绿地面积0.3平方千米，辖行政村8个，股份经济合作社8个，党员642人，党委4个、党总支5个、党支部31个，村民小组128个。年末总户数5243户，总人口15487人。全年实现财政总收入1182.2万元，其中一般公共预算收入602.88万元。农村经济总收入879.6万元，农村经济净收入4672万元。农民人均收入38707元。

年末耕地面积191.4公顷，其中水田面积107.67公顷，高标准农田面积168公顷，农作物播种面积222.33公顷，其中：粮食作物播种面积92.67公顷。粮食总产量130万千克。农机总动力0.98万千瓦。水利投工0.15万工，投资500万元。存栏生猪1521头，出栏肉猪4034头，存栏家禽0.79万羽，出栏家禽3.27万羽。绿化造林7公顷，封山育林750公顷。水果种植面积3.87公顷，水果产量6.2万千克。茶园面积67.6公顷，茶叶产量2.3万千克。农业技术服务机构个数1个，从业人员7人。农民专业合作社数量3个，成员3户。种植大户1户，家庭农场3个。工业企业总数36家，从业人员180人，其中规模以上工业企业1家，实现产值0.68亿元、销售0.6亿元、利润总额0.1亿元。住宿餐饮业企业11个，营业总收入500万元。

小学1所，在校小学生254人，教职工36人；幼儿园1所，在园幼儿119人，教职工23人。社区卫生服务中心1家，卫生室3个，医疗床位15张，执业（助理）医师15人，兽医（防疫）技术人员1人。全年出生76人，计划生育率97.36%。固定电话用户2215户，移动电话用户4358户，因特网用户5315户。参加城乡居民养老保险762人。参加城乡居民基本医疗保险7063人。最低生活保障救助人数365人。农户新建房屋86户，建筑面积28384平方米。金融机构网点1个，公园及休闲健身广场15个。

【常绿镇十七届人大第九次会议】 1月13日，常绿镇第十七届人民代表大会第九次会议举行，人大代表和列席人员共70余人参加。会议听取和审查常绿镇人民政府工作报告、常绿镇人大主席团工作报告、常绿镇2020年财政预算执行情况、2021年财政预算安排的报告、常绿镇2020年政府民生实事项目完成情况和2021年政府民生实事安排的报告。

【常绿镇第十六次妇女代表大会】 1月27日，常绿镇第十六次妇女代表大会举行，共有妇女代表41名参加。会议回顾总结过去五年工作并提出今后五年的工作目标和措施，成镇妇联换届选举，产生新一届常绿镇妇女联合会主席、副主席和委员。

【富阳区“富春窗·党史少年说”宣讲团成立暨“五老讲党课进校园”】 3月23日，富阳区“富春窗·党史少年说”宣讲团成立暨“五老讲党课进校园”活动在常绿镇中心小学启动，成立“富春窗·党史少年说”宣讲团，举行授旗仪式，组成“党史宣讲联盟”，富阳首批12家党史教育基地与12个中小学校结对。

【蒋忠烈士110周年诞辰座谈会】 4月26日，蒋忠烈士110周年诞辰座谈会在常绿镇召开，各级部门共60余人参加。通过回顾蒋忠战斗生涯，评价缅怀蒋忠英雄事迹。下一步常绿镇将加强蒋忠等红色资源宣讲教育，通过“蒋忠讲堂”推动党史学习教育开展。

【常绿镇“残疾人之家”搬迁】 5月18日，常绿镇“残疾人之家”搬迁至常绿镇北坞村居家养老服务中心。具体功能室布局为：休息室2间，面积210平方米；餐厅1间，面积为60平方米，可供30人同时就餐；书画室1间，面积为10平方米，藏书500余册；工疗室1间，面积为20平方米；医务室、心理咨询室1间，面积为20平方米；康复室1间，面积为20平方米；室内活动场地1间，面积为120平方米；技能培训室1间，约17平方米；管理人员办公室1间，

2021年4月26日，常绿镇召开蒋忠烈士110周年诞辰座谈会
（常绿镇　供稿）

约15平方米；室外康复训练场地为700平方米。目前主要服务残疾人21人，其中肢体残疾4人、精神残疾7人、智力残疾7人、其他3人。6月16日，通过杭州市残联四星级提升评定。

【常绿镇“老台门·新业态”协商会】 6月17日，常绿镇围绕“老台门·新业态”专题开展政治协商会议，区政协党组副书记、副主席方仁臻、委员工委副主任张婷参加。课题组汇报“老台门·新业态”打造情况，通过前期走访，共征集“老台门+”、台门品牌策划、台门发展规划、配套设施提升、周边环境改善、全域协同推进、法律法规涉及等相关意见49条。基层协商质效评估团提出注重老台门发展的载体和平台，确保长久、持续、健康的发展的意见建议。

【常绿镇红色研学精品路线】 依托“大龙门”旅游带，规划涉及环山、龙门、上官、常绿及萧山楼塔、河上，诸暨次坞、应店街的红色旅游线路。打造红色研学精品路线，设立“红色打卡点”11处，包括新四军两渡富春江红色研学中心、初心墙、谭启龙办公地、中共江南县工委旧址、蒋忠烈士墓、中共窈口分区委台门等。挖掘修复登山古道行军路2条和集镇游览线路1条，完成“红绿篮”青少年研学营地建设。

【常绿镇“七一”表彰大会】 6月28日，常绿镇“七一”表彰大会暨“光荣在党50年”纪念章颁发仪式举行，全体镇干部，各行政村书记、副书记，“光荣在党50年”党员代表、先锋党员代表参加。会上为“光荣在党50年”党员代表颁发纪念章和先锋党员颁发荣誉证书，党员代表重温入党申请书，分享初心故事。

【富阳“红色研学”1号线】 7月1日，富阳区“红色研学1号线”启动仪式在常绿公交站举行。“红色研学1号线”是由区委组织部、区交通局、富阳公交公司联合推出的区内首条红色研学线路，该线路由富阳客运西站至常绿镇公交站，单程37千米，沿途设置停靠站点53对，票价3元。富阳客运西站首班车6点40分，末班车17点40分；常绿镇公交站首班车6点，末班车16点20分。途经富春街道、鹿山街道、环山乡、龙门镇、上官乡和常绿镇，串联中埠新四军两渡富春江纪念碑亭、环山抗日纪念碑亭、孙晓梅烈士纪念馆、上官乡党群服务中心、中共路西县场源区委旧址、富阳区党史学习教育基地等红色胜地。

【常绿镇人大代表换届选举】 12月15日，常绿镇区、镇两级人大代表换届选举工作完成，全镇共设置区级选区5个、镇人大代表选区25个，投票选民13056人，选举产生区人大代表7人，镇人大代表53人。

【常绿镇全域旅游建设】 全年，常绿镇成功创建省AAAA级景区镇，创建省AAA级景区村3个、省AA级景区村1个、A级景区村3个。完成古台门修缮，完成大章村历史文化名村创建。完成新时代美丽乡村项目拆整行政村6个，拆除面积39407平米，其中通过项目验收行

2021年10月10日，长佳村85岁以上老年人欢度重阳节
（常绿镇　供稿）

政村 4 个，涉及项目 41 个，投资 3894.8 万元。

（张　科）

场口镇

【概况】 场口镇总面积 58.05 平方千米，其中城镇建成区面积 1.32 平方千米，辖行政村 24 个，居委会 1 个，辖行政村 24 个，社区 2 个，居委会 1 个，股份经济合作社 24 个，党员 1883 人，其中党委 6 个、党总支 16 个、党支部 99 个，村民小组 333 个。年末总户数 13447 户，总人口 42321 人。全年实现工农业总产值 113.3 亿元，按可比价格计算，比上年增长 13.6%；其中工业总产值 96.6 亿元，农业总产值 31.7 亿元。全年实现财政总收入 3.51 亿元，农村经济总收入 41.91 亿元，农民人均收入 35327 元。

年末耕地面积 1598 公顷，其中水田面积 1098 公顷，高标准农田面积 210 公顷，农作物播种面积 1598 公顷，其中粮食作物播种面积 1530 公顷。粮食总产量 1110 万千克。存栏生猪 363 头，出栏肉猪 836 头，存栏家禽 1.95 万羽，出栏家禽 5 万羽。水产品养殖面积 50 公顷，水产品产量 45 万千克。绿化造林 1.5 公顷。水果种植面积 41.7 公顷，水果产量 41.9 万千克。茶园面积 26.3 公顷，茶叶产量 2.67 万千克。农业技术服务机构个数 1 个，从业人员 6 人。农民专业合作社数量 26 个，成员 85 户。种植大户 19 户，家庭农场 28 个。工业企业总数 247 家，从业人员 8200 人，其中规模以上工业企业 67 家，实现产值 81.6 亿元、销售 80.55 亿元、利润总额 3.5 亿元。住宿餐饮业企业 12 个，营业总收入 2000 万元。商品交易市场 1 个，交易额 7000 万元。

中学 1 所，在校中学生 1004 人；小学 1 所，在校小学生 1175 人；幼儿园 1 所，在园幼儿 560 人。社区卫生服务中心 1 家，下辖卫生服务站 7 个、村卫生室 1 个，医疗床位 30 张，执业（助理）医师 46 人，兽医（防疫）技术人员 2 人。全年出生 388 人，计划生育率 97%。固定电话用户 33208 户，移动电话用户 4.2 万户，因特网用户 4690 户。社会福利收养性单位 1 个，床位 128 张。参加城乡居民养老保险 6850 人。参加城乡居民基本医疗保险 23701 人。最低生活保障救助人数 1079 人。农户新建房屋 70 户，建筑面积 21520 平方米。金融机构网点 4 个，公园及休闲健身广场 22 个。

2021年7月7日，场口镇举办浙江省二十四节气小暑活动2021富春江开渔节暨江鲜大会

（场口镇　供稿）

【场口镇获评省级小城市考核优秀】 9 月 30 日，省中心镇发展改革和小城市培育试点领导小组办公室发布《关于省级小城市培育试点单位 2020 年度考核结果的通报》（浙镇办〔2021〕3 号），通报 2020 年全省小城市培育试点单位的考核情况，场口镇获评考核优秀单位。场口镇以规划为引领，完成“微镇”区块城市设计、国土空间规划、村庄风貌管控及村庄建设规划编制工作，建成城市规划展示馆；以产业快速提升城市实力，实现一、二、三产联动发展，园区板块引进科技型、创新型企业 32 家，中南钢构等重大产业项目建成投产，盘活企业 46 家，消化闲置低效厂房 13 万平方米，推动企业转型升级项目 32 个，累计培育国家高新企业 41 家，省级科技型企业 63 家，获评国家“专精特新”小巨人企业 1 家，获评全省隐形冠军企业 2 家，入围省市未来工厂创建名单企业 8 家；集镇板块引入投资超亿元的项目 7 个，建成振和大厦、维也纳国际酒店、商业大厦，发展老鹰画室、黄公望中学、三替职业培训等特色产业；发展风铃农庄、绿禾源、王洲假日等美丽产业，推进富境森林、贵山窑创作中心等项目 6 个，累计培育种粮大户 19 个、农业电商 56 家，民宿 38 家、江鲜馆 42 家、农业观光园 8 处。拓宽增收渠道，实现家门口就业 1.5 万余人；加速完善公建配套，完成消防中心、便民中心、市民广场等项目 37 个；完成公寓房建设 7 期，回迁农户 1235 户；完成各类道路建设 35 条，自来水改造 4110 户，实现“四好农村路”“四线供水”全覆盖；推进“美丽杭州”创建和“最清洁”环境整治。

【场口镇获评“美丽城镇”创建省级样板】 12 月 17 日，省城乡环境整治工作领导小组美丽城镇建设办公室公布全省新时代美丽城镇建设工作 2021 年度考核验收结果，场口镇获评 2021 年度新时代美丽城镇建设省级样板。

【场口镇获评全省“枫桥式”司法所建设表现突出集体】 12 月 27 日，杭州市富阳区司法局场口司法所被浙江省司法厅评为浙江省“枫桥式”司法所，场口镇被浙江省司法厅通报表扬为全省“枫桥式”司法所建设表现突出集体。

【场口镇市民广场启用】 9月1日，场口镇市民广场正式启用，项目位于场口镇东西街与南北街交叉口，由浙江富春山居集团有限公司投资建设，投资2.14亿元，用地面积1.16万平方米，包含市民广场、配套商业等，北侧为场口综合便民服务大楼及执法中心。

场口镇市民广场

（场口镇 供稿）

【场口镇亲清政商平台】 10月1日，场口镇亲清政商平台正式启用，项目在原党群服务中心基础上进行拓展，总投资300万元、占地1500平方米，设置多个功能区，包括百丈畈工业社区、亲清政商展厅、企业共享服务区、群团之家等，打造由一个亲清数智平台、五大清商守则、五大亲清政商工作运行机制和十大亲商服务制度构成的“1+5+5+10”工作体系，以场口镇工业社区为服务团队，以实体化场馆为服务基地，以数智场口系统为服务抓手，打造线上线下有机结合的场口镇亲清政商数智平台，实现制度化、实体化、数字化、服务化“四化”融合，推进亲清政商服务落地运行，提供企业招聘角、便民服务台、“小哥驿站”、文化展厅、企业展厅、一站式审批中心、共享会议室、洽谈室、项目路演厅、共享法庭、“四点半课堂”和茶歇点等服务。

【国家级“非遗”越窑青瓷烧制技艺传承落户场口镇】 8月6日，中国工艺美术大师嵇锡贵工作室和国家级“非遗”越窑青瓷烧制技艺项目落户场口镇签约在场口镇联群村举办，项目选址联群村原村委大楼，约800平方米。项目引进中国工艺美术大师嵇锡贵及国家级“非遗”越窑青瓷烧制技艺，以及传统陶瓷烧制技艺的传习传承场所“杭州贵山窑陶瓷艺术馆”“杭州贵山窑陶瓷艺术研究院”。创立艺术馆、研究院，传承国家级“非遗”越窑青瓷烧制技艺，发挥贵山窑文化特色资源，开设公众参与日，传习研学，传承发展优秀传统文化，打造富春江贵山窑文化品牌。

【场口镇公寓房回迁安置】 6月23日，场口镇阳光家园公寓房六期、九期安置户选房签约仪式在场口文化礼堂举行，阳光家园公寓房六期、九期共有安置房649套，本次分房涉及多层公寓房430套，面积4.6万平方米，参与本次选房的安置户173户。公寓房六期项目位于阳光家园小区内，2019年2月开工建设，2021年4月竣工验收，总建筑面积7.8万平方米，共有楼房10幢，安置户数378户。公寓房九期项目位于场口西街以北、洋涨路以东，毗邻场口供电所、派出所，总建设面积4.51万平方米，由18层高层2幢、6层住宅及公建配套6幢、地下室组成，安置户数271户，停车位309个。

【浙江省第五届“妈妈的味道”】 4月24—25日，浙江省第五届“妈妈的味道”活动在场口镇东梓关村举办，活动由省妇联、省农业农村厅、省商务厅、省文化和旅游厅联合主办，活动主题为“品美食促销费享幸福”，来自全省各地美食项目40个参与评比。现场设“妈妈的味道”、“妈妈的手作”、巾帼新农人展销展位和富阳山居风味展位，分类布置巧手美食、巧女手作、巾帼农创、民俗文化、山居风味集市。

【第三届富春江开渔节暨江鲜大会】 7月7—11日，浙江省二十四节气小暑活动2021富春江开渔节暨江鲜大会在富阳场口镇东梓关村举行，活动分开渔节、江鲜大会、江鲜创意烹饪大赛、晚会等部分，共吸引游客10余万人，带来经济收入500余万元。

（盛久阳）

常安镇

【概况】 常安镇总面积63.84平方千米，其中城镇建成区面积0.63平方千米，辖行政村16个，股份经济合作社16个，党员1277人，其中党委6个、党总支10个、党支部57个，村民小组206个。年末总户数7751户，总人口24941人。全年实现工农业总产值41.23亿元，其中工业总产值19.23亿元，农业总产值22亿元。全年实现财政总收入4260.75万元，其中一般公共预算收入1901万元。农村经济总收入22.72亿元，农村经济净收入5.8亿元。农民人均收入3.15万元。

年末耕地面积1121.84公顷，其中水田面积640公顷，高标准农田面积199.68公顷，农作物播种面积801公顷，其中粮食作物播种面积739公顷。粮食总产量1213.2万千克。农机总动力0.95万千瓦。水利投工0.5万工，投资500万元。存栏生猪3294头，出栏肉猪5462头，存栏家禽4.47万羽，出栏家禽3.68万羽。封山育林3156公顷。水果种植面积238.29公顷，水果产量157.33万千克。茶园面积 116.87 公顷，茶叶产量 12.13 万千克。农业技术服务机构个数 1 个，从业人员 13 人。农民专业合作社数量 44 个，成员 2809 户。种植大户 7 户，家庭农场 35 个。工业企业总数 64 家，从业人员 2531 人，其中规模以上工业企业 8 家，实现产值 16.8 亿元、销售 16.9 亿元、利润总额 0.37 亿元。资质类的建筑业企业 4 家。住宿餐饮业企业 7 家，营业总收入 374 万元。商品交易市场 1 个，交易额 2578 万元。

小学 1 所，在校小学生 352 人，教职工 43 人；幼儿园 1 所，在园幼儿 157 人，教职工 27 人。社区卫生服务中心 1 家，卫生室 7 个，医疗床位 12 张，执业（助理）医师 20 人（其中公共卫生医师 3 人），职业护士 9 人，兽医（防疫）技术人员 2 人。全年出生 169 人，计划生育率 97.63%。固定电话用户 689 户，移动电话用户 12446 户，因特网用户 2765 户。社会福利收养性单位 1 个，床位 150 张。参加城乡居民养老保险 985 人。参加城乡居民基本医疗保险 11563 人。最低生活保障救助人数 730 人。农户新建房屋 187 户，建筑面积 20194.2 平方米。金融机构网点 1 个，公园及休闲健身广场 28 个。

【常安镇第十五届代表大会第五次会议】 1 月 4 日，中共常安镇第十五届代表大会第五次会议召开，来自全镇各条战线的 51 名党代表、36 名列席代表及 10 名旁听代表，区委党建和乡村振兴第四指导组副组长何春兰参加。常安镇党委书记裘云鹏代表中共常安镇第十五届委员会以《高质量开拓壶源溪联动发展新局面，为打造现代版富春山居图展现“常安韵味”》为题向大会作工作报告。报告回顾总结 2020 年常安镇取得工作成绩，谋划部署 2021 年的工作思路。

【常安镇第十七届人民代表大会第九次会议】 1 月 13 日，常安镇第十七届人民代表大会第九次会议在镇政府五楼会议室召开，全镇 48 名正式代表参加。大会听取并审议通过《常安镇人民政府工作报告》《常安镇 2020 年财政预算执行情况和 2021 年财政预算安排的报告》《常安镇 2020 年度政府民生实事项目实施情况和 2021 年度政府民生实事项目计划》《常安镇第十七届人大七次会议代表建议办理情况的报告》《常安镇第十七届人大主席团工作报告》。

2021年4月6日，常安镇举行常安镇党建主题公园启用暨“星火常安”宣讲团成立仪式

（常安镇 供稿）

【常安镇第十六次妇女代表大会】 1 月 27 日，常安镇第十六次妇女代表大会召开，常安镇党委书记裘云鹏，镇党委副书记朱逸萍，镇组织员、四级调研员王瑶以及来自全镇各行各业的 49 名代表参加。会议通过《常安镇第十六次妇女代表大会选举办法（草案）》《总监票人、监票人名单（草案）》《常安镇妇联第 15 届执行委员会工作报告的决议（草案）》。选举产生常安镇妇联第十六届执行委员会，常安镇妇联主席、副主席和委员。

【常安镇党建主题公园启用暨“星火常安”宣讲团成立】 4 月 6 日，常安镇举行常安镇党建主题公园启用暨“星火常安”宣讲团成立仪式，区政协副主席包国灿，区纪委、区委组织部、区委统战部、区教育局等相关负责人及常安镇领导班子成员、镇机关全体党员、各基层党组织书记参加。常安镇党建主题公园位于常安镇政府对面，前身为常安镇粮仓，面积约 2520 平方米，由方形粮仓 1 个、连体圆顶粮仓 6 个和党建广场 1 个组成，主题展馆分党建馆、清廉馆、统战馆、乡贤馆。“星火常安”宣讲团由常安镇党员、青年、妇女、乡贤等组成，分“红色先锋”宣讲队 、“草根”宣讲队、“青年说” 宣讲队、“红心巾帼” 宣讲队、 “飞翔少年” 宣讲队和“滴水公益”宣讲队，共 82 人、全年开展宣讲活动 95 场。

【常安镇运动休闲项目获省级奖项】 10 月 9 日，2021 浙江省第十届运动休闲旅游节在海宁市举行，富阳有受到表彰并获授牌运动休闲项目 2 项，其中富阳永安山滑翔基地滑翔伞项目获评 2021 年度浙江省运动休闲旅游优秀项目，永安山慕野星空露营基地获评浙江省十佳露营地。

【常安镇第十六次代表大会】 10 月 27 日，中国共产党常安镇第十六次代表大会在镇政府五楼会议室召开，来自全镇各界的 64 名党代表以及 35 名列席代表，区委副书记、区长王犇，区委组织部副部长、区委老干部局局长桑晓霞等参加。常安镇党委书记徐华代表中共常安镇第十五届委员会向大会作题为《深耕五年磨一剑 砥砺奋进谱新篇 为高水平打造“三地融合”的常安样板

2021年11月12日，常安镇成立"星空"露营党建联盟

（常安镇　供稿）

而努力奋斗》的工作报告。

【常安镇"星空"露营党建联盟】 11月12日，常安镇"晴风飞翔、星空露营"沙龙论坛在常安镇永安山举行，成立常安镇"星空"露营党建联盟。常安镇"星空"露营党建联盟由常安镇党委牵头，联合慕野星空、永安山滑翔伞基地、乾方磨砺营、吉庆农庄等多家运营团队，通过党建引领，凝聚合力，优势互补，做优做强常安"晴风飞翔、星空露营"特色品牌，不断提升服务，打造标杆，带动周围群众切实享受到露营经济带来的共同富裕红利。

【杭州绿态园区管理有限公司快消品生产基地项目】 12月6日，杭州绿态园区管理有限公司快消品生产基地项目在常安镇大田村开工，浙江省肉制品协会荣誉会长刘学骏、浙江省肉制品协会会长赵晓宁等参加。杭州绿态园区管理有限公司快消品生产基地项目将于2023年12月完工，建成后解决本地就业岗位500余个，预计年产值达6亿元。

【常安镇入围浙江省森林城镇名单】 12月，浙江省关注森林组织委员会公布2021年度"浙江省森林城镇"名单，常安镇入围。常安镇下辖16个行政村和1个林场，森林城镇建成区总面积63公顷，绿地率达30.3%，林木覆盖率达25.3%，其中公园绿地面积5.4公顷，建成区人口约4000人，人均公园绿地面积13.5平方米，建设区内骨干道路河道宜林地段绿化率达100%。

【常安镇完成区镇两级人大换届】 12月15—16日，常安镇完成区第十七届、镇第十八届人大代表选举工作，根据区镇两级人大换届选举有关工作安排，常安镇共划定大选区9个，小选区25个，设立投票站29个，选民21165人，选举产生区级人大代表10人和镇级人大代表62人。

【常安镇第十八届人民代表大会第一次会议】 12月25日，常安镇第十八届人民代表大会第一次会议在常安镇五楼会议室召开，来自全镇各领域的59名人大代表，区人大常委会副主任裘富水参加。选举产生常安镇人大主席、镇长和副镇长，其中吴力军为常安镇人大主席，应可军为常安镇人民政府镇长，汪东明、金茂勇、洪军东为常安镇人民政府副镇长。

（李萍萍）

龙门镇

【概况】 龙门镇总面积27.3平方千米，辖行政村4个，股份经济合作社4个，党员490人，党委5个、党总支2个、党支部24个，村民小组72个。年末总户数2548户，总人口7224人。全年实现工农业总产值3.76亿元，按可比价格计算，比上年增长9.11%；其中工业总产值0.71亿元，农业总产值0.69亿元。全年实现财政总收入1358.89万元，其中一般公共预算收入645.14万元。农民人均收入31500元。

年末耕地面积227公顷，其中水田面积197公顷，高标准农田面积20公顷，农作物播种面积450公顷，其中粮食作物播种面积344公顷。粮食总产量188.4万千克。农机总动力0.33万千瓦。水利投工0.15万工，投资1500万元。存栏生猪130头，全年出栏肉猪651头，存栏家禽0.68万羽，出栏家禽0.65万羽。水产品养殖面积7.2公顷，水产品产量108万千克。绿化造林5公顷，封山育林1317公顷。水果种植面积70公顷，水果产量117万千克。茶园面积58.33公顷，茶叶产量15.95万千克。农业技术服务机构个数2个，从业人员3人。农民专业合作社数量4个，成员30户。种植大户7户，家庭农场4个。工业企业总数13家，从业人员290人，其中规模以上工业企业2家，实现产值1亿元、销售1亿元、利润总额0.15亿元。住宿餐饮业企业4个，营业总收入1800万元。商品交易市场1个，交易额490万元。

小学1所，在校小学生171人，教职工14人；幼儿园1所，在园幼儿199人，教职工20人。社区卫生服务中心1家，医疗床位3张，执业（助理）医师11人。全年出生41人，计划生育率100%。固定电话用户301户，移动电话用户4470户，因特网用户1487户。参加城乡居民养老保险179人。参加城乡居民基本医疗保险3488人。最低生活保障救助人数178人。农户新建房屋67户，建筑面积7420平方米。金融机构网点1个，公园及休闲健身广场5个。

【龙门镇2020年度村党组织书记抓基层党建工作述职评议大会】 2月3日，龙门镇2020年度村党组织书记记抓基层党建工作述职评议大会举行，镇领导班子成员、各职能科室和群团负责人、驻村指导员，各村党组织书记、分管组织工作村干部参加会议，镇党委副书记孙益军主持会议。龙门一村、龙门三村、龙门五村、龙门七村党委书记进行口头述职，总结回顾2020年度党建工作，明确2021年工作目标。与会镇村干部对述职情况及村干部年度表现情况进行民主测评。

【龙门镇八亩口杭派民居】2月9日，龙门三村完成八亩口杭派民居公寓房摇号分房仪式，53户村民分得新房。龙门三村八亩口杭派民居公寓房于2017年11月开工建设，2020年6月竣工，总投资3500万元，用地面积17公顷，共建有房屋11幢94户。通过传承古镇悠久的历史文化积淀以及古村落独特的院落和街巷空间格局，塑造三组院落组织场地空间，打造适应现代生活需求的绿色居住场所。

【全国妇联副主席蔡淑敏调研龙门】3月25日，全国妇联副主席、书记处书记、党组成员蔡淑敏调研富阳家庭家教家风建设在基层社会治理中作用发挥情况，省妇联党组书记、主席王文娟，市人大常委会副主任陈红英，区领导吴玉凤、王华、徐林亮、高飞陪同。在龙门古镇，蔡淑敏参观古镇家风馆，深入感受古镇家风文化，了解富阳党建带妇建等工作开展情况。

【龙门镇古镇“保护传承利用”实施规划第一阶段专家研讨会】4月6日，龙门镇古镇“保护传承利用”实施规划第一阶段专家研讨会举办，省文物局、市园文局、省内知名专家学者以及编制单位杭州市规划设计研究院参加。杭州市规划设计研究院副总工程师华芳从古镇保护传承、建筑修缮整治、功能业态管理、景观环境提升、综合实施工程五个方面做近期工作成果汇报，与会专家认真听取汇报，针对龙门历史文化名镇保护规划与“保护传承利用”实施规划进行探讨，对如何把古镇保护好以及古镇今后如何发展建言献策。

2021年5月1—5日，龙门镇举行2021年富春山居·乡村百花大会
（龙门镇 供稿）

【第四届富阳乡村百花大会】5月1—5日，2021年富春山居·乡村百花大会在龙门镇举行，本次百花大会以“盛世繁花”为主题，设民俗趣味擂台赛、《孙权迎宾》东吴风情巡游、国风花间市集、百年红色影展、砚池夜月音乐会、耕读老戏院和“迎亚运、展风采”古镇复兴项目“海选赛”诚邀大众评审等项目。其间，日平均游客达1.5万人，民俗趣味擂台赛和《孙权迎宾》东吴风情巡游受游客好评。

【龙门镇“光辉百年 逐梦奋进”庆祝中国共产党成立100周年主题活动】6月29日，“光辉百年 逐梦奋进”龙门镇庆祝中国共产党成立100周年主题活动举行，区党建第三指导组，龙门镇党政领导班子成员、龙门镇“光荣在党50年”老党员、2020年度先锋党员、离任村主职干部、党员美丽庭院示范户、下属支部党员代表、四个平台负责人等260人参加。晚会分“启航”“逐梦”“复兴”三个篇章，以歌曲、舞蹈、舞台剧、分享入党初心等展现形式，体现龙门干在实处、勇立潮头的精神状态和奋斗姿态，为共同富裕示范区建设贡献龙门力量。

【龙门书屋】9月30日，龙门书屋在龙门古镇七房厅举行开馆仪式。龙门书屋为初建于明、重建于清的诚一堂旧址所在地，建筑面积约400平方米，藏书逾万册，设立自助阅读、潜心写作、交流讨论、儿童阅览及咖啡休闲等，还专设龙门特色区，展示古镇“耕读传家”的优良家风。龙门书屋是龙门镇文化礼堂阵地的重要一部分，承接全民阅读、科普培训、扫黄打非、乡贤座谈、文化传播等多类型活动。

【中国共产党龙门镇第十五次代表大会】10月26日，中国共产党龙门镇第十五次代表大会在龙门三村会议室召开，来自全镇各行各业的党代表48人，特邀列席人员36人，区委常委、纪委书记、监委主任胡志明参加。会议听取并审议中国共产党龙门镇第十四届委员会工作报告和中国共产党龙门镇纪律检查委员会工作报告，书面审议龙门镇党费收缴、使用和管理情况的报告，选举产生中国共产党龙门镇第十五届委员会和纪律检查委员会，总结回顾过去五年工作，提出今后发展目标。

【富阳区廉政警示教育馆】11月15日，富阳区廉政警示教育馆开馆。项目位于龙门镇卫生服务中心东面，毗邻307省道，建筑面积1340平方米，其中室内面积720平方米。一楼、二楼展厅主要设置“不忘初心、牢记使命”“以案为鉴，警钟长鸣”“清正廉洁，永葆

2021年6月29日，龙门镇举行“光辉百年 逐梦奋进”龙门镇庆祝中国共产党成立100周年主题活动

（龙门镇　供稿）

本色”三个篇章，三楼为培训交流场所。

【龙门镇第十八届人民代表大会】 12月22日，龙门镇第十八届人民代表大会召开，来自全镇各条战线的人大代表50人及特邀列席代表40人，区人大常委会党组书记、主任汤金华参加。会议听取审议并通过龙门镇人民政府工作报告、2021年财政预算执行情况和2022年财政预算的报告、镇人大主席团工作报告，审查通过镇2021年度环境状况和环境保护目标完成情况报告、镇法治政府建设及政府主要负责人履行推进法治建设第一责任人职责情况报告、镇人民政府民生实事项目完成情况的报告，代表建议办理情况报告，并票决2022年龙门镇民事实事项目，选举楼丰为龙门镇镇长、周益强为龙门镇人大主席、何建平、李恺、陈燕玲为龙门镇副镇长。

（孙润璐）

湖源乡

【概况】 2021年，湖源乡总面积125.87平方千米，其中城镇建成区面积21.83平方千米、绿地面积121.36平方千米，辖行政村10个，股份经济合作社10个，党员656人，党委2个、党总支8个、党支部38个，村民小组117个。年末总户数4560户，总人口15327人。全年实现工农业总产值5.19亿元，其中工业总产值2.63亿元，农业总产值2.56亿元，农业增加值0.99亿元。全年实现财政总收入0.25亿元，其中一般公共预算收入0.39亿元。农村经济总收入10.54亿元，农村经济净收入1.69亿元。农民人均收入31753元。

年末耕地面积267.07公顷，其中水田面积220公顷，农作物播种面积524.6公顷，其中粮食作物播种面积470公顷。水利投资1.3亿元。存栏生猪623头，出栏肉猪1679头，存栏家禽2.88万羽，出栏家禽7.64万羽。水果种植面积96.93公顷，水果产量75万千克。茶园面积30公顷，茶叶产量4.53万千克。农业技术服务机构个数1个，从业人员3人。农民专业合作社数量14个，成员85户。种植大户15户，家庭农场11个。住宿餐饮业企业4个，营业总收入378万元。商品交易市场1个，交易额24.75万元。工业企业总数22家，从业人员623人，其中规模以上工业企业3家，实现产值2.48亿元。建筑业企业23个。

小学1所，在校小学生88人，教职工20人；幼儿园1所，在园幼儿35人，教职工16人。社区卫生服务中心1家，卫生室4个，卫生服务站3个，执业（助理）医师15人。全年出生107人，计划生育率96.26%。固定电话用户2021户，移动电话用户3852户，因特网用户312户。社会福利收养性单位1个，床位118张。参加城乡居民养老保险4678人。参加城乡居民基本医疗保险6654人。最低生活保障救助人数957人。农户新建房屋84户，建筑面积9670平方米。金融机构网点2个，公园及休闲健身广场10个。

【湖源乡元宵云“村晚”】 2月26日，春暖“源”宵——湖源乡元宵云“村晚”暨“非遗”民俗市集在窈口村文化礼堂举行。活动有地方方言说唱《八个婆婆夸窈口》、草根走秀《五谷丰登》、“非遗”越剧《穆桂英挂帅》、垃圾分类三句半等，还有猜灯谜、灰汤粽、元宵汤圆、炸油鸡等民俗“非遗”集市。央视新闻“品年味赏年俗 欢欢喜喜闹元宵”大直播聚焦富阳湖源的“非遗”民俗文化，央视新闻客户端、央视新闻视频号等平台同步直播，综合流量达两千万人次。

【壶源江“流域共治”启动】 3月19日，“共治壶源江，共享幸福河”暨杭绍金三地壶源江（壶源溪）“流域共治”启动仪式在富阳区湖源乡举行。壶源溪市级河长、杭州市政协副主席周智林，省治水办宣传组组长沈松强，杭州市治水办副主任、市生态环境局副局长卢强，绍兴市治水办业务二处处长丁飞跃，金华市治水办项目二部副部长、市水利局副局长潘旭臣，市级河长单位、杭州市科技局总工程师楼立群，富阳区委常委钟永明、区政协副主席孙柏平，以及三地四区（县市）相关部门负责人、乡镇街道民间河长代表等参加。

【湖源乡“乐水联盟”】 4月26日，湖源乡“乐水联盟”正式成立，来自全乡民宿、餐饮、山货业主代表30人参加。湖源乡“乐水联盟”下设民宿联盟、餐饮联”、山货联盟，合计成员125人，业主相互“抱团”，整合已有资源，承诺

2021年2月26日，湖源乡举办春暖“源”宵——湖源乡元宵云“村晚”暨“非遗”民俗市集

（湖源乡 供稿）

规范经营，引领行业发展，打造湖源品牌。

【湖源乡金萧支队整军整风馆】 6月8日，湖源乡举办金萧支队整军整风展揭幕仪式暨湖源乡党史学习教育“金萧思源 幸福摆渡”主题活动，区纪委监委、区税务局、区委党史研究室、区党史学习教育领导小组办公室、区交通集团等相关部门，全体乡、村两级干部共计110余人参加。金萧支队整军整风展位于湖源乡窈口村树滋堂遗址，占地约500平方米，分为整军整风运动部署、运动开展、解放金萧地区完成历史使命三个部分，反映金萧支队开展整军整风的历程和向革命先烈宣誓将革命进行到底的坚定决心。

【第二届壶源溪流域“绿水青山”嘉年华】 6月25日，壶源溪流域第二届“绿水青山”嘉年华启动仪式暨“红色根脉 难忘金萧”庆祝建党百年活动在湖源乡举行，区领导徐林亮、夏芬、钟永明、裘富水、何献忠、孙柏平、包国灿，壶源溪组团及诸暨市马剑镇、桐庐县新合乡、浦江县檀溪镇相关领导参加。自壶源溪流域首届“绿水青山”嘉年华举办以来，三地四县六乡镇签署壶源江流域框架保护协议共护母亲河，壶源溪组团乡镇场口镇、常安镇、湖源乡三个乡镇抱团发展资源共享、优势互补、产业共兴、环境共护，以壶源溪为轴线，共同打造壶源溪流域旅游品牌。

【湖源乡抗击台风“烟花”】 7月23日至7月27日，受第6号台风“烟花”影响，湖源乡迎来全区最大降雨量，壶源溪、新华溪、杨家溪水位持续上升。湖源乡组织工作人员384人，转移群众2172人，接受社会捐赠212.55万元。

湖源乡龙鳞坝

（湖源乡 供稿）

【湖源乡抗击新冠疫情】 2021年，湖源乡做好新冠疫情防控工作，累计投入财政资金165万元，值班值守7000余人次，完成在乡人员排查全覆盖，严格做好消毒消杀、红白喜事人员管控等工作，接受社会各界捐赠资金50.62万元。

【湖源乡荣誉】 全年，湖源乡获省级森林城镇、2021年度浙江省美丽乡村示范乡镇、2021年浙江省农村电商示范服务站（点）、2021年度杭州市“扫黄打非”先进集体单位、杭州市“五水共治”（河长制）“二十佳”镇街（获杭州市同步推荐为省级考核优秀镇街）、2021年杭州市“水美乡镇”称号；新绿村获评省AA级景区村庄，双喜村、新三村获评省A级景区村庄；新一村获2021年度省级高标准农村生活垃圾分类示范村称号；新一村龙鳞坝获浙江省农业灌溉优秀典型堰坝水闸称号；窈口村金萧支队纪念馆获评杭州市党员干部教育培训基地；双喜村巾帼手工妇女微家创建为杭州市“示范妇女微家”；新一村获评区政协基层协商民主示范点；新二村党总支获评富阳区先进基层党组织；新一村“龙鳞坝”街巷创建富阳区“美丽街巷”；湖源乡党群服务中心大山里的“石头花开”项目获评全区党群服务最优项目打擂比武“最优项目”；湖源乡《竹马招亲》《五谷丰登》分别获区第九届乡镇文艺会演获表演银奖、铜奖。

（赵一键）

环山乡

【概况】 2021年，环山乡总面积38.52平方千米，其中城镇建成区面积0.85平方千米、绿地面积

0.01平方千米，辖行政村7个，股份经济合作社7个，党员744人，其中党委4个、党总支5个、党支部28个，村民小组113个。年末总户数3951户，总人口12920人。全年实现农业总产值0.75亿元，财政总收入0.88亿元，其中一般公共预算收入0.48亿元。农村经济总收入43.31亿元，农村经济净收入5.42亿元。农民人均收入41601元。

年末耕地面积360公顷，其中水田面积344公顷，高标准农田面积25.2公顷，农作物播种面积864公顷，其中粮食作物播种面积646公顷。粮食总产量445万千克。农机总动力1.08万千瓦。水利投资700万元。存栏生猪1326头，出栏肉猪3148头，存栏家禽1.85万羽，出栏家禽10.95万羽。水产品养殖面积42公顷，水产品产量57万千克。绿化造林107公顷，封山育林1940公顷。水果种植面积26.5公顷，水果产量81.6万千克。茶园面积35.8公顷，茶叶产量0.39万千克。农业技术服务机构个数1个，从业人员6人。农民专业合作社数量7个，成员52户。种植大户4户，家庭农场13个。工业企业总数21家，从业人员1007人，其中规模以上工业企业7家，实现产值20.92亿元、销售19.52亿元、利润总额5.64亿元。建筑业企业1个，总产值42567万元。营利性服务业2家，营业总收入3027万元。

中学1所，在校中学生855人，教职工108人；小学1所，在校小学生449人，教职工34人；幼儿园1所，在园幼儿258人，教职工36人。社区卫生服务中心1家，卫生室3个，执业（助理）医师13人，兽医（防疫）技术人员1人。全年出生83人，计划生育率100%。固定电话用户685户，移动电话用户2000户，因特网用户1615户。参加城乡居民养老保险281人。参加城乡居民基本医疗保险6436人。最低生活保障救助人数188人。新建房屋61户，建筑面积21960平方米。金融机构网点1个，公园及休闲健身广场3个。

2021年4月，环山乡环三村海绵水田

（环山乡　供稿）

【中国共产党环山乡第十五次代表大会】 10月25日，环山乡召开中国共产党环山乡第十五次代表大会，全乡正式代表53人、列席人员38人参加，区委常委、组织部部长万重丰莅临指导。乡党委书记汪如新代表中共环山乡第十四届委员会作题为《打造“富强高美”新环山——为高质量发展建设共同富裕示范区提供基层样板》的工作报告，总结回顾环山过去五年发展历程，展望确定今后五年的工作思路和奋斗目标。

【环山乡第十八届人民代表大会第一次会议】 12月23日，环山乡召开第十八届人民代表大会第一次会议，来自全乡各条战线的人大代表50人及列席代表12人参加，区人大常委会副主任陈鸿麟同志莅临指导。全体代表听取和审议《环山乡2021年政府民生实事工程完成情况及2022年政府民生实事工程候选项目概况》《环山乡第十七届人民代表大会第九次会议代表意见建议办理情况的报告》《环山乡2021年政府民生实事工程完成情况及2022年政府民生实事工程候选项目概况》《环山乡2021年度环境状况与环境保护目标完成情况的报告》《2021年度环山乡法治政府建设情况报告》，书面审查《环山乡2021年财政预算执行情况和2022年财政预算草案的报告》，评议环山乡2021年度政府实事工程完成情况，票决“2022年环山乡政府民生实事项目”。选举产生乡人大主席应妃，乡长倪运琰，副乡长葛剑波、孙波、项楚东。

【环山乡环境整治】 加快环境保护和农村环境综合提升，打造“最清洁”环山乡，出台《打造“最清洁”乡村大比武实施方案（试行）》，配套奖励资金，开展“8+1+1”（即“八相联治”路相、林相、溪相、坡相、村相、园相、田相、户相+垃圾分类+村干部家必查）大比武。诸佳坞村、环三村分别代表全乡参加区“最清洁”乡村大比武，环三村获得第7名，诸佳坞村获第12名。做好中央环保督察问题整改，围绕中央环保督察提出的涉林垦造耕地问题，成立工作专班，快速整改到位。按照打造一个“网红地”的标准，全乡上下用时120天，完成环山林场7.2公顷生态修复，以及5.67公顷垦造水田项目收尾工作。

【庆祝中国共产党成立100周年系列活动】 围绕百年建党，举办“同心同行百年路 筑梦韶华颂党恩”环山乡庆祝中国共产党成立100周年文艺晚会等大型活动3场；开设本土红色书籍《环山印记》的“剡溪漫读”专题22期，表彰“在党50年、最美党员、最美乡贤、最美

2021年6月27日，环山乡举办“同心同行百年路 筑梦韶华颂党恩”庆祝中国共产党成立100周年文艺晚会

（环山乡 供稿）

文明家庭户”等最美人物183人。

【环山乡党建“十个多一点”】 配合市委、区委做好“中央调查组在富阳60周年”历史事件实地回访调研活动。梳理编印《环山乡新时代干部“十个多一点”工作守则》，获区委书记吴玉凤批示肯定，并在浙江组工、浙江党建微信公众号单篇推送，受到广泛好评。

【环山乡农村危旧房整治】 “五一”假期期间，环山乡按照省住建厅督导意见，成立工作小组9个，开展农村危旧房整治攻坚，拆除C、D级危房36间，共4496平方米，环联村通过区级拆整验收，将进入项目建设阶段。

【环山乡抗击台风“烟花”】 台风“烟花”期间，环山乡全面排查地质灾害防范区、老旧房屋、山塘水库、建筑工地等，转移人员54户200人，其中老旧房屋转移94人，工棚84人、临崖临水13人、一般地质灾害防范区9人。

【环山乡“民呼必应”活动】 结合区委部署的“昼访夜谈”调查研究年活动，全面开展“民呼必应、幸福同行”行动，组织全体乡机关干部开展“‘真’做30天环山（村、企）人”走访调研活动，破解乡村发展难题，领办问题176个，解决125个。

（张愉薇）

万市镇

【概况】 2021年，万市镇总面积155.37平方千米，其中城镇建成区面积0.95平方千米、绿地面积0.12平方千米，辖行政村15个，居委会1个，股份经济合作社15个，村民小组293个。党员1298人，党委6个、党总支10个、党支部55个。年末总户数7146户，总人口22605人。全年实现工农业总产值14.01亿元，按可比价格计算，比上年增长5%；其中工业总产值9.97亿元，农业总产值4.04亿元。全年实现财政总收入3.81亿元，其中一般公共预算收入0.7亿元，农村经济总收入89.74亿元，农村经济净收入7.2亿元，农民人均收入39379元。

年底耕地面积1066公顷，其中水田面积893公顷，高标准农田578公顷。农作物播种面积2859公顷，其中粮食作物1876.4公顷。粮食总产量3031万千克。农机总动力2523万千瓦。水利投工13.8万工，投资2690万元。完成环境污染治理项目1个，投资额630万元。存栏生猪4015头，出栏肉猪6819头，存栏家禽4.1万羽，出栏家禽3.42万羽，水产品养殖面积92.34公顷，水产品产量21.6万千克。绿化造林45公顷，封山育林3200公顷。水果种植面积350.8公顷，水果产量838.7万千克。茶园面积94.3公顷，茶叶产量11.5万千克。农业技术服务机构个数1个，从业人员17人。农业专业合作社数量34个，成员213户，种植大户25户，家庭农场36个。工业企业总数128家，从业人员1749人，其中规模以上工业企业13家，实现产值4.7亿元、销售4.72亿元、利润总额1.27亿元。建筑业企业12个。总产值3270万元。住宿餐饮业企业44个，营业总收入330万元。商品交易市场1个，交易额1710万元。

中学1所，在校中学生489人，教职工74人；小学3所，在校小学生515人，教职工73人；幼儿园1所，在园幼儿284人，教职工42人。社区卫生服务中心1家，卫生服务站8个，医疗床位30张，执业（助理）医师38人，兽医（防疫）技术人员3人。全年出生118人，计划生育率99.15%。固定电话用户1200户，移动电话18990户，因特网用户3952户。社会福利收养性单位1个，床位50张。参加城乡居民养老保险1960人。参加城乡居民基本医疗保险14610人。最低生活保障救助人数804人。农户新建房屋62户，建筑面积7440平方米。金融网点5个，公园及休闲健身广场27个。

【万市镇“美丽环境迎亚运，城乡面貌再提升”整治】 4月，万市镇“美丽环境迎亚运，城乡面貌再提升”整治活动举行。活动联合区城市管理局万市中队、龙羊市场监督所，以“扫干净、堆整齐、分准确”为基础，以“种满园、点漂亮”为抓手，以实现“八无十美”为目标，排查整治村（居）16个，企业30余家，基层站所20余个，学校4所，卫生服务中心1家，农贸市场1个，建设工地20余个。

2021年8月3日，中共新登县叶家村党小组旧址揭牌
（万市镇　供稿）

【“杏福万市”乡村振兴论坛】 万市镇全年举办“杏福万市”乡村振兴论坛13期，由业务科室长、本地乡贤、党校讲师授课，内容包含政府采购、民政统计等业务学习主题，四渡赤水、百年奋斗历程等党史学习教育主题，共1600余人次参加。

【葛溪源书院揭幕】 6月21日，葛溪源书院揭幕仪式在万市镇方里村文化礼堂举办，区书法协会副主席王健林等40余名书法爱好者参加。葛溪源书院名字取自“葛溪之源”，位万市镇方里村文化礼堂内，面积30平方米，展陈书法作品30余幅，由中共方里村总支书记周海军兼任院长，共有会员38人。葛溪源书院宗旨为团结和组织本村内外的书画爱好者共同学习，交流经验，提高自己的书、画、诗词水平和创作能力，以达到“活跃方里村文化氛围，弘扬中华民族传统”的目的。开幕式上，各位书法爱好者们用书法作品和现场创作的方式回顾和展示中国共产党成立100周年的光辉历程，创作关于“扫黄打非”诗作。

【万市镇“七一”表彰会】 6月30日，万市镇举行党史知识竞赛暨“不忘初心 最美先行”庆“七一”表彰会举办，区委党建与乡村振兴第五指导组组长董炳忠，镇领导班子、中层干部，各村（居）书记，万市镇“光荣在党50年”党员代表，万市镇“最美党员”，党史知识竞赛参赛人员等160余人参加。活动通过“忆党史展风采”“践初心共奋斗”“强党性向未来”环节营造“学先进、当先进、赶先进”工作氛围。

【万市镇抗击台风“烟花”】 7月24日，万市镇以“组团入村、村干部联户、网格员到点”的要求落实台风“烟花”防汛防台责任制，通过“线上+线下”模式，宣传防汛防台知识，共排查隐患20余处、转移安置群众40余人。

【中共叶家村党小组旧址揭牌】 8月3日，中共叶家村党小组旧址揭牌暨万市镇“跟着红色地图学党史”专题活动启动仪式在何务叶家村举行，区委常委、统战部部长陈平，市发改委“双万”小分队组长尹国飞以及何务村共建单位相关负责人参加。活动以沙画形式展示中共叶家村党小组、新登县立简易师范学校在万市革命活动、童家桥遭遇战等万市镇红色故事8个红色。中共叶家村党小组旧址位于富阳区万市镇何务村叶家自然村，展馆包括“百年征程”“红色火种”“村史村貌”“隐蔽战线”4个板块，展示了叶家村党小组诞生背景、重要作用、组成成员，并以50个代表性汉字来标注中国共产党发展百年历程中的50个年份的重大事件。

【《彭家村志》发行】 8月15日，万市镇彭家村举行《彭家村志》发行仪式，区委党史研究室副主任陈炜祥，区民政局党组书记、局长谢黎明，万市镇党委书记陈军峰，镇党委副书记王奇峰，万市镇二级调研员、乡贤理事会秘书长许波平，《彭家村志》编辑顾问团等60余人参加。《彭家村志》由潘金祥主编，吴维康等8人任编辑，陈炜祥、王韶国等22人组成编委会。全书共有23章102节，翔实介绍了彭家村的基本情况、风土人情，记载了彭家村从中国人民共和国成立前、土地改革、人民公社到改革开放及新时代美丽乡村等不同阶段的发展历程。

【万市镇获评市级美丽城镇样板】 11月，万市镇获评市级美丽城镇样板。万市镇以共同富裕为目标，结合田园生态资源和乡愁记忆，通过数字赋能、集聚拓能，抓产业、促发展，形成农业产业特色鲜明、农旅复合型业态生机勃发，原乡人、归乡人、新乡人集聚山乡、共创共富的美丽城镇创建之路，绘就镇村富美、经济富强、民生富足、精神富有、社会富和的五富图景。

【第十三届万市银杏节】 11月3日，“富春山居 味道山乡”——“杏福万市 遇见汉字”2021浙江·富阳“银杏之秋”第十三届万市银杏节在杭州富阳万市镇杨家村举行，区委常委、宣传部部长夏芬，区委常委、统战部部长陈平等领导参加。活动开设银杏集市、“汉字画”展、特色晒秋等环节，现场签约杭州万大科技有限公司、杭州灵隐食品科技有限公司投资项目，投资金额超2亿元，活动共吸引游客1000余人。

2021年11月3日，第十三届万市银杏节开幕

（万市镇 供稿）

【万市地方历史文化研讨会】 11月23日，万市镇地方历史文化交流会召开，万市镇、新登镇相关地方文化研究爱好者参加。会议围绕南新县建制区域这段历史作交流发言，对万市镇文化挖掘、乡村宣传和今后发展方向等建言献策。会前，地方文化研究爱好者参观万市镇文献室及本地宗谱23部。

【万市镇乡镇代表换届】 10月15日，万市镇召开乡镇代表换届动员大会，完成区镇党代表和人大代表换届选举。选举产生区党代表7名、镇党代表58名、区人大代表9名、镇人大代表60名。

（钟立赟）

洞桥镇

【概况】 2021年，洞桥镇总面积143.29平方千米，其中城镇建成区面积1.25平方千米、绿地面积0.05平方千米，辖行政村11个，股份经济合作社11个，党员1178人，其中党委4个、党总支7个、党支部67个，村民小组254个。年末总户数5852户，总人口18334人。全年实现工农业总产值10.75亿元，按可比价格计算，比上年增长6.4%，其中工业总产值8.17亿元，农业总产值2.58亿元。全年实现财政总收入0.84亿元，其中一般公共预算收入0.43亿元 。农村经济总收入77.45亿元，农村经济净收入73.21亿元，农民人均收入34860元。

年末耕地面积1050公顷，其中水田面积390公顷、高标准农田面积875.93公顷。农作物播种面积766.67公顷，其中粮食作物播种面积386.67公顷。粮食总产量487.6万千克。农机总动力0.81万千瓦。水利投工3.5万工，投资700万元。存栏生猪5406头，出栏肉猪1761头，存栏家禽6万羽，出栏家禽5万羽。水产品养殖面积122公顷。绿化造林150公顷，封山育林6836公顷。水果种植面积102公顷，水果产量128万千克。茶园面积305公顷，茶叶产量25万千克。 农业技术服务机构个数3个，从业人员3人。农民专业合作社数量25个，成员1300户。种植大户30户，家庭农场15个。工业企业总数188家，从业人员2958人，其中规模以上工业企业9家，实现产值5.8亿元、销售5.33亿元、利润总额1.45亿元。建筑业企业43个，总产值8030万元。住宿餐饮业企业42个，营业总收入915万元。

小学1所，在校小学生288人，教职工47人；幼儿园3所，在园幼儿190人，教职工43人。社区卫生服务中心1家，卫生室5个，医疗床位5张，执业（助理）医师12人，兽医（防疫）技术人员2人。全年出生142人，计划生育率100%。固定电话用户1580户，移动电话用户13120户，因特网用户3560户。社会福利收养性单位1个，床位120张。参加城乡居民养老保险970人。参加城乡居民基本医疗保险11024人。最低生活保障救助人数465人。农户新建房屋64户，建筑面积23040平方米。金融机构网点，公园及休闲健身广场20个。

【洞桥营地警校揭牌】 3月20日，洞桥营地警校在杭州国际青少年洞

2021年4月11日，洞桥镇举办中国营地大会·“营地发展与乡村振兴论坛”

（洞桥镇 供稿）

2021年6月21日，洞桥镇举办"中华诗词之镇"创建动员会
（洞桥镇　供稿）

桥营地揭牌成立。洞桥营地警校由洞桥镇政府、万市派出所牵头，组建营地讲师团、平安巡防义警（志愿服务）队、少年警队，打造"营地警务室"和"营地警校讲堂"，培育"营地警校"和"少年警营"品牌。至年底，洞桥营地警校组织培训活动20余场，共接待学生500人次。

【中国营地大会·"营地发展与乡村振兴论坛"】 4月11日，中国营地大会·"营地发展与乡村振兴论坛"在杭州（国际）青少年洞桥营地举行。探讨营地发展与乡村振兴的关联主题，分享全国优秀案例、展示浙江洞桥经验，启迪洞桥镇"产业营地化、营地产业化"战略开创新局面。浙江少儿频道授牌洞桥镇"中国蓝少儿研学之镇"；聘任浙江卫视主持人罗希、浙江少儿频道主持人芒果为洞桥"中国营地之乡"形象代言人。

【首届施肩吾小学状元节暨新校名揭牌】 4月26日，施肩吾小学首届状元节暨新校名揭牌仪式举办。施肩吾小学位于洞桥镇，最早可追溯至清光绪三十四年（1908）建立公立宁善初等小学堂，后几易校址和校名。2014年，原洞桥镇贤德辅小、三溪辅小并入洞桥镇中心小学，组建富阳市洞桥镇中心小学，2015年更名为杭州市富阳区洞桥镇中心小学。2020年8月，完成校园校舍改造工程，总投资1800万元，原贤德校区和三溪校区合并至中心校区，并更名为"杭州市富阳区施肩吾小学"，为富阳区第一所以名人名字命名的小学。

【洞桥镇庆祝中国共产党成立100周年暨"光荣在党50年"纪念章颁发活动】 6月30日，"扬帆起航，再创辉煌"——洞桥镇庆祝中国共产党成立100周年暨"光荣在党50年"纪念章颁发活动在洞桥镇施肩吾小学状元厅举行，活动号召全体党员进一步统一思想、提高认识、树立标杆，以饱满的热情和争创一流的作风，奋力建设"中国营地之乡"和"全省一流的乡村振兴示范镇"。大会表彰2020年度区级"两优一先"和先锋党员136人，授予50年以上党龄的老党员"光荣在党50年"纪念章56人。

【洞桥镇片区党建联盟】 8月10日，洞桥镇片区党建联盟启动暨三溪片党建联盟试点工作会议在轮值联盟单位袁家村召开。会议成立三溪片党建联盟，任命原三溪村第一书记姚红兵为三溪片党建联盟第一书记，协助指导三溪村、袁家村、枫瑞村、大乐村工作。洞桥镇片区党建联盟以三溪片为试点，通过地域相邻、产业相联、工作相促标准，统筹各村资源，探索实施组织联建、项目联推、环境联制、产业联动、民生联保、治理联抓、区域联富的"七联"举措，盘活各村闲置资源，实现富民增收和壮大村集体经济目标愿景，推动共同富裕。

【富阳区农村文化礼堂"活跃工程"暨新时代文明实践工作推进会】 8月27日，富阳区农村文化礼堂"活跃工程"暨新时代文明实践工作推进会在洞桥镇文村村文化礼堂举行，区领导夏芬、南晓清参加。会议表彰获评2020年杭州市"双十佳"、2020年"杭州市四星级文化礼堂"、2020年"浙江省五星级文化礼堂"等先进集体和个人，对中央调查组在富阳史料陈列室等6家新时代文明实践基地进行授牌。

【洞桥镇重点项目开竣工仪式】 11月23日，洞桥镇2021年重点项目开竣工仪式在文村村乡村大舞台举行，洞桥镇全体班子成员、各办主任、各村书记、指导员，开竣工项目代表、项目施工方代表和部分村民代表参加。竣工项目10个，包括乡村振兴馆提升改造、贤德污水终端合并、俞毕线环线及周边景观综合提升等；集中开工项目7个，包括上林溪综合整治、广陵溪景观堰坝工程等。

【洞桥镇营地之乡"青村"党建品牌】 洞桥镇营地之乡设立"青春"党建品牌，开设"青村"大讲堂、组建"青村"宣讲团、打造"青村"励志。在区、镇、村三级开展各类宣讲活动100余场，有效凝聚"青村"共识，洞桥镇还以"我们在营地学党史"为依托，在少年军国防教育营地打造"青村"励志营。至年底，接待研学人员5500余人次。

【洞桥镇人大代表换届选举】 12月15日，根据区选举委员会统一部署，洞桥镇完成区、镇两级人大代表换届选举。本次换届共产生代表

66人，其中镇级代表58人、区级代表8人。

【洞桥镇第十八届人民代表大会第一次会议】 12月24日，洞桥镇第十八届人民代表大会第一次会议召开，正式代表56人、列席人员25人参加。会议审议通过《2021年度法治政府建设情况报告》，书面审议《洞桥镇2021年财政预算执行情况及2022年财政预算（草案）的报告》，票决产生2022年洞桥镇政府民生实事项目。

【洞桥香榧】 洞桥香榧是洞桥镇著名的特产干果，具有壳薄光亮、仁满松脆、香酥味美的特点，营养价值和药用价值较高。洞桥香榧种植历史已有2000余年，现有天然榧树1万余株，其中珍品榧树有500余株，榧资源列全国第三，主要分布在洞桥镇小坞村、杜坞村、玉印村、东山村、上林村和石羊村等。洞桥镇在富阳区农业农村局等部门支持下，实施“万亩香榧、万担蚕茧、百万羽家禽、千万元花卉苗木产值”的农业开发“四万”工程，加大香榧良种选育和速生丰产栽培技术的研究，不断提高香榧的科研和推广工作。至年底，洞桥香榧主产地拥有香榧林10000多亩，香榧收入占农业总收入的60%。洞桥镇香榧产业由散户种植、非标准种植向合作种植、标准种植的转化，形成“基地＋农户”“农户种植＋合作社收购加工＋电商直销”的全生产链，即榧农将自家生产的香榧青果销卖给所在合作社，合作社经过统一的标准程序经后熟处理后委托本地的里仁炒货厂与小坞果品厂进行干果炒制，然后进入实体店和电商进行销售与批发。既保证香榧品质，又保障销售渠道的畅通。香榧专业合作社积极与诸暨的冠军香榧加工企业合作，引进先进加工工艺，进一步提升洞桥香榧品质。香榧产业的发展带动洞桥的茶叶、白果、笋干、富硒大米、铁皮石斛等农产品的发展，在县、区、市有着较高的声誉。

（施梦佳）

【编辑 刘 亮】

34 名 录
Directory

·先进集体·

【国家级和国家属部门级先进集体】

2021年度富阳区国家级和国家属部门级先进集体一览表

表26

序号	先进集体单位	先进集体称号	颁奖单位
1	富阳区	全国中小学劳动教育实验区	教育部
2	富阳区	全国健康促进区	国家卫生健康委员会
3	富阳区	2021年智慧健康养老示范基地	工业和信息化部、民政部、国家卫生健康委员会
4	富阳区台办	2021年中央台办“两刊”对台宣传工作先进单位	中共中央台湾工作办公室宣传局
5	富阳区档案馆	国家级数字档案馆	国家档案局
6	富阳区工商联	全国工商联2021年调查点工作先进基层单位	全国工商联
7	富阳区工商联	2020—2021年度全国“五好”县级工商联	全国工商联
8	富阳区工商联	全联“法律服务在行动”5类50个创新法治案例	全国工商联
9	富阳区总工会	市县级工会财务会计工作先进单位	中华全国总工会
10	富阳区科协	2021年科普中国信息员队伍建设区县级科协优秀组织单位	中国科协办公厅
11	富阳区委政法委	全国维护妇女儿童权益先进集体”称号	中华全国妇女联合会
12	富阳区人民检察院	2021年度全国检察宣传先进单位	最高人民检察院、检察日报社
13	富阳区司法局	全国司法行政系统先进集体	人社部、司法部
14	杭州市公安局富阳区分局城东派出所	一级公安派出所	公安部
15	富阳区财政局	政府采购百强区（市、县）突出贡献单位（2020-2021年度）	政府采购信息报社
16	富阳区不动产登记服务中心	2019—2020年度自然资源系统青年文明号	自然资源部
17	国网杭州富阳区供电公司	全国文明单位	中央文明建设指导委员会
18	杭州富春湾新城建设投资集团有限公司	入选UNESCAP可持续发展目标优秀项目库	联合国亚太城市政策发展论坛
19	富阳区场口中学	全国青少年校园足球特色学校	教育部办公厅
20	富阳区富春第四小学	全国冰雪运动特色学校	教育部
21	富阳区富春大青小学	校园冰雪运动特色学校	教育部
22	富阳区银湖街道受降社区卫生服务中心	2021年“优质服务基层行”活动中表现突出、服务优质机构	国家卫生健康委办公厅、国家中医药局办公室

续表26

序号	先进集体单位	先进集体称号	颁奖单位
23	富阳区银湖街道高桥社区卫生服务中心	2021 年“优质服务基层行”活动中表现突出、服务优质机构	国家卫生健康委办公厅、国家中医药局办公室
24	富阳区东洲街道社区卫生服务中心	2021 年“优质服务基层行”活动中表现突出、服务优质机构	国家卫生健康委办公厅、国家中医药局办公室
25	富阳区新登社区卫生服务中心	2021 年“优质服务基层行”活动中表现突出、服务优质机构	国家卫生健康委办公厅、国家中医药局办公室
26	富阳区常绿社区卫生服务中心	2021 年“优质服务基层行”活动中表现突出、服务优质机构	国家卫生健康委办公厅、国家中医药局办公室
27	富阳区中医院	以“医联体为载体，提供连续医疗服务”创新举措获评“2018 — 2020 年改善医疗服务先进典型医院”	国家中医药管理局
28	银湖街道	智慧健康养老示范街道	工业和信息化部、民政部、国家卫生健康委员会
29	富阳区富春街道江滨社区居民委员会	全国示范性老年友好型社区	国家卫生健康委员会、全国老龄工作委员会办公室
30	春江街道春江村	全国村级议事协商创新实验试点单位	民政部
31	新登镇半山村	全国文明村	中央精神文明建设指导委员会
32	永昌镇唐昌村	第二批全国乡村治理示范乡镇	中央农村工作领导小组、中华人民共和国农业农村部、中央宣传部、民政部、司法部、国家乡村振兴局
33	杭州富阳中荷电子有限公司	第三批国家专精特新“小巨人”企业	工业和信息化部中小企业局

【省级和省属部门级先进集体】

2021年度富阳区省级和省属部门级先进集体一览表

表27

序号	先进集体单位	先进集体称号	颁奖单位
1	富阳区	建设平安浙江 2021 年度平安区	中共浙江省委、浙江省人民政府
2	富阳区	2020 年度美丽浙江建设（生态文明示范创建行动计划）工作考核优秀单位	中共浙江省委、浙江省人民政府
3	富阳区	2018 — 2020 年健康浙江建设先进、县（市、区）	中共浙江省委、浙江省人民政府
4	富阳区	全面深化改革考评优秀县（市、区）	中共浙江省委全面深化改革委员会
5	富阳区	浙江省清新空气示范区	浙江省大气污染防治工作领导小组办公室
6	富阳区	全省深化“千万工程”建设新时代美丽乡村（农村人居环境提升）工作优胜区	浙江省“千村示范、万村整治”工作协调小组办公室
7	富阳区	浙江省水利强监管改革试点	浙江省水利厅
8	富阳区	2020 年度全省实施乡村振兴战略实绩考核优秀单位	浙江省乡村振兴领导小组
9	富阳区	农村饮用水达标提标行动工作成绩突出集体	浙江省人民政府办公厅
10	富阳区	2019 年度中央财政水利发展资金绩效评价优秀区	浙江省水利厅
11	富阳区	省级渔业健康养殖示范县	浙江省农业农村厅
12	富阳区	2021 年度浙江省产粮大县	浙江省农业农村厅
13	富阳区	全省淘汰落后产能工作先进区（县、市）	浙江省工业转型升级领导小组办公室
14	富阳区	新一轮制造业“腾笼换鸟、凤凰涅槃”攻坚行动考核评价优秀单位	浙江省制造业高质量发展领导小组办公室

续表27

序号	先进集体单位	先进集体称号	颁奖单位
15	中共富阳区委	浙台经济社会融合发展突出贡献单位	中共浙江省委办公厅、浙江省政府办公厅
16	富阳区委组织部	全省“建设清廉机关、创建模范机关”工作先进集体	中共浙江省委直属机关工作委员会
17	中共杭州市富阳区委机构编制委员会办公室	全省事业单位改革成效突出集体	浙江省事业单位改革领导小组
18	富阳区委老干部局	全省老干部工作先进集体	中共浙江省委组织部、中共浙江省委老干部局、浙江省人力资源和社会保障厅
19	富阳区行政服务中心	浙江省文明单位	中共浙江省委、浙江省人民政府
20	富阳区人力资源和社会保障局	2021 年度绩效考核优秀	浙江省人力资源和社会保障厅
21	富阳区工商联	2021 年度全省工商联服务“两个健康” 工作成绩突出集体	浙江省工商业联合会
22	富阳区工商联	2020 年度全省工商联系统先进单位	浙江省工商业联合会
23	富阳区工商联	2019—2020 年度浙江省“五优”县级工商联	浙江省工商业联合会
24	富阳区工商联	2021 年度全省工商联服务“两个健康”最佳工作实践创新成果	浙江省工商业联合会
25	富阳区工商联	2020 年度上规模民营企业调研先进单位	浙江省工商业联合会
26	富阳区总工会	浙江省工业和信息化技术和技能大赛突出贡献奖	浙江省经济和信息化厅、浙江省人力资源和社会保障厅、浙江省教育厅、浙江省总工会、共青团浙江省委
27	富阳区妇联	浙江省平安家庭工作优秀单位	浙江省平安家庭工作领导小组
28	富阳区委政法委	2021 年度平安建设工作先进集体	中共浙江省委、浙江省人民政府
29	杭州市公安局富阳区分局	全省公安机关廉政微电影创作三等奖	浙江省公安厅从严办
30	杭州市公安局富阳区分局城西派出所	二级公安派出所	浙江省公安厅
31	杭州市公安局富阳区分局东洲派出所	二级公安派出所	浙江省公安厅
32	杭州市公安局富阳区分局城南派出所	二级公安派出所	浙江省公安厅
33	杭州市公安局富阳区分局大源派出所	二级公安派出所	浙江省公安厅
34	杭州市公安局富阳区分局场口派出所	二级公安派出所	浙江省公安厅
35	杭州市公安局富阳区分局万市派出所	二级公安派出所	浙江省公安厅
36	杭州市公安局富阳区分局	2021 年度全省公安机关执法质量考评优秀单位	浙江省公安厅
37	富阳区人民武装部	2021 年度民兵工作成绩突出单位	浙江省人民政府、浙江省军区
38	富阳区财政局	2021 年度全省财政管理绩效考评优秀单位	浙江省财政厅
39	国家税务总局杭州市富阳区税务局、国家税务总局杭州市富阳区税务局税源管理二科	浙江省文明单位	浙江省精神文明建设委员会
40	国家税务总局杭州市富阳区税务局老干部党支部	浙江省首批标准化离退休干部党支部	中共浙江省委老干部局
41	中共国家税务总局杭州市富阳区税务局第一税务所和纳税服务科联合支部委员会	十佳基层党组织	中共国家税务总局浙江省税务局委员会

续表27

序号	先进集体单位	先进集体称号	颁奖单位
42	国家税务总局杭州市富阳区税务局	2018 — 2020 年浙江省市场环境建设成绩突出集体	浙江省“小微企业三年成长计划”工作领导小组
43	国家税务总局杭州市富阳区税务局新登税务所	全省税务系统先进集体	国家税务总局浙江省税务局、浙江省人力资源和社会保障厅
44	杭州市规划资源局富阳分局	“数字国土空间”多跨应用场景首批试点	浙江省自然资源厅
45	富阳区拥江办	浙江省第三届“绿道健走大赛”优秀组织奖	浙江省住房和城乡建设厅、浙江省文化和旅游厅、浙江省卫生建设委员会、浙江省体育局、浙江省总工会、浙江日报报业集团
46	富阳区审计局	2021 年度考核优秀单位	浙江省审计厅
47	富阳区农业农村局	全省扶贫开发工作成绩突出集体	中共浙江省委、浙江省人民政府
48	富阳区农业农村局	浙江省水旱灾害防御工作成绩突出集体	浙江省水利厅
49	富阳区林业水利局	“森林浙江”建设工作突出贡献集体	中共浙江省委、浙江省人民政府
50	富阳区林业水利局	全省松材线虫病防治工作和全面禁止非法交易、滥食野生动物工作突出贡献集体	浙江省人民政府办公厅
51	富阳区经济和信息化局	浙江省工业和信息化技术和技能大赛突出贡献奖	浙江省经济和信息化厅
52	富阳区经济和信息化局	2021 年度中小微企业培育工作成绩突出集体	浙江省经济和信息化厅
53	富阳区供销合作总社	浙江省供销社 2021 年度信息工作先进单位	浙江省供销合作社联合社
54	富阳区供销合作总社	浙江省供销社、浙江省农合联执委会 2021 年度综合业绩考评优秀县（市、区）供销社	浙江省供销合作社联合社
55	富阳区供销合作总社	2021 年度全省供销社清产核资工作优秀单位	浙江省供销合作社联合社
56	富阳区供销合作总社	2021 年度全省 20 强县级社	浙江省供销合作社联合社
57	富阳经济技术开发区管委会	2021 年浙江省制造业星级园区和高质量发展示范园区	浙江省经济与信息化厅
58	杭州富春湾新城建设投资集团有限公司	富春湾新城小微产业园认定为省级小微产业园	浙江省经济和信息化厅
59	浙江省富阳百货大楼股份有限公司	守合同　重信用	浙江省市场监督管理局
60	杭州富阳清风实业发展有限公司	2021 年度省放心农贸市场（富春江商业城农贸市场、第二农贸市场、花坞南路菜场）	浙江省市场监督管理局
61	杭州富阳城市建设投资集团有限公司	第三届“玉琮杯”清廉微电影大赛银奖和最佳编剧奖	第三届“玉琮杯”清廉微电影大赛组委会（浙江省纪委省监委主办）
62	富阳区住房和城乡建设局	建筑节能与绿色建筑优秀区	浙江省住房和城乡建设厅
63	富阳区综合行政执法局	浙江省生活垃圾分类工作成绩突出集体	浙江省生活垃圾分类工作领导小组办公室
64	杭州市生态环境局富阳分局	浙江省打赢蓝天保卫战成绩突出集体	浙江省政府办公厅
65	富阳区教育局	2021 年浙江省工业和信息化技术技能大赛暨全国工业和信息化技术技能大赛选拔赛突出贡献奖	浙江省工业和信息化技术技能大赛组委会
66	富阳区新登成人文化技术学校	浙江省首批浙江省现代化社区学校	浙江省人民政府教育督导委员会办公室
67	富阳区场口成人文化技术学校	浙江省首批浙江省现代化社区学校	浙江省人民政府教育督导委员会办公室
68	富阳区实验中学	浙江省健康促进金牌学校	浙江省爱卫委办公室、浙江省教育厅、浙江省卫生健康委员会

续表27

序号	先进集体单位	先进集体称号	颁奖单位
69	富阳区郁达夫中学	2021 年浙江省现代化学校	浙江省人民政府教育督导委员会办公室
70	富阳区富春第六小学	2022 年度第二批浙江省节水型单位	浙江省住房和城市建设局
71	富阳区富春大青小学	浙江省节水型示范学校	浙江省住房和城市建设局
72	富阳区万市镇中心幼儿园	浙江省足球特色学校称号	浙江省教育厅办公室
73	富阳区融媒体中心	2021 年度全省广播电视新闻融合传播协作先进集体（电视一等奖、广播二等奖、新媒体二等奖）	浙江广播电视集团
74	富阳区融媒体中心	2021 年度全省广播电视对农节目服务工程建设考核县级台优秀奖	浙江省广播电视局
75	富阳区卫生健康局	健康浙江建设先进集体	中共浙江省委、浙江省人民政府
76	杭州市富阳中医骨伤医院	2021 年浙江省中医药文化养生旅游示范基地	浙江省文化和旅游厅、浙江省卫生健康委员会、浙江省农业农村厅、浙江省中医药管理局
77	杭州市富阳中医骨伤医院	2021 年度老年友善医疗机构（三级医疗机构）	浙江省卫生健康委员会
78	富阳区第一人民医院	2021 年度老年友善医疗机构（三级医疗机构）	浙江省卫生健康委员会
79	富阳区精神（心理）卫生工作领导小组办公室	2021 年度浙江省严重精神障碍管理治疗工作先进集体	浙江省精神卫生工作办公室
80	富阳区卫生健康局	2021 年度改革创新成绩突出集体和个人名单	中共浙江省委、浙江省人民政府
81	富阳区	落实养老服务业支持政策、完善养老服务体系表现优异的县（市、区）	浙江省人民政府办公厅
82	富阳区水库移民服务中心	全省移民工作优秀县（市、区）	浙江省民政厅
83	富阳区民政局	全省民政事业统计工作综合评价优秀等次	浙江省民政厅
84	富阳区退役军人服务中心	全国示范型退役军人服务中心	浙江省退役军人事务厅
85	富阳区退役军人服务中心	浙江省退役军人服务保障体系建设先进单位	中共浙江省委退役军人事务工作领导小组办公室
86	富阳区残疾人联合会	“十三五”期间浙江省残疾人工作成绩突出集体	浙江省残疾人工作委员会
87	春江街道	浙江省高标准生活垃圾分类示范片区	浙江省生活垃圾分类工作领导小组办公室
88	春江街道新建村	浙江省善治示范村	浙江省乡村振兴领导小组办公室
89	春江街道、太平村、八一村军人退役军人服务站	浙江省“新时代枫桥式退役军人服务中心（站）”	浙江省退役军人事务厅
90	春建乡大唐村	2021 年度浙江省善治示范村	浙江省乡村振兴领导小组办公室
91	新桐乡	粮食和生猪增产保供成绩突出集体	浙江省人民政府办公厅
92	新桐乡	华东十大油菜花胜地	浙江省农业农村厅
93	新桐乡江洲村	2021 年度浙江省美丽乡村特色精品村	浙江省农业农村厅
94	新登镇	浙江省第一批千年古城复兴试点单位	浙江省发展和改革委员会
95	新登镇	浙江省第二批商贸特色镇	浙江省商务厅
96	新登镇人民政府	省级小城市培育试点优秀单位	浙江省发展和改革委员会
97	新登镇潘堰村	2021 年度浙江省美丽乡村特色精品村	浙江省“千村示范、万村整治”工作协调小组办公室
98	新登镇湘溪村	2021 年度浙江省文化示范村	浙江省文化和旅游厅
99	新登镇上山村	浙江省文明村	浙江省委、浙江省人民政府
100	新登镇长垄村	2021 年浙江电子商务示范村	浙江省商务厅
101	新登镇上山村	2021 年度省级民主法治村	浙江省普法办

续表27

序号	先进集体单位	先进集体称号	颁奖单位
102	新登镇潘堰村	2021 年度省级民主法治村	浙江省普法办
103	新登镇上山村	2021 年度省级高标准农村生活垃圾分类示范村	浙江省“千村示范、万村整治”工作协调小组办公室
104	新登镇潘堰村	浙江省“扫黄打非”进基层示范点	浙江省“扫黄打非”工作领导小组办公室
105	胥口镇	2021 年度全省新时代美丽城镇建设基本达标乡镇	浙江省美丽城镇办
106	胥口镇	2021 年度浙江省美丽乡村示范乡镇	浙江省“千村示范、万村整治”工作协调小组办公室
107	永昌镇青何村	浙江省 AAA 级景区村庄	浙江省旅游局、浙江省农业和农村工作办公室
108	永昌镇长盘村	省 AA 级景区村庄	浙江省旅游局、浙江省农业和农村工作办公室
109	永昌镇唐昌村	浙江省 2021 年度省级“民主法治村（社区）	浙江省司法厅、浙江省民政厅、浙江省普法办公室
110	永昌镇昌岭村	2021 年度浙江省善治示范村	浙江省乡村振兴领导小组办公室
111	大源镇	全省新时代乡村集成改革工作成绩突出集体	中共浙江省委农村工作领导小组办公室、浙江省农业农村厅
112	大源镇	2021 年浙江省卫生乡镇	浙江省爱卫办
113	大源镇大源村	2021 年度浙江省善治示范村	浙江省乡村振兴领导小组办公室
114	大源镇杨元坎村	2021 年度浙江省善治村	浙江省乡村振兴领导小组办公室
115	大源镇勤功村	浙江省文明村	浙江省委、浙江省人民政府
116	大源镇蒋家村	2021 年度浙江省美丽乡村特色精品村	浙江省“千村示范、万村整治”工作协调小组办公室
117	大源镇稠溪村	2021 年度省级民主法治村	浙江省普法办
118	大源镇新关村、三岭村、蒋家村、虹赤村	2021 年浙江省卫生村	浙江省爱卫办
119	场口镇	2021 年度新时代美丽城镇建设省级样板	浙江省城乡环境整治领导小组
120	富阳区上官商会	亲清直通车站点第一批试点单位	浙江省工商业联合会
121	场口镇食安办	2021 年浙江省四星级乡镇（街道）食安办	浙江省食品药品安全委员会
122	场口镇	省级小城市培育	浙江省中心镇发展改革和小城市培育试点领导小组
123	场口镇	全省“枫桥式”司法所建设表现突出集体	浙江省司法厅
124	场口司法所	浙江省“枫桥式”司法所	浙江省司法厅
125	常安镇	2021 年度浙江省森林城镇	浙江省关注森林组织委员会
126	龙门三村退役军人服务站	浙江省“新时代枫桥式退役军人服务中心（站）”	浙江省退役军人事务厅
127	龙门一村、龙门三村	省级卫生村	浙江省爱国卫生运动委员会
128	湖源乡	省级森林城镇	浙江省关注森林组织委员会
129	湖源乡	浙江省美丽乡村示范乡镇	浙江省“千村示范、万村整治”工作协调小组办公室

【市级先进集体】

表28

2021年度富阳区市级先进集体一览表

序号	先进集体单位	先进集体称号	颁奖单位
1	富阳区	2021年度综合考评优秀	中共杭州市委、杭州市人民政府
2	富阳区	2021年度改革攻坚工作优秀	中共杭州市委、杭州市人民政府
3	富阳区	2021年度拥江发展工作优秀	中共杭州市委、杭州市人民政府
4	富阳区	2021年度打造国际一流营商环境工作优秀	中共杭州市委、杭州市人民政府
5	富阳区	2020年度生态文明（“美丽杭州”）建设目标责任制考核优秀单位	中共杭州市委、杭州市人民政府
6	富阳区	2021年度区、县（市）创新发展专项考核优良单位	中共杭州市委、杭州市人民政府
7	富阳区委组织部	2021年度杭州市全面深化改革工作	中共杭州市委、杭州市人民政府
8	富阳区工商联	杭州市东西部扶贫协作工作成绩突出集体	杭州市人民政府
9	富阳区委政法委	评定为2021年度在中共杭州市委政法队伍教育整顿中表现突出，予以嘉奖	中共杭州市委、杭州市人民政府
10	富阳区人民法院	2020年度杭州市国际一流营商环境建设成绩突出集体	中共杭州市委 杭州市人民政府
11	富阳区人民法院	2021年度“平安杭州”创建先进集体	中共杭州市委、杭州市人民政府
12	富阳区财政局	2021年度美丽杭州建设突出贡献集体	中共杭州市委 杭州市人民政府
13	市规划资源局富阳分局	2021年杭州市美丽建设突出贡献集体	中共杭州市委 杭州市人民政府
14	富阳区拥江办	2020年度拥江发展行动获杭州市考核优秀奖	中共杭州市委、杭州市人民政府
15	富阳区审计局	集体嘉奖	杭州市人民政府
16	富阳区农业农村局	杭州市乡村振兴（城乡区域统筹发展）工作成绩突出集体	中共杭州市委、杭州市人民政府
17	富阳区林业水利局	杭州市“两山实践创建基地建设成绩突出集体	杭州市人民政府
18	开发区集团	2020年度杭州亚运会、亚残运会筹办工作突出贡献集体奖。	中共杭州市委、杭州市人民政府
19	杭州富春湾新城管委会	杭州市全域土地综合整治和自然资源要素保障工作集体嘉奖	杭州市人民政府
20	杭州富春湾新城建设投资集团有限公司	扩大有效投资、推进重点项目，表现突出，予以嘉奖奖励	杭州市人民政府
21	杭州富春山居集团有限公司	杭州市创建“全国文明城市”工作突出贡献集体	中共杭州市委、杭州市人民政府
22	杭州富阳城市建设投资集团有限公司机关党支部	杭州市先进基层党组织	中共杭州市委
23	杭州富阳交通发展投资集团有限公司	2021年杭州市美丽建设突出贡献集体	中共杭州市委、杭州市人民政府
24	富阳区综合行政执法局	2021年杭州市美丽建设突出贡献集体	中共杭州市委、杭州市人民政府
25	富阳区“五水共治”领导小组办公室	2021年杭州市美丽建设突出贡献集体	中共杭州市委、杭州市人民政府
26	富阳区第一人民医院	杭州市东西部扶贫协作行政奖励先进集体	杭州市人民政府
27	富阳区民政局	2020年度平安创建（市域社会治理现代化）先进集体	中共杭州市委、杭州市人民政府
28	春江街道	2020年度全市征兵工作成绩突出单位	杭州市人民政府、中国人民解放军浙江省杭州警备区
29	春江街道	2020年度杭州市平安创建先进集体	杭州市人民政府
30	春江街道八一村	2020年度杭州市和谐（文明、平安）考评示范社区（村）	杭州市人民政府
31	新登镇	杭州市乡村振兴工作突出集体	中共杭州市委、杭州市人民政府
32	胥口镇	2021年度杭州市市级美丽城镇样板	中共杭州市委、杭州市人民政府
33	胥口镇	2020年度全市征兵工作成绩突出单位	杭州市人民政府、中国人民解放军浙江省杭州警备区
34	大源镇勤功村	2021年度杭州市和谐（文明、平安）考评示范社区（村）	杭州市人民政府
35	场口镇	“十三五”杭州市实行最严格水资源管理制度工作嘉奖集体	杭州市人民政府
36	杭州富阳中荷电子有限公司党支部	杭州市先进基层党组织	中共杭州市委

·先进个人·

【国家级和国家属部门级先进个人】

2021年度富阳区国家级和国家属部门级先进个人一览表

表29

序号	姓名	单位	先进称号	颁奖单位
1	唐红燕	富阳区委老干部局	2021年《中国火炬》优秀通讯员	《中国火炬》杂志社
2	沈　玲	富阳区人民检察院	2021年度全国检察宣传先进个人	检察日报社
3	章　晶	国家税务总局杭州市富阳区税务局	全国税务系统精神文明建设先进工作者	国家税务总局
4	蒋玉根	富阳区农业农村局	全国十佳农技推广标兵	农业农村部
5	赵　正	国网杭州富阳区供电公司	第九届全国品牌故事演讲比赛总决赛二等奖	中国质量协会
6	裘立忠	富阳区残疾人联合会	全国残疾人工作先进个人	国务院残疾人工作委员会

【省级和省属部门级先进个人】

2021年度富阳区省级和省属部门级先进个人一览表

表30

序号	姓名	单位	先进称号	颁奖单位
1	汪石峰	富阳区委组织部	全省事业单位改革成效突出个人	浙江省事业单位改革领导小组
2	陆华正	富阳区委编办	全省事业单位改革成效突出个人	浙江省事业单位改革领导小组
3	张晓庆	富阳区委老干部局	全省老干部工作先进个人	中共浙江省委组织部、中共浙江省委老干部局、浙江省人力资源和社会保障厅
4	陈跃兵	富阳区工商联	2021年民营企业调查工作先进个人	浙江省工商业联合会
5	蒋河丹	富阳区妇联	平安护航建党100周年成绩突出个人	省委省政府
6	刘舟宇	杭州市公安局富阳区分局	打击治理跨境赌博专项工作先进个人	浙江省公安厅
7	金建龙	杭州市公安局富阳区分局	2020年度全省创文明交通、治秩序乱象“减量控大”系列行动成绩突出个人	浙江省公安厅
8	裘福军	杭州市公安局富阳区分局	个人二等功	浙江省公安厅
9	许洪军	杭州市公安局富阳区分局	车辆检测“一件事”集成改革工作成绩突出个人	浙江省公安厅
10	詹军华（辅警）	杭州市公安局富阳区分局	全省公安机关“110”工作成绩突出个人	浙江省公安厅
11	楼炳强	杭州市公安局富阳区分局	2021年度最美辅警	浙江省公安厅
12	俞安平	杭州市公安局富阳区分局	抗击新冠肺炎疫情成绩突出个人	浙江省公安厅
13	董丹臣	杭州市公安局富阳区分局	抗击新冠肺炎疫情成绩突出个人	浙江省公安厅
14	夏柳柯	杭州市公安局富阳区分局	抗击新冠肺炎疫情成绩突出个人	浙江省公安厅
15	何艳波	富阳区人民检察院	第一届全省检察机关行政检察业务竞赛标兵	浙江省人民检察院
16	盛　超	富阳区人民检察院	第三届全省检察机关刑事执行检察业务竞赛能手	浙江省人民检察院
17	许杭锋童郁羽家庭	国家税务总局杭州市富阳区税务局	浙江省文明家庭	中共浙江省委、浙江省人民政府
18	潘明伟	国家税务总局杭州市富阳区税务局	全省税务系统先进工作者	国家税务总局浙江省税务局、浙江省人力资源和社会保障厅
19	俞　艺	富阳区农业农村局	全省扶贫开发工作成绩突出个人	中共浙江省委、浙江省人民政府
20	楼　君	富阳区农业农村局	“森林浙江”建设工作突出个人	中共浙江省委、浙江省人民政府
21	赵　海	富阳区农业农村局	农村饮用水达标提标行动工作成绩突出个人	浙江省人民政府办公厅
22	许　杰	富阳区农业农村局	农户小额普惠贷款推广工作优秀个人	浙江省农村信用社联合社

续表30

序号	姓名	单位	先进称号	颁奖单位
23	潘国勇	富阳区农业农村局	2020年度水利行业强监管工作中成绩突出个人	浙江省水利厅
24	匡　义	富阳区农业农村局	2021年度浙江省水利建设工程质量监督先进个人	浙江省水利水电工程质量与安全管理中心
25	王灵玲	富阳区农业农村局	浙江省林业规划财务工作突出贡献个人	浙江省林业局
26	倪小明	富阳区农业农村局	浙江省森林生态保护突出贡献个人	浙江省林业局
27	王文鹏	富阳区农业农村局	浙江省绿化奖章	浙江省绿化与自然保护地委员会
28	盛彩芳	富阳区农业农村局	浙江省生态文化建设突出贡献个人	浙江省林业局
29	杜　乾	富阳区农业农村局	全省农业农村系统农业和渔业执法工作先进个人	浙江省农业农村厅
30	滕　莹	富阳区农业农村局	全省松材线虫病防治工作和全面禁止非法交易、滥食野生动物工作突出贡献个人	浙江省人民政府办公厅
31	楼科勋	富阳区农业农村局	全省松材线虫病防治工作和全面禁止非法交易、滥食野生动物工作突出贡献个人	浙江省人民政府办公厅
32	袁　伟	富阳区经济和信息化局	2021年度中小微企业培育工作成绩突出个人	浙江省经济和信息化厅
33	陈识微	国网杭州富阳区供电公司	浙江工匠	浙江省总工会、浙江省人社局
34	王　浩	国网杭州富阳区供电公司	2021年浙江省电力客户经理职工职业技能竞赛“十佳客户经理”	浙江省总工会
35	邹志星	国网杭州富阳区供电公司	2021年浙江省电力客户经理职工职业技能竞赛“十佳客户经理”	浙江省总工会
36	陈中乐	国网杭州富阳区供电公司	浙江青年工匠	浙江省人力资源和社会保障厅／共青团浙江省委
37	赵　正	国网杭州富阳区供电公司	第九届全国品牌故事大赛（杭州赛区）暨第六届浙江省品牌故事大赛演讲一等奖	浙江省质量协会，浙江省总工会，浙江省妇女联合会，浙江省工商业联合会
38	董银玲	富阳区供销合作总社	2021年度全省信息宣传工作先进个人	浙江省供销合作社联合社
39	倪　斌	富阳区供销合作总社	2021年度全省信息宣传工作先进个人	浙江省供销合作社联合社
40	管　辖	富阳区供销合作总社	2021年度全省清产核资工作优秀个人	浙江省供销合作社联合社
41	陈　衡	杭州富阳交通发展投资集团有限公司　杭州富阳保安服务有限责任公司	“忠诚履职心向党、保安护航新征程”主题活动优秀个人	浙江省公安厅
42	邵传强	浙江省富阳中学	省教坛新秀	浙江省人民教育基金会　浙江省特级教师协会
43	毛大平	富阳区永兴学校	省教坛新秀	浙江省人民教育基金会　浙江省特级教师协会
44	徐献银	富阳区场口镇中心小学	省教坛新秀	浙江省人民教育基金会　浙江省特级教师协会
45	唐卫东	富阳区第一人民医院	浙江省优秀党务工作者	中共浙江省委
46	王　燕	富阳区富春社区卫生服务中心	2021年浙江省优秀社区护士	浙江省基层卫生协会
47	徐斌丰	富阳区鹿山社区卫生服务中心	2021年浙江省优秀家庭医生	浙江省基层卫生协会
48	楼晓峰	富阳区常绿镇社区卫生服务中心	浙江省优秀社区卫生服务中心主任	浙江省基层卫生协会
49	何月仙	洞桥镇里仁村	全省敬老爱老助老模范人物	浙江省老龄工作委员会
50	裘加荣	新桐乡	浙江省“十三五”实行最严格水资源管理制度成绩突出个人	浙江省人民政府办公厅

续表30

序号	姓名	单位	先进称号	颁奖单位
51	何富仙	新桐乡程浦村	浙江“孝老爱亲”好人榜	浙江省委宣传部和浙报集团联合
52	胡丽芳	新登镇上山村	浙江省最美巾帼新农人	浙江省妇女联合会、浙江省农业农村厅
53	钟海燕	新登镇长垄村	浙江省最美巾帼新农人	浙江省妇女联合会、浙江省农业农村厅
54	陈　平	永昌镇	突出贡献红十字会员	浙江省红十字会
55	黄承林	大源镇	浙江省森林生态保护突出贡献个人	浙江省林业局
56	吴纪良	万市镇	“森林浙江”建设工作突出贡献个人	浙江省委省政府

【杭州市级先进个人】

表31

2021年度富阳区杭州市先进个人一览表

序号	姓名	单位或住址	先进称号	颁奖单位
1	童汉富	区委政法委	评定为2021年度在中共杭州市委政法队伍教育整顿中表现突出，个人三等功	中共杭州市委、杭州市人民政府
2	沈欢芝	富阳区人民检察院	2021年度嘉奖	中共杭州市委、杭州市人民政府
3	管建兴	市规划资源局富阳分局	2021年杭州市美丽建设工作	中共杭州市委、杭州市人民政府
4	夏军伟	富阳区审计局	嘉奖	杭州市人民政府
5	董柳青	富阳区审计局	嘉奖	杭州市人民政府
6	金雪明	富阳区农业农村局	杭州市东西部扶贫协作工作突出个人	杭州市人民政府
7	钟绍柱	富阳区农业农村局	2021年杭州市美丽建设突出贡献个人	中共杭州市委、杭州市人民政府
8	楼　君	富阳区农业农村局	2021年杭州市“两山实践创新基地成绩突出个人”	杭州市人民政府
9	施一姗	富阳区农业农村局	2021年杭州市美丽建设突出贡献个人	中共杭州市委、杭州市人民政府
10	郎亚萍	富阳区农业农村局	杭州市乡村振兴（城乡区域统筹发展）工作成绩突出个人	中共杭州市委、杭州市人民政府
11	孙飞龙	富阳区住房和城乡建设局	杭州市最美公务员	杭州市人民政府
12	俞将营	富阳区城市管理局	“十三五”杭州市实行最严格水资源管理制度成绩突出集体和先进个人	杭州市人民政府
13	许翡翠	富阳区城市管理局	2021年杭州市美丽建设突出贡献个人	中共杭州市委、杭州市人民政府
14	詹英华	富阳区城市管理局	杭州市创建“全国文明城市”工作突出贡献个人	杭州市人民政府
15	方忠民	杭州市生态环境局富阳分局	2021年杭州市美丽建设先进个人	中共杭州市委、杭州市人民政府
16	徐　玲	杭州市生态环境局富阳分局	2021年杭州市美丽建设先进个人	中共杭州市委、杭州市人民政府
17	赵剑炯	富阳区中医院	杭州市东西部扶贫协作行政奖励先进个人	杭州市人民政府
18	徐春华	富阳区妇幼保健院	杭州市东西部扶贫协作行政奖励先进个人	杭州市人民政府
19	吕杭英	灵桥镇	爱心助残工作成绩突出个人	杭州市人民政府
20	汪晓萍	龙门镇	杭州市十佳公务员、个人二等功	中共杭州市委、杭州市人民政府

【富阳区荣立三等功以上军人名录】

表32

2021年度富阳区荣立三等功以上军人名录一览表

序号	姓名	单位或住址	先进称号	颁奖单位
1	邵文立	新登镇南津村	二等功	68207 部队
2	郑吉哲	银湖街道九龙大道	三等功	93246 部队
3	何顺超	新登镇葛溪西路 37 号	三等功	武警警官学院
4	詹书灵	万市镇何务村	三等功	91257 部队
5	徐明阳	洞桥镇里仁村	三等功	武警青海总队黄南支队
6	张胜杰	东洲街道张家村	三等功	69008 部队
7	闻苏铁	渌渚镇桃花岭村	三等功	31656 部队
8	唐永琪	新登镇马弓村	三等功	武警吐鲁番支队
9	盛望高	场口镇叶盛村	三等功	武警邢台支队
10	戴梦丽	富春街道蒋家桥社区	三等功	武警浙江总队保障部
11	顾杭洁	常绿镇木坞村	三等功	武警青海总队
12	陈佳楠	新登镇元村	三等功	武警清远支队
13	吴晓峰	胥口镇葛溪村	三等功	71217 部队
14	金　鹏	洞桥镇骆坞村	三等功	65651 部队
15	费林军	鹿山街道陆家村	三等功	96033 部队
16	章　毅	常绿镇长佳村	三等功	军事科学院国防工程研究院
17	钟声远	新登镇官塘村	三等功	武警金华支队
18	吴洪啸	新登镇上山村	三等功	91892 部队

·名优产品·

【省级以上含省级】

表33

2021年度富阳区省级以上名优产品一览表

序号	生产企业	产品名称	名牌级别	授予单位
1	杭州市富阳区香榧产业协会	香榧	第 14 届中国义乌国际森林产品博览会金奖	中国义乌国际森林产品博览会组织委员会
2	杭州富阳望月竹制品有限公司	竹窗帘	第 14 届中国义乌国际森林产品博览会金奖	中国义乌国际森林产品博览会组织委员会
3	杭州万林家居有限公司	榉木组合餐桌椅	第 14 届中国义乌国际森林产品博览会金奖	中国义乌国际森林产品博览会组织委员会
4	杭州富阳春莲家居有限公司	根艺家具	第 14 届中国义乌国际森林产品博览会金奖	中国义乌国际森林产品博览会组织委员会
5	杭州富阳千禧笋厂	竹笋	第 14 届中国义乌国际森林产品博览会金奖	中国义乌国际森林产品博览会组织委员会
6	杭州市富阳区胥口镇金氏家庭农场	太秋甜柿	第 14 届中国义乌国际森林产品博览会金奖	中国义乌国际森林产品博览会组织委员会
7	杭州富阳洞桥好味道炒货厂	香榧	第 14 届中国义乌国际森林产品博览会金奖	中国义乌国际森林产品博览会组织委员会
8	杭州富阳茂华竹笋专业合作社	笋干	第 14 届中国义乌国际森林产品博览会优质奖	中国义乌国际森林产品博览会组织委员会
9	杭州富阳龙羊盆景苗木专业合作社	树桩	第 14 届中国义乌国际森林产品博览会优质奖	中国义乌国际森林产品博览会组织委员会
10	杭州市富阳杰华生态农业开发有限公司	金弹子盆景	第 14 届中国义乌国际森林产品博览会优质奖	中国义乌国际森林产品博览会组织委员会
11	杭州富阳受降东坞山豆腐皮厂	东坞山豆腐皮	2021 年广州国际农产品博览会金奖	广州国际农产品博览会
12	杭州上臣食品有限公司	手剥松子	2021 年广州国际农产品博览会金奖	广州国际农产品博览会

续表33

序号	生产企业	产品名称	名牌级别	授予单位
13	杭州市富阳区李荣富家庭农场有限公司	太秋甜柿	2021年中国农民丰收节富阳主场活动暨全国第二届“太秋”甜柿优质产品鉴评大会金奖	中国园艺会柿分会、国家林业草原柿工程技术研究中心
14	杭州市富阳区胥口镇金氏家庭农场	太秋甜柿	2021年中国农民丰收节富阳主场活动暨全国第二届“太秋”甜柿优质产品鉴评大会金奖	中国园艺会柿分会、国家林业草原柿工程技术研究中心
15	杭州春蕾生态农业开发有限公司	太秋甜柿	2021年中国农民丰收节富阳主场活动暨全国第二届“太秋”甜柿优质产品鉴评大会银奖	中国园艺会柿分会、国家林业草原柿工程技术研究中心
16	杭州富阳黄氏豆制品厂	臭豆腐	金奖	浙江省首届乡村美食大会组委会
17	杭州富阳千禧园艺场	梨	浙江农业之最擂台赛综合品质二等奖	浙江农业之最委员会办公室
18	杭州绿禾源生态农业有限公司	番茄	2021浙江精品番茄金奖	浙江省农业技术推广中心、浙江省蔬菜瓜果产业协会
19	杭州富阳子胥楼米粿加工坊	米粿	第五届浙江省“妈妈的味道”活动最佳人气奖	浙江省妇女联合会、浙江省农业农村厅、浙江省文化和旅游厅、浙江省商务厅
20	杭州富阳稻香情米制品作坊	定胜糕	第五届浙江省“妈妈的味道”活动巧手美食奖	浙江省妇女联合会、浙江省农业农村厅、浙江省文化和旅游厅、浙江省商务厅
21	杭州富阳畲乡园食品有限公司	乌米饭	第五届浙江省“妈妈的味道”活动巧手美食奖	浙江省妇女联合会、浙江省农业农村厅、浙江省文化和旅游厅、浙江省商务厅

·科研获奖项目·

【省级部门及以上】

2021年度富阳区省级以上科研获奖项目一览表

表34

序号	课题名称	获奖名称等级	第一完成单位	主要完成者	颁奖单位
1	基于环境友好型池塘内循环流水养殖技术的示范与推广	浙江省农业丰收奖一等奖	杭州市农业技术推广中心	孙逢明	浙江省农业农村厅
2	“浙油51”高产扩繁暨栽培技术集成与示范推广	浙江省农业丰收奖二等奖	浙江勿忘农种业股份有限公司	胡敏骏	浙江省农业农村厅
3	基于欧盟标准的杭州茶园病虫害防控技术集成与应用	浙江省农业丰收奖三等奖	杭州市农业技术推广中心	周成云	浙江省农业农村厅
4	“甜柿新品种示范推广”	浙江省科技兴林一等奖	杭州市富阳区农业技术推广中心林业站	楼　君　滕　莹 吴开云　缪　强 蔡晓郡　华克达 顾　怡　马佩军 楼科勋　赵卫国 吴发荣	浙江省林业局、浙江省林学会
5	柏木良种选育和繁育关键技术应用	浙江省科技兴林一等奖	中国林科院亚林所	楼　君	浙江省林业局、浙江省林学会
6	浙江典型脆弱人工林生态修复技术与应用	第十二届梁希林业科学技术科技进步二等奖	浙江农林大学	徐升华	国家林业和草原局、中国林学会

续表34

序号	课题名称	获奖名称等级	第一完成单位	主要完成者	颁奖单位
7	带电作业自适应绝缘导线外皮环切装置的研制	2021 年国际质量管理小组会议（ICQCC）推荐成果交流活动“优胜级”	国网杭州富阳区供电公司	集体荣誉	中国质量协会
8	《新型带电作业快捷接引线夹的研制》	2021 年电力行业质量管理小组活动成果一等奖	国网杭州富阳区供电公司	集体荣誉	中国水利电力质量管理协会
9	带电作业自适应绝缘导线外皮环切装置的研制	2021 年国际质量管理小组会议（ICQCC）金奖	国网杭州富阳区供电公司	集体荣誉	国际质量管理小组会议（ICQCC)
10	《新型带电作业快捷接引线夹的研制》	2021 年浙江省质协优秀 QC 小组一等奖	国网杭州富阳区供电公司	集体荣誉	浙江省质协、浙江省总工会、浙江省科技协会
11	《新型带电作业快捷接引线夹的研制》	浙江省电力行业 2020 年度 QC 小组活动优秀成果一等奖	国网杭州富阳区供电公司	集体荣誉	浙江省电力行业协会
12	大数据环保监测	省职工 2021 年安全隐患即时抓拍（随手拍）合理化建议活动一等奖	国网杭州富阳区供电公司	集体荣誉	浙江省“安康杯”竞赛活动组委会办公室
13	大尺寸光纤预制棒包层高速沉积技术	浙江省科学技术进步奖三等奖	浙江富通光纤技术有限公司		浙江省人民政府
14	从小热爱劳动：小学生新劳动教育的实践探索	特等奖	富春第七小学	章振乐	浙江省教育厅
15	简约课堂：初中历史与社会教学改革十年探索	二等奖	杭州市富阳区教育发展研究中心	刘金虎	浙江省教育厅
16	三环四式：区域教研创新的路径与实践	二等奖	杭州市富阳区教育发展研究中心	何文明	浙江省教育厅
17	中职学校“企业学区”人才培养模式探索与实践	特等奖	杭州市富阳区职业高级中学	赵玉星	浙江省教育厅

35 附　录 Appendices

·新任区领导简历·

【区委副书记、区长】

马利阳　男，汉族，1983年7月出生，浙江东阳人，2003年8月参加工作，2002年5月加入中国共产党，省委党校研究生学历。曾任共青团富阳市委副书记，共青团富阳市委员会党组成员、副书记，共青团富阳市委员会党组书记、书记，富阳市洞桥镇党委副书记、镇长。共青团杭州市委员会党组成员、第十八届委员会副书记，共青团杭州市委员会党组书记、书记。桐庐县委副书记，桐庐县委副书记、县委政法委书记，县老龄委主任。2021年11月任杭州市富阳区委副书记、副区长、代区长。2022年2月，担任杭州市富阳区人民政府区长。

【区委常委】

邵伟斌　男，汉族，1973年5月生，浙江富阳人。1995年8月参加工作，1997年7月加入中国共产党，美国肯尼索州立大学公共管理硕士。曾任富阳市富春街道党工委副局级组织员，富阳市富春街道办事处副主任，富阳市永昌镇党委副书记、镇长，富阳市纪律检查委员会副书记、市监察局局长，杭州市城乡建设委员会党委委员、杭州市城乡建设纪工委书记、杭州市纪委派驻市城乡建设委员会纪检组组长，杭州市余杭区委常委、纪委书记，区监察委员会主任。2021年11月，担任杭州市富阳区委副书记，区委政法委书记。

沈阳红　女，汉族，1977年7月出生，四川达州人。1999年8月参加工作，1996年6月加入中国共产党，浙江省委党校研究生学历，曾任杭州市西湖区人民政府副区长，杭州市西湖区区委常委、统战部部长。2021年12月，担任杭州市富阳区委常委、区纪委书记、区监委主任。

张　鹏　男，蒙古族，1981年11月生，辽宁锦州人。2002年2月参加工作，2010年10月加入中国共产党，中央党校研究生学历。历任共青团杭州经济开发区工作委员会副书记，杭州经济技术开发区党工委、管委会办公室副主任，杭州经济技术开发区党工委组织部副部长、开发区“两新”组织工委副书记，杭州市委政策研究室经济发展研究处（财经处）处长，杭州市委全面深化改革委员会办公室综合处处长，杭州市人大常委会研究室副主任。2021年12月，担任杭州市富阳区委常委、宣传部长。

祝燕青　男，汉族，1973年6月出生，杭州富阳人。1992年8月参加工作，1995年2月加入中国共产党，中央广播电视大学大学学历。曾任杭州市富阳区春江街道党工委副书记、办事处主任，杭州市富阳区春江街道党工委书记，杭州市富阳区人才工作领导小组办公室主任；杭州市富阳区委组织部常务副部长，杭州市富阳区委组织部常务副部长、区公务员局局长（兼）。2021年12月，担任杭州市富阳区委常委、统战部部长。

【区人大常委会】

徐林亮　男，汉族，1969年10月出生，浙江杭州人。1990年8月参加工作，1993年6月加入中国共产党，浙江省委党校研究生学历。曾任富阳市永昌镇副镇长、党委副书记、镇长、党委书记、人大主席，新登镇党委副书记、镇长，富阳经济开发区管委会副主任（兼）、新登新区建设指挥部第一副总指挥，富阳市政府党组成员、副市长，市鹿山新区（金桥园区）建设指挥部总指挥，富阳市委常委，富阳经济技术开发区党委书记、管委会主任，杭州市富阳区区委常委、副书记、政法委书记。2022年2月，担任杭州市富阳区人大常委会主任、党组书记。

胡志明　男，汉族，1965年3月出生，浙江杭州人。1984年7月参加工作，1988年9月加入中国共产党，中央党校大学学历。曾任萧山市衙前镇党委委员，萧山市来苏乡临时党委副书记、筹备领导小组副组长，杭州市萧山区来苏乡党委副书记、纪委书记，杭州市萧山区所前镇党委副书记，杭州市萧山区纪委常委、纪委副书记、监察局局长，杭州大江东产业集聚区党工委委员、纪工委书记，杭州市纪委派驻大江东产业集聚区管委会纪检监察组组长，纪检组组长，杭州市富阳区委常委、纪委书记、监委主任，杭州市富阳区人大常委会党组成员。2022年2月，担任杭州市富阳区人大常委会副主任、党组副书记，区人大监察和法制司法委员会主任委员（兼）。2022年2月，担任杭州市富阳区人大常委会副主任、党组副书记，区人大监察和法制司法委员会主任委员（兼）。

陈　平　男，汉族，1967年2月出生，浙江杭州人。1989年7月参加工作，1987年12月加入中国共产党，大学学历。曾任富阳市委组织部副部长、市委人才办主任、常务副部长，杭州市富阳区委组织部常务副部长、区委人才办主任，杭州市富阳区委常委，区委统战部部长，区社会主义学校校长（兼），区政协党组副书记，杭州市富阳区人大常委会党组成员。2022年2月，担任杭州市富阳区人大常委会副主任、党组成员，区人大财政经济委员会主任委员（兼）。

【区人民政府】

南晓清　男，汉族，1974年11月生，浙江乐清人。1997年8月参加工作，1997年6月加入中国共产党，浙江工商大学与加拿大魁北克大学项目管理硕士。曾任杭州市房产交易产权登记管理中心副主任，杭州市城市房屋拆迁管理办公室党支部书记，杭州市白蚁防治研究所所长，杭州市住房保障和房产管理局市场监管处、物业监管处处长，杭州市住房保障和房产管理局党委委员、物业管理联合党支部书记，杭州市住房保障和房产管理局党组成员、办公室主任（副局长级），贺兰县委常委、副县长（挂职）。2021年7月，担任杭州市富阳区人民政府党组成员、副区长。

詹艳青　女，汉族，1973年2月出生，浙江松阳人，中国民主建国会会员，1994年8月参加工作，大学学历，曾任杭州高新开发区（滨江）住房和城市建设局副局长，杭州白马湖生态创意城管委会主任，杭州高新区江东科技园管委会主任，杭州高新开发区（滨江）智慧新天地发展服务中心主任，2021年11月，担任杭州市富阳区人民政府副区长。

赵骊中　男，汉族，1968年9月生，浙江杭州人。1989年10月参加工作，1996年7月加入中国共产党，中央党校大学学历。曾任富阳市人民政府办公室党组成员、副主任，富阳市发展和改革局党委委员、副局长，富阳市投资项目前期办公室主任，富阳市发展和改革局党委书记、局长，富阳市物价局局长，杭州市富阳区发展和改革局党委书记、局长，富阳区物价局局长，杭州市富阳区人民政府办公室党组书记、主任，杭州市富阳区委办公室主任。2021年11月，担任杭州市富阳区人民政府党组成员，富阳经济技术开发区党工委书记、管委会主任。

【区政协】

张　霖　男，汉族，1967年11月出生，浙江杭州人。1988年8月参加工作，1995年4月加入中国共产党，浙江省委党校大学学历。曾任富阳市高桥镇党委副书记、镇长、党委书记、人大主席，富阳市水利水电局党委书记，富阳市人民政府办公室主任，市法制办主任(兼)，市外事办主任(兼)，市人防办主任(兼)，市民防局局长(兼)，富阳经济技术开发区党委委员、管委会常务副主任(副市长级)，新登镇党委书记(副市长级)，杭州市富阳区人民政府党组成员(副区长级)。杭州市富阳区委常委，杭州市富阳区委常委、区人民政府副区长、党组副书记，杭州市富阳区委常委、区人民政府副区长、党组副书记，区委政法委副书记，杭州市富阳区委常委、区人民政府副区长、党组副书记，区委政法委副书记，区行政学校校长（兼），杭州市富阳区委常委、区人民政府副区长、党组副书记、区委政法委副书记、区行政学校校长（兼）、区行政服务中心党组书记（兼），杭州市富阳区政协党组书记，2022年2月任杭州市区政协主席、党组书记。

包国灿　男，汉族，1968年6月生，浙江富阳人。1987年8月参加工作，1987年7月加入中国共产党，澳大利亚堪培拉大学教育领导学硕士。曾任杭州市富阳区教育局党组书记、局长，区人大机关党组书记、主任，区委办主任、区保密局局长（兼）。2021年1月，担任杭州市富阳区政协党组成员，2021年2月，担任杭州市富阳区政协副主席、党组成员。

邱　云　男，汉族，1974年5月生，江西赣州人。2000年3月参加工作，致公党党员，浙江大学法律硕士。曾任西泠印社社务委员会信息处处长，西泠印社社务委员会宣传信息处（西泠艺丛编辑部）处长。2022年2月，担任杭州市富阳区政协副主席。

【区人民法院】

余文玲　女，汉族，1977年9月生，浙江台州人。2003年7月参加工作，1996年6月加入中国共产党，北京大学法学院法学硕士。曾任杭州市中级人民法院民五庭副庭长，杭州市中级人民法院立案二庭庭长。2021年11月，任杭州市富阳区人民法院党组书记；2021年12月，任杭州市富阳区人民法院代院长；2022年2月，担任杭州市富阳区人民法院院长。

【区人民检察院】

桑　涛　男，汉族，1968年7月生，山东威海人。1989年7月参加工作，1997年2月加入中国共产党，安徽大学法律硕士。曾任安徽省淮南市人民检察院公诉处处长、检察委员会委员，杭州市萧山区人民检察院未成年人检察科科长、检察委员会委员，杭州市萧山区人检察院检察委员会专职委员，杭州市人民检察院公诉处副处长，杭州市人民检察院公诉二处副处长、处长，杭州市人民检察院未成年人检察部主任，杭州市人民检察院第一检察部主任、检察委员会委员，杭州市人民检察院检察委员会专职委员、第一检察部主任，杭州市富阳区人民检察院党组书记、代检察长，2022年2月，担任杭州市富阳区人民检察院党组书记、检察长。

·重要文件目录·

【中共杭州市富阳区委文件】

2021年度中共杭州市富阳区委文件一览表

表35

序号	文号	文件标题
1	富委〔2021〕1号	关于要求支持富阳区承办 2021 年度全省新时代美丽乡村现场推进会的请示
2	富委〔2021〕2号	关于 2020 年度杭州市富阳区实施乡村振兴战略情况的报告
3	富委〔2021〕3号	关于制定杭州市富阳区国民经济和社会发展第十四个五年规划和二〇三五年远景目标的建议
4	富委〔2021〕4号	关于区委常委会 2020 年度民主生活会的情况报告
5	富委〔2021〕5号	关于杭州市富阳区 2020 年法治政府建设工作情况的报告
6	富委〔2021〕7号	关于要求核定乡镇（街道）领导班子职数的请示
7	富委〔2021〕10号	乡镇领导班子换届
8	富委〔2021〕11号	关于印发《2021 年度富阳区“三比三争”综合考评办法的通知》
9	富委〔2021〕12号	关于杭州市富阳区 2021 年上半年政治生态建设状况的自评自查报告
10	富委〔2021〕13号	关于表彰区优秀共产党员、区优秀党务工作者和区先进基层党组织的决定
11	富委〔2021〕15号	关于印发《杭州市富阳区争当高质量发展建设共同富裕示范区星城范例的行动计划（2021 — 2025）》的通知
12	富委〔2021〕16号	关于高水平描绘现代版富春山居图 争当高质量发展建设共同富裕示范区星城范例的决议
13	富委〔2021〕18号	关于建立富阳区区、乡镇人大换届选举工作领导小组的通知
14	富委〔2021〕19号	《关于设立杭州市富阳区第十七届人民代表大会代表选举委员会的请示》的批复
15	富委〔2021〕21号	关于召开中国共产党杭州市富阳区第二次代表大会的请示
16	富委〔2021〕22号	关于调整政协第十届杭州市富阳区委员会规模的请示
17	富委〔2021〕25号	关于做好中国共产党杭州市富阳区第二次代表大会代表选举工作的通知
18	富委〔2021〕26号	关于做好出席杭州市第十三次党代会代表推荐和选举工作的通知
19	富委〔2021〕27号	关于推荐区第十七届人民代表大会代表候选人的通知
20	富委〔2021〕28号	关于 2021 年度落实全面从严治党主体责任情况的报告
21	富委〔2021〕29号	关于同意召开杭州市富阳区第十七届人民代表大会第一次会议的批复
22	富委〔2021〕30号	关于同意召开政协重组十届杭州市富阳区委员会第一次会议的批复
23	富委〔2021〕32号	关于杭州市富阳区 2021 年度政治生态建设状况的自评自查报告

【富阳区人大常委会文件】

2021年度富阳区人大常委会文件一览表

表36

序号	文号	文件标题
1	富人大〔2021〕1-1号	杭州市富阳区人民代表大会常务委员会关于召开杭州市富阳区第十六届人民代表大会第五次会议的决定
2	富人大〔2021〕1-2号	杭州市富阳区第十六届人大常委会第三十九次会议纪要
3	富人大〔2021〕1号	杭州市富阳区人大常委会关于补选杭州市富阳区第十六届人民代表大会代表的决定
4	富人大〔2021〕2号	杭州市富阳区人大常委会关于接受华之江同志辞去杭州市第十三届人民代表大会代表职务请求的决议
5	富人大〔2021〕3号	关于接受华之江同志辞去杭州市第十三届人民代表大会代表职务请求的报告
6	富人大〔2021〕4号	关于补选李火林等同志为杭州市第十三届人民代表大会代表的报告
7	富人大〔2021〕5号	杭州市富阳区人大常委会关于表彰区十六届人大四次会议代表优秀建议的决定
8	富人大〔2021〕6号	关于表彰 2020 年度区人大代表履职积极分子的决定
9	富人大〔2021〕8号	杭州市富阳区第十六届人大常委会第四十次会议纪要
10	富人大〔2021〕9号	关于出席杭州市富阳区第十六届人民代表大会第五次会议的通知
11	富人大〔2021〕10号	杭州市富阳区人大常委会关于接受魏东、孙洁同志辞去杭州市富阳区人民政府副区长职务的决定
12	富人大〔2021〕11号	杭州市富阳区人大常委会关于接受华之江同志辞去杭州市富阳区第十六届人民代表大会常务委员会副主任职务的决定

续表36

序号	文号	文件标题
13	富人大〔2021〕12号	杭州市富阳区人大常委会关于接受孙丙炎、李建成同志辞去杭州市富阳区第十六届人民代表大会常务委员会委员职务的决定
14	富人大〔2021〕13号	杭州市富阳区人大常委会任免名单（盛志军、夏华根等）
15	富人大〔2021〕14号	杭州市富阳区人大常委会任免名单（吴冰等）
16	富人大〔2021〕15号	杭州市富阳区人大常委会免职名单（刘珍玲）
17	富人大〔2021〕16号	杭州市富阳区第十六届人大常委会第四十一次会议纪要
18	富人大〔2021〕17号	杭州市富阳区人大常委会 2021 年工作要点
19	富人大〔2021〕18号	杭州市富阳区人大常委会关于我区法治政府建设情况报告的审议意见
20	富人大〔2021〕19号	杭州市富阳区人大常委会任免名单（李丰等）
21	富人大〔2021〕20号	杭州市富阳区第十六届人大常委会第四十二次会议纪要
22	富人大〔2021〕21号	关于调整区人大常委会主任、副主任工作分工的通知
23	富人大〔2021〕22号	关于对《浙江省粮食安全保障条例》贯彻执行情况报告的审议意见
24	富人大〔2021〕23号	关于对公共文化服务保障“一法一条例”贯彻执行情况的审议意见
25	富人大〔2021〕24号	杭州市富阳区人大常委会任免名单（洪世平等）
26	富人大〔2021〕25号	杭州市富阳区人大常委会任命名单（黄露）
27	富人大〔2021〕27号	杭州市富阳区第十六届人大常委会第四十三次会议纪要
28	富人大〔2021〕28号	杭州市富阳区人大常委会关于接受何献忠同志辞去杭州市富阳区人民政府副区长职务的决定
29	富人大〔2021〕29号	杭州市富阳区人大常委会关于南晓清同志任杭州市富阳区人民政府副区长的决定
30	富人大〔2021〕30号	杭州市富阳区人大常委会任命名单（高开封等）
31	富人大〔2021〕31号	杭州市富阳区人大常委会任免名单（俞小康等）
32	富人大〔2021〕32号	杭州市富阳区第十六届人大常委会第四十四次会议纪要
33	富人大〔2021〕33号	杭州市富阳区人大常委会关于杭州市富阳区 2021 年上半年国民经济和社会发展计划执行情况与投资项目计划调整草案的审议意见
34	富人大〔2021〕34号	杭州市富阳区人大常委会关于对区政府《关于杭州市富阳区 2020 年财政决算（草案）和 2021 年上半年财政预算执行情况的报告》和《关于杭州市富阳区 2020 年度财政预算执行和其他财政收支情况的审计工作报告》的审议意见
35	富人大〔2021〕35号	杭州市富阳区人大常委会关于批准杭州市富阳区 2020 年财政决算的决议
36	富人大〔2021〕36号	杭州市富阳区人大常委会关于批准杭州市富阳区地方政府债务限额调整的决议
37	富人大〔2021〕37号	杭州市富阳区第十六届人大常委会第四十五次会议纪要
38	富人大〔2021〕38号	杭州市富阳区人大常委会关于开展第八个五年法治宣传教育的决议
39	富人大〔2021〕39号	杭州市富阳区人大常委会关于加快推进高品质城市建设的审议意见
40	富人大〔2021〕40号	杭州市富阳区人大常委会关于我区企业职工基本养老保险基金运行情况报告的审议意见
41	富人大〔2021〕41号	杭州市富阳区人大常委会免职名单（林彬等）
42	富人大〔2021〕42号	杭州市富阳区人大常委会免职名单（章元珍等）
43	富人大〔2021〕43号	杭州市富阳区第十六届人大常委会第四十六次会议纪要
44	富人大〔2021〕44号	杭州市富阳区人大常委会关于区、乡镇两级人民代表大会换届选举有关事项的决定
45	富人大〔2021〕45号	杭州市富阳区人大常委会关于区、乡镇两级人民代表大会换届选举工作的实施方案
46	富人大〔2021〕46号	杭州市富阳区人大常委会关于设立杭州市富阳区选举委员会的决定
47	富人大〔2021〕47号	杭州市富阳区人大常委会关于批准设立各乡镇选举委员会街道选举领导小组的决定
48	富人大〔2021〕48号	杭州市富阳区人大常委会关于新一届乡镇人民代表大会代表名额的决定
49	富人大〔2021〕49号	杭州市富阳区人大常委会关于调整代表资格审查委员会组成人员的决定
50	富人大〔2021〕50号	杭州市富阳区人大常委会任免名单（夏立忠）
51	富人大〔2021〕51号	杭州市富阳区人大常委会任免名单（蒋建军）
52	富人大〔2021〕52号	杭州市富阳区人大常委会免职名单（杨来斌）
53	富人大〔2021〕53号	杭州市富阳区人大常委会免职名单（章元珍）
54	富人大〔2021〕54号	杭州市富阳区第十六届人大常委会第四十七次会议纪要

续表36

序号	文号	文件标题
55	富人大〔2021〕55号	关于成立区、乡镇两级人民代表大会换届选举工作联席会议的通知
56	富人大〔2021〕56号	杭州市富阳区人大常委会关于接受王华同志辞去杭州市富阳区人民政府区长职务的决定
57	富人大〔2021〕57号	杭州市富阳区人大常委会关于马利阳同志任杭州市富阳区人民政府副区长、代理区长职务的决定
58	富人大〔2021〕58号	杭州市富阳区第十六届人大常委会第四十八次会议纪要
59	富人大〔2021〕59号	杭州市富阳区人大常委会关于接受汤金华等同志辞去区选举委员会街道选举领导小组、乡镇选举委员会等职务的决定
60	富人大〔2021〕60号	杭州市富阳区人大常委会任命名单（沈阳红）
61	富人大〔2021〕61号	杭州市富阳区人大常委会任命名单（余文玲）
62	富人大〔2021〕62号	杭州市富阳区人大常委会任命名单（桑涛）
63	富人大〔2021〕63号	杭州市富阳区人大常委会任免名单（徐文斌等）
64	富人大〔2021〕64号	杭州市富阳区人大常委会关于接受胡志明同志辞去杭州市富阳区监察委员会主任职务的决定
65	富人大〔2021〕65号	杭州市富阳区人大常委会关于接受赵平同志辞去杭州市富阳区人民法院院长职务的决定
66	富人大〔2021〕66号	杭州市富阳区人大常委会关于接受任平同志辞去杭州市富阳区人民检察院检察长职务的决定
67	富人大〔2021〕67号	杭州市富阳区人大常委会关于沈阳红同志代理杭州市富阳区监察委员会主任职务的决定
68	富人大〔2021〕68号	杭州市富阳区人大常委会关于余文玲同志代理杭州市富阳区人民法院院长职务的决定
69	富人大〔2021〕69号	杭州市富阳区人大常委会关于桑涛同志代理杭州市富阳区人民检察院检察长职务的决定
70	富人大〔2021〕70号	杭州市富阳区人大常委会关于接受高飞同志辞去杭州市富阳区人民政府副区长职务的决定
71	富人大〔2021〕71号	杭州市富阳区人大常委会关于接受卜利斌同志辞去杭州市富阳区人民政府副区长职务的决定
72	富人大〔2021〕72号	杭州市富阳区人大常委会关于詹艳青同志任杭州市富阳区人民政府副区长的决定
73	富人大〔2021〕73号	杭州市富阳区人大常委会任免名单（戴爱良等）
74	富人大〔2021〕74号	杭州市富阳区人大常委会任免名单（刘海军等）
75	富人大〔2021〕75号	杭州市富阳区人大常委会关于《杭州市富阳区人民政府关于2020年度全区国有资产管理情况的综合报告》和《杭州市富阳区人民政府关于2020年度全区国有自然资源资产管理情况的专项报告》的审议意见
76	富人大〔2021〕76号	杭州市富阳区人大常委会关于批准2021年财政收支预算调整方案的决议
77	富人大〔2021〕77号	杭州市富阳区第十六届人大常委会第四十九次会议纪要

【富阳区人民政府文件】

2021年度富阳区人民政府文件一览表

表37

序号	文号	文件标题
1	富政〔2021〕1号	杭州市富阳区人民政府关于深入实施“凤凰行动”计划加快推动企业上市的若干意见

【中共富阳区委办公室文件】

2021年度中共富阳区委办公室文件一览表

表38

序号	文号	文件标题
1	富委办〔2021〕3号	印发《杭州市富阳区迎亚运展风采全面打造现代版富春山居图行动方案》的通知
2	富委办〔2021〕4号	关于印发《2021年督查检查考核年度计划》的通知
3	富委办〔2021〕5号	关于印发《杭州市富阳区政协2021年度协商计划》《杭州市富阳区政协2021年度民主监督计划》的通知
4	富委办〔2021〕7号	关于组织开展“昼访夜谈”调查研究年活动的通知
5	富委办〔2021〕8号	关于印发《中共杭州市富阳区委2021年度政党专题协商计划》的通知
6	富委办〔2021〕11号	关于2020年度区级机关和乡镇（街道）综合考评结果的通报

续表38

序号	文号	文件标题
7	富委办〔2021〕12号	关于印发《富阳区 2021 年党风廉政建设和反腐败工作组织领导和责任分工》
8	富委办〔2021〕13号	关于开展区优秀共产党员、优秀党务工作者、先进基层党组织评选工作的通知
9	富委办〔2021〕15号	关于印发《富阳区“党建＋信访”工作体系建设方案》（试行）的通知
10	富委办〔2021〕17号	关于印发《“建新时代文化强区，绘现代富春山居图”（ 2021 — 2025 ）行动任务方案》的通知
11	富委办〔2021〕18号	关于印发《 2021 年富阳区招商引资考核办法》的通知
12	富委办〔2021〕20号	关于成立杭州市富阳区高质量发展建设共同富裕示范区星城范例领导小组的通知
13	富委办〔2021〕21号	关于成立杭州市富阳区新登古城墙申报世界文化遗产工作领导小组的通知
14	富委办〔2021〕24号	关于在全区开展党史、新中国史、改革开放史、社会主义发展史宣传教育的通知
15	富委办〔2021〕25号	关于成立富阳区共青团基层组织改革全国试点工作领导小组的通知
16	富委办〔2021〕26号	关于深化“三位一体”农合联改革服务乡村振兴促进共同富裕示范区建设的实施意见
17	富委办〔2021〕27号	关于印发《杭州市富阳区贯彻落实第二轮中央生态环境保护督察报告整改方案》的通知
18	富委办〔2021〕28号	关于印发《富阳区共青团基层组织改革全国试点实施方案》的通知
19	富委办〔2021〕29号	关于进一步强化和规范乡镇（街道）财政管理的若干意见
20	富委办〔2021〕30号	关于印发《关于加强开发区纪检监察机构建设工作方案》的通知
21	富委办〔2021〕31号	关于建立中共杭州市富阳区第二次代表大会筹备工作领导小组的通知
22	富委办〔2021〕32号	关于印发《杭州市富阳区关于全面推行林长制的实施细则》的通知
23	富委办〔2021〕33号	中共富阳经济技术开发区富阳经济开发区管理委员会职能配置、内设机构和人员编制的规定

【富阳区人民政府办公室文件】

表39　2021年度富阳区人民政府办公室文件一览表

序号	文号	文件标题
1	富政办〔2021〕1号	杭州市富阳区人民政府办公室关于严格财政支出预算管理的通知
2	富政办〔2021〕2号	杭州市富阳区人民政府办公室关于印发杭州市富阳区区级政府专项资金管理办法的通知
3	富政办〔2021〕3号	杭州市富阳区人民政府办公室关于印发《富阳区农村公路建设养护管理办法》的通知
4	富政办〔2021〕4号	杭州市富阳区人民政府办公室关于印发杭州市富阳区关于加快来料加工业发展促进低收入人群增收的实施办法的通知
5	富政办〔2021〕5号	杭州市富阳区人民政府办公室关于印发《富阳区地质灾害防治能力提升三年行动计划（2020—2022）》的通知
6	富政办〔2021〕6号	杭州市富阳区人民政府办公室关于印发富阳区农村危房治理专项行动方案的通知
7	富政办〔2021〕7号	杭州市富阳区人民政府办公室关于印发《富阳区“杭州桐庐无规定马属动物疫病区”应急预案》的通知
8	富政办〔2021〕8号	杭州市富阳区人民政府关于印发《杭州富春湾新城等9个区域“区域环评+环境标准”改革实施方案》的通知
9	富政办〔2021〕9号	关于印发《2021年杭州市富阳区政府重点工作任务分解》的通知（以此件为件为准）
10	富政办〔2021〕10号	杭州市富阳区人民政府办公室关于印发杭州市富阳区十大工业功勋企业（优秀企业家）、十大工业优秀企业评选方案的通知
11	富政办〔2021〕11号	杭州市富阳区人民政府办公室关于印发《杭州市富阳区涉林垦造耕地问题整改方案》的通知
12	富政办〔2021〕12号	关于印发杭州市富阳区全面推进健康富阳建设行动计划实施意见的通知
13	富政办〔2021〕13号	杭州市富阳区人民政府办公室关于调整杭州市富阳区房屋重置价格的通知
14	富政办〔2021〕14号	杭州市富阳区人民政府办公室关于印发富阳区政府和社会资本合作（PPP）项目全过程绩效评价及跟踪服务管理办法的通知
15	富政办〔2021〕15号	杭州市富阳区人民政府办公室关于印发《富阳区医学检查检验结果互认共享改革相关配套制度》的通知
16	富政办〔2021〕16号	杭州市富阳区人民政府办公室关于印发《现代版富春山居图美丽乡村标杆点（线）创建实施意见》的通知
17	富政办〔2021〕17号	杭州市富阳区人民政府办公室关于调整完善新一轮政府卫生健康事业投入政策实施意见的通知
18	富政办〔2021〕18号	关于印发富阳区旅游业高质量融合发展三年行动计划的通知

续表39

序号	文号	文件标题
19	富政办〔2021〕19号	杭州市富阳区人民政府办公室关于印发进一步擦亮富阳骨伤金名片三年行动方案（2021—2023）的通知
20	富政办〔2021〕20号	杭州市富阳区人民政府办公室关于继续开展消费帮扶巩固拓展脱贫攻坚成果实施方案的通知
21	富政办〔2021〕21号	杭州市富阳区人民政府办公室关于印发杭州市富阳区2021年深化民营和小微企业金融服务综合改革试点实施方案的通知
22	富政办〔2021〕22号	杭州市富阳区人民政府办公室关于印发《杭州市富阳区创建钱塘江诗路（富春山水）省级文化传承生态保护区实施方案》的通知
23	富政办〔2021〕23号	杭州市富阳区人民政府办公室关于印发杭州市富阳区2021年深化民营和小微企业金融服务综合改革试点实施方案的通知
24	富政办〔2021〕24号	杭州市富阳区人民政府办公室关于印发《坚决制止耕地“非农化”防止耕地“非粮化”稳定发展粮食生产的意见》的通知
25	富政办〔2021〕25号	杭州市富阳区人民政府办公室关于印发《杭州市富阳区关于深入推进制造业数字化改造加快建设“未来工厂”的实施意见》的通知
26	富政办〔2021〕26号	杭州市富阳区人民政府办公室关于印发《杭州市富阳区老旧小区住宅加装电梯项目管理工作实施细则（试行）》的通知
27	富政办〔2021〕27号	杭州市富阳区人民政府办公室关于印发《富阳区更换瓶装液化石油气软管更换活动方案》的通知
28	富政办〔2021〕28号	杭州市富阳区人民政府办公室关于印发《杭州市富阳区耕地功能恢复工作方案》的通知
29	富政办〔2021〕29号	杭州市富阳区人民政府办公室关于印发《关于开展公办幼儿园办园体制改革创新配套政策试点工作实施方案》的通知
30	富政办〔2021〕30号	杭州市富阳区人民政府办公室关于加强“十四五”期间年森林采伐限额管理的通知
31	富政办〔2021〕31号	杭州市富阳区人民政府办公室关于加强婴幼儿成长驿站建设的实施意见
32	富政办〔2021〕32号	杭州市富阳区人民政府办公室关于公布富阳区首批制造业“冠军”企业名单的通知
33	富政办〔2021〕33号	杭州市富阳区人民政府办公室关于公布2021年杭州市富阳区高新潜力企业名单的通知

36 索 引
Index

● 打造现代版富春山居图

说明：

一、本类目设主题索引、照片索引和图表索引 3 个分目。

二、主题索引中文标目按汉语拼音顺序排列，同音字笔画数从少到多排列。第一字相同，按第二字音序排列，依次类推。数字开头的标目按数字 0 — 9 顺序排列。

标目后的阿拉伯数字表示内容所在页码。数字后的英文字母 a 、 b 、 c 分别表示从左到右第一、二、三栏。标目后有多个页码的，则表示相关信息在这些页码中均出现。

本年鉴的“特载”“年度聚焦”“大事记”均未做主题索引。

三、照片索引排序规则与主题索引相同，图表索引按序号排列。照片索引、图表索引仅标注所在页码，不标注分栏。

主题索引

0–9

A

B

C

D

E

F

G

H

J

K

L

T

W

照片索引

0-9

B

C

D

F

G

H

J

L

W

X

Y

图表索引